先驱·先路

王右木与四川早期马克思主义运动研究

中共江油市委王右木研究课题组 著

社会科学文献出版社
SOCIAL SCIENCES ACADEMIC PRESS (CHINA)

《先驱·先路——王右木与四川早期马克思主义运动研究》课题组

组　长　杨　典

成　员　应　星　宋学勤　简　奕　黎　余
　　　　刘宗灵　张媛媛　孙　莹　马　骋
　　　　何季德　吴　锋　刘仲平　张嘉友
　　　　胡仁强　杨旭光　王　超　王良秋

序　言

新民主主义革命的四川先行者

王伟光[*]

习近平总书记指出，一个有希望的民族不能没有英雄，一个有前途的国家不能没有先锋。革命先烈和英雄人物，是全体中国人的荣耀和骄傲，是中华民族的精神脊梁。在和平发展的今天，英雄和英雄精神，依然是我们捍卫和平、坚持正义、实现中华民族伟大复兴须臾不可或缺的强大精神力量。要把崇尚英雄、弘扬英雄精神，作为我们时代的重要价值追求，使之真正成为一种时代风尚。新民主主义革命以来，在民族复兴的伟大征程中涌现了无数的民族英雄和革命先锋，吴玉章、王右木、杨闇公等川籍早期马克思主义者就是他们的优秀代表。这些先辈揭开了四川无产阶级革命的序幕，奠定了四川新民主主义革命事业的基础，他们的先驱功勋彪炳史册，他们的英勇事迹和崇高风范永远是我们当代人学习、传承和研究的典范。

一　价值与意义：王右木与中国共产党建党百年

加强王右木与四川早期马克思主义运动研究，是不断深化"不忘初心、牢记使命"主题教育实践的需要。不忘初心、牢记使命是加强党的建设的永恒课题和全体党员干部的终身课题。吴玉章、王右木、杨闇公等革命者理想信念坚定如铁，始终坚守人民自由解放的初心，躬身践行让中华民族"站起来"的伟大使命，他们是共产党人不忘初心、牢记使命的先锋模范。加强王右木与四川早期马克思主义运动研究，既要发掘和丰富党史、革命史红色资源，也要对这些革命先辈的崇高精神风范进行研究总结，这是深入推动"不

---

[*]　王伟光，全国政协民族和宗教委员会主任，中国社会科学院原院长，中共中央党校原副校长。

忘初心、牢记使命"主题教育实践的优秀素材和范例，更是奋力推进党的千秋伟业的永续力量源泉。

加强王右木与四川早期马克思主义运动研究，是发展马克思主义中国化伟大事业的需要。吴玉章、王右木、杨闇公等革命者在四川创建党团组织，开展早期马克思主义运动，就是将马克思主义普遍真理与实际斗争形势紧密结合起来的伟大历程。有关重要事迹和研究成果，必将进一步丰富和发展马克思主义中国化的基本内涵，为新时代推进马克思主义中国化事业提供有益的借鉴和启迪。

加强王右木与四川早期马克思主义运动研究，是推进全国党史、革命史及四川地方党史、革命史建设的需要。吴玉章、王右木、杨闇公等革命者不仅是四川马克思主义运动的先驱、四川党团组织的创始人，而且是陈独秀、李大钊、李达、李汉俊、施存统、恽代英等全国党团组织创始人的亲密战友，还是朱德、邓小平、刘伯承、陈毅、聂荣臻、罗瑞卿、杨尚昆等川渝无产阶级革命家的引路人。他们在四川传播马克思主义革命火种、创建党团组织、领导学运工运农运妇运，开四川风气先河，建四川革命首功，开辟了四川无产阶级革命事业先路。因此，研究王右木与四川早期马克思主义运动，既是四川地方党史、革命史建设的重要内容，更是新时代全国党史、革命史建设的必然要求。

加强王右木与四川早期马克思主义运动研究，是迎接党的百年华诞、扎实开展党史学习教育活动的需要。勿忘根本，才有未来。习近平总书记在党史学习教育动员大会上指出，全党要大力发扬红色传统、传承红色基因，赓续共产党人精神血脉，始终保持革命者的大无畏奋斗精神，鼓起迈进新征程、奋进新时代的精气神，要求全党同志做到学史明理、学史增信、学史崇德、学史力行，学党史、悟思想、办实事、开新局，以昂扬姿态奋力开启全面建设社会主义现代化国家新征程，以优异成绩迎接建党一百周年。因此，在全国人民迎接党的百年华诞、全党上下开启党史学习教育活动的重要时刻，研究王右木与四川早期马克思主义运动，既是四川省委贯彻落实中央决策部署和习近平总书记讲话精神的重要举措，又是四川的同志们向党的百年华诞致以最崇高敬意的贺礼！

二　史迹与功勋：王右木的五大贡献

在四川新民主主义革命运动初期，尤其是在五四运动至大革命格局形成的几年间，四川马克思主义运动的宣传发动、组织领导及革命力量培育，居开山之功的是较早转变为马克思主义者的王右木。吴玉章、杨闇公、童庸生、张秀熟等川籍早期马克思主义者，或转变为马克思主义者时间相对晚些，或因王右木引导而走上革命道路，或是在王右木领导下开展新民主主义革命运动。因此，大革命格局形成前的四川马克思主义运动，其启幕发动者、组织领导者无疑是王右木，他是四川新民主主义革命历史长河中最先闪亮滑行的红星。

1887 年 11 月，王右木生于四川省江油县城（今四川省江油市武都镇）一个颇有旧文化传统的平民家庭，受家风家世熏陶和私塾、书院传统教育，少幼时代的王右木萌生了报国为民的士子情怀。时值帝国主义侵略步步加深、民族危机日益严重，目睹国家破败、人民苦难，王右木树立了救国救民的远大理想。西学东渐、新式学堂教育和改良主义思潮的浸润，使王右木在救国救民道路探索上，先后信奉过"教育救国""科学救国"等思想主张，三度求学于四川通省师范学堂（今四川大学）并在家乡从事教书育人工作就是最明显的证明。然而"教育救国""科学救国"等改良主义的自身局限性，注定不能救中国救人民于水火，这迫使王右木不得不反复寻索救国救民的科学道路。

1914 年，王右木东渡日本留学，再次踏上了寻找救国救民良方的探索之旅。四年的留学经历是王右木完成人生重大转变的关键期。在日本，他结识了李大钊、李达、李汉俊、杨闇公等先进分子，与他们共同研讨中国出路，组织参加留学生爱国活动。留学期间，在日本文明开化、社会主义运动勃兴的背景下，王右木与进步学者、留学生交往交流，认真研读进步书刊和马克思主义理论著作，思想信念开始有了较大的转变。1917 年俄国十月革命胜利，对中国先进知识分子包括王右木实现人生转变影响深远。1918 年归国前，王右木已初步接受了马克思主义思想，立志投身民主革命。回川后，他继续阅读、研学进步刊物和马克思主义著作，逐渐摆脱了无政府主义束缚，成长为坚定的马克思主义者。五四运动前后，我国一批先进知识分子接受了马克思主义思想，成为中国早期马克思主义者，王右木便是这个群体中的一员，就四川地区而言，王右木当属最早的马克思主义者。

1919 年，王右木受聘于成都高等师范学校（今四川大学），直至 1924 年遇难，他以成都为中心开辟了四川早期新民主主义革命运动。纵观王右木等四川早期马克思主义者大革命前后的革命经历，他们在四川现代革命史上做出了如下卓越贡献。

其一，传播马克思主义思想，播撒了四川新民主主义革命火种。1920年，王右木在成都组建马克思读书会，这是四川地区最早学习研究马克思主义思想的进步团体；1921年、1922年，王右木与袁诗荛等先后创办的《新四川旬刊》和《人声》报，是四川地区最早的以马克思主义为斗争武器的两份革命报刊，其中《人声》报在传播马克思主义革命思想上作用及影响甚大。读书会活动和《人声》报宣传，如一阵强劲的新风吹入了沉闷闭塞的四川，如一响惊雷警醒了在黑暗中摸索前行的川人，将马克思主义革命火种撒向巴山蜀水。它们的诞生及影响，与北京成立"马克思学说研究会"、长沙成立"俄罗斯研究会"等进步团体，以及由陈独秀、彭湃等人创办的《劳动界》《赤心周刊》等革命刊物具有同时代的重要意义。

其二，创建四川党团组织，为四川新民主主义革命确立了领导力量。中国新民主主义革命的领导者是无产阶级及其政党，四川亦然。1921年冬，王右木指导童庸生等自发成立了成都社会主义青年团。1922年5月，王右木指导童庸生等创建了四川社会主义青年团。之后，王右木及其追随者、革命战友在成都、重庆、南充等地相继建立了团的地方组织，发展壮大了青年团，为党组织创立准备了条件。1922年10月，王右木在成都召集团员会议，正式成立社会主义青年团成都地方执行委员会（简称成都地方团）。1923年10月，王右木创建了中共成都独立小组，亦称中共成都支部，直属中共中央领导，王右木暂任书记。同年底，中共中央正式任命王右木为中共成都支部书记。中共成都支部的成立是四川党史、革命史上具有里程碑意义的大事，开辟了四川现代革命史新纪元，为四川无产阶级革命事业兴起和发展确立了坚强的领导核心。

其三，积极开展群众革命运动，开拓四川早期党的统一战线工作。王右木等早期马克思主义者在川开办工人夜校，组建工会联合会，开展工人罢工斗争，组织学联学生会，组建马克思读书会和四川青年团组织，创办报刊，集会演讲，推动国共合作，发动工农商学及城市小资产者抗击军阀统治。这些活动把四川人民团结在党团周围，汇成了四川早期新民主主义革命的强大洪流。如1920~1922年四川教育经费独立运动，1923年四川民权运动大同盟集会、成都市劳工联合会成立以及同年秋掀起的"反三皇会""反朱尺"斗争，都是在党团领导下开展的群众革命运动。王右木等早期马克思主义者用马克思主义思想教育引导民众，关心民众疾苦，争取民众权益，组织发动民众开展反帝反封建斗争，开四川风气先河，划破四川腐朽铁网，释放了人民的强大力量，为四川无产阶级革命事业找到并凝聚了同盟军，为四川党的革命统一战线工作做了早期探索与开拓。

其四，教育引导进步青年，为四川乃至全国革命事业培育了干部力量。通过马克思读书会、党团组织建设，以及学校教育、运动斗争等形式，大批四川进步青年在王右木的影响下，先后走上无产阶级革命道路。据不完全统计，有百余名四川进步青年受王右木教导成为马克思主义者，其中不乏张秀熟、袁诗荛、孟本斋、阳翰笙等四川早期新民主主义革命运动的知名骨干。同时，在王右木的战友、追随者的影响下，继后又有大批四川青年踏上革命征程，成长为四川乃至全国革命事业的重要领导者，如刘伯承受杨闇公、吴玉章的影响，杨尚昆受四哥杨闇公的直接影响，转变为马克思主义者；罗瑞卿、任白戈在老师张秀熟的影响下，积极开展进步活动，成为革命者；再如通过留法勤工俭学，在吴玉章的帮助下，朱德、邓小平、陈毅、聂荣臻等四川青年在旅欧经历中完成人生重大转变，最终成长为党和革命事业的卓越领导人。

其五，提出劳工专政主张，为党早期探索新民主主义革命斗争策略及方式做出了积极贡献。建党初期，党对中国新民主主义革命策略、方式的探索，尤其是关于开展武装斗争、创建革命军队的探索，虽有蔡和森、恽代英、邓中夏等优秀分子提出先见真知，但尚不成熟且未形成党内决定性共识。1927年，以南昌起义为重要宣示，以八七会议决策为标志，中国共产党人才充分认识到开展武装斗争、建立党领导的革命武装的极端重要性和紧迫性。在对四川农村社会状况进行深入考察后，1923年5月，王右木、康明惠等向中央报告工作，认为"劳工专政，必自握军权始"，正式提出了劳工专政主张。针对四川地方团练武装的具体情况，王右木还制定了改造川内团练武装，使之成为党团领导下的革命武装的实施办法，并希望中央给予明确指示和帮助。王右木的构想和方案最终虽因各种原因未能实现，但以他为代表的四川早期马克思主义者的远见卓识和先知先觉，散发着时代的思想光辉，他们为党探索创立新民主主义革命策略、方式及有关建军理论做出了积极贡献。

三　精神与传承：王右木精神风范及其当代价值

斯人远逝，精魂犹存。四川早期马克思主义者在川开展轰轰烈烈的新民主主义革命运动，其生平事迹和英雄壮举为我们留下了宝贵的精神财富，为持续推进中华民族伟大复兴事业提供了强大的力量源泉。以王右木为例，他身上凝聚着信仰坚定、爱国为民、开拓创新、拼搏斗争、牺牲奉献、求真求索等优秀精神品质，永远值得后人学习弘扬。

王右木对马克思主义信仰坚如磐石，对无产阶级革命事业无比忠贞。这种优秀品质在他给党团中央的工作信函中表现得尤为突出。如 1923 年 2 月 29 日，在《致施存统的信》中王右木讲道："生活压迫以至于减到极限，都何能稍苦着我……时局变迁以来……只剩此血赤沸腾之一心尚存，此心更是可如金石更坚的东西，而猛进力亦愈增。"寥寥数语，一位对信仰无比坚定、对革命事业无比忠诚的马克思主义者形象已跃然纸上，令人感佩！

1919 年，王右木拒绝大哥为其谋求的省议员官位，他讲道："我到日本留学是为寻找救国救民的方法，现在回来了，要和普天下的劳苦大众一道，摧毁这个吃人的黑暗社会。"1922 年，王右木在《人声》报的创刊词中庄严宣告，这个刊物应提出人民的意愿和要求，代表人民的呼声，要实现为全人类谋均等幸福的最终目的。这些言行说明王右木身上凝聚着炽热深厚的爱国为民情怀。

王右木短暂的革命生涯，有五大首创功勋：一是组织马克思读书会；二是创办《新四川旬刊》和《人声》报；三是创建四川团组织；四是成立四川最早的党组织——中共成都独立小组；五是先见性地提出劳工专政主张。这些史实充分印证了王右木具有敢为天下先的开拓创新精神。

关于拼搏斗争精神。1920～1922 年，王右木领导的教育经费独立运动，历时近两年，面对反动军阀的推诿、污蔑和镇压，王右木领导师生顽强不屈、勇敢前行，把运动持续推向高潮直至最后胜利。1924 年，王右木识破了杨森欲以高官厚禄收买他的阴谋，毅然决然坚持革命理想，誓与军阀抗争到底。这些事迹就是王右木具有不懈不馁拼搏斗争精神的真实写照。

再者牺牲奉献精神。为了革命事业，王右木的两位兄长受牵连被捕下狱，二哥王荣昌还被迫害致死；受聘于成都高师时，王右木收入不菲，每月有近 200 元（银圆）薪资，但他只留下 20 元作为家庭生活所需，余者全部用于开展革命活动，有时甚至变卖家产创刊办报、资助穷困，像这样的"革命理想高于天"的牺牲奉献精神无不感人肺腑。

最后是求真求索精神。王右木为寻求救国救民真理，从 20 岁左右信奉教育救国开始，到找到马克思主义救国救民之道，历时 10 余年，道路曲折艰辛，这种追求光明高远的求真求索精神对当代青少年具有深远的教育意义。

前事不忘，后事之师。我们加强王右木与四川早期马克思主义运动研究的一个重要目的就是，总结革命先烈的崇高精神和优良传统，传承他们的红色基因，学习他们的优良作风。对照王右木五大精神品质，我们相信，在坚定理想信念、强化作风建设、加强反腐败斗争、推动改革发展、建设学习型政党等领域，当代党员干部必将获得有益启迪和强大力量，将中华民族伟大复兴事业接续推向前进。

四　局限与突破：深化王右木研究的努力方向

目前，学界对于王右木的研究在很多方面都取得了不少成果，从各个角度加深了今人对于这位共产主义先驱的认知，也为我们今天继续开展的研究工作奠定了坚实的基础。然而，若以苛求的眼光来看，目前已有的研究成果大多集中在王右木的生平事迹、史料发掘、历史贡献、精神传承等方面，还存在着研究视野不够宽阔、研究主题较为狭窄、研究资料不够丰富、研究方法较为单一等问题。如要进一步拓展王右木研究的学术空间，着力增进其学术吸引力、生命力与丰富性，就必须在上述方面取得真正的突破与进步。

首先，在研究主题与视野上，要进一步拓展新的着眼点与切入点。研究具体人物需要聚焦，但不宜只盯着个体展开，应当多采用"前后左右"法或者"古今中外"法进行立体式、融合式与深耕式研究。前者是指研究者要对与被研究对象相关的周边人物进行全方位挖掘与延伸考察。具体到王右木研究，应将和王右木有过生命交集或同时代的人物都尽量纳入我们的视野，如四川籍早期革命人物童庸生、袁诗荛、邹进贤、张秀熟、吴玉章、刘愿庵、杨闇公、郑佑之、曾莱、余泽鸿、张霁帆、罗世文、裴紫琚、钟善辅、孟本斋、刘弄潮、阳翰笙等，全国性早期革命人物如恽代英、陈独秀、李大钊、李达、李汉俊、施存统、邓中夏、林育南、张太雷、高君宇等，纵然是后来脱离革命、不知所终乃至处于革命对立面的历史人物，只要他们与王右木的人生履历有过联结互动，或有过交叉、重叠，都应当被纳入我们的研究范畴，作为探究考察的对象。因为，在与王右木直接相关的文献资料有限的情况下，通过对这些周边人物的史料进行挖掘，对他们与王右木同时代的相关事迹履历进行探索研究，达成史实的互证互鉴，将起到从"前后左右"各个方位去丰富与完善王右木研究的重要作用。后者指的是，对王右木生活的时代背景及其人生抉择进行贯通古今中外的观察研究与建构，也就是用一种跨越多个时段的宏大视野来凝视先驱、理解先驱。当我们真正从学理上理解了王右木所处的那个时代，无疑能更深刻地认知先驱的事迹行止，感悟先驱的精神理念，并穿越历史时空与先驱进行心灵对话与灵魂交融。

其次，在研究资料的发掘上，还可更进一步，下更大的力气，从更多的渠道着手。目前，围绕王右木展开的史料搜集发掘工作，仍然是以档案史料、报刊资料、文史方志资料、个人史料等为主，除了在国内各地搜集之外，还应努力在国（境）外如俄罗斯、日本等地进行寻觅查访，如日本警视厅、文部省等处的资料，以及台湾地区中国国民党党史部门的相关材料。另外，除了继续搜集整理、分析研究前面提到的文献史料外，也应当开阔思路，重视对一些实体文物的发掘。在扩大史料搜集的同时，还必须把既有史料充分利用起来。例如，与王右木相关的周边史料，如《国民公报》《川报》《新蜀报》《民视日报》《四川学生潮》等报刊资料，以及民国方志文献、个人书信日记及文集等，都大有可以发掘利用的空间，可供研究者继续写出许多有新意的文章。

最后，在研究方法上，不能仅限于单纯的史实考证研究，虽然这是所有历史研究的根本，但在某个研究主题的史实已经基本搞清以后，若要在学术上继续取得突破，研究方法也至关重要。因此，除了传统的史实考证与文献梳理外，有必要适当借鉴其他学科的研究方法。例如，历史社会学的方法就是一个比较不错的参考路径。有学者在21世纪初便提出，历史学家对社会学比较模式的运用，对计量方法以及社会学"显微镜"（微观史学）的使用，对社会角色、性和性别、家庭和亲缘关系、社区和认同、阶级、身份、社会流动、权力、中心与边缘、霸权与反抗、社会运动、心态和意识形态、交流与接受等概念的接受并将这些概念运用到具体的史学研究中，使社会学与历史学都获得了长足的进步，这有利于人们更好地理解社会和历史。没有历史学和社会学理论的结合，我们既不能理解过去，也不能理解现在。我们对早期革命先驱与革命组织的研究，也可以尝试援用历史社会学的某些方法。例如，对革命者所处时代的关键的制度环境——现代教育制度空间所形成的学缘、地理行政区划所形成的地缘、依托职业工作领域形成的业缘，以及非制度环境——依托宗族亲属关系形成的血缘、依托友朋或利益纽带形成的人缘、奠基于共享的意识形态与理念信仰的内在认同关系等。誓言改天换地的革命活动从来不是在真空或无菌实验室中进行的。上述这些社会要件都构成了早期共产主义革命者们活动于其中的组织网络。具体地域的一个共产主义组织的萌生，一方面依托于近代转型以来形成的新制度环境，另一方面深深嵌入在传统社会的关系网络中。这些关系网络既是各地传播马克思主义理论、创建党团组织的先驱们从事革命活动的重要依托与凭借，能为他们提供必要的支撑性资源，但某种意义上也是他们试图突破与超越的对象，因为先驱们希冀创造的是一个脱离了旧有关系束缚的全新世界。当下有一些学者试图从社会组织网络角度去剖析中共早期革命史上人与组织之间的微妙关系，如团体意识、团体身份、团体纪律与组织内部凝聚的关系，党员人际网络与党员组织关系重构之关联性，中共组织的职位关系与个人因素之间的张力，组织纪律的有效性与地方领袖的自主性之间的张力等。如果我们尝试从这些视角来研究王右木及其领导下的马克思读书会、成都地方团、中共成都独立小组等组织团体，或能对那段历史获得更深刻的认识。

除此之外，亦有学者提出，用微观比较分析的方法或可将精细的历史叙事与宏观的态势分析紧密结合在一起，以此加深我们对历史本相的认知。因此，我们或许可以尝试引入微观比较研究的方法，以增强王右木研究的立体感与时空感。例如，可将王右木在四川的革命开创活动，与李大钊在北京的活动，陈独秀在上海的活动，袁玉冰、赵醒侬等在江西的活动，毛泽东、蔡和森在湖南的活动，董必武在湖北的活动，王尽美在山东的活动等进行横向对比分析，从两个或多个时空场相关人事的对比中体悟早期党史、团史的丰富性与复杂性，也可从这种对比中探究将共产主义理念初步传播到各地的"盗火者"、"播火者"与"深耕者"之间的特征异同。

另外，人物的情感史与心灵史研究就是融合、运用了社会科学多重视野的新方法，这将有助于拓宽我们的研究眼界。近年来，有少数学者进行了情感史、心灵史在中共党史研究领域中的实践探索，令人耳目一新。愚见以为，这种在历史书写中更为追求细致入微、直叩人心之效应的方法，也可根据实际情形斟酌引入王右木研究这一具体领域，或可给我们带来一些新的启示。例如，王右木与童庸生之间的纠葛、颉颃，是川渝早期党史上颇值得关注的一个事件。以前由于研究者多秉持为尊者讳、为逝者讳的理念，学界对此事论述较少，大多取回避态度，即使涉及，也多语焉不详。从推动早期党史学术深入研究这一立场出发，我们不应一直回避此问题。如果我们以情感史、心灵史的视角方法切入，抓住"性格""个性""心灵""情感"这些维度，将早期共产主义组织对青年马克思主义者们的气质塑造、纪律规训与组织规范结合起来，就能取得新的历史认知。尤其是刚经历了"五四"洗礼不久，矢志追求从旧秩序的"牢笼"中解放出来的新青年们，在面临一个前所未有的布尔什维克革命团体的严格纪律要求时，会做出什么样的反应呢？他们的人际关系（如传统的师生、同学、校友、朋辈等）在全新的组织方式冲击下会经历怎样的演变？中共党团组织又是如何在越来越激烈的革命实践中对充满浪漫理想气质的知识青年进行纪律规训与个性磨合的呢？有学者从中国共产党所领导的红军军队权力结构演变这一视角出发，探讨了"铁的纪律"是如何在主力红军中贯彻落实的，以及在这一过程中党和军队的气质与组织形态是如何实现脱胎换骨的。早期红军可以用此视角与方法去探究，对于早期地方党团组织及其领头人的内涵特质，又何尝不可以由此路径去深入探究呢？

历史研究的目的在于古为今用、以史鉴今。加强王右木与四川早期马克思主义运动研究，不啻是四川乃至全国新形势的需要、党史文化建设的需要，其最终落脚点在于积极贯彻落实习近平总书记关于"把红色资源利用好、把红色传统发扬好、把红色基因传承好"的重要指示精神，激励广大党员干部和人民群众在传承中赓续革命先辈血脉，在发扬中践行革命先辈精神风范和优良传统，努力做到明理崇德、增信力行，办实事开新局，接过革命者手中民族复兴的接力棒，奋力开启全面建设社会主义现代化国家的新征程，把新时代中国特色社会主义事业不断推向前进！

革命先烈永垂不朽，光耀千秋，师表万世！

目 录 ——————————————————————— CONTENTS

第一章 蜀中俊才多壮志
　　——王右木成长与救国救民道路曲折寻索　　001
　　第一节 武都少年生于忧患　　003
　　第二节 救国救民不懈寻索　　016

第二章 东渡日本觅真理
　　——王右木与四川早期马克思主义者　　039
　　第一节 马克思主义在日本的兴起与发展　　041
　　第二节 西学东渐：爱国先驱东渡日本积极探求救国之路　　047
　　第三节 王右木等四川留日爱国先驱向马克思主义者的转变　　053
　　第四节 点亮"星星之火"：从留日马克思主义者到四川
　　　　　 马克思主义运动先驱　　062
　　第五节 "星星之火"汇成燎原之势：从留日学者到中国
　　　　　 马克思主义运动先驱　　069

第三章 唤醒巴蜀响新雷
　　——王右木与四川早期马克思主义思想传播　　079
　　第一节 马列薪火起声势　　081
　　第二节 巴蜀先声王右木　　094
　　第三节 捍卫真理去浊流　　112

第四章　创建党团为首功
　　　　——王右木与四川早期马克思主义党团建设　　133
　　第一节　早期团的建设　　135
　　第二节　王右木指导成立成都地方团　　153
　　第三节　王右木与中共成都独立小组的建立　　163

第五章　引领民众聚洪流
　　　　——王右木与四川群众革命运动的开拓　　179
　　第一节　中国共产党的早期群众革命工作　　181
　　第二节　荆丛觅路：王右木对四川群众革命运动的竭力开拓　　197

第六章　抗击暴政意如铁
　　　　——王右木与四川早期反对军阀统治的斗争　　225
　　第一节　有枪无道：民国初年"礼崩乐坏"背景下军阀势力的
　　　　　　黑暗统治　　227
　　第二节　"伏虎降龙"：王右木与四川军阀势力的坚决斗争　　238

第七章　武装工农有卓见
　　　　——王右木与中国新民主主义革命策略探索　　263
　　第一节　中共早期革命策略探索　　265
　　第二节　王右木提出"武装工农"构想　　281

第八章　新老交融
　　　　——大革命时期四川共产主义运动的组织网络　　301
　　第一节　四川共产主义组织网络概述　　303
　　第二节　王右木牺牲后四川共产主义运动的接续开展　　305
　　第三节　大革命之后四川共产主义运动的延续发展及其历史意义
　　　　　　　　　334

第九章　光耀千秋铸英魂
　　　　——王右木革命历史功绩及精神品质研究　　341
　　第一节　千秋功绩铭青史　　343

第二节　风骨长存传后人　　　　　　　　　　　　366

附录 1　王右木生平事迹年表　　　　　　　　　　389

附录 2　王右木相关历史文献发掘梳理暨既有研究述评　　408

主要参考文献　　　　　　　　　　　　　　　　434

后　记　　　　　　　　　　　　　　　　　　451

◀

王右木成长与救国
救民道路曲折寻索

01

从幼年起，出身贫寒的王右木就在家庭的熏陶下养成了坚定的意志和勤学好问的品质。少年时，他辗转于多个学堂、书院，开始独立地思考国家前途和民族命运，逐步认同了教育救国的道路。为了更好地实践这一道路，他在20岁时考入四川通省师范学堂，毕业后返回家乡任教。回乡的他有感于人民生活的困苦，逐步放弃教育救国，走上了科技救国的道路，因此他辞去学堂监督的职务再次考入四川通省师范学堂进修。虽然中途曾因家境困苦而辍学返乡任教，但他最终克勤克俭完成学业，之后第三次返乡任教。在求学和任教的历程中，他尽职尽责、忧国忧民的品质得到了公认。一度振奋于辛亥革命的他由于革命后的乱象决心向日本学习。王右木孜孜以求救国之路的历程正是一代先进中国人上下求索的真实写照。

内容提要

第一节 武都少年生于忧患

一 贫寒之家

江油市坐落于四川盆地西北部，历史悠久，境内最早的政区建制可以追溯到公元25年（东汉光武帝建武元年），而"江油县"政区则最早始于公元504年（北魏宣武帝正始元年）。及至民国时期，江油县城设于武都镇，距离武都镇不远的中坝镇更是川西北交通贸易中心、四川四大名镇之一（今为江油市委、市政府所在地）。江油周边地区气候温和、自然资源丰富。悠久的历史和优越的自然条件使得江油孕育出了一代又一代仁人志士。王右木正是其中较为杰出的一位。①

图1-1 王右木纪念馆

资料来源：《王右木纪念馆》（2017年6月30日），江油文明网，http：//scjy.wenming.cn/mljy/201602/t20160219_2345351.html，最后访问日期：2021年3月17日。

---

① 江油市地方志编纂委员会编纂《江油县志》，四川人民出版社，2000，第1~2页。

1887 年 11 月 12 日，王右木出生于江油城关镇，也就是如今的武都镇。添丁进口虽是喜事，但使得本就困难的家庭越发窘迫。王右木的父亲叫王奎生，又名王源光。王奎生曾投身科场，考取秀才，后来曾在衙门担任差役，也曾教书补贴家用。① 母亲杨氏是阳亭坝杨贡爷之女。阳亭坝位于涪江东岸，与武都隔江相望。"贡爷"是对贡生的尊称，从此意义上讲，杨氏也出身书香门第。王右木在家中排行老四，有两位哥哥、一位姐姐。大哥王初龄（寿昌）曾在药铺做学徒，考取秀才后以教授私塾为生；二哥王荣昌学习银匠技艺并以此谋生；姐姐嫁给城隍庙街（今和平街）的行商家庭。② 王奎生原有40 亩用于出租的田地，但家境因世事艰难而逐渐衰败，他不得不把土地出售殆尽，一家人只能靠着出租街房、售卖杂货、王初龄教书的收入以及杨氏娘家接济为生。王右木出生时，王奎生躲债远离家中，杨氏因营养不足难以养育孩子，因而想将王右木过继给舅父家。王初龄一家听说这件事后将王右木抱回，由他们夫妇抚养。③ 所以从幼时开始，王右木就跟着大哥王初龄一家生活。

正因如此，大哥王初龄对王右木的影响极大。要搞清楚王右木从幼年到青年时期成长、成才及思想形成的历程，就不得不对王初龄的经历、立场做一番考证。虽然王奎生曾经读书并考取功名，但到了王初龄该读书时，王家已经没有这种资本。王初龄只得到药铺当学徒。一般而言，由于学徒要学药名、认药、炮制药材，药铺会对学徒的文化水平提出一定的要求。如有些药铺要求学徒至少要有三到五年的私塾经历。④ 作为对知识水平有要求的职业，药铺学徒为王初龄刻苦读书提供了一定的条件。即便如此，旧时的学徒生活非常艰苦，王初龄能在这样的条件下考取秀才，一方面说明王家仍留有勤学的家风，另一方面说明他本人的勤奋品格、学识素养。考取秀才之后，王初

---

① 柯昌俊：《王右木年谱（1887 年—1924 年）》，载中国人民政治协商会议四川省绵阳市委员会文史资料委员会编《绵阳市文史资料选刊》第十辑，1992，第 169 页。中共四川省委党史研究室编《四川党史人物传》第一卷，四川人民出版社，2016，第 2 页。
② 王浴生：《关于我的父亲王右木的一些事情》，载中共江油县委党史办公室编《四川马克思主义运动先驱者——纪念王右木诞生一百周年》，四川大学出版社，1988，第 272 页。
③ 有关王右木幼年时的遭遇，各路方家说法不一。有说法认为其母杨氏"决定忍痛送给别人"，而大哥王初龄坚决不同意并将他抚养成人。也有说法认为王奎生有将王右木过继给舅父家之意，最后被大哥阻止。王右木之子王浴生给出的说法是其祖父母希望送出，但姓焦的伯母（王初龄的前房妻子）不同意，将王右木抱回。考虑到王浴生的回忆来源于其伯父、母亲的口述，更为直接可信。
④ 高善东主编《邹鲁民俗》，齐鲁书社，2016，第 109 页。

龄便离开药铺，以教书为生。据家人所说，当时王奎生家中街房出租收入占全年收入的十分之一，小摊贩的收入也只占全年收入的不到三分之一，王初龄教书的收入成为家庭的经济支柱。这也是王初龄可以把王右木抱回并抚养长大的原因所在。1911年，王初龄被推荐到北京参加"拔贡"考试，但尚未发榜，辛亥革命便已爆发。据传他考取成功只是尚未发榜，故许多人称他为"贡爷"，但他并非真的考取了贡生。回到四川后，在江油当地许多知识分子尚在观望的时候，王初龄就表态支持共和，这也使他在1912年成为四川省第一届省议员。① 王初龄本人并无作品流传，我们只能从其人生经历、与亲人的互动中推断他思想转变的原因。生于贫寒的王初龄饱读诗书，并因此对世情社情有了更深的理解，在各学堂奔波教书的经历也让他更为深刻地认识到了人们的生活境遇，这些认识或多或少会推动其反思当时的中国现实。再者，四川资产阶级民主思想的传播多以新式学堂为根据地，身在其中的王初龄自然也会受到影响。在当时的情境下，江油有许多较有名望的知识分子持观望态度，而王初龄却毅然决然地响应共和。单纯的功利考虑难以解释王初龄的这种选择，以天下为己任的情怀才是王初龄如此选择的根本原因，这种情怀也为王右木所继承。当然，来自大哥的影响固然重要，但两人的成长经历、教育背景毕竟不同，这也使得两人最终走上了不同的道路。

虽然王家有着进学的传统，但大哥王初龄到药铺当学徒的经历则说明此时的王家已然家道中落。出生在这样的家庭，王右木一方面深刻地感受到了生活的艰难、社会的黑暗，另一方面受到来自大哥的熏陶，在成长中养成了勤学好问的习惯。在王右木的遗物中发现的《日知录》《船山遗书》《饮冰室文集》《楚辞集注》等书中，都有他阅读时所做的批语、标记。② 这正是他一生勤学苦读的真实写照。

二 大争之世

王右木生于19世纪后期，成长于19、20世纪之交。时代的大背景在他

---

① 王浴生：《关于我的父亲王右木的一些事情》，载中共江油县委党史办公室编《四川马克思主义运动先驱者——纪念王右木诞生一百周年》，四川大学出版社，1988，第268、269、272页。

② 王家明：《王右木烈士的道路——中西文化精髓相结合的道路》，载中共江油市委党史工委编《王右木研究》，四川大学出版社，1989，第247页。

身上打下了深深的烙印。近代以来，许多先进的中国人意识到变局的来临，开始睁眼看世界。首先，通过《海国图志》等介绍西方国家的书，"天朝上国"的观念逐渐被打破。中国的传统不再能理所当然地证明自身的优越性，西方的状况常常成为评价中国历史、现实的标准。其次，通过《天演论》的引介，线性而非循环式的时间观念得以确立。《天演论》认为物竞天择是世界的普遍规律，"天运循环，周而复始"的时间观念不符合事实，万物遵循着"由简入繁，由微生著"的规律。① 因此"故夫变者，古今之公理也"，"上下千岁，无时不变，无事不变，公理有固然，非夫人之为也"。② 以上两点的结合，使近代中国被笼罩在极强的不确定性和危机感中。这构成了一代代仁人志士孜孜以求救国道路的动力，也是王右木救国探索的背景所在。具体到王右木成长的四川，近代以来的变化可分解为两条脉络，其一是外国影响力的增强，其二是四川内部的种种变革。③

四川虽地处边陲却可辐射中国西部，西方国家将四川视为潜在的重要市场。1876年签订的《烟台条约》开辟宜昌为通商口岸，同时打开了西南大门。1890年3月，《烟台续增专约》规定将重庆辟为通商口岸。次年3月，重庆开埠，同年，四川第一家外资企业立德乐洋行成立。通商口岸的开辟除刺激资本主义工商业发展外，还不可避免地冲击了四川的经济体系。例如，洋纱的畅销使得纺与织结合的手工业无利可图，棉织业为洋商所操控。④

同样是在1876年，丁宝桢就任四川总督。他认同"师夷长技以制夷"，曾在山东巡抚任上创办山东机器局，引进国外设备制造火药、枪械。到达四川后，他发现川内军队多使用购自上海的洋枪，洋枪价格昂贵且当地人不懂修理⑤，于是他参照山东机器局建立了四川机器局⑥，这也是四川近代第一座

---

① 赫胥黎：《天演论》，严复译，江西教育出版社，2018，第3、6页。
② 梁启超：《变法通议》，载周宇清编著《中国近代史重要文献导读》，四川大学出版社，2019，第128页。
③ 变革的深入固然在一定程度上是对西方侵略的反应，但也是中国自身某些因素发展变化的结果。将之纯然视为对外界的回应或是本土化的变革都是不符合事实的。
④ 张学君、张莉红：《四川近代工业史》，四川人民出版社，1990，第43~45页。
⑤ 丁宝桢：《机器局遵旨停止报销用款折》，载《丁文诚公奏稿》，贵州省文史研究馆、贵州历史文献研究会、贵州省毕节行署、贵州省织金县人民政府，2000，第558页。
⑥ 有关丁宝桢的活动和四川机器局的影响，可参见戴斌武《中国早期现代化进程中的晚清地方督抚——丁宝桢洋务活动解析》，《贵州社会科学》2006年第1期；杨亮升《清末之四川机器局》，《西南民族学院学报》（社会科学版）1986年第S1期；张莉红《论四川机器局》，《近代史研究》1986年第1期。

机器制造工厂。除从成本考虑外，四川特殊的地理位置和抵御西方国家的考虑是丁宝桢创办机器局的原因。从地理位置上看，四川位处边陲，列强环伺，人心浮动。① 西方国家希望"于重庆后路别开一隙"，丁宝桢意识到固守四川对国家安全的重大意义，故而他向西方学习战术、仿制装备以图自强。② 受到政治斗争的影响，四川机器局被以耗费巨大为由在 1879 年 2 月停办。之后丁宝桢上书罗列成本并说明机器局的必要性，他指出西方国家依靠枪炮称雄，不学习如何制造还认为应该向西方购买是自欺欺人，中国需要修明政事、精求武备③。后四川机器局重新开办。到 1881 年，四川机器局在成都南门外筹建了火药厂，有了生产火药的能力。丁宝桢考虑到国家安全，坚持不用西方工匠，令中国人自行研究和制造。即便四川机器局有着贪腐、浪费等种种痼疾，但它确已成为四川乃至中国现代化历程的起点之一。截至 1882 年 9 月，四川机器局已制造黑火药近 2.5 万公斤，前后膛枪近 5000 支，中法战争期间更购买了机床等设备加紧军火生产以服务战争。④

以四川机器局的创立为起点，四川资本主义工商业逐渐发展。从 19 世纪末期起，四川机器局也开始进行一些民用生产，如 1897 年时任四川总督鹿传霖在四川机器局内开办了四川银圆局以制造银圆。许多四川人开始学习技术、创办工业。1894 年，四川人周元龙游学湖北，考察当地仿日制造的纺纱机，他决心研制。周元龙去世后，他的儿子继续研究，研制出了"20～30 苗头人力脚踏车"并以此在 1929 年的四川省第一次国货展览会上获得了头等奖。⑤ 同样是在 1894 年，途经汉阳的四川人欧阳显荣目睹了轮船上的起重机，联想到盐井采卤矿车的研发。于是，他与重庆的机械专家张培郇联合研发了蒸汽采卤机车。1897 年，该车试采成功，不久后投产。其投产标志着盐业领域四川近代工业的发展。⑥ 有学者统计，1891～1900 年四川新建了 10 家

① 丁宝桢：《机器局遵旨停止报销用款折》，载《丁文诚公奏稿》，贵州省文史研究馆、贵州历史文献研究会、贵州省毕节行署、贵州省织金县人民政府，2000，第 558 页。

② 《川督丁宝桢奏西藏与英人通商请慎之于始折》，载王彦威、王亮辑编《清季外交史料》第三册，李育民、刘利民、李传斌、伍成泉点校整理，湖南师范大学出版社，2015，第 1272 页。

③ 丁宝桢：《覆陈机器局暂缓开办片》，载《丁文诚公奏稿》，贵州省文史研究馆、贵州历史文献研究会、贵州省毕节行署、贵州省织金县人民政府，2000，第 561 页。

④ 成都市地方志编纂委员会编纂《成都市志大事记》，方志出版社，2010，第 647 页。

⑤ 四川省地方志编纂委员会编《四川省志·大事纪述》上册，四川科学技术出版社，1999，第 99 页。

⑥ 四川省地方志编纂委员会编《四川省志·大事纪述》上册，四川科学技术出版社，1999，第 106 页。

资本主义工商业企业，1901～1911 年则先后创办了 108 家资本主义工商业企业。①

中日甲午战争中，北洋舰队全军覆没，清政府战败。随着《马关条约》的签订，日本的影响开始深入中国内陆。据郭沫若回忆：中国"从日本招聘了很多教师到中国来"，并且"翻译了大量的日本中学用的教科书"②。国人认识到，中外之间的差距不仅仅在物质，更在制度。1895 年 4 月，《马关条约》签订的消息传到北京。正在参加会试的康有为策动在京的举人进行集会，并在 5 月 2 日联名递交请愿书。1897 年，胶州湾被德国强占，次年旅顺、大连被俄国强租，民族危机进一步加深，康有为再次上书光绪皇帝请求变法。1898 年 6 月 11 日，光绪皇帝下达《明定国是诏》，戊戌变法开始。这份诏书提出开办京师大学堂，借学堂招收、培养人才。③ 以康有为、梁启超等人为代表的维新派依靠光绪皇帝的支持改革政府机构、创办新式学堂、传播新思想。由于维新派自身的局限、以慈禧太后为首的强大的守旧势力的反对，戊戌变法仅历时 103 天即告失败。如此短暂的变法虽很难起到根本性的变革作用，但多少也有所成效。在四川，戊戌变法的影响体现在三方面：一是创办了《渝报》《蜀学报》等以开风气为章程的报纸；二是设立蜀学会，商讨伦理、政事、格致；三是创办中西学堂等新式学堂。④ 除此之外，戊戌变法开启民智的作用也不容小觑。以吴玉章为例，当时在四川旭川书院读书的他热心宣传变法，被人们称作"时务大家"，每当变法诏书传来，支持变法的人"欢欣若狂"，令"守旧分子哑口无言"，支持变法的进步思想甚至在书院中占了上风。虽然好景不长，但谭嗣同等人不怕牺牲的精神激励着吴玉章等人与封建传统继续斗争。⑤ 吴玉章的经历代表着四川一代知识分子思想变革、成长的经历，维新变法使他们进一步了解到向西方学习的必要性并踏上了继续追寻救国良方的道路。

---

① 姚琳、彭泽平：《清季兴学潮中的"西部镜像"——清末四川新式教育兴起的历史考察》，《西南大学学报》（社会科学版）2009 年第 3 期。
② 实藤惠秀：《中国人留学日本史》，谭汝谦、林启彦译，生活·读书·新知三联书店，1983。
③ 《明定国是诏》，载刘斯奋主编、刘斯翰编纂《今文选·玖：近代政论卷》，中国言实出版社，2015，第 104～105 页。
④ 隗瀛涛等主编《四川近代史》，四川社会科学院出版社，1985，第 234～237 页。
⑤ 《从甲午战争前后到辛亥革命前后的回忆》（1961 年 9 月），载中共四川省委党史工作委员会《吴玉章传》编写组《吴玉章文集》（下），重庆出版社，1987，第 961～962 页。

在清政府努力自救的同时，民族危机的加深也使得越来越多的人奋起抗争。义和团运动正是其中之一。观察的角度会直接决定对这一运动性质的判断。从清政府内部政治斗争的角度看，慈禧在发动政变囚禁光绪帝后因西方列强的施压而感到焦虑、不安是义和团运动一度得到清政府默许乃至支持的原因之一。从西方侵略的角度看，侵略程度的加深、外来宗教的传入也是义和团运动引起广泛影响的重要社会原因。从中国内部的角度看，农民的日益贫困也是义和团运动得以一呼百应的重要原因。义和团运动虽然具有盲目排外等属性，但它以与敌人血战到底的爱国热情、英雄气概有力地打击了帝国主义列强瓜分中国的图谋，正如瓦德西所说："至于中国所有好战精神尚未完全丧失，可于此次'拳民运动'中见之。"①

义和团运动在直隶、山东地区声势浩大，也波及了其他地区，四川的反洋教运动、义和团运动也产生了一定的影响。随着西方派遣传教士入川，天主教在四川的影响大幅扩展。但天主教信仰毕竟与当地许多传统习俗不一致，加之侵略加深、人民穷困的背景，反对洋教的运动此起彼伏。1882年，四川天水镇建立教堂，民教纠纷频发。此后发生了三次攻打教堂、两次武装起义。这两次武装起义均由当地人余栋臣领导。1890年，大足县的余栋臣第一次组织起义反对洋教，拒绝解散义军后，起义力量被四处堵杀、剿灭，主力损失殆尽。余栋臣隐匿逃遁遭到通缉。在通缉力度放松后，余栋臣回到余家坝买田闲居，但遭人出卖被捕。亲戚商量营救，一路集结超过千人，并得到百姓协助，成功从监狱中救出余栋臣。营救成功后，余栋臣等人再次起义，号召以武力驱除洋人，队伍一度壮大到万人有余。全川30多个州县响应，周边省份如湖北、云南、贵州均有人打出"余蛮子"旗号起义。次年，起义在清军的围困下失败。② 余栋臣的斗争不是孤例。受义和团运动的影响，19、20世纪之交时四川反洋教运动风起云涌。1900年7月，大邑县罗文榜以"顺清灭洋"为旗帜率众捣毁教堂，周边地区23个州县亦有人响应，捣毁教堂。③ 自1902年的资阳起义起，四川义和团开始了大规模的武装斗争。廖观音、曾阿义领导的部属更曾围攻成都，震动全国。1901年，曾阿义从外地归

---

① 瓦德西：《瓦德西拳乱笔记》，王光祈译，时代文艺出版社，2013，第126页。

② 李传授总编、大足县县志编修委员会编纂《大足县志》，方志出版社，1996，第164~166页。

③ 四川省地方志编纂委员会编《四川省志·大事纪述》上册，四川科学技术出版社，1999，第133~134页。

来宣传义和团的宗旨，廖观音随其学习，因受曾赏识而被拥为观音。1902年，官兵在二人及部下练拳时进剿，二人决定起义。二人部属有数千人，在川西义和团中势力最强。同年夏天，川西义和团从各方逼近成都，希望一举攻取该城。由于各部配合失误，廖曾二人部属孤军奋战，被迫转移。秋季，经过休整，以二人部属为主力的义和团再次逼近成都。后来，清政府派岑春煊率领晋军入蜀镇压，廖曾二人接连失利。1903年，二人相继被捕、被处决。① 廖观音和曾阿义相继被捕后，起义仍有发生。这些起义的部分残部还在辛亥革命时投身保路运动之中。② 总的来说，四川的反洋教斗争影响大、参与成员广泛。据统计，19世纪60~80年代，四川发生教案数十次，1902~1903年四川的义和团运动更波及30多个州县，甚至影响到邻省。参与者不但有城市贫民、农民，也包括一些士绅、团练。③ 这些斗争反映出帝国主义侵略给中国带来的苦难，也进一步激发了各阶层的爱国热情，身在其中的王右木也曾受到影响。④ 当然，受限于指导思想等因素，这些斗争很难实现救亡图存的目标，也不宜被过高评价。

戊戌变法的失败使得清政府又一次错失了变革的机会，中国的民族危机随着帝国主义的侵略进一步加深。1901年，清廷下诏变法，指出学习语言文字、制造器械不过是"西艺之皮毛"，中国"学其皮毛而又不精"自然不得富强⑤。清末新政由此开始。历任四川总督推进新政，取得了一定成果。如奎俊选派官费生赴日留学，此后赴日留学生不断增加；岑春煊接任后，编练新军、设立川省学务处；锡良在任上提倡自办川汉铁路，创办四川通省师范学堂，设立劝工总局。整体而言，新政对四川的影响主要体现在"编练新军，开办警察""兴学育才，废除科举""振兴商务，奖励实业""剔除陋俗，移风易俗"等方面。⑥ 1905年，俄国在日俄战争中失败，时人认为这与

---

① 四川省地方志编纂委员会编《四川省志·人物志》上册，四川人民出版社，2001，第19~21页。

② 任昭坤、龚自德：《四川战争史》，四川人民出版社，2009，第211~212页。

③ 林建曾、王路平、王海涛等：《世界三大宗教在云贵川地区传播史》，中国文史出版社，2002，第364~365页。

④ 参见中共江油县委党史办公室《王右木传略》，载中共江油县委党史办公室编《四川马克思主义运动先驱者——纪念王右木诞生一百周年》，四川大学出版社，1988，第4~5页。

⑤ 陈元晖主编，璩鑫圭、唐良炎编《中国近代教育史资料汇编·学制演变》，上海教育出版社，2007，第3~4页。

⑥ 贾大泉、陈世松主编，吴康零分册主编《四川通史》卷六《清》，四川人民出版社，2010，第201~204、213~232页。

其未行宪政有关。① 同年，清政府派遣载泽、戴鸿慈等五人出洋考察。归来后，载泽上书称"立宪之利，有最重要者三端"，即"皇位永固""外患渐轻""内乱可弭"，中国可仿照日本实行预备立宪②。1906 年，清政府宣布预备立宪，从改革官制开始为宪政做准备。光绪皇帝、慈禧太后去世后，醇亲王载沣监国，令各省成立咨议局。直到 1911 年 3 月，第一届责任内阁成立。13 名内阁大臣中有满族贵族 9 人，其中皇族 5 人，故而这届内阁又被称为"皇族内阁"。这种将权力集中到皇族手中的行为使得立宪派人士对清政府进一步失望。对于王右木这一代青年来说，"皇族内阁"的成立使其认识到立宪道路不可行，革命势在必行。

从洋务运动到清末新政的一系列事件，不仅仅是清政府试图自救的历程，更是先进中国人对国情、世情认识加深的过程。在这一过程中，人们探索了不同的救国之路，在各个方案的实践中逐渐认识到追求革命以实现民主共和的必要性。这正是王右木成长的时代环境。

三 士子情怀

为了理解王右木的性格、思想形成过程，我们有必要探讨其从小的受教育经历和成长环境。其中既有其大哥的影响，又有江油的大环境以及各个学堂的影响。

王右木从小就在王初龄的教导下读书学习，积累了一定的文化素养，也具备了忧国忧民的情怀。王初龄以教书为生，时常改换教书地点，王右木的学习地点也随之更换。1893 年，6 岁的王右木在大哥的教导下读唐诗、《千家诗》。7 岁时，王右木开始学习《三字经》《百家姓》《千字文》等启蒙书。1895 年，王右木随大哥来到黄家私塾读书。3 年后，他跟着大哥来到江油匡山书院学习。又是 3 年之后，14 岁的王右木随大哥来到青川县渠河马过臣家塾读书。次年，他到江油登龙书院读书。16 岁时，王右木考入江油县立高小第一班。17 岁时，他跟随柯根腴学习算学。柯根腴也是江油人，是清朝的岁贡生，曾就读于登龙书院。柯根腴"毕生从事教育"，"道德文章皆为邑人所

---

① 白寿彝总主编，周远廉、龚书铎主编《中国通史 19》第十一卷《近代前编（1840—1919）》上册，上海人民出版社，2015，第 243 页。
② 载泽：《镇国公载奏请宣布立宪密折》，载周宇清编著《中国近代史重要文献导读》，四川大学出版社，2019，第 157 页。

称道"。① 同样就读于登龙书院的经历、柯氏的才华地位、王初龄的身份都是王右木随柯氏学习的原因。18 岁时，王右木考入江油龙郡中学堂。19 岁时，他先后在武都北门外周姓宅内女子小学和罗尚亭家任教。一年之后，他考入四川通省师范学堂。

在 20 岁之前，王右木辗转于多个学堂、私塾。从后人的回忆和研究来看，他最为关键的受教育经历当为在登龙书院、匡山书院的经历，他在这两所书院完成了"初中和相当于高中的课程"。② 这两所书院的历史、理念值得我们探讨。它们都与道光年间的翰林李榕有关。李榕字申夫，四川剑阁人，曾任职于曾国藩幕府，1865 年任湖南布政使，后因得罪权贵而去职返乡。1883 年，任龙安知府的蒋德钧听闻李榕大名，专门派人到剑阁，"以卑辞隆礼延聘"他到江油主讲登龙学院。在李榕到来之前，登龙书院的历届山长均为本地的士人，足不出县，书院教授科目限于以应举为目的的八股、试帖诗等。这导致学生知识面狭窄，甚至不知道刘向、郑玄是谁，不知道金陵、岭南等地在哪儿。当地官府对书院也不够重视，导致"学风不兢，形同虚设"。李榕到任后，首先扩大了教学范围，教授唐宋八大家古文以及《昭明文选》《通鉴辑览》等作品。③《昭明文选》由梁武帝之子萧统即昭明太子编纂，这部书以诗赋为主体，共选入分为 37 类的诗文 764 篇，是现存最早的保存完整且广为人知的大型诗文选集。④《通鉴辑览》则是 1767 年官修并在次年完成的一部编年纲目体史书，原名《御批历代通鉴辑览》，又名《历代通鉴辑览》，该书上至伏羲、下至明末，在原有史书基础上删繁就简而成。⑤ 由此可以发现，李榕并不希望将学生培养成科举应试的工具，而希望他们成为具备一定文学修养、历史素养的优秀人才。这与其追随曾国藩并曾主政一方的经历有关。从王右木后来的人生经历来看，他虽然饱读诗书、受老师和兄长影响对传统文化了解甚广，却能批判性地理解和认识包括儒家思想在内的多种思潮，这体现了登龙书院学风的影响。其次，李榕改变了书院的考核方式。

① 四川江油市政协文史委员会编《江油文史资料》第十一辑，内部资料，1990，第 84 页。
② 中共四川省委党史研究室编《四川党史人物传》第一卷，四川人民出版社，2016，第 1～2 页；王浴生：《关于我的父亲王右木的一些事情》，载中共江油县委党史办公室编《四川马克思主义运动先驱者——纪念王右木诞生一百周年》，四川大学出版社，1988，第 268 页。
③ 张淦：《李榕在江油主讲登龙书院记》，载中国人民政治协商会议四川省江油市委员会文史资料委员会编《江油市文史资料选辑》第一辑，内部资料，1988，第 63 页。
④ 梅运生：《魏晋南北朝诗论史》，安徽师范大学出版社，2016，第 217 页。
⑤ 安树芬、彭诗琅主编《中华教育通史》第五卷，京华出版社，2010，第 1101 页。

在"万般皆下品，唯有读书高"的年代，八股自然是书院教授的重中之重。但李榕就任后，每月月终考试的作文题不仅包括八股，还有策论题目，给生员发挥政治见解的机会。可以想见，时代背景中经世致用、自强求富的思潮已经通过李榕影响到了莘莘学子。八股不再是评价学生的唯一标准，这有助于书院培养出更多的人才。

这些改革卓有成效，县内学子敬服，来自四面八方的学生"不远千里负笈来院就读"，登龙书院人满为患。于是，在李榕和蒋德钧的支持下，当地于大匡山兴建匡山书院，据传这里也是李白读书之地。匡山书院竣工于1888年，山长由李榕兼任。落成时，为感谢李榕的贡献，全体生员推选后来的翰林张琴为代表撰写楹联："此地有广厦千间群沾大庇，何时得黄金万镒亲铸先生"。①作者借用了杜甫的诗句，赞扬了李榕高尚的情操与出色的教育水平并表达出强烈的感激之情。匡山书院许多楹联流传至今，这些楹联反映着书院的学术传统，有助于我们理解王右木少年时的成长经历。例如，一则楹联曰："安能折腰事权贵，岂肯低头在草莽"②，此句一方面切合了书院创始人

图1-2 李榕

资料来源：《四川剑阁李榕：廉之一字是我辈铁板注脚，毫无移易处》（2017年6月6日），中央纪委监察部网站，http://www.ccdi.gov.cn/yaowen/201706/t20170605_147566.html，最后访问日期：2021年3月17日。

李榕的人生经历，另一方面与儒家文化中重视百姓的思想传统相契合，恰恰也是王右木此后一生的写照。在江油的9年，李榕教导出了翰林张琴，举人张政、罗秀书，前文提到的散文家柯根腴等人。③ 这些人薪火

---

① 张淦：《李榕在江油主讲登龙书院记》，载中国人民政治协商会议四川省江油市委员会文史资料委员会编《江油市文史资料选辑》第一辑，内部资料，1988，第64页。

② 《匡山书院的楹联》，载四川江油市政协文史委员会编《江油文史资料》第十一辑，内部资料，1990，第254页。

③ 张淦：《李榕在江油主讲登龙书院记》，载中国人民政治协商会议四川省江油市委员会文史资料委员会编《江油市文史资料选辑》第一辑，内部资料，1988，第63～64页。

相传，使得江油文脉延绵。从李榕的改革我们可以发现，书院的目标不是培养科举的应试工具，而是使学生成为博学、忧国忧民、懂得实务的人才。于王右木而言，书院在两方面对其产生了深刻影响：一方面，这段受教育经历是其一度认同教育救国理念的原因之一，李榕在书院的崇高地位及其为江油带来的改变不能不让人认识到教育的重要性；另一方面，王右木并未被培养成百无一用、专擅八股的旧式文人，反而借书院生活开阔视野、了解时政，这为其对比多种思潮并身体力行地实践救国梦想打下了基础。

除学习生活外，家乡的社会环境也对少年时的王右木产生了深刻的影响，多部传记都在分析王右木时特别提及了 20 世纪初期四川的几次起义。①其中，前文已经探讨了由余栋臣、廖观音领导的起义。余栋臣 1898 年再次起义时，11 岁的王右木正随大哥在匡山书院读书。在提倡考查学生政治见解、培养独立思考的书院中，王右木也从各种渠道接触到了起义的相关信息。当 1902 年四川义和团运动进入高潮时，15 岁的王右木正在登龙书院读书。这时的他听闻此起彼伏的起义消息，已经开始思考抗争的社会根源及社会百病丛生的根本原因。除这两次起义外，1906 年 8 月由同盟会成员李实在江油发动的起义也非常重要。这时 19 岁的王右木已经成为教员，有了独立思考、辨别是非的能力。这次起义的经过、主张对王右木产生了更为直接的影响。李实字君儒，是四川绵州人。1906 年，他在上海经商时"始闻种族之说"，"日疢于清廷腐窳之私"，于是加入同盟会并在返回绵阳后准备起义。他先后到包括江油、彰明、平武、石泉在内的龙安府、保宁等地宣传革命学说，还拿出家产联络革命志士。起义原定于 1906 年 9 月在江油发动，但由于消息泄露，遭到了清军袭击。李实率众多次撤退、转移，在此过程中与达兴武、马少武等川北各县的义和团力量汇合，起义一度声势大振。10 月，李实等人兵分两路进攻，一度攻占了如今的剑阁县广平乡、白龙乡等地。清廷派兵进剿，李实等部坚守失利，李实阵亡。这是同盟会会员在四川发动的第一次武装起义，在同盟分会成立前就于川北打响了反对清政府的枪声。此外，该起

---

① 参见中共江油县委党史办公室《王右木传略》，载中共江油县委党史办公室编《四川马克思主义运动先驱者——纪念王右木诞生一百周年》，四川大学出版社，1988，第 4～5 页；吴汝柏《王右木同志永远活在我们心中》，《四川马克思主义运动先驱者——纪念王右木诞生一百周年》，四川大学出版社，1988，第 206～207 页。

义与作为农民起义的义和团运动相结合，具有深远的影响。① 身在江油的王右木也听闻过这次起义，深受大哥影响的他虽然尚未抛弃改良主义的观点，但仁人志士的奋斗也在他的心里烙下了深深的印记。

除求学经历、家乡的社会背景外，王初龄的影响贯穿着王右木整个少年时期。从启蒙书籍的选择，到学习场所的变更，再到身体力行的模范作用，王初龄对幼弟的悉心培养使他继承了自己身上的许多优良品质。勤奋、刻苦的品质尤为典型，王初龄虽因家境贫寒不得不在药铺当学徒，却能勤学苦练考中秀才。王右木同样也靠着勤学俭用读书学习。据记载，一家人想方设法只凑够了王右木一个学期的学费，另一个学期的学费则由他自己利用寒假时间摆摊出售春联筹集，他还不得不去教授蒙童以筹集学费。② 王初龄的政治立场对王右木亦产生了一定的影响。王初龄饱读儒家经典，主张忠孝为本、齐家治国平天下。王右木继承了其中以天下事为己任的情怀，所以才会穷尽一生孜孜以求救国之路。不过随着王右木的成长，两人的立场也出现了分歧。王初龄固然对清政府不满，但他一度仍希望在不推翻旧社会的情况下实行改良。而青年王右木则更为激进，主张"除政治方面必须作彻底的变革外，还必须发展科学"。③ 虽然由于清政府在预备立宪等一系列问题上令时人失望的举措，使王初龄最终也转向了共和，但这种思想上的分歧也为兄弟两人分道扬镳埋下了伏笔。

经过十余年的苦读，王右木成长为一位饱读诗书、忧国忧民、意志坚定的知识分子。他不信鬼神，相信科学，希望帮助中国摆脱亡国灭种的危机。我们可以从两则故事中感知此时王右木的性格与思想。十几岁时，王右木的姐夫去世，他的姐姐对王右木讲述了有关城隍庙、阎王、判官的种种传说，提到每到晚上，死人的鬼魂就会受到阎王的审判、判官和小鬼的毒打。王右木听闻后，半夜里带着油灯到城隍庙里寻找阎王，却一无所获。据此，他告诉自己的姐姐不要相信鬼神，要相信科学。④ 这体现出王右木坚信实践出真

① 蒋志：《辛亥革命中绵阳市境的几次武装斗争》，载四川省政协文史资料和学习委员会编《辛亥波涛：纪念辛亥革命暨四川保路运动一百周年文集》，四川出版集团、天地出版社，2011，第213～214页。
② 中共四川省委党史研究室编《四川党史人物传》第一卷，四川人民出版社，2016，第1～2页。
③ 王浴生：《关于我的父亲王右木的一些事情》，载中共江油县委党史办公室编《四川马克思主义运动先驱者——纪念王右木诞生一百周年》，四川大学出版社，1988，第268～269页。
④ 王浴生：《关于我的父亲王右木的一些事情》，载中共江油县委党史办公室编《四川马克思主义运动先驱者——纪念王右木诞生一百周年》，四川大学出版社，1988，第271页。

知的理念，这种理念也反映在了他对救亡图存道路的选择过程中。同时，不信鬼神使王右木希望以自身努力寻找出救世济民的道路，相信科学则使他刻苦学习知识，一度认可科技救国的理念。另一则故事则更为鲜明地体现出他为国为民的情怀。王右木曾名"祐谟"，后改名为"右木"。从四川巡按使有关于王右木留日的公牍来看，他在赴日留学前就已将自己的名字改为"右木"。① 据他本人所说，之所以改名，是因为他认为以后要"为人民服务"，所以要"同普通老百姓接近"。而老百姓文化水平不高，"祐谟"难以辨认，"右木"则浅显易懂，更容易得到人们的认可。② 这和匡山书院"安能折腰事权贵，岂肯低头在草莽"③ 的精神不谋而合。也就是说，年轻时的王右木已经把为人民服务作为自己人生的准则，虽然他在如何服务的道路上仍需探索，但救国救民的理想已经形成。为了让自己时刻保持向上的斗志，他和同时代的许多有志青年一样，都养成了游泳、爬山、洗冷水澡的习惯。④

第二节　救国救民不懈寻索

一　百家争鸣

近代中国的思想变革从了解、认识西方开始。这鲜明地体现在部分中国士人"开眼看世界"上，如魏源写成《海国图志》、徐继畬写成《瀛寰志略》、郑观应写成《盛世危言》等。此后，随着民族危机的加深、中国内部变革的渐次展开，不同的思潮在中国传播、实践、交锋，并对包括王右木在内的先进中国人产生了深刻影响。在王右木接受马克思主义之前，教育救国、科学救国两种思潮对他影响尤深。

---

① 《四川巡按使咨陈教育部准咨补留日自费生王右木等官费各节应予免补留作本年度考入失效新生之费一案》，《四川旬报》1915 年第 2 期，第 1 页。
② 《有关王右木同志的片断回忆：（六）刘刚甫的回忆》，载中共江油县委党史办公室编《四川马克思主义运动先驱者——纪念王右木诞生一百周年》，四川大学出版社，1988，第 251 页。
③ 《匡山书院的楹联》，载四川江油市政协文史委员会编《江油文史资料》第十一辑，内部资料，1990，第 254 页。
④ 王浴生：《关于我的父亲王右木的一些事情》，载中共江油县委党史办公室编《四川马克思主义运动先驱者——纪念王右木诞生一百周年》，四川大学出版社，1988，第 271 页。

洋务运动的推进及同时期思想家的探索使得教育救国思潮产生并发展。"师夷长技以制夷"的理念要求国人学习西方的科学技术，在实践上表现为"洋务教育"的开展。洋务运动期间，清政府大量开办洋务学堂、派遣留学生并翻译西方科学技术书籍。这些洋务学堂大致分为三类：其一为京师同文馆等外国语学堂；其二为天津水师学堂等军事学堂；其三为技术学堂。留学生中也出现了如詹天佑这样的优秀人才。这一时期的先进国人已经认识到了西方教育体制的运行方式及优势，如张之洞就曾介绍道，"外洋各国学校之制，有专门之学，有公共之学。专门之学极深研几，发古人所未发，能今人所不能"，"公共之学所读有定书，所习有定事，所知有定理，日课有定程，学成有定期"。在这种体制下，"师无不讲之书，徒无不解之义"，"官无不习之事，士无不用之学"。① 同时，王韬、郑观应等思想家也不断呼吁开办学校，学习和引进西方教育制度。例如，王韬提出"国之强弱何由哉"？在于"人材之盛衰"，而今时不如古代的原因在于"今之教学者皆乖其方也"，"欲养人材，必兴学校"②。郑观应将西方各国教育人才之道概括为三类，即"学校""新闻报馆""书籍馆"，提倡"将西国有用之书，条分缕析，译出华文，颁行天下各书院"③。也正是在早期维新派的呼吁下，公共藏书楼开始建立。④

甲午战争的失败进一步惊醒了国人，从近代教育入手救亡图存的呼声日渐高涨。严复在《原强》中提倡"标本并治"，标者指如俄国那样的"收大权，练军实"，本者指"使民智日开，民力日奋，民德日和"，其中民智又最为重要⑤。《马关条约》签订后，严复进一步批判洋务派是"盗西法之虚声，而沿中土之实弊"，提倡更加全面、深入地学习西学，这种学习"舍西学洋文不可，舍格致亦不可"⑥。严复的主张并非孤例。梁启超曾这样描述康有为："先生以为欲任天下之事，开中国之新世界，莫亟于教育"，讲课时"每

① 《学制第四》，载苑书义等主编《张之洞全集》第十二册，河北人民出版社，1998，第9742页。
② 郑观应：《王紫诠广文〈论宜去学校积弊以兴人材〉》，载夏东元编《郑观应集》，上海人民出版社，1982，第248～249页。
③ 夏东元编《郑观应集》，上海人民出版社，1982，第247～248页。
④ 周红：《教育救国思想与中国近代图书馆的产生》，《图书馆理论与实践》2005年第5期。
⑤ 严复：《原强》（1895），载赖骏楠编著《宪制道路与中国命运：中国近代宪法文献选编（1840—1949）》上卷，中央编译出版社，2017，第44页。
⑥ 严复：《救亡决论》，载刘东主编《近代名人文库精萃：龚自珍、严复》，陕西出版集团、太白文艺出版社，2012，第137～138页。

论一学，论一事，必上下古今，以究其沿革得失，又引欧美以比较证明之，又出其理想之所穷及"①。康有为重视教育的思想也体现在他给光绪帝的建议中，他认为中国受西方"凌侮"的原因在于"学校不设，愚而无学"，因此"欲使三年而强，必使全国四万万之民，皆出于学，而后智开而才足"②。梁启超也呼吁"亡而存之，废而举之，愚而智之，弱而强之，条理万端，皆本于学校"③。此时的"教育救国"论者认为教育不仅是"救国的根本手段"，还是"与列强争胜、挽回利权的关键"，更是"国家富强的基石"。④ 这里的教育主要指向学习西方而非中国传统。根据对教育重要性及中西差异的认识，改良旧书院、建设新式书院的事业在各省开展起来。例如，1896 年通过的《请整顿各省书院折》使得西方自然科学进入了书院的传授范围。1898年，张之洞于武昌设立农务学堂，邀请美国农业教授教学。同年，江南制造总局也在局内设立了工艺学堂，教授化学工艺、机器工艺。模仿西方教育制度实行改革也是维新变法与洋务运动的区别之一。洋务运动在教育方面的主要贡献体现在建立各种专门学堂，而建立囊括中小学等各阶段在内的教育制度并非其重点。而在维新变法期间，从小学到大学的学制系统开始构建。女子学堂、侨民学堂也得到了一定的重视。⑤

1901 年 1 月，清政府发布上谕开始新政，同年 8 月颁布诏书鼓励兴建学堂。1902 年 8 月，近代中国第一个由国家正式颁布的学制《钦定学堂章程》颁布，章程规定了各级学堂的立学宗旨。1904 年，以《奏定学堂章程》为标志，"癸卯学制"确立。这份章程明确规定了各学堂都需遵守的立学宗旨，即"均以忠孝为本，以中国经史之学为基。俾学生心术壹归于纯正，而后以西学瀹其智识，练其艺能，务期他日成材，各适实用，以仰副国家造就通才、慎防流弊之意"⑥。这明显地反映出"中体西用"的思想。这一章程的主要影响有三：其一，为推进教育行政系统的建立，自 1905 年起，从中央到

① 《梁启超：万木草堂的教学》，载陈谷嘉、邓洪波主编《中国书院史资料》下卷，浙江教育出版社，1998，第 2373～2374 页。
② 康有为：《请广教育而成人才折》，载董丛林编写《中国近代思潮与文化选讲》，河北人民出版社，2012，第 264 页。
③ 梁启超：《学校总论》，载董丛林编写《中国近代思潮与文化选讲》，河北人民出版社，2012，第 263 页。
④ 李忠：《近代中国"教育救国"与"实业救国"的互动》，《西南大学学报》（社会科学版）2011 年第 4 期。
⑤ 吴洪成：《中国近代教育思潮新论》，知识产权出版社，2016，第 13～15 页。
⑥ 舒新城编《中国近代教育史资料》上册，人民教育出版社，1981，第 195 页。

图 1-3 康有为与梁启超

资料来源：张筱强等编著《图片中国百年史（1894—1994）》上卷，山东画报出版社，1994，第 30 页。

省再到各州县的教育领导机构得以建立，如中央级的教育行政机构学部、各省的提学司相继建立；其二，推动了西方自然科学、人文社科思想的传播，这也使得一部分知识分子在了解西方后走上了支持变革的道路；其三，学堂、学生人数大大增加，据统计，1902 年全国学堂不到 800 所，而 1909 年时已有约 53000 所，学生超过 150 万人。[1] 总之，这一学制是中国第一个系统的学制，成为中国教育近代化的标志性事件之一。

其后，科举被废除。1906 年，清政府又明令颁布了统一的教育宗旨，规定"学堂以中学为主，西学为辅；培养通才，首重德育；并以忠君、尊孔、尚武、尚实诸端定其趋向"[2]。根据这一整体宗旨，各类学堂的教育宗旨也得以确立。这一宗旨使教育与国家、民族的命运联系起来，且确立了国民教育、普及教育的概念，具有重大意义。[3] 教育宗旨的颁行意味着开办各类学堂在入学条件、学习年限、学习内容等方面有据可依，有助于全国学堂的统一管理，也推动了近代教育的继续发展。中华民国成立后，教育受到了进一步的重视。1912 年，蔡元培被聘为临时政府教育总长。由于时间仓促，临时政府只得先行颁布《普通教育暂行办法》和《普通教育暂行课程标准》。此后，在吸取各界人士意见的基础上，教育部将草案三易其稿，又召开了全国

---

① 宋恩荣主编《近代中国教育改革》，教育科学出版社，1994，第 90~91 页。
② 陈景磐：《中国近代教育史（第三版）》，人民教育出版社，2007，第 228 页。
③ 杨天平：《晚清教育宗旨史论》，《教育研究》2001 年第 12 期。

临时教育会议。① 1912～1913 年，教育部陆续颁布了各类学校法令，形成了相对完整的系统，被称为"壬子癸丑学制"。这一学制取消了毕业生奖励科举出身的规定，缩短了普通教育年限，增加了初等和中等补习教育并肯认了女性受教育的权利②。

教育救国思潮的兴起、实践，与中国重视教育的传统、近代中国所处的社会状况有关。首先，儒家思想有着重视教育的传统，如王右木、王初龄这样深受传统文化熏陶的知识分子都曾投身教育事业。其次，近代以来列强的侵略、压榨及中国国内的危机构成了教育救国思潮兴起的现实背景。可以发现，教育救国这一思潮根据每个时期人们对民族危机的理解不同而发生改变，这从侧面说明了其与现实的密切关联。最后，先进国人对救国方案的不懈探索是教育救国思潮历久弥新的原因所在。中国人在学习西方的过程中发现西方国家通过近代化的教育实现了国家富强，自然希望把这种经验运用在中国实际上，但随着对国情认识的加深，先进国人越发认识到中国的教育需要有自身的特点，这也构成了教育救国思潮自身衍化的内在动因。整体来说，教育救国的思想与实践对提高文化素养、塑造现代国民、实现民族觉醒具有重要意义。同时，这一思潮与其他救国方案的结合也构成了对现代化道路的有益探索。例如，实业救国和教育救国的结合促进了"新式教育的本土化和中国固有工商教育的近代改造"③。科技救国在很大程度上也需要依赖近代教育所培养出的人才。不过，虽然教育救国对于推进现代化、缓解民族危机具有长远作用，但在不触及社会制度的情况下，仅靠教育很难从根本上应对国内外的种种危机，从清末到民国初年的学制演变即为明证。真正适应资本主义发展的教育制度要到中华民国成立后才得以逐步建立。

科学救国的思潮同样随着国内外形势的变化而演变。从林则徐、魏源等人开始，学习西方先进的科学技术已经为先进的中国人所提倡。所谓"师夷长技以制夷"，在当时的环境下被主要理解为学习西方先进的科学技术。这在洋务运动中得到了贯彻落实。1866 年，恭亲王奕䜣希望设立天文、算学学堂并聘请西方教师教学，他在上书时提到"华人之智

---

① 周洪宇总主编，申国昌副总主编，赵厚勰、刘训华主编《中国教育活动通史·第七卷：中华民国》，山东教育出版社，2017，第 28～34 页。
② 王建军：《中国教育史新编》，广东高等教育出版社，2014，第 291 页。
③ 李忠：《近代中国"教育救国"与"实业救国"的互动》，《西南大学学报》（社会科学版）2011 年第 4 期。

巧聪明不在西人以下，举凡推算、格致之理，制器、尚象之法，倘能专精务实，尽得其妙，则中国自强之道在此矣"①。这反映出洋务派以科技救国的思想。洋务派兴办与科技相关的各式学堂、积极翻译西方科技书籍，都应被看作"科学救国"的实践。不过，这一时期的"科学救国"主要指向西方军事技术，尚未充分认识到基础科学的重要性，因此也被称为"技术救国"②。洋务运动的失败、民族危机的加深，使得国人进一步认识到中西差距。谭嗣同认为，"西国强盛之本""虽在议院、公会之互相联络，互相贯通"，但"其格致、制造、测地、行海诸学，固无一不自测算而得"，因此"无诸学无以致富强，无算学则诸学又靡所附丽"③。康有为则指出："泰西之强，不在军兵炮械之末，而在其士人之学。新法之书，凡一名一器，莫不有学。理则心伦生物，气则化光电重，业则农工商矿，皆以专门之士为之。此其所以开辟地球，横绝宇内也。"④ 谭康二人都谈到了科学的重要性。他们认可科技的重要性，但同时认识到西方强盛的根本在于制度。因此，有学者概括道：维新派在批评洋务派只重技术的同时认识到了西方科技对国家建设的意义，作为"救国工具"的科学在此期间也越来越口号化、简约化乃至意识形态化。⑤ 在此背景下，西学中的自然科学少为人所重视，而"政论"则成为青年学生关注的中心。为扭转这一趋势，许多知识分子大力宣扬科学知识的重要性。⑥ 1902 年，严复指出"正本而艺末"是"颠倒错乱"的观点，如果"艺"指科学，则"西艺实西政之本"，如果"艺"不指科学，"政艺二者乃并出于科学"，无论如何，"科学"都是"富强之实资"，学习"科学"的效果不如预期只是因为为政者"于其艺学一无所通"⑦。1905 年，游历各国的康有为发表《物质救国论》，阐述了科学救国的主张。他认为，"以

---

① 戴逸、李文海主编《清通鉴（16）穆宗同治三年起—穆宗同治十二年止》，山西人民出版社，1999，第 7024 ~ 7025 页。
② 薛子燕：《科学与救国：近代中国科学观念开展的历史语境》，《自然辩证法研究》2015年第 2 期。
③ 谭嗣同著、文明国编《谭嗣同自述》，安徽文艺出版社，2014，第 132 页。
④ 任继愈主编《中华传世文选·晚清文选》，吉林人民出版社，1998，第 443 页。
⑤ 张剑：《从"科学救国"到"科学不能救国"——近代中国对科学认知的演进》，《史林》2010 年第 3 期。
⑥ 张剑：《从"科学救国"到"科学不能救国"——近代中国"科学救国"思潮的演进》，《自然科学史研究》2010 年第 1 期。
⑦ 严复：《与外交报主人论教育书》，载李敖主编《戴震集 雕菰集 严复集》，天津古籍出版社，2016，第 412 ~ 413 页。

吾遍游欧、美十余国，深观细察，校量中西之得失，以为救国至急之方者，则惟在物质一事也"，"物质"中"救国之急药"指"工艺、汽电、炮舰与兵而已"。① 清朝末年，随着近代学堂数量的增多、各类书籍的出版、教员的培养，国人的科学素养得到了一定的提升。不过，虽然科学的重要性一再被强调，时人对科学的理解却未必中肯。同时，在 20 世纪初期立宪与革命的浪潮之中，从政治入手拯救中国的思想兴盛，科学救国尚未风行。直到民国建立，作为思潮的科学救国真正形成并具备了一定的影响力。②

辛亥革命推翻清政府后，如何建设新的国家成为亟待解决的问题，实业救国的思潮由此而兴。欲建实业，科学发展必不可少，这构成了科学救国思潮兴盛的第一个原因。如孙中山所说，"满清时代权势利禄之争，吾人必久厌薄。此后社会当以工商实业为竞点，为新中国开一新局面"③。基于此，孙中山任大总统时及卸任后都积极地投身实业。重视实业与科学也是社会各界的共识，据不完全统计，1912 年内创办的各类实业团体就超过 40 个。④ 再者，中华民国的成立并未立竿见影地解决中国所面临的问题，军阀的统治、官僚机构效率的低下似乎说明中国的问题不只在革命与否，这也使得更多仁人志士投身于科学救国，"科学救国"越发成为潮流。张奚若回忆道：无论在上海、南京还是陕西，沿路所见"很难令人满意"，革命党人成功后"对于治理国家、建设国家，在计划及实行方面，就一筹莫展"，革命因此"徒有其表"，中国并未"更现代化一点"，于是他决定"到外国去读书，预备学些实在的学问，回来帮助建设革命后的新国家"⑤。无独有偶，时任河北实业司长的李四光忧心于革命党人受到排挤，以"办事棘手"为名请辞，得知许多革命党人选择出国留学后，打定主意"不如再读书十年，准备一份力量"⑥。许多留学生在学习的过程中越发认识到科学的重要性。1914 年，任鸿隽、杨杏佛联系赵元任等人发行了名曰"科学"的月报，并于 1915 年出

---

① 戴逸主编《二十世纪中华学案·综合卷 1》，北京图书馆出版社，1999，第 126 页。
② 张剑：《从"科学救国"到"科学不能救国"——近代中国"科学救国"思潮的演进》，《自然科学史研究》2010 年第 1 期。
③ 《政权皆以服务为要领——致民国军政府电》（1911 年 11 月 16 日），载孟庆鹏编《孙中山文集》上，团结出版社，2016，第 325 页。
④ 陈旭麓：《近代中国社会的新陈代谢》，生活·读书·新知三联书店，2018，第 311 页。
⑤ 张奚若：《辛亥革命回忆录》，载中国人民政治协商会议陕西省委员会文史资料研究委员会编《陕西辛亥革命回忆录》，陕西人民出版社，1982，第 24 页。
⑥ 马胜云、马兰编著《李四光年谱》，地质出版社，1999，第 26～27 页。

版创刊号，同年成立了中国科学社。①《科学》月刊及这一组织为科学知识与理念的普及、科学救国思潮影响的扩大做出了巨大贡献。五四运动后，"科学救国"思潮的影响仍旧巨大。陈独秀就曾叮嘱时人，"举凡一事之兴，一物之细，罔不诉之科学法则，以定其得失从违；其效将使人间之思想云为，一遵理性，而迷信斩焉，而无知妄作之风息焉"，故国人"欲脱蒙昧时代"，"当以科学与人权并重"。② 同时，根据所重视科学领域的不同，科学救国的思潮中出现了"农业救国""理科救国"等不同主张。

"科学救国"思潮本身及人们对"科学"的认识历经发展演变，从最早的注重技术，到后来认识到基础科学的重要性，从不了解科学是什么，到有关科学教育的普及，这一思潮的理论与实践对中国的现代化起到了重要作用，甚至对于今天的科教事业发展仍有一定的借鉴意义。但与此同时，这一思潮的问题在于未能认识到科学与社会制度的关系。如恽代英所说："技术科学是在时局转移以后才有用，他自身不能转移时局。若时局不转移，中国的事业，一天天陷落到外国人手里，纵然有几千几百技术家，岂但不能救国，而且只能拿他的技术，帮外国人做事情，结果技术家只有成为洋奴罢了。"③ 换言之，在中国未能从根本上改变自身半殖民地半封建社会的前提下，科学的发展一方面很难顺利，另一方面很难真正实现国家独立、民族复兴。

除教育救国和科学救国之外，王右木还曾了解过克鲁泡特金的无政府主义。王右木给施存统的信中提到自己曾"只以读日本森户辰男著《克鲁泡特金研究》为主，及其他各新杂志"，对社会主义派别并不明了④。从信中提及的时间来看，这一时期当在 1921 年，也就是王右木从日本归来之后。虽然无政府主义早在 1899～1907 年就已传入日本，但当时这一思想与其他主张的分野还不够明晰。直到一战后，随着日本劳工运动的发展，无政府主义才在 1922 年前掌握了日本社会运动的霸权。1921 年 4 月，东京帝国大学经济学部机关杂志《经济研究》刊载了副教授森户辰男的论文《克鲁泡特金的社会思想的研究》。校内右翼团体据此向校长举报并上报文部大臣，森户辰男被免

① 汪楚雄：《启新与拓域：中国新教育运动研究（1912—1930）》，山东教育出版社，2010，第 67～68 页。
② 陈独秀：《敬告青年》，载《独秀文存·论文》上，首都经济贸易大学出版社，2018，第 6 页。
③ 恽代英：《学术与救国》（1923 年 12 月 1 日），载《恽代英文集》上卷，人民出版社，1984，第 388 页。
④ 《致施存统的信》（1923），载中共江油县委党史办公室编《四川马克思主义运动先驱者——纪念王右木诞生一百周年》，四川大学出版社，1988，第 113 页。

职并被起诉。① 也就是说，在 1921 年之前，王右木不可能阅读到森户辰男的作品，如果我们以这部作品作为王右木受到无政府主义影响的主要标志，那么他受到无政府主义影响甚至接受这一思想的时间是相对短暂的。在阅读《新青年》《社会问题总览概观》后，王右木即转向马克思主义。② 因此，相较于教育救国、科学救国这些曾影响王右木对自身人生规划的思想，无政府主义只在其转向马克思主义过程中短暂地影响过他。

总之，近代以来，教育救国、科学救国两种思潮随时势演变而消长变化，在不同时期具备差异化的内涵。青年们在不同思潮间对比、思索的过程也是他们思想日渐成熟、行为日益坚定的过程。

二 星星之火

在近代历史上，一大批四川人曾对中国的政治、经济、文化、社会产生过重要影响。邓小平、刘伯承、吴玉章、陈毅、张澜等人都出身四川，王右木也是其中之一。近代以来，新文化新思想主要依靠书院、学堂及报纸进行传播，因此本部分将先以这些新思想阵地的建设、变革为线索，分析四川思想界的动态，再分析不同思潮的表现与影响。

近代以来四川新文化、新思想的兴起可以追溯到 1875 年尊经书院的建立。这座书院并非新式书院，其指导理念和改革也大致处于中国传统文化的范畴，但它为四川近代知识分子的产生、近代思想的传播做了一定的准备。例如，书院学子廖平在《今古学考》中区分了汉代今、古文经学，对康有为的变法思想产生了影响；又如，四川维新变法、保路运动中的许多中坚人士均出自该书院。③ 1875 年，时任四川学政的张之洞同四川总督吴棠等人听取丁忧在家的工部侍郎薛焕的建议，商议建立尊经书院。薛焕等人提出建议时，四川的最高学府为创办于 1704 年的锦江书院，但该书院日久生弊，且主要讲授八股这类于科举有益的学问。基于这种情况，张之洞在《创建尊经书

---

① 森正藏：《日本社会运动斗争史（前篇）》，赵南柔等译，中国建设印务股份有限公司，1949，第 16~17 页。
② 《致施存统的信》（1923），载中共江油县委党史办公室编《四川马克思主义运动先驱者——纪念王右木诞生一百周年》，四川大学出版社，1988，第 113 页。
③ 李晓宇：《从〈四川尊经书院举贡题名碑〉看尊经书院的办学理念》，载党跃武主编、王金玉副主编《四川尊经书院举贡题名碑》，四川大学出版社，2013，第 41~42 页。

院记》中对书院提出了期望：希望学子"非博不通，非专不精"，学成后"各以倡导其乡里后进，展转流衍再传，而后全蜀皆通博之士"。为达成这一目标，书院课程不仅包括"经、史、小学"，还包括"算术、经济"①。不过，八股文并不在书院讲授的范围内。②据考证，这座书院的创办模仿了"文翁新学"，反映出复兴地方学术、兴盛汉学的期许。③"文翁"是西汉景帝末年的蜀郡太守，他就任后，不只派遣学生到长安求学，还在当地创办郡学，该郡学被称为"文翁石室"。郡学的开办改变了成都的文风学风，使得蜀学兴盛，开启了地方政府办学的传统。文翁兴学的精神绵延不绝，对四川的文教产生了深远的影响。④尊经书院的创立也起到了与文翁兴学类似的作用，使得四川地方学术界、思想界生机勃勃。

尊经书院建立后，提议建立书院的薛焕就任首任山长。在丁宝桢等人的多次邀请下，1878 年 12 月，王闿运来川就任第二任山长。王闿运是著名的今文经学家，他在拜见丁宝桢时提到"凡国无教不立，蜀中教始文翁遣诸生诣京师，意在进取，故蜀人多务于名"⑤。这番话从侧面说明了王闿运本人的办学理念，在他的影响下，四川学术界的空气一转而为醇厚清高，并且经世致用的思潮也得以传播。王闿运就任山长期间，培养出了廖平、宋育仁、杨锐等优秀人才。在王闿运的影响下，廖平撰写了《今古学考》《公羊春秋补正后序》，主张"尊今抑古，托古改制"；宋育仁所写的《周礼十种》中的"周公图谱"也为托古改制提供了蓝图。康有为托古改制的思想"均渊源于廖、宋"⑥。

在维新变法从酝酿到推进的过程中，四川的知识分子做出了很大贡献。在北京，一批四川士人为变法奔走宣传，其中以刘光第、杨锐最为典型。刘光第曾求学于成都锦江书院，1883 年任刑部主事。1894 年，他写成《甲午条陈》抨击时弊、主张变法。杨锐毕业于尊经书院，后成为张之洞的幕僚。1885 年，杨锐通过顺天府乡试步入仕途。甲午战败后，他签名支持"公车上书"。为推进维新变法，他同康有为等人成立"强学会"，并带头上书反对封闭该会。之

① 吴剑杰编著《张之洞年谱长编》上卷，上海交通大学出版社，2009，第 46 页。
② 何一民：《转型时期的社会新群体：近代知识分子与晚清四川社会研究》，四川大学出版社，1992，第 3 页。
③ 李晓宇：《从〈四川尊经书院举贡题名碑〉看尊经书院的办学理念》，载党跃武主编、王金玉副主编《四川尊经书院举贡题名碑》，四川大学出版社，2013，第 44 页。
④ 何一民、王毅主编《成都简史》，四川人民出版社，2018，第 93~94 页。
⑤ 张远东、熊泽文编著《廖平先生年谱长编》，上海书店，2016，第 37 页。
⑥ 刘绍唐主编《民国人物小传》第十九册，生活·读书·新知三联书店，2017，第 102 页。

后，刘光第、杨锐一同成立"蜀学会"，并加入康有为所建的"保国会"。维新变法开始后，刘杨二人受到了光绪皇帝的接见，担任军机章京参与改革。慈禧太后政变后，二人相继被捕问斩，和同被问斩的四人一起被誉为"戊戌六君子"。据统计，在公车上书中签字的四川举人达 71 人，约占总数的 11.8%，在各省中位居第四。① 四川士人拳拳报国之心可见一斑。

在四川本省，维新变法的浪潮也日渐兴盛，其中的代表人物正是上文提及的宋育仁。1886 年，宋育仁来到北京。受到中法战争的冲击及维新思潮的影响，宋育仁开始观察西方的科技、制度。根据这些观察，他在 1891 年写成了《时务论》，推崇君主立宪制，主张发展民族工商业。② 1894 年，宋育仁被清政府派遣出国。他将自己在法国、英国的所见所闻写成《采风记》，寄望于两院制、君主立宪制，更为坚定地支持自己在《时务论》中提出的君主立宪主张。归国后，他修改了《时务论》，并将之与《采风记》一起刊印出版。这两部作品反映了宋育仁对时局的基本主张，产生了很大的影响。除政治上肯定西方议会制度、托古改制之外，他也阐述了自己在经济方面的主张，包括发展民族主义工商业，提高资产阶级地位、权利，减轻苛捐杂税，抵抗经济侵略等。③ 1895 年，回国的宋育仁被聘为北京强学会主讲，次年受命回四川任商务局监督。在商务局任上，他兴办了煤油、煤矿、玻璃等企业，并坚持不引入西方资本、各公司自主。1897 年，他创办了《渝报》，这也是四川第一家近代报刊。在《渝报》创刊号中，宋育仁撰写的《复古即维新论》体现了他及这份报纸的主张，文章写道"今天下竞言变法，不必言变法也，修政而已。天下竞言学西，不必言学西也，论治而已；天下竞言维新，不必言维新也，复古而已"，因此"今日救时之务，必先复学校之制"。可以看出，宋育仁等人的主张是托古改制、复古维新。这份报纸介绍了西方的科技、文化，阐明了维新派人士的主张，对四川维新运动的开展起到了推动作用。据统计，《渝报》最多曾在省内外设有派报处 52 处，遍布北京、天津、南京、上海、苏州等地，其影响可见一斑。④

---

① 何一民、王毅主编《成都简史》，四川人民出版社，2018，第 308～310 页。
② 四川省地方志编纂委员会编《四川省志·大事纪述》上册，四川科学技术出版社，1999，第 91 页。
③ 李济琛主编《戊戌风云录》，金城出版社，2014，第 470～473 页。
④ 王绿萍、程祺编《四川报刊集览·上（1897—1930）》，成都科技大学出版社，1993，第 2 页。

1898 年，宋育仁被聘为尊经书院山长，离开重庆前往成都。《渝报》因而停刊。宋育仁到成都后，组织了维新团体"蜀学会"，并以学会名义创办《蜀学报》，宋育仁为总理，廖平为总纂。这份报刊设有谕旨、奏折、论文、新闻等栏目，意在"以西学来昌明蜀学"，把四川"变成宣传托古改制、维新变法的基地"。不过，此处的西学不仅仅包括技艺层面的科学技术，更扩展到了制度层面，如宋育仁等人曾试图论证西方资本主义工商业、君主立宪制度都是中国自古有之的事物，因此，此处的西学范围自然也就超出了洋务运动时所指的技艺层面。在维新变法期间，《蜀学报》积极宣传维新派的主张，报道维新派的活动。① 除办报外，蜀学会还定期举办讲会，宋育仁、廖平等人在集会中讲授外国史学、公法、矿学、机器制造等内容。他们还编印了《蜀学丛刊》，介绍西方议会章程、工商业法规，并翻印了《天演论》《法意》等书。② 此时的尊经书院也值得一提，1897 年时，书院即计划模仿西学设立天文、地理等课程并将考试方法改为策论，但由于条件限制而没能实现。③ 张之洞等人最初创办尊经书院意在兴盛蜀学，而此时宋育仁等人仍以蜀学为主张，但两者对蜀学的理解却不尽相同。以宋育仁等人为标志，蜀学已经在近代化的浪潮中走向维新。诚如有学者所言"近代蜀学的发展，至此到了一个转变的关头"。④

在近代革命的历史上，四川人曾做出巨大贡献。邹容正是其中重要的一位。为纪念就义的六君子，邹容作诗曰："赫赫谭君故，湖湘士气衰。惟冀后来者，继起勿志灰。"⑤ 牺牲没有吓退邹容，反而激励他继承前人遗志。1902 年，邹容自费到日本求学。进入东京同文书院后，他在学习语言的同时接触到了西方经典著作。这些著作对他产生了巨大影响，他认为"卢梭诸大哲之微言大义，为起死回生之灵药，返魄还魂之宝方，金丹换骨，刀圭奏效，法、美文明之胚胎，皆基于是"，他希望"请执卢梭诸大哲之宝幡，以

① 凌兴珍：《试论戊戌年四川维新派的喉舌〈蜀学报〉》，载李大明主编《巴蜀文学与文化研究》，商务印书馆，2005，第 343～344、348 页。
② 何一民：《转型时期的社会新群体：近代知识分子与晚清四川社会研究》，四川大学出版社，1992，第 7 页。
③ 贾大泉、陈世松主编，吴康零分册主编《四川通史》卷六《清》，四川人民出版社，2010，第 555～556 页。
④ 刘复生等：《近代蜀学的兴起与演变》，四川大学出版社，2017，第 112 页。
⑤ 邹容：《题谭嗣同遗像》，载周永林编《邹容文集》，重庆出版社，1982，第 32 页。

招展于我神州土"。① 在日本学习期间，邹容与张继、陈独秀等人共同成立了革命团体"青年会"，从事革命活动。清廷见状，照会日方将邹容遣送回国。1903 年 4 月，邹容到上海后与章炳麟、章士钊等人结成挚友。5 月，邹容以"革命军中马前卒"之名出版了《革命军》一书。全书围绕中国的现实危机热情歌颂革命，作者如是说："我中国欲独立，不可不革命；我中国欲与世界列强并雄，不可不革命；我中国欲长存于二十世纪新世界上，不可不革命；我中国欲为地球上名国、地球上主人翁，不可不革命。"②《革命军》产生了巨大反响，孙中山赞道："此书感动皆捷，其功效真不可胜量。近者求索纷纷，而行箧已罄。"中华民国成立后，邹容、谢奉琦、喻培伦、彭家珍等作为四川烈士的代表得到追封。③

至此，前文以时间为线索阐述了四川士人在历次变革中的行动及当地思想界的动向，其中也部分涉及了教育救国、科技救国的主张与实践。为便于读者理解王右木思想转变的时代背景，下文还将简述四川教育救国、科技救国的相关情况。

在四川，教育救国的思想与实践突出表现为书院、学堂的创办和演变。1875 年创办的尊经书院虽然还不是近代学堂，但其振兴蜀学的目标及教学理念、方式的改革却切合时政，培养出宋育仁、廖平等维新派知识分子。1891 年，重庆开埠，四川人与外国人的交流大大增加。次年，鉴于外患，也为了便利中外交流，川东道黎庶昌在重庆创设洋务学堂。学堂选拔了 20 名学生，分别教授其中文、英文、数学。由于经费由黎庶昌自筹，在他去职后该校也只得停办。④ 黎庶昌曾随郭嵩焘出使英法各国，其洋务思想深受曾国藩影响，故积极兴办近代教育、工业。其创建的洋务学堂也是近代四川第一所新式学堂。1895 年 12 月，四川总督鹿传霖上书光绪皇帝请求设立中西学堂。次年，中西学堂开学，部分学生学习英文，部分学生学习法文。学堂既聘请洋文教习教授语言、地理、测算、各国历史等，又聘请华文教习教授经史策论。这座学堂"既是四川近代高等教育的开端，也是当时西南地区最早的近代新式高等学堂"。⑤ 有感于甲午战争中的失败，也得益于维新派人士的推动，四川

① 邹容:《革命军》，载周永林编《邹容文集》，重庆出版社，1982，第 40 页。
② 邹容:《革命军》，载周永林编《邹容文集》，重庆出版社，1982，第 38 页。
③ 周勇主编《邹容集》，重庆出版社，2011，第 30～31 页。
④ 四川省地方志编纂委员会编《四川省志·大事纪述》上册，四川科学技术出版社，1999，第 93 页。
⑤ 姚琳、彭泽平:《清季兴学潮中的"西部镜像"——清末四川新式教育兴起的历史考察》，《西南大学学报》（社会科学版）2009 年第 3 期。

兴起了创办新式学堂的浪潮，先后创办了崇实学堂、新亚书院、紫金精舍、广安官立学堂、遂宁学堂、算学馆、西文学堂等新式学堂。① 戊戌变法失败后，虽然刘光第、杨锐就义，《蜀学报》遭到查封，但四川的"思想文教战线，已到处新机怒发"，各地新式学堂如雨后春笋般出现。② 1901 年清政府实行新政，规定在省城的书院改建为大学堂，在府厅直隶州的改为中学堂，在州县的改为小学堂，并建设蒙养学堂，培养新政可用之才。在新政的影响下，四川各地书院纷纷改为学堂。③ 同年，四川派遣首批官费留学生出国。1902 年，遵照新政的指令，四川总督奎俊将锦江书院、尊经书院以及四川中西学堂合并为四川通省大学堂。④ 同年，岑春煊就任四川总督，决定设立四川学务处以督办四川学堂事宜。1903 年，锡良就任川督，任上继续鼓励办学。随着学堂的大量兴办，对教师的需求与日俱增，师范学堂也大量出现。有学者统计，截至 1907 年，四川共有各类学校 7775 所，位列全国第二，仅次于直隶省的 8300 多所，但学生人数超过 24 万，是广东省的 3 倍多，第二名广东仅有 74000 人左右。⑤

在四川，科学救国的思想在各时期表现出不同的特征。1894 年，刘光第上书陈述变法维新的主张，其中建议"隆重武备以振积弱"。这就需要近代科学的发展。刘光第认为"算学、制器、测量、管驾诸务，中国非不为之，奈承学者多不得其人，遂皆有名无实"，"夫天算制器，皆中土神圣所开，火炮兵轮，亦古人射御之变，即谓取材异国，亦期有益我邦"⑥。这就反映出维新派人士对西方科学的整体态度。他们认同向西方学习先进科技的重要性，不过为减小改革的阻力，也为迎合当时的思想潮流，他们思想中托古改制的色彩较为浓厚。除此之外，当宋育仁等人在成都讲学时，其所讲内容不仅包括西方先进的科学技术，还介绍了其政治制度、法律等。这也说明维新派人

---

① 四川省地方志编纂委员会编《四川省志·大事纪述》上册，四川科学技术出版社，1999，第 118 页。
② 张秀熟：《二声集》，巴蜀书社，1992，第 149 页。
③ 四川省地方志编纂委员会编《四川省志·大事纪述》上册，四川科学技术出版社，1999，第 140 页。
④ 姚琳、彭泽平：《清季兴学潮中的"西部镜像"——清末四川新式教育兴起的历史考察》，《西南大学学报》（社会科学版）2009 年第 3 期。
⑤ 王笛：《清末"新政"与四川近代教育的兴起》，《四川大学学报》（哲学社会科学版）1985 年第 2 期。
⑥ 刘光第：《甲午条陈》，载中国人民政治协商会议四川省委员会文史资料研究委员会编《四川文史资料选辑》第二十辑，四川人民出版社，1980，第 4～5 页。

士在科学救国的基础上认识到了变革政治制度的必要性。

中华民国成立后，科学救国的思潮更为风行，这一方面是因为建设共和国的需要，另一方面是辛亥革命后的中国使许多国人感到失望。相较于洋务派、维新派对西方科学的介绍和引进，这一时期任鸿隽及其创办的中国科学社对科学的理解及宣传都更为深入。1886年，任鸿隽出生于四川巴县。1904年，他进入重庆府中学堂学习，毕业后担任教员。1907年，他考入上海中国公学。1908年，他受资助到日本留学，次年考入东京高等工业学校化学科。辛亥革命爆发后，任鸿隽激动万分，中断学业回国工作，担任总统府秘书处秘书。南北议和后，他被选派到美国康奈尔大学学习化学。在康奈尔大学学习期间，任鸿隽与胡适、杨杏佛等人商讨，决定成立中国科学社。1914年，中国科学社成立，次年决定出版机关刊物《科学》杂志，这份杂志成为中国长期、系统介绍西方科学的开始。得益于中国科学社及《科学》的长期宣传，"科学"这一最早由康有为译自日文的词语逐渐得到广泛认可，到1919年，"科学"已成为和"德先生"并列的"赛先生"。[①] 虽然从科技入手实现救亡图存的观念被不少人认同，但受限于教育背景，时人对科学的理解颇多谬误之处。以任鸿隽为代表，诸多知识分子致力于推动科学精神为更多人所理解、认可。以任鸿隽从美国归来后在上海环球学生会的演讲为例，他在这次演讲中批判了时人对科学的三种错误理解，说明了科学的本质。这三种错误理解分别是：其一，将科学当作"变戏法"，认为科学神秘无用，故敬而远之；其二，科学如同科举时代的八股、四书五经，用名词公式替代"子曰、诗云"等字眼，科学家不过是"文章家"，不会发明而只会抄袭；其三，科学就是功利主义和物质主义，固然必要，但富人、有权者会优先享受其产品，即只看见了科学的应用，没看到科学的本体。接下来，他对科学做出如下界定：其一，科学是学问而非艺术，形而下的艺术仅是科学的应用，形而上的才是科学的本体；其二，科学是事实不是文字，它要探求世界万物而不是读古人的学问。基于这种解释，科学家是"讲事实学问，以发明未知之理为目的的人"，而人们也不应该因发展实业而忽视科学的重要性。[②]

---

① 文守仁：《任鸿隽传略》，载卞孝萱、唐文权编《民国人物碑传集》，凤凰出版社，2011，第471页；何学良、李疏松、何思谦：《海国学志：留美华人科学家》，上海人民出版社，2007，第141~144页。

② 任鸿隽：《何为科学家》，载张宝明主编、张剑副主编《新青年·思潮卷》，河南文艺出版社，2016，第159~164页。

四川虽处内陆，但近代以来，四川思想界随着世界及中国形势的变化而风起云涌，有波澜壮阔之势。一代代四川知识分子为谋求救国救民之路前赴后继、孜孜以求。王右木正是其中之一。他成长成才的年代恰恰是19、20世纪之交四川风云激荡的时代，其思想也因此而多次转变。

三　上下求索

近代新旧交替的社会背景为各种思想的传播、争鸣提供了社会条件。先进的中国人在各种主张间追寻、求索，希望找到正确的救国之路。这种求索不可能是一蹴而就的。个人对各种思想的评判总要经历一定的过程，也只有经历了不同思想间的对比，个人才有可能建立起对某种思想的坚定信仰。王右木正是如此。随着思想的发展，他曾先后认可"教育救国""科技救国"，最终才选定马克思主义作为坚定不移的信仰。这种选择的过程非但无损于他的形象，反而更论证了他选定马克思主义不是年轻时的一时冲动，而是深思熟虑后的无悔选择，印证了马克思主义相对于其他救国主张的先进性和优越性。本部分将探讨王右木在进入四川通省师范学堂前后的思想发展历程及原因。其间，他也曾身体力行地实践改良主义主张，但改良主义的局限使得这些努力无法彻底达成救亡图存的目标。

王右木的童年、少年经历使其一度认同"教育救国"的理想。从时代背景来看，他成长的19、20世纪之交正是四川近代教育迅速发展的时期，跟随大哥辗转于各个书院、学堂的王右木可以亲身感受到教育近代化的浪潮与成果，这让他充分认识到教育的意义。从家庭环境来看，王家虽然败落，但父亲、大哥都曾读书进学，形成了重视教育的家风。王初龄之所以能成为家中的支柱，是因为他勤学苦读，考中秀才。而王右木自幼跟随大哥，教书育人的大哥不可能不对他产生影响。家风的影响、大哥的楷模作用都使王右木认识到了教育对个人、对家庭的重要性。从受教育经历来看，王右木所就读的书院也使他充分认识到教育对国家、社会的意义。王右木曾就读于登龙书院和匡山书院，这两所书院的历史、理念对他产生了巨大影响。在李榕对登龙书院实行改革、建立匡山书院前，当地书院"学风不兢，形同虚设"，但在李榕的带动下，江油涌现出一批人才。① 书院学子张琴考中进士，入翰林院，

---

① 张淦：《李榕在江油主讲登龙书院记》，载中国人民政治协商会议四川省江油市委员会文史资料委员会编《江油市文史资料选辑》第一辑，内部资料，1988，第63～64页。

颇得翁同龢赏识。① 为了感谢李榕，匡山书院生员把"此地有广厦千间群沾大庇，何时得黄金万镒亲铸先生"的楹联赠予他。② 从小苦读、进入书院的王右木听闻李榕的业绩，感受到一地因教育而产生的变化，或许也曾心向往之。这也是他选择"教育救国"道路的原因之一。

基于对教育重要性的认识，19 岁的王右木选择成为一名教员，身体力行地开始实践"教育救国"。为了更好地实现理想，他希望前往师范学堂深造。20 岁时，他考上了四川通省师范学堂。这所学堂成立于 1905 年，于次年春正式开学。学堂的学生由各府县定额审送，培养体系分为初级部、简易部、优级部三部分。其中，相当于初级师范的初级部停办于 1910 年；面向年长者、与初级部程度相同的简易部于 1908 年改为预科；优级部则为其主体，即本科。应发展教育的需要，学堂还陆续设立了手工专修科、高等小学堂。学堂的宗旨是"造就中等学堂和初级师范学堂的教员、管理员"。学堂课程范围广泛，包括教育学、心理学、国文、算学、外国文等。1909 年，教习 26 人中有多名留日学生，理科教习主要由日本教习担任，如教授代数的小川正、教授博物的须藤一等。学生的权利和义务方面，学生就读期间的学费、住宿费由官费和省学务公所负担，不过入学时需交保证金，如中途退学则概不退还。学生毕业后需要按规定服务于教育界，其中优级部学生需要服务 6 年，如身在边远地方则可减至 4 年。同时，优级部毕业生会按成绩被授予相应功名并补为教员，例如优级部获得最优等、优等和中等的学生会被作为"师范科举人"补用为教员。③ 王右木之所以选择这座学堂，一方面是因为学费、住宿费不用自己负担，另一方面是因为学堂教育质量较高，有助于其实现教育救国的理想。

1908 年，21 岁的王右木继续在四川通省师范学堂学习。他在假期回家时与江油永丰乡茶店子郭氏完婚。后来，王右木为郭氏改名为王丹木。思想先进的王右木在婚后还要求王丹木放脚，并且始终不同意自己的女儿缠足。④ 受主客观条件的限制，王丹木或许并不能完全理解王右木的某些选择，但她始终尽力打理好家庭事务，节衣缩食，支持丈夫的理想追求。1909 年，王右木从

---

① 丁稚鸿等编著《李白与巴蜀资料汇编》，巴蜀书社，2011，第 410 页。
② 张淦：《李榕在江油主讲登龙书院记》，载中国人民政治协商会议四川省江油市委员会文史资料委员会编《江油市文史资料选辑》第一辑，内部资料，1988，第 64 页。
③ 四川大学校史编写组编《四川大学史稿》，四川大学出版社，1985，第 22 ~ 25 页。
④ 王浴生：《关于我的父亲王右木的一些事情》，载中共江油县委党史办公室编《四川马克思主义运动先驱者——纪念王右木诞生一百周年》，四川大学出版社，1988，第 271 页。

四川通省师范学堂毕业，被江油龙郡中学堂聘为监督。龙郡中学堂是江油县最早开办的中学，学堂于 1906 年由匡山书院改办，位于武都。之后该学堂又改为龙安联合县立中学。① 当时的监督相当于校长。王右木能得到这一职位，也是因为晚清时期学堂毕业的学生会被授予与受教育经历相符的功名。学成归来的王右木回到了自己的家乡，希望以所学改变这里的面貌。

然而，帝国主义的侵略、人民生活的困苦触目惊心。1907 年后，灾荒普遍出现，与之相伴的是烽烟四起的抗捐起义。1909 年，湖南水灾导致饥荒缺粮。湖南巡抚仍允许商人运粮出省，加之官吏的贪腐，大量粮食外流，长沙粮价从"二三十文飞涨到七八十文以上"。当愤怒的百姓冲击巡抚衙门时，警卫开枪造成数十人死伤。愤怒的群众把巡抚衙门烧了个精光。② 这种现象并非孤例，20 世纪初清政府统治下的中国物价飞涨，清政府的改革虽在进行却显得诚意不足。与此同时，以严复、康有为为代表的一批知识分子在 20 世纪初期高声疾呼科学对国家、民族的重要意义。面对此情此景，王右木反复思索，发现教育救国难以彻底解救中国。如果不能弥补中外在科技上的差距，那么救亡图存的目标终究难以实现。因此，他辞去了龙郡中学堂监督的职务，并于 1910 年再次考入四川通省师范学堂，于理化专科学习物理、化学。对于出身贫寒并且已经要养家糊口的王右木来说，辞去职务并不是简单的选择，这反映出他为了追逐理想、谋求救国之路而不惧挑战的勇气。

放弃了监督职位的王右木遇到了经济困难，他一面省吃俭用，一面靠写字赚取酬劳。不过，困窘的家境使他不得不在 1911 年辍学返家。同年，他的长女王松英（又名王兰）出生。返家后，他被聘任为龙郡中学堂教务主任。在教务主任任上，王右木尽职尽责。1912 年，张秀熟投考龙郡中学堂，考查他的就是时任教务主任的王右木。王右木通过一道国文题、一道数学题对他进行考查。不到一个小时，学校便录取了张秀熟，王右木马上派人把张秀熟带到新生宿舍。王右木工作的认真高效可见一斑。据张秀熟回忆，新生院曾有一名舍监，是杨卓夫监督的儿子。但这位舍监不仅随地小便，还胡乱指挥。学生们向王右木反映后，王右木马上找杨卓夫沟通，自此舍监再未去过。③ 这件事说明了王右木重视学生、秉持公义的为人。

① 江油市地方志编纂委员会编纂《江油县志》，四川人民出版社，2000，第 991 页。
② 孙骁骥：《购物凶猛：20 世纪中国消费史》，东方出版社，2019，第 57～58 页。
③ 张秀熟：《序》（1986 年 11 月 17 日），载中共江油县委党史办公室编《四川马克思主义运动先驱者——纪念王右木诞生一百周年》，四川大学出版社，1988，第 2 页。

中华民国的成立激励着王右木进一步追寻救国之路。1912 年夏季，王右木返回四川通省师范学堂继续学业。返校后，王右木积极提倡科学，团结同学探讨国家政治。① 1913 年秋季，王右木从理化专科毕业。这时的四川通省师范学堂已经改名为四川高等师范学校。② 毕业后的他回到龙郡中学堂，担任物理教师一职。据当年的学生回忆，王右木"教学的态度很认真，阐发道理很清楚，举例很明白浅显，一上教室就不断地讲，不断地拿起彩色粉笔画图表、写简要说明，讲话声和粉笔打在黑板上的夺、夺声互相应和，完全吸住了我们的注意力。我们感觉很紧张，也嫌他有些急躁，但又感到他实在教得好，又那么积极热情，把我们的学习态度也转变了"。③ 不仅如此，王右木还善于以多种方式启发学生。图画老师要求学生画马头，这对许多学生而言有些困难。王右木指导学生把要求画的马头分解成不同方格，并且按照方格的位置进行临摹。这一方面体现了王右木的理科素养，另一方面说明他"善于启发、诲人不倦"。④

1907~1913 年，渐趋成熟的王右木求学、结婚、任教，也有了自己的孩子，但他并未忘记自己少年时立下的志向与求学的初心。为了救国的理想，他甘愿放弃监督的职位返校求学，也甘愿再次返校重新深造。这反映出他坚定的理想信念。同时，他以高度认真负责的态度对待自己的事业，在教书育人上得到了学生的好评，这也符合他一直以来的追求。总的来说，教育救国、科学救国是这一时期王右木坚守的信念，但这两种道路都有其固有缺陷。这种缺陷随着时代发展渐渐展露在王右木面前，最终使他选择前往日本求学。首先，教育救国的理念看到了新旧交替的时代需要新的上层建筑，以培养适应眼前变局的人才。但这种主张呼唤难以在短时间内改变国家、民族的面貌，人民的生活依然困苦，清政府的统治依旧腐朽。其次，科技救国的主张认识到了生产力水平的制约，希望通过发展科技实现救亡图存的目标，但这种主张忽略了社会现实对生产力发展的制约作用。只有建立起适应现代化

① 王大德：《叔父王右木烈士》（1962 年写于武汉），转引自邓寿明《王右木是最早提出武装工农的共产党人》，载中共江油市委党史工委编《王右木研究》，四川大学出版社，1989，第 119 页。
② 柯昌俊：《王右木年谱（1887 年—1924 年）》，载中国人民政治协商会议四川省绵阳市委员会文史资料委员会编《绵阳市文史资料选刊》第十辑，内部资料，1992，第 171 页。
③ 张秀熟：《四川马克思主义运动先驱者——记王右木烈士》，载中共江油县委党史办公室编《四川马克思主义运动先驱者——纪念王右木诞生一百周年》，四川大学出版社，1998，第 175 页。
④ 张秀熟：《序》（1986 年 11 月 17 日），载中共江油县委党史办公室编《四川马克思主义运动先驱者——纪念王右木诞生一百周年》，四川大学出版社，1998，第 3 页。

的政权、扫清生产力发展的种种阻碍，科技的发展才有可能实现。评价人物不能脱离历史环境，王右木曾选定其他救国之路无损其光辉形象。教育救国、科技救国是在近代影响很大的两种思潮，各有独到之处，也得到了很多先进中国人的认可。救国道路的探索需要一个过程，也只有通过这样的过程，最终选定的信仰才会坚定不移。恽代英曾评价王右木"确为热狂而忠于中央者"①，王右木之所以能建立这种忠诚，正是因为他曾比对过多条救国道路。

四 东渡日本

历史人物的思想状况是复杂的。虽然王右木本着科技救国的想法赴日求学，但这不代表辛亥革命酝酿、爆发过程中的一系列事件没有对其思想产生影响。这些影响为他日后的思想转变做了铺垫。因此，本部分有必要对辛亥革命，特别是辛亥革命在四川酝酿、发展的情况及其对王右木的影响做简要分析。1905 年同盟会成立后，谢奉琦、黄复生、熊克武等人回到四川准备起义。1906 年，同盟会员李实计划在江油发动起义，但由于消息泄露被清军袭击，虽多次转移仍兵败身死。这并未阻止革命志士前仆后继的奋斗。1907年，江油人刘绳初在重庆经人介绍结识了熊克武，并在不久后接受了同盟会的纲领。加入同盟会后，刘绳初受熊克武之命回到家乡宣传革命，他秘密成立了"川西国民社"，凌翼正是其中的成员之一。②凌翼也是江油人，他在1908 年被聘为江油县立高等小学堂示范班经史文教员。在学堂开学时，凌翼对学生如是说："欲求强国之道莫外乎人人能自强，人人能自强然后足以抵制异类，保全同胞"，而"中国之弱由于民智未能开通，教育未能普及"，因此"中国之强当自学堂始"，各位学生若能自强也会是"中国挽弱为强之一大关键"。③从这段话中我们不难看出"教育救国"的理念。与此同时，刘绳初、凌翼还写成讨清檄文秘密传播。这份檄文声讨了清政府的腐朽统治，强调了中

① 恽代英：《恽代英给团中央的信——请适当指导四川团的工作》（1923 年 6 月 21 日），载中共江油县委党史办公室编《四川马克思主义运动先驱者——纪念王右木诞生一百周年》，四川大学出版社，1998，第 65 页。

② 蒋志：《辛亥革命中绵阳市境的几次武装斗争》，载四川省政协文史资料和学习委员会编《辛亥波涛：纪念辛亥革命暨四川保路运动一百周年文集》，四川出版集团、天地出版社，2012，第 214 页。

③ 蒋志：《凌翼遗文》，载中国人民政治协商会议四川省江油市委员会文史资料委员会编《江油市文史资料选辑》第一辑，内部资料，1988，第 66 页。

国领土一步步被帝国主义列强夺取的事实，还歌颂了一系列的反清斗争，号召"还我社稷，复兴中原"，"共和告成"①。檄文所署日期为1908年，辛亥革命之前，同盟会类似的宣传行动不在少数。家在江油、就读于新式学堂的王右木或多或少地接触到了资产阶级民主革命理念。

保路运动对辛亥革命有着重要意义，四川的保路运动更是近代历史上的重要事件，也对当时当地的王右木有所触动，因此有必要对四川保路运动产生、发展的历程做出简要介绍。保路运动不只在四川爆发，但四川的保路运动声势尤为浩大，这与运动的社会动员、沟通机制的失效等原因有关。由于各种税金的征收，川汉铁路与四川大多数家庭有着直接的经济联系。而收归国有意味着普通人无法从铁路中获取收益。更何况，铁路还会被换取借款，这就更令人无法忍受。最终，四川保路运动在社会动员的形式和规模上胜过两湖地区，形成了一致的利益诉求。② 除此之外，清政府内部的人事纠葛、沟通机制的失效也使得保路运动最终走上了武装起义的道路。例如，盛宣怀在借款问题上未曾与各省督抚沟通，在成都血案后仍保持强硬，不接受地方诉求，沟通机制失效。③ 又如，署理四川总督赵尔丰和粤汉川汉铁路大臣端方两人意见不一，起初对国有、镇压政策持保留意见的赵尔丰最终在压力下选择了弹压，酿成了成都血案。④ 这时，前文提到的凌囦认为时机已成熟，他辞去教员职务组织起义。1911年11月19日，凌囦在江油附近的双河乡宣布起义，向江油县城进发。不过，守城方检查守备情况时发现已有内应，便砍断了浮桥。起义军难以过河，内应也无法响应。最终，在官府劝降、被清军包围的窘境下，凌囦选择撤退，起义第三天时他被俘牺牲。⑤ 王右木在1911年时因经济困难从四川通省师范学堂辍学返乡，次年才返回学堂继续学

---

① 蒋志：《辛亥革命中绵阳市境的几次武装斗争》，载四川省政协文史资料和学习委员会编《辛亥波涛：纪念辛亥革命暨四川保路运动一百周年文集》，四川出版集团、天地出版社，2012，第214～215、218页。

② 何一民：《现代化视野下的社会动员与辛亥革命——以四川保路运动为例》，《社会科学》2011年第10期。

③ 葛风涛：《清末保路风潮何以激化》，《史学月刊》2014年第7期；王志刚：《论盛宣怀与四川保路运动的发展》，《史学集刊》2014年第4期。

④ 鲜于浩：《保路运动时期的端方与赵尔丰：从政见相左到明争暗斗》，《四川师范大学学报》（社会科学版）2011年第6期。

⑤ 蒋志：《辛亥革命中绵阳市境的几次武装斗争》，载四川省政协文史资料和学习委员会编《辛亥波涛：纪念辛亥革命暨四川保路运动一百周年文集》，四川出版集团、天地出版社，2012，第216页。

业，身在江油的王右木目睹了凌闇起义发生、发展的历程。

在武昌起义胜利后，全国各省纷纷宣布独立。民主的共和国即将诞生，这似乎预示着中国苦难历史的拐点。此时，就连相对保守的王初龄都在县城中首倡共和。而对于王右木而言，革命的阶段性成果激励着他克服生活中的重重困难，认真对待教务主任任上的种种工作，并以更加积极的态度提升自己。1912 年，王右木再度前往四川通省师范学堂复学。据记载，他在校期间"立志专攻数理科，以提倡科学为己任，并经常团结有志之士，研讨国家政治，广为倡导，以发扬民主"，"研究富国强兵之道"。① 这种态度从侧面说明了辛亥革命推翻清政府、中华民国成立对他的影响。虽然这时王右木仍寄希望于"科技救国"，但见证了资产阶级民主革命的他也深刻体会到了革命对于救亡图存的重要意义。

从王右木改名一事的时间可以看出，在辛亥革命之后，他曾积极地相信中华民国会将中国发展成为民主、共和的新国家。可惜的是，虽然辛亥革命成功地推翻了清政府、宣传了民主共和的观念，但中国丧权辱国的现实没能得到根本性的改变。王右木认识到，若想实现救国救民的理想，自己还需要进一步学习。

向外国学习是当时许多先进国人的共识。但在向哪一国家学习的问题上，人们莫衷一是。王右木最终选择向日本学习，与时代背景、四川特点及其本人的受教育经历有关。从时代背景来看，日本毕竟是亚洲国家，其"脱亚入欧"的经验似乎更可为中国学习，于是，向日本学习就成为一条简捷易行的救国之路。从四川的特点来看，中国甲午战败后，日本在四川教育界的影响越来越大。1902 年时，四川武备学堂即已聘用日本教习。有学者统计，1909 年，在四川的日本教员共 40 人，仅次于直隶、江苏，位列全国第三。1905 年时，四川的留日学生已有近 400 名，1906 年时达到 800 名，这些留学生回川后大量投身教育事业。由此可见，日本对四川教育界有巨大影响，王右木受其影响也就不足为奇了。从王右木的个人经历来看，四川通省师范学堂中有许多教员是留日学生，且理科方面的教员多为日本人。有研究认为，王右木在四川通省师范学堂读书时，和日本人小川相熟，受其影响了解到日本明治维新后的状况，因而萌生了前往日本的念头。② 小川可能就是四川通

---

① 中共江油县委党史办公室：《王右木传略》，载中共江油县委党史办公室编《四川马克思主义运动先驱者——纪念王右木诞生一百周年》，四川大学出版社，1998，第 7 页。

② 中共江油县委党史办公室：《王右木传略》，载中共江油县委党史办公室编《四川马克思主义运动先驱者——纪念王右木诞生一百周年》，四川大学出版社，1998，第 8 页。

省师范学堂的教员之一、教授代数的小川正。当时，四川也有派遣官费留学生前往日本的计划，王右木考取名额后大大减轻了留学的经济负担。综合以上因素，王右木最终选择前往日本。但王右木赴日后仍学习理工课程，这就从侧面说明了在他赴日之前，科学救国的理念在其思想中仍占主导地位。

对于一个已经成家立业、家庭并不富裕的年轻人来说，选择远赴海外学习并不是简单的决定，但他义无反顾地走上了这条路，支撑着他的是为国为民的理想信念。

图1-4 王右木（右一）

资料来源：《走进初心地·（1921—1930）丨王右木纪念馆：在这里寻找四川马克思主义运动的星星之火》（2021年1月19日），四川在线，https：//sichuan. scol. com. cn/ggxw/202101/58026638. html，最后访问日期：2021年3月17日。

02

王右木与四川早期
马克思主义者

从教育救国到科技救国再到坚信马克思主义才能救中国，王右木作为四川早期马克思主义者之一，其思想及信仰的转变最早便源于其在日本留学时期接触到的马克思主义思想，以及在日本接触的一批中国马克思主义先驱者（如李大钊、李达等）。日本是中国早期"西学东渐"的重要学习媒介，然而，日本早期的马克思主义传播也存在着语言、翻译、水土不服等方面的局限。本章主要以时间为脉络，梳理了明治维新以后日本马克思主义思想的传播发展和中国的爱国先驱东渡日本寻求救国之路的尝试，以及在此背景下王右木等四川留日爱国先驱如何向马克思主义者转变，归国后又如何结合中国革命实践将马克思主义思想中国化的过程，对四川马克思主义的"星星之火"形成燎原之势的重要意义以及当时的时代限制进行了总结评述。

内容提要

同时面对向现代转型严重危机的东亚各国，在内忧外患中积极寻找救国之路。清政府几经探索，在洋务运动和戊戌变法失败后最终走向覆灭。但同一时期，日本的明治维新却取得了成功，日本这个在东亚世界偏居一隅的岛国正在向现代化国家迅速迈进。在这一过程中，最初由欧洲产生的马克思主义思想也传入亚洲，最先在日本扎根并发展起来。伴随着思潮的开放与涌入，中国留学日本的热潮也达到了一个高峰，大量爱国人士积极走出国门寻求救国之路，以王右木为代表的爱国先驱便是在这一背景下逐步成长为马克思主义者的。

第一节　马克思主义在日本的兴起与发展

一　明治维新：日本早期马克思主义传播发展的重要契机

明治维新使日本完成了从封建幕藩体制到近代资本主义的改制任务，确立了日本近代国家的基本政治制度。它是一场化解殖民危机，力求救亡图存实现国家崛起的民族自救运动。

19世纪中期的日本，虽然仍处在幕府统治时期，但在一些地区已经出现了资本主义的萌芽。特殊的地理位置以及相对封闭的农业经济，决定了日本在这一时期的对外政策也呈现自我封闭的状态。而相对的，同一时期的欧洲各国已经相继完成了工业革命，从传统的农业社会转入工业社会的发展阶段，脱离了土地和手工作坊的束缚，资本开始迅速累积。资本的逐利性让率先完成转变的国家不再满足于自己家门口的收益，随着地理大发现和新航路的开辟，他们开始用坚船利炮将贸易武装起来，在世界范围内把控资源、累积财富。资本的相通性，让日本早期出现资本主义萌芽的地方与外来的资本产生共鸣，建立起联系。1853年，美国海军准将马休·佩里等率领舰队进入江户，把美国总统米勒德·菲尔莫尔写给日本天皇的信交给了德川幕府，要求同日本建立外交关系和进行贸易。这就是著名的"黑船事件"（亦称"黑船开国")。面对咄咄逼人的美国海军战舰,日本不得已于 1854 年同美国签订了《日美亲善条约》,又名《神奈川条约》,同意向美国开放除长崎外的下田和箱馆(今函馆)两处港口,并给予美国最惠国待遇。外来势力的强势介入,激化了国内业已存在的矛盾。同时,不平等条约的签订也使得逐步式微的德川幕府成为社会讨伐的对象。面对外辱,民主主义情绪被激发出来,日本国内各界危机与救亡图存的意识高涨。

德川幕府时期的日本处于封建制度之下,国家由幕府的直辖领地和大小不等的"藩"地组成,天皇是名义上的统治者,德川幕府将军则掌控实权,"藩"地一部分由德川幕府的亲近把控。"藩"地内部自治权利较高,所以当列强来侵,各个阶层形成了不满的共识之时,以"萨长土肥"(即萨摩、长州、土佐、肥前)四个藩为主的倒幕派从尊王攘夷到开国倒幕,通过学习国外先进技术等,在戊辰战争中消灭了德川幕府和反抗者,寻求建立新政府、推行新政策,结束了长达 600 多年的武士封建制度,建立了日本近代史上第一个统一的中央集权政府。政治上,日本试图效仿当时强国的三权分立,通过推行天皇与议会政治相结合的方式,将自己打造成"西方"强国;经济上,通过学习欧美的先进技术,进行工业化改革,发展产业;社会层面,则大力发展新式教育,提倡"文明开化"。这是一场自上而下的、具有资本主义性质的全面西化和现代化的改革运动。

明治维新之后,日本逐步发展强大起来,逐渐摆脱民族危机,成为近代亚洲唯一保持民族独立的工业强国,从而为马克思主义在日本的传播与发展提供了条件。这是日本历史上一次影响极其深远的政治革命,也是日本历史的重要转折点以及现代日本的真正起点。通过明治维新,广大中下级武士和平民推翻了德川幕府,将大政归还天皇,他们以"富国强兵"为口号,在政治、经济和社会等方面实行广泛而深入的改革,促进日本的现代化和西方化,企图建立一个能同西方并驾齐驱的国家。明治维新使日本从一个闭关锁国的封建国家逐步转变成资本主义国家,摆脱了沦为半殖民地国家的命运,成为亚洲第一个走上工业化道路的国家。然而,明治维新虽然改变了日本落后的面貌,但也造成了日本社会新的紧张,阶级矛盾和阶级斗争不断加剧,这为马克思主义在日本的传播提供了土壤,也为中国的仁人志士接触和学习马克思主义提供了机会。

二 明治维新以来日本早期社会主义运动

明治维新使日本国内逐渐掀起大规模学习西方制度和传播西学的热潮。随着国家实力的逐步提升，日本也进一步从制度到文化上实现了脱亚入欧，逐步走上了资本主义道路。

明治维新之后的19世纪70~80年代，日本爆发了一场全国规模的群众性政治运动——自由民权运动，要求制定宪法、设立国会、减轻地税、改订不平等条约和确立地方自治。这场运动开始于武士之间的权力斗争，日本的土佐藩和肥前藩不满新政府被萨摩藩和长州藩操控，因为维新运动的成功是四个藩一起合作的结果，虽然运动本身在当时来看是昙花一现，却推动了议会制政府的产生。1874年，板垣退助号召建立"民选议会"，为实行宪法进行宣传，开展运动。由于运动反映了农民对政府征收难以负担的地税而产生的不满情绪，从而获得了群众的支持，以呼吁"自由和民权"而闻名。[①] 为了指导运动，板垣退助在1881年建立了自由党，这也开了后来建立一系列政党的先河。[②] 在日本，无论是社会民主政党还是资产阶级政党的起源都可以追溯到这一时期的自由民权运动。

至19世纪90年代，日本出现出售官办工业的方针，资本开始集中在财阀手中，之后日本也首次因生产超过购买力而发生了经济危机。伴随着资本的集中与发展，日本仿照美国开始组织工会，这使得那些被吸引到钢铁、机械、铁路等部门工作的对社会不满的人得到了一种组织形式。工业化所引起的社会问题，促使一些知识分子开始研究西方社会主义理论，并将其作为解决问题的良方。当时，要产生工人运动和社会主义运动为时尚早。工人对发展工会还没有充分的准备，社会主义者也受到无政府主义的影响。工人组织起来之后，佃农在20世纪初也开始组织起来。社会主义者之间展开了争论，在各种理论思潮中寻找良方，当时日本主要存在三种理论：无政府主义、共产主义和各式各样的社会民主主义。

1897年，三位从美国学到建立工人组织技巧的人（海员泽田半之助、鞋

---

① Hugh Borton, *Japan's Modern Century：From Perry to* 1970, Ronald Press Company, 1956, p. 103.

② 乔伊斯·莱布拉：《大隈重信和1881年政治危机》，《亚洲研究杂志》1959年第18卷，第475页。

匠城常太郎和记者高野房太郎）以及另一位名叫片山潜的日本人①一起建立了职工义友会②，后改为工会期成会。同年，工会期成会成功建立了日本铁工工会，该工会由在东京—横滨地区综合军工厂和炼铁厂中工作的1000余名钢铁工人和机械工人组成，这是日本第一个在组织和章程上以美国工会为样板的工会。工会会员选举片山潜为书记，并由他编辑出版了当时唯一的工人运动机关报《劳动世界》。1901年，片山潜和一批社会主义知识分子在工会的支持下，开始建立社会民主党，被认为是政治性社会主义运动诞生的转折点。建立社会民主党的那些人后来成为日本社会主义运动中各主要流派的代表：幸德秋水成为无政府主义者，片山潜成为共产主义者，安部矶雄成为社会民主主义者。

不同流派的产生，源于日本明治维新与自由民权运动后对西方形形色色的理论、思潮的引进、学习与运用。"社会主义"一词最早出现在加藤弘之于1870年出版的《新政大义》一书中，被音译为"索欣里日姆"。③"社会主义"的译名出现在1878年的报刊新闻中，使用了"社会主义者"一词。而"社会主义"作为专门的名词被高频使用，是在《国民之友》杂志④中连载的一篇亨利·乔治的文章的译文中。这一杂志是自由党左翼的刊物，坚持自由民权运动的传统，信奉法国大革命的原则，主要刊载研究法国、德国或刚从海外归来的学者的文章。

三 早期马克思主义思潮在日本的发展与局限

明治维新后至第一次世界大战之间，马克思主义在日本开始了早期传播。对西方制度与文化的学习与引入，让日本国内出现了许多类似西方国家的问题，知识分子们也转而向西方各种社会思潮寻求良方，而马克思主义就

---

① ハイマン・カブリン『アジアの革命家片山潜』，辻野功・高井寿美子・鈴木則子訳、合同出版、1973、105 – 128 頁。
② 该团体最初于1890年由一批当时在美国旧金山工作的日本人建立，以解决日本的工人问题为目标，认真研究已经在西方先进的工业化国家中出现的那些问题。见片山潜『日本の労働運動』、岩波文庫（青）129 – 1、1952、18 頁。后团队成员高野在从日本写信给美国工人联合会成员时，也将职工义友会译为"工人之友"。
③ 田中惣五郎『日本社会運動史』上、世界書院、1947 – 1948、50 頁。
④ 大原社会問題研究所編『日本社会主義文献（世界大戦（大正3年）に到る）第1輯』、同人社書店、1929、110 頁。

是其中之一。1901 年 4 月,幸德秋水发表了《我是社会主义者》一文,声明
自己信奉马克思的社会主义。1904 年,幸德秋水与他人合作翻译了《共产党
宣言》。① 在此之后,《政治经济学批判》序言中有关历史唯物主义的论述也
被翻译成日文。由此,马克思主义的思想体系开始为日本人所知悉。

这一时期传播的马克思主义思想主要是科学社会主义,其多样性与复杂
性也深刻影响了当时留日的中国知识分子对马克思主义的领悟与解读。这一
时期,日本学者接触到的马克思主义主要是从欧美国家直接照搬来的,体系
复杂而多变,作为现代马克思主义核心的科学社会主义思想并未被区分开
来,甚至当时其他的非马克思主义的社会主义思想在日本的影响还要更大一
些。例如,基于基督教道德观的社会主义思想深刻影响了幸德秋水、安部矶
雄、片山潜等日本早期著名的社会主义者,对日本早期的社会主义思潮产生
了持久的影响。他们往往从基督教教义仁爱、平和、善美的立场出发,将社
会主义思想与人道主义、民主主义、平等、自由等思想混为一谈。②

这一时期,一些马克思主义哲学及政治经济学经典著作已被陆续翻译成
日文,如幸德秋水、堺利彦合译的《共产党宣言》于 1904 年 11 月 13 日在
《平民新闻》上刊登③,安部矶雄翻译的《资本论》也在 1909 年 5 月 15 日的
《社会新闻》第五期上开始连续刊载④。但此时马克思主义在日本的传播与影
响并未与日本的实践相融合,依旧处在文本层面上,其深刻的哲学以及经济层
面的内涵尚未被开掘与阐释。以幸德秋水、片山潜等为代表的社会主义者,不
仅深受基督教社会主义的影响,还受到了其他思想的左右,这导致他们在解读
科学社会主义时掺杂了过多的异质思想,以致背离了马克思主义的主旨和本
意。作为一名"从儒学进入社会主义"的社会主义者,幸德秋水对社会主义的
解读就打上了儒学"治国平天下"的烙印。这使得他容易在行动上将斗争矛头
指向某一具体的统治者,为他之后转变为无政府主义者埋下了隐患。而片山潜
深受拉萨尔的国家社会主义的影响,这使他无法区分科学社会主义和"伪"社
会主义的文本,并将拉萨尔的思想与科学社会主义结合在一起进行解读。以幸
德秋水为代表的社会主义者幻想以"议会斗争"的方式实现社会主义,片山潜
也站在拉萨尔的国家社会主义角度,认为应以罢工等"政治性斗争"的方式实

① 王元:《幸德秋水的社会主义思想以及对中国的影响》,《日本问题研究》2015 年第 5 期。
② 张妍:《马克思主义在日本的早期传播及对中国之影响》,《学术交流》2017 年第 4 期。
③ 李军林:《近十年来〈共产党宣言〉研究评述》,《史学月刊》2008 年第 2 期。
④ 吴兴人:《不应当忘记〈资本论〉的翻译家们》,《文汇报》2019 年 3 月 25 日。

现社会主义，这使得他们对工人运动的诉求集中在改善劳动条件方面，而没有对变革生产关系提出政治主张。而幸德秋水在发现靠"议会斗争"无法实现社会主义后，并没有用科学社会主义的理论原理来对革命的本质、对象和策略进行深入的分析，而是将矛头径直指向了天皇个人而非天皇制，从而转向了无政府主义立场，直接导致了日本早期社会主义思潮的衰落。①

四　契合日本实践的马克思主义发展

随着十月革命的爆发，日本工人阶级受到了洗礼和鼓舞，全国爆发了以工人罢工和农民反对地主为代表的阶级运动，社会主义运动在日俄战争后逐渐高涨起来。一批马克思主义先行者回到日本领导国内工人运动，并建立了无产阶级革命组织"社会主义同盟会"，将社会主义作为当时无产阶级摆脱资产阶级压迫的主要指导思想，进一步加速了马克思主义的传播。日本从明治维新开始接触社会主义思潮，到1922年日本共产党成立，足足经历了半个世纪的漫长时间，才实现了马克思主义与日本工人运动的真正结合。

科学社会主义思想在俄国十月革命和日本"米骚动"②之后传播之势日盛，日本相继出现了一批社会主义团体。这些团体出版了《前卫》《无产阶级》《社会主义研究》等刊物，宣传马克思主义理论。1921年，堺利彦在《资产阶级的维新》中运用马克思主义分析了明治维新，认为维新是在资本主义发展不充分的情况下爆发的资产阶级革命，其历史地位不亚于英法资产阶级革命。1922年秋天，野坂参三在庆应大学讲授世界社会主义运动，并成立以研究科学社会主义为宗旨的"社会科学研究会"，培养了大批进步学生。1922年日本共产党成立后，为了弄清日本的社会性质并为制定革命策略做准备，日本共产党人开始运用历史唯物主义研究日本历史，为马克思主义史学在日本的产生奠定了思想基础。1932年，共产国际为日本共产党制定了有关日本革命的纲领——《关于日本形势和日本共产党任务的纲领》，马克

---

① 张妍：《马克思主义在日本的早期传播及对中国之影响》，《学术交流》2017年第4期。
② 日本国内发生的"米骚动"事件，是指1918年的抢米暴动，它是日本历史上规模空前的自发的群众斗争，是第一次世界大战和十月革命后资本主义国家革命高潮的组成部分。1918年7月22日，富山县新川郡鱼津町（镇）从事搬运工作的渔民妻子，拒绝将大米装运出县。以此为开端，富山县沿海一带的村镇掀起了要求米商、资本家、村镇公所降低米价，救济生活困难者的群众运动。8月5日，大阪的《朝日新闻》《每日新闻》向全国报道了"越中家庭主妇暴动"的消息，于是米骚动的浪潮汹涌地向全国各地扩展。

思主义史学家们围绕日共纲领及日本革命的性质和战略问题展开了争论，经过争论，日本的历史研究被放置于科学的历史学的基础之上，初步形成了无产阶级的马克思主义史学体系。[1] 至此，马克思主义在日本的传播超越了以翻译、解释和宣传马克思主要经典著作文本的初级阶段，开始进入主动运用历史唯物主义解释日本历史、指导日本无产阶级革命运动的新阶段，这也标志着日本马克思主义研究正在向理论批判与日本革命实践相结合的方向转化。

第二节　西学东渐：爱国先驱东渡日本
积极探求救国之路

从 19 世纪末以来中国马克思主义兴起的社会背景和发展基础来看，随着国内民族资本主义经济的发展，资产阶级作为新的政治力量登上了历史舞台，国内出现了一批不满清朝政府的腐败统治，主张变法维新，想从西方寻找一条"救国"之路的爱国先驱者。他们认为"要救国，只有维新，要维新，只有学外国"，主张按西方资本主义国家的面貌改造中国。他们在国内掀起了一股向成功资本主义国家学习的热潮，并通过组织学会、建立书局、创办报刊、翻译出版西方书籍、介绍西欧资产阶级文化思想积极探寻救亡图存的道路。当时，在西方资本主义国家，无产阶级反对资产阶级的革命斗争已成为社会生活的主要内容，科学社会主义思想已被广泛传播，影响到政治思想生活的各个方面。因此，中国进步知识分子在向西方探求新思想的过程中很自然地接触到社会主义思想。他们当中的一些人在介绍当时流行于欧洲的各派社会主义学说时，也介绍了马克思、恩格斯和他们的部分思想。由于明治维新后日本在亚洲近代化过程中异军突起，马克思主义在日本的传播，通过向西方学习的热潮以及到日本留学的热潮，对东亚各国，其中也包含中国，产生了广泛的影响。但在当时，对资本主义的向往与学习是与社会主义思想的传播同步的，并没有明确的道路和方向，中国爱国先驱在"向往—学习—质疑—反思—再学习"的过程中不断取其精华、去其糟粕，最终确立了与中国实践相结合的马克思主义的理想信念。

---

[1]　张经纬：《马克思主义史学在日本的传播和发展》，《史学理论研究》2007 年第 2 期。

一 宽松的留学政策与殷切的救国之心

这一时期，中日两国的留学环境与政策相对宽松，为留日学生学习和传播马克思主义创造了必要条件。中日甲午战争后，清政府为了富国强兵，采取了向日本派出官费生的政策。1896～1919 年，清政府共派出留日学生65208 人，直接带来了第一波留日高潮。

当时，以上田万年为首的日本朝野人士也乐见其成，认为"在中国独立事业上或中日提携合作上，这一群留学生都是一大力量"，因而日本政府也愿意为留学生提供诸多生活上的便利。日本政府较为重视对中国留学生的教育，专门为中国留学生开办学校，兼顾大学预科教育与中等程度教育。据统计，此类学校共有成城学校、弘文学院等 18 所。为使中国留学生"不出两年，便可粗懂日语文章"，共编著了 50 余种日语学习书籍。①

在 20 世纪初的留日学潮中，一部分中国留日学生出于救亡图存的殷切之心，开始着手翻译优秀的马克思主义著作，目的就是使更多的国人能够了解并且接受这样的先进文化。翻译的文本既包括马克思和恩格斯的著作，也有河上肇和考茨基的著作。河上肇（1879～1946）是日本著名的经济学家，日本马克思主义研究的先驱者，京都帝国大学教授。因为有志于解决贫困、不平等这样的社会问题，他逐渐从研究资产阶级政治经济学转向马克思主义研究。他创办了《社会问题研究》杂志，发表了多种政治经济学著作，主要著作有《贫乏物语》《唯物史观研究》《社会组织与社会革命》《经济学大纲》《资本论入门》。河上肇的著作不仅在日本影响很大，对中国的革命者也曾产生巨大影响，对马克思主义在日本和中国的传播起到了一定的作用。河上肇也亲自参加过无产阶级解放运动，曾一度被捕入狱。郭沫若于 1924 年翻译了他的《社会组织与社会革命》，他在翻译此书后曾说过："我从前只是茫然地对于个人资本主义怀着憎恨，对于社会革命怀着信心，如今更得着理性的背光，而不是一味的感情作用了。"② 郭沫若认为河上肇是当时日本马克思主义研究的先驱者、社会主义运动家，他评价这本著作是日本初期马克思经济学说的高峰。这本书与另一本书《资本论入门》，深受中国读

---

① 张妍：《马克思主义在日本的早期传播及对中国之影响》，《学术交流》2017 年第 4 期。
② 郭沫若：《创造十年续篇》，载《沫若文集》第七卷，人民文学出版社，1958，第 183 页。

者特别是研究经济的学者的欢迎，产生了很大影响。① 这一时期被翻译成中文的经典著作还有《共产党宣言》《社会主义从空想到科学的发展》《马克思经济学说》《经济学大纲》《社会问题总览》等。这些优秀的译著进入中国无疑极大地推动了马克思主义在国内的宣传，使更多的人开始了解并且接受这一思想。

二 爱国先驱在日学习、接受马克思主义思想的情况

最早以论著形式介绍马克思主义的是资产阶级改良派的代表人物梁启超。戊戌变法失败后，他流亡日本，在对戊戌变法进行反思的同时，接触到日本的马克思主义思想。1902 年 10 月，梁启超在《新民丛报》上接连发表了两篇文章，简要介绍了马克思及其社会主义学说，认为社会主义是当时德国"最占势力之二大思想"②。1904 年，梁启超撰写了具有开创意义的《中国之社会主义》一文，概括社会主义最紧要之义为："土地归公，资本归公，专以劳力为百物价值之原泉。"受时代和阶级局限的影响，梁启超虽不能正确阐发马克思主义的真正内涵，但他已经接触到了马克思主义的精髓，以启蒙者的视角传播了马克思主义。

中国资产阶级革命派传播马克思主义分为两个时期：一是辛亥革命时期，二是五四时期。③ 他们最初的成员大多有留日经历，日本可谓中国资产阶级革命派的兴起之地，其影响不言而喻。辛亥革命时期，主要以孙中山、朱执信、马君武、宋教仁、廖仲恺等人为代表。1905 年同盟会在日本成立后，其机关刊物《民报》成为资产阶级革命派宣传革命主张的阵地，同时传播了一些马克思主义学说。1905 年，孙中山在《民报》发刊词中明确提出了三民主义，其中的民生主义就是受到当时社会主义思潮影响的产物。朱执信、马君武、宋教仁、廖仲恺等人也曾多次通过翻译和著述向国人大力介绍日本语境下的社会主义和马克思主义学说。

1917 年，俄国十月革命胜利，进一步推动了日本社会主义运动的发展。

---

① 中共中央马克思恩格斯列宁斯大林著作编译局马恩室编《马克思恩格斯著作在中国的传播》，人民出版社，1983，第 52～53 页。
② 梁启超：《饮冰室合集》文集第二册，中华书局，1989，第 21 页。
③ 李军林：《马克思主义在中国的早期传播及其话语体系的初步建构》，学习出版社，2013，第 97 页。

1917～1918 年，堺利彦等创办的《新社会》杂志开始不断刊载介绍马克思主义学说的文章。马克思主义也获得了越来越多年轻人的青睐，仅在 1919 年，《新社会》发行量即达到 31.5 万份。另一由河上肇创刊的、解释马克思主义的学术杂志《社会问题研究》的第 1 册、第 2 册，也分别创造出 12 万份、8 万份的惊人发行量。这一时期，还有大量日文版的马克思主义原著和宣传马克思主义的论著出版，如《资本论解说》（考茨基著，高昌素之译，1919 年）、《马克思〈资本论〉大纲》（1919 年）、《唯物史观解说》（郭泰著，河上肇译，1920 年）、《历史唯物主义研究》（河上肇著，1921 年）、《马克思学说体系》（1921 年）、《雇佣劳动与资本》（1921 年）、《工资价格和利润》（1921 年）等。值得一提的是，1920～1924 年，高昌素之完成了里程碑式的工作，翻译出版了《资本论》。大橙阁也开始翻译并出版《马克思全集（附恩格斯全集）》。列宁关于俄国社会主义革命的论著也被相继译成日文。日本学者的马克思主义研究不仅促进了日本社会主义运动的发展，也为马克思主义传入中国创造了前提条件。①

在十月革命和世界革命高潮的影响下，中国的先进分子受到极大的鼓舞，开始迅速从马克思主义理论中找寻中华民族新生的希望。由此，马克思主义在中国得到了进一步的传播。其中，贡献较大、社会影响较深远的是以李大钊、陈独秀、李达、杨匏安、陈望道为代表的留日学生群体。1918 年 7 月，李大钊在《言治》季刊上发表文章《法俄革命之比较观》，将十月革命看作"立于社会主义上之革命，是社会的革命兼着世界的革命"。12 月，他又在《新青年》第 5 卷第 5 号上发表了《庶民的胜利》和《Bolshevism 的胜利》两篇重要文章，对俄国的社会主义革命大加赞赏，提出"试看将来的环球，必是赤旗的世界"的著名论断。1919 年初，日本学者河上肇的文章《马克思的社会主义理论》从日本漂洋过海，辗转流传到李大钊手中。李大钊看过之后，颇有知音之感，于是，也着手搜集资料，于 9 月和 11 月发表了《我的马克思主义观》，充分肯定了马克思主义的历史地位，称其为"世界改造原动的学说"。随后，他相继发表了《阶级竞争与互助》《物质变动与道德变动》等文章和讲演，阐述马克思主义的理论、思想和观点，影响带动了一批先进知识分子走上信仰马克思主义的道路。同年 6 月，师从河上肇的李达接连发表《什么叫社会主义》《社会主义的目的》两篇文章，旗帜鲜明地指出

---

① 杨鹏：《留日学生与马克思主义在中国的早期传播》，《社会科学家》2019 年第 3 期。

社会主义本质上是为了改变社会的不平等状况。8 月，李汉俊发表了《怎么样进化》，运用唯物史观分析了人类进化与生产发展的历史，阐释了社会主义取代资本主义的必然性。11 月，杨匏安撰文《马克斯主义》，论证马克思主义的科学性，称"这一科学的社会主义出现后，使以前社会主义于理论及实际上，顿失其光辉"。1920 年 5 月，陈独秀在上海组织马克思主义研究会，撰写《谈政治》一文，阐述了无产阶级革命和无产阶级专政的思想。同时，他还领导创办了工人周刊《劳动界》，向工人宣传马克思主义思想。8 月，陈望道以幸德秋水和堺利彦合译的《共产党宣言》为蓝本，翻译出版了第一个中文版的《共产党宣言》，该译本一再翻印，广为传播，影响了一代中国马克思主义者和共产党人。这一时期，留日学生译介的马克思主义论著还有：《雇佣劳动与资本》（食力转译自河上肇的《劳动与资本》，《晨报》1919 年5 月 9 日至 6 月 1 日）、《贫乏论》（李凤亭译述自河上肇的《贫乏物语》，泰东书局 1920 年 7 月版）、《科学的社会主义》（恩格斯原著，郑次川转译自远藤无水的日文译本，群益书社 1920 年 8 月版）、《唯物史观解说》（郭泰原著，李达转译自堺利彦的日文译本，中华书局 1921 年 5 月版）、《马格斯资本论入门》（马尔西原著，李汉俊转译自远藤无水的日文译本《通俗马克斯资本论》，社会主义研究社 1920 年 9 月版）、《苏维埃研究》（山川均著，王文俊译，北京知新书社 1921 年 8 月版）等。①

　　五四时期，资产阶级革命派宣传的马克思主义，其理论仍然多来源于日本。如 1919～1920 年，胡汉民在《建设》上发表的《唯物史观批评之批评》以及《中国哲学史之唯物的研究》，戴季陶在《星期评论》《建设》《觉悟》上发表的《关于劳动问题杂感》《从经济上观察中国的乱源》《经济之历史的发展》等文章，皆以较大版面介绍和宣传了马克思主义，其理论资料多来自日本。国民党人徐苏也曾翻译过河上肇的《见于资本论的唯物史观》，对唯物史观做了进一步的深入介绍。② 此外，以刘师培、张继为代表的旅日无政府主义人士在宣传无政府主义学说时，对马克思主义进行了批判，客观上也起到了宣传马克思主义的效果。③

① 杨鹏：《留日学生与马克思主义在中国的早期传播》，《社会科学家》2019 年第 3 期。
② 胡为雄：《赴日留学生与"日本马克思主义"在中国的早期传播》，《马克思主义与现实》2015 年第 3 期。
③ 张妍：《马克思主义在日本的早期传播及对中国之影响》，《学术交流》2017 年第 4 期。

三　反思资本主义道路，确定马克思主义思想的指导

虽然作为东亚地区走上资本主义道路的成功案例，日本的维新运动在当时的中国产生了回响——维新变法、1911 年的辛亥革命都是探索寻求资本主义道路的具体行为表现。然而，面对第一次世界大战的爆发和中国学习西方列强却不断失败的惨状，以陈独秀、李大钊为代表的新文化运动中的先进分子对资本主义产生了怀疑和保留的态度。

1919 年 5 月 1 日，由李大钊主编的《新青年》"马克思研究专号"出版了。但当时马克思主义的影响还未像五四运动后那样迅速扩大，文章缺少独到见解，只是从学术的角度介绍了马克思主义理论的各个方面，有些还持批判态度，如有一篇依照爱德华·伯恩施坦的修正主义观点对马克思主义进行批判，另一篇则重复了伯恩施坦和无政府主义者克鲁泡特金对马克思主义学说提出的非议。当时，李大钊的长文《我的马克思主义观》也主要是阐述正统马克思主义理论的几个主要概念，那些理论观点是从一些马克思著作的日译本中概括出来的，这些著作包括《哲学的贫困》、《共产党宣言》、《〈政治经济学批判〉序言》以及《资本论》的最后一部分。[①] 马克思主义在中国真正产生影响是在五四运动之后，面对一战后巴黎和会上西方各国对待中国的态度，中国知识分子对西方国家与制度的幻想破灭。巴黎和会上，西方列强把山东的不平等权益转让给了战胜国日本。面对这样的不平等结果，中国人民深刻认识到西方国家声称的"公理战胜强权"都是骗人的，一战后的世界秩序仍然是强权横行。

十月革命前，留日学生对马克思主义的介绍，是在国家危亡的国情下，凭着个人救亡图存的责任进行的自发尝试，并没有形成马克思主义规模化的传播。但他们的介绍却引起了中国思想界的巨大变化，使这一时期成为"中国社会主义的黎明期"。在十月革命尤其是五四运动之后，苏俄语境下的马克思主义成为传播的主流，日本的影响依然不容忽视，中国共产党的创建者如李大钊、陈独秀、李汉俊、李达、陈望道等共产主义知识分子，都曾是留日学生，他们都是在日本最早接触并开始接受、传播马克思主义的。中国共

---

① 莫里斯·迈纳斯：《李大钊与中国马克思主义的起源》，中共北京市委党史研究室编译组译，中共党史资料出版社，1989，第 51 页。

产党成立时，成员大部分是"从日本留学回来的人"，日本对中国共产党成立初期的影响可见一斑。

由此，马克思主义理论开始真正深入中国，这使得对中国历史根本性的重新解释成为可能，也为用马克思主义理论指导未来道路奠定了基础。马克思主义，"代表了一种历史上的转折点，其革命的影响我们才刚刚开始意识到"。[1] 在马克思主义的理论体系中，中国知识分子面对的也许是源于 19 世纪欧洲思想的最为全面的"变革的社会学"，它毫不含糊地断定社会是历史研究的出发点，并在社会的发展过程中寻求历史发展的动力。面对中国的新语境，马克思主义将"中国的过去"的概念革命化，代表了一种将历史根植于社会结构之上的前所未有的使命。[2] 20 世纪 30 年代，一个明显的马克思主义社会经济历史倾向的增长使得唯物史观在中国历史研究中占据了优势地位。从唯物史观的视角分析中国的历史直到 1927 年才成为显著的趋势，1927年之后的 10 年间，马克思主义史学活动广泛地宣传了马克思主义的社会历史概念，历史唯物主义开始塑造中国知识分子关于中国过去、现在和未来的观念。而这为解决中国历史最根本的问题提供了出发点，也成为马克思主义真正与中国实际相结合，进而解释并解决中国问题的节点。

第三节　王右木等四川留日爱国先驱向马克思主义者的转变

除了 19 世纪末以来的留学热潮，同步进行的还有清政府于 1901 年宣布的"新政"，即把"兴学育才"放在首要位置，国内各地的新式教育由此得到了大力发展。20 世纪初四川近代教育的发展，是四川社会近代化的一个重要标志，随着新式教育而出现的近代知识分子，成为推动社会近代化的一支引人注目的力量。20 世纪上半叶，活跃在中国历史舞台上的四川人，几乎都可以从清末川省近代学堂和留学生队伍里找到名字。王右木等四川留日爱国先驱便是在此种背景下走上历史舞台并转向马克思主义信仰的。

---

[1]　G. Leff, *History and Social Theory*, New York：Doubleday Anchor, 1971, pp. 141 – 142.

[2]　德里克：《革命与历史：中国马克思主义历史学的起源，1919—1937》，翁贺凯译，江苏人民出版社，2008，第 3 页。

一 四川爱国先驱留学日本的国内背景

自清政府宣布新政以来，川省大吏岑春煊、锡良等人便做出了积极响应，在川省兴办新式学堂，造就师资，考察西学，延聘教员，广筹学款，严定奖惩，明确规划。于是，在20世纪的前10年，四川出现了一股兴学热潮。四川近代的教育于1896年开办，之后学校逐年增加，发展的速度很快。1907年，川省共有各类学校7775所，仅次于直隶省（8300余所），居全国第2位，但学生却高达24.2万人，居全国之首，是居第2位的广东学生数（7.4万多人）的3倍。1907年，全国共有各类学校教师63873人，而四川的教师（实业学堂、专业学堂的教师计算在内）则达12824人，占总人数的20.08%，远远超过其他省区的教师数量。①

自1901年川督奎俊派出首批留日学生22人以后，留学热便在四川兴起，"风气渐开，东航衔尾"。四川的百余州县，无论是繁盛之区还是偏僻之地，"每县都派有留学生"。1906年，全国留日学生达到8000人，这是历年最高数字。这一年，川省留日学生达到800人，占全国留日学生总数的1/10。大批的留日学生受到西方文化的熏陶，不少人具有真才实学。他们对川省政治、经济和文化都有过深远的影响，也促进了四川近代知识分子群体的形成。在近代学堂和国外接受了西方政治学说和科学文化知识的一大批青年学生是当时四川最先觉悟的社会力量，他们针对社会近代化发展的要求，提出了发展民族经济、革新政治制度的主张。如有人组织革命团体，创办革命刊物——《鹃声》《四川》《广益丛报》《重庆日报》，其中佼佼者如邹容更成为著名的革命宣传家。川省同盟会成员大多数是青年学生，仅留日学生就达120人之多，② 他们中不少人是四川保路运动和武装起义的领导骨干。

二 四川留日爱国先驱的马克思主义学习与转变

作为坚定的马克思主义信仰者曾留学日本，并在四川地区影响深远，对

---

① 张磊主编《孙中山与中国近代化——纪念孙中山诞辰130周年国际学术研讨会文集》上，人民出版社，1999，第446页。
② 张磊主编《孙中山与中国近代化——纪念孙中山诞辰130周年国际学术研讨会文集》上，人民出版社，1999，第448页。

四川的马克思主义传播、发展以及革命运动做出过突出贡献的代表人物，除了王右木外，还有吴玉章和杨闇公。作为这一时期曾在日本留学并且接受马克思主义的四川爱国主义先驱者，吴玉章与杨闇公的思想转变，一方面让我们能够更加详细地了解马克思主义在日本的传播与发展对中国影响的路径与方式；另一方面证实了唯有将四川地区革命实践与马克思主义思想相结合，才能取得革命最终的胜利。

吴玉章（1878～1966）是四川荣县人，于1928～1937年，由党派往苏联、法国和西欧工作，参加过共产国际第七次代表大会。早在20世纪40年代，他就同董必武、林伯渠、徐特立、谢觉哉一起，被誉为我党著名的"延安五老"。[①] 他于1903年留学日本，比王右木早了十多年。吴玉章从成都到自贡旭川书院读书，热心宣传变法维新，别人曾给他取了个"时务大家"的外号。[②] 1903年，吴玉章从上海赴日本留学，刚来到异国他乡，便遇到中国的留日学生发起拒俄运动，他立即投身到运动中。在这场运动中，吴玉章不仅参加了拒俄运动学生会，还参加了军国民教育会，更是带头签名声讨沙皇俄国霸占我国东三省，这使他受到了一次革命的洗礼。在这之后，受到《苏报》和《革命军》等进步书刊的熏陶，吴玉章的革命信念逐渐形成，革命意志逐渐坚定，并剪去发辫以示永不回头，拥护革命。1905年，孙中山、黄兴、宋教仁等联合兴中会、华兴会、光复会等革命团体在东京成立中国同盟会，以"驱除鞑虏，恢复中华，创立民国，平均地权"为革命纲领，从此，中国旧民主主义革命进入了一个新的阶段。作为川籍留日学生的吴玉章，不仅加入了同盟会，还被选为评议部的组成人员，是同盟会评议部中唯一的来自四川荣县的革命党人。1907年，他在日本创办了《四川杂志》宣传反帝革命思想。四川保路运动兴起后，他日夜兼程赶回家乡。

任何一场革命都必须先有革命的舆论准备作导向，以唤醒民众、开启民智和形成民识，然后付诸实践。同盟会成立后，孙中山以《民报》为资产阶级革命喉舌，号召人民起来打倒清政府，建立资产阶级共和国，以实现民主共和。1906年以后，清政府诏令严禁革命宣传，作为同盟会机关报的《民报》运进国内非常困难。但是为了扩大革命党人的宣传，留日学生纷纷以本

---

① 《吴玉章》，载新华月报编《永远的丰碑（四）》，人民出版社，2005，第57页。
② 《道德文章吴玉章》，载周兴旺《使命——中国人民大学的世纪传奇》，人民出版社，2004。

省的名义创办和出版报刊，再分散运进国内，进行革命宣传的《四川》杂志就是在这样的情况下创刊的，由吴玉章主持并担任编辑工作。吴玉章当时正在日本学习，为了让《四川》杂志按期出版，他专门请假从事编辑工作。为了方便起见，吴玉章还租了一处房子给《四川》杂志社使用，同时用作革命活动的场所。《四川》杂志在反对帝国主义列强的侵略、宣传革命思想、号召同胞挽救国家民族危亡方面做出了突出贡献，指明不能再图苟安旦夕，要求人们立即觉醒，为辛亥革命在中国腹地的顺利发展奠定了思想基础。

同盟会成立以后，将武装斗争作为革命的主要手段。1906～1908年，同盟会在湖南和两广等地发动了一系列武装起义，这些斗争虽然沉重打击了清政府的封建统治，但都遭到了失败，使革命党人力量受到了严重削弱。究其原因，是孙中山领导的资产阶级革命派力量单薄，没有进一步发动和组织群众，仅仅依靠单一的资产阶级革命力量的孤军奋战是远远不够的。没有工人、农民和城市小资产阶级以及其他革命阶级的支持、配合，资产阶级革命在近代中国是根本无法取得成功的。起义的失败使部分革命者丧失了继续革命的信心。此时，日本的同盟会变得组织涣散，再加上孙中山、黄兴等领导人又都不常在日本，可谓群龙无首。在此危难时刻，吴玉章"便和四川的张懋隆、李肇甫，湖南的欧阳振声、彭允彝、刘彦，广东的何天炯、熊越山，广西的覃超，江西的王有兰，江苏的陈剑虹，安徽的常恒芳、陈策，福建的林时爽、李恢、陈烈，云南的吕天民、张大义，贵州的平刚，山西的景定天，陕西的井勿幕、赵世钰，山东的丁维汾等人经常联系，不断集会，这样差不多每个省都有人参加，无形中形成了一个各省同盟会负责人员的联席会议，维系着同盟会的组织不散，坚持进行着革命工作"。吴玉章等人的努力，使日本的同盟会最大限度地团结在一起，和国内各省同盟会会员一道，共同推进同盟会的组织工作。

此时，国内的形势愈加险恶，清政府大肆捕杀革命党人，会党中的许多革命分子纷纷逃亡日本。吴玉章的大哥吴匡时也来到东京与他住在一起，在他的介绍下加入了同盟会。吴玉章认为，当时同盟会只顾在东南沿海发动武装起义，而忽视了会党工作，应该把全国各地的会党联合起来，充分发挥各地会党的革命潜力，因此，他主动联络焦达峰等人，得到了大家的一致赞成。吴匡时在四川哥老会中较有地位，很同意他们的意见。经吴匡时介绍，吴玉章加入了"袍哥"组织。他还与孙武、居正等人一起商量，召开共进会的筹备会，吴玉章被任命为"管事"，实际负责组织联络筹备工作。经过他们的积极活动，共进会于 1907 年成立。共进会以同盟会的宗旨为宗旨，特别重视对反对清政府的宣传。"自从有了共进会之后，中国南方各省绝大部分的会党都在反满的旗帜下联会起来了，这就使同盟会增加了一个群众基础较为广泛的外围组织，从而有利于促进革命运动的高涨。"直到 1911 年离开日本，吴玉章共在日本留学了 9 年。①

综上所述，吴玉章的工作使近代四川民主革命得以发动与发展，吴玉章在革命的准备、发动、革命政权的巩固上都以一个革命党人的信念来要求自己，为近代四川民主革命的发生和成功做出了杰出贡献。②

同是四川籍的杨闇公曾是中共四川省委第一任书记③、中国共产党早期著名革命活动家，是原国家主席杨尚昆的四哥，四川潼南人，生于 1898 年 3 月 10 日。从小受到爱国主义教育，1917 年，他东渡日本留学，比王右木晚了 3 年，牺牲时却同王右木年纪相仿，年仅 29 岁。④ 在日留学时，他接触到了《资本论》等马克思主义著作。1919 年，国内爆发五四爱国运动，杨闇公积极参加留日学生与华侨的声援集会和游行，并到中国驻日公使馆请愿示威。当日本警察殴打中国同胞时，杨闇公奋不顾身上前抢救，并与警察搏斗。日本东京警视厅遂以违反治安罪将其逮捕，判处 8 个月有期徒刑，杨闇公出狱后被迫回国。⑤

回国后，杨闇公在重庆一面从事马克思主义的启蒙宣传活动，一面留意物色革命人才。在川籍人士中，杨闇公最先结识且交往最多的就是刘伯承。1921 年，杨闇公来到成都，第二年加入了中国共产主义青年团。同年，他与成都高等师范学校校长吴玉章相识。吴玉章比杨闇公年长 20 岁，是辛亥革命的元老，当时已是德高望重的革命家和教育家。1924 年 1 月 12 日，杨闇公与吴玉章在成都建立了革命团体——中国青年共产党（简称 CY，后改称中国 YC 团），有团员 20 余人，出版机关刊物《赤心评论》，并成立了社会主义研究会，进行马克思主义宣传教育，引导进步青年开展工农群众运动。⑥

① 《吴玉章家书》，载中共中央文献研究室编《老一代革命家家书选》，中央文献出版社、生活·读书·新知三联书店，1990，第 197 页。
② 任家政、费正萍：《吴玉章与近代四川民主革命》，《唐山师范学院学报》2013 年第 3 期。
③ 《民族脊梁》编写组：《民族脊梁：100 位为新中国成立作出突出贡献的英雄模范人物》，人民出版社，2009。
④ 《革命烈士传》编辑委员会编《革命烈士传》第一集，人民出版社，1985，第 189 页。
⑤ 新华月报编《永远的丰碑（二）》，人民出版社，2005，第 91 页。
⑥ 杨尚昆：《杨尚昆回忆录》，中央文献出版社，2007，第 36 页。

1925 年 3 月，杨闇公加入了中国共产党，后与吴玉章、童庸生等四川地区的共产主义先驱者一道，整顿和改组四川国民党组织，实现了四川省内的国共合作。他重视农民在革命斗争中的作用，1925 年曾派出一些干部到各地组织农民协会并派遣了 20 多人到广州毛泽东主持的第六届农民运动讲习所受训。

在杨闇公的领导下，中共四川党组织一方面大力发展工农运动，另一方面把注意力集中于军事斗争。1926 年 11 月，以杨闇公为书记，刘伯承、朱德等人为委员的中共重庆地委军事委员会成立。[1] 12 月上旬，杨闇公参与策动驻泸州、顺庆的川军举行起义，并成立了以刘伯承为总司令的国民革命军总指挥部。这次起义坚持了 5 个月之久，在四川乃至全国产生了很大的影响，有力支持了北伐战争。[2]

三　王右木的马克思主义思想转向

王右木出生并成长于近代中国最为动荡飘摇的时代，从帝国主义的入侵到清政府的软弱腐败，从义和团运动到策划建立民主共和国的同盟会的武装斗争，让一度寄希望于康有为、梁启超式改良主义道路的王右木，从"教育救国"转向了"科学救国"。辛亥革命之后，四川保路运动风起云涌，武昌起义首告成功之后，全国各省市纷纷宣布独立。辛亥革命推翻了清政府，结束了在中国延续两千年之久的封建帝制，却没有使中国的现状得到彻底改变，仍然是军阀混战、国弱民贫。1913 年从四川通省师范学堂理化专科毕业后，王右木受日本人小川影响，产生了去日本考察其明治维新之后日臻富强原因的念头。"他以为日本自明治维新之后，国家日臻富强、人民生活安定，必有可资借鉴之处。同时，可以增进个人学识，回国后也可做出贡献。"[3] 这个时候，恰逢四川省给江油、彰明两个县分配了一个官费留学日本的名额，王右木毅然选择报考，并以优异的成绩被录取。

王右木初到日本时，曾在应庆大学学习理化，但随着国难加剧、民众凄苦，他毅然决定再次改变志业，由应庆大学理化科转入明治大学法制经济

---

① 中共中央文献研究室编《朱德年谱（新编本）》上，中央文献出版社，2006，第 76 页。

② 《民族脊梁》编写组：《民族脊梁：100 位为新中国成立作出突出贡献的英雄模范人物》，人民出版社，2009，第 434 页。

③ 吴汝柏：《王右木同志永远活在我们心中》，载中共江油县委党史办公室编《四川马克思主义运动先驱者——纪念王右木诞生一百周年》，四川大学出版社，1988，第 8 页。

科，决心专攻社会科学，立志改造社会、救国救民①。1881 年 1 月，作为新兴近代国家的日本，正处在急于谋求独立自强之际，三位未满 30 岁的青年法律学者岸本辰雄、宫城浩藏、矢代操创办了当时的"明治法律学校"，这就是明治大学的前身。当时，正是自由民权风潮的最盛时期，明治法律学校以"权利自由"为校训，开展了以法律为主的法学教育活动。1920 年 4 月 1 日，明治法律学校根据日本的大学令而成为一所大学（明治大学），开始设置并授予"明法学士"学位，行法、商、政、文四学院组织体制，明治大学作为一所综合大学，终于宣告成立。直至 1949 年 2 月 21 日，该校作为新制明治大学而被批准认可，从而有了新的开端，学部包括法、商、政经、文、工、农等六个学院。②

图 2-1 1914 年明治大学中国留学生合照

注：本照片为中国社会科学院社会学研究所杨典研究员委托在日友人搜集而得。通过对比史料，初步判断第一排右三为当时在日留学的王右木。

王右木在日本学习期间，正是国内政局动荡不安之时，许多仁人志士在寻求救国救民之道，日本留学生中也议论纷纭。在异国他乡，王右木曾受到了很多白眼和冷遇。一次，他在参观日本的军事展览馆时，看到展品尽是中

① 中共江油市委党史研究室、江油市国家档案馆编《四川马克思主义运动先驱·党团组织创始人王右木》，光明日报出版社，2017，第 9 页。
② 《明治大学历史》，明治大学网站（中文版），https：//www.meiji.ac.jp/cip/chinese_gb/about/chronological.html。

日甲午战争和八国联军侵华时日军从我国缴获的战利品及掠夺的珍宝，他的自尊心受到了很大的刺激，便暗暗下定决心，一定要改变祖国屡弱被辱的现状。

1915 年，袁世凯为使日本支持他复辟称帝，接受了日本帝国主义提出的丧权辱国的"二十一条"。当时在日本东京的中国留学生总会和四川同乡会积极组织，掀起了轰轰烈烈的反袁爱国活动。王右木投身其中，四处奔走呼号，参加各种集会，发表慷慨激昂的演说，并因此与李大钊、李达结识。王右木加入了李大钊等在中国留日学生中组织的以"研究学术、敦崇气节、唤起国民自觉、图谋国家富强"为宗旨的"神州学会"。1916 年，王右木除了学习专业知识外，还经常聆听日本著名学者河上肇等讲授的政治经济学、政治经济史以及马克思主义经济理论，认真广泛地研读了大量社会主义思想著作，并与进步学者山川菊荣夫妇、大彬荣及俄国诗人爱罗先珂交往，思想也随之发生巨变。1917 年，俄国十月革命成功的消息给了开始信奉马克思主义的王右木以极大的鼓舞。1918 年，王右木以优异的成绩毕业于明治大学，开始立志做一个引导广大劳动群众起来革命，自己解放自己的马克思主义宣传者和组织者。他于 1918 年 6 月 24 日在日本东京写给大哥王初龄的信中说道："处此龙骧虎斗时代，稍一涉足，暂时之荣达皆可及身，惟自信虽非学养有年，而过眼云烟总断不至认识不定。是以虽当病累亦未见其不为得也，不过不损我读书译书作文时间，有类废物，家信久不通矣！"①

王右木的一个姓施的朋友参加了袁世凯的"筹安会"，他怒不可遏，当面加以斥责。在十月革命伟大潮流的激荡下，他怀着救国救民的志向，于1918 年归国，经上海回到四川家乡。②

四　四川早期留日马克思主义者的局限

20 世纪初在日本传播和发展的马克思主义由于其特定的时代原因，在今天看来有着不可回避的局限性，同样的，王右木等四川早期留日马克思主义者也有着同样的局限性。

---

① 中共江油市委党史研究室、江油市国家档案馆编《四川马克思主义运动先驱·党团组织创始人王右木》，光明日报出版社，2017，第 12 页。
② 《革命烈士传》编辑委员会：《革命烈士传》第一集，人民出版社，1985，第 68 页。

首先，日本早期马克思主义思想的传播更多受限于文本和语言，未能深刻揭示马克思主义的内在机理。所以，中国早期先进的知识分子学习引进的也并非原生态的马克思主义，而是日本语境下的"学理马克思主义"。马克思主义在中国的早期传播主要依靠留日学生及旅日华人，限于自身的阅历和能力，他们并没有将所有的马克思主义日译本翻译成中文。福井准造早在1899年出版的《近世社会主义》第二编第一章中就介绍了《资本论》，但直到1909年，《资本论》的开头部分才由安部矶雄译为日文，这就导致中国知识界早期对马克思主义学说的了解，主要依据日本学者的研究成果，而不是基于马克思主义的经典著作。

其次，"舶来品"水土不服的特征，让日本的马克思主义思想传播呈现多流派杂糅的状态。共产主义和社会主义思想早期引入日本时，曾受到西方福利制度和基督教的影响。即使作为日本早期社会主义思潮传播领军人物的河上肇、片山潜、幸德秋水等人，受主观因素左右，也存在着对马克思主义的科学社会主义的认识不足。例如，幸德秋水在《社会主义神髓》中已将社会主义的解读上升到所有制层面，但他强调的是消除阶级差别的"全民公有制"，是"把一切生产资料……移交给社会人员公有"，渗透了空想社会主义色彩。他还认为社会主义是"民主主义"和"世界和平主义"等，反映出他对社会主义革命的阶级斗争属性认识不足，缺乏无产阶级革命的自觉。但这种充满资产阶级人文关怀的解读方式，迎合了当时包括中国在内的亚洲知识分子的文化心理，直接影响了他们对马克思主义的理解。①

最后，脱离马克思主义理论中最核心的群体——工人阶级，缺乏丰富、成功的社会主义运动斗争经验。与马克思、恩格斯重视工人阶级的力量不同，日本早期的社会主义者并没有将工人阶级视为可以坚定依赖的力量，而是寄希望于通过非暴力的方式实现目的。如1901年片山潜等组织的日本工人联谊会，一度召集了15000人参与，但其决议开头依然表示了对天皇制的臣服："我等帝国臣民承蒙天皇隆恩，于本月本日当向岛'二六'运动场召开联谊会，诚心诚意制定此决议。"②

综上，我们可以看出，王右木等四川早期马克思主义者留学日本，

---

① 张妍：《马克思主义在日本的早期传播及对中国之影响》，《学术交流》2017年第4期。
② 张妍：《马克思主义在日本的早期传播及对中国之影响》，《学术交流》2017年第4期。

带回来的更多的是理论上的和被日本本土化的马克思主义经验，并不能作为真理直接指导中国的实践，但这也不能掩盖马克思主义思想的魅力。在日留学期间，王右木等人只是成为马克思主义思想的追随者，真正使其成为马克思主义运动先驱的，是其归国后通过契合中国实际问题和实践需要，取其精华、去其糟粕地把马克思主义思想中国化的过程。

第四节 点亮"星星之火"：从留日马克思主义者 到四川马克思主义运动先驱

王右木等四川早期马克思主义者，在留日期间经历了一个逐步转变的过程，当时选择留日的中国学生大多是怀着救国救民的理想希望学习日本先进的文化、政策、制度等。王右木最初选择学习理化科，准备以科技救国，后经过马克思主义思想及社会运动的洗礼，终于认清了社会现实与问题的根本，转而学习社会科学中的马克思主义与社会主义。包括王右木在内的一部分留学生在日本学习期间因为接触了马克思主义而开始关注和研究它，最终成为坚定的马克思主义者；有些人则成为中国革命队伍中的一员，不仅在重要的历史关头促成了中国共产党的成立，而且为中国革命的胜利献出了宝贵的生命。从留日学习的马克思主义者到早期马克思主义运动先驱，他们是值得历史和人民铭记的英雄。而作为从中国偏远的西南地区来日的留学人员，以王右木为代表的一批四川早期马克思主义者在归国后，更是克服艰难险阻，致力于将马克思主义的火种传播到更广阔的祖国大地，在这一过程中，这批人也在传播与实践中真正成长为马克思主义运动的先驱，为革命的"星星之火"形成燎原之势奠定了坚实的基础。

一 从十月革命到五四运动前后国内马克思主义的传播

（一）传播背景

1899 年 2～5 月，李提摩太为了迎合我国当时变法维新的改良主义思潮，在上海广学会创办的《万国公报》上发表了用中文节译的英国资产阶级社会学家颉德的《社会的进化》，译为《大同学》，同年出版了单行本，文中曾提到马克思和恩格斯的名字："今世之争，恐将有更甚于古者，此非凭空揣测之词也。试稽近世学派，有讲求安民新学之一派为德国之马客偲立于资本者也。""德国讲求养民学者有名人焉，一曰马克思，一曰恩格思。"这里的"马克思"、"马客偲"和"恩格思"是马克思和恩格斯在中文中的最早译名。就现在所知，这是在中文报刊上最早出现的马克思和恩格斯的名字，但这不是中国人的译著。

中国人在自己的著述中最初提到马克思名字的是资产阶级启蒙学者、改良派代表人物梁启超。他在流亡日本期间研究西学，并写过不少介绍西方资产阶级思想的文章，也接触过社会主义和有关马克思学说的著作。他在一些文章中，对马克思和马克思的学说做过零碎的、片段的介绍。1902 年 9 月，他在《新民丛报》第 18 号上发表的《进化论革命者颉德之学说》一文中对马克思做了简要介绍："麦喀士（即马克思）日耳曼人，社会主义之泰斗也。""今日之德国，有最占势力之二大思想，一曰卖喀士之社会主义……麦喀士谓今日社会之弊在多数之弱者为少数之强者所压伏。"1903 年 9～10 月，他在《新民丛报》第 40～43 号上发表的《二十世纪之巨灵托拉斯》一文中再次谈到马克思："麦喀士，社会主义之鼻祖，德国人，著书甚多。"他在 1904 年的《中国之社会主义》和 1906 年的《杂答某报》中都曾提到马克思。与此同时，在日本出版的另外一些中文刊物如《浙江潮》中都出现过马克思和恩格斯的名字或有关马克思学说的只言片语。

此外，在论述社会主义的一些译著中，也介绍了马克思的学说和马克思、恩格斯某些著作的内容。1903 年 3 月，资产阶级改良派创办的上海广智书局出版了赵必振翻译的日本人福井准造的《近世社会主义》。这是近代中国较系统地介绍社会主义学说的第一本译著。

虽然资产阶级改良派在向西方学习的过程中，最先接触并在一些译著中提及了马克思及其著作和学说，但是，他们并不知道马克思主义，更谈不上介绍马克思的思想。

根据现有的资料，中国人最早介绍马克思、恩格斯生平并摘译马克思、恩格斯著作的是资产阶级民主主义者朱执信。1905 年，以孙中山为首的资产阶级革命党——中国同盟会成立以后，它的一些成员介绍过西欧的社会主义思想，其中包括马克思的科学社会主义思想。他们不仅著文介绍马克思、恩格斯的著作和学说，而且直接翻译了马克思、恩格斯的著作片断。这些介绍不论在数量上还是在内容上都比改良派多。

（二）在日留学的马克思主义先驱与国内革命运动同频共振

在中国革命的实践行动中，没有一次是没有留日学生参加的。正如北一辉所说，留日学生制服简直就是革命军制服。兹再举一二事例说明之。1911年广州起义中，"黄花岗七十二烈士"即有八人是在学中的留日学生。在1911年武昌起义后不久，即同年10月30日，在云南起义的干部（以昆明之陆军高级干部为中心）四十人之中，考其学历，留日学生竟达三十一名之多，其中四川籍的就有两名，他们是：就读于日本学校的刘存厚和就读于东斌学校的王养生。

1913年3月，宋教仁被暗杀，7月12日至9月1日二次革命后，国民党主要人物亡命日本及美国。10月，袁世凯就任大总统。11月4日，袁世凯下令解散国民党。1914年，松木归次郎创立东亚高等预备学校，据他称当年留日学生至少有五六千人。郭沫若当时正在日本留学。7月8日，孙文于东京成立中华革命党。7月28日，第一次世界大战爆发。8月，日本对德宣战。1915年1月，日本向中国提出"二十一条"要求，中日为此交涉，留日学生反对"二十一条"，大举归国，在上海组成国民对日同志会。上海、汉口、广东等地展开排斥日货运动。当年9月，《新青年》创刊。12月11日，袁世凯宣布实行帝制。12月25日，蔡锷等起兵于云南，讨伐袁世凯。1916年，由留日学生组成的学术性团体丙辰学社在东京创立。3月，袁世凯宣布取消帝制，6月去世，黎元洪任代大总统，宣布恢复临时约法重开国会。8月，章宗祥任驻日公使。

1917年，俄国十月革命的胜利，迅速引起中国的先进分子对马克思列宁主义的浓厚兴趣和热烈向往。"十月革命一声炮响，给我们送来了马克思列宁主义。十月革命帮助了全世界的也帮助了中国的先进分子，用无产阶级的宇宙观作为观察国家命运的工具，重新考虑自己的问题。"这时，中国才真正找到了马克思主义。"这时，也只有在这时，中国人从思想到生活，才出现了一个崭新的时期。"在十月革命的鼓舞下，以李大钊为代表的一批先进分子，很快接受并开始研究马克思主义革命思想。从十月革命到五四运动，马克思主义和马克思、恩格斯的部分著作开始在中国传播开来。最早接受和宣传马克思主义思想的是李大钊。早在十月革命之前，他在日本留学时，就曾接触过科学社会主义学说，阅读过马克思、恩格斯的部分著作，并介绍过马克思主义著述。① 周恩来于 1917 年留日，入法政大学附属预备学校，与大杉荣接触，1919 年 3 月归国。1918 年 3 月，日本向中国提出共同出兵西伯利亚。5 月，留学生反对中日共同出兵西伯利亚，大举归国，并组织救国团。11 月 11 日，第一次世界大战结束。

1919 年 1 月 18 日，巴黎和会召开，中国代表要求将山东权益归还中国。5 月，《新青年》第 6 卷第 5 号被编为"马克思研究专号"。5 月 4 日，五四运动爆发，毛泽东以此次由学生发起的爱国运动为界，划定在此以前是旧民主主义革命时代，在此以后是新民主主义革命时代。10 月 10 日，中华革命党改组为中国国民党。1920 年 1 月，国际联盟成立。8 月，陈独秀在上海组织中国社会主义青年团。10 月，毛泽东在湖南组织社会主义青年团。1921 年 7 月 1 日，中国共产党诞生。②

二 归国后的王右木等四川马克思主义运动先驱在国内积极实践、传播马克思主义

20 世纪 20 年代前后，四川地区因为军阀连年盘踞混战，封建割据官绅横行，民不聊生。五四浪潮冲击到西南地区，各种社会思潮也随之涌入四川，马列主义、无政府主义、乌托邦思想、国家主义、实业救国、教育救国等。有志之士都在苦闷徘徊中寻找出路，而不同的经历与教育背景也使得信奉了不同思想的青年人走上了不同的救国道路。

回国之后，王右木在上海短暂停留了一段时间，1919 年春回四川江油省亲。1919 年春节过后，王右木回到家乡，并带回了很多马列书籍。大哥王初龄原本计划王右木回国后能当上省议会议员，光宗耀祖，升官发财，但王右木回国后却为开展革命做准备而变卖家产，这一做法使大哥感到深深不满。因此，王右木被迫与大哥分家，携妻儿赴成都开展革命工作。王右木知道此行凶险万分，为了不连累家人，王右木发表声明：他出去革命纯属个人意志，一人做事一人当，与家族毫无瓜葛。

1919 年 6 月到成都后，王右木出任成都高等师范学校学监，并在四川公

---

① 中共中央马克思恩格斯列宁斯大林著作编译局马恩室编《马克思恩格斯著作在中国的传播》，人民出版社，1983，第 279 页。

② 实藤惠秀：《中国人留学日本史》，谭汝谦、林启彦译，生活·读书·新知三联书店，1983，第 475 页。

立农业专门学校教授经济学课程。此时四川省及整个西南地区，几乎没人了解马克思主义，更别说建立马克思主义党团组织了。王右木到成都工作后，正值五四运动爆发，他觉得马克思主义对时局的很多尖锐问题都能提供很好的解释、指出解决方法，此时正是一个宣传马克思主义的好时机，王右木便在这场运动中积极活动，呼吁用马克思主义理论解决现实社会问题。通过这次运动，王右木使成都师生及进步民众初步接触到了马克思主义。

王右木常利用教学机会在课堂上宣传马克思主义。他讲经济学时，根据教科书上的纲目，结合社会现实，擅长用形象的语言深入浅出地讲解马克思主义经济理论。他很注意方法，讲课中并不专门去谈"马克思"或"共产主义"等字眼，却常常使听课学生在不自觉的情况下，潜移默化地受到马克思主义的影响，逐步认识中国社会的某些本质问题，树立起革命的信念。

王右木不像其他一些旧式教员那样喜欢摆架子。他平易近人，和蔼可亲，"每次上课后，从来不到教员准备室去等工友给他打洗脸水和泡盖碗茶，更不到学监室和教务处去说学生的坏话。他总是把一顶旧呢帽戴得矮矮的，悄悄走到教室侧边来找同学闲谈。下课后又有很多同学围着他谈问题，要一直谈到下一堂课的钟声响了他才脱身的"[①]。

他经常教育学生要关心政治，注意时局，多读《新青年》等进步书刊，他说："你们不要迷信中国先哲旧说，要研究新的社会科学，从旧的国故中走出来，做中国的新青年。"[②] 他和同乡、学生领袖张秀熟等谈话时特别强调，要他们多学马克思主义，在家乡开创出一种新局面来。

除了在学校宣传之外，王右木还勇敢地走出校园，在街头、茶馆、公园等地进行演讲。他不止一次在成都少城公园（今人民公园）公开演讲，用最通俗易懂的语言启发民众，揭发帝国主义列强侵略中国的罪行，控诉军阀暴政。

1920 年初，李大钊和陈独秀等曾在北京探讨建立中国共产党的问题。此后，陈独秀迁居上海，与李大钊相约各在南、北方筹建党组织。1920 年暑假，王右木赴上海会见陈独秀、李汉俊、李达、施存统等，受到巨大启发。回川后，他深入研读《新青年》及马克思主义理论，坚定了对马克思主义的

---

① 中共江油市委党史研究室、江油市国家档案馆编《四川马克思主义运动先驱·党团组织创始人王右木》，光明日报出版社，2017，第 13 页。
② 中共江油市委党史研究室、江油市国家档案馆编《四川马克思主义运动先驱·党团组织创始人王右木》，光明日报出版社，2017，第 13 页。

人生信仰，为扩大马克思主义的宣传工作、培养革命力量，也为日后建立四川党、团组织做好了思想上和组织上的准备工作。王右木先是在当时自己任教的学校中创建马克思读书会，时为四川公立农业专门学校林科学生的康明惠加入读书会并成长为骨干成员。读书会发展迅速，从最初的三四十人很快发展到一百多人。读书会以校为单位分成若干小组，每个星期组织一次读书活动。

因资料比较匮乏，王右木自掏经费，订购了《新青年》《觉悟》《东方杂志》等刊物，甚至动员学生油印了《共产党宣言》，供同学们学习。[①]

在前期的积淀之下，1921 年 11 月，四川出现了第一个共产主义组织——四川社会主义青年团，即四川党组织的前身。根据阳翰笙的回忆[②]，他曾参与学生运动和学生联合会以及青年团，并且与一批同学如童庸生、李硕勋、刘弄潮以及雷兴政等十多个人按《新青年》上发表的建团章程，建立了社会主义青年团。而王右木作为当时成都高等师范学校的教师曾给予他们非常多的帮助与指导。王右木认为这个组织可能还不合法，曾答应去上海时帮助他们寻找团中央。就当时的救国之路该如何走，阳翰笙也曾经亲自去找恽代英请教，恽代英当时作为泸州川南师范学校校长，在成都、重庆、川南及整个四川都非常有影响力。他指出，当时摆在全国青年面前的中心问题是：青年向何处去？孙中山有孙中山的道路，无政府主义者有无政府主义者的道路，胡适派、国学派有他们的道路，共产主义派也有自己的道路。主张繁多，有十几二十多种，他认为阳翰笙选择的社会主义以及建立社会主义青年团是一条光明的道路并鼓励其坚定信念毫不动摇地走下去。

三 点亮四川马克思主义运动的"星星之火"

马克思主义在中国的传播、发展、实践，离不开一批批仁人志士的前仆后继。马克思主义先驱者聚焦于大城市里马克思主义影响力的扩散，如上海、广州、湖南、湖北等地，都是早期马克思主义者聚集活动的地方，相较而言，四川的地理环境及其军阀割据一方的地域特征，使得马克思主义的传播更难、阻

---

① 中共江油市委党史研究室、江油市国家档案馆编《四川马克思主义运动先驱·党团组织创始人王右木》，光明日报出版社，2017，第 19 页。
② 阳翰笙：《照耀我革命征途的第一盏明灯》，载《回忆恽代英》，人民出版社，1982，第 29页。

力更大。而马克思主义思想在四川的传播、社会组织的兴起以及共产主义运动的发展，也从另一方面印证了马克思主义思想中阶级与压迫的理论，进而也在实践中验证了马克思主义与中国救亡图存道路的高度契合。

李大钊、陈独秀、杨闇公、郭沫若、王右木等马克思主义运动先驱，对马克思主义的学习传播是一个去粗取精的过程，是将其融入中国国情发现并解决问题、结合革命实践的成果，是早期马克思主义在中国深入并扎根的新阶段。王右木留日时期对马克思主义的学习、传播与结合归国后实践的过程，转变了对马克思主义单纯理论层面的接受、"舶来品"无法契合中国实践等局面，开始了马克思主义的中国化。

首先，马克思主义中国化的具体表现是以国内问题为导向，探索救国之路的尝试。内忧外患的国情，让有志之士纷纷寻求救国之路。在多种社会思潮并立的前提下，先驱们对马克思主义的信任与笃定，是在看清当时国内痼疾基础上的正确选择。王右木从最初的改良主义、教育救国，到科技救国，再到对革命运动的参与，是经历了一次又一次的尝试后的结果，马克思主义是其最后笃定的方向与道路，是经历实践考验的。其次，这也是对纷繁复杂的多种思想与多条道路不断尝试、不断磨合共识的过程。在日留学期间，除王右木外，一批批的中国留日学生也怀揣着救国理想，通过学习与国内形势呼应，做着同样的尝试。如同在日本的李大钊等早期马克思主义者也在日本接受进步思想、成立各种组织，通过参加进步活动用实践来验证马克思主义。最后，与早期学理性地接受马克思主义不同，王右木在日本学习以及回国之后，在马克思主义思想的指导下积极参与到革命实践活动中，通过建立青年团体、发行各种马克思主义思想期刊进行宣传，将理论与实践真正结合到一起，尝试解决各种问题。

王右木同吴玉章、杨闇公一起领导了成都地区的革命活动，在四川团与党的创建中，吴玉章、杨闇公、王右木都是创始人。① 王右木在四川革命斗争历史上有着重要的地位和作用，为马克思主义在四川的传播做出了重要贡献，被誉为四川建党建团第一人。不幸的是，他英年早逝。1924 年春，王右木赴上海向中共中央报告工作，归途中在贵州遵义遇害。直到中共四大之后，四川的党组织才逐渐恢复重建②。虽然英年早逝，但他从日本带回来的

① 杨尚昆：《追忆领袖战友同志》，中央文献出版社，2001，第 168 页。
② 李蓉、叶成林：《中共四大轶事》，人民出版社，2015，第 305 页。

革命"火种"却在四川地区逐步传播开来，虽然现在看来十分微弱，但在当时却是一缕曙光，被一代又一代的有志之士学习、践行并薪火相传。

第五节 "星星之火"汇成燎原之势：从留日学者到中国马克思主义运动先驱

19世纪末20世纪初，一批关怀国家命运的留日学生将马克思主义引入中国。至此，发端于西欧的马克思主义以日本为中转站进入中国，进而拉开了中国马克思主义思想运动的历史大幕，这是近代历史上"西学东渐"的重要一环，也是日本社会主义思潮向中国"渠满而溢"的必然结果。这当然是中国近代史上的一件大事。以此为起点，中国人民终于获得了一种真正先进的理论武器完成救亡图存的伟业，开启了民族伟大复兴的历史征程。而这批早期的留日学者，有相当一部分成为中国早期的马克思主义者，他们点亮了中国革命道路的"星星之火"，最终汇成燎原之势，推动了新中国的成立，并致力于马克思主义的中国化，使其一直指导着中国发展至今。对于这一批人的研究与探讨，以及对王右木同志马克思主义先驱意义的再研究，一方面具有再现历史的意义，另一方面让我们愈发坚定了今天的马克思主义道路。

一 身陷历史泥淖，积极向外探寻救国之路

中国早期马克思主义者队伍，主要由三种类型的人组成。首先是五四运动以前的新文化运动的精神领袖，代表人物为李大钊、陈独秀。他们在五四运动之前，就是新文化运动的旗手，在中国当时的思想界颇有影响。五四运动以后，他们由提倡"民主"与"科学"转而开始研究、宣传马克思主义，并成为中国最早的马克思主义者。其次是五四爱国运动的左翼骨干，代表人物为毛泽东、周恩来等。最后是一部分原中国同盟会会员、辛亥革命时期的活动家，代表人物为董必武等。这些人原来与孙中山一起搞革命，后来逐渐认识到只有马克思主义才能真正解决中国的革命问题，转而信仰马克思主义。

五四运动以后，马克思主义理论开始在进步知识界中传播，以李大钊为代表的具有初步共产主义思想的知识分子对马克思主义的传播做出了杰出的

贡献。此时的李大钊与陈独秀一起,以《新青年》为主要阵地,在社会上开始宣传马克思主义。1919 年,李大钊发表了《我的马克思主义观》一文,第一次向中国人民系统地介绍了马克思主义的唯物史观、政治经济学和科学社会主义的基本观点。陈独秀也接受了马克思主义,并在上海建立了马克思主义研究会,号召青年从事"宣传运动""工人运动"。

在陈独秀、李大钊即著名的"南陈北李"的推动下,毛泽东、邓中夏、蔡和森、恽代英、瞿秋白、周恩来、赵世炎、董必武、陈潭秋、李达、李汉俊等一大批先进青年和具有初步共产主义思想的知识分子分别经过各种努力,走上了无产阶级革命道路,成为马克思主义者。中国第一代马克思主义者队伍开始形成。他们通过各种报刊纷纷向中国人民介绍马克思主义理论。例如,爱国进步青年杨匏安于 1919 年底发表了《马克思主义》(亦称《科学社会主义》)一文,介绍并详细阐释了马克思主义哲学、政治经济学和科学社会主义。李达、李汉俊、陈望道在宣传科学社会主义的过程中做出了突出贡献,被称为"二李一陈"。他们从日本回国后已经具有了比较高的理论造诣,在翻译马克思主义论著的工作方面最具代表性。例如,陈望道于 1915 ~ 1919 年赴日本留学,先后在日本东洋大学、早稻田大学、中央大学等校学习,获中央大学法学士学位。在日期间,陈望道为日本社会主义运动所吸引,花了大量时间研习马克思主义的经典。1920 年 4 月,已归国的陈望道"费了平时译书的五倍工夫"翻译了《共产党宣言》第一个中文全译本,① 8 月就刊印了 1000 余册,此后又多次重印。据不完全统计,1920 ~ 1926 年,《共产党宣言》先后再版 17 次,累计出版 10 万册以上。② 1920 年 9 月,李汉俊翻译了马尔西的《经济漫谈》,作为介绍《资本论》的通俗读本。1918 年秋至 1920 年夏,李达翻译了包含马克思主义三大组成部分的数本著作,包括郭泰的《唯物史观解说》、考茨基的《马克思经济学说》和高富素之的《社会问题总览》,这些书均于 1921 年 5 月由中华书局出版。③ 再如,作为中国第一代研究学习马克思主义的理论家,施存统也翻译了山川均的

① 杨宏雨:《陈望道首译〈共产党宣言〉的划时代意义》,《嘉兴学院学报》2020 年第 5 期,第 50 页。
② 杨宏雨:《陈望道首译〈共产党宣言〉的划时代意义》,《嘉兴学院学报》2020 年第 5 期,第 54 页。
③ 郑智鑫:《上海共产党早期组织成员与建党前夕马克思主义的传播》,《河南牧业经济学院学报》2020 年第 6 期,第 45 页。

《从科学社会主义到行动的社会主义》、考茨基的《劳农政治反对论》等文章，并在《马克思底共产主义》《第四阶段独裁政治底研究》《唯物史观在中国底应用》等文章中较系统地解释了唯物史观的基本原理，为马克思主义在中国的传播做出了极大的理论贡献。① 具有初步共产主义思想的青年知识分子，通过比较、思考，逐步划清了资产阶级民主主义与无产阶级社会主义、科学社会主义和其他社会主义流派的界限，并走上了马克思主义的道路。

二 学成归来，契合中国实际传播马克思主义

历史地看，思想的传播都会经历一个"本地"化的过程。对于他者的思想，受众不是一个机械的接受者，而是一个能动的学习者。在思想的交流中，任何一方都不可能是真正的"白板"。从这个意义上讲，中国人从接触马克思主义的最初一刻起就已经开始了马克思主义中国化的过程。例如，作为恩格斯的《社会主义从空想到科学的发展》的第一个完整中文译本，施仁荣在 1912年翻译的《理想社会主义与实行社会主义》，就基于自身的阶级立场对原文进行了改造，使得"这部作品最终呈现出的是一个扭曲的因而是镜像化了的马克思主义"。这表明，"马克思主义在中国的传播从一开始就并非公式化的套用，而是传播主体有意识地把马克思主义原理同中国实际相结合的尝试"。②

问题是受制于翻译者或作者的立场、思想水平及实践经验，对于如何将马克思主义与中国具体实践结合起来推进科学社会主义思想传播和普及，进而指导中国的革命运动，出现了不同的看法，也导致了不同的事件结果。留日学生早期传播马克思主义有大量照搬、模仿的痕迹，大量关于马克思主义的阐释都是转引自日本的二手材料。而政治立场的不同，也导致留日学生在传播强度、传播效果上具有重大差异。十月革命前，马克思主义在中国的传播还未形成规模，其影响只局限于少数资产阶级知识分子，他们把马克思主义仅仅当作众多西方社会思潮中的一种，仍停留在"感性的认识"上。十月革命后，传播主体变成了倾向于马克思主义的知识分子，他们自觉将这一理

---

① 刘超群：《施存统与早期马克思主义传播》，《学理论》2020 年第 12 期，第 28 页。
② 汪越、孙熙国：《马克思主义在中国早期传播的思想取向和镜像表达——基于对〈理想社会主义与实行社会主义〉的文本考察》，《中共中央党校（国家行政学院）学报》2020 年第 5 期，第 84 页。

论作为指导中国革命的行动指南，马克思主义在中国的传播也实现了从被动到主动、从单纯的理论研究到与中国革命实际和建设相结合的过程。施存统当时就认为，应将马克思主义与中国具体实际结合起来，运用马克思主义的基本原理探讨、解决中国革命问题。特别重要的是，他指出无产阶级应建立自己的武装力量，并通过武装斗争的方式夺取政权，对中国革命的方式和道路问题给出了具体的答案。[①] 马克思主义中国化进入新阶段对整个中国社会的进步也产生了重要影响。[②] 这一时期，马克思主义与中国革命实践相结合的具体表现就是与各种错误思潮进行论争，对"马克思主义才能救中国"的真理性给出了确定的答案。

在 20 世纪 20 年代，古老的中国已经经历了各种资本主义思潮的洗礼，各种新思想在社会上都有不少的追随者。如克鲁泡特金的无政府主义、托尔斯泰的"泛劳动主义"等。除此之外，各种非科学的社会主义思想也不断地进入中国，空想主义、改良主义等思想流派也在中国开枝散叶，对当时的思想舆论界产生了深刻的影响。马克思主义要成为中国革命的指导思想，首先就需要系统清理这些西方思潮的消极影响，因此爆发了三次重要的思想理论论争。双方就中国社会发展的前途、社会改造的方法等问题进行了严肃的论战。[③] 李达、杨匏安等留学东瀛的知识分子参与了这三次论战，为马克思主义的传播做出了自己的贡献。

第一次是问题与主义的论争。当时的著名学者胡适站在资产阶级改良主义的立场上反对马克思主义，于 1919 年 7 月在《每周评论》上发表了《多研究些问题，少谈些主义》一文，挑起了所谓的"问题与主义"之争。胡适强调不要过多地谈论主义，而应多解决实际问题，甚至声称空泛地谈论主义是阿猫阿狗、留声机和鹦鹉都能做的事。[④] 李大钊则写了《再论问题与主义》一文予以驳斥，认为"一方面固然要研究实际问题，一方面也要宣传理想的主义"，[⑤] 并且强调没有好的主义，也难以解决实际问题，旗帜鲜明地支持和宣传马克思主义。

---

① 刘超群：《施存统与早期马克思主义传播》，《学理论》2020 年第 12 期，第 28 页。
② 杨鹏：《留日学生与马克思主义在中国的早期传播》，《社会科学家》2019 年第 3 期。
③ 王继平：《中国社会主义思想发展史纲》，广西人民出版社，1991。
④ 胡适：《多研究些问题，少谈些"主义"》，载《胡适文存》第一集，首都经济贸易大学出版社，2013，第 213 页。
⑤ 中国李大钊研究会编注《李大钊全集》第三卷，人民出版社，2013，第 50 页。

第二次是关于社会主义问题——基尔特社会主义与马克思主义的思想交锋。梁启超、张东荪等人曾在 20 世纪 20 年代初期鼓吹过社会改良的基尔特社会主义。张东荪和梁启超先后分别发表了《由内地旅行而得之又一教训》《现在和将来》《复张东荪书论社会主义运动》等文章，宣扬资产阶级改良主义。他们认为，"中国经济落后，'缺少真正的劳动者'，'绝对不能建设劳动阶级的国家'"，而且中国内乱不断，已经无法承受革命的代价。他们断言救中国只有一条路，就是用资本主义的方法来发展实业。① 由此，引发了一场关于社会主义是否适合中国国情的争论。针对这一言论，李达、李大钊、陈独秀等人对基尔特社会主义的观点进行了批判，发表了《评张东荪君底"又一教训"》《张东荪现原形》《再评张东荪君底"又一教训"》等一系列文章，主张"中国要发展实业，必须由无产阶级组建政府不可"。② 李达提出，基尔特社会主义的作用是启蒙劳工，根本不是真正的革命手段，不过是"改良主义的社会政策派的劳动运动罢了"。③ 同时，他强调直接行动而非渐进改良才是社会主义运动最有效的手段。论战澄清了基尔特社会主义的资产阶级改良主义本质，使得两种主义划清了界限，扩大了马克思主义在中国的影响力。④

第三次思想论争是 1920 年以后马克思主义与无政府主义的交锋。在五四时期的中国，马克思主义之前的显学正是无政府主义。⑤ 以黄凌霜、区声白为代表的无政府主义者鼓吹绝对自由，攻击马克思主义的政治理论，反对建立无产阶级专政国家。其思想本质依然是渐进的社会改良主义，与胡适所主张的"多研究些问题"大同小异，试图从个人以及社群开始改造社会，攻讦反对马克思主义的暴力革命、无产阶级专政理论。中国的早期马克思主义者与无政府主义者进行了激烈的交锋，对他们的观点进行了深刻的批判，指出绝对的自由是空谈，无产阶级专政有其存在的合理性。杨匏安就批判了"中国式的无政府主义"，阐述了马克思主义国家学说。他强调共产主义者必须

① 《中国共产党诞生大事记》，新华网，http://www.xinhuanet.com/politics/2016-06/27/c_129092964.htm，2016 年 6 月 27 日。
② 李红：《浅析五四前后马克思主义在中国传播的原因》，《河北青年管理干部学院学报》2020 年第 6 期，第 105 页。
③ 李达：《讨论社会主义并质梁任公》，《新青年》1921 年第 1 号。
④ 刘孝良：《评建党时期陈独秀与张东荪关于社会主义问题的论战》，《淮北师范大学学报》（哲学社会科学版）1983 年第 1 期，第 37 页。
⑤ 许纪霖：《五四知识分子通向列宁主义之路（1919—1921）》，《清华大学学报》（哲学社会科学版）2020 年第 5 期，第 135 页。

推翻资产阶级国家，要建立无产阶级国家，实行无产阶级专政，只有这样才能够实现共产主义。施存统也"对马克思主义国家学说做出了较系统、全面的阐述，他的认识比其他共产主义青年更深刻、彻底"。[①]

三 深入群众，坚定马克思主义道路

1919 年 5 月 4 日，五四运动爆发，标志着中国工人阶级作为独立的政治力量开始登上历史舞台。运动中工人阶级表现出来的高度组织纪律性和斗争精神，证明了马克思主义关于无产阶级革命观点的真理性。一些已初步接受共产主义思想的先进知识分子，在轰轰烈烈的五四运动中看到了人民大众尤其是工人阶级的巨大力量，开始提出知识分子应当忠于民众，"到工人中去"，同劳动群众相结合的思想。而"问题与主义"之争在客观上也推动了马克思主义者更多更细致地研究中国社会问题，并增强了他们将马克思主义基本原理用于分析中国问题的自觉性。越来越多的马克思主义者开始创办面向广大工人阶级的刊物，发动和组织工人，通过走进工厂、走近工人，进入了领导工人运动的广阔天地。

1920 年初，从日本归国的马克思主义者已经认识到无产阶级的重要历史作用。李达在 1920 年发表了《劳工神圣颂》一文，称赞劳工"是普照世界的神，无论在什么地方，都可以看得他见的"。[②] 他进一步明确指出，社会主义就是要把生产资料从资本家手中剥夺出来，交予社会劳动者来管理。李汉俊也提出，要打破"知识阶级"这四个字的牢狱，图"体力劳动者"与"脑力劳动者"的一致团结。[③] 李大钊则在《我的马克思主义观》中讲道："社会主义的实现，离开人民本身，是万万做不到的。"[④] 早年陈独秀一直将工作重心放在对知识青年的启蒙教育上，五四运动以后他逐渐认识到了无产阶级所具有的革命力量，并开始意识到唤醒工人阶级的重要性。1920 年 2 月 23 日，陈独秀曾表态："北方文化运动，以学界为前驱，普通社会，似有足为后盾者。然不能令人满意之处，实至不鲜。……仅有学界运动，其力实嫌

① 刘超群：《施存统与早期马克思主义传播》，《学理论》2020 年第 12 期，第 30 页。
② 《李达文集》编辑组编《李达文集》第一卷，人民出版社，1980，第 44 页。
③ 中国李大钊研究会编注《李大钊全集》第三卷，人民出版社，2013，第 23 页。
④ 李汉俊：《最近上海的罢工风潮》，《星期评论》1919 年第 21 号。转引自唐柏玲《20 世纪初留日学生与马克思主义中国化研究》，中国石油大学硕士学位论文，2019，第 46 页。

薄弱。"① 他接连发表了《劳动者底觉悟》《关于社会主义的讨论》等文章，阐释了无产阶级革命方面的重要问题，表明他本人接受了马克思主义有关无产阶级专政的基本观点。1920 年，陈独秀在深入调查、了解工人状况的基础上，编辑出版了《新青年》第 7 卷第 6 号"劳动节纪念号"。② 同年，由李汉俊与陈独秀创办的《劳动界》问世，其宗旨就是成为一个中国劳动阶级有力的言论机关，致力于改善劳动阶级的境遇。③ 李汉俊在发刊词中讲到，创办《劳动界》就是要让中国的工人阶级知道他们应该知道的事。④ 而在这一时期的马克思主义研究中，有关剩余价值的学说则成为知识青年解释中国劳工问题、唤起工人斗争热情、指明革命道路的理论武器。如戴季陶在《劳动者应该如何努力?》一文中通过剖析"资本家生产制"讲出了剩余价值论的基本内涵，谴责"资本家的联合"造就了"资本万能的制度"，以及"资本家生产制"固有的剥削本质，呼吁劳动者们要团结起来进行社会改造。⑤

此外，中国的马克思主义者也就如何发动劳工大众进行社会主义革命，提出了初步看法。杨匏安在《马克斯主义》中提出工人应团结起来，夺取国家权力，由国家掌握一切生产资料。⑥ 李达则在《讨论社会主义并质梁任公》一文中提出"中国的社会劳动者，要联络中国人民，为中国无产阶级谋政治的经济解放，做实行社会主义的准备"。⑦ 在早期马克思主义知识分子的努力宣传和斗争下，中国的工人运动开始书写新的篇章。1920 年后，随着北平、上海各地的共产主义小组的建立，怀抱共产主义理想信念的知识分子更加深入工人、农民等劳苦大众中去，通过开办补习班、举办俱乐部等方式向广大人民传播马克思主义思想。

---

① 任建树主编《陈独秀著作选编》第二卷，上海人民出版社，2014，第 198 页。
② 黄雨蓓：《"五一"纪念与早期工人阶级话语建构》，《上海党史与党建》2018 年第 8 期，第 27 页。
③ 曹典：《从〈劳动界〉看早期共产党人向工人传播马克思主义的探索》，《上海党史与党建》2019 年第 8 期，第 31 页。
④ 曹典：《从〈劳动界〉看早期共产党人向工人传播马克思主义的探索》，《上海党史与党建》2019 年第 8 期，第 31 页。
⑤ 戴季陶：《劳动者应该如何努力?》，《劳动界》1920 年第 10 期。
⑥ 王先芝：《马克思主义在工人阶级中的早期传播研究（1919—1927 年）——以京津地区为例》，青岛科技大学硕士学位论文，2019，第 17 页。
⑦ 李达：《讨论社会主义并质梁任公》，载《李达文集》编辑组编《李达文集》第一卷，人民出版社，1980，第 57 页。

四 难以回避的局限性

通过日本这一渠道，中国人接触到了马克思主义。留日学生对于马克思主义的翻译和研究，为马克思主义中国化提供了文本前提、思想条件和主体储备，其影响可谓深远。[1] 但是，他们在思想上的准备、理论上的修养还不够成熟，[2] 因而难以准确地将马克思主义的思想精髓完整地引入中国。马克思主义传入中国的最初时刻带着深厚的日本印记。与强调阶级斗争的苏联马克思主义相比，日本马克思主义受儒学思想影响甚深——用儒家的大同思想和仁义原则来解读马克思主义的哲学思想和政治抱负，这种富含东方色彩的解读虽然容易为当时的中国知识分子所接受，却掩盖了马克思主义真正科学、革命的内容。日本学界的问题意识和理论取向决定了早期留日学生拿来的不是真正的、全面的、彻底的马克思主义。过多的日本痕迹实际上成为马克思主义进一步中国化必须破除的障碍。例如，日本学者过度地甚至是机械地解读了马克思主义对经济基础的强调，认为马克思主义主张"经济定命论"（economic determinism），这使李大钊也曾认为马克思主义存在着过分重视经济和物质作用的偏向，带有"命定的色彩"。[3] 1920 年前后，中国知识界对马克思主义的学习和接受已经超越了 20 世纪初期的尴尬局面。这一时期中国知识界对马克思主义的认识更加全面和精确，马克思主义的中国化取得了长足的进展。但是，受制于时代条件，依然有不成熟的地方。

其一，这一时期对马克思主义经典著作的翻译数量不多，质量不高。事实上，这一时期马克思、恩格斯的经典著作只有四五本被比较完整地翻译过来，中国知识分子大量接触的还是各种介绍或节译。20 世纪 20 年代初期，对于中国的进步知识青年来说，相比于对马克思主义经典著作的了解，他们无疑更加熟悉列宁的著作。此时的中国知识界更多的是从苏俄布尔什维克那里了解和接受马克思主义。而且，中国的知识界，特别是留学日本的马克思主义者，大多不熟悉德文。这极大地制约了马克思主义经典著作的翻译质量。他们尚未具备充足的语言能力和理论水平精准、完整地翻译马克思主义

---

① 张妍：《马克思主义在日本的早期传播及对中国之影响》，《学术交流》2017 年第 4 期。
② 杨鹏：《留日学生与马克思主义在中国的早期传播》，《社会科学家》2019 年第 3 期。
③ 茹亚辉：《留日学生与马克思主义在中国的早期传播》，《青年发展论坛》2020 年第 2 期。

著作。这种在译介和传播中遇到的问题，对中国革命也产生了消极影响。例如，相比于对唯物史观的了解，此时的中国知识分子还难以把握辩证法的精髓。方法论工具掌握得不充分，革命难免会走更多的弯路。

其二，在马克思主义结合中国实践方面，主要的不足在于对中国国情认识不充分。马克思主义的中国化，一方面需要完整、准确地认识马克思主义理论；另一方面需要对中国国情有恰当的分析。事实上，在毛泽东于1930年写作《星星之火，可以燎原》之前，中国共产党对中国国情的认识尚未达到科学、透彻的程度。特别是对于近代中国的各个阶级的生存状况、主要诉求以及各阶级的力量对比和相互关系都缺乏深入的分析；对于反帝国主义、反封建主义、反军阀之必要性和紧迫性的认识也相对不足。因此，他们对于在具体革命工作中如何运用马克思主义观点教育和发动群众，也有很多不足的地方。这些都是我党在幼年成长期必然要经历的迷茫和阵痛，马克思主义思想的真正力量也将随着我党斗争经验的增多而被释放出来。

王右木与四川早期
马克思主义思想传播

03

王右木是四川传播马克思主义的播火者。在军阀统治下的四川，传播马克思主义极其艰难，但他以开拓者的无畏姿态，先后于1920年底在成都组织马克思读书会、1922年2月又创办了四川第一份专门宣传马克思主义的刊物《人声》报，在四川点燃了马克思主义的火炬。在努力加强自身学习、研究和探索马克思主义学说的同时，他通过报刊、教学和参与社团活动等方式向四川进步青年积极传播马克思主义，帮助和教育他们逐步划清了马克思主义与反马克思主义、非马克思主义的界限，为他们探索救国救民道路提供了科学的思想武器。王右木在巴山蜀水播撒马克思主义的革命火种的勇敢实践，奠定了四川革命事业的基础，开辟了四川革命事业的壮阔道路。

内容提要

第一节　马列薪火起声势

一　马克思主义在中国的传播

马克思主义在中国的早期传播是马克思主义发展史上的一个重要问题，它是西学东渐和中国近代社会发展的必然结果，是中西文化交流史上重要的思想革命。

近代以来，中国民族危机日益加深，中国人民奋起抗争，无数仁人志士舍身民族复兴之路，但无论是洋务派、维新派，还是资产阶级革命派，都统统归于失败。特别是辛亥革命失败后，中国的先进分子认识到，仅仅靠西方政治制度的移植难以救中国，要从根本上改造中国，还要有文化的觉醒和思想的启蒙。因此，1915 年以陈独秀为代表的中国先进分子发起了"自有中国历史以来，还没有过这样伟大而彻底的文化革命"① 的新文化运动，提倡民主、反对独裁专制，提倡科学、反对迷信盲从，掀起了文学革命、思想解放的巨浪，有力地打击和动摇了长期以来封建正统思想的统治地位，使中国的知识分子尤其是广大青年经受了一场深刻的思想洗礼，从而打开了遏制中国社会新思想涌流的闸门。这就为适合中国社会需要的新思潮，特别是马克思主义在中国的传播，创造了有利的条件。

"十月革命一声炮响，给我们送来了马克思列宁主义。"② 虽然早在清末民初，一些来华的外国传教士、中国资产阶级知识分子和中国无政府主义者就在报刊上对马克思、恩格斯及其理论著作做过某些介绍，但他们更多是将其作为一种社会思潮进行推介。俄国十月革命的胜利第一次把社会主义从理论变成现实，这就引起了中国先进分子的高度关注，给正在黑暗中探索救国

---

① 毛泽东：《新民主主义论》（1940 年 1 月），载《毛泽东选集》第二卷，人民出版社，1991，第 700 页。
② 毛泽东：《论人民民主专政》（1949 年 6 月 30 日），载《毛泽东选集》第四卷，人民出版社，1991，第 1471 页。

之路的他们以新的革命方法的启示。他们敏锐地感受到世界历史潮流的深刻变化，开始从俄国胜利的经验中探寻中国的革命道路，进而去认真了解指导十月革命的马克思主义学说，开始用无产阶级的世界观作为观察国家命运的工具，重新考虑中国的问题。这就使中国出现了一批倾向于社会主义，用马克思主义指导中国革命的先进知识分子，他们经过反复的研究和思考，并在实践中得出向俄国革命学习、"走俄国人的路"① 的结论，使中国产生了民族解放的新希望。

1919 年，中国的先进分子从巴黎和会上中国外交失败的实际教训中看清了帝国主义列强联合压迫中国人民的实质，于是一场新的伟大的反帝反封建斗争——五四运动爆发。五四运动使中国人民有了新的觉醒，加之俄国十月革命的影响日渐扩大，由此开始了一场广泛的深层次的马克思主义传播运动。对此，瞿秋白曾描述说"帝国主义压迫的切骨的痛苦，触醒了空泛的民主主义的噩梦"，"所以学生运动倏然一变而倾向于社会主义"。② 五四运动后，中国思想界出现了一个明显的特点，就是研究和宣传社会主义逐渐成为进步思想界的主流，马克思主义也以其高度的科学性和革命性逐渐吸引着越来越多的进步青年，从而翻开了马克思主义在中国传播的新篇章。

当时在中国大力传播马克思主义的主力军，主要是一批具有初步共产主义思想的知识分子，他们接受的马克思主义思想熏陶主要来自三个方向。

一是日本马克思主义思潮的影响。甲午战争的惨败，激发了中国先进分子前往日本探究其崛起的奥秘，于是在 19 世纪末 20 世纪初，大量的中国学生东渡日本求学。当时在日本，社会主义思潮十分流行，受到片山潜、幸德秋水、河上肇等日本马克思主义学者的影响，一批留日学生主动学习从日本接触到的马克思主义理论知识，积极地翻译和引进马克思主义著作或相关论著，一些如政治、阶级、制度、社会主义、共产主义、资本主义、无产阶级等社会主义的术语都是从日文中转译过来的，这使得日本实实在在地成为马克思主义理论的中转国和来源地之一。对此，1920 年，蔡元培在为《社会主义史》所作的序中说，西洋社会主义输入中国，首先是留日学生从日本间接输入的。③ 在中国早期著名的马克思主义传播者者中，李大钊、陈独秀、李

---

① 毛泽东：《论人民民主专政》（1949 年 6 月 30 日），载《毛泽东选集》第四卷，人民出版社，1991，第 1471 页。
② 瞿秋白：《瞿秋白诗文选》，人民文学出版社，1982，第 34、35 页。
③ 蔡元培：《蔡元培政治论著》，河北人民出版社，1985，第 197 页。

达、李汉俊、施存统、陈望道等都有留学日本的经历。

二是留法勤工俭学运动的影响。五四运动前后，中国出现了一批出国勤工俭学的青年知识分子，他们主要去的是法国，还有一些人去了英国、德国和比利时。他们当中不少人一开始是希望到欧洲学习先进科学技术，谋求救国之道。但是，在欧洲的学习和见闻，特别是他们深入工厂做工，亲身体验工人阶级的生活，感受到资本主义社会化大生产，目睹了资本主义制度暴露出的各种深刻矛盾后，思想感情逐渐发生了根本性的变化。与此同时，在产生马克思主义的欧洲社会，他们还可以直接阅读到马克思主义原著，接触到第一手的马克思主义资料。许多人在认真学习和积极探求的同时，积极参加欧洲各国的共产主义运动，经过反复的比较和推求，最终走上了无产阶级革命的道路，转变为马克思主义者。他们中的一些人还通过通信等方式，向国内思想界传播马克思主义。周恩来、蔡和森、赵世炎、李维汉、李富春、向警予、蔡畅、邓小平、聂荣臻、陈毅等人是他们当中的杰出代表。

三是苏俄的影响和推动。一方面，十月革命的胜利开启了中国先进分子将寻求真理的目光转向俄国，自主地向俄国学习的过程。1919 年 7 月和 1920 年 9 月，苏俄政府两次发表宣言宣布废除沙皇政府同中国签订的不平等条约，放弃在中国的特权，[①] 受到了中国人民的热烈欢迎，这又进一步促使更多的中国先进分子关注苏俄。另一方面，共产国际派维经斯基、马林、尼克尔斯基等人来华进行直接的马克思主义的理论宣传，帮助开展革命活动，还积极成立共产国际东亚书记处、革命局、中俄通讯社等组织机构，向中国输送了大量的介绍马克思主义的书籍和政治读本。同时，在共产国际的组织和帮助下，一批中国优秀青年如瞿秋白、刘少奇、任弼时、秦邦宪、张太雷等人都纷纷赴苏俄进行马克思主义的系统学习。他们回国之后，积极翻译马克思主义著作，积极宣传俄国革命经验以及社会主义建设情况，迅速成为宣传马克思主义的主力军，推动了马克思主义在中国的传播和发展。

在中国早期的马克思主义传播过程中，李大钊和陈独秀起着重要的作用。李大钊最早在中国扛起了传播马克思主义的大旗。1918 年，他连续发表《法俄革命之比较观》《庶民的胜利》《Bolshevism 的胜利》等文章，称赞十月革命是世界的新文明之曙光，无产阶级的社会主义革命是世界历史的潮

---

① 苏俄政府后来并没有将宣言中的承诺全部付诸实施。

流，预言"试看将来的环球，必是赤旗的世界"！① 1919 年，他又发表了《我的马克思主义观》，全面、系统地对马克思主义进行了介绍。在此前后，李大钊还帮助北京《晨报》副刊开辟了"马克思研究"专栏，轮值编辑《新青年》时又将其第 6 卷第 5 号编为"马克思研究专号"。相比李大钊，陈独秀成为马克思主义者要晚一点。五四运动的洗礼使陈独秀的思想发生了根本性的变化，他迅速接受并积极传播马克思主义。1920 年 9 月，陈独秀发表《谈政治》一文，运用唯物史观正确阐述了政治、法律、国家、强权四者之间的关系，着重论述了无产阶级专政的正确性。随后，陈独秀陆续发表了《社会主义批评》《答蔡和森〈马克思学说与中国无产阶级〉》《马克思学说》《马克思的两大精神》《关于社会主义问题》等文章，很快成为著名的马克思主义宣传家。随着陈独秀世界观的转变，《新青年》杂志的方向也转向宣传马克思主义，成为我国传播马克思主义的主要阵地，影响巨大。李大钊、陈独秀的积极传播，加速了中国先进分子的觉醒，鼓舞和影响了许多青年最终确立马克思主义信仰并走上革命道路。

在李大钊、陈独秀等人的积极推动下，一批先进青年相继在思想上逐渐坚定了自己的马克思主义信仰。毛泽东在 1918 年 4 月与蔡和森等人在长沙成立了新民学会，从事革命活动。在 1918 年到 1920 年之间，他多次前往北京、上海，拜访李大钊和陈独秀，同他们探讨马克思主义以及如何开展湖南的革命活动等问题。到 1920 年冬，他从理论到实践上已经成为一个马克思主义者。在此前后，周恩来、高君宇、邓中夏、张太雷、李达、李汉俊、陈望道、俞秀松、施存统、杨匏安、赵世炎、蔡和森、恽代英、陈潭秋、董必武、何叔衡、王尽美、邓恩铭等人也成为马克思主义者。

这批马克思主义先驱者以毫不畏惧的勇气和大无畏的决心照亮了后人前行的道路。在他们的努力下，马克思主义在中国通过各种途径广泛传播，主要表现在三个方面。一是各地成立了马克思主义研究团体。1920 年 3 月，李大钊在北京成立了北京大学马克思主义研究会；5 月，陈独秀在上海成立了马克思主义研究会；9 月，毛泽东在湖南成立了湖南俄罗斯研究会。此外，邓恩铭等人在山东成立共产主义学会，杨匏安等人在广东建立马克思主义研究会，恽代英等人在湖北成立利群书社，周恩来等人也在天津成立觉悟社，

---

① 李大钊：《Bolshevism 的胜利》，《新青年》1918 年第 5 号。

等等。这些社团在传播马克思主义的同时，为中国革命培养了大批坚定的马克思主义者。二是大批宣传马克思主义的刊物和马克思主义著作的涌现。一方面，《新青年》、《每周评论》、《星期评论》、《湘江评论》、《晨报》（副刊）、《劳动界》、《劳动音》、《共产党》、《民国日报》、《建设》等刊物大量发表宣传马克思主义的文章。另一方面，《共产党宣言》（陈望道译）、《科学的社会主义》（郑次川译）、《唯物史观解说》（李达译）等马克思主义经典著作被大量翻译；同时，上海还成立了新青年社、人民出版社等专门出版机构，出版了《阶级斗争》《劳动运动史》《社会主义史》《共产党宣言》《共产主义 ABC》等大量的马列主义著作；毛泽东等人也在湖南成立文化书社，专门销售《共产党宣言》《劳动界》《马克思资本论入门》《社会主义史》等马克思主义书籍。三是利用个人的影响力，通过讲台、演讲、集会、纪念活动等多种方式传播马克思主义。李大钊、陈独秀等人不仅在媒介上对马克思主义鼓与呼，他们作为全国知名的学者，学校讲台也成为他们传播马克思主义的重要平台。自 1920 年 10 月起，李大钊在北京大学、北京女子高等师范学校、朝阳大学、中国大学等高校开设现代政治、唯物史观研究、史学思想史、社会主义与社会运动、史学概论等课程，向青年学生积极地传播马克思主义理论科学思想。1921 年 1 月 16 日，陈独秀在广东公立法政专门学校发表了题为"社会主义批评"的演讲，阐述为什么要讲社会主义、为什么能讲社会主义和应该讲何种社会主义三大问题。毛泽东也曾在湖南一师组织师生研究马克思主义文章和著作，还指导夏曦、郭亮组织马克思主义研究小组。在这一历史过程中，中国逐渐形成了北京和上海两个传播马克思主义的中心，并先后同湖北、湖南、浙江、山东、广东、天津和海外的先进分子建立联系，从北京、上海分别向各地辐射，促进了马克思主义在全国的广泛传播。

二　马克思主义在四川的传播

马克思主义传入中国并得到广泛传播，是中国先进分子为挽救民族危亡的必然选择。马克思主义在四川的传播，是这一必然选择的缩影。

近代四川随着中国日益加深的半殖民地半封建化过程而发生着深刻巨变，并逐渐融入近代中国社会变革和民主革命的大潮中。四川人民不仅面临着空前严重的民族危机，而且承受着军阀战争带来的破坏和动荡，据统计，在1912年以后的20年中，四川就爆发了476次战争。① 四川各路军阀在政治上残酷统治，在经济上横征暴敛，使四川社会黑暗动荡、民不聊生。残酷的现实迫使四川人民去寻找新的出路。1915年掀起的新文化运动，特别是五四运动的爆发使人们的思想得到解放，在这场激烈的社会思想变革浪潮中，身处西部内陆的四川也被卷入其中，社会思想文化更加活跃。

1. 四川早期对马克思主义的介绍

在马克思主义在四川正式传播之前，四川人民已经通过一些渠道对马克思主义有所接触和了解。

1917年，具有进步思想的陈岳安在成都华阳书报流通处从事发行工作，他同全国各地书报界建立起广泛的联系，先后把全国著名的进步报刊《旅欧杂志》《新青年》《晨报副刊》等引进成都。重庆的重庆书店、华洋书报社等，也在积极出售《新青年》《每周评论》《湘江评论》《星期评论》《浙江评论》等。这些具有全国影响的先锋性进步杂志，以及众多介绍西方人文、自然、历史、科技等的书籍，不断被引进到四川，受到渴望吸收新知识、新观念的四川青年知识分子的狂热追捧。如1918年，当时就读于成都留法勤工俭学预备学校的陈毅通过华阳书报流通处接触到吴玉章在《旅欧杂志》（第24、25期）发表的演说文章，并且将文章介绍给刘弄潮等10多人。他们根据吴玉章演说中的"社会主义"一词，组织成立了"社会主义读书会"。这些知识分子经常购买进步书刊共同阅读，然后互相介绍，开展读书活动。一些青年学生甚至还不满足于此，他们直接从外地邮购具有新思想的刊物。正如《晨报》所描述的："四川人人羡慕新思想，容纳新思想，要算二十二行省中第一。就以各种出版物说，如《新青年》《新潮》《新中国》《每周评论》，四川一省的总数都占外省的第一位。"②

四川本地最早介绍马克思和马克思主义的是《国民公报》。在俄国十月革命胜利仅1个月后，1917年12月18日的《国民公报》就报道了"彼得格勒戍军与劳动社会已推倒克伦斯基政府"，"主谋者为里林氏（列宁）"，"现已由激烈派组织政府，新政府之第一命令即为均贫富"。1919年4月23～27日，《国民公报》连续转载了署名为"渊泉"的在北京《晨报》（副刊）发表的《近代社会主义鼻祖马克思之奋斗生涯》的长文，介绍了马克思的生平

---

① 西南军阀史研究会：《西南军阀史研究丛刊》第一辑，四川人民出版社，1982，第471页。
② 高一涵：《新西游记》，《晨报》1921年9月14～16日。

和他为共产主义事业奋斗的事迹，赞扬马克思的《资本论》是空前绝后的名著、近代世界社会主义者的"圣经"。文章还叙述了马克思不畏反动政府的打击、贫病交加的袭击，百折不挠地研究社会主义，把一生贡献给人类社会进步事业的高尚品德。4月29日，该报又刊载了"渊默"的《我对于反对新青年者之希望》一文，对那些把社会主义、共产主义歪曲为"倡共产主义之说，即懒人之要义也"等言论进行了驳斥。5月13～16日，《国民公报》连续转载了《何为过激党》《布尔什维克主义之解释》等文章，介绍了列宁的革命活动、十月革命的成功，指出布尔什维克主义是马克思的社会主义，马克思的学说"在现代各种社会新思潮中，可算得最稳健的主张，最有科学的基础""社会革命实行公有以外，别无他途可言"。5月30日至6月12日，《国民公报》又连续转载了"知非"撰写的长篇论文《俄国过激派之研究》，批驳当时某些人对布尔什维克的误解和污蔑，指出俄国"过激派"就是马克思主义派，搞的是社会主义。12月24日，《国民公报》刊载了"想众生"翻译的《马克思小传》，介绍了马克思的生平、组织共产主义者同盟、《共产党宣言》对世界革命产生的重要影响等。① 当时，《国民公报》在四川发行量大，在社会各阶层都拥有广大的读者，影响非常广泛。它在四川独树一帜地、比较全面地刊载介绍马克思主义和俄国十月革命的文章，对推进四川早期马克思主义的传播起到了重要作用。

此外，四川还有《星期日》《半月报》《川报》《戊午周报》《四川学生潮》《威克烈》《直觉》《新空气》等刊物，也都先后刊登过很多介绍马克思主义、十月革命和社会主义的文章。如《星期日》先后发表了《俄国革命后的觉悟》《波尔雪勿党的教育计划》《社会主义的劳动问题》等文章，主张在中国实行社会主义，反对剥削，主张人人劳动、人人平等，以从根本上解决劳动问题。又如《半月报》刊登过《劳农政府与中国有什么关系》《对于集产主义及劳农俄国的怀疑》《告远东少年》等文章，介绍十月革命、布尔什维克主义，以及马克思主义关于阶级斗争和无产阶级革命的学说。同时，一些团体如在重庆成立的巴县青年进德会、綦江砥砺会、新知识读书会、益社、重庆社会教育团等，通过集中读书、办讲习所、办书报等方式，介绍、传播和研究国外的各种新思潮，既有马克思主义的科学社会主义，又有无政

---

① 中共四川省委党史研究室组织编纂、张继禄主编《中国共产党地方组织在四川的建立》，四川人民出版社，2001，第413～416页。

府主义、无政府工团主义、互助主义、新村主义、合作主义、泛劳动主义、基尔特社会主义、伯恩斯坦社会主义等各种各样被称为"社会主义"的资产阶级和小资产阶级的思想流派。其中一些人在接受新思想后，重新认识当时的社会现实，并开始思考改革社会现状的途径和方式，最终走上了共产主义道路，如綦江砥砺会的邹进贤、霍步青、危石顽、陈翰屏等人。

吴玉章是四川最早介绍马克思主义的重要人物之一。作为辛亥革命元老，辛亥革命以来的实践使他认识到从前的一套革命老办法非改变不可。他从俄国十月革命和五四运动中看到了希望。为此，他开始注意搜集和研究马克思主义理论，学习苏俄经验，并先后研读了约翰·里德的《震撼世界的十日》和日文的《过激派》等书。1920 年，中国南方各省掀起了"自治运动"。在被军阀战争弄得四分五裂的四川，制定"省宪"、实行自治的呼声也很高。由于吴玉章在四川的资历和声望，各界公推他出面组织。吴玉章虽然认为"自治"绝不是解决国内问题的根本办法，但觉得可以通过"自治"运动，宣传教育群众，于是他积极参与。

1921 年 1 月下旬，全川自治联合会筹备会召开，由吴玉章总负责。4 月 3 日，全川自治联合会宣告成立。吴玉章被推选为四川国民委员会主席。他起草了《全川自治联合会宣言》和十二条纲领①，提出了"建设平民政治，改造社会经济"的总目标，强调平民政治以反对军阀专制，提出"不作工，不得食"以反对社会寄生虫，提出"合作互助"以改善工农生活，以及"男女平权""保障人权""普及教育""制定保工法律""设立劳动机关"等。这些主张站在人民革命的立场上，体现了彻底的民主革命色彩，在报刊上发表后，大受青年学生和工农的欢迎。全川自治联合会在重庆召开大会时，不但全省 100 多个县的代表应邀而来，每天都有许多群众伫立旁听。四川自治运动使吴玉章有了面对广大群众说话的机会，给他提供了公开宣传的讲台。吴玉章利用这个讲台大量撰写文章，并去各地讲演，进一步阐述自治纲领中的进步道理，引起了热烈的反响。四川自治运动是四川人民反对军阀专制、争取民主政治的一次重要斗争，这场斗争大大提高了四川青年学生和知识分子的觉悟，不少人由此开始受到马克思主义的影响，逐步走上了革命道路。

由于刘湘等军阀力图控制和利用自治联合会，1921 年 5 月 28 日，吴玉章被迫将全川自治联合会移驻成都，不久即宣布解散。自治运动的这种结果

---

① 中共重庆市委党史工作委员会编印《五四运动在重庆》，内部发行，1984，第 218～222 页。

是必然的。它的失败进一步坚定了吴玉章等人学习苏俄的想法，吴玉章则在成都开始了创建马克思主义政党的新的探索和实践。1924 年 1 月，他与杨闇公、童庸生等人成立了秘密的马克思主义政党——中国青年共产党。

在马克思主义的介绍方面，陈愚生是一位承前启后的人物。他是五四时期的著名社团——少年中国学会的发起人之一。早在日本留学时，他就留心社会主义，与同在日本留学的李大钊交往甚笃。1917 年他归国后，"写了和译了不少关于社会主义的文字"。1920 年底，陈愚生接受东川道尹叶炳臣的邀请，到重庆任川东道尹公署秘书长一职。他曾在重庆联中自治会成立大会上讲话，旗帜鲜明地宣传马克思主义："社会主义，本不是马克思才有这种理想，何以今马克思独享盛名，读道社会主义，莫不是推为鼻祖呢？这就因为前此倡社会主义的，只是一种理想，到了马克思才用科学的方法来证明，才使社会主义，成为科学的社会主义的原故。"① 针对当时重庆的学校多被守旧顽固势力把持，教育内容和教学方法仍是老一套等问题，他以一个新时代开拓者的胆识，大刀阔斧地撤换了重庆几所主要学校的校长，把具有新思想的熊浚、张方谷、沈懋德等人分别委派到重庆联中、川东师范、巴县中学等校任校长，并引进了一批京、津、沪及归国的深受新思潮影响的青年到重庆，让重庆教育界成为重庆新文化运动中最活跃和最有生气的领域。不仅如此，陈愚生还创办了《新蜀报》，参与发起了重庆裁兵运动等。恽代英、萧楚女、邓中夏等对四川马克思主义运动起着重要作用的先驱，都是由他直接或间接介绍入川的。1923 年，陈愚生对社会改造的兴趣转向"开发大西北"，他担任了新创办的富川储蓄银行的协理，着手为实现"开发大西北"的计划积蓄力量。对客观事物的认识是一个很复杂的过程，在中国早期的马克思主义思想运动中，中国的先进分子面对纷然杂陈的各种社会思潮，出现了不同的选择甚至反复，都是不足为奇的。遗憾的是，这一年 6 月，伤寒病夺去了陈愚生的生命。

总的来说，四川早期对马克思主义的介绍，为广大进步知识分子进一步深入学习、研究、传播以及运用马克思主义指导革命实践创造了十分重要的条件。

2. 留法勤工俭学运动对四川马克思主义传播的影响

五四运动前后，四川知识青年寻求真理的愿望非常迫切，不少人选择外

---

① 中共重庆市委党史工作委员会编印《五四运动在重庆》，内部发行，1984，第 275 页。

出探索，其中人数最多的还是赴法勤工俭学的学生。据统计，四川省是全国赴法勤工俭学最多的省份，共有 511 人，其中仅成都、重庆、江津三地的留法学生就达 180 人之多。①

在吴玉章的推动下，1918 年和 1919 年，成都、重庆先后建立了学制一年的留法勤工俭学预备学校，教授法语等相关知识，指导和介绍青年出国。1919 年 6 月，成都留法勤工俭学预备学校第一期有包括陈毅在内的 61 名学生毕业赴法。1919 年 12 月，聂荣臻等 35 名学生，经重庆留法勤工俭学预备学校介绍，自费前往法国留学，成为重庆第一批赴法的留学生。1920 年 8 月 27 日，邓希贤（邓小平）等 84 名重庆留法勤工俭学预备学校的学生在重庆太平门登上法商聚福洋行的"吉庆"号客轮启程赴法。1919～1920 年，几乎每一艘开往法国的轮船上都有四川的青年学生。赵世炎、刘伯坚、林修杰、冉钧、穆青、肖树域（肖朴生）、程秉渊（程子健）、李畅英（李大章）、周钦岳、王奇岳等四川青年，都在这一时期前往法国勤工俭学。值得一提的是，在留法勤工俭学的热潮中，1920 年 11 月，巴县的张雅南等 10 名女生冲破封建伦理道德观念的束缚前往法国，成为四川妇女运动史上勇敢的先行者。此外，1922 年 9 月，朱德和好友孙炳文为追求革命真理，也自费前往法国，后转往德国留学。

这批四川籍勤工俭学生在经历求学和做工艰辛的同时，也在进一步思考和探索着国家和个人的出路。他们当中许多人接触和学习新知识、新思想，研究工人运动、社会主义思潮和马克思主义，思想认识逐步发生转变，还积极投入留法勤工俭学生发起的"二二八"运动、拒教运动和进占里昂中法大学等大规模群众斗争中去，在实际斗争中得到了锻炼。其中，邓小平、聂荣臻等人加入了中国共产党，赵世炎则先后担任旅欧中国少年共产党书记、中共旅欧总支部委员和中共法国组书记。他们在勤工俭学生和华工中积极宣传马列主义，利用《少年》（后改名《赤光》）同形形色色的反马克思主义思潮进行斗争，同时在旅欧华人中积极从事党团工作、华工运动以及统一战线等工作。留法勤工俭学对他们产生了重要影响，正如聂荣臻回忆说："这一段的生活，在我的头脑里的烙印很深，因为这在我一生经历中，是完成世界观的根本转变，真正走上革命道路的起步时期。革命的起点是永远难忘的。"②

---

① 中共四川省委党史研究室主编《四川留法勤工俭学运动》，四川大学出版社，1993，第 8、410、411 页。
② 聂荣臻：《聂荣臻元帅回忆录》，解放军出版社，2007，第 26 页。

留法勤工俭学运动是中共党史上的一件大事。四川作为留法勤工俭学人员的重要输出地，不但为马克思主义在四川的传播和中共四川组织的建立培养了优秀的领导人才，也为中国革命培养了一大批卓越的领导人和坚强的革命战士。如邓小平、聂荣臻、陈毅等在长期的中国革命和建设的伟大实践中，成为中国共产党及其领导创立的人民军队和中华人民共和国的卓越领导人。而冉钧（曾任中共重庆地委委员，负责组织工作，1927 年在重庆"三·三一"惨案中遇害）、周贡植（曾任中共四川省委常委、组织局主任等职，1928 年被四川军阀杀害）、帅立本（曾任中共四川省委军委书记，在酉阳穆赢洲部从事军运工作时遇害）、谢陈常（1927 年 4 月与李大钊、吴平地等同时遇害）、钟汝梅（1927 年参加过上海武装起义，同年 4 月在上海地下斗争中牺牲）、戴坤忠（1930 年在鄂西武装斗争中牺牲）、傅汝霖（回国后曾任红六军教导师副师长，1930 年在洪湖战役中牺牲）、王奇岳（曾任中共湖北省委宣传部部长、顺直省委秘书长等职，1935 年在赣东北作战时牺牲）等优秀青年，在法国接受马克思主义后，都毅然回国投身中国革命，在血与火的考验中逐步成长为中国无产阶级的坚强战士或杰出领导人，最后为民族独立和人民解放贡献了自己的生命。

3. 早期马克思主义者对马克思主义的传播

从 1921 年 7 月开始，邓中夏、黄日葵、恽代英、萧楚女、王维舟等早期共产党的活动家、宣传理论家先后来到四川活动，他们与本地涌现出来的王右木、吴玉章等先进分子一起大力推进马克思主义在四川的深入传播，为四川早期共产主义运动培育了一大批革命的"种子"。

1921 年夏，北京共产主义小组成员邓中夏、黄日葵应邀来重庆的"暑期讲演会"讲学。他们传授自然科学和社会科学知识，宣传新文化，批判封建主义和封建礼教，介绍了北京五四运动的情况，广泛传播了马克思主义和科学社会主义理论。讲演会历时月余，在重庆青年中引起了热烈反响。讲学结束后，邓中夏留在重庆，领导了四川省第二女子师范学校学生反对封建教育的"择师运动"，直到 10 月才返回北京。邓中夏与黄日葵是最早在重庆宣传马克思主义的两名共产党员。

1921 年 10 月，恽代英应陈愚生之邀到四川泸州川南师范学堂任教。21 日，恽代英自武汉来到重庆讲演，他以"青年应该怎样做"为题，指出青年要肩负振兴中华的社会责任。26 日，恽代英离开重庆赴泸州主持川南师范学堂校务。他积极推行教育改革，为大家讲授社会发展史、马克思主义基本原理，组织大家学习《共产党宣言》《新青年》《共产主义 ABC》等革命书刊，还先后聘请李求实、刘愿庵、穆济波等革命青年为教师。在他的培养和影响下，川南师范学生于1922年5月5日（马克思诞辰日）成立了马克思学说研究会。他还利用假期，组织学校师生成立旅行讲演团，前往隆昌、内江、自流井、富顺、南溪、宜宾、江安、纳溪、合江等十余县讲演，考察社会状况，接触工农群众，传播了马克思主义和革命思想。1923年1月，应吴玉章之邀，恽代英离开泸州前往成都。他带着学生张霁帆、余泽鸿、穆世济、秦云阶等人来到重庆，在江北刘家台住了一个多月，他们经常与萧楚女、陈愚生、杨效春、卢作孚等人讨论宣传革命思想以及教育与社会问题。3月上旬，恽代英到达成都，任教于西南公学，兼任成都高师的教师。在蓉期间，应王右木的邀请，恽代英向成都马克思读书会的会员讲解阶级斗争问题，并与吴玉章一起探讨马克思主义，还在师生中宣讲阶级斗争问题。5月5日，西南公学举行了马克思诞辰纪念会，恽代英在会上对马克思的生平及理论做了详尽的介绍。他还根据一年多来对四川情况的了解和思考，写出了《讨论中国社会革命及我们目前的任务》和《路》两篇文章，在团中央机关刊物《先驱》上发表。1923年夏，恽代英离开成都前往上海。恽代英在四川虽然不到两年的时间，但他播下的革命种子，在巴山蜀水间发芽、开花、结果。对此，郭沫若曾说：四川青年受恽代英影响的"特别多"，从"四川那样的山坳里，远远跑到广东去投考黄埔军校的一些青年，恐怕十有九个是受了代英鼓舞的吧"？①

1922年9月，被誉为"四川传播马列主义新思想启蒙运动旗手"②的萧楚女来到重庆。他在重庆联中、重庆公学任教期间，鼓励学生勇敢地向腐朽的封建旧思想和旧道德挑战，要求他们在深入农村和民间的过程中认识社会现实，探索改造中国社会的新路。1923年春，萧楚女从重庆转赴万县，出任万县省立第四师范学校国文教员。他积极向学生传播马克思主义，灌输革命思想，还在学生中建立读书会，组织他们阅读《共产党宣言》《共产主义ABC》《新社会观》等进步书刊。1923年夏，他特意邀请恽代英到万县四师作"中国向何处去"的演讲，宣传中国走十月革命道路的必然性。在萧楚女的教育引导下，吴毅、吴逸僧、朱泽淮、郑叔伦等青年，后来成为万县地区

---

① 郭沫若：《纪念人民英雄恽代英》，载《回忆恽代英》，人民出版社，1982，第200页。

② 周钦岳：《从大革命到抗战期间的〈新蜀报〉》，载中国人民政治协商会议四川省委员会文史资料研究委员会编《四川文史资料选辑》第二十五辑，四川人民出版社，1981，第68页。

最早的一批社会主义青年团团员。1923 年 6 月，萧楚女再次来到重庆。在担任《新蜀报》主笔的半年间，他以马克思主义为指导，不少如《帝国主义侵略中国的实况》等针砭时弊的社论、时评大多出自其手。他以马克思主义为指导，既热忱关注和反映工农大众的疾苦，也无情揭露帝国主义和封建军阀的罪恶，他的文章笔锋犀利、文字流畅、深入浅出、生动感人，当时的报刊称赞萧楚女的文章如"字夹风雷，声成金石"。他还增开"社会青年问答"专栏，解答青年所关心的学习、就业、恋爱、婚姻等问题，教青年们要透过社会各种现象认清自己所处的时代，深受知识青年的喜欢，不少青年受到萧楚女的影响，后来走上了革命的道路，称其为"青年的开路先锋"。[1] 1924 年 1 月，因母亲病重，萧楚女回到武汉。8 月，萧楚女第三次来到重庆，仍然坚持为《新蜀报》写社论或时评，他不畏强权，坚持宣传真理，把《新蜀报》变成了宣传马克思主义的阵地，鼓舞和影响了大批知识青年走上革命道路。萧楚女在 1922 年 9 月到 1925 年 5 月，两进夔门，三上重庆，竖赤旗于重庆，播火种于巴蜀，为四川地区马克思主义的传播做出了不可磨灭的贡献。

1921 年底，陈毅从法国回到重庆后出任《新蜀报》主笔，在两年的时间里，他撰写了多篇宣传马克思主义和科学社会主义的文章以及鞭笞社会时弊的檄文。1922 年，罗世文从重庆回到自贡威远县成立了"劳农读书会"，学习研究《新青年》《向导》等进步刊物，讨论如何改造社会和反对帝国主义、封建军阀的问题。1923 年，宜宾的刘春晖等人成立"青年读书会"，学习进步刊物，讨论研究马克思主义及反帝反封建的革命道路，播下了革命的种子。1923 年春，王维舟回到四川后，与教员冉雨生、胡俊辉、雷玉书等组成共产主义小组，在宣汉、达县一带开展马克思主义的宣传活动。1924 年张闻天在重庆川东师范任教期间，指导进步学生创办了《南鸿》周刊，开垦出一块宣传革命思想的新园地，他还为《爝光》周刊撰文，用犀利的笔锋猛烈抨击腐败的军阀制度，为革命运动大造舆论。

这些共产主义先驱者在四川的活动注重通过对封建教育制度的改革和反对封建势力的斗争实践，启发师生和民众的觉悟，扩大革命思想的影响，进而组织进步学生学习马克思主义。他们的活动为四川马克思主义的广泛传播和建团建党工作奠定了重要的思想和组织基础。

---

① 郝谦：《萧楚女在重庆新蜀报》，载中国人民政治协商会议四川省委员会文史资料研究委员会编《四川文史资料选辑》第二十五辑，四川人民出版社，1981，第 89 页。

第二节　巴蜀先声王右木

一　王右木与马克思读书会

在四川马克思主义的传播热潮中，涌现出一大批马克思主义的研究和传播的先驱者，王右木就是其中的主要代表。

1919 年 6 月，王右木携家人从家乡江油来到成都。9 月，他受聘出任成都高等师范学校（简称成都高师）学监、经济学和日语教师，并先后在高师附中、省立女子师范学校、政法专门学校、农业专门学校兼课。此时，正值五四运动如狂飙一般席卷四川，反帝反封建的革命运动此起彼伏，各种刊物、团体不断涌现，各种思潮、主义不断传入。在这场思想巨变的浪潮中，王右木怀着救国救民的抱负，时刻关注着四川革命的动向，对马克思主义产生了浓厚兴趣。尽管在留学日本时，他曾接触过马克思主义的书籍，但是缺乏系统的了解。于是，王右木利用 1920 年的暑假前往上海与陈独秀、李达、李汉俊等人接触，收获颇丰。受陈独秀等的委托，他回到成都后，于 1920 年底在成都高师皇城明远楼创办了四川第一个学习、研究、宣传、实践马克思主义的团体——马克思读书会，开始在四川进行马克思主义的宣传。读书会以学习马克思主义、宣传马克思主义、研究马克思主义为宗旨。起初，读书会的成员有 40 余人，多为王右木的亲朋好友和同乡。但大多数人对马克思主义没有兴趣，数次活动后坚持参加读书会的仅剩下几人。

尽管如此，此时的王右木还不算真正的马克思主义者，因为他对无政府主义仍很感兴趣。最为有力的证明，是 1923 年夏王右木写给团中央领导施存统的一封信。在信中，王右木提到自己成为马克思主义者的心路历程，"当时状况，只以读日本森户辰男著《克鲁泡特金研究》为主，及其他新杂志。社会主义派别，全不明瞭，此为前年正月事"。[①] 前年即 1921 年，这一年的 2 月 8 日为旧历大年初一。这段话说明，虽然王右木对马克思主义有所了解也进行了相关的宣传活动，但是，至少在 1921 年 2 月以前，王右木最感兴趣

---

① 《王右木给施存统的六封信》（1923 年夏），载中央档案馆、四川省档案馆编《四川革命历史文件汇集（1922—1925）》，内部发行，1986，第 108 页。

的，还是克鲁泡特金的无政府主义，对社会主义派别，包括无政府主义与科学社会主义的区别，甚至"全不明瞭"。

然而，王右木从无政府主义者转变为马克思主义者，整个过程迅速而短暂。1921 年是其转折点。这一年 2 月后，王右木开始"读《新青年》杂志及《社会问题总览概观》等书，始于派别鲜然"。① 当时《新青年》登载了许多文章宣传马克思主义驳斥无政府主义主张，在进步知识分子中影响很大。2 月正值学校放寒假，王右木因而有条件在比较短的时间里集中精力认真学习研究《新青年》杂志和《社会问题总览概观》，从而彻底明了无政府主义的局限性，转而投向马克思主义。因此，王右木成为真正的马克思主义者的时间，当在 1921 年春。

在确立马克思主义信仰后，王右木便以成都高师为重点，努力从事马克思主义的宣传活动。他利用日常教学的便利，引导、教育学生们多关心国家政治，多注意时局变化，在课堂上结合社会现实，深入浅出地讲解马克思主义，向他们灌输革命思想。他上课之前"从来不到教员准备室去等工友给他打洗脸水和泡盖碗茶，更不到学监室或教务处去说学生的坏话。他总是把一顶旧尼帽戴得矮矮的，悄悄走到教室侧边来找同学闲谈。上课钟一响，就到教室上课，下课后又有很多同学围着他谈问题，要一直谈到下一堂课的钟声响了他才脱身"。② 他还积极物色和联络进步学生，指导他们的学习，支持他们的革命活动。如杜钢百一进校，王右木第一次与他谈话就鼓励他"奋发努力，求学向上，尤以多阅读新书及报刊、树立革命人生观、争取做新时代进步的教师为佳"。王右木还对他说："你不要迷信中国先哲旧说，要研究新的社会科学，从旧的国故中走出来，进入革命行列，做中国的新青年。"并向他介绍了《新青年》《新潮》等杂志。③ 在一次约张秀熟等江油、彰明两县同学谈话时，王右木表现出对家乡农民生活的关怀、对土豪劣绅的憎恨，他鼓励同学们在校时要多学马克思主义；回乡后要造成一种势力以改造乡村、开创出一种新局面来。他还曾对郭祖劼等高喊"实业救国"的学生一针见血

---

① 《王右木给施存统的六封信》(1923 年夏)，载中央档案馆、四川省档案馆编《四川革命历史文件汇集 (1922—1925)》，内部发行，1986，第 108 页。

② 马静沉：《先驱者——回忆革命先烈王右木先生》，载中共江油市委党史研究室、江油市国家档案馆编《四川马克思主义运动先驱·党团组织创始人王右木》，光明日报出版社，2017，第 201 页。

③ 杜钢百：《回忆王右木烈士》，载中共江油市委党史研究室、江油市国家档案馆编《四川马克思主义运动先驱·党团组织创始人王右木》，光明日报出版社，2017，第 205 页。

地指出：中国政治问题不解决，经济问题就不可能解决，实业就没有前途。当他发现成都高师附中的肖崇素、刘孝祜等同学办了一个"有小说、有诗歌、也有散文"的"同情穷人、骂反动军阀、骂有钱人"的小刊物《黎明》时，便请他们到他的办公室交换看法，热情地指导并帮助他们，要他们"多写社会，多写农村，多写受苦穷人，多写帝国主义和兵匪在农村造成的残破、悲惨情况"。① 由于王右木平易近人、和蔼可亲，更没有旧时教师那种学究式的迂腐与严厉，因而深受同学们的喜欢。许多同学潜移默化地受到他的影响，接受了他所传播的马克思主义的主张。

1921 年春，为了进一步扩大马克思主义的宣传、培养革命力量，他决定重新组织马克思读书会。鉴于之前的教训，王右木在吸收会员的条件上更加严格，并对入会者做一番必要的考察，主要吸收成都高师等大中专院校思想进步的学生、中小学教师、新闻记者，以及个别工人。读书会成立后，约每周集体学习一次，学习形式或自学或分组讨论或公开演讲或专题讲座或自行阅读，主要是学习马克思主义基本理论，阅读《新青年》等报刊和宣传社会主义和十月革命的书籍，结合当时的社会问题开展讨论，并利用纪念日举行讲演会。成都王右木家里、成都高师、南门外点将台、老西门外万佛寺、武侯祠、杜甫草堂、青羊宫等地都留下了他们的足迹。为解决学习资料的匮乏，王右木自费订购了《新青年》《觉悟》《东方杂志》《民报》《晨报》等进步报刊以及《社会主义从空想到科学的发展》《政治经济学批判》等宣传进步思潮的相关书籍，组织会员阅读。他主讲的《共产党宣言》《资本论》《阶级斗争》《唯物史观》等马克思主义经典著作深受大家欢迎。在他的努力下，"读书会会员渐渐发展到三四十人，流动听讲的最多时达到百余人"。② 读书会会员吴汝柏形容他"发言激昂，鼓动性强，颇能打动听众的思想感情，是一个很好的革命理论宣传家"。③ 张秀熟也称王右木是他"学习革命理

---

① 肖崇素：《回忆王右木和恽代英同志》，载中共江油市委党史研究室、江油市国家档案馆编《四川马克思主义运动先驱·党团组织创始人王右木》，光明日报出版社，2017，第209 页。

② 张秀熟：《四川马克思主义运动先驱者——记王右木烈士》，载中国人民政治协商会议四川省委员会文史资料研究委员会编《四川文史资料选辑》第二十八辑，四川人民出版社，1983，第28 页。

③ 吴汝柏：《王右木同志永远活在我们心中》，载中共江油市委党史研究室、江油市国家档案馆编《四川马克思主义运动先驱·党团组织创始人王右木》，光明日报出版社，2017，第217 页。

论的最早导师"。① 又如忠县的秦正树，留日回国后在成都认识了王右木等人，并参加了马克思读书会而确定了人生目标。之后，他回到家乡与县中校长马仁庵共同创办《忠县旬刊》，开始在当地传播马克思主义和革命思想。

读书会不仅注重理论学习，也注重将马克思主义理论与社会实践相结合。在王右木的带领下，他们组织工人与资本家的剥削压迫作斗争，走上街头，在市场、茶园及其他群众广为集聚的场所进行反对帝国主义侵略、抵制日货、声援工人运动和学生运动的各种宣传讲演。如他们曾利用学界每年开运动会的机会进行反对日本帝国主义的宣传，在运动场上写下"东方三岛如弹丸，荡浪沧海间，神州健儿力拔山，踏破有何难！大家不相信，请来看！看！看！"的警示标语，② 以此来鼓舞人民反抗日本帝国主义的侵略行径。

在组织马克思读书会，积极从事革命宣传活动的同时，王右木也最终确立并实现了自己的人生理想——加入中国共产党。从现有的文献资料可以初步判断，王右木的入党时间不会早于1921年2月、晚于1921年冬，最为可能的是在中共一大召开的那个暑假里。王右木之子王浴生1984年9月在《关于我的父亲的一些事情》中写道："据我的母亲多次回忆都说'1921年（我哥王大智死的那年。我哥七岁，我五岁）以前，我的父亲历次向我的母亲和伯父说，他是位马克思主义者'。而在这年（1921年）的秋天，我的父亲从上海回来以后，便自称为共产党人。"③ 通常当事人的回忆最容易在时间上出错，但是这段回忆里强调了一个信息，即王右木是先成为马克思主义者，从上海回来后才自称共产党人，这是一种带有逻辑关系的记忆方式，往往不易出错，又来自家属的反复追忆，是比较可靠的。1921年冬，李硕勋、童庸生等王右木组织领导的马克思读书会中的一些重要成员，在成都按《新青年》发表的建团章程，建立了一个社会主义青年团。王右木在建团时给了他们"许多帮助和指导"，但他也指出，这个组织"还不合法"④，这时，王右木

---

① 张秀熟：《半生自述》，载《二声集》，巴蜀书社，1992，第574页。
② 王大德：《忆叔父王右木烈士》，载中共江油市委党史研究室、江油市国家档案馆编《四川马克思主义运动先驱·党团组织创始人王右木》，光明日报出版社，2017，第172页。
③ 王浴生：《关于我的父亲王右木的一些事情》，载中共江油市委党史研究室、江油市国家档案馆编《四川马克思主义运动先驱·党团组织创始人王右木》，光明日报出版社，2017，第163页。
④ 据阳翰笙的回忆，见中共江油市委党史研究室、江油市国家档案馆编《四川马克思主义运动先驱·党团组织创始人王右木》，光明日报出版社，2017，第228页。

的口气，已经俨然在党内了。为什么"不合法"？可能是王右木当时还没有同团中央取得联系并得到授权，无法发展团员的缘故。因此，王右木入党时间的下限，最晚不会超过1921年冬天。

那么王右木是怎么入党和由谁介绍的？中共早期发展党员有两种途径：一是通信联系；二是直接联系，由人介绍入党。众所周知，1920年8月中共上海发起组成立后，陈独秀即函约各地的共产主义者在当地建党。由于陈独秀和上海发起组的积极推动，继上海、北京共产党组织成立后，1920年秋至1921年春，武汉、长沙、济南、广州等地先后建立起共产党的地方组织。在欧洲和日本，中国留学生和侨民中的先进分子也建立了共产党组织。陈独秀发起建党的目标应是十分明确的，就是要将共产党组织发展到全国各地和海外一切有中国人的地方。而在中国共产党成立初期，中共的创建者们就对四川十分注意，据包惠僧回忆，一大刚刚召开完三天，陈独秀曾和他谈话，有意派他到重庆工作，并说重庆那时没有党组织。虽然不知道由于什么原因没能成行，但还是说明了陈独秀对四川工作的重视。陈潭秋也曾回忆说，一大召开时，成都就有"个别通信关系的同志"。[①] 成都这位"个别通信关系的同志"当是王右木。因此，王右木有可能经由陈独秀、李达等人通信介绍入党。当然，还有可能是直接面见发展入党，即王右木在1921年暑假去沪时，由陈独秀等人介绍入党。联系到家属的回忆，后一种可能性更大。不管哪种方式，介绍人极可能是陈独秀、李达、李汉俊、施存统等人中的一二人。

王右木入党后，更加努力于马克思主义的宣传工作。1922年1月，当香港海员罢工和长沙工人罢工运动爆发后，王右木领导马克思读书会在成都积极开展了宣传活动。长沙工人运动领袖、社会主义青年团团员黄爱、庞人铨英勇殉难后，读书会举行了沉痛的悼念活动。1922年2月，随着马克思读书会不断得到发展与壮大，王右木又将马克思读书会更名为马克思学会。[②] 他希望通过自己的努力，把革命的火种遍撒于巴山蜀水之间。他曾写信给张秀

---

① 中国社会科学院现代史研究室、中国革命博物馆党史研究室选编《"一大"前后——中国共产党第一次代表大会前后资料选编》第二册，人民出版社，1980，第388、389、289页。

② 《团成都地委向团中央的报告——关于团地委的成立情况》，载中央档案馆、四川省档案馆编《四川革命历史文件汇集（1922—1925）》，内部发行，1986，第41页。

熟，明确指示其"要多散布革命种子，建立川北据点"。① 1922 年 6 月，在席卷全川的教育经费独立运动中，王右木带领学会发挥了先锋骨干作用。到 10 月，该会成员发展到 48 名，主要是在校学生和刚毕业的知识青年。随着该会的影响日益增加，以至于成都个别学生自发组织的"青年团"也主动找到王右木，要求接受其指导。②

王右木组织的马克思读书会（马克思学会），不仅有效地研究和传播了马克思主义革命思想，扩大了马克思主义在巴蜀大地的影响，而且团结和培养了一大批进步青年，为四川革命培养了骨干力量，促进了四川革命运动的蓬勃发展，也为四川党、团组织的建立在思想上和组织上打下了坚实的基础。四川正式建团后，该会作为团的外围组织仍旧继续发挥着重要的革命宣传作用，直至 1923 年才逐步停止活动。

1921 年前后，成都与北京、上海、长沙、广州、济南、天津等地，是全国仅有的几个有研究和宣传马克思主义团体的城市。成都的马克思读书会与其他城市有许多相似之处。如在建立地点上，都是在交通、资讯、教育、经济较为发达的区域中心性大城市；在发展方式上，主要是通过师生、同学、朋友、同乡关系，以学会友、以研会友；在成员上，都以青年学生为主体；在活动方式和内容上，主要是搜集、翻译马克思主义文献，开展马克思主义理论学习与研究，定期举行宣传马克思主义的讨论会、演讲会等；在目标上，不单为了探求学理，而是为了担负起改造中国的历史使命在寻求和掌握革命的科学理论；在效果上，团体的核心成员后来大部分成为各地党的早期组织的成员和发起人。当然，尤其是与北京、上海两地相比，成都马克思读书会的发展也存在一些局限性，对马克思主义的研究和宣传面临着更多的实际困难。相对而言，由于马克思学说博大精深，学理的复杂、艰深和因相关著作中译本缺乏而产生的语言难关，以及研究资料的缺乏，会员文化水平、社会经历、语言能力等参差不齐等，都增加了深入领会马克思主义精神实质的困难。资料缺乏问题较易解决，但研究能力则不易突进。这就导致了他们对马克思主义更多的是"学习"，而非有更深入的"研究"。正如刘仁静评价北京马克思学说研究会"总的水平是不高的"，"读英文本的马列原著，常常提不出什么问题来，谈不上什么深入钻研，更谈不到如何联系实际，基本上

---

① 张秀熟：《四川马克思主义运动先驱者序》，载《二声集》，巴蜀书社，1992，第 525 页。
② 阳翰笙：《风雨五十年》，人民文学出版社，1986，第 53、54 页。

是只要克服了文字障碍，明白了大意"，"就自以为差不多了，读懂了"，"实际上还停留在需要通过第二手资料了解马克思主义概貌的水平上"。① 具有相对较好研究条件的北京马克思学说研究会情况如此，成都马克思读书会的研究亦可想而知。尽管如此，但由于王右木的努力，成都成为中国宣传马克思主义的先进地区之一。

图3-1 王右木创办的《人声》报

资料来源：中共江油市委党史研究室、江油市国家档案馆编《四川马克思主义运动先驱·党团组织创始人王右木》，光明日报出版社，2017。

二 王右木与《人声》报②

在成立马克思读书会的同时，王右木还决定创办一个专门的宣传刊物，用以扩大马克思主义的影响。早在1920年12月25日，王右木、袁诗荛已向

---

① 中国革命博物馆党史研究室编《党史研究资料》第一集，四川人民出版社，1980，第63、64页。
② 《人声》报，为申请发行时的《人声》旬报、创刊时的《人声》十日刊、《人声》日报、《人声》周刊的总称。

四川省会军事警察厅呈请创刊《新四川》，因该报每十日出版一次，又称《新四川》旬报，以研究学术、改进社会、建设新四川为宗旨。1921 年 1 月 22 日，该报获准发行。《新四川》报"有胆有识，识论精透"，"一面向社会指导建设途径；一面为防包办与利用起见，亦曾铁面无私，痛下攻讦"。① 该报出版至 5 月，由于"多数社员因事出省，遂致停版"。② 随着四川革命形势的发展，王右木感到仅靠马克思读书会来传播马克思主义还是宣传面过于狭窄，必须采取点多面广的方式，而办报纸是最佳的选择。于是，1922 年 1 月 1 日，王右木决定重办《新四川》，但鉴于当时北京有《新四川月刊》，重庆有"新四川通讯社"，他认为这个刊物"应鼓动人民起来大声疾呼，提出人民的意愿和要求，也就是说使这个刊物能代表人民的呼声"③，因而将《新四川》更名为《人声》旬报。1 月 27 日，《人声》旬报获准发行。

经过一段时间的精心筹备后，1922 年 2 月 7 日，王右木创办并主编的《人声》（十日刊）正式出刊，报社仍设在成都大坝巷 5 号王右木的家中。《人声》旬报旗帜鲜明地表达了自己的阶级立场，明确把马克思主义理论作为指导革命运动的行动指南，其最终目的就是要"为全人类谋均等幸福"。而要实现这一目的，根本途径就是："一、直接以马克思主义的基本要义，解决社会上一切问题。二、对现实社会的一切罪恶现象，尽力地暴露和批评。三、对现实的政治组织，不为妥协的改善方法。四、注重此地的劳工状况，给彼辈以知识上的帮助。五、注重世界各地之劳动界的进取状况，以为此地劳动组织之建设和修改的物质标准。六、注意世界各地的社会运动状况和已有的成绩，以资我辈讨论，或加入第三国际团体，作一致行动。七、讨论马克思社会主义之学术的及实际的一切问题。八、讨论新社会之一切建设问题。"④ 这在当时的四川是独树一帜的，为同时期四川的其他进步刊物所不及。

《人声》报内容丰富、形式多样，每期均载有论文、杂感、诗歌、小说

---

① 《本报创刊缘起》，《人声》1922 年 2 月 7 日。转引自中共江油市委党史研究室、江油市国家档案馆编《四川马克思主义运动先驱·党团组织创始人王右木》，光明日报出版社，2017，第 22 页。

② 成都市档案馆：《有关王右木与〈新四川〉、〈人声〉旬报的几件史料》，《民国档案》1990 年第 1 期，第 19 页。

③ 吴汝柏：《王右木同志永远活在我们心中》，载中共江油市委党史研究室、江油市国家档案馆编《四川马克思主义运动先驱·党团组织创始人王右木》，光明日报出版社，2017，第 215 页。

④ 《本报宣言》，《人声》1922 年 2 月 7 日。

等不同体裁的文章，旗帜鲜明地宣传马克思主义。在《人声》报的创刊号上，王右木发表了题为《一年来自治运动之回顾与今后的新生命》一文，对过去《新四川》旬报曾积极宣传的"自治运动"做了回顾和检讨，总结了在军阀割据时期提倡实行"自治运动"的教训，同时展望将来，认为人民大众将获得"今后的新生命"，这个"新生命"就是社会主义。新诗《"新"与"朽"之不两立》和《生日》，号召青年们要抱"绝对改造的观念"，"把现在所有一切旧社会腐朽势力所凭借的制度，一齐打倒，作根本改造"，"要歼我的仇人，救我和我的朋友！头可断，身可毁！再也不敢放弃这份人的责任"。① 同时，创刊号还刊登了袁诗荛的《红色的新年》和日本著名马克思主义者山川均的《十年后之日本》等文章，无情地揭露了资本主义的种种罪恶，热情地歌颂了俄国十月革命，响亮地喊出了"打倒资本制度""打倒不劳而获的阶级"的口号。

在王右木的努力下，《人声》报以通俗易懂的文字，介绍和阐述剩余价值、阶级斗争、无产阶级专政、科学社会主义等马克思主义基本理论，即使从未接触过马克思主义思想的进步分子也容易理解，喜欢读。它介绍俄国十月革命的辉煌胜利，鼓动民众以俄国十月革命为榜样起来进行社会主义革命斗争，认为其"可免却世界资本主义的压迫；立可免除军国主义的压迫；立可阻止军阀构兵；可救济财政破产；可减轻人民的痛苦；可使人民的精神及物产生活渐次安固；可促进世界和平"②，把斗争的锋芒直指帝国主义和反动的封建军阀。它批判杜威、罗素、柏格森的资产阶级哲学观点和胡适"少谈些主义，多研究些问题"的实用主义观点，尤其强有力地批判了曾在四川泛滥一时的无政府主义；它还揭露和批判旧思想、旧制度，揭露当时教育、社会、政治等方面的各种不合理现象，提倡男女平等、婚姻自主、社交公开，也探讨了妇女运动、青年运动的诸问题。

《人声》报的宣传，给四川革命运动指明了前进的方向，鼓舞了四川人民的革命斗争意志，却被反动当局视为洪水猛兽，认为"语极离奇，自应禁戒"③。在出版到第三期时，当局命令停止出版。王右木巧妙地在《国民公

---

① 《王右木》，载中共四川省委党史工作委员会党史人物传编辑组编《四川党史人物传》，四川省社会科学院出版社，1984，第 11 页。

② 《人声》1922 年 2 月 7 日。

③ 成都市档案馆：《有关王右木与〈新四川〉、〈人声〉旬报的几件史料》，《民国档案》1990 年第 1 期，第 20 页。

报》上发表了《人声》报停发原因的启事："本报第三号业由警厅命令停止出版，谓'本号言论纯为鼓吹社会主义而作'。谨向爱读本报诸君道歉，已订报者准于后期出版补送。"① 短短几十个字，既揭露了当局压制言论自由，又提醒人民认识黑暗世道并与之斗争，还明确告诉已订报者后期补送，表现了王右木机智的斗争艺术。经王右木的抗争，1922年4月2日，《人声》报得以复刊，继续前进在宣传马克思主义的艰难道路上。

1922年4月，《人声》报在"地方通信"栏中揭露了驻防江油的团长刘膏腴与伪县长狼狈勾结、强征人口税和房捐，并从中贪污牟利的罪行。刘见报后恼羞成怒，他奈何不了在成都的王右木，便借故逮捕了王右木在江油的两个哥哥，施以重刑，妄图以此胁迫王右木放弃对革命真理的宣传。做银匠的二哥王荣昌被折磨致死，大哥王初龄也被打得遍体鳞伤，于县大牢中被关押长达半年，后经保释就医才幸免于难。王右木闻讯，悲愤异常。他给狱中的大哥写信说，虽托亲友设法营救，但因此事涉及军阀根本利益，而且官官相护，难于求助。同时，他勉励同志们道："军阀恨我等十分，就是我等的工作做到了十分；彼辈不恨我等，就是我等没有做工作。"② 他更加握紧了手中投枪似的利笔，更加坚定了与军阀斗争的意志和决心。

为了办好《人声》报，王右木可谓呕心沥血，劳瘁至极。办报最大的困难是经费和人力的问题。在经费上，王右木节衣缩食，将自己的工资几乎都用来办报了。他每月工资收入近200元，却把全家的生活费拼命地压到20元左右，其余的全部用作办报的经费。一家数口常以泡菜下稀饭或以粗菜叶煮面疙瘩充饥。就连他留学日本时留下来的宝贵纪念品如牙骨手杖、自鸣钟等，也忍痛变卖，用以支撑办报。不仅如此，他还向因分家问题而闹得很不愉快的大哥王初龄写信求援，动员妻子回江油将其陪嫁的街房、首饰等变卖，以补贴办报的费用。妻子曾患重病，拿不出钱去医院治疗，常常用民间的小单方解决。如遇经费周转实在困难，王右木只得把正用的衣服及杯盘碗盏拿去当卖，当妻子因舍不得这些东西而不愿让他拿走时，他便耐心地说服妻子道："我拿这些东西去换钱是为了革命事业，今后革命成功了，劳苦大

---

① 《国民公报》1922年3月1日，载中共江油市委党史研究室、江油市国家档案馆编《四川马克思主义运动先驱·党组织创始人王右木》，光明日报出版社，2017，第27页。

② 王大德：《忆叔父王右木烈士》，载中共江油市委党史研究室、江油市国家档案馆编《四川马克思主义运动先驱·党团创始人王右木》，光明日报出版社，2017，第172页。

众的生活都幸福了，我们的生活当然也就幸福了。"① 在人手上，王右木一人兼任社长、编辑、主笔，乃至内外杂务都自己干，他仅找了刘先亮、马静沉等两三个青年学生来协助编写副刊和校刊以及发行工作，工作任务极其繁重。他白天上课、管理学生，还要开会、讲演；晚上就在家写文章、修改并组织稿件，还要看书学习，经常通宵达旦地工作，有时连续工作几天，忘记了吃饭和睡觉，实在困了就伏在椅子上打个盹，饿了就吃锅盔充饥。就是在这样艰难的条件下，王右木将《人声》报办成了四川地区传播马克思主义和革命思想的旗帜性刊物，照亮了四川革命者的前行道路。

由于当局的不断迫害和经费的困难，加之报纸以赠阅为多，《人声》报不得不在 1922 年 4 月由日报改为周报，最后改为旬报，但仍难以支撑。在断断续续出版了 5 个多月后，王右木因领导教育经费独立运动受到军阀追捕而被迫离开成都，《人声》报只得于 7 月停刊。

王右木主持创办的《人声》报，是四川第一份公开而系统地宣传马克思主义、宣传社会主义运动的革命刊物。《人声》报与马克思读书会相比，具有不可比拟的广泛性和发散性，其影响不仅限于成都地区，对教育四川一代青年，推进四川革命运动产生了深远的影响。原成都马克思读书会的张秀熟、袁诗荛等进步青年，在成都高等师范学校毕业后到顺庆（南充）教书。他们作为《人声》报的特约通讯员和代办员，每期在南充代售二三十份，使该报在当地的进步学生和知识分子中流传，使川北地区的部分青年开始接触和了解马克思主义。《人声》报读者不仅限于青年学生和知识分子，还包括社会各阶层的劳动者。这使得更多的读者在《人声》报的影响与启发之下提高了觉悟，一些人学习和掌握了马克思主义的基本原理，后来走上了革命的道路，成为四川党团组织的主要力量。正如张秀熟所说："《人声》在四川起了它不可磨灭的战斗先进作用。"②

不仅如此，在全国来说，《人声》报也是较早宣传马克思主义的刊物。

---

① 王松英：《巴山蜀水播火人——回忆我的父亲王右木》，载中共江油市委党史研究室、江油市国家档案馆编《四川马克思主义运动先驱·党团创始人王右木》，光明日报出版社，2017，第 169 页。

② 张秀熟：《四川马克思主义运动先驱者——记王右木烈士》，载中共江油市委党史研究室、江油市国家档案馆编《四川马克思主义运动先驱·党团创始人王右木》，光明日报出版社，2017，第 156 页。

《人声》报与《新青年》、《向导》、《劳动界》、《劳动音》、《先驱》等宣传马克思主义的著名刊物相比，在思想宗旨上，都旗帜鲜明地表达了马克思主义立场；在使命目标上，都担负着宣传、普及马克思主义的重任，以及提高广大群众的思想觉悟的重要历史任务；在宣传内容上，尽管具体内容各有所侧重，但都以马克思主义基本原理、基本观念和基本立场为指导，都介绍和传播马克思主义唯物史观、剩余价值理论、科学社会主义等最核心的思想；在发挥作用上，都架起了马克思主义与中国革命实践的桥梁，在培养共产主义知识分子骨干力量、为党团组织筹建积聚人才方面做出了重要贡献。与此同时，与这些著名刊物相比，《人声》报还存在着无法避免的历史局限。一是在马克思主义宣传的理论深度上还存在较大的差距。当时，王右木入党不久，对马克思主义的学习和理解还处于初步阶段，对中国社会的具体实际有所了解，但远不够深入。中国激烈的现实的革命斗争任务，使得王右木无法集中精力对马克思主义进行更深入的学理研究。而以《新青年》《向导》为代表的刊物，则集中了当时中国最先进的马克思主义者。二是由于地区发展不平衡，在宣传影响和效果上也有区别。这与当时中国的革命发展形势有密切关系。当时的四川不在中国革命发展的中心区域，社会革命氛围不浓，群众基础较差，且处于四川军阀的严密统治下，报刊所展露的浓烈的革命色彩使其受到了严厉的查禁。《人声》报出版第一期时因刊登《红色的新年》一文，军阀刘成勋就要求省会警察厅给予其警告，令其纠正言论。而在革命氛围浓厚的广州、上海等地，《新青年》《向导》等以其鲜明的主张和高昂的革命热情，获得了许多青年革命者的支持和认可。三是受政治环境、经费等因素的限制，《人声》报发行范围有限，且仅仅存在了5个多月，这严重影响了它在进一步宣传马克思主义方面所发挥的重要作用，而不像《新青年》《向导》等刊物能够获得长时间相对稳定的出版，对马克思主义传播和中国革命能够持续地产生广泛而深刻的影响。

三　王右木深入学校、工厂等地传播马克思主义

除开辟了马克思读书会和《人声》报这两个四川宣传马克思主义的重要阵地外，为宣传革命理论，揭露帝国主义和封建军阀的罪恶，王右木还以"传教士的精神，几乎逢人便讲"，并"根据不同对象，采取灵活宣传，启发

群众自觉"①，为推动马克思主义在四川落地生根发芽积极奔走，不遗余力。

王右木既是一位杰出的革命者，也是一名优秀的教育家，很好地实现了二者的结合。他认为，要搞革命运动，"必须首先抓住高师这一庞大队伍"，"必须要有马克思主义作指导，用它来占领思想文化阵地"，要"组织一支马克思主义的先进队伍"。②于是，他以成都多所学校的讲台为阵地，利用公开、合法的课堂，既讲授科学知识，又宣传革命道理，教育学生们不要只是埋头读书，而要多读进步书刊，多关心时局和政治，关注社会问题，关注受苦穷人，积极参加革命活动，以此来不断提高学生的思想觉悟，培养学生的革命精神。

在成都茶务讲习所，王右木运用马克思主义的经济学理论来分析各种经济现象，使学生们感到既新鲜又深奥，既深奥又实际，敲醒了其中一名学生郭祖劼的实业救国梦。从此，郭祖劼决心追求新理想，积极向王右木靠拢，向他借书、谈问题、提意见，探求新路；王右木也很信任郭祖劼，凡他所领导的马克思读书会、《人声》报及其他各种活动，均约郭参加，使其成为其中的得力分子。③在成都高师附中教授经济学课程时，其中一个班有人传言王右木是马列主义者，是共产党，要同学们提防他，别被他"赤化"。上课时，有的同学就在书桌上把两脚规架起来，再放上一支铅笔，以象征对他的"瞄准"，抵制他的"赤化"。可是王右木在讲课中偏未直接提及马列主义，更没有讲共产党，也不是照着书本念，而是依照书本上的纲目独立地加以发挥。经过一段时间，学生们慢慢地就把两脚规做的炮架拆除了，逐步表现出对王右木心悦诚服的敬意。在他的耐心启发下，学生们的思想进步了，逐步地树立了革命的观点，认识了中国，认识到中国必须实行革命和改造。后来，这个班上的一位学生何克希听说王右木要离开四川时，写了一封长达17页的信给他，表示要同他一起去干那种于社会于人民有益的事业。何克希原本是在临毕业那年学校分文科和工科班时报名读工科的，想学习自然科学、通过兴办实业来救中国。自从听了王右木的教导后，何克希逐渐认识到社会

① 张秀熟：《四川马克思主义运动先驱者——记王右木烈士》，载中国人民政治协商会议四川省委员会文史资料研究委员会编《四川文史资料选辑》第二十八辑，四川人民出版社，1983，第28页。
② 王少志：《四川最早的马克思主义传播者》，载中共江油县委党史办公室编《江油党史研究资料》第六期，内部资料，1988，第31页。
③ 《郭祖劼档案摘抄》，载中共江油市委党史研究室、江油市国家档案馆编《四川马克思主义运动先驱·党团组织创始人王右木》，光明日报出版社，2017，第225、226页。

科学的重要性，认识到只有实践马列主义才能使中国得救，便转而注重社会科学的学习和革命的实践，最终确立了马克思主义信仰，走上了革命道路，后来成长为中国人民解放军的高级将领。[1]

当时，位于成都皇城内的高师是成都学生运动的中心，而王右木是成都学生运动的灵魂，在同学们的心目中有着极深刻的印象。每次学生集会时，只要王右木到来，无论大会小会，都会立即活跃起来，呈现一派生气勃勃的景象。王右木宣传马克思主义的热情极高，还经常在少城公园等地直接到群众中去讲演。他用通俗易懂的语言启发群众的革命觉悟，揭发帝国主义列强侵略中国的罪行，控诉军阀横征暴敛、土豪劣绅鱼肉百姓的种种罪行。他的讲话有很大的说服力和鼓动性，深深地打动着听众的心，许多人联想到自己的悲惨境遇而感动得眼泪哗哗。听讲的人越来越多，王右木用口说，后面的人听不到，他就用铁皮喇叭筒讲。听众换了一批又一批，他讲了一遍又一遍，忘记了吃饭，更顾不上休息，从上午一直讲到日落西山。通过讲演会，王右木和各界群众建立了联系，原来素不相识的工人、车夫、城市贫民、学生、教员在听讲后甚至主动到王右木家拜访，要求再多听一些革命道理，并提出一些问题请教。王右木总是百问不厌，耐心解答，真正做到了诲人不倦。此外，他还十分注意发现、培养学生中的进步分子，并依靠他们去进一步培养和发展革命力量。王右木在成都高师教学期间，同家乡的进步学生座谈时说："你们几位都要回乡，而回乡必然都是从事教育"，"你们要培养学生成为革命青年，为你们助力呀！把地方的一些恶势力打倒，然后你们才能够在教育方面作点事业"。[2] 甚至在出差的路途中，他还不失时机地抓紧做社会青年的教育转化工作，为争取和壮大革命力量而拼命奔波。

王右木对马克思主义的宣传绝不是局限在讲台上空谈理论，而是把书本知识与社会现象相结合，把革命理论与革命实践相结合，做到知行合一，尤其是王右木亲自领导了四川革命史上具有深远影响的"教育经费独立运动"。当时，四川军阀连年混战，人民生活处于水深火热之中，各地驻军随意驻扎在学校，驱逐师生，更是任意侵吞教育经费以支撑不义之战，四川的教育事业濒临崩溃。作为成都高师的一名教师，王右木挺身而出，以教育经费独立

---

① 何克希：《忆王右木老师》，载中共江油市委党史研究室、江油市国家档案馆编《四川马克思主义运动先驱·党团组织创始人王右木》，光明日报出版社，2017，第206、207页。

② 张秀熟：《在纪念王右木一百年诞辰暨王右木研究学术研讨会上的讲话》，载中共江油县委党史办公室编《江油党史研究资料》第六期，内部资料，1988，第10、11页。

为主张，要求教育经费专款专用，从1920年起就团结和领导教育界广大师生开展了争取教育经费独立的运动。1920年9月1日，王右木在四川省教职员联合会上大声疾呼："吾川国家税收及地方税每年合计不下三千余万元，而国税数年来未解中央，何以最少量之教育费每年不过六十余万，无款开支？此欺诈国人，万万不能承认，如能再忍受下去，吾人人格安在？"① 会后，全体会员冒雨前往省公署质询，谴责政府摧残教育，强烈要求教育经费独立。但四川军阀、官僚对此事一再敷衍，不予根本解决。事情拖延至1922年春，广大师生怨气郁积，怒火中烧，组织了声势浩大的争取教育经费独立运动。3月1日，教师索薪罢教；4月1日，重庆学生举行大规模游行，迫使四川省省长刘湘同意拨全川肉税作为教育经费。但当时四川被大小军阀分区把持，刘湘的电令遭到了他们的反对，只不过是空纸一张。这更加激起了全川师生的愤怒。

王右木决定抓住这一时机，把争取教育经费独立的运动引向新的高潮。首先，他在高师附中主持召开会议，会议认为，要发展教育，传播革命思想，一定要把教育阵线稳住，要争取教育经费独立，划拨全川肉税作为教育经费一定要兑现，不能移作他用。同时，估计到斗争的艰苦性，各校应派出纠察人员，共同组成纠察队，由省一中的阳翰笙任队长。斗争的方式是采取请愿形式，带有示威性质，是"硬请愿"。接着，又举行了教职员和学生代表会议，王右木被推选为运动代表团总指挥。会议还决定和全川各地联系，以相互支援。王右木还召集和参加了各种群众性会议。在高师举行的一次大会上，他登台演讲，揭开自己露着棉花的破棉袍当众大声说道："你们看呀，我们教书的，教来教去，穿的一件棉袄猪油都掉出来了！"② 这话对当时饱受饥寒威胁的教师们是十分富有鼓动性的。

在王右木的组织和领导下，成都各校学生积极投入教育经费独立运动。6月10日，为响应和声援教师罢教，成都各校学生举行罢课，上街讲演宣传，愤怒斥责军阀克扣教育经费、摧残教育事业，揭露军阀政府政治腐败、祸害人民的罪恶。12日，各校师生赴省议会旁听原本决议通过肉税为教育经

---

① 《国民公报》1920年9月6日，载中共江油市委党史研究室、江油市国家档案馆编《四川马克思主义运动先驱·党团组织创始人王右木》，光明日报出版社，2017，第28页。
② 肖崇素：《回忆王右木和恽代英同志》，载中共江油市委党史研究室、江油市国家档案馆编《四川马克思主义运动先驱·党团创始人王右木》，光明日报出版社，2017，第209页。

费案，但议长熊晓岩借故不到，愤怒的师生代表在王右木的带领下前往熊宅质问，熊晓岩见势不妙，翻墙逃跑，并"命轿夫将屋内器物损坏，希图嫁祸学生"，又"将赴请代表由后门押去"。①13日，王右木率领1000余名学生到省议会请愿，再次要求省议会开会决议教育经费案，并前来旁听，遭到刘成勋、熊晓岩收买的暴徒的疯狂殴打，造成省议员、师生数十人受伤。事后，军阀政客还到处散发传单，反诬王右木煽惑学生破坏政府。

面对四川军阀的残酷镇压，王右木悲愤万分，一面号召师生们不怕牺牲、坚持斗争，一面组织慰问活动，扩大社会影响，争取各界的声援。反动势力镇压学生的行为很快传遍了全川，斗争由成都波及全川，重庆、南充等地积极响应，形成了一场波澜壮阔、声势浩大的群众运动。上海的《申报》、《时事新报》、《时报》以及北京的《晨报》等有影响的报纸都用显著的版面报道了斗争情况。面对全省的斗争怒潮，在巨大的社会舆论压力，反动当局最终通过了拨肉税为教育经费独立专支的提案，释放了被捕学生代表，斗争取得了重大胜利。通过这场斗争的实践，在王右木的影响下，一批初步接受马克思主义的先进青年受到了锻炼和提高，成为革命斗争的骨干。正如张秀熟所言："王右木从事教育，培养的学生不仅仅是培养几个书呆子，而且是为中国在培养一代革命的青年，并且采取了多种实际的行动来对学生进行培养。"②

在抓好学校这个重要阵地的同时，王右木还带领一些先进学生走出书斋，深入工人中去开展宣传和组织工作，探索马克思主义与中国工人运动相结合的途径。为全面掌握全市工人状况，王右木穿起工人服装，多次深入工人群众中调查研究。他发现，"成都巨大的工厂少、有反抗性之团体尤少，只有兵工厂、造币厂、电灯公司、邮局、印刷局外，纺厂甚小、余无工厂，概手工业、家庭工业"③，而且工人成分复杂，大多来自被地主粗暴剥削的破产农民，也有不少兵痞流氓，而规模最大的四川兵工厂、造币厂，由于军警工头把持控制严格，工资待遇也较其他行业高，要发动革命斗争较为困难。

---

① 《民视日报》1922年6月15日。
② 张秀熟：《在纪念王右木一百年诞辰暨王右木研究学术研讨会上的讲话》，载中共江油县委党史办公室编《江油党史研究资料》第六期，内部资料，1988，第10、11页。
③ 《王右木致团中央负责人的信》（1922年10月11日），载中共江油市委党史研究室、江油市国家档案馆编《四川马克思主义运动先驱·党团创始人王右木》，光明日报出版社，2017，第89页。

在考察成都工人素质的同时，王右木还深入研究了四川各工人组织。他对四川工会、四川总工会、成都劳动自治会、四川工党等工人团体的组织情况、政治倾向等都有了深刻的认识，认为他们"都不过是乘风气挂招牌，欺骗工人自觉，以遂己私，以迎合政府之工具而已"。其中，四川工会"是资产阶级的工会"，"以工界中贵族自居，不能促进一般工人的团结觉悟"；四川总工会则如会贩子，仰人鼻息，没有群众基础；对四川工党，他批评其"全系有名无实""毫未对工人尽过责任"，下属罢工被当局捕去，而工党负责人袖手旁观等。① 经过仔细研究，王右木认为成都的手工业是比较发达的，工人也集中，这部分人待遇低、劳动环境非常差，深受帝国主义和资本家的双重压迫，特别是织锦工人又称长机帮工人，他们受到革命思想的影响曾进行过多次罢工斗争，但都惨遭失败。于是，王右木决心以手工业工人为重点开展马克思主义和革命理论的宣传。

为提高工人的阶级觉悟和文化水平，培养工人积极分子，王右木组织读书会成员分头到各行业工人经常聚集的茶馆，同工人一起喝茶谈心。他启发工人们要求得自己生活的改善和本阶级的解放，就要努力奋斗，组织自己的工会，团结工人阶级自己的力量，不要依靠他人，不要幻想现实的政府的帮助，因为现实的政府都是保障资产阶级利益的。王右木坦诚的态度、艰苦细致的工作，使他赢得了一些工人的信任，并从中发现了彭永康、孟本斋等优秀分子。但部分工人鉴于以往罢工斗争失败的教训，心中不免疑虑重重。王右木对此非常理解，总是耐心细致地反复做工作，打消工人的顾虑，终于逐步和几十名苦大仇深的工人结成了知心朋友。在此基础上，王右木借成都皇城内的明远学校教室开办了成都第一个宣传马克思主义的夜校，并亲自到夜校讲课，采取理论联系实际的方法，给工人讲解剩余价值、科学社会主义的基本原理，讲解组织工会的意义、只有团结起来才有力量开展斗争的道理，很受工人欢迎。王右木还先后在成都高师、省立师范学校和四川法政学校开办平民教育社、工人夜校，向成都工人传授文化知识，讲解革命道理；他专门委派钟善辅、刘亚雄、孟本斋等负责工人运动的指导，在茶社和工人宿舍办起"临时工人夜校"，以《平民千字课本》为教材，一边教工人读书识字，

---

① 《四川劳动界一线曙光》（1923 年 5 月），载中共江油市委党史研究室、江油市国家档案馆编《四川马克思主义运动先驱·党团创始人王右木》，光明日报出版社，2017，第 112、113、114 页。

一边向工人宣讲革命理论。资本家对此感到非常害怕，于是散布流言蜚语："去年工党都失败了，今年还有能力吗？""莫法读不要钱的书，将来还会不得了！""工人教育是青年团办的，去读书的就是投洋人。"① 但王右木等人顶住压力，坚持进行工人教育，使工人逐步摆脱封建传统意识的束缚，并帮助长机帮、生绉帮、粗丝帮、建筑帮、牛骨帮等20多个行业先后成立了工会组织。

随着马克思主义在工人中逐渐传播开来，工人们的政治觉悟有所提高，工人运动的内容逐渐突破了原来的局限而向争取政治权利和反帝爱国运动的方向发展。1922年10月，王右木组织声援开滦煤矿工人反帝大罢工，提出反对英、美帝国主义，打倒北洋军阀的口号。1923年2月，"二七"惨案的消息传到成都，王右木又发动组织工人进行全市性的政治大罢工和群众游行示威，声援京汉铁路工人的英勇斗争，声讨北洋军阀吴佩孚镇压工人的罪行。这次斗争是对成都工人队伍的一次大检阅，充分展示了马克思主义和工人运动相结合所产生的伟大力量。1923年5月1日，在王右木的领导推动下，成都劳工联合会成立。成立大会通过了关于争取工人正当利益的四项提案，发表了《人日宣言》和《劳动五一纪念游行大会宣言》，标志着四川工人开始以新的姿态走上政治舞台。当时的《川报》称成都劳工联合会为"成都破天荒之工人盛举"，是为工人谋利益的"真正的工人的工会"。② 王右木视此会为"此地马氏嫡系，正高兴其更可藉此作促进各州县劳工组织之机会也"。③ 这些斗争有力地推动了马克思主义同四川工人运动的结合。一方面，那些深入工人中去引导斗争、开办学校、组织工会的具有初步共产主义思想的先进分子在宣传和组织工人的过程中，更加牢固地树立了共产主义信念，也更加深入和具体地了解到工人群众的疾苦，同他们建立了深厚的感情，从而使自己真正站到了工人阶级一边。另一方面，一部分工人在与这些知识分子接触的过程中，开始逐步接受马克思主义，从而使自己具有了无产阶级的觉悟。这也在一定程度上为中国共产党四川地方组织的建立创造了良好条件。

---

① 《王右木给施存统的六封信》（1923年夏），载中共江油市委党史研究室、江油市国家档案馆《四川马克思主义运动先驱·党团创始人王右木》，光明日报出版社，2017，第127页。
② 《川报》1923年6月8日。
③ 《王右木给施存统的信》（1923年5月18日），载中共江油市委党史研究室、江油市国家档案馆编《四川马克思主义运动先驱·党团创始人王右木》，光明日报出版社，2017，第108页。

第三节 捍卫真理去浊流

一 早期传入中国及四川的各种伪马克思主义思潮及其影响

"五四"前后，被当作新思潮传入中国的社会主义学说十分庞杂，除马克思主义的科学社会主义外，还有无政府主义、无政府工团主义、工读互助主义、新村主义、基尔特社会主义、合作主义、泛劳动主义等各种各样被称为"社会主义"的资产阶级和小资产阶级的思想流派。受中国传统文化中均贫富等思想的深刻影响，面对帝国主义与封建势力相互渗透所造成的贫富不均的政治现实，批判资本主义制度，主张消灭剥削、消除贫富分化，实现人人平等的社会主义理论对中国人有特殊的吸引力。面对这些形形色色的学说流派，当时年轻的中国知识分子一时难以辨别，在迫切希望改造中国社会的青年知识分子眼里，这些思潮大多是被当作社会主义思想来加以接受的。

无政府主义。20世纪初，无政府主义作为一种革命理论被介绍到中国，后来在揭露和批判封建军阀的专制统治方面，以及帮助人们了解十月革命和新思潮的过程中起了一定的积极作用，因此在青年知识分子中流传很广。当时，中国主要流传的是克鲁泡特金的无政府主义，宣传无政府主义的刊物有《奋斗》《晦鸣录》《自由录》《进化杂志》等70余种，还成立了"无政府共产主义同志社""无政府主义传播社""无政府主义讨论会"等众多小团体。在无政府主义的不同派系中，以黄凌霜、区声白为代表的一派最有力量。作为一种小资产阶级的思想，无政府主义在本质上与马克思主义是对立的。他们反对一切国家和权威，反对一切政治斗争和暴力革命，提出"政权是自由的魔敌，无政府党对政治要求自由的主张和他们（马克思主义者）拥护政权的主张，根本不能相容的"[1]，从而把攻击的矛头指向马克思主义国家学说和俄国的无产阶级专政。他们企图超越社会发展的历史阶段，鼓吹在社会革命后立即实行"各尽所能、各取所需"的分配原则，实现共产社会。他们提倡个人主义，主张绝对自由，反对任何组织纪律，声称"无政府主义以个人为

---

① 《无政府共产派与集产派之歧点》，载葛懋春等编《无政府主义思想资料选》（下册），北京大学出版社，1984，第565页。

万能，因而为极端自由主义，所以，无政府主义乃个人主义的好朋友"。① 这种思想对青年知识分子具有很大的消极作用。

无政府工团主义。这个派别本来是欧洲工人运动中的小资产阶级机会主义派别，他们主张把工会与政党对立起来，实现所谓的"社会总同盟罢工"的策略等。20 世纪初，无政府工团主义通过《新世纪》传入中国。五四运动前后，无政府工团主义在中国发展到高峰，一些无政府主义者频繁活动于工人之中，积极向工人灌输工团主义意识。他们反对政治斗争，鼓吹工会高于一切并要管理一切，幻想以各地工会在经济上的联合来代替国家机构行使权力。该派的最大特点就是反对共产党领导工人运动，反对无产阶级革命和无产阶级专政，以纯粹的经济斗争作为自己的指导思想，将把一切生产机关从资本家手中取回作为最终目的。

工读互助主义。五四运动前后，李石曾、蔡元培、吴雅晖等人积极倡导"勤于作工，俭以求学，以进劳动者之智识"，并成立"勤工俭学会"组织中国青年赴欧洲半工半读、以工促读，受到了当时一些先进青年知识分子的欢迎，掀起了中国学生留法勤工俭学的热潮。后来，随着实践的发展，王光祈等人又进一步提出了工读互助主义，其基本政治主张是：第一，以改造社会为目的，最终的理想就是"人人作工，人人读书，各尽所能，各取所需"；② 第二，认为马克思主义的"集产制度"、俄国式的无产阶级专政"实在是一件不合民情的主张"，③ 推崇互助论，"我们即主张互助，自应强者帮助弱者，智者帮助愚者"，并把这种互助精神推而广之，逐步"消灭差等"，"创造新社会"；④ 第三，坚持"工读结合"，以创立工读互助团为实现工读互助社会的道路和手段。工读互助主义是五四时期在中国影响巨大的一种空想社会主义思潮，北京《曙光》《北京大学学生周刊》《晨报》《民国日报》副刊都纷纷刊文宣传，还成立了"觉社""工学会""北京工读互助团""互助社"等团体。陈独秀、李大钊、毛泽东、周恩来、恽代英、邓中夏、高君宇等人都曾一度深受其影响，他们不仅竭力宣传提倡这种思潮，而且力图付诸实践。当时，北京、天津、南京、上海、武汉、广州、长沙的一些进步青年，在1919 年底曾经兴起工读互助主义的实验活动，他们遵循工读互助主义的学

---

① 凌霜：《评〈新潮〉杂志所谓今日世界之新潮》，《进化》1919 年第 2 号。
② 《工读互助团》，《少年中国》1920 年第 7 期。
③ 《王光祈致君左》，《少年中国学会会务报告》1919 年第 4 期。
④ 《工读互助团》，《少年中国》1920 年第 7 期。

说，组织互助社一类的小团体，过起"共产的生活"，并希望把工读互助团体逐渐推广到全社会，从而实现平和的经济革命。然而，这种工读互助团体的实验好景不长，很快都因遇到无法克服的困难而解体。

新村主义。20世纪初，日本作者武者小路实笃等人提出的"新村主义"引起了周作人等人的浓厚兴趣，于是周作人先后发表了《人的文学》《日本的新村》《游日本新村记》《新村的精神》等文章积极介绍和宣传新村主义，甚至成立了"新村支部"，鼓励和帮助中国有兴趣的青年赴日参观日本新村主义的实践情况。周作人认为"新村之所以与别种社会运动不同的地方"，就在于"改造社会还要从改造个人做起"；"新村的目的是在于求正当的人的生活，其中有两条重要的根本性思想：第一，各人应各尽劳动的义务，无代价的取得健康生活上必要的衣、食、住。第二，一切的人都是一样的人，尽了对于人类的义务，却又完全发展自己的个性。新村的精神首先在于承认人类是个整体，个人是这总体的单位。人类的意志在生存与幸福。这也就是个人的目的"。① 而在实现的手段上，"新村主义是想和平地得到革命的结果"，反对"翻天覆地，唯铁与血"的暴力方式。② 除了周作人以外，鲁迅、李大钊、黄日葵、蔡元培、陈独秀等都曾对新村主义进行支持和宣传，加之《新青年》《少年中国》《星期评论》《晨报》《时事新报》《民国日报》《批评》《新人》《新生活》《新潮》《国民》等刊物登载了大量宣传和讨论新村主义的文章，引起了五四时期知识分子的向往，并把新村主义作为改造社会的手段和方法，产生了较大的历史影响。与实践"工读互助"相类似，一些青年知识分子模仿日本九州的新村、美国的劳动共产村的做法，在中国进行"新村"实验，但最终这些中国的"新村"也只是昙花一现。

基尔特社会主义。五四运动后，张东荪、梁启超等人创办《解放与改造》，成立"共学社"和"讲学社"，翻译和介绍罗素的基尔特社会主义③。他们大肆鼓吹要在中国实行基尔特社会主义，诋毁科学社会主义。张东荪在众多的社会主义流派中，最中意的是基尔特社会主义，认为"大凡最晚出的比较上必是最圆满的，——如基尔特社会主义是最晚出的，所以他在比较上

---

① 周作人：《新村的精神》，《民国日报》副刊"觉悟"1919年11月23日、24日。
② 周作人：《新村的讨论》，《批评》1920年第5期。
③ 基尔特是英文Guild的译音，意为"行会"。基尔特社会主义来自英国，它认为无产阶级的社会主义革命是不需要的，依靠职工的行会组织就可以改变资本主义国家的性质。这是一种借社会主义之名来维护资本主义制度，欺骗工人阶级的思想。

是最圆满的"。① 梁启超则说："吾以为社会主义所以不能实现于今日之中国者，其总原因在于无劳动阶级。"② 他们认为中国社会发展的前途是资本主义，提出"救中国只有一条路，一言以蔽之：就是增加富力。而增加富力就是开发实业"，"而开发实业之最能速成者莫若资本主义"。③ 他们还反对在中国进行社会革命，主张以改良的办法来缓和工人阶级与资本家的矛盾；更反对在中国建立无产阶级政党，认为中国经济落后，劳动阶级人数甚少，阶级意识尚未产生，不具备成立无产阶级政党的条件。张东荪认为，"党的奋斗与阶级的自觉是相待相成的"，"党的组织若不在阶级自觉的萌芽之初则除了静待以外无法发展"。④ 张、梁两人提出的发展实业、发展资本主义经济的主张，虽然符合当时中国社会经济发展的要求，但他们只是消极静待资本主义的兴起和发展，并不明白在帝国主义的侵略和封建主义的压迫下，中国资本主义无法获得正常的、充分的发展，只有通过革命的手段，完成反帝反封建的任务，实现国家独立和人民民主，才能充分发展实业和达到国家富强的道理。他们抱着恐惧的心情，极力反对在中国宣传科学社会主义和建立无产阶级政党，这是错误的。

合作主义。20 世纪初，西方的合作主义通过归国留学生和社会主义者传入中国，一部分知识分子把它看作改造中国社会最适当的方法。其中，复旦大学教授薛仙舟和他所组建的"平民学社"致力于宣传合作社思想，提倡民众的教育，发展平民的经济，⑤ 对早期合作主义在中国的传播影响甚大。他们主张通过组织合作社来进行生产、分配、消费、社会教育，以至建立政权，并幻想用不流血的和平改良办法，建立没有剥削、没有压迫的新社会。他们认为合作主义不是革命，而是一种通过团体互助来实现其社会经济目标的制度。要实现"我为人人，人人为我"合作主义者的理想，应有四项目标：第一，解散阶级、解放奴隶，使消费者摆脱生产者控制、劳工摆脱资本家的控制；第二，用合作制度来取代现行的自私竞争；第三，以合作制度来

---

① 张东荪：《一个申说》，载蔡尚思主编《中国现代思想史资料简编》第一卷，浙江人民出版社，1982，第 632 页。

② 梁启超：《复张东荪书论社会主义运动》，载蔡尚思主编《中国现代思想史资料简编》第一卷，浙江人民出版社，1982，第 245、246 页。

③ 张东荪：《由内地旅行而得之又一教训》，《新青年》1920 年第 4 号。

④ 张东荪：《现在与将来》，载魏宏运主编《中国现代史资料选编》（1），黑龙江人民出版社，1981，第 167 页。

⑤ 《平民学社章程》，《平民》1921 年第 83 期。

消灭资本主义制度中的不平等，使劳工获得生产的全部利益；第四，用合作制度来连接所有的利益，由此而终结不同利益间的社会冲突。① 但是，这种思想无法适应中国当时严峻的社会政治经济环境。

泛劳动主义。1918 年 3 月 20 日，由吴稚晖任主编的《劳动月刊》的发刊词中提出"提倡劳动主义"的口号。8 月，杜亚泉在《东方杂志》发表《劳动主义》一文专门论证"劳动主义"。11 月 16 日，蔡元培在演讲中指出："此后的世界，全是劳工的世界呵！""不管他用的是体力，是脑力，都是劳工。劳工神圣！"② 1919 年，《解放与改造》发表了晨曦翻译了托尔斯泰的《泛劳动主义》一文。由此，泛劳动主义在中国一度兴起，吸引了一大批中国先进青年的注意。泛劳动主义者提倡人人劳动，"人人为工，人人为农，人人为士，权力相等，义务相均"③；主张放弃私有财产；主张劳动的原则，就是"各尽所能"，分配原则就是"各取所需"；反对不劳而食，认为资本家最为腐败，靠掠夺他人劳力所获之结果，是不道德的、不平等的。泛劳动主义提出的"劳动主义"和"劳工神圣"的口号，对于近代中国劳动解放运动的启蒙做出了积极贡献，但是它否认社会化大生产中的社会分工，分不清楚什么是具体劳动，什么是抽象劳动，认为人人都应该去种地或者人人都应该进入工厂去做工，而这在现实中是不可能的，所以泛劳动主义是一种空想，是不符合马克思主义思想的科学体系的。

以上就是五四时期在中国流行的主要的"社会主义"思潮的情况。而在四川地区，当时在思想领域影响较大的非马克思主义思潮主要是无政府主义和国家主义。

无政府主义在四川的传播。无政府主义在四川能够盛行，是有其深刻的社会原因的。首先，无政府主义是作为社会主义思潮的一个流派传入四川的，无政府主义者宣称，"无政府则剿灭私产制度、实行共产主义，人人各尽所能、各取所需，贫富之阶级既平，金钱之竞争自绝"④，"将来之社会，

---

① 毛飞：《经济革命中的社会主义与合作主义》，《平民》1921 年第 9 期；毛飞：《合作主义适合中国吗?》，《平民》1921 年第 24 期。
② 蔡元培：《劳工神圣》，载中共中央党校文史教研室中国近代史组编《中国近代政治思想论著选辑》，中华书局，1986，第 946、947 页。
③ 葛懋春等编《无政府主义思想资料选》（上册），北京大学出版社，1984，第 66～68、274、305 页。
④ 师复：《无政府浅说》，《晦鸣录》1913 年第 1 期。

各个人完全自由，……引无政府于共产社会，是之谓无政府共产主义"①。这些主张深深地震撼了这些受过新文化运动和五四运动洗礼，思想已经开始觉醒的四川进步青年的心，在马克思主义尚未广泛传播之前，他们纷纷将无政府主义作为改造社会、救国救民的真理来信奉和追求。其次，五四前后的四川社会，正处于封建军阀防区制的统治之下，长年累月发生混战，军阀对辖治下的民众强征高额田赋和苛捐杂税，因而四川人民对暴虐专横的军阀政府恨之入骨。无政府主义反对强权和国家，主张推翻一切政府，因而深得不满现实的青年知识分子的强烈认同和拥护，这就是当时四川青年迅速接受无政府主义思想的社会根源。正如李芾甘（巴金）回忆说：当他读到克鲁泡特金《告少年》一文时，立即被这本小册子征服，"这里面全是我想说而没法说清楚的话"，"而且那种最富煽动性的笔调简直要把一个15岁的孩子的心烧成灰了"②。青年知识分子对无政府共产主义的倾倒和狂热可见一斑。

四川青年知识分子接受了无政府主义的学说以后，抱着为真理献身的精神，迅速以积极行动来追求和实现这种理想。他们热情百倍地组织无政府主义团体，自筹经费创办刊物，展开宣传，经常利用课余时间甚至是夜以继日地撰写宣传文章。1917年，深受无政府主义影响的陈慕勤等人成立了四川第一个无政府主义小团体——适社，取追求人类最适宜社会之义。据不完全统计，1919年下半年至1923年底，四川各地先后建立的无政府主义组织有20多个，重庆有适社、人声社、平平学会等，成都有悟社、直觉社、半月社、无社、二十世纪学社、平社等，达县有适社、益社等，泸县有明社、红社等，合江有无社、觉社等。无政府主义团体还先后创办了《半月》报、《友声》月刊、《人声》杂志、《直觉》、《警群》、《平平》、《平民之声》、《成都》、《福音》、《星星》、《零星》、《自由人》、《科学与革命》等10多种刊物。一时间，无政府主义在四川可谓风起云涌。

四川无政府主义者积极宣扬无政府主义。成都最有影响的无政府主义刊物《半月》先后发表了《怎样建设真正自由平等的社会》《我对安其那革命

---

① 师复：《无政府共产主义同志社宣言书》，《民声》1914年第17号。
② 巴金：《我的幼年》，上海新生书店，1937；宋键、戴忠东：《从无政府共产主义到马克思主义——建党时期四川青年知识分子的心路历程》，载中共江油市委党史研究室、江油市国家档案馆编《四川马克思主义运动先驱·党团组织创始人王右木》，光明日报出版社，2017，第287页。

的道德观》《克鲁泡特金的思想和主义》等文章，对其"废弃政府""各尽所能，各取所需""人人平等互助"大加介绍与赞扬，并用来件照登的形式刊载《适社的志趣和大纲》《南京安社宣言》《均社宣言》《觉社传单》《无社宣言》等，积极宣传无政府主义的政治主张。又如，重庆著名的无政府主义组织《人声》社①，认为"资本制度是吸民血肉的刑具"，"资本家是社会之敌"，② 主张以推翻政府的方式来剥夺资本家阶级，实行无政府的人民自治。他们中一部分人欲通过号召总同盟罢工运动等形式来实现上述目的；另一部分人则高喊"为自由而死"的口号，却提不出有效的斗争策略和具体途径。个别青年由于受到小资产阶级思潮的影响，提倡工学主义。如建立于1922年的平平学会是当时工学主义的著名组织，这个社团"反对马克思主义；反对暴力革命；主张工学主义，合作主义；宣传克鲁泡特金主张"③，把克鲁泡特金的"互助论"作为思想武器，企图寻找一条防止无产阶级革命的改良主义道路。

无政府主义刊物旗帜鲜明地反对封建军阀统治，猛烈抨击时弊，深受当局记恨，当局将其视为洪水猛兽，不断加以迫害、打压，《半月》报、《平民之声》、《直觉》报等刊物纷纷被取缔。尽管如此，这些热情高涨的青年知识分子还是通过各种途径宣传并实践无政府主义主张，在四川造成了很大的影响。

国家主义在四川的传播。1923年12月，以曾琦、李璜为首的资产阶级右翼分子在法国巴黎成立了中国青年党，出版《先声周刊》，标榜国家主义。1924年他们在上海创办《醒狮》周报（故其又被称为"醒狮派"），出版多种书籍进行反共宣传。1924年秋至1925年底，在短短的一年时间里，国家主义派在全国成立了30多个团体，并成立了"全国国家主义团体联合会"，在北京、南京、武汉建立了分会。他们宣扬超历史、超阶级的国家观念，鼓吹"全民政治""全民革命"，但其实质是反对马克思主义、反对共产党。他们盗用五四运动中"内除国贼，外抗强权"的口号，打着"国家""民族"旗号，欺骗了不少青年知识分子。

---

① 该社在重庆创办《人声》杂志，创刊时间约在1921年3月，江九凝、陈小我是该刊的主要发起成员。《人声》杂志旨在宣传无政府主义，号召工人通过举行总同盟罢工和大示威运动，推翻资产阶级政府等。
② 《人声》1921年第2号。
③ 《人声》1921年第2号。

四川是曾琦、李璜的家乡，他们视四川为其活动发展组织的根据地，尤其重视重庆，因此，四川的国家主义派组织曾风云一时。国家主义派机关刊物《醒狮》周报创刊后，重庆省立第二女子师范学校的一名彭姓教师被确定为该刊在四川的代办人，每期数十份的《醒狮》邮到后，彭就在四川的师友中散发。1925 年夏，国家主义派上海总部派人到重庆与彭接头，商量在四川建立国家主义派团体，彭向来者介绍了他的同学兼同事杨叔明与之晤谈。杨叔明表示，"四川军政教育各界都可以联络，负责在川省开辟一个局面"。① 他们首先在重庆省立第二女子师范学校和重庆联中发展组织，在重庆成立了正式的国家主义派团体"起舞社"，出版刊物《救国青年》，在成都也组织起"惕社"。1926 年春，杨叔明担任重庆省立第二女子师范学校校长，另一名四川国家主义派的骨干分子徐孝匡担任重庆联中校长，国家主义派认为这是在重庆发展组织的好机会，于是上海总部又派人到这两所学校担任教务主任等职务，因而重庆省立第二女子师范学校和重庆联中一度成为国家主义派的大本营，他们压制学生的反帝爱国活动，禁止学生参加进步党团和革命活动，把四川和重庆的教育界搞得乌烟瘴气。国家主义派在四川的主要活动是在教育界，受他们的鼓动和蒙蔽，在四川的一些学校，国家主义性质的小团体也盛行一时。

二 中国及四川早期马克思主义者与各种非马克思主义思潮的斗争

马克思主义在中国的传播不是一帆风顺的，它不但引起帝国主义和封建军阀的极端恐惧和反对，而且围绕着要不要马克思主义、以什么主义改造中国社会等问题与资产阶级改良主义和林林总总的反马克思主义思潮展开了激烈交锋。其中，发生了"问题"与"主义"之争、社会主义论战、批判无政府主义三次规模较大、影响深远的论战。

(一)"问题"与"主义"之争

以胡适为代表的一部分资产阶级知识分子，曾在五四运动前的新文化运

---

① 中国人民政治协商会议四川省委员会四川省省志编辑委员会编《四川文史资料选辑》第十二辑，内部资料，1964，第 40 页。

动中起过一定作用。1919 年 7 月，胡适在《每周评论》第 31 号发表《多研究些问题，少谈些"主义"!》一文，劝说人们"多多研究这个问题如何解决，那个问题如何解决，不要高谈这种主义如何新奇，那种主义如何奥妙"，并嘲讽"空谈好听的'主义'，是极容易的事"，"是阿猫阿狗都能做的事，是鹦鹉和留声机都能做的事"。① 胡适反对人们谈论各种主义，实际上是在这种说法之下反对马克思主义在中国的传播，宣扬改良主义，宣扬中国不需要经过革命就能够解决他所说的一个个问题。他反对马克思主义的阶级斗争学说，不承认事实上存在着社会阶级斗争。他认为马克思主义者关于中国问题要"根本解决"的主张，是"自欺欺人的梦话"。他后来自己承认，发表这篇文章的目的，是让人不要被马克思、列宁"牵着鼻子走"。②

针对胡适的观点，李大钊于 1919 年 8 月撰写了《再论问题与主义》一文进行批驳。他旗帜鲜明地表达了自己的立场："我是喜欢谈布尔扎维主义的"，"布尔扎维主义的流行，实在是世界文化上的一大变动"。他强调改造中国要以马克思主义为指导，明确指出：宣传理想的主义与研究实际的问题"是交相为用的"，"是并行不悖的"。一方面，研究问题必须有主义作指导。社会问题的解决，必须依靠社会上多数人的共同运动，而要有多数人的共同运动，就必须有一个共同的理想、主义作为准则，因此，谈主义是必要的。不宣传主义，没有多数人参加，不管你怎样"研究"，社会问题永远也没有解决的希望。另一方面，"一个社会主义者，为使他的主义在世界上发生一些影响，必须要研究怎么可以把他的理想尽量应用于环绕着他的实境"。而"我们只要把这个那个主义，拿来作工具，用以为实际的运动，他会因时、因所、因事的性质情形生一种适应环境的变化"。李大钊还进一步运用马克思主义唯物史观驳斥胡适反对"根本解决"的改良主义主张，阐明了中国问题必须从根本上寻求解决的革命主张。他指出，社会变革的关键时期，"必须有一个根本解决，才有把一个一个具体问题都解决了的希望"，"经济问题的解决，是根本解决。经济问题一旦解决，什么政治问题、法律问题、家庭制度问题、女子解放问题、工人解放问题，都可以解决"。而要解决经济问题，就必须进行阶级斗争，进行革命；如果不重视阶级斗争，"丝毫不去用这个学理工具，为工人

---

① 胡适：《多研究些问题，少谈些主义》，《每周评论》1919 年第 30 期。
② 胡适：《介绍我自己的思想》（1930 年 11 月 27 日），载《胡适论学近著》第一集卷五，商务印书馆，1935，第 645 页。

联合的实际运动，那经济的革命，恐怕永远不能实现"。①

此后，胡适又接连写了《三论问题与主义》《四论问题与主义》等文章，李大钊也写了文章予以回应。许多进步青年撰文支持李大钊的观点，但赞同胡适或与其具有类似观点的人也为数不少。陈独秀当时身陷囹圄，直到这场论争高潮过后才得以出狱，但是他很快于10月5日发表了《主义与努力》声援李大钊，对胡适的改良主义进行再批判。这场"问题"与"主义"之争，是马克思主义在中国传播后与非马克思主义的第一次论战，其实质是中国需要不需要马克思主义、需要不需要革命的论争。在这场争论中，以李大钊为代表的早期马克思主义者批驳改良主义者的错误论调，捍卫了马克思主义，从根本上划清了马克思主义与改良主义的界限，扩大了马克思主义的影响。

（二）社会主义论战

五四运动后，"社会主义"成为中国最流行的思潮，当时人们尚不能够明确区分科学社会主义与其他社会主义流派的界限。张东荪、梁启超等人正是打着基尔特社会主义的旗帜与马克思主义进行论战，宣传中国要走资本主义道路，实行改良主义，反对无产阶级革命。对此，陈独秀、李大钊、李达、蔡和森等人纷纷著文予以反驳。

陈独秀主导了这场论争，他先后发表了《致罗素先生底信》《复东荪先生底信》《社会主义批评》等文，并将李汉俊、李达、施存统等人批判基尔特社会主义的文章辑成《社会主义讨论集》出版。陈独秀指出：只有"在生产方面废除了资本私有和生产过剩，在分配方面废除了剩余价值，才可以救济现代经济的危机和社会不安的状况"。中国的无产阶级和农民受到本国封建势力和帝国主义的双重残酷掠夺和压迫，"革命之爆发乃是必然的趋势"，"除了中国劳动者联合起来组织革命团体，改变生产制度，是无法挽救的"，"中国劳动（农工）团体为反抗资本家资本主义而战，就是为保全中国独立而战。只有劳动团体能够达到中国独立之目的"。② 因此，在中国，结合共产主义信仰者，组织巩固的团体，建立共产党，不仅有必要，而且有条件。李大钊也强调，中国要改变贫穷落后的状态，出路在于社会主义。"今日在中

---

① 李大钊：《再论问题与主义》，载《李大钊文集》下卷，人民出版社，1984，第32~38页。
② 《独秀复东荪先生底信》，《新青年》1920年第4号。

国想发展实业，非由纯粹生产者组织政府，以铲除国内的掠夺阶级，抵抗此世界的资本主义，依社会主义的组织经营实业不可。"① 李达更是一针见血地指出："世界的趋势，是必须要实现社会主义，资本主义是必须灭亡的。"② 他们对基尔特社会主义进行批判，指出用"温情主义"的社会政策来"矫正"资本主义的弊病只不过是一种改良主义的幻想。

这场论争持续了一年多的时间，其实质是一次关于中国走社会主义道路还是走资本主义道路、实行社会主义革命还是实行社会改良以及需不需要建立无产阶级政党的论争。在这场论争中，陈独秀等马克思主义者把握时代前进方向，运用马克思主义的社会革命理论，批判了张东荪、梁启超等人的错误言论，揭示出社会主义必将代替资本主义，肯定了中国的出路只能是社会主义，强调要改造中国社会必须建立共产党组织，划清了真、假社会主义的界限，为马克思主义的进一步传播创造了有利条件。

（三）批判无政府主义

为揭露无政府主义看似革命实则反动的本质，早期马克思主义者围绕着革命的形式、国家的本质等问题，对无政府主义进行了严肃的批判，阐明了无产阶级专政的必要性和重要性。陈独秀指出："只有被压迫的生产的劳动阶级自己造成新的强力，自己站在国家地位，利用政治、法律等机关，把那压迫的资产阶级完全征服，然后才可望将财产私有，工银劳动等制度废去，将过于不平等的经济状况除去。"③ 李达则认为，无政府主义者建立在"人性本善"之上的所谓"革命彻底性"，实质上就是取消革命和反对革命，强调"国家是阶级支配的一个机关，是一阶级压迫他阶级，因此造成法律，使这种压迫继续持久，借以缓和阶级冲突的机关"，是社会发展到一定阶段的产物，是"阶级的冲突和经济的利益不能妥协的一个证据"。④ 同时，早期马克思主义者认识到无产阶级专政并不是最终目的，它只是最终消灭阶级和专政的途径。"我们底最终目的，也是没有国家的。不过我们在阶级没有消灭以

---

① 李大钊：《中国的社会主义与世界的资本主义》（1921 年 3 月 20 日），《评论之评论》1921 年第 2 号。
② 李达：《讨论社会主义并质梁任公》，《新青年》1921 年第 1 号。
③ 陈独秀：《谈政治》，《新青年》1920 年第 1 号。
④ 李达：《马克思主义派社会主义》，载《李达文集》第一卷，人民出版社，1980，第 102 页。

前，却极力主张要国家，而且是主张要强有力的无产阶级专政的国家的。阶级一天一天趋于消灭，国家也就一天一天失其效用。我们底目的，并不是要拿国家建树无产阶级底特权，是要拿国家来撤废一切阶级的。"① 马克思主义者还批判无政府主义者在分配问题上的平均主义思想，并着重驳斥他们的"绝对自由"的主张。李大钊指出："我们所要求的自由，是秩序中的自由；我们所顾全的秩序，是自由间的秩序。只有从秩序中得来的是自由，只有在自由上建设的是秩序。个人与社会、自由与秩序，原是不可分的东西。"② 陈独秀也强调，"权力集中是革命的手段中必要条件"。③ 因此，在人类社会中，自由总是相对的，所谓"绝对自由"是根本不存在的。

通过这次论战，早期马克思主义者不但比较深入地阐述了马克思主义的国家学说和无产阶级专政理论，严厉地驳斥了无政府主义绝对自由的观点，更重要的是这一斗争的胜利，确定了马克思主义在先进分子中的优势地位，使得一部分先进分子逐渐认识到无政府主义的空想性和种种谬误，最终走上共产主义道路。

（四）四川反对无政府主义和国家主义的斗争

随着马克思主义在四川的逐渐传播，特别是全国范围内掀起的声势浩大的马克思主义与非马克思主义论战影响的扩大，王右木、吴玉章、恽代英、萧楚女等在四川活动的马克思主义者也行动起来，在成都、重庆、泸州等地积极投身到引导、教育、争取无政府主义者的实际工作中，帮助他们分清科学社会主义与无政府主义的根本区别，使他们绝大多数摆脱了无政府主义的羁绊，顺利地转化为马克思主义者，并逐步成长为四川早期革命活动的中坚力量。

1921 年，吴玉章借四川自治运动全面宣传马克思主义的基本观点，主张用民主政治反对军阀专制。吴玉章指出："社会主义的派别很多……据现在的时势看来，尤其是马克斯派的社会主义为最流行。因为经过苏俄的试验，人人已知道他有实现的可能性"，"我们的先决问题，是不是要推倒资本制度而立一种新的社会组织。如若以这个前提为是，而这种新的组织又必为旧社会中的治者阶级所反对，我们要实现这个新组织，不能不打倒旧组织，驱逐

① 施存统：《我们要怎么样干社会革命》，《共产党》1921 年第 5 号。
② 李大钊：《自由与秩序》，载《李大钊文集》第四卷，人民出版社，1999，第 62、63 页。
③ 陈独秀：《三答区声白书》，载《陈独秀著作选》第二卷，上海人民出版社，1993，第 306 页。

旧的治者阶级。但是旧的社会制度，资本制度都建筑在武力之上，不用武力是万不能打破，所以革命是不能免的"，"我国的平民，我国的劳动阶级，想在两层奴隶之下谋和平局部的改革，真是自欺欺人了"。① 在吴玉章等人的教育和引导下，萧华清、吕渻崖、廖划平等逐步转向马克思主义。如悟社的吕渻崖于 1924 年 1 月 12 日加入吴玉章、杨闇公组建的中国 YC 团（又称中国青年共产党）后，彻底抛弃了无政府主义。4 月，吕渻崖参与发起成都社会主义研究会。5 月 1 日，中国 YC 团的机关报《赤心评论》创刊，吕渻崖撰写了《列宁年谱》，在创刊号上发表。

1921 年 10 月，恽代英赴泸县川南师范学校任教，他在校内传播马克思主义的时候，发现不少学生受到了无政府主义的影响。针对青年知识分子的这种倾向，恽代英结合自己的亲身经历和体会，对这些青年知识分子进行引导，"我们不能盼望在全部未改造以前，能为局部争取一个什么程度的改造。我们虽有时可以局部的努力，为争斗的练习，但决不可遂认为我们争斗的目的。我们最要亟求有个全部的改造。我们一切的努力要有利于这个全部的改造"。② 1923 年 3 月，恽代英在吴玉章的邀请下来到成都高师、西南公学等校任教，他始终注意积极转化受无政府主义影响的青年学生。他的学生熊瑞文曾回忆道："在恽先生来成都以前，成都青年同学中曾经有过一段研究安其那主义的热潮，我和均尧同志都被卷入过……直到恽先生到成都后，大家听了恽先生对马克思学说的精辟的阐发，获得了一定的理解，这一股崇拜无政府主义的思潮才逐渐消失。"③

萧楚女在渝期间，也经常与学生进行深入交流，向他们传授马克思主义经济学和科学社会主义常识，使不少学生摆脱了无政府主义思想的影响。④ 1923 年夏，萧楚女还特意邀请途经万县赴上海的恽代英为万县四师学生作"中国向何处去"的演讲，在批判国家主义派的同时，大力宣传中国走十月革命道路的必然性，给广大师生以深刻启示和教育。

与此同时，四川众多最初受无政府主义影响的青年知识分子也纷纷转向

---

① 吴玉章：《马克斯派社会主义的势力》，《四川现代革命史资料》1981 年第 3 期。
② 中共泸州市委党史工作委员会办公室编《恽代英在泸州》，内部资料，1987，第 18 页。
③ 熊瑞文：《记余泽鸿烈士二三事》，宜宾市政协文史办文史资料稿；宋键、戴忠东：《从无政府共产主义到马克思主义——建党时期四川青年知识分子的心路历程》，载中共江油市委党史研究室、江油市国家档案馆编《四川马克思主义运动先驱·党团组织创始人王右木》，光明日报出版社，2017，第 291 页。
④ 1980 年 10 月 1 日、2 日采访危石顽同志的谈话记录（存于中共重庆市委党史研究室）。

对马克思主义的研究。1921 年初，四川著名的无政府主义组织适社，对俄国革命和布尔什维克主义十分感兴趣和向往，派出廖划平等 17 人前往上海，意欲通过上海"无政府共产主义同志社"的关系赴苏联进行实地考察。囿于经费紧张，最后仅廖划平、徐敦让、杜小马顺利成行，随秦慧僧等同赴莫斯科考察。廖划平于 1922 年初回国，对苏联实地考察后，他转向马克思主义，先后在内江、南充等地任教时积极传播马克思主义。这无疑冲击和加剧了四川无政府主义成员内部思想的分化，绝大多数青年知识分子经过实践后深刻认识到中国革命只有以马克思主义为指导，才能真正实现共产主义，因此最终冲破无政府主义的局限，选择了科学社会主义，转变为马克思主义者，四川无政府主义的组织和活动因此日渐式微。正如无政府主义骨干分子卢剑波、张履谦所说："回顾在川吾党则均奄奄气息，有一蹶不振之势……各地团体亦几全拥虚名，均不闻其声息也。"[1] 到 1923 年，四川无政府主义组织已分崩离析，影响式微。而四川最早的无政府主义者陈慕勤也在 1928 年加入了中国共产党。

1924 年秋，当国家主义派开始在重庆积极活动后，引起了萧楚女的注意和重视。为争取受国家主义派蒙骗的青年学生，萧楚女做了大量细致的工作。他在团中央机关报《中国青年》上发表了一系列文章，既从理论上驳斥国家主义派的反动观点，又从事实上揭露其勾结帝国主义和军阀，反对国民革命的罪行。他还于 1925 年 10 月编写出版了《在显微镜下的醒狮派》一书，针对国家主义派在《醒狮》周报上所宣扬的各种言论进行了逐一批评。不仅如此，他还以重庆的《新蜀报》《爝光》为阵地，揭露国家主义派以反动理论毒害青年的行径。当他得知张闻天指导进步学生创办《南鸿》刊物后，他与张闻天一起积极撰文，发表了大量批判国家主义派的文章，宣传社会革命，宣传共产主义。他们的革命活动引起了四川军阀杨森、王陵基的仇视。1925 年 5 月，王陵基查封了《南鸿》等刊物，并捏造了"煽惑青年，败坏风俗"的罪名，责令萧楚女、张闻天限期离开重庆。

在萧楚女的发动下，罗世文、杨闇公、童庸生等人也纷纷撰写批判国家主义派的文章并在《新蜀报》上发表，使《新蜀报》成为重庆反对国家主义派的一个重要阵地。对此，国家主义派对《新蜀报》心生不满。1926 年 6 月 2 日，重庆省立第二女子师范学校和重庆联中以杨叔明、徐孝恢两位校长为代表的国

---

[1]　剑波、履谦：《敬告四川同志》，《学汇》1923 年第 172 期。

家主义分子借口《新蜀报》报道了女师、联中参加五卅周年纪念大会的消息，煽动部分学生到报社捣乱，将总编辑周钦岳绑走，并施以人格侮辱。事件发生后，杨闇公等人立即发动成立了重庆新闻界雪耻后援会，在报上发表文章揭露国家主义派煽动学生冲击报社的真相；随后，成都、南充等地的进步报刊也纷纷通电谴责国家主义派制造的事件，参与声援周钦岳等的行动，并一致要求撤换杨、徐二人的校长之职。斗争时间持续月余，最终迫使杨、徐二人登报道歉。

9 月 5 日，万县惨案发生。英军的暴行激起了全国人民的愤怒，反英群众运动迅速在重庆乃至全川掀起。然而，杨、徐二人不但无动于衷，还故态复萌，竟串联部分校长阻止各校学生罢课、参加全市性反帝示威大游行。18日，部分学生打着自制的校旗参加了游行集会活动，杨叔明以"不堪造就"为名，将学生会负责人吴碧华、胥秀君开除。10 月 4 日，《新蜀报》刊登了吴碧华、胥秀君被校方开除后的声明，指出：在万县惨案大游行之际，校方阻止学生参加活动，"我们莫测高深，罔知忌讳，不应表示愿参加这些运动，这是我们意思的祸根，也是我们被退学的真正理由"。[①] 学生短短的几句话，便深刻地揭露了国家主义派的真面目。

吴碧华、胥秀君的声明见诸媒体后，立即得到全市学生的响应，川东学联、重庆学联、重庆小学及不少中级学校教职员纷纷发表宣言，强烈谴责国家主义派的无耻行径，要求解除杨叔明校长之职。10 月 12 日，重庆 150 多个学校、报社、妇联会等团体的代表 220 余人召开代表大会，决定成立反对杨叔明蹂躏教育的重庆各界正义后援会，明确提出了"驱逐教育界蟊贼、主张正义、改革教育"的要求，决议声明，如教育厅不予撤换，将发起召开市民大会，动员全民力量驱逐杨叔明。11 月 17 日，国民党中央党部发出训令，要求对国家主义派开展反攻。训令见报后，四川和重庆立即兴起了一场反对国家主义派的高潮。次年 1 月，重庆各界正义后援会发起了对国家主义派的讨伐，提出了"杨叔明一日不去，反对工作一日不息"的口号，使杨叔明等国家主义派分子惶恐不安，最终被撤职。与之同时，万县中学、万县师范等学校的学生，也发起了驱逐国家主义派校长的运动；在重庆就读的綦江学生也紧随其后，发起成立了反对国家主义大同盟。

在社会的强大压力下，国家主义派分子已在重庆难以立足，只得纷纷跑

---

① 《吴碧华胥秀君谈被斥退真相》，《新蜀报》1926 年 10 月 4 日。

到成都投靠国家主义派头子李璜，但李璜在成都也已无安身之地。对国家主义派的一系列批判和斗争，既进一步传播了马克思主义和共产党的政治主张，也使青年知识分子逐渐认清了国家主义派的真实面目。如重庆国家主义派团体"起舞社"的发起人宋继武发表文章说明他们之所以放弃国家主义，是因为真正明白了国家主义派的宗旨并不是"外抗强权、内除国贼"，他们看清了国家主义派的行为不是爱国救国，而是卖国。宋继武最终脱离了国家主义派，加入了中国共产党。到1926年下半年，许多国家主义的团体纷纷瓦解，风行一时的国家主义最终被广大青年抛弃。

这一时期发生的马克思主义者和无政府主义者、国家主义者之间的论争，对四川思想领域产生了重大而深远的影响。在论争过程中，马克思主义以其揭示社会发展规律和解决社会现实问题的先进性、科学性、革命性的鲜明特点，逐步取代了各种纷繁的社会思潮，为先进分子所接受，从而进一步扩大了自己的影响和思想阵地。

三　王右木捍卫马克思主义真理的斗争

1920年，经辛亥革命洗礼的南方各省相继提出建立以自治为基础的联邦式国家设想，使自治运动掺杂进某些社会主义学说的成分。受其影响，自治运动也在川内兴起。鼓吹四川自治的人物政治态度十分复杂，军阀刘湘、杨森便企图通过他们控制运动走向，以便达成自己的目的。为确保自治运动的正确方向，四川籍的辛亥革命参与者、同盟会会员吴玉章此时站在了运动的最前沿，他欲借鉴法国式的合作主义，以发展互助精神来实现社会主义。随后，在其鼓动下，各种自治组织和活动相继开展。12月5日，重庆自治期成会经周文钦、朱崆青、温少鹤等人筹备在巴县图书馆成立。嗣后，重庆联中、重庆二女师等许多学校也相继成立了学生自治会，开展舆论宣传活动。1921年4月3日，经吴玉章等人精心筹划，全川自治联合会在重庆总商会召开成立大会。吴玉章指出，"本会乃人民自动、有系统、有主义、有办法的一场群众运动"，"本会之主义乃打破强权，铲除阶级，实行社会民主主义"，并鲜明地提出了该会包括"全民政治""保障人权""普及教育""公平分配""发展实业，经济互助"等在内的十二条带有资产阶级民主政治色彩的政纲。①

----

① 《全川自治联合会成立通电》，《国民公报》1925年4月10日。

　　该会的成立，得到了王右木的热情支持，他撰文在《新四川》报鼓吹自治运动。之后，四川自治运动便在全川形成了浩大声势。在此期间，刘湘等军阀并没放弃对自治运动控制权的觊觎。为摆脱军阀的控制，吴玉章将全川自治联合会移住成都，不久该会解散。此事促使吴玉章、王右木等人觉醒。吴玉章认识到，"在军阀统治下毫无民主可言，要拯救中国，必须先用武装的革命斗争来推翻封建军阀统治"，"必须要有一个坚强的革命的战斗组织来领导革命"。① 王右木也感叹"五四"后的社会运动"每见拘束于旧政治势力，不能发展"，并敏锐地意识到，今后应注意吸取从俄国传来的"真正改造途径"。② 此外，其他觉悟了的知识分子也在对两年来"闹闹热热"的自治运动进行反思，感到若"劳农劳工"不参与，"便是自治的主体没有动机"，如是"纵有政府和军阀的提倡，政客和教员的鼓吹，也万万不能成功的"。③

　　四川联省自治的结局说明，在军阀纷争的格局下，资产阶级改良运动必然归于失败。吴玉章等人的转变也雄辩地证明，资产阶级联省自治不是改造中国社会的灵丹妙药，无产阶级科学社会主义才是救国良方。

　　王右木留学日本时，一度受到无政府主义的影响。因此，当他确立马克思主义的坚定信仰后，在积极进行马克思主义启蒙宣传、指导成都学生参加改造社会的实践过程中，除利用马克思读书会、《人声》报这两个重要阵地批驳无政府主义之外，还对四川一些进步有为的青年知识分子加入无政府主义组织深感痛心，决心花大力气做通这些人的思想转化工作，使他们分清科学社会主义与无政府主义的根本区别，帮助他们走出思想认识的误区，脱离无政府主义的影响。半月社的刘砚僧（又名砚声）是王右木盛赞的人格和文章都过硬的四川五四运动的健将，王右木很早就开始注意对他的培养和扶植。刘砚僧在高师读书时，曾和袁诗荛一起办《四川学生潮》，与高师教师宋芸子笔战，"大惹动成都一般旧势力之恶感"，几致遭祸，王右木多方尽力卫护，才使他得以在高师毕业。1921 年底，王右木与袁诗荛创办《新四川》时还约刘砚僧参加。但就是这样一个追求进步的青年，"竟为安那其派吸收

---

①　吴玉章：《吴玉章回忆录》，中国青年出版社，1978，第 118 页。
② 　《人声》1922 年 2 月 7 日。
③ 　《友声》1921 年创刊号。

去，真是可惜！何以木必在安那其中求人？因为重庆除了安派外，另无有人"。① 1922 年夏秋之际，王右木从团中央接受回川建团的任务，路过重庆时，恰逢刘砚僧也路过重庆，于是他特别留下几天耐心地做刘的思想工作和争取转化工作，不但促成了刘在重庆甲种商业学校任教，还吸收他加入了社会主义青年团。10 月，王右木回到成都建团时，又先后吸收了原国家议派的吕式宪、刘参悟等人入团。

王右木在与无政府主义作斗争时，十分注意斗争策略。他把无政府主义学说与无政府主义者区别开来，不仅在建立马克思读书会、创办《人声》报以及实际斗争活动中都吸收无政府主义者参加，而且在历次学生运动中，也注意引导和鼓励无政府主义者参加。1922 年初，王右木筹办《人声》报时，盛情邀请了《半月》的主要成员吴先忧等人参加，并经常与他们进行会谈，企图通过说服教育，争取转化他们，希望他们放弃无政府主义主张。据吴先忧回忆，王右木曾和他谈论了一个晚上直到天亮，结果"谁也没有说服谁，得出结论是分道扬镳，互相协助，这可算是成都最早之统一战线。以后成都的无政府主义者和马克思主义者无多大冲突，原由于此也"。② 1922 年 6 月，王右木同样吸收了受无政府主义影响的青年知识分子，与他一起领导和发起了成都争取教育经费独立运动。"四川经过前次学潮后，一般学生脑中颇将马克斯三字印入，成都旧日安派空气已不为青年所重。"③

在王右木的直接帮助和教育下，不少无政府主义者通过斗争实践，最终抛弃了无政府主义，坚决转向马克思主义，先后加入中国共产党和社会主义青年团，有的人甚至为无产阶级事业而英勇献身。直觉社的主要成员刘先亮和马静沉，都是王右木曾任教的高师附中的学生，1921 年底因在校刊上批评学校当局而被开除。王右木约他们一起办《人声》报，在办报过程中，他们受到马克思主义的教育，参加了王右木组织的马克思读书会。1922 年 6 月初，王右木和马克思读书会成员全力参加四川教育经费独立运动。因经费困难，《人声》报停刊，刘先亮只得返回老家合川，王右木深为叹惜。王右木在 10 月 1 日致团中央

---

① 《王右木致团中央负责人的信——关于成、渝、川北团的筹建情况》（1922 年 10 月 11 日），载中央档案馆、四川省档案馆编《四川革命历史文件汇集（1922—1925）》，内部发行，1986，第 14、15 页。

② 盛明：《无政府主义在四川的流传》，《四川党史》1995 年第 3 期。

③ 《王右木致团中央负责人的信——关于成、渝、川北团的筹建情况》（1922 年 10 月 11 日），载中央档案馆、四川省档案馆编《四川革命历史文件汇集（1922—1925）》，内部发行，1986，第 8 页。

的信中说："刘先亮是马派健将，惜彼无力居成都，……不能不于故乡觅护符居荒乡。"① 均社的袁诗荛也是王右木的学生，是四川五四运动的学生领袖。他在 1920 年 12 月任《半月》编辑的同时，参加了王右木组织的马克思读书会，开始阅读马克思主义的书籍。1921 年 1 月，王右木约他一起创办《新四川》，王右木任主编，袁诗荛任经理。为顺利转化袁诗荛，王右木亲自给袁讲解《资本论》和《唯物史观》；他还对袁诗荛说："别看无政府主义在四川风行一时，旗鼓热闹，但它好比抱鸡婆只会咕咕乱叫，上不了房。在中国，只有学习马克思主义，走苏联十月革命的道路才有希望，才有光明。"② 在王右木的指导下，袁诗荛逐渐转向马克思主义，他在《半月》上发表文章，主张效法俄国，认为俄国革命的结果"是劳动运动的功效"，也是"世界革命的先声"。1921 年，袁诗荛从高师毕业后受聘于南充中学，仍与王右木通信联系，并继续担任《人声》报的撰稿人和发行人。1922 年 2 月，袁诗荛在《人声》创刊号上发表了《红色的新年》，在文中旗帜鲜明地提出"赤色化的发源地，就是实行劳农专政的新俄国"。这篇文章是袁诗荛从无政府主义转向马克思主义的标志。1925 年，袁诗荛加入了中国共产党，1927 年任中共川西特委宣传部长，1928 年在领导成都地区学生运动中被捕，惨遭敌人杀害。

王右木等人在四川传播马克思主义的历史，是中国早期马克思主义传播的重要组成部分。以王右木、恽代英、萧楚女等为代表的马克思主义者，在四川通过各种方式热情宣传，真正掀起了马克思主义传播的热潮，推动了马克思主义在四川由点到面、由自发到有组织、由零星到系统的传播，使之形成革命思想潮流在四川开花结果。童庸生、钟善辅、孟本斋、邹进贤、廖恩波等许多先进青年在他们的指引下成为马克思主义的坚定信仰者，有的成为四川党团组织的创建者和领导者，有的成为四川革命运动的骨干力量，甚至为共产主义事业献出了宝贵的生命。从全国范围来看，邓小平、朱德、刘伯承、陈毅、聂荣臻、杨尚昆等优秀巴蜀儿女受到马克思主义的影响，最终走上了职业革命家的道路，后在长期的中国革命建设和改革开放的伟大实践中，成长为革命领袖人物，成为中国共产党及其领导创立的人民军队和中华

---

① 《王右木致团中央负责人的信——关于成、渝、川北团的筹建情况》（1922 年 10 月 11 日），载中央档案馆、四川省档案馆编《四川革命历史文件汇集（1922—1925）》，内部发行，1986，第 3、4 页。

② 廖仲宣：《王右木与袁诗荛》，载中共江油市委党史工委编《王右木研究》，四川大学出版社，1988，第 243 页。

人民共和国的卓越领导人。

王右木等人在四川传播马克思主义的历史，进一步证明了共产主义运动在中国的历史必然性。共产主义运动在中国发生和发展是具有广泛基础的，如果说只有零零星星、三个五个，就形不成气候，还不能说明共产主义运动的历史必然性。早期的马克思主义传播，形成了分别以李大钊、陈独秀为核心的北京和上海两个中心，集中于东部沿海、中部中心城市的区域性特征，这是历史的事实。马克思主义在四川的传播，说明即使在深处中国内陆的西南，即使关山阻隔，即使不在革命发展的中心区域，马克思主义强大的真理性同样具有巨大的吸引力，这就进一步证明了只要有马克思主义的广泛深入的传播，并与工人运动相结合，共产主义组织就一定会出现在中国大地上。

回顾这段历史，以王右木为代表的四川马克思主义先驱者在闭塞、令人窒息的四川，擎起马克思主义的旗帜，从茫茫黑夜中冲杀出来，艰苦卓绝，坚忍一心，为在四川开创一番革命局面，奉献出全部身心，倾注了所有心血，令人敬仰，永远值得历史铭记。

▶

王右木与四川早期马克思主义党团建设

04

中国共产党的诞生是开天辟地的大事，它深刻改变了近代以后中华民族发展的方向和进程，深刻改变了中国人民和中华民族的前途和命运，深刻改变了世界发展的趋势和格局。中国共产党一成立，就肩负起挽救国家和民族危亡、实现中华民族伟大复兴的历史使命。在这一伟大历史进程中，王右木以先行者的姿态，始终走在时代前列，勇敢地承担起历史赋予的使命，成为四川创建党团组织的第一人。1922 年 10 月 15 日，王右木受团中央的委托，正式组织成立了中国社会主义青年团成都地方团。在此之前，受他影响的一些四川进步青年还在成都自发成立了四川社会主义青年团①，成为四川成立共产主义组织的最早尝试。1923 年 10 月，王右木又组织成立了直属中共中央领导的中共成都独立小组，率先在四川举起了中国共产党的旗帜，开启了党领导四川人民开展革命斗争的新篇章。

内容提要

---

① 关于童庸生等人成立的这个四川社会主义青年团的成立时间，目前学术界还有不同的看法，主要有《中国共产党四川历史》第一卷中记载的 1922 年春，中共成都市委党史研究室编写的《中国共产党成都历史大事记》中记载的 1922 年夏初，以及苏树新在《对四川社会主义青年团几个问题的再探讨》一文中提出的 1922 年夏季等说法。

第一节 早期团的建设

一 中共建党前后全国团组织的建立和发展情况

马克思主义在中国广泛传播并日益与工人运动相结合，这不但使中国先进分子有了改变中国社会现状的科学理论和思想武器，而且直接促进了无产阶级政党在中国的产生。1920年8月，经过酝酿和准备，在共产国际的指导和支持下，陈独秀、俞秀松、李汉俊、陈望道、李达等人在上海法租界老渔阳里2号《新青年》编辑部成立了中国第一个共产主义早期组织，并取名为"中国共产党"。中国共产主义运动由此产生和发展起来。

还在筹备中国共产党上海早期组织之时，陈独秀就根据俄共（布）的经验和中国的实际情况提出要"组织一个社会主义青年团，作为中共的后备军，或可说是共产主义预备学校"，"可命名为社会主义青年团，加入的条件不可太严，以期能够吸收较多的青年"。[①] 因此，1920年8月，中国共产党上海早期组织成立后，陈独秀就立即委派发起组中最年轻的成员俞秀松负责组建上海社会主义青年团。俞秀松曾给来中国指导建党的共产国际代表维经斯基当过助手，了解一些苏俄共青团的情况，所以对此项工作并不陌生。在他的努力下，8月22日，上海社会主义青年团在霞飞路新渔阳里6号正式成立，俞秀松任书记，成员有施存统、沈玄庐、陈望道、李汉俊、金家凤、袁振英、叶天底。不久，大门口挂了外国语学社的牌子，学社由杨明斋负责，俞秀松任学社秘书。这里既是外国语学社学员学习和活动的场所，又是掩护党团的机关，是中国建党、建团初期培养中国革命干部的第一所学校。上海社会主义青年团最初由俞秀松、施存统等4人组成的主席团共同领导。到1921年1月，由于团员人数的增加，就成立了执行委员会，俞秀松任书记。上海社会主义青年团十分注重团员的学习，经常举行政治报告会，由俞秀松

---

① 张国焘：《我的回忆》（上），东方出版社，2004，第93页。

介绍政治形势和团的工作，有时还邀请陈独秀、陈望道、李达等人做演讲。上海社会主义青年团成立后，实际上起到了国内社会主义青年团发起组的作用。俞秀松主持制定了社会主义青年团章程，向各地寄出团章和信件，要求发展组织，在国内各地成立社会主义青年团。

1920 年 11 月，在李大钊的指导下，北京社会主义青年团在北京大学学生会办公室举行成立大会，高君宇、邓中夏、罗章龙、刘仁静、黄日葵、张国焘等 40 余人参加会议，高君宇为书记。北京社会主义青年团成立后，便积极联络和组织进步学生学习马克思主义，宣传社会主义，组织发动青年学生深入工人群众中去，开办劳动补习学校，如在长辛店建立的固定据点——长辛店劳动补习学校。邓中夏等人还创办了《劳动者》等便于普通工人阅读的刊物，积极对工人进行马克思主义宣传教育。北京早期团组织为推动北方工人运动做出了重要贡献。

陈独秀、李大钊分别指导上海、北京成立社会主义青年团之后，也积极通过寄发团章、派人指导或具体组织等方式推动各地早期团组织的成立，如李大钊就指派张太雷到天津创建团组织，指派高君宇到太原建党建团。

在长沙，1920 年 10 月，毛泽东接到上海、北京寄来的两份社会主义青年团章程，随即便在长沙开始筹备社会主义青年团，在湖南省立第一师范、湖南省立商业专门学校、湖南省立第一中学等学校的先进学生中，寻觅发展团员的对象。在长沙团组织的创建过程中，毛泽东非常注重团员发展的质量，认为社会主义青年团的发展"宜注重找真同志，只宜从缓，不可急进"。12 月，毛泽东到张文亮处商讨成立团组织事宜，叮嘱张文亮"青年团等仲甫来再开成立会，注意研究和实行"，"多找同志"。[①] 到 1920 年底，先后有刘少奇、彭平之、张文亮、夏曦、郭亮等 20 余人加入团组织。后因陈独秀赴广州未能来长沙，长沙社会主义青年团遂于 1921 年 1 月 13 日正式召开成立大会，毛泽东担任书记。

在广州，1920 年 8 月，谭平山、陈公博、谭植棠等人在得知陈独秀在上海建党建团并接到函约之后，立即起来响应。他们着手筹办《广东群报》，提倡"改造社会"、"宣传新文化"，报纸于 10 月 20 日正式出版发行，他们

---

① 中共中央文献研究室编《毛泽东年谱（一八九三——一九四九）》上卷，中央文献出版社，1993，第 70 页。

以此为团结青年群众的阵地，很快结识了杨匏安、阮啸仙、刘尔崧、谭天度等一批热心于社会主义的广州青年，从中发展团员 10 多人。11 月，广州社会主义青年团在广东高等师范学校召开成立大会，谭平山为负责人。其间，又有无政府主义领导的青年团体"互助社"并入，团员增加到数十人。广州社会主义青年团成立后，在永汉北路 19 号设立通讯处，成立干事局，设立图书馆，组织团员从事理论研究和改造社会的实践活动，同时积极在工人中开展社会主义宣传活动，发动劳动群众改造旧的社会制度。在此期间，广州团组织还作为党的外围组织，协助开展了一些推进建党的工作。

在武汉，1920 年秋，董必武、陈潭秋等人根据刘伯垂从上海带回的有关成立社会主义青年团的要求，立即开始了筹建社会主义青年团的工作。11 月 7 日，武昌社会主义青年团成立，陈潭秋被推选为负责人。不久，汉口也建立了社会主义青年团组织。武汉团组织建立后，积极开展学习和宣传马克思主义的活动，不仅每周召开一次会议，由团员报告各自的学习、思想及其他情况，还参与了创办湖北马克思主义学说研究会工作，深入工厂创办工人补习学校，进行社会调查，在各类学校发动学生开展反对不合理的旧制度、旧教育的斗争。此外，武汉团组织还经常与上海、北京、天津等地的团组织互相通报情况，交流工作经验。

随着全国各地团组织的建立，1921 年 3 月，鉴于上海团组织在全国团组织建立中所发挥的独特作用，于是在上海成立了中国社会主义青年团临时中央执行委员会，俞秀松任书记，团中央机关仍设于渔阳里 6 号。[1] 团的临时章程明确规定："各地方团以各地社会主义青年团名之，为本团一部"，"正式中央机关未组成时，以上海机关代理中央职权"。[2]

尽管团组织在全国的发展形势喜人，但也蕴藏着危机。初期的团组织虽然具有社会主义倾向，但是组织成分复杂，"马克思主义者也有，无政府主义者也有，基尔特社会主义者也有，工团主义者也有，莫名其妙的也有"。由于观点不同，意见分歧严重，"常常彼此互相冲突"，"团体规律和团体训练，就不能实行"。加之 1921 年 3 月，俞秀松等一批团的骨干或赴苏俄出席青年共产国际二大或外出学习离开上海，到 5 月，中国社会主义青年团的工

---

① 关于中国社会主义青年团临时中央执行委员会成立的时间有 1920 年 11 月、1921 年 3 月、1921 年 11 月三种说法，本书采用 1921 年 3 月说。

② 《中国社会主义青年团临时章程》，载中国新民主主义青年团中央委员会办公厅编《中国青年运动历史资料（1915—1924）》，内部发行，1957，第 118、119 页。

作基本停顿，"只得宣告暂时解散"。①

1921 年 7 月，中国共产党正式成立，为了恢复青年工作，派出许多党员去加强、领导团的工作。8 月，出席共产国际三大和青年共产国际二大的张太雷回国，他从莫斯科带回了青年共产国际对中国组建青年团的指示，中共中央随即决定由张太雷等人主持团的恢复整顿工作。张太雷等人吸取了之前建团的教训，为了使"分子不至于复杂"，"确定社会主义青年团为信奉马克思主义的团体"。② 于是，1921 年 11 月，中国社会主义青年团正式恢复，首先恢复的是上海社会主义青年团，在不到半年的时间里，北京、南京、天津、保定、唐山、塘沽、武昌、长沙、杭州、安庆、广州、潮州、新会、肇庆等共 17 个地方成立了地方团，全国团员人数有 5000 余人，此外，还有一些地方也在积极筹备建立地方团组织。

鉴于全国各地团组织恢复后的迅猛发展，中国社会主义青年团临时中央执行委员会深感从前的组织和训练方式不能够适应革命发展的需要，需要建立更加牢固的组织以解决团的根本问题，于是在中共中央和青年共产国际的指导下，于 1922 年 5 月 5 日在广州召开了中国社会主义青年团第一次全国代表大会。陈独秀出席会议并发表了题为《马克思主义两大精神》的演讲，希望广大青年"能以马克思的实际研究的精神研究社会上各种情形，最重要的是现社会的政治及经济状况"，"发挥马克思实际运动的精神，把马克思学说当作社会革命的原动力"。③ 会议通过了《中国社会主义青年团纲领》《中国社会主义青年团章程》《中国社会主义青年团与中国各团体的关系之决议案》等文件，明确了团的性质是"中国青年无产阶级的组织，即为完全解放无产阶级奋斗的组织"，团的奋斗目标是"要建设一切生产工具归公有和禁止不劳而食的初期共产主义社会"④，并对团员、组织、纪律、会议等做了明确的规定。会议还选举产生了团的第一届中央执行委员会，高君宇、施存统、张太雷、蔡和森、俞秀松当选为中央执行委员；在随后召开的团中央执行委员会第一次会议上，施存统被推选为书记。团的一大的召开，标志着中国社会

---

① 《中国社会主义青年团第一次全国代表大会》，载中国新民主主义青年团中央委员会办公厅编《中国青年运动历史资料（1915—1924）》，内部发行，1957，第 124 页。
② 《中国社会主义青年团第一次全国代表大会》，载中国新民主主义青年团中央委员会办公厅编《中国青年运动历史资料（1915—1924）》，内部发行，1957，第 125 页。
③ 《广东群报》1922 年 5 月 23 日。
④ 《中国社会主义青年团纲领》，载中国新民主主义青年团中央委员会办公厅编《中国青年运动历史资料（1915—1924）》，内部发行，1957，第 129 页。

主义青年团已经实现了思想上、组织上的完全统一，中国青年运动从此有了自己的领导核心。

在中国社会主义青年团成立时，中国共产党是秘密组织，而青年团是半公开的组织，早期党的许多活动都以团的名义进行，团和党的关系密不可分。为协调工作的开展，中国共产党和中国社会主义青年团建立了互派代表制度，并将其作为党团联系的主要方式。当时中共中央主要负责人陈独秀经常参加团中央的会议，对团的工作进行指导；团中央的施存统、张太雷也经常参加党中央的会议。而到了地方，有些党团组织干脆就合成一个进行管理，如广州的党团工作由谭平山全面负责。党团密切配合，共同推动革命运动的发展。为加强团的工作，党组织还选派了很多党的重要成员兼任团组织的负责人，兼做青年团的工作，如团的一大选举的 5 位团中央执行委员都是共产党员。同时，团组织也为党组织的发展输送了大量优秀的人才，如 1920年 9 月，上海社会主义青年团创办的外国语学社为党培养了刘少奇、任弼时、罗亦农、汪寿华、萧劲光等一大批中国革命的中坚力量。此外，团组织还为党的地方组织的建立做出了重要贡献，特别是在一些没有党组织而只有团组织活动的地区，团组织勇敢地承担起了替党发展党员、建立党组织的历史使命，如天津没有党的组织，李大钊派张太雷等成立天津社会主义青年团，到 1924 年，在团组织的基础上，建立了天津的党组织，成都、重庆、太原等地都是先建团后建党。

在发挥好党的青年助手和革命后备军作用的同时，团中央十分注重加强团的自身建设。团的一大闭幕以后，团中央执行委员会先后发出几十个通告，指导各地团的工作，要求全团整顿和发展团的地方组织，加强团的集中统一领导。1922 年 5 月 27 日，团中央就地方团组织改组问题专门发出通告，要求各地团组织应立刻按照新通过的团章进行改组，并提出了改组的具体要求和开展工作的方法。7 月 2 日，又发出第十号通告，指出在地方团代表大会闭幕期间，该地团的领导机关是地方团的执行委员会而不是地方团执行委员会的职能部门，以防止职能部门独立进行的倾向。7 月 18 日，再次发出第十二号通告，规定了地方团组织如何利用属地名称确定本团组织的名称和地方及基层团组织建立后的批准程序。此外，团中央发出的通告还就地方团一律要执行团的全国代表大会制定的团章，不得自订团章，以及机关刊物《先驱》的编辑、发行等问题做了相应的规定。各地团组织根据团中央的这一系列的要求和指示，普遍对团的组织形式进行了改组和整顿，使刚刚建立的团组织得到一定的完善和发展。

宣传马克思主义是早期团组织的一项重要工作。1922 年 1 月 15 日，社会主义青年团北京地方团创办了《先驱》半月刊，该刊物在北京出版 3 期后因遭到北洋军阀政府的迫害，转移到上海由中国社会主义青年团临时中央执行委员会编辑出版，从第 4 期开始成为团中央的机关刊物，成为宣传马克思主义的重要阵地。《先驱》经常刊登介绍各国社会主义运动，特别是国际共产主义运动和俄国的情况，如刊登列宁的《民族和殖民地问题提纲初稿》，选登《远东各国共产党及民族革命团体第一次代表大会宣言》《俄国的新经济政策》《第三国际对民族问题和殖民地问题所采的原则》《英国共产党与劳动党》《苏维埃所做的事业》等，还出版了"五一纪念号"（第 7 期）、"苏维埃俄罗斯五周年纪念号"（第 13 期）、"国际少年纪念号"（第 11 期）等。《先驱》积极投入同非马克思主义等思想流派的论战斗争，两次刊登纪念李卜克内西和卢森堡的文章，揭露德国右派社会党徒的罪恶，批判机会主义，忠诚于无产阶级事业；发表《评中国的基尔特社会主义》《答六几和东荪》等文章，对张东荪、徐六几等人鼓吹的基尔特社会主义进行尖锐的批判；出版"非基督教学生同盟号"，揭露帝国主义打着"宗教自由"的幌子进行罪恶活动的反动本质，为廓清帝国主义奴化教育思想在青年中的影响而敢于战斗。不仅如此，《先驱》还十分重视对中国革命的实际问题的研究，正如其发刊词鲜明提出："努力研究中国的客观实际情形，而求得一最合时宜的实际解决中国问题的方案。"① 先后出版了《关于中国少年运动的纲要》《本团的问题》《对于本届全国代表大会的感想》《民族解放》《对于全国第二次代表大会的意见》等文章，比较深入地研究中国社会政治状况，指出只有推翻帝国主义和封建主义军阀这两个敌人，中国才能获得解放；认为解决中国问题的方案"应分两步去做：第一步是完全颠覆封建主义军阀促成中国真正独立，第二步是推翻资产阶级的政治，把政权掌握在自己手中"② 。此外，施存统、俞秀松、张太雷等团的领导人也通过各种方式为马克思主义的传播做出了重要贡献。

作为中国共产党的青年助手和革命后备军，中国社会主义青年团立即跟

---

① 《先驱发刊词》，载中国新民主主义青年团中央委员会办公厅编《中国青年运动历史资料（1915—1924）》，内部发行，1957，第 104 页。

② 《关于中国少年运动的纲要》，《先驱》1922 年第 4 期。

着党一同投入革命实际斗争。1922 年 5 月，上海浦东日华纱厂工人因对日本资本家迫害工人、破坏工人运动不满，举行罢工，刚刚成立的团中央立即声援上海工人，指出"中国社会主义青年团为青年社会主义者的团体，就是青年工人的先锋；所以他的任务特别是为少年工人的利益而奋斗，同时也为壮年工人的利益而牺牲"，号召"全国工人、农人、军警、学生，一致起来为解除压迫与剥削而奋斗呀！"[①] 8 月，直系军阀控制的北洋政府宣称要召开国会、制定宪法，党利用这个机会，由中国劳动组合书记部提出了维护工人权益的《劳动法大纲》要求国会通过，并且动员全国工人广泛开展劳动立法运动。团中央积极响应党的号召，在《先驱》全文刊登《劳动法大纲》19 条，并发表一系列文章加以宣传，组织各地团组织发动当地工人群众，开展斗争，要求实行八小时工作制，保护女工、童工，保障劳动者最低工资等，呼吁广大工人为劳动法案奋斗，使得《劳动法大纲》深入人心，从而极大地提高了工人群众的觉悟，推动了全国工人运动的发展。9 月 14 日，安源路矿工人大罢工，提出保障工人权利、增加工资、改善待遇、废除封建把头等 17 项要求。在这次罢工斗争中，青年团员战斗在最前列，充分发挥了先锋骨干作用，罢工胜利后，安源的地方团组织发展很快，于 1922 年底即建立了团的地方执行委员会。1923 年 2 月 7 日，直系军阀出动军警，破坏京汉铁路总工会的成立，镇压了京汉铁路工人大罢工，制造了震惊中外的二七惨案。惨案发生后，各地团组织立即开展了声援京汉铁路工人、抗议反动军阀的斗争。2 月 9 日，北京各校学生举行联合大会，并进行游行示威。3 月 1 日，团中央发表《中国社会主义青年团为"二七"大惨杀宣言》，强烈谴责军阀屠杀工人的暴行，号召全国青年起来斗争。北京、上海、长沙等地的学生纷纷举行集会游行，发表通电宣言，开展形式多样的声援罢工工人活动。这些实际斗争的开展，不仅进一步促进了马克思主义与工人运动的结合，而且使团组织在中国革命的这个大熔炉中不断成长，成为引领中国先进青年的一面旗帜。

二 四川早期团组织的建立和发展情况

与全国党团创建情况相比，四川党团组织建立的情况较为特殊，是先建

---

① 《中国社会主义青年团请求全国各界和各团体援助上海浦东纺织工人书》，载中国新民主主义青年团中央委员会办公厅编《中国青年运动历史资料（1915—1924）》，内部发行，1957，第 146 页。

立团且在相当一段时间内是团组织代替党组织开展工作，然后在此基础上建立的党的地方组织。四川团组织是由至少 5 个共产党员建立起来的。5 个党员指的是恽代英、王右木、唐伯焜、周钦岳、董宝祺。其中，恽代英于 1921 年底入党[①]；王右木一直是公认的四川最早的党员之一，其党员身份与周钦岳、唐伯焜的党员身份，在 2012 年发现的 1922 年 10 月 14 日的团中央执行委员会讨论的"四川组织地方团问题"的会议记录[②]中可以得到印证；而 2019 年 12 月，中国社科院杨典等同志在俄罗斯发现了 1922 年 12 月团中央书记施存统致王右木的信，不仅再次印证了王右木、唐伯焜、周钦岳等人的党员身份，还多了一个董宝祺。[③] 他们以党员身份分别在泸州、成都、重庆建立和发展团组织。

既然四川已有至少 5 名党员，为什么陈独秀不要求他们先行建党再建团呢？这也许是四川建党条件还不成熟的缘故。尽管他们五人是共产党员，但分处三地，联络并不方便，且分别受委托在川组建团组织，"各自在那方活动"[④]。另一个需要考虑的因素是，1924 年前中共中央实行全党性的关门主义路线。正如 1924 年 5 月中共中央扩大执委会指出："因为我们的党过分严守，闭关主义""各地方委员会对于倾向本党或办事有能力而意志尚未坚定者，虽年长亦只令加入 S. Y.，以为候补察看地步"[⑤]，以致许多应该入党的同志没有入党。因此，这也可能是造成四川团组织先于党组织建立的一个重要原因。其实，在建党初期，党、团组织规模都很小，人少事多，其成员多互相交叉，共同工作。在中央，陈独秀、施存统、张太雷、俞秀松等人都既是党员又是团员；在地方，湖南的毛泽东、湖北的董必武都曾受陈独秀委托，以共产党员身份参与建团工作，其中毛泽东还担任了当地社会主义青年团的负责人。这种情况下，陈独秀和团中央委派的恽代英、王右木、唐伯焜、周钦岳等党员帮助四川建团，应在情理之中。

---

① 关于恽代英入党时间有 1921 年夏、1921 年底、1922 年春、1922 年 8 月之说。本书取 1921 年底之说，参见中共中央组织部、中共中央党史研究室编《中国共产党历届中央委员大辞典（1921—2003）》，中共党史出版社，2004。

② 《第一届团中央执行委员会第 20 次会议记录》（1922 年 10 月 14 日），《党的文献》2012 年第 1 期，第 25 页。

③ 俄罗斯国家历史档案馆，档案号为 147-1 第 35 卷。

④ 《第一届团中央执委会第 20 次会议记录》（1922 年 10 月 14 日），《党的文献》2012 年第 1 期，第 25 页。

⑤ 中央档案馆编《中共中央文件选集》（第一册），中共中央党校出版社，1989，第 244、240 页。

泸县小团体是四川最早成立的团组织。1921 年 10 月，恽代英受邀赴四川泸县川南师范任教，并先后担任教务主任、校长等职。任教期间，他积极宣传马克思主义，组织进步学生成立读书会，学习《共产党宣言》等著作。此后，恽代英在泸县发展团员，指导建立社会主义青年团泸县地方团。恽代英与党、团中央都有密切的通信联系，他在四川建团是题中应有之义。1922 年 5 月，恽代英在泸县发展了余泽鸿、张霁帆、曾润百、陈江、陈泽煌、李元杰六名青年为团员，这是泸县的第一批团员。据李元杰回忆，1922 年 5 月的一个星期天下午，在恽代英的组织和指导下，泸县成立团的组织。① 对此，在张霁帆于 1924 年给团中央的信中也有印证，张霁帆代表成都地方团向团中央汇报四川团的工作时介绍了泸县团的情况，他说，"川南泸县：民国 11 年成立支部"②，直截了当地表明 1922 年在泸县成立的团组织的性质为支部。张霁帆是 1922 年 5 月泸县团组织成立的当事人之一，1923 年 1 月他跟随恽代英离开了泸县，后来到了成都，参加了成都地方团，并担任过成都团地委书记。

关于泸县地方团成立的时间，一直以来没有定论，主要有 1923 年 1 月、1924 夏两种说法。③ 两种说法显然都有各自的口述史依据。但是，关于这个问题其实早有第一手史料可以厘清。1923 年 1 月 3 日，泸县地方团就团的成立和团证问题，曾给团中央领导高君宇去了一封信④，信中汇报了泸县地方团的成立。1 月 27 日，团中央执委会在北京的第 27 次会议记录清楚地写着："泸县同志陈湘来信说他们已按照本团章程组成本团地方团，举出陈湘为书记，要求中央予以承认"，而团中央"议决承认他为本团地方团"。⑤ 泸县地

---

① 中共泸州市委党史工作委员会办公室编《恽代英在泸州》，内部发行，1987，第 77、78 页。关于泸州小团体（支部）成立的时间，据中共四川省委党史研究室编写的《中国共产党四川历史》（第一卷）记述为 1922 年 9 月。

② 《张霁帆给团中央的信》，载中央档案馆、四川省档案馆编《四川革命历史文件汇集（1922—1925）》，内部发行，1986，第 180 页。

③ 1923 年 1 月之说，以《中国共产党泸州历史》（第一卷）为代表，主要观点为：1922 年 5 月，恽代英在泸州川南师范发展了 6 名学生入团，成立社会主义青年团泸县支部，随后在 1923 年 1 月团支部壮大成为地方执行委员会；1924 年夏之说，以《中国共产党四川历史》（第一卷）为代表，主要观点为：1922 年 5 月只是恽代英将川南师范学校的马克思主义研究会会员发展为团员的时间，不是泸县团支部成立的时间，9 月才成立团支部，直到 1924 年夏泸县团支部经过整顿改组才成立泸县地方团。

④ 《泸县地方团给高君宇的信——关于团的成立和团证问题》（1923 年 1 月 3 日），载中央档案馆、四川省档案馆编《四川革命历史文件汇集（1922—1925）》，内部发行，1986，第 47 页。

⑤ 《第一届团中央执委会第 27 次会议记录》，《党的文献》2012 年第 1 期。

方团的信与会议记录，在时间、内容上，均相吻合。按照常理，1 月 3 日写信汇报应该是在团的成立大会之后，但也不会相隔太久，因此我们就可以得出一个肯定的结论：泸县地方团成立时间应于 1922 年 12 月至 1923 年 1 月 3 日之间。

值得注意的是，泸县地方团成立时，并没有配套相应的执行委员会。1923 年 1 月，恽代英离开泸县赴成都，十多个泸县团员跟随，奔赴更为广阔的革命天地，泸县地方团的力量因而大为削弱，这种情况反映在给团中央的信中，就是："因为团员很少，所以只选一书记暂主其事"，"以后同志多了，拟组织一地方执行委员会"，为此还在信中请中央告知地方执行委员会的"实际组织法"①。这说明，泸县地方团在成立时，由于团员人数减少加之不甚了解团的有关规定，没有配套相应的执行委员会，直到 1924 年夏经过整顿和改组，才成立了泸县地方执行委员会。这可能也是造成"1924 年夏成立说"的原因之一。

重庆地方团是四川最早成立并得到团中央承认的地方团。1922 年 4 月，受陈独秀和团中央的委托，唐伯焜回到重庆和周钦岳共同筹建青年团组织。经过半年的接触和了解，他们联络重庆进步青年董宝祺、李光斗、李守伯等人，于 10 月 9 日正式成立中国社会主义青年团重庆地方团。会议选举产生了团的地方执行委员会，由周钦岳任书记，但是当时在重庆团地委真正起主导作用的人还是唐伯焜；通过了《中国社会主义青年团重庆地方团章程》，发表了《中国社会主义青年团重庆地方团宣言》（以下简称《宣言》）。《宣言》明确指出："我们信仰惟一的主义——马克思主义"，"我们采取惟一的手段——经济革命"，"我们达到惟一的目的——无产者国家"，旗帜鲜明地表明了它是以马克思主义为指导的、无产阶级的先进青年的群众组织，它的最终目的是用摧毁腐朽经济制度的革命手段，建立起无产阶级专政、人民当家做主的社会主义国家。10 月 14 日，周钦岳向团中央写信汇报重庆地方团成立的情况并请求团中央承认。10 月 30 日，团中央召开第 21 次执委会会议，在第六项议题中讨论了重庆地方团问题，议决"承认重庆地方团"②。

长期以来，大家广为接受的观点是重庆地方团虽然在 1922 年 10 月 9 日

---

① 《泸县地方团给高君宇的信——关于团的成立和团证问题》（1923 年 1 月 3 日），载中央档案馆、四川省档案馆编《四川革命历史文件汇集（1922—1925）》，内部发行，1986，第 47 页。

② 《第一届团中央执委会第 21 次会议记录》（1922 年 10 月 30 日），《党的文献》2012 年第 1 期，第 26 页。

成立，但直到1924年1月才获团中央的承认，并被写入《中国共产党四川历史》（第一卷）和《中国共产党重庆历史》（第一卷）等各种地方党史著作中。然而，近年来新史料的出现，改写了这一结论。至于为什么会有团中央不承认重庆地方团这样的误解。最重要的原因应该是文献资料匮乏，过去史料仅有周钦岳要求承认重庆地方团的报告，却没有团中央对此事的回复；反而仅存的文献中多次出现"中学部董事对于渝校究竟是否承认尚未解决"①、"再者，中央批准案早日解决或派员到川亦可。如批准时，图（团）证尚祈发下为盼"② 等这样的语句，研究者就据此认为，这是要求团中央尽早承认重庆地方团，并予以工作上的指导。③ 同时，应该是重庆地方团成立初期因为工作不力，受到许多批评，如团中央甚为信任的恽代英、萧楚女两人，都很不满意重庆地方团的作为，特别担心、疑虑重庆地方团指导者唐伯焜的个人素质和能力，认为唐伯焜"看事非常容易"④，"空有其名"⑤。

这一时期，四川其他地区的团组织也相继成立。1922年10月15日，成都地方团成立。1922年夏，廖划平从俄国学习后回到内江县立中学任教，秘密筹建社会主义青年团组织，到1923年2月已发展团员21人，于是2月16日正式成立地方团，钟伯勋任书记，直属团中央领导。1923年冬，宜宾县白花场李坤泰（赵一曼）等人，由来到成都的宜宾籍团员郑佑之、何秘辉介绍和经成都团地委批准，加入青年团并在家乡组成团小组，李坤泰任组长；1925年又先后成立属成都团地委领导的宜宾普岗寺团支部和属团中央领导的宜宾团特支，1926年夏团特支改为团地委，属重庆团地委领导。1924年6

---

① 《肃林给团中央的信——关于潘吕交涉和区立国民学校组织情形》（1923），载中央档案馆、四川省档案馆编《四川革命历史文件汇集（1922—1925）》，内部发行，1986，第144页。

② 《童鲁给团中央的信——请援助重庆工人罢工》（1923年11月8日），中央档案馆、四川省档案馆编《四川革命历史文件汇集（1922—1925）》，内部发行，1986，第133页。

③ 目前，学术界对重庆地方团获得团中央承认的时间还有争议。本书使用的结论依据是2012年《党的文献》第1期公布的《第一届团中央执委会第21次会议记录》（1922年10月30日），以及2019年12月中国社科院杨典等同志在俄罗斯国家历史档案馆（档案号为147-1第35卷）中发现的1922年12月团中央书记施存统致王右木的信。

④ 《肃林给团中央的信——关于潘吕交涉和区立国民学校组织情形》（1923），载中央档案馆、四川省档案馆编《四川革命历史文件汇集（1922—1925）》，内部发行，1986，第144页。

⑤ 《恽代英给施存统的信——关于重庆团的情况和在川工作打算》（1923年2月），载中央档案馆、四川省档案馆编《四川革命历史文件汇集（1922—1925）》，内部发行，1986，第57页。

月，在成都加入社会主义青年团的邹进贤回到綦江开展革命活动，发展团员，于 1925 年 1 月成立了綦江第一个青年团支部，同年 6 月经团中央批准改为共青团綦江特支。1924 年 9 月，在重庆团组织负责人童庸生的指导下，涪陵成立团支部，由彭服远任书记。1925 年 2 月，重庆团地委派南川籍团员张珈珞回县开展团务，吸收汪石冥、张庚白、谈如渊为团员，并成立由张庚白任书记的团南川支部。此外，四川建团较早的地区还有：1926 年 4 月成立的由何玉琳任书记的自流井特支，1926 年 12 月成立的由雷德沛任书记的万县团特支，1926 年 12 月成立的由陶仲平任书记的长寿团特支。

四川各地团组织成立后，在发展组织、宣传马克思主义、参与和发动学生运动和工人运动等方面付出了努力并取得了成绩。但是，四川各地早期团组织的发展也存在着一些严重的隐患。其中由"潘吕缔约"这一严重政治事件引发的团中央对四川团组织的整顿成为四川早期团组织发展的一个重要分水岭。

"潘"是潘学海，其曾是重庆地方团的团员，后来在南川县工作；"吕"是吕超，其是国民党在四川的重要人物。两人在宜宾缔约，其主要内容是潘学海会同成都、重庆、泸县三处地方团向吕超请求每月接济 100 元，每月补助每个工作人员 5 元。这是个重大的政治问题，等于是把四川的主要地方团组织变为了国民党的附庸，完全违背了共产党、青年团组织在国共合作中保持独立的原则。该事件发生后，了解情况的萧楚女及时向团中央进行了反映。①

事后查明，该行为系潘学海个人行为，"渝局并不识潘某为何人，亦从无派何人向何地索款事"。② 但是，一个地方的普通团员竟然能够私自代表四川几地团组织去与国民党达成严重违背团组织原则的协议，其反映的是四川早期团组织软弱涣散到了极其严重的地步。档案显示，"潘吕缔约"事件可能发生在 1923 年③，为什么四川各地团组织建立短短一年就会发生如此恶劣

---

① 《肃林给团中央的信——关于潘吕交涉和区立国民学校组织情形》（1923）、《团重庆地委给团中央的询问信》（1924 年 10 月 20 日），载中央档案馆、四川省档案馆编《四川革命历史文件汇集（1922—1925）》，内部发行，1986，第 144、197 页。

② 《团重庆地委给团中央的询问信》（1924 年 10 月 20 日）、《罗世文给团中央的信——关于"德阳丸"事件》（1924 年 12 月 6 日），载中央档案馆、四川省档案馆编《四川革命历史文件汇集（1922—1925）》，内部发行，1986，第 197、202 页。

③ 《肃林给团中央的信——关于潘吕交涉和区立国民学校组织情形》，原文件无年代，档案整理者判断是 1923 年，载中央档案馆、四川省档案馆编《四川革命历史文件汇集（1922—1925）》，内部发行，1986，第 144、197 页。

的政治事件呢?

冰冻三尺非一日之寒。从客观上看,一方面,当时各地方团都处于初创阶段,政治上、思想上、组织上都很不成熟,缺乏大规模开展革命运动的群众基础和工作经验;同时,四川地处西南边陲,不在革命发展的中心区域,远离党、团中央,联络不便,缺乏它们经常的指导。另一方面,四川军阀常年互相混战,并且在各自防区内实行残酷统治,镇压革命活动。

但最根本的问题还是来自团组织内部。一是领导无力导致组织涣散,突出的如重庆。重庆团地委的主要筹建人唐伯焜拿着"印着 SY 书记的名片招摇,但 SY 本身却一无活动"①;更为严重的是,他经常为了私事不参加团的工作和会议,甚至"沉溺妓者家中"。② 重庆团地委书记周钦岳忙于《新蜀报》的工作,对团的工作不太熟悉,"亦无系统见解",且在 1923 年上半年就不再担任团地委书记。1924 年初,新当选的重庆团地委委员长(书记)何星辅是个"江湖中人"③,而任秘书的范英士竟没有入过团,甚至竟不知自己已"当选",由此可见其草率。④ 二是团的个别领导人经常发生争执,引起内部分裂,影响团结,突出的如成都。王右木、童庸生都力图按自己的意志来领导团的工作,最后导致童庸生等人的退团而二人公开决裂。之后,童庸生到重庆参加重庆地方团,双方又将矛盾延续到工作中,进而影响到成渝两地团的团结,使全川团组织力量受到削弱。三是团的工作受团的领导人影响较大,且工作办法较少,缺乏影响力。重庆、成都、泸县等地团组织都普遍存在这一现象。如重庆团地委"最大的缺点即是无办法"且领导人"亦似乎不大想何办法"⑤,团的工作开展得很不理想,直到 1923 年 11 月 14 日,重庆只有团员 23 人,其中新发展的团员只有杨砺坚、王毅君、向国治、曾庆中、

① 《恽代英给施存统的信——关于重庆团的情况和在川工作打算》(1923 年 2 月),载中央档案馆、四川省档案馆编《四川革命历史文件汇集(1922—1925)》,内部发行,1986,第 57 页。
② 四川省杨闇公基金会、中共重庆市委党史研究室编《杨闇公文集》,重庆出版社,1997,第 136 页。
③ 《恽代英给施存统的信——关于重庆团的情况和在川工作打算》(1923 年 2 月),载中央档案馆、四川省档案馆编《四川革命历史文件汇集(1922—1925)》,内部发行,1986,第 57 页。
④ 根据范英士本人的回忆(存于中共重庆市委党史研究室)。
⑤ 《恽代英给施存统的信——关于重庆团的情况和在川工作打算》(1923 年 2 月)载中央档案馆、四川省档案馆编《四川革命历史文件汇集(1922—1925)》,内部发行,1986,第 57 页。

袁肇康 5 人①，其余 8 人是从国外或上海入团后返渝参加重庆地方团组织的。又如泸县、成都两地，1923 年 1 月，恽代英带领张霁帆、余泽鸿等 10 余名团员和进步学生离开泸县；1924 年王右木牺牲后，成都团组织骤然失去了优秀的领导人，严重影响了两地团的工作开展。不仅如此，由于团组织人数较少，且主要是以学生为主，他们寒暑假回家或者升学就业常退团、脱团而去，整个团的组织活动实际陷于半停顿状态，因此团的工作开展范围较窄，大都限于组织学习和纪念宣传等，不仅群众性和战斗性不强，且还没有脱离"研究小团体"的状况，从而大大制约了团组织作用的发挥，在当时四川的政治舞台上还没有真正形成强有力的政治力量。

四川早期团组织正是由于存在上述问题，且问题没有得到及时有效的解决，到 1923 年下半年和 1924 年上半年，各种问题已发展得比较严重，因此才会发生像"潘吕缔约"这样严重违反团组织纪律的事件。

最先向团中央反映对四川团组织状况感到不满的是在四川工作的同志。恽代英批评唐伯焜"近荒唐而多虚荣心"，重庆团地委"空有其名"②；要求团中央"能为川中慎于发令，使王得合当指导，则川中前途尚可为也"③。张霁帆认为："川中努力同志极多，均以组织不良而不能团结，又以消息不通与中央隔绝之故，一切活动无所瞻依，遂人自为战，而一切不依规律之浪漫行为遂由此产生"，请求团中央"设一机关或一人驻重庆"，以"传达中央命令，或在某种限度内予以发令指挥之权"，起到"调和各方联络一致、督促各方面组织完善、巡视各地亲加训练"等作用，"则川中之发展可立而待"。④ 此外，童庸生也要求"派员到川"。⑤

团中央对四川团的工作也感到不满意，一是因为时常接到在四川工作的

---

① 《童庸生给团中央（刘仁静、林育南）的信》（1923 年 11 月 4 日），载中央档案馆、四川省档案馆编《四川革命历史文件汇集（1922—1925）》，内部发行，1986，第 136 页。
② 《恽代英给施存统的信——关于重庆团的情况和在川工作打算》（1923 年 2 月），载中央档案馆、四川省档案馆编《四川革命历史文件汇集（1922—1925）》，内部发行，1986，第 57 页。
③ 《恽代英给团中央的信——请适当指导四川团的工作》（1923 年 6 月），载中央档案馆、四川省档案馆编《四川革命历史文件汇集（1922—1925）》，内部发行，1986，第 125 页。
④ 《张霁帆给团中央的信——关于四川团的工作和各阶层状况》（1924），载中央档案馆、四川省档案馆编《四川革命历史文件汇集（1922—1925）》，内部发行，1986，第 181 页。
⑤ 《童鲁给刘仁静、林育南的信——关于重庆工人罢工》（1923 年 11 月 14 日），载中央档案馆、四川省档案馆编《四川革命历史文件汇集（1922—1925）》，内部发行，1986，第 134 页。

同志反映四川团组织问题的报告，二是因为四川各地团的工作开展实际效果不佳，不能适应当时大革命的新形势。经过综合考量，团中央决定以解决"潘吕缔约"事件为突破口，彻底整顿四川团组织严重软弱涣散的问题。1924年9月1日，团中央做出严厉处分，决定解散成都、重庆、泸县三个地方团组织，委派萧楚女作为驻川特派员，授予他"调阅文件、教育同志、整顿组织之全权"。①

团中央决定将萧楚女作为整顿四川团组织的人选是深思熟虑的结果。一是作为党的早期青年运动领导人之一的萧楚女当时正在重庆，而且经常就四川团组织的情况向团中央汇报，团中央得知"潘吕缔约"事件正是因为萧楚女；二是萧楚女自1922年9月先后赴四川泸州、重庆、万县等地工作，播火种于巴山蜀水之间，被誉为"四川传播马克思主义新思想启蒙运动旗手"，青年推崇他为最好、最难得的"开路先锋"。② 正如成都团地委书记张霁帆向团中央建议的："如中央能如川团所请设员驻川，则萧楚女同志恰可任此委托。因其驻川有年，甚熟悉川状，而川中同志或读其文，或曾与面会者均甚服其为人。"③

当时，重庆已成为四川革命的中心，加之"成、泸两地远隔数百或千里，彼处情形及办学人员一概不识；目下又因川战初平，道途多匪；自己又无川资，不能前往调查"等原因④，因此，萧楚女整顿四川团组织的主要工作是在重庆。1924年10月，萧楚女指导重庆团地委进行初步改组，撤换了唐伯焜，改由罗世文任秘书，杨砺坚负责组织工作，何薪斧负责农工工作。对此，罗世文代表重庆团组织表示，萧楚女"既经中兄托为渝地特派员，以后各项进行自当与他相商"⑤。但是，萧楚女对重庆团组织的整顿却遭到了唐

---

① 《团中央委任萧楚女为驻川特派员的决定》；《萧楚女给团中央的信》（1924年9月18日），原件存于中央档案馆。

② 周钦岳：《从大革命到抗战期间的〈新蜀报〉》；郝谦：《萧楚女在重庆新蜀报》，载中国人民政治协商会议四川省委员会文史资料研究委员会编《四川文史资料选辑》，四川人民出版社，1981，第68、89页。

③ 《张霁帆给团中央的信——关于四川团的工作和各阶层状况》（1924），载中央档案馆、四川省档案馆编《四川革命历史文件汇集（1922—1925）》，内部发行，1986，第181页。

④ 中共四川省委党史研究室组织编撰、张继禄主编《中国共产党地方组织在四川的建立》，四川人民出版社，2001，第182页。

⑤ 《罗世文给团中央的信——关于重庆团的改选和星府提案》（1924年10月23日），载中央档案馆、四川省档案馆编《四川革命历史文件汇集（1922—1925）》，内部发行，1986，第199页。

伯焜等人的抵制。唐伯焜是重庆团组织的主要筹建者之一，但他把团内任职看成是"必我终身任事之势"①，在团的组织活动中带有一些宗派色彩，对外来的萧楚女采取了不少排斥甚至攻击的做法。在唐伯焜的煽动下，童庸生、杨闇公等骨干对萧楚女误解颇深，如杨闇公认为萧楚女是在搞"权利事业""排除异己""意图破坏本团"。② 这使得本来就充满危机的重庆团组织面临更为复杂的局面。

为尽快扭转局面，萧楚女忍辱负重，敢担责任。1924 年 11 月 19 日，日本帝国主义在重庆制造了"德阳丸案"③，由此激起重庆民众强烈的反日情绪。为发挥重庆团地委在反帝斗争的作用，萧楚女迅速率领重庆团组织投入运动，因势利导地领导民众开展反日斗争。在实际斗争中，萧楚女深感大多数团员是好的，包括对他有误解的一些骨干成员，都是忠实于革命事业的有为青年。当时，团中央决定解散成、渝、泸三地团组织的根据主要是"与国民党缔约问题"，但是当他调查了解后得知，"潘吕缔约"完全是潘学海个人的行为，与三个地方的团组织毫无关系，而且团组织多数骨干成员是值得信任的。于是，他放弃了原先另起炉灶重新筹建一个重庆地方团组织的打算④，决定立足团结多数、依靠多数。

与此同时，原本对萧楚女怀有成见的杨闇公等人通过实际接触，加深了彼此间的了解，因革命信仰一致而逐渐走到一起，而二人为唐伯焜却是"太瘟了"，"实无一点才能，应事接物又没有一点方式，要想做伟大的事，难乎其难"，常"为物欲所蔽"，"不是吾道中人"。⑤ 最终，"楚女及渝校同人近已互相谅解，以后自能共同努力工作"⑥，而唐伯焜则被团中央"嘱其无干渝事"⑦。

在整团过程中，杨闇公、童庸生等都曾激烈地反对过萧楚女。然而，

① 《萧楚女致团中央信》（1924 年 9 月 18 日），原件存于中央档案馆。
② 四川省杨闇公基金会、中共重庆市委党史研究室编《杨闇公文集》，重庆出版社，1997，第 114、139 页。
③ 日本帝国主义商船"德阳丸"号载运成色低劣的银毫抵达重庆，用武力抗拒海关检查，并打伤前去查验的人员，还将其中 4 人抛入江中，史称"德阳丸案"。
④ 《萧楚女给团中央的信》（1924 年 9 月 18 日），原件存于中央档案馆。
⑤ 四川省杨闇公基金会、中共重庆市委党史研究室编《杨闇公文集》，重庆出版社，1997，第 116、126、129、136 页。
⑥ 《罗世文给团中央的信——关于"德阳丸"事件》（1924 年 12 月 6 日），载中央档案馆、四川省档案馆编《四川革命历史文件汇集（1922—1925）》，内部发行，1986，第 202 页。
⑦ 四川省杨闇公基金会、中共重庆市委党史研究室编《杨闇公文集》，重庆出版社，1997，第 142 页。

萧楚女襟怀坦荡，任人唯贤。1925年1月，团地委进一步改选，由经验更加丰富和老成的杨闇公任组织部主任代行书记职务；童庸生先是代理组织干事，后代理宣传干事；罗世文改为负责学生部工作。一月改选是重庆整团结束的标志，实际上基本奠定了大革命时期四川党团组织领导的格局。

四川团组织整顿时，以第一次国共合作为基础的大革命洪流正涌入巴蜀大地。面对新的革命形势，当时四川还没有成立党组织，刚刚改组成立获得新生的四川团组织以强烈的历史使命感和责任担当，以团代党积极开展工作，开启了四川革命运动的新篇章。

一是从书斋走向社会，深入各阶层宣传马克思主义和革命思想，大大加强了四川团组织的群众性。以重庆为例，重庆团地委借助《向导》《中国青年》《燃光》等党团刊物，加强对团员学习革命理论的指导，并要求全体团员借助周末、节假日和集会游行等时机，深入城乡各地开展革命宣传演讲活动。为争取工人阶级，重庆团地委于1925年2月设立了农工教育训练委员会，增设团的工人支部，成立了由程子健负责的劳工互助社，引导工人参加各种改造社会的政治斗争；同时还在川东师范、省二女师、中法大学，以及工人集中的东川邮务总工会和唐家沱、磁器口等地开办工人夜校，萧楚女、杨闇公经常深入工人中讲解剩余价值、唯物史观等问题。重庆团地委开展的这些工作，扩大了马克思主义在群众中的思想阵地，特别是实现了马克思主义与工人运动进一步结合。

二是从"研究小团体"到积极投身反帝反封建实际斗争，大大增强了四川团组织的战斗力。以重庆为例，1925年五卅惨案后，杨闇公等带领重庆团地委组织成立英日惨杀华人案重庆国民外交后援会，呼吁对英、日实行强硬外交，对英、日经济绝交，并要求收回海关、取消租界、撤除巡捕、取缔会审公廨、废除内河航运权等①，得到工人、商界、学界积极响应，他们以实际行动支持后援会提出的实行经济绝交的号召。7月2日，英国水兵制造"七二渝案"②，重庆团地委领导后援会立即发起召开重庆市民

① 《三十八团体快邮代电》，《商务日报》1925年6月5日；《英日惨杀华人案重庆国民后援会宣言》，《商务日报》1925年6月15日。
② 1925年7月2日晚，国民外交后援会的宣传队在重庆南岸龙门浩英商隆茂洋行附近进行声援五卅运动游行讲演时，因附近群众与负责保护隆茂洋行的南岸龙门浩民团教练长雷善之发生冲突，英国军舰水兵登岸杀死4名、刺伤10多名中国公民，史称"七二渝案"。

大会，愤怒谴责英军暴行，组织群众游行示威，遭到重庆卫戍司令王陵基派兵镇压后仍不屈不挠进行斗争，最终使英国在重庆"陷于无政府主义地位，米粮断绝"①。1925 年 11 月，美国又制造"美仁轮案"②，重庆团地委首次提出争取军人加入反帝爱国运动中来，提出惩凶、赔款、治伤等条件，并出版"美仁轮案专号"，揭露事件真相，还专门派出代表团赴北京向外交部交涉。这些实际斗争，锻炼了四川团组织在复杂社会条件下处理各种关系和问题的能力。

三是从边缘走向四川政治舞台中心，推动四川第一次国共合作，大大增强了四川团组织的影响力。为贯彻中共三大精神，推动四川地区实现国共合作，党中央采纳了重庆团地委要求派吴玉章回川改组四川国民党组织的建议。③ 1925 年 8 月，吴玉章抵达渝后与杨闇公等密切配合，整顿国民党基层组织，切实发展左派力量，派出尹绍洲、曾凡觉、黎灌英、吴匡时、喻凌翔、喻克由、周贡植、邹进贤、曾庆华、张锡畴等一大批共产党员、共青团员到宜宾、江津、内江、荣县、江北、巴县、綦江、南川、长寿等县市筹建国民党（左派）党部。④ 据不完全统计，从 8 月底到 10 月 20 日止，他们在全川 10 多个县市建立了 86 个区分部和江津、泸县等一些县党部，计有党员 8000 余人。⑤ 在此基础上，1926 年 2 月，经吴玉章提议，国民党中常会批准李筱亭、杨闇公、邓劼刚等人组建新的国民党四川省临时执行委员会。这标志着国民党四川省党部改组取得圆满成功，四川国共合作正式形成。同时，这也为四川团组织领导群众进行革命斗争活动提供了公开的舞台，并以此来指导全川地区的革命斗争。

四是从组织涣散到领导有力，为四川建党奠定基础。中共四大通过的《对于组织问题之议决案》明确要求："为着扩大吾党的数量……在尚未有我们组织的其他工业区及大都市，如东三省、河南、重庆、九江、芜湖、福州

---

① 中共重庆市委党史工作委员会编《大革命时期的重庆》，内部发行，1984，第 16 页。
② 1925 年 11 月 7 日、8 日，美国商船美仁轮在长寿、江北等地先后浪沉中国木船 4 艘、淹死 53 人（其中川军官兵 24 人），并开枪射击沿江抗议群众，打死 1 人，打伤 9 人，史称"美仁轮案"。
③ 中央档案馆、四川省档案馆编《四川革命历史文件汇集（1922—1925）》，内部发行，1986，第 273 ~ 274 页。
④ 邓劼刚：《大革命时期四川国民党左右派的斗争》，载中共重庆市委党史工作委员会编《大革命时期的重庆》，内部发行，1984，第 348 页。
⑤ 罗人庆：《大革命洪流中的重庆》，载中共重庆市委党史工作委员会编《大革命时期的重庆》，内部发行，1984，第 5 页。

等均应努力开始党的组织。"① 团的三大通过的《组织问题决议案》规定："有团的组织而没有党的组织的地方，团的中央应听党的指挥，去为党发展其组织或代为进行其工作"；"团员在 25 岁以上者，应酌量介绍其入党"。②根据党、团中央的两个决议案，四川团组织便承担了一项极为重要和特殊的任务，即代党发展党员，筹备建立党的组织。如在重庆，1925 年 3 月，杨闇公、童庸生等主要骨干由团转党，成为中共正式党员。1926 年 1 月国民党二大结束后，杨闇公绕道上海向党、团中央汇报工作，要求在四川建立党组织，中共中央批准了这一请求。③ 2 月，以杨闇公任书记的中国共产党重庆地方执行委员会成立；同时，团地委也进行了调整，经团中央指定童庸生担任书记。④ 中共重庆地委成立后，按照关于"在执行委员会认为必要时，得委托一个地方执行委员会暂时代行区执行委员会之职权"⑤ 的规定，接受中共中央的委托，代行四川区委的领导职责，统一领导全川的党组织，改变了自 1922 年以来四川各地党团组织各自为战的状况，实现了党组织领导团组织的体制转换，标志着团组织为党发展组织、代其工作的职责和筹备建党的历史任务顺利完成。

第二节　王右木指导成立成都地方团

一　王右木与成都地方团的成立

成都的团组织是在王右木的指导下建立的。王右木通过成立马克思读书会和创办《人声》报，将童庸生、李开灼（李硕勋）、刘弄潮、欧阳本义（阳翰笙）、刘亚雄、雷兴政（雷晓晖）等一批青年知识分子团结在马克思主

---

① 中央档案馆编《中共中央文件选集》（第一册），中共中央党校出版社，1989，第 244、240 页。
② 中国新民主主义青年团中央委员会办公厅编《中国青年运动历史资料（1925）》，内部发行，1957，第 63 页。
③ 中共重庆市委党史研究室：《中国共产党重庆地方简史》，重庆出版社，2006，第 17 页。
④ 童庸生向党团中央所作的报告《重庆党、团地委组织分工情况》（1926 年 3 月 5 日），原件藏于中央档案馆。
⑤ 《中国共产党第二次修正章程》，载中央档案馆编《中共中央文件选集》（第一册），中共中央党校出版社，1982，第 312 页。

义旗帜之下。这些进步青年自发行动起来，试图成立一个团体来达到改造社会的目的。他们认为："办报来宣传和学会来研究固然好，但是莫有一种真正做革命事业的团体，这种精神，终究不能结合来实（际）施行，不过空谈罢了，所以想结合团体的心理，就在今年夏季勃然而生。"① 于是，他们自发成立了四川社会主义青年团，由童庸生、李硕勋、阳翰笙组成干事会，成员不久发展到10余人。这是四川进步青年在马克思主义的影响下，独立地在四川建立共产主义组织的勇敢尝试。1922年6月10日，四川社会主义青年团在成都《国民公报》上发表《四川社会主义青年团宣言》，并积极投入和支持由四川教职员联合会和四川学生联合会发起的争取教育经费独立的罢课运动。

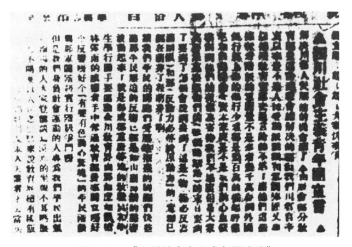

图4-1　《四川社会主义青年团宣言》

资料来源：中共重庆市委党史研究室：《中国共产党重庆历史·第一卷（1926—1949）》，重庆出版社，2011。

据阳翰笙回忆，四川社会主义青年团得到了王右木的极大帮助和指导。对此，他们向王右木汇报了青年团成立的经过，以及遇到的困难。王右木向他询问："你们的组织领导在哪里？谁批准你们呢？"他说："现在成都还没有青年团，你们这是头一个。但全国的组织已经有了，中央在上海。"他经过考虑，下决心说："这样吧，我暑假去上海跟你们联系，看人家同意不同意？你们够不够资格？合不合手续？"② "王右木认为我们的组织不合法，并

① 《团成都地委向团中央的报告——关于团地委的成立情况》（1922年10月23日），载中央档案馆、四川省档案馆编《四川革命历史文件汇集（1922—1925）》，内部发行，1986，第41页。
② 阳翰笙：《出川之前》（上），《新史料文学》1984年第3期，第31、32页。

先驱·先路
王右木与四川早期马克思主义运动研究

答应去上海时帮我们去寻找团中央。"①

当时，团中央认可地方团的程序十分严格和规范。按照团中央的规定，认可一个地方团的成立，"在区执行委员会已成立时，须得区执行委员会之认可；在区执行委员会未成立，而已委任一地方执行委员会有在该区内组织地方团之权的时候，须得该被委任有在该区内组织地方团之权的地方执行委员会之认可。不属上列二项者，须得中央执行委员会之认可"②。对于地方团的领导机关，"区及地方执行委员会之组织，按照中央执行委员会组织之原则组成之，但须经中央执行委员会之认可"③。

建团初期，"全国地方团尚不甚多，中央尚有力兼顾"④，凡不在上二项条件内的地方团，其成立都须经过团中央同意。四川没有区一级执行委员会，所有地方团的成立都得向团中央汇报，获得团中央认可，得到"准入证"，只有这样建团工作才能算正式完成。但是，童庸生等人自发成立的四川社会主义青年团没有和团中央取得联系，团中央也不知情，因此其就不是中国社会主义青年团序列的正式组织。

1922 年 7 月，王右木离开成都前往上海向党、团中央汇报四川工作，并希望学到一些团体组织法和劳工运动法。当时，他因领导发动四川教育经费独立运动受军阀迫害而被成都高师解聘，在缺少生活来源的情况下，靠全家人东挪西借，好不容易筹集了旅费。他患着严重的脚气病，坐着最便宜的统舱，备受暑热之苦，一路坚持到上海，就发起了高烧，两眼红肿，接着两脚也很快地由浮肿、溃烂而流黄水。但他仍四处奔走，与党、团中央领导人会面，如饥似渴地了解最新的革命动态，商谈在四川创建党、团组织，他每天坚持工作到深夜，有时终夜不眠，最终带着团中央委托其在四川建立团组织的重托回到成都。对此王右木曾解释道："诸兄于临行时，赐我社会主义青年团大会号若干份，我归成都后的组织，就凭我的意识做了，凭我的意识把

---

① 阳翰笙：《照耀我革命征途的第一盏明灯》，载中共泸州市委党史工作委员会办公室编《恽代英在泸州》，内部发行，1987，第 107 页。

② 《中国社会主义青年团中央执行委员会通告第十二号》（1922 年 7 月 22 日），《先驱》第十六号，1923 年 2 月 1 日。

③ 《中国社会主义青年团章程》，载中国新民主主义青年团中央委员会办公厅编《中国青年运动历史资料（1915—1924）》，内部发行，1957，第 132 页。

④ 《第一届团中央执委会第 20 次会议记录》（1922 年 10 月 14 日），《党的文献》2012 年第 1 期。

S. Y. 的章程执行了。"① 王右木就是这样以自己"艰于旅费，冒万苦来到上海"② 的忘我努力，开启了四川革命局面的新篇章。

1922 年 10 月 15 日，王右木在家中召集团员举行会议，正式成立了成都地方团，并选举产生了团成都地方执行委员会（简称成都团地委），成员共有 13 人，分别是王右木、童庸生、郭祖劫、傅双无、张治国、吕式宪、刘度、杨诵、钟善辅、杨辅国、詹沐臣、熊廷杰、邓平澜。王右木因年龄超过团章的规定，没有在成都团地委担任领导职务，但作为特别团员，负责指导工作。会议选举童庸生为成都团地委书记，郭祖劫、张治国为经济部主任，傅双无、吕式宪为宣传部主任，刘度、杨仲康、钟善辅为候补委员。10 月 23 日，成都团地委向团中央报告了团的成立，12 月 15 日团中央于北京（此时团中央已经迁至北京）召开第 22 次会议，其中第七项议题记录"正式认可芜湖、成都两地方团"③。自此，成都地方团成为团中央领导下的四川省又一个地方组织。

成都团组织的建立，从规模上看，在当时成都政治舞台上还只是一个很小的社会组织，全部团员也仅有 13 人；从成立时间上看，虽晚于上海、北京、长沙、广州，也晚于省内的泸州、重庆，但与全国大多数省份相比，仍属建团较早的地区之一。成都作为省会城市，是当时四川革命的中心，在王右木等人的带领下，成都团地委积极发展团员，努力扩大团的组织，组织领导工人运动，成为四川反帝反封建斗争的一支生力军，为四川大地点燃起新的社会革命火种，为四川革命的发展培育了新的力量，推动了四川地区大革命高潮的到来。

二 王右木与四川早期团组织的建设

成都地方团成立以后，如上所述取得了一定的成绩和效果，但由于团处于初创阶段，政治上、思想上、组织上都很不成熟，缺乏大规模开展革命运

---

① 《王右木致团中央负责人的信——关于成、渝、川北团的筹建情况》（1922 年 10 月 11 日），载中央档案馆、四川省档案馆编《四川革命历史文件汇集（1922—1925）》，内部发行，1986，第 4 页。
② 《王右木致团中央负责人的信——关于成、渝、川北团的筹建情况》（1922 年 10 月 11 日），载中央档案馆、四川省档案馆编《四川革命历史文件汇集（1922—1925）》，内部发行，1986，第 4 页。
③ 《第一届团中央执委会第 22 次会议记录》（1922 年 12 月 15 日），《党的文献》2012 年第 1 期。

动的群众基础和工作经验；加之四川地处西南边陲，不在革命发展的中心区域，远离党、团中央，联络不便，缺乏其经常的指导；而且四川军阀常年互相混战，并且在各自防区内实行残酷统治，镇压革命活动。同时，团的内部很多时候因意见分歧导致行动难以统一，严重影响了战斗力的发挥；由于团员中学生居多，一旦面临寒暑假和升学就业等情况，一些学生团员就会陆续离开成都，加之一些团员没有组织观念，不参加组织生活或自行脱离组织，严重地制约了成都团的工作开展。

更为严重的是，团的两位领导人王右木、童庸生由于工作理念不同而产生了严重冲突。成都地方团成立时，王右木虽以最高票当选，但因超过28岁无选举权和被选举权，乃由童庸生以次高票数当选为书记。裂痕也从此开始，他们都力图按自己的意志来领导团的工作，由于双方性格都较为固执，以及团组织初建时的制度机制建设等尚未走上正轨等原因，引发了两人间的领导权之争。双方互相攻击、互不相让，最后导致童庸生等人的退团，二人公开决裂。继而引起一连串严重后果：童庸生的退团带动一批人相继退团，使成都地方团思想混乱，活动停顿，"死气沉沉"，"几至基础不存"①。王、童两人在这场争执中都受到了伤害，王右木为此"头痛欲裂，心烦若狂"②，童庸生也曾因此"一息三叹，志士垂泣"③。

这场冲突也使王右木更加重视团的建设。为了改变团组织涣散的状态，王右木于1923年1月召集团员会议，对领导机构进行改选，选举王右木、蒋雪邨等5人为新一届执行委员。王右木推荐蒋雪邨任书记，自己协助蒋开展工作。但是改选后的负责人仍然不关心团的工作，团的活动和团员的发展严重滞后于形势的发展。这时，军阀政府又强迫学校解聘王右木，断绝其生活来源，使王右木处于极端困难的处境。1923年3月，恽代英带着川南师范的学生团员余泽鸿、张霁帆等十余人，从泸县来到成都，余泽鸿等的团员关系也转入成都团地委。恽代英在了解了成都团地委的现状后，十分钦佩王右木的顽强精神和对团组织认真负责的态度，直接致函团中央"望中央能为川中慎于发令，使王（右木）得到恰当指导，则川中前途尚可

---

① 《王右木给施存统的信》（1923年夏），载中央档案馆、四川省档案馆编《四川革命历史文件汇集（1922—1925）》，内部发行，1986，第106、107页。

② 《王右木给施存统的信》（1923年5月18日），载中央档案馆、四川省档案馆编《四川革命历史文件汇集（1922—1925）》，内部发行，1986，第88、89页。

③ 《童庸生给团中央的信》（1923年11月4日），原件存于中央档案馆。

为也"①，建议将成都团组织的领导工作交由王右木负责。这一建议得到团中央批准。7月，成都团地委召开会议进行改选，选举王右木为书记。王右木当选成都团地委书记后，一改过去"工作上掣肘"，"以特别会员不能参与"之苦②，使成都团的工作和团的组织有了很大的发展，到1924年初，成都地方团下面先后建立了高工分校、监狱分校、高师附中分校、西南公学分校、工界分校、高师分校、志诚法政分校等11个支部，团员有40多名，使团的种子撒遍了成都各大中专院校，撒进了工人群众的心中，促进了成都马克思主义革命势力的扩大和发展。

其实，早在王右木接受团中央委托其在成都建团时，他就对团的建设和发展有着十分深刻的认识和十分清晰的思路，但是在成都地方团成立时，组织纪律性很强的他严格执行团章的规定，只是作为特殊团员的身份来指导团的工作；等到第二次团地委换届时，他为了"多训练一个新人才，四川多一个担当责任者"③，又推举蒋雪邨为第二届团的书记。直到1923年7月，王右木担任成都地方团的书记后，结合四川的环境，把自己长期加强团组织建设的思路落实到实际工作中，使成都地方团的建设不断得到加强。

第一，在思想上要求团员要树立对马克思主义坚如磐石的信仰。王右木鉴于四川复杂的政治环境，特别是四川实行军阀防区制，渗透和影响到人民生活各个方面，许多青年或多或少与各路军阀有着一定的关系。要开展团的工作，很容易与军阀派别发生冲突，而"冲突一关系到自己生活基础上，信念一不能战胜物质条件的压迫，这时工作进行，任如何具普遍性质，都不很危险吗？"因此，他要求"凡加入S.Y.的分子"，必须"认定马克思团体的纲领、章程、决议案，硬是达到解放无产阶级的手段，硬是愿做解放无产阶级的事"，甚至"若是执行委员会议决杀自己的父亲，恰又是命我去杀，我都当得决然去做"，还"限定加入者写自愿书，即将此意简要书写一遍，或自说一道"，"对于旧日马克思学说信奉者，都取此

---

① 《恽代英给团中央的信——请适当指导四川团的工作》（1923年6月21日），载中央档案馆、四川省档案馆编《四川革命历史文件汇集（1922—1925）》，内部发行，1986，第125页。

② 《王右木给施存统的六封信》（1923年夏），载中央档案馆、四川省档案馆编《四川革命历史文件汇集（1922—1925）》，内部发行，1986，第102页。

③ 《王右木给施存统的六封信》（1923年夏），载中央档案馆、四川省档案馆编《四川革命历史文件汇集（1922—1925）》，内部发行，1986，第103页。

种手续"。①

第二，在班子建设上注重对成都地方团主要领导的能力的考察和培养。王右木在总结自己过去在推选两届成都地方团书记时未注重考察觉悟和能力的错误的基础上，认为"一个分校的教务长，才非常要紧，因为他是一个地方的思想与事功之指导者，指导之任务才非常要紧"②。他主张成都地方团的主要负责干部，应具备无产阶级的真切觉悟和主管团务的工作能力，要从"小团体"负责人中产生执委会人选，如果没有"小团体"工作经验，"仅是赴过几次地方大考的，不见得可胜训练同学之任，不见得可胜主管全校事务之任"③，"应由各组之组长互举充任校务员"的提案④，但是"自己已任地方会执行委员者，不得兼任小团体书记或干事会职员"⑤，以便职责分明，各自忠于职守，充分发挥应有的作用。

第三，在组织上健全团的机构、制度。为解决"本团章程常被误解，遂被走出轨道"⑥ 的错误倾向，王右木根据团的一大章程的基本精神，耐心解释团章的各项规定，提出"通过团员入团权、登记权、满 3 人的地方设书记权、满 10 人的地方设干事会权、设地方执行委员会权，平时开周会、月会、临时会议；取消会员权，下级服从上级义务，统率下级权。请中央认可组织权，每月报告一次以上的义务等"⑦。而成都地方团下属的"小团体"则下设"组"，认为"非立足在'组'的组织上，算是毫无根基"⑧，组"按章程每机关 3 人设组，2 组设一书记，3 组满 10 人时成立干事会，各小团体各属

① 《王右木致团中央负责人的信》（1922 年 10 月 11 日），载中央档案馆、四川省档案馆编《四川革命历史文件汇集（1922—1925）》，内部发行，1986，第 6、7 页。
② 《王右木给施存统的六封信》（1923 年夏），载中央档案馆、四川省档案馆《四川革命历史文件汇集（1922—1925）》，内部发行，1986，第 105 页。
③ 《王右木给施存统的六封信》（1923 年夏），载中央档案馆、四川省档案馆《四川革命历史文件汇集（1922—1925）》，内部发行，1986，第 106 页。
④ 《团成都地委给团中央的信》（1923 年 7 月），载中央档案馆、四川省档案馆编《四川革命历史文件汇集（1922—1925）》，内部发行，1986，第 128 页。
⑤ 《王右木致团中央负责人的信》（1922 年 10 月 11 日），载中央档案馆、四川省档案馆编《四川革命历史文件汇集（1922—1925）》，内部发行，1986，第 7 页。
⑥ 《王右木、康明惠给团中央的报告书》（1923 年 6 月 3 日），载中央档案馆、四川省档案馆编《四川革命历史文件汇集（1922—1925）》，内部发行，1986，第 117 页。
⑦ 《王右木致团中央负责人的信》（1922 年 10 月 11 日），载中央档案馆、四川省档案馆编《四川革命历史文件汇集（1922—1925）》，内部发行，1986，第 4、5 页。
⑧ 《王右木给施存统的六封信》（1923 年夏），载中央档案馆、四川省档案馆编《四川革命历史文件汇集（1922—1925）》，内部发行，1986，第 110 页。

于地方分校，并选出地方教务会"①。1923 年 5～6 月，王右木两次主持执委会决议"设组之办法"，发出"设组"之通告。此外，王右木还"曾提出团章简表于执行委员会，共明权责"，并先后于 1923 年 5 月 19 日"通过地方团办事细则 15 条，呈报中校务长，请示增省并认可"②；1923 年 6 月 16 日议决"拟设运（动）委员会办法，以便本校同人在外活动；设立入校手续条项，以为训练之工具，期于纯洁一致合作；规定小团体办法细则，以便积极组织，为本校坚强之基础；分划校务部各职责，以备交代"③ 等"细则""条项"，作为对团章的重要补充。

第四，在人员上严格规范入团程序。为"打破四川人加入 S. Y. 者之旧时派别性"，王右木提出吸收团员的标准是"手续上，年龄适当，觅介绍；事实上，应宣誓遵守纲领、章程及决议案，少数服从多数之通过案，加入各种运动会的义务、到会义务、缴纳会费义务；惩罚上，违背纲领、章程、决议案者之开除，不到会满连续两次、三月不纳费开除"。为保证团员质量，他要求"凡已加入者，自己去以马氏书劝人读，以理由劝人信，以工作约他去同伴做，以为自己介绍与否之考证，不得随便介绍"④。还规定"凡支部同志介绍团员，应自介绍时起，约同工作一月，颇堪信用时，即于次一月即通过为正式团员，则前一月之团员名额，俾好确定寄报中央。此种介绍未经一月者即嘱为未确定，下月者下月汇报，以补去年名额久不确定之愆"⑤。为改变成都地方团成立初期团员几乎全是各学校的青年学生，导致团的"机关事不易谋可靠的继续性"的现状，他积极发展工人团员，认为"彼辈于成都生活较安定，彼辈中有被选为地方执行委员时，彼时虽加入半数新的学生分子任执行委员，始无大妨害，然后成都的 S. Y. 方是永久的机关也"⑥。在他的

① 《王右木给施存统的六封信》（1923 年夏），载中央档案馆、四川省档案馆编《四川革命历史文件汇集（1922—1925）》，内部发行，1986，第 105、106 页。
② 《王右木、康明惠给团中央的报告书》（1923 年 6 月 3 日），载中央档案馆、四川省档案馆编《四川革命历史文件汇集（1922—1925）》，内部发行，1986，第 117 页。
③ 《团成都地委给团中央的信》（1923 年 7 月），载中央档案馆、四川省档案馆编《四川革命历史文件汇集（1922—1925）》，内部发行，1986，第 127 页。
④ 《王右木致团中央负责人的信》（1922 年 10 月 11 日），载中央档案馆、四川省档案馆编《四川革命历史文件汇集（1922—1925）》，内部发行，1986，第 6、5、7 页。
⑤ 《王右木、黄钦给团中央的信》（1924 年 3 月 24 日），载中央档案馆、四川省档案馆编《四川革命历史文件汇集（1922—1925）》，内部发行，1986，第 160 页。
⑥ 《王右木致团中央负责人的信》（1922 年 10 月 11 日），载中央档案馆、四川省档案馆编《四川革命历史文件汇集（1922—1925）》，内部发行，1986，第 10 页。

努力下，到1924年春，成都就出现了"工人入支部者不少，赴地方团大会之踊跃，要算工人第一"① 的令人欢欣鼓舞的景象。

第五，在纪律上严格执纪保证团组织的纯洁性。当时的成都地方团时常发生纪律涣散现象，有的团员在开展工作时"不走马氏途径，或者不依纲领及通告、章程"，甚至宣称"中央严格章程太与四川不合，四川青年重自由，且四川情形与外省不同，处此四川情形，只宜以妥协调和出之，不应拘守章程也"，"中央通告不应全由地方遵守"。王右木认为这些错误言行"显与入团须遵守通告、章程、纲领之意不符"，并给予坚决抵制，"阻其不应作此根本动摇之语"。为扭转这种情况，王右木等人联名向中央写信建议："（甲）执行委员会，须有组织法，须中央批准，书记一人不能独断执行委员会全会事。（乙）期执行委员守章程信念，不动摇后，此后大会对团员态度，新入者取严格，已入者从缓，防范其有出轨范者。（丙）照此计划，如仍办不到，只有请中央设法处置或警告一下。要求中央对团的干部应有更严格的纪律管理，要求团的干部要带头遵守纪律。"② 在王右木的推动下，成都地方团多次大力进行纪律教育和组织整顿，按照团章规定，先后取消了郭祖劼、傅双无、夏月从等人的团员资格。

在抓好成都建团工作的同时，王右木也十分关心四川其他地区建团工作的开展。王右木往来各地时曾在重庆住过十余日，尝试在重庆建立团组织。他先后会见过廖划平、彭云生等人，但是没有成功。后来终于争取到巴县中学信仰马克思主义的姜翰时、王灵祚、魏自洁、李敦吉、徐亮5名学生，以及重庆联合师范校教员杨砺坚，共6人，原本他准备让杨砺坚负责筹建重庆地方团，而杨又前往浙江考察教育去了。恰在此时往江安中学任教员的刘砚僧路过此地，此人曾办过《四川学生潮》，也与王右木办过《新四川》旬报，可算四川新文化运动以来的一员干将，颇得王右木的信任。于是，王右木促成刘砚僧前往重庆甲种商业学校任国文教员，并委托他在重庆建立起社会主义青年团的书记部，由刘砚僧担任书记。在重庆期间，他还前往拜访在报纸公开筹建重庆青年团组织的唐伯焜，但难辨真假，并去函向团中央证实。团中央得知这一情况后，对王右木的疑虑进行

---

① 《王右木、黄钦给团中央的信》（1924年2月25日），载中央档案馆、四川省档案馆编《四川革命历史文件汇集（1922—1925）》，内部发行，1986，第154页。
② 《王右木给施存统的信》（1923年5月18日），载中央档案馆、四川省档案馆编《四川革命历史文件汇集（1922—1925）》，内部发行，1986，第86、87、88页。

了回复，明确指出重庆已经成立地方团并为中央所承认，唯否认其章程；唐伯焜、周钦岳、董宝祺均在上海入团，且均为 C. P. 中人；并要求王右木"转劝刘砚僧君加入该地方团去活动，务将该团做成本团之忠实坚强之基础才好"①。在南充，张澜、张秀熟请王右木去南充《民治报》工作并指导建团工作，但他考虑应先把成都的团组织基础打好，这对全省才有重要指导作用，故辞而未往；同时考虑到张秀熟、秦树风、何祕辉等均系马克思主义的坚定信仰者，于是委托何祕辉、张秀熟在南充组织社会主义青年团，拟由何祕辉任书记。

成都地方团成立后，在王右木的指导下，积极团结带领青年特别是学生投入工人运动和反帝反封建主义的革命斗争中，显示出巨大的活力，发挥了先锋作用。1922 年 10 月，唐山开滦煤矿工人大罢工，英、美帝国主义及国内军阀均出动军队予以残酷镇压。消息传到成都，王右木即组织成都地方团发动群众，号召大会声援开滦工人的斗争，提出"反对英、美帝国主义""打倒北洋军阀""支援开滦煤矿工人反帝大罢工"等口号，同时组织宣传队上街宣传讲演、散发传单。1923 年的二七大罢工发生后，王右木立即带领成都地方团予以声援，组织宣传队走上街头，向群众宣传罢工的意义和军阀镇压工人运动的真相，他指出：这次罢工虽然失败了，但显示了中国工人阶级高度的革命性，显示了工人阶级的巨大威力，也显示了工人阶级的组织性和纪律性，知识分子必须与工人阶级相结合，如此才能使反对帝国主义、打倒军阀的斗争取得胜利。1923 年，为纪念五四运动四周年，王右木、窦勤伯等人又组织约 10 万人在成都皇城明远楼前广场集会，反对日本帝国主义并开展抵制日货运动，会后举行了声势浩大的游行，全城为之轰动。为使广大群众进一步认清帝国主义本来面目，王右木领导成都地方团发动了一次非基督教运动。同时，王右木还通过女团员李竹篔、钟亚弦、周彬如等开展妇女运动，成立妇女会，要求男女平等，反对私娼、反对三妻四妾，并提出妇女不做寄生虫的主张。当蓉城女中的学监李子坚把女生张敬贤献给军阀杨森做小老婆时，妇女会集会坚决反对，使其终未能成事。此外，为了便于宣传和发动群众，王右木还领导成都地方团创办了团组织的刊物

---

① 《施存统给王右木的信》（1922 年 12 月 18 日），俄罗斯国家历史档案馆，档案号为 147 - 1 第 35 卷。

《青年之友》，由邹进贤、窦勤伯、张霁帆等人负责，并成立了"青年之友社"，作为成都地方团的外围组织。

在开展这些斗争的过程中，成都地方团的一些同志也产生过不同看法，认为有的事情发生在外地，与成都的关系不大，成都地方团要做的事还很多，不用大力去搞声援。对此，王右木用"全世界无产者联合起来"的口号来教育大家，强调全国反帝反封建的斗争是一致的，不能有外地和本地之分，革命者应该携起手来，用整齐一致的步伐去冲破反动势力的堡垒。正是在王右木的启发和带领下，成都地方团的一些成员，受到了阶级斗争的教育，澄清了错误认识，锻炼了向反动统治进行斗争的意志。同时，这些实际斗争的开展，不仅锻炼了成都团组织，扩大了团的影响，而且团结和组织了广大工人，启发了他们的阶级觉悟，使马克思主义和工人运动进一步结合起来，推动了成都地区革命运动不断向前发展。

第三节　王右木与中共成都独立小组的建立

一　中国共产党的创建及其早期党组织的建立情况

20 世纪 20 年代初，建立无产阶级政党领导中国人民的革命斗争，是那个时代中国最有觉悟的革命者的共同要求。而中国共产党作为中国唯一的无产阶级政党，则是那个时代各地共产主义组织发展演变的必然结果。

最早酝酿在中国成立共产党的是陈独秀和李大钊。1920 年 2 月，为躲避反动军阀政府的迫害，陈独秀从北京前往上海，在护送陈独秀离京途中，李大钊和他商讨了在中国建立共产党组织的问题。4 月，经共产国际批准，俄共（布）远东局海参崴分局外国处派出全权代表维经斯基等人来华，了解五四运动后中国革命运动发展的情况，同行的还有旅俄华人、俄共（布）党员、翻译杨明斋。维经斯基一行先到北京会见李大钊，然后又到上海会见陈独秀。经过考察，维经斯基认为中国可以组织共产党。这对中国共产党的创建起了一定的促进作用。

在维经斯基等人的帮助下，陈独秀加快了建党工作的步伐。1920 年 5 月，陈独秀发起组织马克思主义研究会，探讨社会主义学说和中国社会改造问题。6 月，他同李汉俊、俞秀松、施存统等人开会决定成立党组织，起草了党的纲领。党纲草案共 10 条，其中包括运用劳工专政、生产合作等手段达到社会革命的目的。关于党的名称，陈独秀征求李大钊的意见，李大钊主张定名为"共产党"，陈独秀表示同意。经过酝酿和准备，1920 年 8 月，在陈独秀的主持下，上海共产党早期组织在上海法租界老渔阳里 2 号《新青年》编辑部正式成立，取名为"中国共产党"。这是中国的第一个共产党组织，陈独秀为书记。上海的共产党早期组织建立后通过写信联系、派人指导或具体组织等方式，积极推动各地共产党早期组织的建立。

北京的共产党早期组织是在李大钊的直接指导和筹划下建立的。1920 年 3 月，李大钊组织成立的北京大学马克思学说研究会既是中国最早学习和研究马克思主义的团体，也为建党做了重要准备。10 月，北京的共产党早期组织在北京大学图书馆李大钊的办公室正式成立，取名为"共产党小组"。1920 年底，北京党组织召开会议决定成立共产党北京支部，李大钊任书记。北京支部成立后，曾帮助天津、唐山、太原、济南等地的共产主义者开展工作，对北方的党团组织的建立起过重要的促进作用。

在上海、北京党组织的联络和推动下，武汉、长沙、广州、济南等地先进分子以及旅日、旅法华人中的先进分子也相继建立了共产党早期组织。武汉的共产党早期组织是在上海的共产党早期组织直接指导下成立的，1920 年夏，李汉俊从上海写信给董必武和张国恩，后又亲自到武汉与董必武见面，商议在武汉建立共产党组织最早的问题。同时，陈独秀也派刘伯垂到武汉筹建共产党组织。8 月，在武昌董必武的住所，刘伯垂主持召开会议，成立武汉的共产党早期组织，取名为"共产党武汉支部"，会议推举包惠僧为书记。长沙的共产党早期组织是在毛泽东的筹划下建立的。1920 年夏，在筹备建党期间，毛泽东先后在北京、上海与李大钊、陈独秀有了直接的接触和联系，在毛泽东、何叔衡等人的积极活动下，长沙的共产党早期组织于 1920 年初冬在新民学会的先进分子中秘密诞生。1921 年春，在陈独秀的主持下，广州建立共产党早期组织，取名为"广州共产党"，陈独秀任书记（不久由谭平山接任）。1920 年秋，王尽美、邓恩铭等人在上海、北京党组织的影响和帮助下，于 1921 年春建立了济南的共产党早期组织。在国内一些大城市筹建共产党早期组织的同时，旅日、旅法的华人也建立了共产党早期组织。旅日华人中的共产党早期组织是由上海的共产党早期组织成员施存统等人建立的，旅法华人中的共产党早期组织主要是由张申府、赵世炎等留法勤工俭学人员发起于 1921 年建立的。上述这些组织，都是中国共产党的早期组织。由于中国共产党的创建活动是在秘密状况下进行的，所以在党正式成立之前，党的早期组织没有统一的名称，有的称"共产党支部"，有的称"共产党小组"，有的称"共产党"，从性质和特征方面来看，它们都是后来组成全国统一的中国共产党的地方组织。

各地共产党早期组织成立以后，有组织、有计划地研究和宣传马克思主义，批判各种反马克思主义思潮，开展工人运动等。这些活动有力地促进了马克思主义的进一步传播及其同中国工人运动的进一步结合，一批工人阶级的先进分子在这个过程中成长起来。这样，在中国建立全国统一的共产党组织的条件就具备了。对此，1921 年 3 月，李大钊公开呼吁创建工人阶级政党，他指出："中国现在既无一个真能表现民众势力的团体，C 派的朋友若能成立一个强固精密的组织，并注意促进其分子之团体的训练，那么中国彻底的大改革，或者有所附托！"①

1921 年 6 月，共产国际代表马林和共产国际远东书记处代表尼克尔斯基先后到达上海，并与上海的共产党早期组织成员李达、李汉俊建立了联系。经过商议，他们一致认为应尽快召开全国代表大会，正式成立中国共产党。于是，李达、李汉俊便同当时在广州的陈独秀、北京的李大钊通过书信商议，决定在上海召开中国共产党第一次全国代表大会，随即李达等人写信通知各地党组织各派 2 名代表到上海开会。

7 月 23 日晚，中国共产党第一次全国代表大会在上海法租界望志路 106 号（今兴业路 76 号）开幕，国内各地的党组织和旅日的党组织共派出 13 名代表出席大会，他们代表了全国 50 多名党员。他们是：上海的李达、李汉俊，北京的张国焘、刘仁静，长沙的毛泽东、何叔衡，武汉的董必武、陈潭秋，济南的王尽美、邓恩铭，广州的陈公博，旅日的周佛海，以及受陈独秀指派的包惠僧。陈独秀、李大钊因有其他事务未出席会议。共产国际代表马林和尼克尔斯基也出席了这次大会。马林首先介绍了共产国际概况，建议把会议进程及时报告共产国际远东书记处，代表们具体商讨了大会的任务和议程。24 日，各地代表向大会报告本地区的党团组织发展情况和所做的工作情形。25～26 日，休会两天，由张国焘、李达、董必武起草供会议讨论的党纲和今后实际工作计划。27～29 日，连续举行了 3 次会议，对党的纲领和决议

---

① 李大钊：《团体的训练与革新事业》（1921），《李大钊全集》第 3 卷，人民出版社，2013，第 50 页。

进行了较为详尽的讨论。30 日晚，代表们正在开会，一名陌生中年男子突然闯入会场，环视一周后又匆忙离去，具有长期秘密工作经验的马林断定此人是敌探，建议马上中止会议。由于代表的活动受到监视，会议无法在上海继续举行。于是，由李达的夫人王会悟联系，代表们分批转移到浙江嘉兴南湖的一艘游船上，召开了最后一天的会议。① 会议决定设立中央局作为中央的临时领导机构，选举陈独秀任书记。

党的一大通过的中国共产党纲领，确定党的名称为"中国共产党"，规定党的纲领是：革命军队必须与无产阶级一起推翻资产阶级的政权；承认无产阶级专政，直到阶级斗争结束，即直到消灭社会的阶级区分、消灭资本家私有制，没收机器、土地、厂房和半成品等生产资料，归社会公有；联合共产国际。党的纲领明确提出要把工人、农民和士兵组织起来，并确定党的根本政治目的是实行社会革命。党的纲领还包含了一些党章性质的条文。关于党员条件，党的纲领规定凡承认本党纲领和政策，并愿成为忠实的党员，经党员一人介绍，均可接受为党员，但在入党前必须与其他党派和集团断绝一切联系；新党员入党后为候补党员，接受党组织考察，考察期满经党员讨论和党组织批准，才能转为正式党员。党纲还规定，在全党建立统一的组织和严格的纪律：地方组织必须接受中央的监督和指导；在党处于秘密状态时党的重要主张和党员身份应当保守秘密。党的一大通过的纲领，表明中国共产党从建党开始就旗帜鲜明地把实现社会主义、共产主义作为自己的奋斗目标。

党的一大通过的《关于当前实际工作的决议》，确定党成立后的中心任务是组织工会，领导工人运动，对开展工人运动的组织工作和宣传工作作了具体的规定。大会决定，在反对军阀官僚的斗争中，在争取言论、出版、集会自由的斗争中，党应采取独立的政策以维护无产阶级的利益，不同其他党派建立任何联系。

当然，由于历史的局限，党的一大并没有制定出党在新民主主义革命阶段的明确纲领。这时的中国的共产主义者还没有深刻认识到中国国情和中国革命的特殊性，对中国在这种资本主义发展还很微弱、严重遭受外国帝国主

① 目前史学界对党的一大闭幕日期有 7 月 30 日、7 月 31 日、8 月 1 日、8 月 2 日、8 月 5 日等不同说法。据 2018 年 6 月浙江省嘉兴市发表的《中共一大嘉兴南湖会议研究》成果，中共一大闭幕时间是 8 月 3 日，相关成果于 2018 年由中共党史出版社出版。

义压迫的半殖民地半封建社会条件下，能否立刻直接实行社会主义革命，需要经过什么步骤才能最后实现社会主义、共产主义，还不可能认识清楚。这是党的一大通过的纲领和决议的重要缺陷。

中国共产党第一次全国代表大会宣告了中国共产党的正式成立。中国共产党诞生在 20 世纪 20 年代初的中国，不是偶然的。它是近代中国历史发展的必然产物，是中国人民在救亡图存斗争中顽强求索的必然产物，也是中华民族在追求复兴道路上不断觉醒的必然产物。从此，在古老落后的中国出现了完全新式的、以马克思列宁主义为行动指南的，以实现社会主义和共产主义为奋斗目标的统一的无产阶级政党。

中国共产党的成立，是中国历史上开天辟地的大事件，具有伟大而深远的意义。中国共产党成立时，尽管在中国政治舞台上还只是一个很小的政党，但它拥有马克思主义这个最先进的思想武器，它所提出的纲领和奋斗目标，代表着中国社会发展的正确方向，代表着中国无产阶级和其他广大劳动群众的根本利益。因此，它从诞生时起，就充满着勃勃的生机和活力，预示着中国的光明和希望。它满怀信心地以改造中国为己任，以坚定的信念为中国人民指明前进方向和奋斗目标。它为根本改变中国各族人民被剥削、被压迫的状况，为实现民族独立、人民解放和国家富强，为实现共产主义的远大理想，开始了不屈不挠、艰苦卓绝的斗争历程。

二　中共成都独立小组的建立

中国共产党的成立给灾难深重的中国人民带来了光明和希望，党中央也通过派人前往地方或通信联络委托各地党员等方式积极筹备建立地方党组织。自 1921 年 7 月起，邓中夏、恽代英、萧楚女、陈毅、张闻天等共产党员先后来到四川活动，进一步掀起了马克思主义在四川传播的热潮，自此中国共产党就与四川历史发展紧密地联系起来了。

四川的共产主义先驱也在党中央的指导下积极筹建中国共产党四川地方组织。1922 年 6 月 30 日，中共中央执委会书记陈独秀在给共产国际的报告中就提到，在全国 195 名党员中，四川有三人。这就是已知四川最早的三名共产党员，但是这三人是谁？长期以来，由于文献散佚、老成凋零，这成为难以解开的历史谜团，直到 2012 年才有了新的发现。2012 年《党的文献》第 1 期刊出的中国社会主义青年团第一届团中央执委会共 41 次的会议记录

（1922 年 5 月 11 日至 1923 年 8 月 12 日）中，有多次会议记录提及四川工作，其中在第 20 次会议记录中，就有一项专门针对"四川组织地方团问题"的议题，而在处置意见里，竟赫然出现"C. P. 同志王右木、周钦岳、唐伯焜"的记载。王右木、周钦岳、唐伯焜三人，均为四川早期党团创建史上的重要人物，团中央执委会的这次会议是在 1922 年 10 月 14 日夜在上海召开的，也就是说，在陈独秀的报告产生 3 个多月后，在团中央的会议记录里找到了王右木、周钦岳、唐伯焜是共产党员的历史档案证据！这是目前所发现的关于四川党员的最早记载，也就是说，王右木、周钦岳、唐伯焜三人极有可能就是陈独秀在报告中所提到的四川三人。而王右木正是成都团组织和四川第一个党组织的主要创建人。

1922 年，泸县、重庆、成都等地先后成立社会主义青年团，团组织的建立和发展为党组织的建立打下了坚实的基础。在成都，王右木在领导建团过程中做了许多思想准备工作，成都地方团成立后，他又组织团员深入成都的长机帮工人中，开办工人夜校，有意识地在成都扩大马克思主义的宣传，很快把分散的手工业工人组织起来，成立行业工会 20 多个，在此基础上建立了四川第一个团组织直接领导的工会——成都劳工联合会，团员在其中担任重要职务。学生运动和工人运动相结合，锻炼了团员和革命青年，王右木积极发展工人入团，团组织内的工人比例逐渐增大。成都工人阶级中的一批先进分子接受了马克思主义并参加到革命队伍中来，为四川党组织的建立奠定了一定的政治思想基础和组织基础。

1923 年 5 月，王右木在成都团地委举行纪念马克思诞辰会后，就写信给党中央表达了在四川建党的愿望，他在信中说："不识成都方面，组织有共学社的事务否？能组织否？稍成年人与青年人所见太差，难共事，可有此地共学社的团体，由木加入其中共同工作否？"[①] 8 月，王右木前往南京，参加了中国社会主义青年团第二次全国代表大会。这次会议传达了党的三大关于实行国共合作的决议，并决定青年团员以个人身份加入国民党，但要保持团的独立性，同共产党的行动保持一致。会后，王右木又先后前往上海、广州，接受了中共中央在四川建党和推动国共合作的指示。

---

① 《王右木给施存统的信——关于在四川武装工农的设想》（1923 年 5 月 5 日），载中央档案馆、四川省档案馆编《四川革命历史文件汇集（1922—1925）》，内部发行，1986，第 78 页。

回到成都后，王右木向团组织传达了中共中央关于在成都建立党组织的决定，以及党的三大、团的二大关于实行国共合作的方针，并开始秘密筹建中共成都地方组织。他挑选刘亚雄、钟善辅、黄钦、梁国龄等部分团员，先将他们转为共产党员。同时，为加快建党步伐，王右木还立即连续召集了两次团员大会，积极推动成都团地委的改造，决定于纪念十月革命活动后进行分工。王右木的本意是改选团地委后，自己不再担任团的领导职务，专心投入党的工作，但又考虑到团组织发展不容易，必须进一步巩固，自己还需要再坚持一段时间，以等待合适的人选来接替。他在给团中央的报告信中表达了这一心情，报告中说："右木于初成立支部时期，恐地方团执委会骤易生人，将于成立支部不易进行，右木勉任其事。过后得中央复书允右木辞其地方团执行委会长事务……右木再行辞职也。"①

1923 年 10 月，在王右木的组织和指导下，中共成都独立小组（也有独立支部之说，简称 CP）正式成立了。中共成都独立小组成立后直属中共中央领导，王右木暂任书记，分成学生组和工人组，工人组开会的主要内容是由王右木做通俗的政治报告，讲一些社会科学中的问题，结合讨论工会的活动方向等问题。年底，中共中央正式任命王右木为中共成都独立小组书记。1924 年 5 月，在中共中央执行委员会扩大会议上，中央局报告自党的三大后新增加的地方组织，列有中共成都独立小组一组。②

中共成都独立小组的成立，在四川历史上具有重要的意义，它是目前已知的四川最早建立的中共组织。近代以来，四川人民斗争屡遭受挫折和失败，其中最重要的原因就是没有一个先进的坚强的政党作为凝聚自己力量的领导核心。尽管中共成都独立小组人数不多，活动的时间也不长，而且成立后不久王右木就不幸牺牲，导致中共成都独立小组与上海的党中央失去了联系，逐渐停止了活动。但中共成都独立小组是有开创性意义的，它在夜幕笼罩的巴蜀大地点燃起新的社会革命火种。从此，在中国共产党的领导下，四川革命有了正确的前进方向，四川人民有了强大的凝聚力量，四川有了光明的发展前景。

---

① 《王右木、黄钦给团中央的信——成都团组织发展情形及今后工作要点》（1924 年 2 月 25 日），载中央档案馆、四川省档案馆编《四川革命历史文件汇集（1922—1925）》，内部发行，1986，第 155 页。

② 《中央局报告》，载中央档案馆编《中共中央文件选集》（第一册），中共中央党校出版社，1989，第 251 页。

三 王右木领导党组织开展四川革命活动的情况

中共成都独立小组成立后，在王右木的带领下，积极贯彻党的三大精神，勇敢地承担起历史赋予的使命，在发展党团的组织、开展马克思主义宣传、推进国共在四川地区的合作、发动群众运动等方面开展了大量工作。

在党团组织的建设上，中共成都独立小组成立后领导成都团地委的工作，但对外都以团的名义开展活动，党团员的工作没有严格区分。王右木既是党的书记，同时继续担任团地委书记。为适应新的革命形势发展需要，王右木对党团组织发展提出了"对同志教育第一，发展党员第二"的方针①，这是防范投机分子在革命高潮来临之际混入党内，使党团组织保持政治上的独立性和思想上的纯洁性的做法，也是保证党团组织健康发展的重要条件。1923年11月5日，王右木召集成都团地委进行了改选大会，他在会上报告了中央大会及国内外情形、对现在社会应持的态度，并解释了新章程，保证了成都地方团开展工作的正确方向。1924年2月，为巩固党团组织基础，王右木强调"注意各支部，使为青年利益而奋斗，俾期于奋斗中磨砺出新经验、新人才，俾好尽量扩充支部分子与机关范围同其广狭，支部基础方能永久扶植""以每校支部，在其校中为谋青年学生利益奋斗，为对内训练。特提倡工人学徒教育，为对外联络"。② 1924年3月，王右木拒绝了杨森的高官引诱，被迫决定暂离成都。离开前，王右木召集了11个团支部、60余名团员参加大会，改选成都地方团执行委员会领导。在会上，王右木语重心长地建议团组织在会后的大发展中，要加强对团员的考察和教育工作。会议选举张霁帆为书记，黄钦、裴紫琚为执行委员，钟善辅、余泽鸿、刘亚雄为候补执行委员。王右木不再担任团的书记，专门负责党的工作。

在开展马克思主义宣传上，1923年11月7日，王右木带领成都地方团在明远学会召开纪念俄国十月革命胜利六周年讲演大会并登报宣传，王右木、刘小卿、钟善辅、康明惠等人都积极讲演，民权运动大同盟、女权运动

---

① 林如稷：《我认识的第一个共产党人——王右木先烈回忆琐记》，《人民文学》1958年第4期。

② 《王右木、黄钦给团中央的信——成都团组织发展情形及今后工作要点》（1924年2月25日），载中央档案馆、四川省档案馆编《四川革命历史文件汇集（1922—1925）》，内部发行，1986，第155、156页。

同盟、劳工联合会等团体广泛散发对于纪念的宣言，吸引了大量的学生、工人参加，其中不少人受到影响和感染，加入了读书会。1924 年 2 月，列宁逝世的消息传到成都。23 日，王右木主持召开了邹进贤等 9 人参加的活动分子会议，认真讨论如何召开隆重的列宁追悼大会的问题。会议决定，由社会科学研究会同民权运动大同盟发起，在各报征求意见，要求组织各团体参加筹备。会后，各方积极筹备，为 5 月 1 日在成都少城公园召开的列宁追悼会作了组织上和思想上的充分准备。5 月 1 日，在成都团地委的组织和发动下，由成都道路协会、学生联合会、青年之友社、学行励进会、民权运动大同盟、成都劳工联合会、女权运动同盟、波叶社、社会主义研究会、社会科学研究会等团体发起，联合甲工学校、省立中学、外国语学校、高等工业学校等及劳工联合会，2000 余人参加大会。会上，成都团地委的同志演说了列宁生平事业、五一节的来历、中国受国际帝国资本主义的侵略应效列宁对俄帝国的革命、中国应无条件承认苏俄的理由等内容，并散发各种传单。会后正准备游行之际，遭到军阀政府派出的宪兵干涉而未果。于是，成都地方团又联络各校同学组成 5 个临时演讲团，分向各街市群众易于集合处进行讲演。由于军阀压迫，王右木未能参加这次大会。在积极开展马克思主义宣传活动的同时，王右木带领成都党团组织还利用各种机会，开展反帝反封建的宣传。1924 年春，军阀杨森打败熊克武后占领成都，被北洋政府任为四川督理。为了收买人心、维护其统治，杨森提出所谓"建设新四川"的口号和各项"新政"，并命督署秘书秦正树筹办报纸，为他的"新政"进行宣传。秦正树原是留日学生，又是成都的青年团员，接受办报的任务后，即向王右木做了汇报。王右木感到我们没有力量办自己的报纸，正好可利用这一机会宣传国民革命，并以此说服了党团骨干。于是由秦正树任社长，王右木任主笔，刘亚雄任助理编辑的名为《甲子日刊》的报纸在 1924 年 4 月正式问世。廖划平、刘愿庵、邹进贤等多名党团员参加报社的编务和记者工作。《甲子日刊》出版后，揭露四川的防区制和军阀混战给人民带来的灾难，要求军阀政府还政于民，并进行共产主义和十月革命的宣传。报纸出版不久即遭到反动势力的反对。5 月 1 日，杨森强令报纸停刊。

在推进国共在四川地区的合作上，王右木按照党的三大关于积极推动国共两党合作、帮助国民党进行改造的精神，领导党团组织积极推进四川的国共合作和改组国民党的工作。对于国共合作的方针，党团内部许多人难以接受，尤其是在争取教育经费独立运动中，国民党反对进步师生的做法引起了人们的不满，认为他们和军阀政府沆瀣一气，丧失了进步性。王右木耐心向大家解释了国共合作的意义，要求坚决贯彻中央的决议。会后，他又做了一些团的骨干工作，帮助大家认识国共合作的方针。王右木带头以个人身份加入了国民党，并和国民党四川省负责人商讨开展国共合作的事宜。在王右木的带头下，一些党团员也加入了国民党。10月中旬，国共合作的国民党四川总支部成立，石青阳任总支部长，熊克武任名誉总支部长，王右木任宣传科副主任。王右木任职后，还应国民党执行部的邀请，做了关于马克思主义与国共合作意义的讲演，并及时向中共中央汇报了四川国共合作的进展情况。1923 年 11 月底，在中共中央三届一次中央执行委员会议上，陈独秀在《中央局报告》中指出："四川国民党本有组织，对于我们的同志加入工作者颇信任。"① 在王右木的积极推动下，成都地区的国共合作开始取得进展。但由于四川军阀混战不断，政局变化较快，特别是 1924 年国民党四川执行部负责人熊克武等离川后，四川地区的国民党组织几近瓦解。后来直到 1925 年 8月，吴玉章奉命回川整顿国民党在四川的组织，第一次国共合作才开始在四川全面实现。

在群众运动上，1923 年王右木在从广东回川的途中，目睹了四川军阀混战造成四川十室九空、民不聊生、大批无辜贫民惨死路旁的惨状。而成都的当政者却在歌舞升平地庆祝辛亥革命胜利十二周年。王右木对此非常痛恨，认为人民的痛苦，还如 12 年之前一般不稍减轻，并且变得更加恼火，这种名共和而实专制的中国，到了今天也是痛苦极了，国内各地战争相继而起，国外帝国主义的压迫，日甚一日，这些军阀流氓，反说今天很可庆祝，欺谁呢!② 他决心要更加努力动员人民起来和敌人进行斗争。1923 年 11 月 16 日，王右木、孟本斋在明远学会指导工人成立工人十人团，积极筹备开展对"民党宣传事，拟设文化书报及发行机关报;对排帝国主义运动，拟由团员分头向学生会宣传"等事项。③ 十人团，有十代表、百代表之分，百代表即组织最高执行部，成都团地委可以随时指挥。1924 年 2 月 8 日，杨森攻下成都，

---

① 中央档案馆编《中共中央政治报告选辑》（一九二二——一九二六），中共中央党校出版社，1981，第 11 页。
② 《王右木遗文残页》，转引自《王右木》，载中共四川省委党史工作委员会党史人物传编辑组编《四川党史人物传》（第一卷），四川省社会科学院出版社，1984，第 24 页。
③ 《团成都地委给团中央的信——报告团的改选》（1923 年 11 月 19 日），载中央档案馆、四川省档案馆编《四川革命历史文件汇集（1922—1925）》，内部发行，1986，第 139 页。

在城内烧杀抢掠，无恶不作。王右木对此无比愤慨，亲自率领部分党团员和积极分子去散发传单，号召人民起来反对罪恶的军阀战争。1924 年 5 月 14 日，成都东南门外生绸帮 1000 余人因要求恢复 1920 年的工资水平遭到厂方拒绝，于是举行罢工。成都团地委得知后，积极加以援助，斗争虽然一开始取得胜利，但后来由于厂方贿赂军阀政府使得罢工遭到挫折。这些工作的开展，不仅使党团组织得到巩固发展，影响进一步扩大，其所积蓄的深厚群众基础更成为推动四川大革命运动的中坚力量。

四 四川早期党团组织创建的历史特点

中国共产党的诞生，是近代中国社会矛盾发展和人民斗争深入的必然结果。中国共产党四川地方组织是中国共产党为领导四川人民革命而建立起来的区域性组织，同时也是这一地区社会矛盾和人民斗争发展到一定阶段的必然产物。四川党团组织的创建，有一个历史发展的过程，具有自身的特点。

第一，先建团再建党，以团代党开展工作，是四川党组织建立的一个鲜明特点，丰富了中国共产党的创建历史。

先建立共产党组织，再在党组织的领导和帮助下建立团的组织，这是中国共产党在全国建立地方组织的普遍规律。但四川情况较为特殊，是先建立团的地方组织，且在相当一段时间内是以团代党，发挥领导作用，然后在此基础上建立党的地方组织。这一历史过程，是四川党组织建立的一个鲜明特点。1923 年 10 月成立的中共成都独立小组开启了党领导四川革命的序幕，但是由于王右木的牺牲导致该组织同党中央的联络中断。因此，四川的建党，是在 1925 年初，由各地团组织负责进行的。在四川普遍发展党员和建立党组织以前，都是由团组织代党工作。正如中共中央所指出的："有些地方只有 S. Y. 组织而无 C. P. 组织……遂不得不令 S. Y. 担任党的工作。"① 1925 年 1 月先后召开的党的第四次全国代表大会和团的第三次全国代表大会的有关决定，是四川各地团组织代党普遍发展党员的依据。党的四大《对于组织问题之决议案》规定："为着扩大吾党的数量……在尚未有我们组织的其他工业区及大都市，如东三省、河南、重庆、九江、芜湖、福州等均应努力开

---

① 《第一届团中央执委会第 20 次会议记录》，《党的文献》2012 年第 1 期，第 25 页。

始党的组织。"① 明确提出，要在重庆等地着手建党。但是，在这些地方还没有党组织，由谁来执行呢？团的三大《组织问题决议案》对此做出了相应的规定：在"有团的组织而没有党的组织的地方，团的中央应听党的指挥，去为党发展其组织或代为进行其工作""团员在二十五岁以上者，应酌量介绍其入党。"② 根据这两个文件，重庆团地委的杨闇公、童庸生等骨干在1925年2月首批加入中国共产党。

四川的团组织代党发展党员的这一做法，一直延续到1926年2月中共重庆地委成立。例如1926年1月24日，綦江县已经成立了党支部，而团的县特支在1月26日向团中央的报告中仍然提出："莲浦、绍文、详书皆入C.P.，敬乞批准，并请转报C.P.中央。"③ 不仅四川如此，在省外的个别地方也有类似情况。如1926年2月10日在蔡和森向共产国际的报告中，提到福建的情况："这里没有党组织，只有共青团组织。共青团直接接受党员。"④

四川团组织在代党普遍发展党员的基础上，又负责筹建党组织。1926年初，经过四川各地团组织筹建，团中央统一安排，并经团中央批准，报党中央备案，重庆、成都、綦江、宜宾等地成立了党支部。不久，杨闇公、童庸生在广州参加国民党二大后，经上海向党、团中央请示工作，回到重庆，于2月成立了统一领导全川党组织的中共重庆地方执行委员会，杨闇公任书记，冉钧负责组织工作，吴玉章（后为钟梦侠）负责宣传工作，军委为朱德、刘伯承，建立了党的领导系统，形成了全四川地方党组织的第一批领导核心。至此，四川的团组织完成了代党工作、筹备建党的历史任务。

四川党团创建史上先建团后建党，团组织为党发展其组织或代为进行工作的这段历史，是中共地方党团组织创建史上极具特色的一页，体现了四川共产党人在探索救国救民道路中的创新精神，也极大地丰富了中国共产党的创建历史。

第二，吴玉章、杨闇公等四川先进分子独立探索成立的中国青年共产党（中国YC团），为中国共产主义运动的发生与形成做出了历史性的贡献。

---

① 中央档案馆编《中共中央文件选集》（第一册），中共中央党校出版社，1989，第244、240页。
② 中国新民主主义青年团中央委员会办公厅编《中国青年运动历史资料（1925）》，内部发行，1957，第63页。
③ 《团綦江特支致团中央报告》（1926年1月26日），载中央档案馆、四川省档案馆编《四川革命历史文件汇集（1926—1932年5月）》，内部发行，1987，第36页。
④ 蔡和森：《关于中国共产党的组织和党内生活向共产国际的报告》，《中央档案馆丛刊》1987年第1、2期。

中国共产党在四川最早建立的党组织是 1923 年 10 月王右木在成都成立的中共成都独立小组。但值得注意的是，在四川共产主义组织的创建过程中，与中国共产党没有联系的四川先进分子也在独立地酝酿建立共产主义政党，吴玉章、杨闇公等建立和领导的中国青年共产党产生过重要影响。

1922 年初，吴玉章在北京会见从苏俄回国的共产党人王维舟，已有会合同志组织新政党的酝酿，并成立了"赤心社"。同年 8 月，回川担任成都高等师范学校校长的吴玉章结识了从日本留学归国不久的杨闇公，并介绍杨闇公与童庸生、廖划平以及在蓉疗伤的刘伯承等相互认识。为了推动四川革命运动，他们"迫切感到有成立一个无产阶级政党的必要"①。

1924 年 1 月 12 日，吴玉章、杨闇公在成都秘密成立中国 YC 团，选举吴玉章、杨闇公、刘仲容、廖划平等 6 人为负责人。大会通过的《中国 YC 团纲领》指出，"惟有采取马克思主义的革命方式，实行社会革命最为适合"，并肩负"代表无产阶级运动全体利益""颠覆有产者的利益""无产阶级掌握政权"等重大使命；《中国 YC 团章程》规定，在组织上"横的方面少数服从多数，纵的方面下级服从上级"，对支部、干部没有省区限制，而且明确指出中央部"现设于成都，于必要时得移往上海或北京等处"。② 该党的《纲领》和《章程》足以证明，中国青年共产党是一个以马克思主义为指导思想，以民主集中制为组织原则，反对帝国主义和封建军阀，以争取无产阶级解放、实现社会主义为目标的独立政党。当时，北京 YC 团成员虽得知陈独秀、李大钊等已成立中国社会主义青年团和中国共产党，并与共产国际取得了联系的消息，然而以刘仲容为代表的成员则有"陈独秀干他们的，我们干我们的。他们接好了头，我们就作他们的别动队吧"③ 的打算，而且把他们的这个意见告诉了在四川的吴玉章。中国青年共产党还出版《赤心评论》刊物，成立赤心评论社，组织"社会主义研究会"，在宣传马克思主义、发动群众投入反帝反封建斗争做了大量工作。

1924 年 5 月，因反动军阀加紧镇压革命运动，杨闇公等人被迫离开成都

---

① 李新编著《吴玉章回忆录》，中国青年出版社，1978，第 119 页。
② 《赤心评论》第一、二期，载中共四川省委党史研究室、中国重庆市委党史研究室、四川杨闇公基金会编《中国 YC 团（中国青年共产党）》，重庆出版社，1997，第 4、6、8 页。
③ 《刘仲容传略》《刘弄潮谈北京 YC 团》，载中共四川省委党史研究室、中国重庆市委党史研究室、四川杨闇公基金会编《中国 YC 团（中国青年共产党）》，重庆出版社，1997，第 292 页、第 322 页。

来到重庆，继续开展活动。此后，中国 YC 团成员在政治上发生分化，杨闇公、吴玉章等多数成员以个人身份加入中国社会主义青年团、中国共产党，从而使全川马克思主义力量统一起来，为四川党组织的建立和发展创造了良好条件。

创建中国 YC 团，是四川早期的马克思主义者在四川地区特定的历史和社会环境下开展共产主义运动、探索独立创建革命政党的一次勇敢实践。它的建立既没有得到共产国际的帮助，也没有和中国共产党取得联系，是自行建立的。它的产生证明哪里有工人阶级和人民群众的革命，并获得了马克思列宁主义这个思想武器，哪里就会产生无产阶级的先锋队组织。中国 YC 团同成都、重庆等地的共产党和青年团组织之间，成员上相互交叉，行动上密切配合，共同促进了马克思主义在四川的传播，也为中共地方组织在四川的创建做了干部上的准备。而中国 YC 团的分化和解散，反映了中国共产党的成立是中国革命的历史必然选择，是万宗归流的必然结果。

第三，作为四川革命的中心，成都和重庆在四川党团创建过程中发挥了各自特有的作用。

全国建党建团的模式主要是由上海、北京两个中心向全国各地辐射，具体到一些省份也主要是由省内某一地（主要是省会城市）发起向全省扩散，组建党团组织。但是，四川则不同，其是同一省内由不同的人员在不同的地方同时都在组建共产主义组织。例如在 1922 年 10 月以前，成都的王右木并不认识重庆的唐伯焜和周钦岳，而且他们回川组建团组织是受陈独秀分别委托，"各自在那方活动"①。他们能够互相认识也是因为唐伯焜在报纸上公开刊登了重庆青年团的消息，王右木在经重庆回成都时看到这个消息，以 SY 的身份去拜访的唐伯焜。甚至吴玉章、杨闇公等人还自发成立了中国青年共产党。成都在建团、建党之初作用最大，成都本来就是全国新文化运动的重要城市，当时曾有人将其与北京、上海并列，以此来高度评价成都在新文化运动中的地位；加上王右木、恽代英、吴玉章、杨闇公等一大批共产主义先驱的活动，使成都迅速成为四川革命的中心，不仅较早地成立了中国社会主义青年团成都地方团，开展了一系列影响全川的革命活动，而且在 1923 年就建立了党在四川的第一个组织——中共成都独立小组。但是正当各项工作有序开展之时，四川发生军阀混战，成都政局变化，特别是 1924 年五一大会以

①《第一届团中央执委会第 20 次会议记录》，《党的文献》2012 年第 1 期。

后，一向标榜"超新"的军阀杨森逐渐暴露出反革命面目，大肆排挤知名革命者，杨闇公等革命中坚力量被迫先后离开成都前往重庆。这时王右木也牺牲在为革命奔波的旅途中，成都党团组织骤然失去了优秀的领导人，导致成都的党团工作一时陷入停顿状态，成都作为全省革命中心的地位日渐丧失。客观形势的骤变，加之当时的重庆已是长江上游的水陆交通枢纽和最大的工商业重镇，使其成为各种力量集结之地，于是历史把重庆推向了四川革命运动的中心地位。而这时经过整顿后的重庆团地委在杨闇公、罗世文、童庸生等人的带领下当仁不让地担负起了领导四川大革命这场规模空前的伟大运动的责任，广泛唤起民众，推动大革命浪潮在巴蜀大地澎湃向前。通过斗争，促进了全川革命力量的相互团结，最终建立起统一领导全川工作的中共重庆地委，开启了党领导四川革命斗争的新篇章。

第四，四川党团组织在复杂的革命斗争实践中形成了一个团结的、坚强的、很有作为的领导集体。

四川团组织在草创之初，团员思想曾经非常复杂，一批早期的共产主义先驱者如王右木和童庸生，就发生过剧烈争执而导致严重后果，成员之间也有不团结和闹意气之争的现象，甚至还出现了由于团组织涣散而受到团中央严令解散的严厉处分。而四川党组织的建立更是经历王右木首先在四川建立党组织又因他牺牲而一度中断了建党的过程，以及经历了"以团代党"的曲折过程。一方面，先辈们当时也都是从旧的社会制度、旧的思想体系剥离而出的二三十岁的年轻人，正在成长之中。这些不足是难免的。他们的杰出之处在于，他们最终能在共同的奋斗目标下统一起来，顾全大局，服从真理，从而使目标更加明确、信仰更加纯洁。另一方面，正因为经历了这些挫折，四川党组织的建立虽然在全国范围内起步较晚，但因准备时间较长，使之具备了比较广泛的舆论基础、比较深厚的群众基础和比较丰富的领导革命斗争的实践经验，特别是有一批具有坚定的共产主义信念，经过实际斗争磨砺的领导人，因此甫一建立，它就以崭新的姿态、蓬勃的朝气立于时代潮头，勇敢地承担起历史赋予的使命，在第一次国共合作的复杂政治形势下，实现了中国共产党对四川革命运动的统一领导，担负起了领导全川人民革命斗争的历史重任。如在发展组织上仅 1 年时间全川党员人数就从成立时 70 人左右① 发展到 400 多人；与国民党左派密切配合，形成了以中共重庆地委为核心的

---

① 陈全：《对中共重庆地委成立时两个问题的考辨》，《重庆党史研究资料》1993 年第 2 期。

广泛的革命联合阵线，并曾长期牢牢掌握了对四川大革命运动的领导权；广泛动员和组织各阶层人民群众投入反帝反封建斗争，发动泸顺起义，支援北伐战争，掀起了四川大革命风暴。这些斗争使四川革命运动迅速汇入全国大革命的洪流之中，呈现迅猛发展的崭新气象。对此，中共中央曾充分肯定了四川党的工作，指出：在组织发展上，当推湘、鄂、川省，川省为最快，"所以四川省现时间是最好工作之地，四川工作同志其刻苦奋斗的精神，更为有别省所不及者"①。

---

① 《中央局关于最近全国政治情形与党的发展的报告》（1926 年 9 月 20 日），载中央档案馆编《中共中央文件选集》（第二册），中央党校出版社，1983，第 252 页。

王右木与四川群众革命运动的开拓

05

从建党初期到大革命运动时期，中国共产党人在全国各地领导了连续不断、轰轰烈烈的群众革命运动，让仍处在半殖民地半封建社会束缚之下的中国人民受到了新式政治运动、先进政治观念及其行为方式的全方位洗礼，塑造着中华民族的现代气质与未来走向。自从共产主义组织诞生后，四川地区的群众运动就被注入了与此前不同的激进革命与阶级斗争元素，地域社会的群众运动被赋予了新的时代特征。作为在四川传播马克思主义理论的历史先驱，王右木率先将马克思列宁主义的群众观点与阶级斗争观念传输进了氛围略显沉闷保守的夔门之内，一定程度上促进了成都地区知识青年、工人、农民、妇女等各界群体的内部聚合与组织发生，也推动了各个不同界别的人群相互熟悉、联络与团结共进，共同掀起了一场又一场的群众运动，不断冲击着旧的制度与旧的社会秩序。而他自己，却为此付出了巨大的代价。正是如王右木一般的早期马克思主义者所秉持的宝贵初心与伟大奉献精神，在巴山蜀水播下了共产主义革命的火种，举起了为民众谋幸福、为民族谋解放的正义之旗，为新民主主义革命的最终胜利奠定了坚实的基础。

内容提要

第一节　中国共产党的早期群众革命工作

一　眼光向下：建党初期党对群众革命工作的认知及其方针政策

众所周知，中国共产党是以代表无产阶级利益的群众性革命政党作为自身使命的。中国早期马克思主义者和创党初期中共领袖人物对群众革命工作的认识，无一不深刻体现了中国共产党的自我期许与阶级属性，也决定了党将采取的革命方针和遵循的革命道路。建党先驱李大钊在 1920 年的一篇文章中便谈道："无论何人，应该认识民众势力的伟大；在民众本身，尤应自觉其权威而毅然以张用之。时至今日，一切历史上传留下来的势力，都一天一天的粉碎了。什么宗教咧，皇统咧，军阀咧，政阀咧，不遇民众的势力则已，遇则必降伏拜倒于其前；不犯则已，犯则必遭其殄灭。民众的势力，是现代社会上一切构造的惟一的基础。"① 毛泽东在五四时期也振臂高呼要以"民众的大联合"去打倒强权者、贵族、资本家的联合，"国家坏到了极处，人类苦到了极处，社会黑暗到了极处。补救的方法，改造的方法，教育、兴业、努力、猛进、破坏、建设，固然是不错，有为这几样根本的一个方法，就是民众的大联合"②。可见在党组织正式创立之前，作为民族先行者的早期马克思主义者们，已经意识到了人民群众力量的重要性及其对历史进程的决定性作用。

从建党之初到大革命运动时期，中共党人更是密集通过各种渠道公开发声，反复强调政治活动应以群众运动为中心的观点。因此，中共在建党早期最为重视的就是对底层民众的广泛动员与组织工作，以此推进革命运动的向

---

① 李大钊：《要自由集合的国民大会》（1920 年 8 月 17 日），原载《晨报》1920 年 8 月 17 日，收于中国李大钊研究会编注《李大钊全集》第 3 卷，人民出版社，2013，第 262 页。
② 《民众的大联合（一）》（1919 年 7 月 21 日），原载《湘江评论》第 2 号，收于中共中央文献研究室、中共湖南省委《毛泽东早期文稿》编辑组编《毛泽东早期文稿》，湖南出版社，1990，第 338～341 页。

前发展。① 首先，从无产阶级政党的使命出发，中国共产党一开始就非常重视发展工人运动，视工人运动为当下推动中国革命的首要任务。建党不久后的中共中央局会议便通过并发出了通告，要求全国有党组织的"各区必须有直接管理的工会一个以上，其余的工会也须有切实的联络；在明年大会席上，各区代表关于该区劳动状况，必须有统计的报告""关于劳动运动，议决以全力组织全国铁道工会，上海北京武汉长沙广州济南唐山南京天津郑州杭州长辛店诸同志，都要尽力于此计划"。此外，党对于青年、妇女各界的群众运动也比较注意："关于青年及妇女运动，请各区切实注意；'青年团'及'女界联合会'改造宣言及章程日内即寄上，望依新章从速进行。"②

相比较而言，中共党人认为当时的国民党身上最大的问题，便是忽略对群众的宣传、动员与组织工作。例如，中共三大便公开批评国民党"集中全力于军事行动，忽视了对于民众的政治宣传"，并明确中共当前的任务是"阻止国民党集全力于军事行动，而忽视对于民众之政治宣传，并阻止国民党在政治运动上妥协的倾向，在劳动运动上改良的倾向"③。中共一成立，便迅速迈出了对广大劳工的组织动员步伐。1921年8月11日，为加强对工人运动的统一领导，中共中央局于在上海成立中国劳动组合书记部，张国焘担任书记部主任，办事机关设在上海北成都路19号。这是党领导工人运动的第一个公开机构。④ 该机构甫一成立，便发表了宣言，分析了中国工人的悲惨景况，强调全体工人阶级联合起来的重要性："劳动者没有组织，或是只有公所和无意义的工会组织，自然这种团结是不能够自卫，也自然是无反抗的能力。而且劳动者把他们自己分成什么宁波帮、广东帮、江北帮等等是不行的。这是把自己分裂的办法，怎样能拿着这种团体来和资本家奋斗呢？我们只有把一个产业底下的劳动者，不分地域，不分男女老少，都组织起来，做成一个产业组合。因为这样一个团体才能算是一个有力的团

① 郭德宏主编《中国共产党的历程》第一卷，河南人民出版社，2001，第81~88页。
② 《中国共产党中央局通告——关于建立与发展党团工会组织及宣传工作等》（1921年11月），载中央档案馆编《中共中央文件选集》（第一册），中共中央党校出版社，1989，第26~27页。
③ 《中国共产党第三次全国大会宣言》（1923年7月）、《关于国民运动及国民党问题的决议案》（1923年7月），载中央档案馆编《中共中央文件选集》（第一册），中共中央党校出版社，1989，第166、147页。
④ 中共中央党史研究室：《中国共产党历史第一卷（1921—1949）》上册，中共党史出版社，2011，第92页。

体，要这样的组织法，劳动者才能用他们的组织力，做奋斗事业，谋改良他们的地位呢。"① 这标志着在中国共产党领导下，全国工人阶级开始全面从传统乡缘、地缘、亲缘基础上的小范围联合，走向以政治觉醒与阶级自觉为基础的广泛大团结。而正在湖南开始尝试从事劳工运动的毛泽东也进一步阐释道："劳动组合的目的，不仅在团结劳动者以罢工的手段取得优益的工资和缩短工作时间，尤在养成阶级的自觉，以全阶级的大同团结，谋全阶级的根本利益。这是宗旨所在，希望劳工会诸君特别注意的。"② 五四前后便在北京长辛店从事工运活动的早期中共党人邓中夏，也在这一时期的文稿中特别强调工运的重要性："中国工人的群众有革命的趋同与可能，而且是革命军中最勇敢的先锋队，有香港海员和京汉路工两大罢工可以证明，我们亦应毫无疑义了。所以我们不欲革命则已，要革命非特别重视工人运动不可。"③

在此之后，各个地方的党团组织也迅即投身于工人运动中，使得各地分散自发的工人组织有了新的指导思想与中坚力量。如广东一批青年马克思主义者在给上海中央的信函中便阐述了自己在劳工群体中所做的联络组织工作：

"我们现在联络广东总工会内的重要分子——油业工会、轮船工会、革履工会、机织工会等在一起，来组织一个通力合作的《爱群通讯社》——兼且预出星期报。我们的工作是：得到联络劳工的机会，为实际训练之准备，完成劳工运动的中心，是为至要的。将劳工运动的力量，向外发展，完成社会的劳动化，也为必要的。尤其是指导劳工在政治上的活动，以争得过渡时代的劳工保障法。我们依上各原则，所以不遗余力，促成于数日之间。现在已着手办事，积极进行。但我们相信联络全国的劳工们，进而至于世界的劳工们，是最有力量而且是势在必要的。那么，我们很想和你们连成一气，互通消息；这最有力量而且势所必要的工作。如贵地关于政治、社会、经济三方面动静状况之新闻资材（料），请尽量供给我们，来沟通劳动阶级之消息，

---

① 《中国劳动组合书记部宣言》（1921年8月），载中共中央文献研究室、中央档案馆编《建党以来重要文献选编（一九二一——一九四九）》第一册，中央文献出版社，2011，第45~46页。

② 毛泽东：《所希望于劳工会的》（1921年11月21日），载中共中央文献研究室、中央档案馆编《建党以来重要文献选编（一九二一——一九四九）》第一册，中央文献出版社，2011，第49~50页。

③ 邓中夏：《论工人运动》（1923年12月15日），原载《中国青年》1923年第9期，收于邓中夏著《邓中夏全集》（上），人民出版社，2014，第298页。

做我们劳工运动的需要。"①

除了工人运动以外，中国共产党从成立初期开始，就注意到农民群体在中国革命运动中的地位与作用，并逐渐将农民运动视作与工人运动同等重要。中共中央在1922年的一份文件中便指出："无产阶级在东方诸经济落后国的运动，若不得贫农群众的协助，很难成就革命的工作。农业是中国国民经济之基础，农民至少占全人口百分之六十以上，其中最困苦者为居农民中半数之无地的佃农。此种人数超过一万万二千万被数层压迫的劳苦大群众（专指佃农），自然是工人阶级最有力的友军，为中国共产党所不应忽视的。中国共产党若离开了农民，便很难成功一个大的群众党。"② 在1923年7月公开印行的《中国共产党第三次全国代表大会决议案及宣言》中，首次在全党代表大会决议中专门设置了"农民问题决议案"，其中明确提到结合农民以促进国民革命运动之必要性：

"自从各帝国主义者以武力强制输入外货以来，一般日用品的价格增高率远超过于农产价格增高率，从前的农民副业（如手工纺织等）也全被摧残。又自辛亥以后，军阀争地盘的战争连年不息，土匪遍于各地，再加以贪官污吏之横征暴敛（如预征钱粮额外需索等），地痞劣绅之鱼肉把持，以致农民生活愈加困难。因此种种压迫农民自然发生一种反抗的精神，各地农民之抗租抗税的暴动，即其明证，故我党第三次大会决议认为有结合小农佃户及雇工以反抗牵制中国的帝国主义者，打倒军阀及贪官污吏，反抗地痞劣绅以保护农民之利益而促进国民革命运动之必要。"③

1923年中共三届一中全会通过的《国民运动进行计划决议案》中，更进一步加深了对于农民及农民运动意义的认识，其中便提到对于协助国共合作背景下的中国国民党向乡村深植根须的筹谋："农民在中国国民运动中是最大的动力，中国国民党的基础便应该建设在农民上面，各省支部应竭力推广其分布于乡村。运动之策略，以教育及自治入手，以'全农民利益'为号

---

① 《冯菊坡、阮啸仙、周其鉴、刘尔崧致秀松等信——组织〈爱群通讯社〉，建议加强工人运动的联络》（1922年10月20日），载中央档案馆、广东省档案馆编《广东革命历史文件汇集（中共广东区委文件·1921年—1926年）》，1982，第7页。

② 《中国共产党对于目前实际问题之计划》（1922年11月），载中共中央文献研究室、中央档案馆编《建党以来重要文献选编（一九二一——一九四九）》第一册，中央文献出版社，2011，第198页。

③ 《农民问题决议案》（1923年7月），《"二大"和"三大"：中国共产党第二、三次代表大会资料选编》，中国社会科学出版社，1985，第185页。

召，如水利、防匪、排洋货、抗苛税等，不宜开始即鼓吹佃农的经济争斗致召中农之反抗。"① 中共在认识上与政策理论上的不断深化，对于大革命历程中农民运动蓬勃地在全国各地开展起到了关键性作用。

此外，一些中共早期的重要干部，对农民和农民运动的价值也有着深刻的认知与阐释。如早期工运领袖邓中夏于 1923 年底专门撰成一文谈农民运动："我认定革命主力的三个群众，是工人、农民和兵士。"紧接着，他非常详细地阐释了农民作为中国革命生力军的斗争潜力与农民运动的现状和未来：

"中国的经济基础，大家都知道差不多完全是农业，那么，中国农民应该至少要占全国人三分之二，不须统计，我们可毫不犹豫的断定了。这样一个占全人口绝对大多数的农民群众，在革命运动中不是一个不可轻侮的伟大势力吗？是我们青年革命家所可忽视的吗？""农民潜藏革命性和有种种特长，已是给他们证明无余了。我们为什么让农民给军阀召募去当炮灰？为什么不唤醒农民为国民自身利益的革命而奋斗？即此一端，可证我们要做农民运动是刻不容缓的事了。况且中国农民年来因为上文所述的种种环境的逼迫，发生了不少的抗税罢租的运动。如前年浙江萧山的农民，去年江西萍乡的农民，和最近江西马家村的农民，青岛盐田的农民，广东海丰的农民，湖南衡山的农民，都曾揭竿而起，挺身而斗，痛快淋漓的把他们潜在的革命性倾泄出来。""他们不仅是敢于反抗，并且进一步而有农会的成立，把散漫的群众都集中在一个组织与指挥之下。这样的知能与勇气，恐怕进步的工人也不能'专美'罢。这些事实，都是在全国报纸上记载得明明白白，当然不是可以捏造得出来的。""由此可证明中国农民已到了要革命醒觉时期了，如果青年们象俄国'沙'时代的知识阶级一样，高呼'到民间去'，为之教育，为之组织，恐怕将来农民运动，比现在完全由农民自动的奋斗，还要来得'有声有色'些罢。"②

邓中夏对农民运动问题在中国共产党总体革命战略中的重视程度在当时应属少有，不仅将其提到与工人运动并列的高度上来，而且认为其是刻不容缓的。

---

① 《国民运动进行计划决议案》（1923 年 11 月），载中央档案馆编《中共中央文件选集》（第一册），中共中央党校出版社，1989，第 201 页。
② 邓中夏：《论农民运动》（1923 年 12 月 29 日），原载《中国青年》1923 年第 11 期，收于邓中夏著《邓中夏全集》（上），人民出版社，2011，第 330～331 页。

除此之外，大革命时期亦有其他部分早期马克思主义者也注意到了农民运动的重要性，这其中自然是以毛泽东为代表。在《中国社会各阶级的分析》《中国农民中各阶级的分析及其对革命的态度》等文章和《赵恒惕的阶级基础和我们当前的任务》小册子中，他对农民问题的重要性做了深刻的阐释，并运用马克思主义的阶级分析方法，对中国农村的阶级成分进行了科学分析，初步形成了中共关于农村阶级分析的理论。尤其是在 1927 年 3 月发表的《湖南农民运动考察报告》中，毛泽东对农民运动在中国革命战略进程当中的现状、价值、意义及发展途径等进行了充分的分析，为此后中国新民主主义革命重心的转移做了重要准备。① 值得注意的是，在国民革命过程中，中共党人非常注意对群众革命运动领导权的掌控，"须努力获得或维持'指挥工人农民学生市民各团体的实权'在我们手里，以巩固我们在国民党左翼之力量，尽力排除右派势力侵入这些团体"② 。当然，也有人从中国革命的阶段性和中国共产党的不成熟性出发谈到以工人、农民为动员目标的急迫性与现实性。如中共早期的重要干部罗亦农在 1924 年秋旅莫支部会议上的发言中提出："中国共产党很幼稚的，无产阶级革命还不可能，所以非连（联）合国民党不可，国民党的左派非极力接近不可，共产党非极力去组织群众不可——就是工人农民。现在共产党的革命主要的力量是无产阶级，帮助的力量是农民，引起其他的阶级革命分子。所以中国共产党应组织工农，预备革命的基础。"③

除了工人运动与农民运动以外，妇女运动、青年运动乃至兵士运动等，都成为中国共产党在建党初期和大革命时期投入了不少精力的群众革命运动的重要内容。中共二大就制定并印发了《关于妇女运动的决议案》，向全社会宣告："中国共产党认为妇女解放是要伴着劳动解放进行的，只有无产阶级获得了政权妇女们才能得到真正解放。他目前为妇女奋斗的是：（一）帮助妇女们获得普通选举权及一切政治上的权利与自由；（二）保护女工及童工的利益；（三）打破旧社会一切礼教习俗的束缚。同时，中国共产党又要高声指教全国的妇女们：这些运动，不过为达到完全解放目的必须经过的站驿，在私有财产制度之下妇女真正的解放是不可能的，前进，才能跑进妇女

---

① 中共中央文献研究室编《毛泽东传（1893—1949）》，中央文献出版社，1996，第 58~71 页。
② 《中共中央通告第十五号——对国民党右派的斗争》，载中央档案馆编《中共中央文件选集》（第一册），中共中央党校出版社，1989，第 283 页。
③ 罗亦农：《应组织工农，预备革命的基础》（1924），载罗亦农著《罗亦农文集》，人民出版社，1999，第 4~5 页。

解放的正路。"① 青年运动则是中国共产党一向重视的，其创党初期的成员多数都是知识青年。1922 年 5 月中国社会主义青年团在上海正式宣告成立，随即便制定了详实的纲领、章程与关于青年、教育、政治宣传等方面的各类议决案，公开声称"我们社会主义青年团是为无产阶级尤其是为无产阶级的青年奋斗的团体，所以我们对于青年工人农人生活状况改良，应该尽最多最大的力量"。随即便提出了对于青年工人、农民的生活状况必须改良之条件若干条，并要求各地团组织为此目标尽力奋斗。② 次年 6 月，中共三大又专门通过了《青年运动决议案》，对社会主义青年团的青年工作进行指导，"第三次大会认青年运动为本党重要工作之一，所以对于社会主义青年团应极力加以组织上指导上之援助"。中共中央在决议中对青年团的青年工作提出了若干要求，包括"社会主义青年团应以组织及教育青年工人为其重要工作，在出版物上应注意于一般青年实际生活状况及其要求""社会主义青年团对于青年学生应从普通的文化宣传进而为主义的宣传，应从一般的学生运动引导青年学生到反对军阀反对帝国主义的国民运动"等各个方面的内容。③

图 5 - 1　中国共产党领导的群众革命运动

资料来源：《五卅运动 94 周年纪念日》，2019 年 5 月 30 日，https://www.sohu.com/a/31760 2890_120067318。

---

① 《关于妇女运动的决议案》（1922 年 7 月），载中共中央文献研究室、中央档案馆编《建党以来重要文献选编（一九二一——一九四九）》第一册，中央文献出版社，2011，第 161 页。
② 《青年工人农人生活状况改良的决议案》（1922 年 5 月），载中国新民主主义青年团中央委员会办公厅编《中国青年运动历史资料》第 1 册，内部发行，1957，第 135～136 页。
③ 《青年运动决议案》（1923 年 6 月），载中共中央文献研究室、中央档案馆编《建党以来重要文献选编（一九二一——一九四九）》第一册，中央文献出版社，2011，第 265 页。

总而言之，随着中国共产党的创立及发展，现代中国的工人、农民、青年、妇女等各方面的群众运动都逐渐走上了无产阶级政党领导的崭新革命道路，获得了新生。首先，中国共产党领导下的群众运动摆脱了过去盲目混沌、眼界狭窄、漫无章法的方式，以及最终多归于失败的宿命，能够在作为运动坚强核心的党团组织领导下，以铁的纪律与严密的章法，向压迫人民的反动势力展开猛烈进攻，虽然并非每次都能取得彻底胜利，但即使失败也无疑能够启发广大群众的阶级觉悟。其次，党领导的各类群众运动往往能够打破职业、阶层、性别、地域等差异所形成的区隔，实现各个人民团体在对黑暗势力展开斗争时的同气连枝、相互支援，并越来越紧密地团结一心、共同奋斗，最终通过各种方式汇成一股又一股的力量洪流，为中国新民主主义革命的彻底成功奠定了坚实的基础。

二 扭转乾坤：四川早期马克思主义者的群众革命观及其实践途径

（一）四川早期马克思主义者在建党初期对群众革命工作的认知

作为中国早期马克思主义者的有机组成部分，四川地区的革命先行者在建党前后对群众革命工作的理论认知与实践尝试也在不断的萌生、加深和推进中。1923 年初，尚在法国留学的四川青年赵世炎，已成为一个立场坚定的革命者。他在一篇文章中提出，"在旅法的中国青年中，形成为无产阶级的队伍的，自然要算勤工俭学生和华工了"。他强调因为华工在当时情况之下，"其阶级觉悟之观念尚未发达，故惟教育运动是重要的工作，而惟有这一种工作，才能完成他们的使命"[1]。他在四川早期马克思主义者中较早地提出了要对工人阶级进行宣传教育的观念。此前亦去往法国勤工俭学的乐至青年陈毅，1920 年冬加入了以信仰马克思主义与俄国式社会革命为宗旨的工学世界社，和社友们一起讨论问题，阅读《共产党宣言》，思想逐渐转变。他在"五一"国际劳动节罢工期间，搜集工人出版物，帮工人散发传单，与法国工人一起上街游行，并得到了蔡和森等人的支持。[2] 江津青年聂荣臻在这一时期的留法勤工俭

---

[1] 赵世炎：《旅法的中国青年应该觉醒了——投机、改良与革命》（1923 年 3 月 1 日），收于中共中央党史研究室科研管理部编《赵世炎文集》，人民出版社，2013，第 87 页。

[2] 刘叔发主编《陈毅年谱》上卷，人民出版社，1995，第 39、40 页。

学生活中也实现了世界观的转变，他不仅积极参加了留法勤工俭学生发动的大规模群众斗争，如 1921 年的"二八运动"、"拒款运动"和进占里昂中法大学的斗争，还对一战后在法国乃至西欧风起云涌的工人运动有了深切的感知，从而充分认识了群众革命运动的意义，逐步走上了共产主义革命的道路。①

活跃于川中舞台的本土革命精英与早期马克思主义者，也在实际的政治社会活动与斗争实践中形成了符合马克思列宁主义基本原则的群众观与斗争观，逐步从改良主义的窠臼中摆脱了出来。如辛亥革命时期便投身于政治活动的川中知名老同盟会员吴玉章，在 1920 年代初一度积极投身"省自治运动"，参与组织全川自治联合会，并成为它的主要领导人。② 这是一场 1920 年代前期在大革命运动兴起前具备全国性影响力的政治改良运动，不过该运动在各省蔓延发展的过程中，逐步被军阀官僚政客等竞相利用，以作为争权逐利乃至博取名声和政治资源的工具，甚至在有的省份还引起了新的政潮与内耗。吴玉章之所以要投身这场运动，主要是他认为：一是可以抵制北洋军阀，也有利于制止本省混战，创造一个比较安定的环境；二是可以利用这一机会宣传教育群众；三是不让军阀利用这个运动及这个组织。有学者认为，参与地方自治运动是吴玉章马克思主义观形成阶段的起点。③ 据吴玉章自述，1919 年时，他被西南军阀排挤，退出了南方军政府，10 月底回到四川。就在这一年，他读到了一本叫作《过激派》的日文版书籍，这本介绍马列主义学说的浅显著作对吴玉章的思想产生了重要的影响。通过阅读此书，他意识到了："工人和农民是社会财富的创造者，他们用辛勤的劳动哺育了整个社会。但是他们自己却'衣不蔽体，食不果腹'，世世代代过着贫困的生活。而地主、资本家，游手好闲，不事劳动，却过着奢侈的生活。如何能使这些人绝迹？布尔什维克主张'不做工，不得食'。我非常拥护这个主张。的确，对于这些社会上的寄生虫，一定要强迫他们去劳动，让他们'自食其力'，社会才能够安定和繁荣。"至于斗争的方式，吴氏自称也受到了冲击，开始反思之前一直走的上层精英路线："布尔什维克认为：工人阶级是最革命的阶级，工人阶级必须依靠自己的力量才能够得到解放。这个道理在从前我是不可能理解得深刻的。从前虽然对下层劳动人民的痛苦生活寄予极大的同情，

---

① 《聂荣臻回忆录》（上），战士出版社，1983，第 21～35 页。
② 吴玉章：《吴玉章回忆录》，中国青年出版社，1978，第 115～118 页。
③ 刘文耀：《吴玉章马克思主义观的形成》，《四川党史》1994 年第 3 期，第 34～38 页。

搞革命就是为了要解救民众的苦难，但是总以为革命只能依靠少数知识分子、职业革命家，没有看到广大人民中所蕴藏的伟大革命潜力。经过十月革命，世界上出现了第一个工人阶级的政权，经过五四运动，中国工人阶级发挥了冲击旧制度的伟大力量。"① 其中对群众革命运动的推崇已是呼之欲出。自然，当事人时隔多年后的追述未必完全符合当时的实际情况，但通观1921年上半年吴玉章为"全川自治联合会"拟定的宣言和十二条纲领，确实已部分体现了马列主义的思想原则，激进的政治主张与改良主义办法呈现杂糅状态。其中既有"本会之主义，乃打破强权，铲除阶级，实行社会民主主义；对于政治经济亟图改革，以期建立平民政治，改造社会经济"的主张，也有创立"联省制度"、主张男女平权、力谋教育普及、制定累进税率、组织协社实现经济相互扶助等愿景。② 作为川中老同盟会员的政治精英吴玉章，在中共创党前后对底层民众力量与群众革命运动的看法发生了根本性的转变，这或许是当时四川乃至全国老一代政治精英向马克思主义革命者转型的经典例证。

而川中革命先驱王右木的认识水平与行动能力，则体现了直接将马列主义思想资源引入地域社会的盗火者与深耕者的历史贡献。王右木于1919年结束学业返川后，便十分重视对四川青年与劳苦大众的动员与组织。1922年2月7日，由他主编的《人声》报在成都创刊发行，这份报纸是四川第一份宣传马克思主义理论的刊物。③ 在王右木撰拟的该报创刊宣言中，便宣称要"直接以马克思的基本要义，解释社会上一切问题""对现实社会的一切罪恶现象，尽力的布露与批评以促进一般平民的阶级觉悟""注重此地的劳动状况，给彼辈以知识上的帮助"，最终目的则是"为全人类谋均等幸福"。④ 他专注于发动平民，动员下层群众，对所谓绅绅者流，并不信任。在对四川热热闹闹的省自治运动的回顾述评中，"殊知各国所谓绅绅者流，简直不会同军阀不是一样，各国亦皆然，中国自不能独异。……中国所谓绅绅，完全是官厅势力侮辱良民的，他们虽也在攻击军阀，但他们早已自知不能得大胜利，只顾分赃。他们未得势时，尚是依军阀势力，狐假虎威，无恶不作，岂有得势后，反

---

① 吴玉章：《吴玉章回忆录》，中国青年出版社，1978，第112~113页。
② 刘文耀、杨世元编《吴玉章年谱》，四川人民出版社，1998，第86页。
③ 中共四川省委党史研究室：《中国共产党四川历史》第一卷，中央文献出版社，2009，第33~34页。
④ 《本社（〈人声〉报）宣言》（1922年2月7日），收于中共江油县委党史办公室编《四川马克思主义运动先驱者——纪念王右木诞生一百周年》，四川大学出版社，1988，第145~146页。

比军阀好些。他们并不配行中产阶级的德谟克那西，他们所作所为，是掠夺、是压制。代议制度，经法国中产阶级首先发明后，盗贼互相学效，用平民倒君主，而仍是自保特权。美其名代议政治，选举岂是平民有分。自定法律单是管束平民用的。金钱集中自己，编穷人之健者为兵以压制不服掠夺的人。明明是诈取巧夺，偏说是顺乎自然进化云云，我们岂可不看破这种把戏吗？"① 这样的态度，鲜明地体现了王右木对劳苦大众阶层的重视，由此也很好理解此时他为何坚定地走向了组织社会大众、发动群众革命运动之途。

此外，四川第一个中国共产党省级组织——中共重庆地委首任书记杨闇公，在 1924 年 1 月的日记中，也留下了对既有上层政治活动的失望与如何建构国家新秩序的设想："这一般幸运儿的伟人们，足足闹了十二年，仍然是没有具体的办法；表现在我们眼前的政绩——祸乱相寻，民穷财尽，就概括了，说不上什么特别的长处来。一般忧时的人，都认定茫茫前途只有苦，没有乐，决难得良好的结果。但我却很抱乐观的，因社会的过程是循序渐进的，有自然的定律。吾国自辛亥改革后，算是骤进共和，民人的程度实与共和相去很远；兼辛亥以前的旧有势力者并未打倒，所以才有这十二年纷扰。"那么，应当如何收拾当前局面呢？杨闇公认为唯有依靠已自我觉悟的部分先行者，作为中坚骨干勉力前行，唤起民众以共同奋斗："吾国近来的政治中枢已失，如要望这一般幸运儿整治清平，真是俟河之清！这种责任，完全在我们自己身上，还能够旁贷吗？奋力前进，必有达目的底一天。今后当注意同志的学识，择优秀分子为中坚的骨干，因群众运动非有中坚人物不可。"② 是月，杨闇公便与吴玉章、郭祖劫、傅双无等同道一起在寓所成立了中国 YC 团，在纲领中标举了"纠合无声者，团成一个阶级""颠覆有产者的利益"等五项团体最大使命，并紧接着于 4 月组织成立了社会主义研究会，注意在知识青年乃至工农各界中罗致人才。③ 后杨闇公于 1924 年夏转赴重庆，参与中共早期党团组织的领导工作，正式投身于轰轰烈烈的群众革命运动当中。④

---

① 王右木：《一年来自治运动之回顾与今后的新生命》（1922 年 2 月 6 日），收于中共江油县委党史办公室编《四川马克思主义运动先驱者——纪念王右木诞生一百周年》，四川大学出版社，1988，第 149 页。

② 杨绍中等整理《杨闇公日记》，四川人民出版社，1979，第 25、28 页。

③ 参见《中国 YC 团纲领》《社会主义研究会暂行简章》，收于中共四川省委党史研究室等编《中国 YC 团（中国青年共产党）》，重庆出版社，1997，第 4、63～64 页。

④ 可参见郑洪泉《杨闇公》，收于中共四川省委党史研究室编《四川党史人物传》第 1 卷，四川人民出版社，2016，第 45～53 页。

后来土地革命时期曾担任中共四川省委常委兼秘书长的邹进贤，在其留下的1923～1924年于成都省立蚕桑校念书时的部分日记遗札中，也颇留意于对群众的组织动员工作，对于青年学生联合团结之必要，他写道："学生不要疑惑自己有好大力量，力量之大是在联合拢来。学生的活动不是靠一二人打死仗，是要唤起群众的团集力。"对于唤醒一般民众起而奋斗，他认为也是必要的："我看现在不了解中华民国是什么，国民的资格和责任是什么，这样人多得很——尤其是我们綦江更多。现在的军阀专横，弄得民不聊生，未尝不是（不）明白国体及国民责任的人过多。病因是这样，觉得要组织一个讲演队来唤醒民众。"此外，他在日记、书信与读书笔记中留下了不少"引导群众入于革命之轨""指挥群众于发扬之轨"的记载。①

总而言之，上述川籍早期马克思主义者，不论是长期在省外活动，还是主要活动于川内的舞台上，他们都在建党前后的1920年代早期，基本完成了思想认识上的转变。从之前偶或寄希望于军阀政客等实力派的"革新"②，到转向重视"失语大多数"——人民群众的力量，致力于组织动员起基层广泛民众的力量来开展革命运动，以实现共产主义理想的远大目标，这是建党前后那一代革命知识分子普遍走过的心路历程。

（二）缚龙之术：四川早期党团组织的动员群众之途

辛亥革命的胜利，仅是推翻了清朝专制皇权的压迫，各地的大小军阀及地方豪绅强人等"土皇帝"仍是各自称霸一方、作威作福，包括四川民众在内的广大人民仍然处在水深火热的境况之中。不过，在无边的黑暗中也孕育着反抗与追求光明的火种。二次革命、护国战争、反对签署"二十一条"群众运动等旧民主主义革命的余绪均波及了四川地区。尤其是1919年5月以后，五四爱国运动的风雷逐步席卷全川，以知识青年为领头羊的

---

① 中共重庆市委党史研究室编《邹进贤日记》，重庆出版社，1997，第159、125、87、140页。
② 即使是早期知名中共党人恽代英，亦对表面趋新的军阀势力一度抱有幻想。他于1921年秋应邀赴泸州的川南师范学校任教后，在致友人信函中曾谈到该校"经费全靠杨森保障"，"反对此校的很多，杨若动摇，将成不了之局"。"在此军长杨森，教育科长卢思，再加校长王德熙都可谓好勇过我。只要他们是不倒翁，此间事本有可望。……川南以改造教育、改造社会或竟闹得成功。此不能说非'利用已成势力'"。参见《致杨效春》（1921年11月），载恽代英著《恽代英文集》（上卷），人民出版社，1984，第318～319页；《致杨钟健》（1921年11月），载恽代英著《恽代英文集》（上卷），人民出版社，1984，第321～323页。

反帝救亡与新文化运动、新思想运动激潮澎湃,新民主主义革命在川中渐次拉开大幕。①

　　五四运动在情感上、思想上、理念上均给川中社会带来了巨大的冲击,尤其是对于往往走在时代前列的知识分子群体来说,新的政治概念、新的社会理想、新的行为方式,在他们中间逐渐地渗透、萌芽、成长,由此在知识界构建了一个不同以往的"观念世界"。这正如学者所论,"五四运动激起了一种关心'国事'、关心'新思潮'的风气,造成了一种阅读革命,书报阅读者激增,能读新书报即代表一种新的意向,而且也深刻地影响着青年的生命及行为的方式,人们常常从新文学中引出新的人生态度及行为的方式"②。除了书报以外,学会、读书会、学生会、自治会、同乡会等各类社团也是新一代知识青年能聚合起来形成力量的重要渠道。新报刊与新社团一起构成了现代教育体制空间中学生群体形成紧密交相互动关系的媒介网络。③ 1920 年前后,在五四运动救国浪潮与新文化风潮的激荡之下,在僻处西南边陲的四川区域内,以省会成都为代表的不少城市中,都出现了一些多是由当地知识青年与在校学生创办的进步社会团体,他们在以新思想改造社会的理念旗帜下聚集起来,主办各种新式白话刊物,如《半月报》、《星期日》、《威克烈》、《新空气》、《直觉》、《四川学生潮》、《渝江评论》,等等。④ 除了创办报刊以外,街头演讲、散发传单、办平民学校,也成为这一代青年学生们在五四运动中习得的思想观念传播方式与民众沟通技艺。⑤ 五四前后,成都、重庆等川内得风气之先的城市新知识界开始在各种场合鼓吹各类革新思潮,向大众呼吁推翻那"贪污黑暗的老世界",向往并欲创造"光明的人人自觉的新世界",这成为当时不少新式团体的公开宣言与激进青

---

① 陈世松、贾大泉主编《四川近代史》(第7册),四川大学出版社,1993,第6~11页。

② 王汎森:《五四运动与生活世界的变化》,《二十一世纪》(香港)2009 年 6 月号,总第 113 期,第 47 页。

③ 可参看刘宗灵、郑峰《新式学生的聚合之途:报刊媒介与"学生共同体"的打造——以民国初年为中心的讨论》,《晋阳学刊》2013 年第 1 期;刘宗灵:《课堂之外:报刊媒介与近代学生的关联及其影响》,《福建论坛》(人文社科版)2015 年第 3 期。

④ 中共四川省委党史研究室:《中国共产党四川历史》第一卷,中央文献出版社,2009,第 25~26 页;四川省委党史工委编《五四运动在四川》,四川大学出版社,1989,第447~476 页。

⑤ 在当时的报刊上,可见到不少学生上街演讲或自发组织演讲团、演讲会的报道。如《省城华大学生上街演说》《成都学生到郊外演讲》《成都中学学生加入国民大会讲演团》,上述报道分见成都《国民公报》1919 年 6 月 4 日、14 日、19 日各天所载消息。

年的口头禅。① 虽然，这当中许多群体或个人其后并未转向马克思主义与苏俄式的革命道路，但这股革新风潮客观上为之后马列主义革命团体在川内的初建，准备了一定的人力资源、思想资源与组织资源，使得川内的趋新与进步分子开阔了眼界，得到了初步的熏陶淬炼。正是在这样的时代氛围下，在一些外游归蜀或是入川活动的左翼青年领袖，如王右木、恽代英、杨闇公、童庸生等人的带动下，川中的进步青年们纷纷以这些领袖人物为核心，以或同或异的方式聚合了起来，形成了一个个互有交叉重叠的地方革命者组织网络。在这些进步知识青年的组织网络基础上，早期共产主义组织（如社会主义青年团、中国 YC 团等）在川内生根发芽并开花结果。这些不断孕育着先进力量的早期革命组织，不仅为四川区域左翼青年的聚集提供了重要平台，也为人民群众的组织动员工作提供了关键的支撑点与动力源。

　　四川党团组织成立后，在教育、组织与发动群众方面极为留意，将之作为团体的首要工作对待。刚刚成立数日的成都青年团地委在向团中央的报告中，谈及在开第一次执委会和成立纪念大会时便议决："通知团员就地宣传，组织小团体自为一单元""经济部运动，在最短期间，至少须清出主要工人姓名""由介绍人各自督率、催促所介绍者，对民权运动与机织工人两事之参加（此时机织工人罢工要求加工价）""另设一种学会，以便吸收团员。议决由宣传部主任担任，与马克思学会结合，相谋进行""组织女子部团员问题"等议案。② 从其行动方略来看，隶属于团中央的成都地方团甫一正式成立，便迅即谋划推动本地的工人、青年与妇女等群体组织起来，开展各种社会运动。早期团组织注重利用知识青年的力量去引导、组织劳动界，"欲劳动者首领尽为马派出死力，总在知识界 S. Y. 分子能投身做此者较多才好。"③ 1923 年初成立的内江青年团，在事关群众革命运动的工作实践与计划上，也是试图通过学生界的进步知识青年去组织动员劳动人民，尤其是利用自身的

① 《〈星期日〉的过去和将来》（1920 年 1 月 4 日），原载《星期日》（成都）第 26 期，收于中共四川省委党史工作委员会主编《五四运动在四川》，四川大学出版社，1989，第 447 页。
② 《团成都地委向团中央的报告——关于团地委的成立情况》（1922 年 10 月 23 日），载中央档案馆、四川省档案馆编《四川革命历史文件汇集（1922—1925）》，内部发行，1986，第 42~43 页。
③ 《王右木给施存统的信——关于在四川武装工农的设想》（1923 年 5 月 5 日），载中央档案馆、四川省档案馆编《四川革命历史文件汇集（1922—1925）》，内部发行，1986，第 77 页。

文化教育优势，开办面向底层民众的平民夜校、国语研究会等社会教育机构，去接近与影响本地劳动界群众："劳动界已成立工学联合会，拟办平民夜课学校，使劳动界得增长知识，抵御强暴。通俗讲演所，虽属公开，现在亦系同学主持，附有阅报室，我们的机关刊物早已列入。其他国语研究会、城区教育会，都是同学主持，还在设法联合多数青年和劳动者，讲求学术和技能。总要养成坚强不屈的团体，排除地方对本团的障碍，抵制过境军队，使青年有确定的生活，劳动界有自卫的能力。这是目前的计划。"①

除了日常的群众组织与发动工作以外，初创时期的四川党团组织，往往以各种纪念日活动、重大时政问题与一些突发事件为切入点，对目标群众进行即时的动员，借助集体纪念的仪式感或重大事件的冲击力给民众带来的热烈情绪，掀起疾风骤雨式的群众运动，以适时扩大党的政治影响力、辐射力与组织力。其中，比较有代表性的如"五一"国际劳动节纪念、列宁逝世纪念、孙中山逝世纪念、"国庆"日纪念、国民会议促进会运动、非基督教运动、四川民权运动、声援二七大罢工、"德阳丸"案事件、声援"五卅运动"、"美仁轮案"事件、声援"七二"渝案、声援"三·一八"惨案、声援万县"九五"惨案、声援南京惨案，等等。② 这其中既有对全国性群众革命运动的声援、呼应与支持，也有针对本地突发的列强势力侵害凌虐中国军民所致惨案的抗议示威，主要矛头对准的是帝国主义在华势力及其支持下的封建军阀统治力量，体现了中国共产党甫一诞生，便在包括四川地区在内的全国各地将反帝反封建的民主革命运动推向了高潮。

限于篇幅，仅举两例。一是 1923 年 5 月 5 日，借着马克思诞辰纪念，成都团地委联合学、工、商及文化教育等各界别团体召开第一次纪念会议，取得了相当不错的效果，现场便吸收了不少参会者申请加入"马克思读书会"，为刚成立半年多、成员寥寥的成都青年团增添了不少后备力量，"五月五号为马克思诞生纪念日，由本团同志王右木、恽代英假西南公学开马克思诞生一百零五周年纪念会，到会人数将近四百人，自愿加入读书会人数五十余人。最近由蒋雪邨、谢国儒在高师组织工人学校，劳工报名者将近三百人，

---

① 《内江劳动界和青年的生活状况及内江团的工作计划》（1923 年 6 月），载中央档案馆、四川省档案馆编《四川革命历史文件汇集（1922—1925）》，内部发行，1986，第 124 页。

② 参见中共四川省委党史研究室编《中国共产党四川历史大事记（民主革命时期）》，四川大学出版社，1997，第 25 ~ 81 页；中共四川省委党史研究室：《中国共产党四川历史》第一卷，中央文献出版社，2009，第 51 ~ 57、77 ~ 94 页。

定于下周行课"①。二是 1925 年"五卅运动"之后不久，重庆团地委负责人杨闇公便致函中央，详细汇报本地团组织对该运动的呼应、参与和充分的群众动员工作，展示了初生不久的各地方团组织的充沛活力与旺盛生命力，也呈现了川中共产主义组织在发动群众革命运动上的方针策略的初步成功：

"此地对于沪案的进行，经同学的努力，日益扩大了。加入后援会的团体已达百六十余个，组有讲演队七十余队，讲演的区域达于四五十里的附近各乡场去了；所贴标语，遍于附城一带。宣传的普遍，较悼孙会尤为广大。我们并且借此机会，得伸势力于南岸的劳动群众（如铜元局和服务于各轮的海员，我们刻正助其组织工会），真是一件可喜的事！渝中服务于英日人下的华员，日前多有自动退工的。我们刻正着手进行经济绝交的预备，拟于日内召集工商学联席会议，从事实行。因各商帮刻多有实行绝交的表示了。对于援助罢工的方法，我们组织了一个募捐委员会，分普通、新剧、电影三股，

图 5－2　成都市工会召开成立大会的地点南门川主庙

注：1926 年 10 月 10～11 日，在中共成都特支的领导下，成都市工会举行第一次全市工人代表大会，并正式宣告成都市工会成立。出席大会的代表共 255 人，代表全市各业 52 个分工会，该组织成为中国共产党直接领导的全市性工人运动组织。王右木早年在成都地区工人群体中所做的艰苦组织动员工作，为成都市工会的正式成立奠定了坚实的基础。

资料来源：中共四川省委党史研究室、四川美术出版社编《四川人民革命斗争图卷》，四川美术出版社，1995，第 65 页。

---

① 《蒋雪邨给团中央的信——成都团的成立史略和重要活动》（1923 年 5 月 21 日），载中央档案馆、四川省档案馆编《四川革命历史文件汇集（1922—1925）》，内部发行，1986，第 92 页。

刻正积极的筹备进行。拟将来于所得的款中，以三分之二兑沪工会，以三分之一援助渝中罢工的朋友们。"①

正是凭借着这些一浪高过一浪的群众革命运动，四川的中共党团组织冲破了知识青年与中上层精英的圈子及阶层限制，与地域社会中的各种力量发生了深刻的联系互动，既锻炼了组织成员，积累了斗争经验，又增强了组织力量，在土地革命阶段之前的地方政治舞台上开始占据一席之地，也获得了一定的话语权与社会资源，并促使党团组织的根须逐步向下深植。

第二节　荆丛觅路：王右木对四川群众革命运动的竭力开拓

一　核心人物：王右木对知识青年的聚合、熏陶与引导

共产主义革命是一场需要动员大量知识青年投入，并承担起唤醒、组织广大下层民众的先锋责任的革命运动。而早期在中国大地举起革命之普罗米修斯火种的，也正是知识分子与青年学生。一位国外学者曾谈道"五四运动后的五年里，改信马克思主义的人们当中，仅有 12 人已知是出身于无产阶级。其余的所有人都受过教育。而且有些还出身于相当富裕的小资产阶级"。这样的表述难免有些夸张，但一定的文化水准与理论水平，确实使得同情劳苦大众的左翼知识分子能够接纳吸收马列主义革命学说，"这些激进的思想能够为社会状况所验证，并在上海和北京这样的大都市里被表述出来，远在国家内地的一些地方如成都和榆林引起反响。"② 马列主义的思想火种从北京、上海等中心城市的源头通过各种渠道向广阔的腹地延伸与渗透，凭借的也多是知识分子与青年学生所构成的人际资源。因此，与陈独秀、李达、施存统、邓中夏等中共党团组织创始人有着直接联系与信息交换的王右木，便在历史长河中脱颖而出，成为对四川地区中共党团的创建与革命实践的开展极为关键的历史人物。

---

① 《杨闇公致团中央的信（第二十四号）——援助"五卅"惨案活动情况》（1925 年 6 月 28 日），载中央档案馆、四川省档案馆编《四川革命历史文件汇集（1922—1925）》，内部发行，1986，第 282~283 页。
② 费正清编《剑桥中华民国史（1912—1949）》上册，中国社会科学出版社，1993，第 569~570 页。

　　如前所述，四川地区在经历五四运动浪潮的洗礼后，有不少青年开始走出书斋，走上"十字街头"，投身于了解社会、接触社会、参与社会乃至改造社会的活动中去，川中学生界、教育界的生机面貌开始焕然一新。不过，历史的车轮需要反复推动，历史的步履也并非一往直前，川中青年也并未在"五四"后便浩浩荡荡地群趋革命之路，选择决绝地投身于社会革新运动的，始终是少数人。① 作为先行者所面临的客观环境仍然是困难与多舛的。除了众所周知的军阀混战与秩序崩解之外，对于人民大众的觉醒来说，能构成阻碍性因素的便是川中地域社会在交通网络、信息传递、教育革新、思想文化发展等各方面的相对滞后性。而这些要素都无疑和四川地区所特有的地理环境紧密相关。

　　总体而言，四川地区在全国的政治经济版图中处于较为偏远的位置，一方面是地理位置相对较偏僻，通往省外的铁路、公路交通路线极为匮乏，川内外交通除了沿长江水路地带稍微方便些以外，其他地区甚是艰难。恽代英于 1921 年底奔赴处于长江上游的川南重镇泸州的川南师范学校任教，在与川外友人的通信中慨叹，"此地因兵事与交通关系，函札往来，迟滞异常。武昌发电与快信有均须一月左右才到的。我因想以此地比东京更难通信地方，而总揽督促各科研究会的事权，必且使一切进行不易灵捷"②。经济社会的不够发达，直接导致"五四"以前的各种社会革新思潮对川省影响较小，四川整体上的思想文化趋向与舆论氛围都趋于保守。后来成为共和国开国上将的川南泸州叙永青年傅钟，在尚称富庶开明的川南地区念中学时读的书仍然是以传统史地著作居多，再加上若干在当时新派人物眼中已落伍的康、梁等人在维新时代的论著："《史记》我从头到尾圈点了一遍，《袁了凡纲鉴》也圈点大部，相当于百科全书的《图书集成》也读了许多卷。与以前不同。这次我有意识地读了一些当代的书籍和文章，像康有为的《礼运注叙》、《上皇帝第六书》、《戊八月纪变》，梁启超的《饮冰室文集》、商务印书馆出刊的《少年丛刊》等等，都是我爱不释手的。"③ 同样是来自川南宜宾高县的阳翰

---

① 关于"五四"前后时人对于学生应在"象牙塔"与"十字街头"之间做何选择的纠结与颉颃，可以参看刘宗灵《"象牙塔"抑或"十字街头"：五四前后社会思潮中"学生"与"政治"对应关系之论争》，《党史研究与教学》2019 年第 6 期。

② 《致杨钟健》（1921 年 11 月），载恽代英著《恽代英文集》上卷，人民出版社，1984，第321 页。

③ 傅钟：《征途集》，上海文艺出版社，1993，第 14 页。

笙，也感觉到了川内地域社会的封闭，多年后他回忆道，当 1919 年"五四"前后，北京、上海、天津等地的新文化运动搞得热热闹闹的时候，长江上游的宜宾一带仍是死水一潭："当时宜宾有三所中学，即叙府联中、宜宾中学、宜宾女子中学，这些学校都姓孔，崇奉孔孟之道。国文老师有学问，但又是有功名的人，顶多有点康梁式的维新思想，缺少现代文明。一个姓刘的校长相当专横，管学生如管奴隶，压迫很甚。学校没有生动的气息，其教育远远脱离时代。"①

川东南的内江地区，青年们所面对的社会情形也好不到哪里去，文化教育的死板与社会环境的压迫合力制约着他们的活动空间："地方青年，大半虚浮脆弱，稍有资产的，成群结党，日事嫖赌，就是读书，也是挂衔；无资产者，间有做事（或读书）勤快的，是地方风俗太恶，好人难容，设不和那恶浊绅粮、武力军阀通通声气，简直没有插足地。所以一般青年，未到社会活动以前还有些骨气，一到社会无不趋炎附势，寡廉鲜耻。因为青年所受的教育，不过死板板的教科书，哪能够在社会上独立生活？所以生活不能确定，只要可以生活的地方，无不趋向，那么军阀、政客、资本家的走卒，莫非青年。这就是地方青年的生活。"② 成都青年团地委对蓉城各学校的调查报告也显示了这样一番景象："成都有大小学校百余座，学生约有万余人；教会学校有十余座，学生约有千人。学生可分为几派：A. 读死书不问外事的，约占十分之一；B. 徒活动以谋位置的，约占十分之五；C. 不读书不问事，专享乐的，约占十分之三；D. 有革命思想而不从事革命的，约占十分·五（百分之五）；E. 有革命思想而又能着手进行的，约占十分·五（百分之五）。"③ 上述这些情况，一方面说明自清末以来新式文化、教育与出版机构在巴山蜀水之地的出现，并未立即给社会带来思想文化上的彻底革新与现代化转型上的迅猛发展，顽固守旧的习气氛围仍亟待新思潮、新运动的传播与输入来打破；另一方面，因川中地域辽阔，各地方风俗习惯与社会情形多有差异，新文化思潮乃至激进革命理念向川内的传播与渗透，在时空顺序上也有先后之分，往往体现出波浪式次第推进的图景，巴蜀大地保守、沉闷的局

① 阳翰笙：《阳翰笙选集》第五卷，四川文艺出版社，1989，第 33 ~ 34、42 页。
② 《内江劳动界和青年的生活状况及内江团的工作计划》（1923 年 6 月），载中央档案馆、四川省档案馆编《四川革命历史文件汇集（1922—1925）》，内部发行，1986，第 124 页。
③ 《张霁帆给团中央的信——关于四川团的工作和各阶层状况》（1924），载中央档案馆、四川省档案馆编《四川革命历史文件汇集（1922—1925）》，内部发行，1986，第 179 页。

面不可能一下子被打破。其实，在以动员型政党自我定位的中共党团组织来看，全国各地只顾埋头读死书的学生非常之多，积极参与革命斗争者在哪里都是少数。大革命时期的江苏南通青年团支部，在对当地学生界的调查结果中声称："学生群众之趋向：读死书的占百分之五十；反动的占百分之十；浪漫的占百分之三十；革命的占百分之十，而上海青年团则认为，上海一般学生群众的趋向大半读孔书，浪漫者次之，反动者又次之，革命者最少。"①

不过，时代的步伐虽然缓慢，却并未全然凝固，新的变化仍然在川中社会尤其是知识青年界不断地潜滋暗长。第一次世界大战结束后，中国思想舆论场域也在经历着激烈的变化，各种外来思潮竞相涌入中国并得到一定的传播，有学者将其称为"西与西战"。② 在一片"实业救国""教育救国""科学救国""文化救国"的喧嚣声中，"社会改造"声名鹊起，成为众多革新知识青年实践救国救民理想的重要途径，其声浪迅速转化为"社会运动"，也最终导向了以彻底颠覆旧制度、建立新秩序为标志的社会革命。③

在上述的社会现代化转型踟蹰推进的语境下，众多趋新知识青年不再满足于纯粹学理上的研究与思想上的探讨，对于社会公共事务的参与和改造成为当时部分人的呼声与诉求。例如，"少年中国学会"成都分会在五四运动、新文化运动浪潮汹涌澎湃的 1920 年 2 月 10 日刊文表示："我们遗憾的是在社会里还没有丝毫的贡献，我们希望的途径是自我的改造、社会的改造。"④ 五四运动前后，《新青年》《新潮》《每周评论》《星期评论》《湘江评论》等承载着新思想资源的新文化刊物，通过各种渠道涌入四川地区，成为不少川内趋新青年很喜爱的读物，对新文化运动在四川地区的落地生根产生了很大的影响。与此同时，四川本土提倡新文化、反对封建礼教的进步刊物和文章也不断涌现。1919 年底，四川外国语专门学校，创办《威克烈》周报，川东学生联合会创办了《川东学生周刊》，其宗旨都是"宣传新文化""改良社会"；1920 年四川省学联创办了《四川学生潮》；1920 年 7 月，少年中国学

① 《团南通支部书记王盈朝给哲生的信——关于南通的青年团组织和各种社团的情况》（1926 年 3 月 26 日），载中央档案馆编《上海革命历史文件汇集（一九二四年——一九二七年）》（上海各群众团体文件），1989，第 325 页。
② 罗志田：《道出于三：西方在中国的再次分裂及其影响》，《南京大学学报》（哲学社会科学版）2018 年第 6 期，第 77～94 页。
③ 王奇生：《革命与反革命：社会文化视野下的民国政治》，社会科学文献出版社，2010，第 65 页。
④ 张允侯等编《五四时期的社团》（一），三联书店，1979，第 256 页。

会成都分会创办了会刊《星期日》，由李劼人任主编；1920 年初，袁诗荛、吴先忧、李芾甘（巴金）等人创办了《半月》（第 11 期以后偏于宣传无政府主义）；1921 年 2 月，少年中国学会会员陈愚生等人创办《新蜀报》，宗旨是"输入新文化，交流新知识"；《国民公报》发表了题为《欢迎德先生和赛先生》等文章，宣传民主与科学。高师学生袁诗荛、刘砚僧等人还在《四川学生潮》上发表文章，着力批判四川封建遗老宋育仁、曾心传等人的旧思想与旧观念，给旧有传统的卫道者们以有力的打击。①

王右木本人对本地环境的局限性也有着深刻的体会，他曾经在工作报告中对动员四川青年参加革命活动之困难情形做出过阐述："长江一带之加入 S. Y. 者，他的基本生活，他个人的环境，因为长江一带是工商业发达之地，我意凡加入者之生活环境，必少与政团党派接洽，较为纯洁。"他认为四川情况则大不相同，川内实业全无基础，连年打仗，几乎全地是军队，遍处是军队的政客。"现在尚生活之青年，能读资本家书之青年，大概不是自己接近彼派、此派，必是自己的亲戚挚友接近，毕业后为生活□□□，平时可为生活保障之地，不然必是自己家庭就是政客之某派。这种事实，遍各民间，不染派之力者，除去甘心当鱼肉者外，必是毫无知识而且愚庸的废人。"除此之外，还有一个非常关键的问题便是青年学生的流动不居，他们因为随时面临升学、转学、退学、毕业、就业等问题，难以在一地久留，这就会造成地方组织建设工作的断裂，好不容易建立的团体，在初期力量弱小时就随时面临着离散的局面，"木深虑的事，是在成都能尽力 S. Y. 的，仅是外州县留省的学生居多，一毕业就走了，机关事不易谋可靠的继续性"。军阀争霸战争带来的外在军事政治局势的巨变，也往往严重影响到地方社会与马克思主义组织的稳定性，"成都战争之后，各机关被政府大批更换，毕业生而信徒者，不易为之谋寄顿处，成都不能留住人"。王右木因此转而寄希望于生活较具稳定性的工人群体，"最大希望是待将成都工界多介绍些入 S. Y. 来，彼辈于成都生活较安定，彼辈中有被选为地方执行委员时，彼时虽加入半数新的学生分子任执行委员，始无大妨害，然后成都的 S. Y.，方是永久的机关也"②。

尽管如此，王右木还是尽自己最大的努力对身边所接触到的知识青年与

① 温贤美主编《四川通史》第 7 册，四川人民出版社，1993，第 12 页。
② 《王右木致团中央负责人的信——关于成、渝、川北团的筹集情况》（1922 年 10 月 11 日），载中央档案馆、四川省档案馆编《四川革命历史文件汇集（1922—1925）》，内部发行，1986，第 5～6、10 页。

202

学生进行教育、熏陶与团结工作，不断吸收其中的优秀分子加入社会主义青年团与中国共产党的地方组织，把他们凝聚起来，聚沙成塔，为了共同的理想而奋斗。1923 年春，大病初愈的王右木，表达了对未来川中群众组织和动员活动成效的高度乐观情绪："我于是病也渐要痊愈了，途径也颇明白，所谓工作的路子也甚多，恐怕比外省多得很。因为四川不少天然的可觉悟的矿苗，只在吾人慎切的向下层方面、各地的下层方面去接触，接触愈慎切，挥手可珠金，更且可说遍地皆是。所谓各地工人各地农人，各地都不愁军人政阀烂绅之惨苦的高压。人类虽多是散沙，但高压时才真是天然机会，四川才真是不少的天然机会。"① 这体现了具备"播火者"与"深耕者"双重身份的革命先驱王右木，身上所具有的牢不可破的坚强意志。

1920 年代初，王右木在成都先后创办了《新四川》旬报与《人声》报，宣称要"集合立志纯洁好学不倦之分子"，以形成舆论重心，"本平日究心学术之所得，著为言论，以顺应现代思潮，而贡诸社会采择"，其在新文化潮流中创办的该刊，后来成为国内最早宣传马列主义理论的刊物之一。② 他还通过与在沪上活动的共产主义者如陈独秀、李汉俊、施存统、邓中夏等人的接触，在思想上进一步激烈化、革命化。1920 年暑期前后，王右木前往上海待了一段时间，可能就是在这个时期，他接受了陈独秀等人的委托，返川在学生群体中发展共产主义组织。

此后，王右木更积极地运用新的思想资源影响学生与身边青年。黑暗的现实社会、共产主义理论的新鲜吸引力、王右木特有的人格魅力，及其身上浓厚的理想主义色彩与大无畏的革命精神，使得他在成都地区影响与感召了一批追求进步的青年学生。其后，王右木更以此为基础，于 1921 年春以成都高师为依托创立了四川省内第一个以宣传与研究马克思学说为主要目标的、以知识青年为成员主体的社团组织——马克思读书会，后来并使之成为成都地方党团的外围组织，为共产主义革命运动培养了大批骨干成员。③ 童庸生、

① 《王右木给施存统的信——关于成都时局与团的工作》（1923 年 2 月 29 日），载中央档案馆、四川省档案馆编《四川革命历史文件汇集（1922—1925）》，内部发行，1986，第 55 ~ 56 页。该信件时间为编者根据信件落款时间"二月二十九"字样判定，但据查 1923 年 2 月无 29 日，故疑为农历二月二十九日。特此说明，以下相同文献不再一一注释。
② 张际发：《有关王右木与〈新四川〉、〈人声〉旬报的几件史料》，《民国档案》1990 年第 1 期，第 17 页。
③ 中共四川省委党史研究室组织编撰、张继禄主编《中国共产党地方组织在四川的建立》，四川人民出版社，2001，第 14 ~ 15 页。

袁诗荛、张秀熟、刘亚雄、钟善辅、邹进贤、孟本斋、裴紫琚等川内早期中共重要干部都曾参与此会的活动。该会持续时间较长，是成都进步青年聚合的重要平台与培育早期马克思主义者的主要基地。由此，在青年领袖王右木周围，逐渐地形成了一个由革命知识青年及部分青年农工所构成的小圈子，先后培育与集聚了不少的革命者，促使成都地区成为 1920 年代前期西南地区的革命中心之一，也为四川早年革命网络的形成奠定了坚实的基础。①

根据与王相熟多年的高师毕业生张秀熟的回忆，该读书会会址设在高师，每周开会一次，由王右木负责主讲，而"马克思主义当时在成都已不是完全陌生，并已为少数进步知识分子所向往，但都认识朦胧，丝毫没有理论基础"。而王右木"以传教士的精神，几乎逢人便讲"，并且此时"已能根据不同对象，采取灵活宣传，启发群众自觉"，效果颇佳，以至于"读书会会员渐渐发展到三四十人，流动听讲的最多时达到百余人"。② 不过，读书会也经历过多次挫折，王右木以江油乡缘戚宜关系吸收进来的部分成员并不积极，多不到会，有的参与学生最初也并不为读书会的形式与内容所吸引。如此时正在成都省立蚕桑校学习的邹进贤，便在 1923 年 5 月 12 日的日记中记载，"午后偕同学数人赴马克思读书会。……在先余以为该会将书中与社会适合点取出讨论，殊非余之预料，竟照书所讲。姑无论讲得是否合书意，而此种当不能引起听者兴味。依余见当以书中是如何情形，参酌现社会之现象而讨论，一待得有结果，即努力做去，如此似觉有益。所可惜者，余之英文研究会牺牲了，毫无代价"③。似乎可以由此窥见其初次参与的失望之情，以及希望借此解决其所面临的现实问题的急迫心态。不过，王右木本着革新精神不断根据形势与实践经验对读书会进行改造，尤其是该会在 1922 年初经过改组重建后，凝聚力更强，影响力更大，四川学生联合会中的各校代表有一半左右都参加过这个读书会。据现今保存下来的该会 1922 年 10 月的一份会员名录，成员多达 48 名，而且基本都是在校念书或刚脱离学校不久的知识青年。在蓉各校会员分布情况大致如下：西南公学 7 人，蓉城女子学校 6 人，

---

① 邓寿明：《王右木》，载中共四川省委工作委员会党史人物传编辑组编《四川党史人物传》（第一卷），四川省社会科学院出版社，1984，第 4～6 页。

② 张秀熟：《四川马克思主义运动先驱者——记王右木烈士》，载中国人民政治协商会议四川省委员会文史资料研究委员会编《四川文史资料选辑》第二十八辑，四川人民出版社，1983，第 28 页。

③ 中共重庆市委党史研究室编《邹进贤日记》，重庆出版社，1997，第 31 页。

高等蚕业讲习所 4 人，省立工专 4 人，华西大学 2 人，成都高师 2 人，农业专门学校 1 人，外国语专门学校 1 人，省立女子师范学校 1 人，实业女子讲习所 1 人，等等。① 可见王右木虽然任职于高师，但凭借其所组织的读书会等平台，使新思想影响的触角几乎遍及成都各新式学校，以至于成都个别学生自发组织的"青年团"也主动找到他，要求接受其指导。②

除了积极组会外，前述的办刊活动也成效卓著。1922 年初王右木创办的《人声》旬报给当时的川内进步青年头脑中输入了不少新鲜积极的因子。这样一份在蜀中首次公开宣布要"直接以马克思的基本要义解释社会上的一切问题"的刊物，其战斗精神十分昂扬。该刊存在时间虽不长，在成都及四川的进步青年中留下的影响却不小，"使得进步的青年们知道马克思主义的概要，和改革社会的正确途径"。③ 1923 年 5 月 21 日，成都团地委书记蒋雪邨在给团中央的报告中也将《人声》报列为青年团自办的出版品，"《人声》为王右木、刘及述等所创办，此间团体组织之发生受其影响不少，后以政局及经费问题未出版。刻拟于下次大会提出讨论继续办理"④。由此可见这份标举马列主义理论旗帜的激进刊物对地方进步青年的影响力。更多的时候，王右木是努力将办刊与组会二者融合起来，以组会聚合同道、联络青年，以办刊传播主义、启迪觉悟、激活思想，这两种途径也是马克思主义在中国大地的早期传播中所惯用的方法。⑤ 王右木在致团中央施存统的信函中即详细地介绍了自己是如何通过这两种手段来影响和聚拢青年的：

"此地社会主义之趋向者为《半月刊》及《新四川十日刊》，右木为《新四川十日刊》社员之一。当时状况，只以读日本森户辰男著《克鲁泡特金研

---

① 《成都马克思读书会会员录》，载中央档案馆、四川省档案馆编《四川革命历史文件汇集（1922—1925）》，内部发行，1986，第 21 ~ 23 页。

② 阳翰笙：《风雨五十年》，人民文学出版社，1986，第 53 ~ 54 页。

③ 裴紫琚：《四川马克思主义初期运动及中共党、团建立史略》（1950 年 5 月 21 日），原载《四川档案史料》1983 年第 1 期，收于中共江油县委党史办公室《四川马克思主义运动先驱者——纪念王右木诞生一百周年》，四川大学出版社，1988，第 236 页。

④ 《蒋雪邨向团中央汇报成都团的成立和活动情形》（1923 年 5 月 21 日），载中共四川省委党史研究室组织编撰、张继禄主编《中国共产党地方组织在四川的建立》，四川人民出版社，2001，第 102 页。

⑤ 可参见袁超乘、冯玲《中共建党前后的"马克思学说研究会"考辨（1920—1923）》，《党史研究与教学》2019 年第 6 期；沈志刚：《外围组织探微：大革命时期广东青年团与新学生社的关系研究》，《中共党史研究》2017 年第 4 期；樊宪雷：《革命时期的读书会》，《党的文献》2017 年第 3 期。

究》为主，及其他各新杂志。社会主义派别，全不明瞭，此为前年正月事。后读《新青年》杂志及《社会问题总览概观》等书，始于派别鲜然。当时木曾于高师设一读书会，集合好读新书报者，合而一之，木以心得暗中指导，似有头绪。当创办《人声》十日刊，十日刊后改周刊，因学潮事停版。中间曾将高师校内部读书会，改为各校共通的读书会，取名为《人声》报附设者，其态采仅结合学生及工人之宣传，并非偏重学理研究及向各人脑中有效的输入也。"①

图 5 - 3　1922 年初王右木在成都创办的以宣扬马克思主义为宗旨的《人声》报

资料来源：中共江油市委党史研究室、江油市国家档案馆编《四川马克思主义运动先驱·党团组织创始人王右木》，光明日报出版社，2017。

通过这种组会与办报相结合的方式，以王右木为灵魂人物的成都早期马克思主义者聚合群体的凝聚力与辐射力不断增强，加之进步理念及其组织形式在同学、亲朋之间的口耳相传、彼此介绍，革命团体的发展就如滚雪球一般不断壮大。在由刚成立的成都团地委向团中央呈送的一份报告中，也生动地表现了蓉城青年团组织是在前期艰苦工作打下的基础之上水到渠成的结果，"此地地方团未成立时，我们老早受了王右木先生的感化，因为王先生他创办了一个《人声》报社，我们有多少都是这报社的社员；又因为王先生为宣传研究起见，就在今年二月间成立了一个马克思学会，这学会感化的人

① 《王右木给施存统的六封信》（1923 年夏），载中央档案馆、四川省档案馆编《四川革命历史文件汇集（1922—1925）》，内部发行，1986，第 108 页。

也确不少。及后大家想，办报来宣传和学会来研究固然好，但是莫有一种真正做革命事业的团体，这真精神，终究不能结合来实（际）施行，不过空谈罢了，所以想结合团体的心理，就在今年夏季勃然而生"①。由此既可见从办报宣传到学会研究，再到组建具备实践性与纪律约束力的革命团体，川内马克思主义群体之聚合路径已初步成型，从中也可看到王右木在四川早期共产主义组织创立发展过程中的核心和关键作用。

图5-4 在土地革命战争初期英勇牺牲的袁诗荛烈士

注：袁诗荛于牺牲前担任中共四川地下党川西特委委员兼宣传部部长，他在1920年代初求学于成都高等师范学校时曾深受师长王右木的影响，并在王右木的领导下积极参与了创办进步报刊、组织反帝反军阀的学生运动等各种革命活动。资料来源：中共盐亭县委党史办公室《袁诗荛》，载中共四川省委党史研究室编《四川党史人物传》第二卷，四川人民出版社，2015。

另外，通过当时其他四川趋新青年的回忆资料也可以看到，王右木个人一直以强烈的自觉意识与"传道"式的精神，向身边的青年学子们传播灌输马列主义革命理论，渐渐形成一个以其为中心的影响广泛的四川早期马克思主义者社群。如信奉无政府主义的"半月"社核心成员吴先忧回忆："当时成都高等师范学校学监王幼（右）木先生（成都最早宣传马克思主义者）办有一《人声周刊》宣传马克思主义。王先生主动约我们去座谈一个通夜，希望我们共同来宣传马克思主义。但我们以先入为主的成见，又以对马列主义的无认识，反以为要无政府主义才更彻底而未接受，便以各行其是、并道而驰结束了我们那一夜的论辩。"② 当他前往上海向中央汇报工作时，同样以极大的热情屡屡向之前未曾谋面的追寻新文艺的"浪漫派青年"林如稷等宣传马克思派社会科学理论，以致这群有意疏离政治的文艺青年对这位总是滔滔不绝的中年"怪人"抱持敬而远之的态度。③ 虽然王右木未曾说服吴

① 《团成都地委向团中央的报告——关于团地委的成立情况》，载中央档案馆、四川省档案馆编《四川革命历史文件汇集（1922—1925）》，内部发行，1986，第41页。
② 《王右木同志资料散辑》，载中国人民政治协商会议四川省委员会文史资料研究委员会编《四川文史资料选辑》第二十八辑，四川人民出版社，1983，第56页。
③ 林如稷：《我认识的第一个共产党人》，载中共江油市委党史研究室编《四川马克思主义运动先驱者——纪念王右木诞生一百周年》，四川大学出版社，1988，第189页。

先忧、林如稷等人，但袁诗荛、张秀熟、邹进贤、钟善辅、廖恩波、裴紫琚等就学于省城的青年学生骨干，却在他的影响下逐渐脱离了无政府主义与其他各种改良思潮的影响，先后走上信奉马列学说与投身共产主义革命实践的人生道路，并成为四川新民主主义革命运动的先行者。①

1922年8月，王右木因参与领导教育经费独立运动受到地方当局压迫，离开四川前往上海，见到了党、团中央的部分领导人陈独秀、施存统、张太雷、俞秀松等，正式与中央接上关系，此后他接受回四川建立与发展团组织的委托，带着相关资料回到成都。当年10月15日，他在成都召集了创始团员会议，正式宣布成立了社会主义青年团成都地方执行委员会，选举童庸生为书记，郭祖劼、傅双无、吕式宪等为干部。王右木虽然因为超龄而未担任成都团地委的干部，但仍然作为特别团员担负起了实际的指导责任。主要在其努力下，到1924年初，成都地方团执行委员会所属已发展到10个支部、40多名团员。其成员主要分布于成都各大中院校与部分工人中。②

除了推动创建成都及其他地区的青年团组织，王右木后来又于1923年秋发起成立了四川最早的党组织——中共成都独立小组。该组织最早的一批党员，也是从王右木所发展的青年团员中择优选择的，比如早期四川工人运动中的佼佼者梁华、钟善辅等人即是如此。③ 由此可以看出，四川早期青年马克思主义者的培育与聚集，以及川内早期中共党团组织的建立，都与王右木这样的青年导师型领袖人物密不可分。

二 唤醒大众：从专注学运到深入劳动群众

除了知识青年与学生群体外，工人、农民、市民、妇女等社会群体也是中国共产党的重要动员对象，甚至可以说是主要阶级基础。由五四时期热闹

---

① 盐亭县委党史办公室：《袁诗荛》，载中共四川省委工作委员会党史人物传编辑组编《四川党史人物传》（第二卷），四川省社会科学院出版社，1984，第42～58页；张秀熟：《四川社会主义青年团的建立前后》，载中国社科院现代史研究室等选编《"一大"前后》（二），人民出版社，1980，第495～501页；刘弄潮：《从成都社会主义读书会到社会主义青年团》，载中共四川省委党史研究室组织编撰、张继禄主编《中国共产党地方组织在四川的建立》，四川人民出版社，2001，第357～360页。

② 中共四川省委党史研究室组织编撰、张继禄主编《中国共产党地方组织在四川的建立》，四川人民出版社，2001，第13页。

③ 梁国龄：《关于四川党组织情形的回忆》，《四川现代革命史研究资料》1981年第2期，第13～16页。

一时的学生街头运动，逐步走向工厂、乡村，发动能真正冲击旧社会政治社会权力结构的群众革命运动，实属早期马克思主义运动在中国延伸推进的历史必然。蔡和森在回顾中共早期党史时对这种"力量寻觅"的转移情况进行了精要的阐述："一般学生在五四运动中见了学生会的势力，于是又积极做学生会运动，如两湖的学生会，上海、广东及各地的学生会。并且起初的时候，他们都相信学生会的势力是很大的，对民主主义的希望亦很大的，但后来亦无结果，于是才渐觉得自己的力量是不够的了，于是便有一部分消极的青年不问政治，而却设法读书去了，另一部分积极分子想找到另一势力别一出路了。尤其是受十月革命影响的学生和知识分子，渐知工人阶级势力比学生力量大了，恰恰此时工人阶级又起来了势力。五四运动中，工人阶级力量表现给他们看了，故反映到先进分子方面都迅速地使他们倾向社会主义、共产主义和俄国了。有了以上的条件，知识分子由散漫的抽象的而渐渐办报纸，组织小团体，实行和工人阶级接触而作工人运动了。"[1] 作为川内早期马克思主义者代表人物的王右木，其革命人生的演进履历也是如此。因他主要是在成都地区领导进步青年从事工农运动与妇女运动，本部分就将以近代成都的政治社会经济状况为背景展开阐述。

成都的现代工业虽然从晚清时期便开始缓慢起步，但因为在地理上远离资金源、技术源、人才源等，又非重要工业原料生产地，兴办现代工业难度远较沿海地区为大。由于受到资金、技术、市场以及社会环境等因素的制约，成都的工业发展非常缓慢。[2] 从民国初年开始持续数十年的内战与社会失序，更是严重阻碍了川中现代化产业的发展。"当时的成都由于交通不便，经济发展比重庆落后，除官办的成都兵工厂、造币厂外，基本上还无近代工业可言。主要的工业是缫丝、织锦等传统手工业，从事生产的都是手工业工人。他们有行帮组织（如长机帮、生绸帮、水丝帮等），在老板和把头的双重剥削、压迫下，生活也是很苦的。"[3] 一直到1930年代中期，成都市以机器生产为主的现代化工厂也是寥寥无几，总数不过70余家，而真正有一定

---

① 蔡和森：《中国共产党史的发展（提纲）（节录）》（1926），载中国社会科学院现代史研究室、中国革命博物馆党史研究室选编《"一大"前后：中国共产党第一次代表大会前后资料选编》第3册，人民出版社，1984，第59页。

② 李映涛：《民国前期内地城市工人生活研究——以成都为例》，《中华文化论坛》2005年第4期，第139页。

③ 温贤美主编《四川通史》第7册，四川人民出版社，1993，第4页。

规模者仅有 17 家。而这 17 家工厂合计仅有工人 1864 人，仅占全市人口的 0.41%，占第二产业人数的 3.18%。[1] 可以看出，成都工人群体中的绝大部分都是手工业者，而据统计，当时成都的工人群体占成都市区总人口的比例高达近一半。[2] 因此，可以说几乎每家每户都有从事手工业者，都在一定程度上依靠某种手工业劳动的形式维生或帮补家用。[3] 成都乃至川中的手工业一直是巴蜀地域社会经济的重要支撑，而且其向现代产业组织转化的过程也甚为缓慢。正如论者所述，"由于地理环境的闭塞、政局之长年不稳以及传统因袭的重担，成都手工业所具备的人文生态并未能对手工业本身的发展提供充足的助力，这也成为近代成都手工业转型滞后的主要原因之一"[4]。因此，成都工商业与现代经济形态发展的缓慢，再叠加因乡村经济破产凋敝而大量涌入城镇的失业人口，造成了许多劳动人口未能被城市产业所充分吸纳，只能在城镇边缘地带勉强从事着报酬低下又极为繁重的手工业劳动，随时还有失业之虞，生活堪称极端困苦。这就在很大程度上决定了当时成都乃至整个四川的早期马克思主义者从事城镇工人运动的基本路径与特征了。

其实，在早期马克思主义组织落地蜀中以前的 1910 年代至 1920 年代初，成都、重庆、自贡等地就出现了一些自发的早期工人团体与工人运动，不过彼时的各业工人组织多是带有浓厚的行会或帮会色彩。辛亥革命以后，各地工人群众强烈要求成立统一的省工会，再加上四川各业工人在保路运动中积极活动以支持反清革命的政治表现[5]，四川军政府支持了工人群众的正义要求。时任都督尹昌衡下令将前清政府藩台衙门给工人筹办四川工会，"为一般工人联络感情，交换知识，提倡工业，发展利权"，并拨给开办费白银 1000 两，常年经费 2000 两。四川省工会成立后，在工人中进行过一些活动。由于 1910 年代四川地区军阀割据、混战频仍，工会活动困难，工人组织中仅

---

[1] 成都市政府编《成都工厂一览表》(1938)，《四川统计月刊》1939 年第 2 期，第 54 页。

[2] 《成渝两市之劳动人口统计》，《民间意识》第 3 卷第 2、3、4 期合刊，1936，第 23~24 页。

[3] 在当时的社会认知中，工人这一概念涵盖的范畴很广，不仅包括机械工人，也包括手工业工人、交通工人、运输工人、制造工人、佣工工人和杂业工人，甚至店员、学徒、家佣等都包含在内。除了操作机器生产的机械工人以外，其他职业几乎都可以被囊括进手工工人的范畴，因此后者在工人群体乃至整个市民大众群体中的占比自然就极高了。

[4] 张杰：《传承与嬗变：近代成都城市手工业研究（1891—1949）》，华中师范大学博士学位论文，2016，第 41 页。

[5] 四川省档案馆、四川省总工会编《四川工人运动史料选编》，四川大学出版社，1988，第 430 页。

有一个工团在活动，由四川工党支部领导。① 此外，便仅有若干零星的工人反抗厂主某些具体苛待措施的集体行动。如 1919 年 4 月，成都外东惠昌火柴厂女工迫于伙食费过昂，开展了要求增加工资的斗争。这些斗争，由当时工人群众还没有组织成阶级的整体，而领导斗争的大多是与资方有联系的行帮或神会的首领，有些虽暂时争得一点实惠，但更多的是经不起资方的分化瓦解和官府的镇压，遭到了失败。②

五四运动之后，经历了爱国运动热潮的战斗洗礼的中国工人阶级，"进一步认识到帝国主义和封建军阀是中国人民的凶恶敌人，认识到自己和中外资本家的矛盾，也开始体会到组织起来的力量……他们已感到自己在社会生产和社会生活中的重要地位，不再认为自己是天生命定受人奴役的牛马，因而迫切要求为改善自己的生活和保障自己的人格而进行斗争，同时对国家前途和政治现状也更加关切了"③。在此背景下，全国工人运动开始有了新的发展，而四川工人运动也在五四运动期间萌发出新的生机。成都许多学校便设立了新书贩卖部，组织读书会。学校工友和印刷工人首先受到了新文化运动的影响。1920 年 2 月，成都印刷张善裕等筹备组织"印刷界劳工互助团"。当月 15 日，印刷工人百余人集会，正式成立了工团，并公推张次恂、杨百先、李履卿分别为正、副理事。其宗旨是"大家提携，彼此联络"，"共苦共甜，休戚与共"，"资本家刻薄我们，我们要反对"。1920 年春季，成都高等师范学校的传事袁志成发表了对筹备组织劳动界爱国十人团的说明，并提出了"储蓄""实业""招雇""学校""恤老"五个题目，公开就劳工对社会的责任与自身权利发声。成都劳动界爱国十人团到夏天就发展到了 800 余人。④ 此外，1920 年 3 月，工人代表叶召南、李涤庸、王海南等人共同向省会警察厅递交了呈文，请求恢复四川总工会，并附名册、会章、图记各二份，还制定了《四川总工会简章》，宣称"本会由四川工人组织而成……总会暂设成都湖广庙内，分会设各县"。该会标榜以"实行民生主义，增进工

① 张学君、张莉红：《四川近代工业史》，四川人民出版社，1990，第 210、390 页；中共四川省委党史工作委员会编《中共四川地方党史大事年表》，四川人民出版社，1985。
② 《当代四川》丛书编辑部编《当代四川的工人阶级和工会运动》，四川人民出版社，1991，第 6 页。
③ 刘明逵、唐玉良主编《中国工人运动史》第 2 卷，广东人民出版社，1998，第 92～93 页。
④ 成都市总工会工人运动史研究组编《成都工人运动史资料》第一辑（民主革命时期成都工人运动大事记），内部发行，1983，第 10～11 页。

人福利"为宗旨，并将以"团结工人，交换技术，实行改造，精良国货，换回利权"为目的。至于领导运作机构，"本会设正副会长各一人，主持本会一切事务""本会董事由全体会员投票选举，由会长就职后加委任。如各界热心维持工人者，亦得为名誉职员"。① 据当时的地方报刊所载，该会成立后亦进行了若干公开活动，如致函通知各地成立分会。1922 年，成都成立总工会，推举钟岳为会长，并发布油印通告，号召各业工人组织工团。1922 年 5 月，各县呈报成立工会者已有成都、华阳、崇宁、什邡、威远、芦山、江津、合川、古宋、邻水、安岳等十余县。不久，重庆市工会宣告成立。1922 年 8 月，全省 45 帮工人代表在成都王家塘集会成立四川省总工会，选举了正副会长。② 这些旧式工会组织在联络团结各行业工人，维护部分工人群体切身利益方面也起到了有限的作用。但是，其筹办领导者多为地方绅商，或是上层工人精英，缺乏真正的群众基础，也没有对工人进行阶级觉悟的传输与政治意识的启蒙教育，仅停留在若干改良主义的具体措施上，不可能对旧的政治社会秩序造成任何根本上的影响。对工人阶级的充分动员与正确领导，要待共产主义思想及其组织在川中落地生根后，才能真正实现。

作为巴蜀大地共产主义先锋的王右木，自投身马克思主义运动以来，便非常重视对底层贫苦大众的动员与引导。他在蓉城组织运作马克思读书会的过程中，便十分注意联络社会底层的工人，通过各种方式打入他们自发形成的团体中，从帮助他们维护自身利益、与不良雇主进行斗争开始，逐步启发其觉悟。他在给团中央的汇报文件中谈道："成都旧有劳工自治会，会中主要人颇与成都马克思会通声气，其组成分子，即各校各机关之小工、传事等，入会费一角。入会者个人遇有受雇虐待欺侮等事，干事即以劳动自治会名义，致函该雇主，令其答复，不满足即将开会讨论云。按此等以运用团体名义之威力，作个人不平鸣之英雄豪杰事业，亦每生效，因之入会者亦渐众。"在与之联络的过程中，王右木也看到了旧式劳工团体的问题，虽然它为改善工人处境起到了一定的作用，却有其自身难免的弊病，即工人个体仍然缺乏觉悟，不明白建立在无数个人团结一心基础上的群体力量之可贵，只知道借助团体的名义去实现一己之利益，却不知道参与团体生活、维护团体

---

① 《恢复四川总工会》，原载《国民公报》1920 年 3 月 5 日，载中共四川省委党史工作委员会编《五四运动在四川》，四川人民出版社，1989，第 567 ~ 570 页。

② 张学君、张莉红：《四川近代工业史》，四川人民出版社，1990，第 391 页。

生命："我惜其未运用团体威力，只常运用团体名义的威力，所以能改善者，仅社会中之一点一滴，而不及社会之多数，或制度受影响事，尝与讨论，拟令其从全会员得共受利益上着想，勿单从社员某一人着想。因为一人之苦与屈，不易激动全会群众，所以表面虽是全会名义，实则有事时开会讨论，都少人来也。"不过，王右木积极地思考对全体劳工尤其是青年失业工人进行充分动员之途径。彼时成都的手工业者人数众多，虽然现代产业工人数量稀少，但依赖家庭手工为生者也是城市贫民群体中一个非常重要的组成部分，"成都小贸营生之贫寒之家太多，愿领小手工做，甘愿为资本效力以谋一饱者都不易求。这种平民各街都是，成都省城虽不狭小，尚易识别与清查出来，其数实占省城人民三分（之）一以上"。王右木敏锐地意识到，若将这个群体尤其是其中的青年人动员聚合起来，将是一个值得重视的庞大力量，"拟嘱劳动自治会，分街集合起来，为一种青年的甚么要求运动，果能成功，将来力量尚不小。我亦尚未想得具体办法，或由各校平民学校之儿童，各回各街去团结失业青年，团结成熟，作一种劳工要求运动或教育要求运动"①。

成都青年团组织一俟正式成立，便瞩目于寻觅工运积极分子的线索，筹划展开工人运动："经济部运动，在最短时间，至少须清出主要工人姓名。由介绍人各自督率、催促所介绍者，对民权运动与机织工人两事之参加（此时机织工人罢工要求加工价）。"② 王右木指导的青年团为何一开始便着眼于机织工人呢？这是王右木从1921年春开始领导马克思读书会会员在成都从事工人运动时，逐步积累起来的经验。据张秀熟回忆，当成都马克思读书会刚一成立时，王右木便组织会员到工人常坐的茶铺去开办"夜校"。"那时成都的工人茶铺大半都是无形地按业分了的，哪些行业的工人主要是在哪些茶园、茶馆，便于他们讨论自己的问题，如何接头等等。"王右木就把这四十几个读书会成员组织起来，分头到这些各个工人坐的大一点的茶馆，在那里去开办非正式的贫民夜校，搞识字班，同时也就谈革命问题。对于普通工人来说，"所谓革命问题就是吃饭问题"。通过对各业工人的动员实践，他们发

---

① 《王右木致团中央负责人的信——关于成、渝、川北团的筹建情况》（1922 年 10 月 11 日），载中央档案馆、四川省档案馆编《四川革命历史文件汇集（1922—1925）》，内部发行，1986，第 12～13 页。

② 《团成都地委向团中央的报告——关于团地委的成立情况》（1922 年 10 月 23 日），载中央档案馆、四川省档案馆编《四川革命历史文件汇集（1922—1925）》，内部发行，1986，第 42～43 页。

现了一些不得不面对的问题，首先是工人分散，其次是各个不同行业的工人群体间还会彼此有矛盾。再次，成都工人除了兵工厂、造币厂之外，基本上全都是手工业工人。对于如何着手展开工运的问题，经过反复思考探索，"在这些工人组织当中，就恰恰有一个当时在成都人数最多，组织力量强，而且里面还找得到一些领导人的这一个组织，这个组织就是当时长机帮，即织绸子、织锦缎的。和这个长机帮同行的还有一个生绡帮，人数也不少……就发现长机帮很能够组织起来，于是就以很大的力量，以长机帮为重点进行工作。果然不久就把长机帮组织起来了，成立了一个以长机帮为主的劳工联合会。这个劳工联合会正式成立是在一九二二年冬"。"这个劳工联合会人数还是不少，是以长机帮工人为主，有了这个组织后，当然就有了自己的招牌，有了自己的旗帜，于是从一九二三年起，成都各界的宣传、讲演，以及游行示威等等，就有劳工联合会的旗帜和成员正式参加了。"[①] 以王右木为代表的四川早期马克思主义者，将长机帮工人作为组织动员的首要对象，便获得了在成都掀起有声有色的工人运动的关键抓手。直到 1930 年代中期，据成都本地报刊的调查，绸缎长机业仍然是"以成都第一手工业见称，全行工人七千余人，虽属个别营业，但为手工业中工人最多数之行业"[②]。而王右木经过详实切近的社会调查，也确证了机织帮工人受压迫之深与充分动员之可能："会四川机织帮七八千人不甘久受资本家有加无已之压迫，如工人生产品高前数倍，生活费较前腾贵数倍，工人工资仍是照前无丝毫变更，甚且虐待机帮工人。念政客政府都是偏袒资本主义者，虽各雇主中间亦有知工人苦处者，惟顾忌于资本家之任意增价售物，皆宁息资本家剥尽劳工之利，而更任意高利取价，贻害社会，此真利心充塞莫有底止也。资本家便于交识当局，当局遂惟命是听，以压迫残害工人。机织帮生活之苦，压迫无可求援，乃貌以四川工党为可依，多数加入，意对于生活待遇得谋改善，知识得谋扩张也。殊机帮甫经罢工，请求加价，政府即听资本家之命，捕去数人，罚金始得了息，工党袖手旁观，毫未援应。此去年事也。又机帮之外受虐待之工人能自觉者，本已不少，又各感觉着凡团体会长独裁，只便于其有权利时，及至负责任时，或容纳众意、策应群众时，独裁

---

① 张秀熟：《成都早期的工人运动》（1980 年 7 月 26 日），载成都市总工会工人运动史研究组编《成都工人运动史资料》第二辑（民主革命时期成都工人运动专题资料），1983，第 4~5 页。

② 《绸缎长机同业公会催请发给许可证》，《国民日报》1934 年 10 月 7 日。

的会长才是毫无有用。"① 王右木领导的马克思读书会与社会主义青年团成员对长机帮工人运动的介入与重新组织，给该群体带来了生机，将其单个行业的经济斗争争融入了广阔的无产阶级解放运动中。

不过，或因年代久远，张秀熟上述回忆有误，"成都劳工联合会"成立时间并非 1922 年冬，其是在 1923 年成都青年团地委组织召开的"五一"纪念大会时正式成立的。王右木事后在致团中央的工作汇报中谈道："此地常在两军互起战争中，劳动首领有可指导的机会，惜我经验尚少，帮助罢工，如何才能操胜算，兹尚全无把握。又欲劳动者首领尽为马派出死力，总在知识界 S. Y. 分子能投身做此者较多才好。此地他们正事×要稳稳当当的做，青年团虽复活，民权女权运动尚无起手机会——非不能做，只在有较硬分子，四川的事，真如摧枯拉朽。前言房捐事，已大生效，惜组织民众的人，尚少指导者，且少助手。'五一'事稍有效，开会记录已寄渝《新蜀报》、沪《民国日报》，恕不另抄。成都报纸对开会记录不能登，但由'五一'发起之成都劳工联合会，拟积极进行。今天是五五马氏生日，已通知劳工皆赴会。这两次都算是事前秘密，当日公开的事也。"② 王右木在汇报中表达了对本地工运干部匮乏的担忧与相关工作进一步拓展可能性的乐观。虽然成都本地报纸受压不能刊登相关消息，但是仍可以联络省外媒体给以声援，同时事后该团体组织的活动也是对外公开的，可见本土军阀官僚力量虽不乐见底层民众组织起来之事实，但因其频繁互斗内讧所造成的治理"裂缝"，也是尚处萌芽与幼年时期的工人团体得以生存的重要外部原因。③ 当年夏天，王右木又在致信团中央领导人施存统时提及此事："劳工联合会，发端于'五一'纪念，进而组成此会，更而有工人教育，实则高师平民教育社其名，工人教育其实也。高师学生，办平民教育社，校长允之，我辈托为学生之转请教员

---

① 《王右木关于四川工团情况的考察报告》（1923 年 5 月），载中央档案馆、四川省档案馆编《四川革命历史文件汇集（1922—1925）》，内部发行，1986，第 99 页。

② 《王右木给施存统的信——关于在四川武装工农的设想》（1923 年 5 月 5 日），载中央档案馆、四川省档案馆编《四川革命历史文件汇集（1922—1925）》，内部发行，1986，第 77 ~ 78 页。

③ 黄道炫曾精到地论述了近代社会转型中形成的所谓"裂缝"对于中国共产党成长发展的重要意义，"在近代中国，应该承认外界刺激的影响，这种冲击促成了 20 世纪初中国的社会文化转型，正是这样的转型形成的冲突在中国社会文化中留下了很多的'裂缝'，这些'裂缝'造就了新文化运动，同时也为共产主义在中国发展提供了契机。'裂缝'在古今中外广泛存在，但在近代中国尤其是民国年间，表现得尤为明显。"可参见黄道炫《中国共产党如何在"裂缝"中成长》，《炎黄春秋》2019 年第 3 期，第 4 ~ 6 页。

往教，现在期满放假。工（人）教育无校地最苦。我尚继续工人教育，因内有劳工联会被选职员之骨干，我又是明远学会学员之一，择会地恰在皇城内，木遂每周得在明远学会教工人一次。"① 由此可见，彼时王右木对组织教育劳工群体的活动用心之深、用力之勤，可谓倾全力而为之，这在当时的早期马克思主义者中可谓典型代表。当然，也从中可见当时正担任成都高师校长一职的吴玉章的允准与支持。《吴玉章年谱》有载："5月上旬，支持王右木等人以平民教育社为名，在高师内培训工人骨干，宣讲马克思主义、俄国革命及各国工人运动史等。"②

以在成都社会主义青年团领导下的劳工联合会等新式工运社团的成立为标志，成都工人运动走上了新的道路，摆脱了之前多为上层分子利用或是仅局限于某一行业而没有多大社会影响的处境。据王右木之观察，在成都劳工联合会成立之前，"四川工人最近已成之团体，据说起来，已有四川工会、四川总工会、成都劳动自治会、四川工党四个较著名的团体，一考其实，都不过是乘风气挂招牌，欺骗工人自觉，以遂己私，以迎合政府之工具而已。殊知工人自觉是现制度下之工人环境时势教训所造成，欺骗胡能久也"。这些团体，多是不能团结与启迪底层工人觉悟，唯知空树招牌招摇过市者，要么"虽经立案，开会都不允许，出风头的署名颇能自满，而团体精神毫无。一点进步事，则好像非会长独裁的责任的样子。这样徒有其名，毫无力量，端由不知扩张团体知识教育，及培养团员负责议事的能力所致"。要么就是"旧来全系有名无实，虽其宣言系主张与资本家相互提携，而四川工人只单纯的受压榨剩余劳动时间，运命的死受而已，何尝有配相互提携之可言也！……工人受实际苦痛不足（异），名都要被其利用，这真是应含冤九泉了"。在许多情况下，这些工团更是成为军阀官僚政客等操弄牟利的工具而已："四川旧有会贩子之类，凡政府及伟人欲办某种人民会议，只要授意此辈，所谓会衔通电即可立就。此种办事人即靠此等事务谋生者也，自然谁都可收买利用，所以谁也都愿与援助。若×会员人数，纸上的名字要好多立刻有好多，最好X字母可以当其代表，盖此辈既非工人，又更是先有会长后觅会员者也。"③

---

① 《王右木给施存统的六封信》（1923年夏），载中央档案馆、四川省档案馆编《四川革命历史文件汇集（1922—1925）》，内部发行，1986，第113页。
② 刘文耀、杨世元编《吴玉章年谱》，四川人民出版社，1998，第102页。
③ 《四川劳动界一线曙光》（1923年5月），载中共江油县委党史办公室编《四川马克思主义运动先驱者——纪念王右木诞生一百周年》，四川大学出版社，1988，第129～131页。

早期马克思主义运动与工人运动的一经结合便给党、团甫经创建时的早期群众革命运动带来了全新的风气，注入了新鲜的血液。1923 年 5 月，团成都地委公开发出了为纪念"五一"节告四川劳工书，就维护工人根本权益——尤其是限制工作时间与保障教育权利等问题，发出了极为强烈的呼号："教育事业久已是有产阶级的独占的武器，无产界只常在增长的保留昏庸，以便有产界之奴使而已。教育事业，果真不是劳动界必需的吗？民主国家主权在民，工界担当人类大部分制作事业，占全人口之最大多数。使大多数担当民国主权的工人，都无受教育的机会，凡百政令，势必一听那主权依托之各级机关任意舞弄，任意愚辱人民，任意欺骗主人翁而已。一国之主权者，都是在常受欺骗之道，民国尚成其为国吗？今为剪除武人政客妄施杀人劫货扰害人民计，多数——即担当民国主权之大多数——工人，不可不对此教育八小时之主张作援助，同声向世界劳工呼应，期其从速实现咧！"在王右木等人为成都劳工界"五一"纪念大会撰写的战斗宣言中，更是气势雄壮地喊出了极具阶级斗争与煽动意味的口号："全世界罢工之五月一日。我们称它为'人日'，因为是我们工人争求人权的日子。我们中国的工人、成都的工人亦要求争人权不要呢？低贱则不能供给生活的工资，长久则不能健康的工作，刻苦则不能保全人格的待遇，再加以严酷的压迫，惨痛的屠杀。这便是我们的政府与国家所以待我们工人的么？只有工人与农人是勤苦劳动以直接为人类生利的。打倒那些凶恶残暴的军阀！打倒那些懒惰贪婪的官僚！打倒那些虚伪骄傲的绅士议员们！我们工人生产一切物品！我们工人亦将产生庄严光明的世界！我们是世界上的真主人！"①

1923 年秋，王右木赴上海又转广州向党中央报告工作，党中央直接吸收他为党员，委派他在四川建党。返回成都后，他在青年团员中吸收了部分优先分子入党，建立了中共成都独立小组，直属中央领导，由王右木任书记。独立小组初期的党员有钟善辅、刘亚雄、梁华（梁国龄）、黄钦（黄均尧）等人，独立小组下设工人组和学生组。② 其早期成员主要是在成都地区从事工人运动。据当时在成都丝织业当学徒的最早工人党员之一梁华后来回忆，

---

① 《团成都地委为纪念"五·一"节告四川劳工》（1923 年 5 月）、《人日宣言》（1923 年 5 月 1 日），载四川省档案馆、四川省总工会编《四川工人运动史料选编》，四川大学出版社，1988，第 7～10 页。

② 中共四川省委党史研究室编《中国共产党四川历史大事记（民主革命时期）》，四川大学出版社，1997，第 33～34 页。

成都党小组成立后其"主要负责人就是王右木同志,会期大概是每周一次,在工人组开会的内容主要是王右木同志作浅显的政治报告,和讲一些社会科学中的问题,次则讨论工会活动问题"。另外王右木"再借这旧社会中盛行的拜把,同二十多工人拜了把,这样我们的党就在成都市工人中奠定了基础"。① 自此之后,成都工人运动在中国共产党的领导下便走上了快速发展的道路。

首先,从成都劳动界开展的民权运动,很快便发展为涵盖全省劳动界乃至社会各界的民权运动。1923 年 7 月 2 日,在社会主义青年团领导下,"四川民权大同盟"在成都东大街召开改组代表会议。选举王右木、裴紫琚担任文书股主任,康惠明、钟善辅担任庶务股主任,钟协安、孟本斋担任交际股主任,刘亚雄、罗荣同担任宣传股主任。推选钟协安为联席会主席,刘亚雄为副主席。② 从人事安排上便可以看出该运动是受成都早期马克思主义者主导的,其中不乏从事工人运动的积极分子。值得注意的是,旅法回国正寓居蓉城的陈毅也参加了该次会议。据《陈毅年谱》所载,1923 年在成都寄居友人家的陈毅与中国社会主义青年团成都支部领导人之一王右木取得联系。当时该支部正发动民权运动,在成都成立了"四川民权运动大同盟"。陈毅接受建议,同意以"四川留法勤工俭学生同学会四川代表"为名义,参加民权运动,并担任该组织的文书工作。③ 成都的民权运动大同盟成立后,王右木等人积极引导,以其作为党团组织开展活动的外围团体,借着多次有利机会,与盘踞川省的地方军阀与帝国主义势力进行了公开的斗争。如 1923 年 5 月 12 日,高师附中学生巫绍伯在华英球场运动时被任职华西协和大学的英国传教士白明道无故殴伤,激起了高师校及其附中的师生之义愤。④ 王右木即利用此机会作为在成都发动反帝民权运动之一突破口,"民权运动与普泛的社会运动:通告曾有对英运动之命令。通告到时,内部分歧,谁都不管。分歧初定,苦无发动机会。但我看出成都高师附中某学生有受英国人打伤事,当时各学校援之仍无力,我遂提出于校务会议,约彼校中人作中坚人

---

① 梁国龄:《关于四川党组织情形的回忆》,《四川现代革命史研究资料》1981 年第 2 期,第 15 页。

② 成都市总工会工人运动史研究组编《成都工人运动史资料》第 1 辑(民主革命时期成都工人运动大事记),内部发行,1983,第 25 页。

③ 刘叔发主编《陈毅年谱》上卷,人民出版社,1995,第 62 页。

④ 吴玉章曾为此事多次出面与驻成都的英国总领事馆交涉。参见刘文耀、杨世元编《吴玉章年谱》,四川人民出版社,1998,第 103 页。

才，我辈指导为排英帝国主义运动，岂不非常动众而有力吗？执行委员会全体通过。我的责任，分配的是促进已死之民权运动，发函召集，觅地规划等"①。

其次，中共成都独立小组成立之后发生的第一场大规模工人运动，便是织锦工人长机帮的反三皇会与朱尺的斗争。该运动从1923年秋延续至1924年春，在差不多半年的时间里，在王右木、孟本斋、钟善辅、梁华等成都党团组织骨干及工运积极分子的领导推动下，久受压榨的长机帮工人发起了一场震惊蓉城的反剥削、反压迫运动。长机帮神会——"三皇会"本是蜀锦工人为互助而创立的行会性质的组织，奉伏羲、神农、轩辕三皇，设于成都南府街川主庙内。本意是筹办长机帮内部工人事务，限制老板、雇主的剥削压榨。但后来被老板渗透把持后，反而成了欺骗、压榨工人的工具。他们利用"三皇会"强迫工人缴纳会费，并掌握度量产品的红漆尺子——朱尺，而这种所谓标准尺竟比市尺放长三分，当时锦工人的工资是按所织锦缎的数量付给的，也就是"点件"（计件制），产品按丈、尺计算。这就相当于雇主把工人劳动成果的一部分白白据为己有。此外，工人的实际待遇与生活条件也极为低劣，工人被雇佣以后，白天为老板织造锦缎，老板只供给两餐伙食，晚餐及住宿都是自理。由于织机高，机房屋顶低矮，就在地上挖个机坑，织工长年在齐腰深的机坑内操作。坑内经常有积水，工人多患风湿病。豆芽有除湿作用，机房多以豆芽做菜，因此人们又称长机帮为"豆芽帮"。老板对工人的剥削是无孔不入的，不仅餐餐吃豆芽菜，而且炒菜的油用得很少，甚至将油瓶的包盖塞子在锅里抹两下就算是放了油了，工人们讽刺地说这是放了"五两五"油（油瓶塞子在锅里"舞两舞"的谐音），伙食极差。大批工人早就对这种"既抽筋，又剥皮"的加重剥削手段忍无可忍。刚成立不久的劳工联合会在成都青年团指导下急工人之所急，适时发动并领导全行业开展反"三皇会"和反"朱尺"的斗争。该帮有名的工人领袖孟本斋，是王右木在创办马克思读书会时发掘出来的工人领袖，也是第一批被吸收入团的工人骨干之一，他身材魁梧，敢打敢拼，在长机帮工人中颇有威信。在王右木的指导和孟本斋、钟善辅等工运领袖的直接带领下，罢工工人提出了"反对封建行会三皇会"的口号，力争建立起为工人谋福利的工会，并让决定工人劳动

---

① 《王右木给施存统的六封信》（1923年夏），载中央档案馆、四川省档案馆编《四川革命历史文件汇集（1922—1925）》，内部发行，1986，第115页。

果实的标准尺掌握在工会手中。他们为此进行各种集会、游行、请愿、怠工的斗争，抓紧建立自己的工会。而资方则千方百计进行阻挠、破坏，说什么"三皇会"是合法的，工人建立工会是非法的，为压制工人的正当要求，竟勾结军阀、官吏对工人进行镇压，把工会负责人卢德云等十多人抓进监狱。孟本斋等人不屈不挠，组织了工人纠察队，占据"三皇会"会址，挂出了"工会"的名牌，夺取了"朱尺"的掌握权。成都团领导下的劳工联合会召集全市工人大会，大力声援长机帮工人，宣布废除"朱尺"，会后举行了示威游行，迫使华阳县衙门释放被捕工会会员卢德云等人，斗争取得了胜利。①

一次一次的斗争，鼓舞了底层民众，让他们认识到了团结起来后自身力量的强大。自此，成都、重庆乃至全川各行各业工人，在各地中共党团的领导下，纷纷组织起来为了自己的切身利益乃至国家民族的宏大政治目标而展开不懈的斗争。以大众动员与街头运动为表征的全新的政治行动方式就此被全面引入川中，冲击着旧的社会秩序，影响着人们对当下政治社会运作方式的认知，这也必然会招致既有势力的强烈反扑。王右木便曾在致中央的报告中谈到自己从事工人运动所遇到的阻力，资本家散布的谣言、行政当局的态度、工人群体自身的局限性，等等，都构成了川省工人运动进一步扩张的重要阈限：

"机织帮省帮，为成都手工业中最有团结力者，非无顶觉悟工人。吾辈除教育外，即是常在茶铺之接洽，日夕精力多耗于此。始也资本家畏其成为势力，一则曰去年工党都失败，今年还能有力吗？再则曰莫去读不要钱的书，将来还会不得了！三则曰工人教育是青年会（团字之误）办的，去读书的就是投洋人，种种谣言阻碍。幸好其中既有较觉悟分子（第一孟本斋）可称有力助手，虽经高师平民教育社停止，而明远学会能继续其教育。就其不易大扩张之原因，除资本家散布谣言外，劳工联合会既被选职员多不到会，其一也；时局扰乱，商业停滞，虽在往年忙月全数有工作者，今年工人失业几占十分之八九，其二也。最近工人方面，请用汉流办法统率内部，工会代

---

① 参见《成都工人阶级的好儿子——孟本斋》，载成都市总工会工人运动史研究组编《成都工人运动史资料》第4辑（民主革命时期成都工人运动人物介绍），内部发行，1986，第18~24页；《成都长机帮（织锦业）工人运动史略》，成都市总工会工人运动史研究组编《成都工人运动史资料》第2辑（民主革命时期成都工人运动专题资料），内部发行，1983，第383~389页；成都市总工会工人运动史研究组编《成都工人运动史资料》第5辑（民主革命时期成都工人运动简史），内部发行，1987，第23~24页。

表其外，曾有主干分子二十余人，为一度之严重举行，意其主要力量，能有若许分子，以此成都一市不虑不发达也。因为此种统率命令，不能违异之故，欲于其中更努力于工人教育，使为极端赤化，卒至工作无出，生活维艰，一面受课，终不能一面不计及此。然而勇往鼓舞，暂时可赖，长时何可恃，此真无术以救济之。"①

数年之后，在 1926 年 11 月召开的中国国民党（左派）四川省第一次代表大会上，中共重庆地委书记杨闇公所做的《工人运动报告》中，也谈到在四川这样一个"工人皆散处不聚"的小手工业社会，要从事工人运动，便面临着"政治力的压迫""工贼的危害""工人中之阶级制""无作工人运动的专门人才""经费极端困难"等种种内外阻力。②

不过，可贵的是，以王右木为代表的早期马克思主义者，不屑流言、不畏辛劳、不惧艰险，能在荆天棘地的环境里，以披荆斩棘、牺牲自我的勇气与韧劲，将群众革命运动一步步推向前，以飞蛾扑火般的激情与信念，将身处底层的人民大众一步一步地引向革命胜利的征途。

在大革命的浪潮中，川内工人运动进一步向前发展。1926 年 10 月 10 日与 11 月 21 日，成都市总工会和重庆市总工会分别成立。两市总工会在中共重庆地委的统一领导下，以坚定的立场，鲜明的旗帜，维护职工群众的权益，做国民革命成功的后盾。这样的成绩，当时也得到了代行省委职权的中共重庆地委和国共合作的国民党左派省党部的充分肯定。杨闇公在上述的《工人运动报告》中，便提到了成都市工会的气象。"成都有一个所谓的四川总工会，完全为绅士军阀所把持，差不多十年不改选，工人纳了许多会金，都给他们莫明消费去了。后经本党的宣传，成都工人始自觉起来成立成都市工会。这个工会的组织，是由各个工人组成各个业别的小团体而后加入组织的。他的下层组织，比较充实，他们——工人们也知道拥护这一个市工会。但是有些工人，终究忘不了官府的威风。因为市工会不曾得官厅批准，而又被绅士军阀把持的所谓总工会告到官厅里去的缘故，遂有许多人徘徊着又不敢拢来。但是这个真正代表工人利益奋斗的市工会在事实上确为工人争得自身利益和要求，所以一般工人很坚决地拥护着它。尚在飘摇中的市工会，可

①《王右木给施存统的六封信》（1923 年夏），载中央档案馆、四川省档案馆编《四川革命历史文件汇集（1922—1925）》，内部发行，1986，第 113～114 页。

② 杨闇公：《工人运动报告》（1926 年 11 月 28 日），载中共四川省委党史研究室编《第一次国共合作在四川》，四川大学出版社，1996，第 171 页。

说是本党的成绩。"① 大会后，已建工会组织的地方都办起了工人俱乐部，扩大了工人区的夜课学校，加强了对工人的政治文化训练。成都、重庆两市总工会还分别编辑出版了《工友》《四川工人》等刊物，宣传党的政策，指导工会活动。到 1927 年 3 月，四川地区已有 13 个县（市）建立了地方工会，会员在 12 万人以上，工人阶级成了四川革命运动的重要力量。中华全国总工会委任中共成都特支委员、成都市总工会负责人刘亚雄、钟善辅为全总驻川职工运动指导专员。同年 5 月，重庆、成都、万县、自流井、合川等工会都分派代表出席了在汉口召开的第四次全国劳动大会。② 在现代产业匮乏、经济社会落后的四川地区，中国共产党领导的工人运动能取得如此的成绩，不能不说与王右木这样的早期马克思主义者一代接一代的艰辛工作紧密相关。

三 从"盗火者"到"播火者"：王右木对四川群众革命运动的历史贡献

王右木于 1924 年春离川远行，就此杳无音信。在他离川后不久，成都团地委、中国 YC 团、劳工联合会、社会主义研究会等左翼团体，联合举行了震动军阀的 1924 年"五一"纪念大会，这次集会可以看作"五四"以后以成都为代表的川内左翼进步力量的一次集体亮相，或是大革命兴起之前的川内早期马克思主义运动的一次总演习，使得刚刚占领成都且常以新式人物自命的军阀杨森亦感觉到了危险，遂而派兵阻遏游行示威。团地委在事后致中央的报告中描述道：

"五月一日劳动节，原议定于是日由本团指挥劳工联合会，向社会作一番游行运动，以警惕无产阶级。嗣因同日追悼列宁先生，遂合于列宁追悼会。由成都道路协会、学生联合会、青年之友社、学行励进会、民权运动大同盟、成都劳工联合会、女权运动同盟、波叶社、社会主义研究会、社会科学研究会等团体发起，通告各学校各团体在公园内举行（最有趣是西城小学、农会、叙中学送来挽联数付）。是日到场者甲工、省立中学、外国语、

---

① 杨绍中等整理《杨闇公日记》，四川人民出版社，1979，第 297~298 页。
② 《当代四川》丛书编辑部编《当代四川的工人阶级和工会运动》，四川人民出版社，1991，第 11~12 页。

高等工业等学校，劳工联合会全体工人，总共约二千余人。当由廖划平同志演说列宁生平之事业并'五一'节之来历，黄均尧同志演说中国受国际帝国资本主义之侵略应效列宁对俄帝国之革命，团外同志刘愿安演说中国应无条件承认苏俄之理由，并发散各种传单。会毕方欲整队游行之际，突督理署开出宪兵一大队出而干涉，遂不果行。乃由本团各同志联络各学校表同情之学生组成五个临时演讲团，分向各街市群众易于集合之处讲演，此办理追悼列宁会之情形也。"①

这说明，王右木离川失踪后，四川群众革命运动并没有止住步伐，而是在前期已开辟的基础上继续轰轰烈烈地往前推进着。这恰恰体现了先驱的历史作用，他们的人生轨迹往往并不能贯穿整个革命进程，但他们在荆天棘地的环境下所做的开创性工作与历史性贡献，尤其是在艰难困窘的环境下不惧一切外部艰险与内部困窘，以如烈火般的革命激情坚定战斗、穿荆度棘，以自身或热烈或沉毅或坚定或严谨的气质努力于共产主义运动，使得早期马克思主义组织向广大基层社会落地生根，起到了为后来的革命者搭桥铺路的重要作用，也为他们树立了很好的榜样示范。

学者刘昶称革命年代的乡村小学教师为"革命的普罗米修斯"，他们将火种从共产主义思想与组织发源的城市带回了自己任教与生活的广阔乡村，完成了从"盗火者"向"播火者"的角色转向。②王右木所起的作用，又何尝不是如此呢？他从日本接受了社会主义思想熏陶回国后，多次往返于沪、蓉两地，与陈独秀、李汉俊、李达、施存统、林育南、邓中夏、恽代英等早期马克思主义者频繁接触，将马克思列宁主义的群众观点与阶级斗争观念传输进了氛围略显沉闷、保守的夔门之内，一定程度上促进了成都地区知识青年、工人、农民、妇女等各界群体的内部聚合与组织发生，也推动了各个不同界别的人群相互熟悉、联络与团结共进，共同掀起了一场又一场的群众运动，不断冲击着旧的制度与旧的社会秩序。而他自己，却为此而牺牲。据成都正式建团之前便跟着王右木从事工人运动的梁华回忆：

"王同志的革命热情非常的高，对一般群众的鼓动技术也很高，亦很能

---

① 《团成都地委致团中央的报告——"五·一"纪念和追悼列宁情形、国民党状况、工人运动、团地委改选》（1924 年 6 月 30 日），载中央档案馆、四川省档案馆编《四川革命历史文件汇集（1922—1925）》，内部发行，1986，第 169～170 页。

② 参见刘昶《革命的普罗米修斯：民国时期的乡村教师》，载黄宗智主编《中国乡村研究》（第 6 辑），福建教育出版社，2008，第 42～71 页。

耐苦耐劳，作事精神很多人不能及，一般同志或群众都非常爱戴他，现在成都很多老工人还在想念他。在他的生活来说，他是一个大学教授，每月的收入自然也不会少，可是他的物质生活是过得非常的坏，他家的老婆孩子们当不上一些工人的老婆孩子。他每月的收入多花在党的工作需要上，他对党的工作，尤其是领导工人的工作，他是每天不停的跑，有事可晚间通宵不睡，没有看见过他疲倦和休息，可真是我十几年来少见的同志。有一次我知道的事，就是成都兵工厂酝酿罢工风潮，内中我们也没有组织，为了要了解究竟，为了要领导工人的斗争，他便化了装，穿上工人服，混进工人群众中去工作，真是不怕危险、不怕困难，只以党的工作为中心。"①

由此可见，如王右木般的早期革命者的宝贵初心与伟大牺牲精神。从建党初期到大革命运动时期绵延不断的群众革命运动，让许多人受到了新式政治运动、政治观念及其行为方式的全方位洗礼，这塑造着中华民族的现代气质与未来走向。自从共产主义组织诞生后，四川地区的群众运动，就被注入了与此前不同的以夺取政权为根本目标的社会革命与阶级抗争元素，地域社会的群众运动被赋予了新的时代特征。但建党早期四川群众革命运动的高潮遇到了倾向于维护旧传统、旧权威的地方军阀的残酷镇压，在 1927 年"三·三一"惨案的沉重打击下，一度暂时陷入了低潮。② 但是，王右木等马克思主义先驱播下的火种没有熄灭，四川的群众革命运动，在经历了多番坎坷曲折后，仍然顽强地延续在巴山蜀水之间，冲击着既有权威的统治秩序，最终为民主革命在四川的彻底胜利做出了重要的历史性贡献。

---

① 梁华：《关于四川党组织情形的回忆》，载中共江油县委党史办公室编《四川马克思主义运动先驱者——纪念王右木诞生一百周年》，四川大学出版社，1988，第 227 页。
② 参见刘伯承《回忆"三·三一"惨案》，载重庆市政协文史委编《重庆"三·三一"惨案纪事》，西南师范大学出版社，1988，第 35～37 页。

王右木与四川早期
反对军阀统治的斗争

◀

06

先驱·先路
王右木与四川早期马克思主义运动研究

内容提要

近代以来肆虐于神州大地的军阀政治，给中国的国家主权与人民福祉均带来了巨大的伤害，严重阻碍与摧残了整个中华民族的现代化事业。以王右木等人为代表的早期马克思主义者胸怀救国救民之志，纷纷投袂而起，英勇献身于反抗军阀、拯救家国的伟大事业中。民族先行者们坚决抗击残民以逞的军阀暴政的如铁意志，为包括四川民众在内的饱受压迫的亿万中国人民，在党的领导下举起武装反抗的红旗，追求建立人民政权新国家的革命事业，奠定了坚实基础。值得今人铭记的是，巴蜀大地马克思主义运动的主要播火者王右木，早早地便为反帝反军阀的革命事业献出了宝贵的生命。虽因其人生过于短暂，没有来得及从事较具体的反革命武装破坏工作和革命武力建设工作，但他为发动民众一致反抗封建军阀黑暗统治所付出的努力，对于残害人民的反动军队毫不妥协的批判反抗精神，激励了许许多多在他身边一起战斗过的后起的革命青年，由此开创了后来整个民主革命时期，四川人民在中国共产党领导下开展反帝反军阀运动的正确历史道路。

第一节　有枪无道：民国初年"礼崩乐坏"背景下
军阀势力的黑暗统治

一　北洋军阀的统治秩序及人民群众的反抗斗争

军阀分立，政治败坏，秩序紊乱，是人们描述民国初年中国社会情形的典型话语。事实也正是如此，北洋军阀统治时期，堪称中国自进入近代以来最为黑暗与混乱的阶段。即使是叙事比较平和的《剑桥中华民国史》的作者，也给民国初年军阀统治以基本上完全否定的评价："北京军阀政治斗争这段可悲的记载表明，1928 年以前的立宪政府的失败不应当理解为有效政体的衰落，而应当理解为从来没有能力建立这样的政府。段祺瑞、吴佩孚和其他全国性的领袖有时对这个国家的大部分地区建立了有实力的军事控制权。但是这种成就主要是在军事上；从来没有随之或与之结合而建立有效的政治制度，从而规定真正文官政府的权力。也没有做出认真努力去动员人口中有影响的分子来加强政府的政治机构……军阀们的弱点不在于他们谋求权力，而在于他们对权力是什么构成的眼界很窄，因而不能扩大其非军事的方面。"总而论之，"还是可以恰当地说，军阀给无数的中国人直接和间接地带来了恐怖和剥削"[1]。那么，军阀政治在近代中国兴起的根源到底是什么呢？笔者认为关键在于彼时中国国家现代化转型的极大挫败。正如学者所论，自鸦片战争后海禁大开以来，随着奠基于"东方符号系统"的"宇宙论王权"开始动摇，近现代中国的政治文化危机与意义危机随之兴起。中国社会政治秩序的制度基础需要重构，然而在古典国家传统等级制秩序崩坏以后，却没能立即建立起一个新的全面的秩序。[2] 因此，中国军阀主义的兴起，北洋军阀统

---

① 费正清编《剑桥中华民国史（1912—1949 年）》上册，中国社会科学出版社，1993，第352～353 页。
② 参见张灏《危机中的中国知识分子——寻求秩序与意义》，高力克等译，山西人民出版社，1988，第2～11 页。

治的建立，都是清末民初在西方现代性体系全面冲击下传统断裂、价值混乱、制度失范和意义迷惘的特殊历史语境下的产物。这一特殊历史情境产生的直接源头，便是延续数千年之久的中国传统政治制度在现代性浪潮冲击之下突然解体，作为权威象征的王权体制遭到了空前的怀疑与冲击，"旧有的"已不完全起作用，"崭新的"又无从谈起。①

在这种境况下，既往传统政治范畴内的文武关系与军地关系逐渐陷入板荡混沌的状态，并逐渐开始恶化。自湘淮军势力兴起至北洋军阀统治体系的形成，以绅领军、以文制武的传统政军模式逐步转变为以军统绅、以武控文的近代军阀模式。②"乱世英雄起四方、有枪便是草头王"的有枪无道情形，便是民国时期军阀政治的最典型表征。在这种情况下，血缘主义、地缘纽带、利益交换便构成军阀派系政治的三大基石，在古典中国里办团保民、领军卫道的士大夫对乡土社会所负的伦理责任与道德义务都消散于无形了。

以研究近代中国军阀政治特性闻名的美籍学者齐锡生即提出，在社会失序、军阀混战的大环境下，中国派系政治中的个人属性非常明显。一支队伍的特性应该归于其领导人的属性，政治效忠的焦点是首领，而不是政治观念或制度。③已蜕变成私人附属财产的军队，其政治理想自然严重匮乏，道德水准更是荡然无存。这种境况下，在无休止的混战中沉浮离合的军阀部队，唯一追求的目标便是实现自身利益最大化，并以针对平民的抢掠作为实现目标的主要手段，"缺乏纪律训练增强了曾驱使许多士兵参加均达到雇佣思想。士兵作战时，希望得到长官的报酬或允许他们抢掠。从这个意义上说，士兵在军队里有利可图，他们待在军队里是由于个人利益在起作用……官兵之间的默契在于：得到最大限度的物质利益和避免最小限度的战争损失"④。

北洋军阀是近代中国最大的军阀集团之一，深刻影响了当时国家政治与经济社会的走向。北洋军事政治集团兴起于19世纪末20世纪初，在清末新政中崛起并不断壮大，1906~1908年，就已经发展成当时各种政治势力中实

① 参见萧延中《中国军阀与政治文化——一项解读中国近代历史的政治学路径》，载邓正来编《中国书评》第1辑，广西师范大学出版社，2005，第84~85页。
② 应星：《从"地方军事化"到"军事地方化"——以红四军"伴着发展"战略的渊源流变为中心》，《开放时代》2018年第5期，第12页。
③ 齐锡生：《中国的军阀政治（1916—1928）》，杨云若、萧延中译，中国人民大学出版社，2010，第62页。
④ 齐锡生：《中国的军阀政治（1916—1928）》，杨云若、萧延中译，中国人民大学出版社，2010，第76页。

力最强的集团。在袁世凯掌权后的民国初年，其势力更是一度达到了巅峰，在形式上掌控了全国政权。在中国早期近代化的历程中，北洋集团也曾在改革军事、编练新军、设立新式学堂、培养新式人才、初创警政、鼓励工商、革新民政等各方面起到了一定的积极作用。① 但是，随着民国初年袁世凯复辟失败并一命呜呼，北洋集团内部派系矛盾开始显露，逐步趋于四分五裂，很快便致使整个国家陷入中央政府权势衰微，地方势力相继崛起，各派系力量互相攻伐不断的境况，给民族带来了极为深重的灾难。在近代中国政坛上曾叱咤风云的北洋集团也在社会失序、天下扰攘的语境下逐渐沦落为对国家民族现代化事业有害无益的，既无治国能力又缺乏现代价值观的保守型军政集团。

彼时的社会舆论一般均对军阀干政、强人掌权的局面持相当负面的评价态度。民国知名学者、社会活动家王造时曾于1929年谈道："现在我们一旦把君主踢倒，政治之中心，当然随之失落；中心一失落，又无新的民主中心势力起来代替，结果，当然要酿成二十年来，挂名共和，军阀混战的怪现象。"② 在他看来，这些军阀虽受新思潮影响，却又不够"新"，有时举着"保卫传统"的大旗，却又基本上不受传统旧道德、旧伦理的约束，实际处于新旧交织的边缘地带，于是日趋分化，而终演成军阀割据、相互砍杀的无政府状态。

军阀政治横行的这数十年间，也正是近现代中国政治社会发生剧烈转型的关键时期。在国势沦落、秩序混乱、社会黑暗的时代语境中，也悄然孕育着追求变革乃至激烈革命的力量，试图扭转这相当不堪的局面。震动中外的五四运动，正是在这样的环境下爆发的，不仅打出了"外抗强权、内惩国贼"的旗帜，也喊出了反对落后的社会秩序，抗击横暴的军阀政治的口号，遂成为新、旧民主主义革命的分水岭。③ 正如论者所言，对外而言，五四运动改变了近代以来中国国际地位不断下滑、国家利权不断丧失的趋势，开始了中国国际地位缓慢回升、国家利权逐渐收复的过程。对内而言，五四运动开始了中国工人阶级走上政治舞台的历程，经由马克思主义的传播和先进知

---

① 关于以袁世凯为中心的北洋集团在民国肇建以前萌芽、发展、演变的源流，可参看张华腾《北洋集团崛起研究（1895—1911）》，中华书局，2009。

② 王造时：《中国社会与中国革命》，1929，第86页，转引自陈志让《中国军阀派系诠释》，载张玉法主编《中国现代史论集》第5辑，联经出版公司，1980，第5页。

③ 彭明：《五四运动论文集》，广东人民出版社，1978，第176～214页。

识分子的组织，产生了工人阶级的代表——中国共产党，中国的政治面貌、社会结构和思想倾向从此开始有了非常的改观，革命的性质亦由民族资产阶级领导的旧民主主义革命向工人阶级领导的新民主主义革命转变。因此，五四运动便成为近代中国历史进程中的重大转折点。①

五四运动所带来的，不仅是人们对外的民族意识觉醒，还有更加热烈的反思、探索以及寻求解决中国社会自身问题的浪潮。各种外来或内生的新思潮、新理念借着新的媒介平台与话语体系在中国大地上广为传播。仅在"五四"后的第一年中，新出版的刊物便增至四百余种，进步社团有三四百个。那些经受了"五四"思想革命洗礼的知识分子，对于迎接新的思潮怀着极大热忱，对于改造中国社会充满了信心。青年革命先驱恽代英在五四运动数年之后以传承五四精神向青年学生们发出呼吁："你们预备怎样引起同学注意政治呢？你们要怎样监视而打倒北京亲英美的政府呢？你们要怎样整顿学生联合会，以为你们运动的中心呢？你们要怎样打破现在正在运动复辟的旧文学与旧思想呢？'自从五四运动以来'，这不是一句儿戏的话啊！这一句话，是表明你们的责任；倘若你们不能担负这个责任，那便这一何话是表明你们的耻辱。"早期中共党人张太雷也在"五四"六周年之际阐释了这场运动的长远意义："但是无论五四运动如何失败，五四运动实开中国革命的新纪元。自从五四运动以后，有革命觉悟及了解世界革命意义的青年要纠正五四运动的错误，逐渐集合在革命党的旗子之下，在劳动阶级中间尽宣传与组织之力，以求中国民族革命的胜利，且更进而求世界革命的成功。"②

五四运动也揭开了青年学生群体之外的人民大众参与国家政治生活的序幕，为中国未来的政治走向开辟了新的道路与可能性。正如史家所论，"五四运动在社会政治方面的另一个后果是促进了商人和城市工人组织活动的发展"。在某种意义上，五四事件使中国人懂得了"他们的力量在于组织起来"。此后，各个城镇中的商会、工会、妇女会等群众组织相继建立起来并日益普及，实现了社会中的政治和经济组织的重新定向。③ 在此前后，全国

---

① 汪朝光：《民国的初建（1912—1923）》，载张海鹏主编《中国近代通史》第6卷，江苏人民出版社，2007，第251页。

② 恽代英：《自从五四运动以来》，原载《中国青年》1924年第26期；张太雷：《五四运动的意义与价值》，原载《中国青年》1925年第77～78期。两文均收入中国社会科学院近代史研究所编《五四运动回忆录（续）》，中国社会科学出版社，1979，第23～25、28～29页。

③ 周策纵：《五四运动：现代中国的思想革命》，周子平等译，江苏人民出版社，1999，第254～264页。

民众反对军阀统治的斗争浪潮开始蓬蓬勃勃地兴盛起来。

在中国共产党成立前后，全国人民尤其是工农群众就自发地进行了许多反抗军阀压迫的斗争运动。如1922年10月23日，由英国资本控制的华北开滦五矿举行总同盟罢工，三万多名工人集会反抗资本家压迫，高呼"打倒帝国主义""劳动神圣"等口号，向全国通电诉说资本家和帝国主义虐待工人的罪状，帮办直隶军务王承斌、天津警察厅长杨以德等北洋官僚，在控制北京政权的直系军阀首脑吴佩孚授意下，派出军警残酷镇压罢工工人，英国资本家豢养的英印兵来福枪队（又名分遣队）亦开进矿区试图弹压。① 封建军阀与帝国主义在镇压工人运动方面达成了共谋，这更进一步刺激了中国人民奋起反抗帝国主义势力及其代理人的决心与意志。

值得注意的是，中国共产党自成立之日起，便极为关注唐山开滦煤矿工人运动。中国劳动组合书记部曾先后派邓中夏、彭礼和、吴先瑞等，到唐山工人群众中进行宣传组织工作。他们先后以补习文化的形式在当地矿区与工厂建立了"工人图书馆""大同社"等组织，对广大工人进行初步的革命道理宣传与阶级觉悟启发。1922年前后，工会、工友俱乐部等明确以开展阶级斗争为目标的进步组织在当地相继建立。开滦煤矿罢工开始后，中国劳动组合书记部派遣两名特派员驻在唐山就地指挥，使一切罢工斗争活动有序进行。中国共产党通过各种媒体向全国各界发出声援罢工工人的号召。北方中共党团领导下的北京马克思学说研究会很快成立了"北京开滦矿工后援会"，并组成10个募捐队，每日分途外出向各界人士劝捐。此外，唐山交通大学学生、京汉铁路总工会、安源煤矿俱乐部、香港海员工会、南洋新加坡总工会、京津沪等地各报馆等海内外各机构法团的民众，踊跃捐资襄助开滦五矿罢工工人，到罢工结束前夕，共收到各地捐款达3万多元。② 因此，这场震动中外的大规模罢工斗争，可以被视为由矿区底层工人自发发动，并全程接受中国共产党领导的工人运动。

此时，除了华北唐山等地区的工人运动外，南方地区党领导下的工人运动也蓬勃开展起来，其中尤以两湖地区为典型代表。从1922年夏到1923年初，京汉铁路、汉阳钢铁厂、粤汉路武长段、汉口扬子机器厂、汉口英美烟

① 焦静：《北洋军阀史稿》，湖北人民出版社，1983，第290页。
② 李新、陈铁健主编《中国新民主革命通史》第1卷，上海人民出版社，2001，第598～617页。

厂、安源路矿、水口山铅矿、长沙泥木工等各厂区行业的工人群体，均相继爆发了规模、影响都较大的工人运动，极为猛烈地冲击了当地的军阀政府、中外资本家等各方势力的统治地位。虽然部分运动因遭到军阀势力的残酷镇压而失败，并由此付出了流血牺牲的惨痛代价，但这些由以往被上层统治者看不起的底层民众所组成的社会运动，共同开启了近代以来中华民族解放事业的宏伟篇章，具有极为重大的历史意义。在建党前后蓬勃兴起的这一系列工人运动，不仅在一定程度上改善了工人生活，启发了工人群体的阶级觉悟，也团结教育了广大群众，使得越来越多的民众敢于联合起来共同反抗军阀与帝国主义势力的统治。① 尤其重要的是，上述大多数工人运动都是在湖北、湖南等地域的中共党团组织领导下开展起来的，中共中央下辖的劳动组合书记部武汉分部、湖南分部及其领导人林育南、毛泽东、刘少奇、李立三等重要骨干，在运动的发起与开展中起到了关键的组织动员作用。②

二　夔门之内的暴政：四川军阀的派系、混战与暴戾统治

辛亥革命以后，四川地区先后成为北洋、滇黔及四川各派军阀混战的主战场，其次数之多、为祸之烈、规模之大、时间之长，堪称全国之最。③ 尤其是自护国战争之后，四川省内以防区制为特征的各系军阀拥兵称雄的军事割据局面逐渐成形，各路军阀纷纷"各自为政，委任官吏，征收租税，俨然古之封建诸侯"，其互相之间争权夺利、尔虞我诈，连年征战不休，对地方社会则是横征暴敛、敲骨吸髓，"军事频兴，饷糈日急"。④ 广大四川民众备受盘剥，苦苦挣扎，巴蜀大地的政治社会情形日趋黑暗。

现在学界一般认为，四川军阀统治的正式形成，可以追溯到反袁护国战争结束前后川内的政治军事情形。护国战争过程中，蔡锷等人率领以云南、贵州军人为主体的护国军部队挥师入川，在川南一带与北洋军拉锯鏖战。护国战争胜利后，滇黔军先后入驻了四川政治经济中心成都、重庆、泸州等

① 邓中夏：《中国职工运动简史（一九一九——一九二六）》（1930 年 6 月 19 日），载邓中夏著《邓中夏全集》下册，人民出版社，2014，第 1365～1374 页。
② 参见刘明奎、唐玉良主编《中国工人运动史》第 2 卷，广东人民出版社，1998，第 423～484 页。
③ 参见四川省地方志编纂委员会编《四川省志·军事志》，四川人民出版社，1999，第 144～184 页。
④ 吕平登：《四川农村经济》，商务印书馆，1936，第 11 页。

地，与以刘存厚等为代表的四川本土军政力量形成鼎足而立之势。1916 年秋，担任四川督军兼省长的护国元勋蔡锷离川赴日治疗喉疾，罗佩金、戴戡等滇黔系军政势力代表人物与四川本土军人势力之间的裂隙日益扩大，后因驻川军队统一整编裁撤与各类资源分配方案等与权利争夺息息相关的因素影响，导致双方矛盾迅速恶化，终于走到刀兵相见的地步。"刘、罗之战"、"刘、戴之战"两次成都巷战结束后，滇黔系势力受挫，暂时被逐出了成都。不过，这场给成都人民带来巨大灾难的战祸，只是延续了近二十年之久的川内军阀混战的一个序幕而已。之后，在北洋政府与南方军政府的对峙争夺之下，各方势力一再希图插手川局，而四川军政体系内先后崛起的各种势力，亦彼此争斗不休。① 即使一度在辛亥革命以及护国战争中并肩作战的四川以及滇黔地区的军人，也急速堕落为了争夺枪杆、地盘、物质利益而丧失基本底线，彼此常年混战不止、荼毒无数生灵的贪婪军阀。正如时人所述，"总观民元至民六这一段时间正是一些封建残余军和新起民军参加辛亥革命战役者之军事领袖，明争暗斗，由带有革命性和进步性的战争，渐转变成分割据式的战争。明显的例就如民元的推倒保路同志军的政府之争，就转变了辛亥革命的最初性质。民五的护国之役，本是很有价值的战争，而滇军之入川者，一变而为占地盘握政权的勾当。至四川本省军，亦于此时大批招抚土匪流氓，筹款充实军械，本着狭隘的地方观念为局部的战争，进行所谓驱北军，排滇、黔的运动。这样一来，一切军事行动都回复到旧封建政权的攘夺上面，而公然的'剥削民众，争取地盘'，无所顾忌了。所以我们可以说在这五、六年间，四川底军阀制度已充分地形成了"②。

有学者提出，近现代中国军阀割据与混战形成的根本原因，在于两点。一是帝国主义列强势力的入侵及其相互之间的矛盾。列强要分割控制中国，并实现自身在华利益最大化，在中国近代中央权威式微，国家政局陷入四分五裂的状况下，就必须扶植各路军阀作为自己在华攫取利益的代理人，为他们供给各类军火物资，支持其打内战扩充势力。二是当时中国仍然是一个半封建的农业国，经济社会发展相当落后，近代工业产值在工农业总产值中的

---

① 可参见李乐伦《护国之役后四川的动乱局面》、冷寅东《滇黔军入川与"刘罗"、"刘戴"之战》，均收入四川省文史研究馆编《四川军阀史料》第 1 辑，四川人民出版社，1981，第 84~109 页。

② 废止内战大同盟编《四川内战详记》（1933 年 4 月），载荣孟源、章伯锋主编《近代稗海》第 8 辑，四川人民出版社，1987，第 582 页。

比例很低，分散的个体的农业经济和手工业经济占国民经济的90%以上，缺乏现代工业生产体系，现代交通的统一的资本主义经济，造成了地方军阀豪绅封建割据的可能条件。①除了这两点以外，自清末以来地方性势力的崛起，中央权威的持续衰微，军人武力日益凌驾于国家文治体系之上，在全国各地造成了枪杆子与地盘相结合的颇具地域特色的"裂土分茅"，其实也是一个重要的原因。自护国军兴以后，在夔门之内混战了近二十年的四川军阀，可说是其中最为典型的一个地方性代表。

至于川军派系源流的形成，时人认为和自晚清以来四川军事学堂的设置、演变紧密相关。1902年秋，全川最早的近代军事学校——四川武备学堂正式开办。其后以迄1920年代，各种军官养成所、传习所、讲习所、训练所以及讲武堂等以培养中下级陆军军官为目标的各类军事学校层出不穷，再加上自省外乃至海外各军事学校肄业之军事干部，如保定陆军军官学堂（校）、北洋陆军速成学堂（校）、云南讲武堂、日本东斌学校，等等，共同构成了民初混迹于川内军事政治舞台的各派系的力量基础。正如时人有论，各辛亥革命以后，川中战事频仍，川军迭次扩充，后起大小军阀皆据地称雄，竞相扩兵争霸，于是相率利用同学、同乡、家族等各种封建关系，以搜罗爪牙，笼络属下，巩固实力，建立自己的军系；或彼此利用相互拉拢，以为声援。其时从各军事学堂毕业的学生亦较前增多，且各掌握了一定的武力，因此遂逐渐在川军中形成了以军事学堂出身为团结对象的派系。概略言之，如果以学系出身作为划分基础，民国初年在四川政治舞台上比较活跃的派系力量，则大致有武备系、速成系、保定系、军官系，等等。②当然，以学系聚合起来的军阀派系也不是固定的，其内部亦常常因为权势、地盘、军力及其他核心利益的激烈争夺，而酿成连绵不绝的武力内斗与血腥厮杀。如保定系内部的刘文辉、邓锡侯、田颂尧等，速成系内部的刘湘、杨森、王缵绪等，军官系内部的李家钰、罗泽洲、陈光藻等，彼此之间常因实力不均与分赃问题而发生多次火并内讧，这本就是民国军阀政治舞台上的常见现象。对于军阀势力来说，军队、地盘、税赋等赤裸裸的核心利益才是立身之本。

即使同属于同盟会－国民党系统的四川军政势力，也会因内部隔阂而大

---

① 谢本书、冯祖贻主编《西南军阀史》第1卷，贵州人民出版社，1991，第180页。
② 张仲雷：《四川的军事学堂与川军派系的形成和演变》，载中国人民政治协商会议四川省委员会、四川省省志编辑委员会编《四川文史资料选辑》第5辑，四川人民出版社，1979，第1~20页。

打出手。例如，熊克武、但懋辛等旧同盟会员领衔的"一军系"，是由辛亥革命中成立的原重庆军政府所属蜀军及其后续川军第五师部队发展起来的。该系力量的高级长官以所谓"九人团"为核心，其中不少是老同盟会员和国民党员，与孙中山所代表的南方革命力量及其在川代表有着直接或间接的联系，但也因历史积怨与现实颉颃而发生过对抗，其中有代表性的就是 1920 年的靖川之役。① 该次延续半年之久的战役，以熊克武部及刘湘、杨森、刘存厚等部川军为一方，以唐继尧部滇黔军与吕超、黄复生、石青阳、卢师谛等部川军为一方，在千余里战线上展开激烈厮杀。不过，虽以熊克武等为代表的"九人团"与亲孙中山的"实业团"势力之间经历过此种曲折坎坷的关系历程，但总体而言熊克武系力量在南北两政府的对峙中，是属南而不是属北的。刘湘的第二军系，是由辛亥革命后的四川陆军"老一师"为基础，在刘任第二师师长后，逐步发展形成的。刘湘原为四川陆军"老一师"的部将（自 1918 年但懋辛任第一师师长，刘湘担任第二师师长后，一般称 1912 年周骏所领的一师为"老一师"，以示区别），他的师长地位，系继承该师历任长官周骏、周道刚、徐孝刚而来，部队也由这一师蜕化发展而成。②

不过，四川这种较为特殊的军阀割据统治形成也需要一定的载体，而这样的载体便是自 1918 年始熊克武督川后施行的防区制。有研究者认为，防区制是四川军阀统治的基本形式。防区制和其他事物一样，有其发生、发展、形成的过程。它萌发于辛亥革命后滇军之入川，完成于 1919 年熊克武之划分"防

---

① 参见《国民党内早期的派系与四川"九人团"和"实业团"》，载四川省文史研究馆编《四川军阀史料》第 2 辑，四川人民出版社，1983，第 90~95 页。"九人团"因清末时部分川籍同盟会员汇聚于日本东京，以同乡、同学、戚友等关系过从甚密，共谋反清大计而逐渐形成。其骨干成员有熊克武、但懋辛、李蔚如、喻培棣、余际唐、张冲、吴秉均、刘光烈、龙光等人。"实业团"主要是来自清末所办四川省城高等学堂、四川通省师范学堂这两所学校的学生，以及川内部分文教界的同盟会党人。其骨干人物有谢持、张培爵、夏之时、颜德基、黄复生、卢师谛、吕超等。上述诸人投身军界后多被其他行伍或军校出身之四川军阀称为"长衫军人"。因为长期以来四川党人内部的纠纷与复杂的人际关系影响，熊克武等人与拥孙甚力的"实业团"乃至孙中山本人都嫌隙渐深。熊的传记中声称："早在 1914 年熊克武癸丑讨袁失败后亡命日本时，便和同时流亡日本的四川国民党人杨庶堪、谢持、吕超等发生了矛盾。他因倾向黄兴，与孙中山先生也产生了隔阂，不久熊便离开日本，前往南洋，这样便和孙中山先生愈来愈疏远了。"（周富道、马宣伟：《熊克武传》，重庆出版社，1989，第 159 页。）

② 参见吴祖沅《一、二军之战》，载四川省文史研究馆编《民国四川军阀实录》第 2 辑，四川人民出版社，2011，第 1~2 页。本文作者曾于 1922~1923 年任川军总司令部、四川省长公署政务厅、四川讨贼军总司令部秘书，一、二军之战时，吴氏在熊克武部工作。

236

区"，经历了约八年时间。这段时间，在四川军阀史上可称为四川军阀酝酿形成时期。① 至于防区制具体形成的过程与缘由，其时正担任川军旅长的陈书农后来回忆称："辛亥革命时期，四川省政机构，尚能统一。自从1918年熊克武任四川督军后，除全省税收外，所有兵造两厂和盐款，专供扩充一军系之用而其他川军和住叙府、泸州一带的滇军，与住重庆的黔军的协饷，概置不问，于是川客各军开始第一步截留驻在地方的税款以自给；第二步撤换驻在地方的行政官吏，代之以自己的人，初则还报省政机构备案，后来连备案手续也取消了。从此，川客各军，各霸一方，各自为政，专断横行，为所欲为，饷粮不继，即向地方预借下一年度粮、税，后来直截了当地进行预征下一年度，或者若干年度的粮税。四川防区制就这样形成了。"② 防区制事实上确立之后，便成为各军头赖以安身立命的处所与拼命争夺的中心目标，亦成为引发一场场内部分裂混战的渊薮。据时人统计，四川地区20余年间发生内战470余次。各路军阀终年杀伐不休，大家就竞相招兵买马扩充军队，军队数量的发展快得惊人。据1926年6月4日成都《西陲日报》的统计，自1925年8月自井（即今自贡——引者注）会议后，四川军队调查结果，计有35师、39旅、19独立旅、14司令、2统领，合计兵额55万余人。可说是冠甲全国了。

因此可以说，从1918年前后在川内开始实施特殊的防区制，公开把军队、地盘与利益汲取之间的关系固定了下来，为割据一方、敲骨吸髓的军阀制度最终在川内的成型奠定了基础。一直到1930年代，耀武扬威的军人仍横行于川中地域社会，给外来入川者带来极不好的观感与印象："川中将领外出时，在所乘小汽车门外的踏板上有马弁带枪侍立，随行卫队既佩手枪又背负马刀，刀柄上系红绿绸巾，实在太落后野蛮。"③ 时人对此慨叹道："自是以后虽因胜败关系时有起伏变化，而此消彼长，四川兵多始终甲于全国。四川人民受祸之烈因之也甚于全国，谁为使之，防区制实是为厉之阶。"④

因此，纵观从护国战争结束后的1917年至北伐战争正式开始的1926年

① 匡珊吉、杨光彦主编《四川军阀史》，四川人民出版社，1991，第92页。
② 陈书农：《四川军阀混战与防区制》，载中国人民政治协商会议四川省委员会文史资料研究委员会编《四川文史资料选辑》第四十三辑，四川人民出版社，1995，第187页。
③ 苟乃谦：《蒋介石派参谋团入川图谋》，载四川省成都市政协文史委编《成都文史资料选编·防区时期卷》，四川人民出版社，2007，第148页。
④ 陈雁翠：《四川防区制的形成和消灭》，载全国政协文史委编《文史资料存稿选编》第4辑，中国文史出版社，2002，第91页。

这一段时间，正如论者所述："四川军阀既将外省军阀之势力驱出境外，而他们在十几年的战斗之中，又造成了庞大而坚强的武力。他们为着军队的给养问题，地盘的争夺愈形剧烈。在事实上，如继川滇战争之后而起的一军系和二军系之火并，以及随后底新、旧二军之连年混战，都表示了他们在军事力量的增进中，同时加深了矛盾和冲突。所以我们不能不承认，这一段时间是诸军阀底发展期了"①。由此，四川的军阀在不断火并内战中越打越多，社会秩序日益紊乱。

常年的军阀混战给广大人民带来了巨大的痛苦，给国家经济社会发展带来了莫大的灾难，严重迟滞了中国的现代化发展历程。曾任民国时期四川省政府秘书长的邓汉祥，在新中国成立后忆述了自己亲身感受的地方军阀横征暴敛之情形："防区时代，各军在城乡征收的捐税，除清末民初原有捐税一仍旧贯、有增无减外，更巧立种种名目，尽量搜刮。就我们所能回忆的即有统捐、烟酒捐、关税附加、矿区税、护商费、冬防捐、验契捐、典当税、市政费、牙厘、斗捐、秤捐、马路捐、娱乐税、门牌费、灯油捐、筵席捐、捲烟税、煤油特税、百货捐、糖捐、纸税、米税、盐税附加、船捐、烟土税、民捐、红灯捐等等。其他如军队过境，要收马干费〔买胡（蚕）豆、豌豆及各项杂粮作喂马之用，习惯成例，无马的军队，也要收费〕，又要征用谷草，作垫地铺之用，开口就要几百斤、几千斤，大部队要几万斤，雷厉风行，说要就要。不然，征草的兵，不管你是什么人（如县长、区长、乡镇长）就要拉去见司务长，更要受'方'（四川土语，意即讥刺——引者注），还是脱不了手。有的拿言语，派人（大半是哥老会中的管事）去交涉，草虽一时办不到，用讲价还价的方式，出多少钱，亦可了事。又如要请军队或团防去打'匪'，先要办招待，要筹招待费、继之以子弹费，草鞋费……打了匪转来，又要大办酒席，招待慰劳。稍不如意，就要在地方上'摆乱子'。招待费的范围很宽，是各乡镇的一项大支出，如军队到达，县局长到达，各类委员到达……酒、饭、烟、鸦片烟，均必须具备。政警、法警，因传案到乡镇，当事人所耗用的钱，更不可细算。还有各乡镇的负责人到县城开会，或到其他乡镇接洽事务的滑竿费、旅食费。各乡镇自办的常备壮丁队的枪支、子弹、服装、伙饷等，更是无法统计。总之，无物不有捐税，无地不设关卡，凡一

① 废止内战大同盟编《四川内战详记》（1933年4月），载荣孟源、章伯锋主编《近代稗海》第8辑，四川人民出版社，1987，第582、585页。

物品的输入或输出，即须纳税 10 余次、甚至数十次不等。"① 其余烧杀抢掠之事更是无时不有，一场混战就给川内民众带来一场修罗场似的浩劫，这既摧毁了四川地区经济社会发展的前途，也必然会引起进步知识分子与广大劳动群众的强烈反对。

第二节 "伏虎降龙"：王右木与四川军阀势力的坚决斗争

一 拂逆"虎"须：王右木对四川军阀势力的揭露与抨击

身处如此一个武人专制、军阀横行的黑暗时代，具有淳朴的正义感与强烈社会责任心的王右木，较早地就通过各种手段与强权势力进行抗争，也注意发动身边的各界群众力量对军阀势力进行激烈的抗争。

1922 年初，王右木在成都创办了《人声》报，旗帜鲜明地传播马克思列宁主义思想，批判社会黑暗，其在宣言中即声称："直接以马克思主义的基本要义，解释社会上的一切问题""对现实社会的一切罪恶现象，尽力的布露和批评以促进一般平民的阶级觉悟""对现实的政治组织，不为妥协的改善方法"。在创刊号上刊登的《一年来自治运动之回顾与今后的新生命》一文中，王右木接着阐述自己对喧嚣一时的省自治运动的看法，着力批判了鼓吹军阀自动裁兵一说的虚伪以及过滥军队对社会的压榨剥夺，"军队索款几万，立刻几万，绅耆等巴不得可居中渔利，绅董接纳军官，搞（敲）骨吸膏，人民莫可如何，除了捧官捧军，并捧及绅首，遍损人格以求偷安生活外，也莫不侧耳倾视，盼望自治实现，亦若自治一到，人格立可展舒……凡是一等与其期望自治之切，至有难于笔墨形容了，乃一年以来，军人方面之自治，不过仅有换汤不换药的点缀，军队则丝毫未裁。议会方面之组织制宪等备员仍是非拥有军队的人，不能当选。有若非军人，议员位置，就会不稳的样子。故与其称为民治制宪，毋宁称为军治制宪，处此环境，当军官的已不少，而军人教育团等，增加军官之处，尚有增无已……兵既不能裁，四川财政自然一天比一天没办法，财政一没办法，先就是不能养兵，兵就自然到了争夺防地、招纳土

① 邓汉祥：《防区制下的四川军阀与团伐狼狈为奸残害人民》，载全国政协文史委编《文史资料存稿选编》第 4 辑，中国文史出版社，2002，第 256 页。

匪、勒逼火饷，剥削日深。长此下去，人民就是苟且偷生，都会不易得了，遑问人生趣味。所盼望的自治，就这样的不长进，时局有如长夜昏黑，不见天日。其他收缩军队者，久也收缩不下来，欲登大位者，久也爬不上去"①。成都青年团正式成立后，王右木便开始谋划遏制乃至铲除军阀的手段，他认为"四川特苦苛，为四川军阀所厚赐，他省不易有此军阀"，青年工人农民在重重盘剥之下容易被动员，因此青年团员可以投身于各地方的民团防务工作，"使青年工人农人，暗自握得兵器，组成有枪阶级。况是各地方工农人受苦已深，最易觉悟之时，只待组织者耶？"② 他对敢于抨击旧有军政势力、鼓吹社会革命思想的青年人，往往大加鼓励与奖掖。在当年的春节前后，任教于南充中学的成都高等师范学校毕业生，且素来与王右木私交甚厚的进步青年袁诗荛，写了一篇《红色的新年》，表达了对劳农主义新俄国所走道路的朴素向往：

"红色的新年呵！红色的年！我们是要依倒那无意思的红，把他变成极有意思的红呀！就是我们应该从这个新年起，做个'新纪元'，把以后的流水似的长年都完全带着'赤色化'，尽我们时时刻刻都在那红红兴兴的快活世界中过活哪！什么是'赤色化'呢？有'赤色化'，当然会有'白色化'的对待名词。白色化的发源地是美、法、英、德等国。可以拿德意志做代表，就是'资本主义'，专以'兽道'与不人道的掠夺来搅乱人人的安宁世界的和平，引起一切战争的东西。杀人、放火、流血……皆是他在作怪。在中国的'白色化'就是武人政客、官吏财主，这过去十年中的大乱子，皆是他们造出来的；我们要想安宁和平，非把他们打倒不成功的。而首先痛声疾呼去牺牲奋斗，打倒那'白色化'的第一个代表，便是'劳农的新俄罗斯'。所以赤色化的发源地，就是实行劳农主义的新俄国。他们'红卫军'是有世界性的，是拿去反抗那些军阀财阀政阀的。直言之，是专去打倒'惰民阶级'的。红旗所到的地方，就是人民独立自决的处所，自由自在自治的时候，却任他怎样凶恶的'官、军、匪'、'有钱的官'、匪到此时都要……收伏在这幅红旗下面的。"③

---

① 分见《本社（〈人声〉报）宣言》（1922年2月7日）、王右木：《一年来自治运动之回顾与今后的新生命》（1922年2月6日），载中共江油县委党史办公室编《四川马克思主义运动先驱者——纪念王右木诞生一百周年》，四川大学出版社，1988，第145、147～148页。

② 《王右木给施存统的信——关于在四川武装工农的设想》（1923年5月5日），载中央档案馆、四川省档案馆编《四川革命历史文件汇集（1922—1925）》，内部发行，1986，第80页。

③ 诗荛：《红色的新年》，原载《人声》1922年第1期，收于中共盐亭县委党史工作委员会办公室编《盐亭党史人物传》，内部发行，1986，第38页。

　　至于"赤色化"的主要内容，袁诗尧认为首先是要打倒资本制度，其次是要打倒不劳而获的阶级，最后是要打倒国家主义实现世界主义。虽然该文仍然包含着一些无政府主义的思想倾向，袁诗尧此时也不是中共党团员，但因为这篇文章的激进内容，当时无法在南充的报刊公开刊布，王右木得知此事后，便迅即将袁文发表于自己所办《人声》报的创刊号之上，并亲自为其加了一段按语：

　　"诗尧君这篇文字，本是在阳历的新年给顺庆（今南充——引者注）民治日报作的，因为民治报不能发表，才给本报寄来，本报认为这篇文字实在也不过是些应该说的话，在号称言论自由的顺庆的民治报不能发表，竟敲动本报不能不发表他——这篇文字——的好奇心了。所以新年虽早已过去了，本报仍是绝决的要把他发表出来。"①

　　据袁诗尧的高师同学张秀熟回忆，不论是在校念书、活动时还是投身于地方教育事业，袁在政治态度上都受到王右木很大的影响，这为他后来逐渐脱离早期无政府主义思想的藩篱，向马克思主义运动与共产主义革命道路靠拢，打下了牢固的信仰生成基础：

　　"（袁诗尧）积极拥护十月革命。但这时他对马克思主义实在无从了解得多，而无政府主义在四川的旗鼓，却相当热闹。它的某些表面似乎很彻底的主张确也可以使他心醉，因而他在一个时期就因为一个无政府主义的成员了。但他是一个革命的实践者，而当时的革命具体实践，恰恰和无政府主义的根本理论是相冲突的，因此他对无政府主义仍是抱着怀疑态度。他热情地工作，冷静的探索真理，他喜欢王右木烈士，他也经常到马克思主义读书会听讲。1921 年暑假，他毕了业，和我同到南充中学任教。这时南方各省充满自治高潮，四川已成立了全川自治联合会，张澜先生也在南充宣布了自治。诗尧烈士认为这是一个很好的宣传机会，他也赞同吴玉章同志所主张的自治纲领和宣言十二条，经常在南充自治三日刊写些文章，想通过群众的自治来改变军阀割据局面。不久，王右木烈士的《人声》周报出版，他受到极大的启示，对自治渐感觉不是一个解决问题的途径，对无政府主义也表示绝缘了。"②

---

① 王右木：《〈红色的新年〉按语》，原载《人声》1922 年第 1 期，载中共江油县党史研究室编《四川马克思主义运动先驱者——纪念王右木诞生一百周年》，四川大学出版社，1988，第 157 页。

② 张秀熟：《在不断斗争中成长——纪袁诗尧烈士》，载中国人民政治协商会议四川省委员会文史资料研究委员会编《四川文史资料选辑》第二十六辑，四川人民出版社，1979，第 117～118 页。

**图 6-1　1930 年壮烈牺牲于
重庆的革命烈士邹进贤**

注：邹进贤于 1922 年在成都省立蚕桑专修
学校念书时便加入了王右木创建的进步
社团"马克思学会"，1923 年 6 月又加
入了成都社会主义青年团，并积极参加了
王右木领导的争取四川教育经费独立、创
办平民教育社等各项革命活动，受到了王
右木的直接熏陶与感染。邹进贤在牺牲前
担任中共四川地下党省委常委兼秘书长。
资料来源：中共四川省委党史研究室、
四川美术出版社编《四川人民革命斗
争图卷》，四川美术出版社，1995，
第 57 页。

在王右木的影响下，不少四川进步青
年对军阀团阀势力也由最初的抱有期待而
转向切齿痛恨与果断抛弃。从川东綦江县
来到成都省立蚕桑专修学校念书的小镇青
年邹进贤，1922 年便加入了王右木组织的
进步社团"马克思学会"，1923 年 6 月又加
入了成都的社会主义青年团，并积极参加
了王右木领导的争取教育经费独立、创办
平民教育社等各项活动，受到了前者的直
接熏陶。在此过程中，他对军阀政客与政
治社会旧秩序的认知和不满亦日益强烈。
在 1924 年 2 月致信友人劝其勇担收拾桑梓
乱局重责时，邹进贤激愤地表达："朋友，
四川前途，中国前途未可乐观啊！我们往
日稍有一点欲利用军阀政客的势力来作我
们一部分的改造工具的妄念，我现在已很
勇敢抛弃了。假令有一二武人真能为我们
利用，然而试看甲仆乙起的棋势正多哩！
我们有何希望可言？除了青年能各自振作
而能联合外，中国是无希望的了！"① 而与
王右木同在蓉城活动，并行不悖地寻觅救
世之途的杨闇公，在 1924 年初的日记中，
也表达了希望已觉悟的青年放弃对"大人先生"们的幻想，奋起与军阀势力
展开决斗的观念："我觉得十二年来的政局，固属愈趋愈下，而一般青年及
受戟刺而觉悟的人，实在是很不少。这种源流不断，虽国破家亡，终有复兴
的一天。所以，我们最重要的责任，是在预备与军阀作决斗的人才和工具，
不在希冀他们大人先生们垂怜我们。因希冀是自杀政策，决不能解决我们的
苦痛。"② 王右木对暴戾军阀势力的贬斥、鞭挞与痛恨，是源于他对底层民众

---

① 《致周绍溪信》（1924 年 2 月月 22 日），载中共重庆市委党史研究室编《邹进贤日记》，
　重庆出版社，1997，第 143 页。
② 杨绍中等整理《杨闇公日记》，四川人民出版社，1979，第 26 页。

与国家民族的深情与热爱，这也奠定了他必然会将虽短暂却又无比充实的一生献给四川乃至全国人民解放事业的心理、情感基础。

二　身先士卒：王右木与四川教育经费独立运动

北洋军阀统治时期，由于军阀割据和混战，国家预算的大部分费用都用于军事开支，而教育经费只能占很少一部分。以1920年为例，当年的军费开支占国家预算的二分之一，而教育经费仅占七十五分之一。即使这一点预算内的教育经费，也经常被各军阀官僚势力挪用而不能如期拨付。① 当时，四川地区的情况则是有过之而无不及。在滥兵多如牛毛、大小军阀连年混战不休的糜烂形势下，四川正常的经济运行亦受到极大摧残，"川省苛捐杂税之多，甲于全国，各种实业不发达之原因，一方面虽由于外货之抵制，运输困难，苛捐繁重，不无绝大之影响。兹以成渝千里陆程而计，每运货一挑，自成都至重庆，除运费不计外，各种捐税，亦需缴纳三十元"②。在资源有限、你兴我亡的零和博弈状态下，各支军阀部队都需要养更多的兵，夺占更多的土地，以维护自己的生存，所以川省各军政巨头虽经屡次协议"裁军"，兵员却越来越多，人民负担却越来越重，"今战事虽终而招募不息，或改军扩为两师，或升师旅而析为数部，兵不裁而反增，械已多而犹购……且因军队之多而暴敛横征焉"。尤为严重的是，因各县份在川军内斗中频繁易主，致使之前各支部队就地而食的防区制都无法约束军头痞棍们的敲骨吸髓了，"昔日军队，各有防区，已属弊习，今尤变本加厉，一地而驻数种之兵，一地而供数种军之饷。或以原有税收为不足而增设特别之捐税，或此军已收于前，彼军又收于后"③。各派军阀在自己防区内巧立名目，肆意搜刮。民国初年，四川全省田赋总额为476万元，到1925年已增加到710万元，净增234万元，这对于生产力极为落后又连年饱受战乱和灾荒的四川来说，是一个很大的数额，但仍然不能满足各军养兵购械与内战所需。于是便有田赋附加、

---

① 中共四川省委党史研究室：《中国共产党四川历史》第一卷，中央文献出版社，2009，第51页。

② 《成渝间之苛捐杂税》（1929），载四川省文史研究馆编《四川军阀史料》第4辑，四川人民出版社，1987，第535页。

③ 四川省文史研究馆资料室编撰《四川军阀混战给人民造成的灾难》，载四川省文史研究馆编《四川军阀史料》第3辑，四川人民出版社，1985，第160～161页。

田赋预征等苛严措施的出现。附加税各县一般都在 10 种左右。而预征则从开始的提前征收以后一年、两年的田赋，发展到四年、五年，后来竟严重到预征十多年乃至数十年以后的田赋了。而田赋仅仅是诸多军阀搜刮民脂民膏的手段之一而已。① 在这种情况下，全川教育经费屡屡被各大小军阀截留挪用，丝毫得不到任何的保障，也就不足为奇了。

自民国肇建以来，直至 1935 年川政基本统一，四川教育经费来源十分混乱。省立各学校经费，最初由省财政厅在省税项下拨款，后因川省掌权者频繁更迭，治民施政之策一度十分混乱，经费来源紊乱不定，经常不能按数按期筹拨。至 1922 年，经省内外教育界、文化界人士反复争取，川省联军会议始指定划拨肉税作为全省教育专款，另设收支处负责经理出纳。后川战迭起，政制失序，各地肉税即多由当地驻军代为征收，并随意截留抵扣，以致收支处形同虚设，后省厅予以裁撤。大多数情况下，"省立学校经常费用，完全靠各军分担拨助，数额既少，又多拖延不交。特别在战争期间，有的完全停止支付，学校无法维持，因此学校欠教师薪水历年累计，为数甚巨"②。各地县立学校，经费来源更是不一，往往视地方情况酌情筹集，芜杂混乱之状更甚。作为地方教育经费大宗的田租与契税，因其没有固定性，完全以天时和人事为转移，而连绵不息的混战、匪乱等"使社会秩序不安，谷价突然低落，人民捐输，多感力竭，田产交易绝少，教育经费所恃为收入大宗者莫不受其影响"③。种种弊政与社会混乱情形致使各地办学时断时续，严重影响到川省教育事业的循序发展。

四川教育设施虽然基础较为雄厚，但是在军阀政治的摧残压迫下只能是艰难维持，广大教师群体可以说是惨淡度日，"川中小学教师薪修之薄，乃全世界所无，其最少者，每年只有铜钱四五十串。具有常识之士，望而绝足"。"省垣各专门学校，教职员积薪未领者有至数千元之多"④。在如此艰苦的情况下，绝大多数教师连家人温饱问题都解决不了，更何谈教书育人、潜心治学。

王右木自 1919 年阴历五月返回成都，受聘为成都高等师范学校学监以来，便致力于抓住社会矛盾，动员青年学生，努力发起向军阀进行抗争的社

---

① 余科杰：《张澜评传》，北京群言出版社，2002，第 92 页。
② 陈维瀍：《四川军阀对教育事业的摧残》，载四川省文史研究馆编《四川军阀史料》第 5 辑，四川人民出版社，1988，第 150～151 页。
③ 济舟：《从经费问度谈到收理旧欠》，载合川县政府教育科编《合川教育周刊》创刊号，1933，第 1 页。
④ 《新教育》第 5 卷第 1～2 期，1922。

会运动。教育经费问题是一个牵连到千家万户的重要问题。王右木自身也深受学校经费极为匮乏以致教师薪水七折八扣乃至拖欠未发之害，"木于高师旧来所领薪水，月只七折之五、六成，所余成数，在校目为欠薪，只计数目向少付给也。木于此时穷极，已提出索欠书。旧同事多见助者，或能多少有收入，木赖此或可过今冬，以便今冬乘机工作"①。他便以此为切入点，在四川教育界与文化界发动群众、团结青年，以之作为向祸国殃民的地方军阀势力猛烈进攻的突破口。

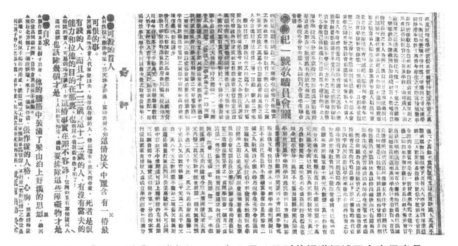

**图6-2 《国民公报》（成都）1920年9月6日刊载报道记述王右木于当月
1日在四川教职员联合会上发言抨击军阀、呼吁教育经费独立事**

1920年9月1日，四川省教职员联合会集会，讨论到教育经费问题，王右木奋起而发表演讲。据当时《国民公报》报道，"王右木君演说之词甚为激昂：吾以国民资格，教育家资格，均应质问政府。吾川国家税及地方税每年合计不下三千余万元（王君历举某款收入若干，某税收入若干，言之甚详，记者未悉记），而国税数年未解中央，何以最少量之教育费每年不过六十万余元，竟无款开支？以此欺诈国人，万万不能承认，如再能忍受下去，吾人人格安在？语至激烈，经二三人劝阻，始息"。经过反复讨论，最后该会议决议三条：（一）要求拨款解决开学一个月的经费；（二）清偿旧欠；

① 《王右木致团中央负责人的信——关于成、渝、川北团的筹建情况》（1922年10月11日），载中央档案馆、四川省档案馆编《四川革命历史文件汇集（1922—1925）》，内部发行，1986，第11页。

（三）要求教育经费独立。经表决一致赞成，并由教职员联合会全体会员到省署质问。时已是午后二点，与会者枵腹径向省公署进发。行至走马街，值大雨，众皆冒雨前往，无稍退却。及至省公署，高师学生已先有数百人在省署质询。师生代表严词斥责政府摧残教育，强烈要求教育经费独立。①

1922 年 3 月 1 日，四川教职工联合会召开紧急会议，要求补发欠薪，成都教师首先于本日开展索薪罢教活动，四川教育经费独立运动由此发端，由成都逐渐波及全省，迫使当时川军总司令兼任四川省省长的刘湘同意，拨全川肉税作教育经费，并从 1922 年 4 月 1 日起实行，独立专支，由各县教育机关直接征收，通令各防区照办。② 刘湘在一、二军系之间已暗潮涌动，自己即将下野之际，通令全川驻军和各县政府，将全川屠宰税拨作教育专款，以保证教育经费的独立，使不受战争和政潮的影响。从动机上而言，一方面，其虽不无维持桑梓教育事业之心，但恐怕也有借机示好川内教育界、文化界人士，以在新的政争内讧中博得全国舆论的好感与同情之意图；另一方面似乎也难免欲借机激化各防区军队与教育界人士争夺税款的矛盾，以达搅浑川内局势、转移民众视线之目的。③

当时的社会报刊，纷纷发表言论襄赞四川的教育经费独立之举措，认为此乃当时"省自治"浪潮下的利国利民之举，保持乐观态度，但却未料四川政局之波诡云谲及其实施过程之艰辛。如《晨报》于是年 5 月 14 日刊文认为：

"川省宣布自治以来，其第一使人满意者，当属政府以明令允许教育独立。总司令兼省长刘湘自以明令将全省肉税划作教育经费，由各地公正士绅经收管理，斩钉截铁，于四月一号实行，即令财政厅暨各县征收局于一号将肉税完全划归劝学所，交由学款收支员接收。闻各县征收局奉令后，已呈报将肉税移交劝学所学款收支员者，有巴县、江北、梁山、大竹、广元、汉源、华阳、涪陵、隆昌、名山、越西、雅安、西昌、南川、武胜、合川等县，其余各县亦将陆续呈报到署。闻刘对于此事，意思坚定，令在必行，各县征收局亦奉命惟谨，此亦川省教育前途之一大好现象也。"④

但当时的四川为大小军阀分区把持，屠宰税被普遍充作各防区军队军

① 《纪一号教职员会议》（续），《国民公报》1920 年 9 月 6 日，第 5 版。
② 谢增寿：《张澜年谱新编》，群言出版社，2011，第 82 页。
③ 乔诚、杨续云：《刘湘》，华夏出版社，1987，第 40 页。
④ 《四川教育经费独立声》，《晨报》1922 年 5 月 14 日，第 3 版。

饷，要想军阀主动交出，殊属难事。1922 年 6 月 10 日，但懋辛、刘成勋、邓锡侯、赖心辉、何光烈等川军上层将领联衔发出通电，公开反对此案。其文电提出"川省教育，频年以军事影响，各校经费支绌，进行阻滞，识者深用忧之……惟指拨肉税以为教育专款，则有尚待商酌之处"。他们的理由则是："盖肉税一项，早经拨充军饷，各区驻军恃为经常收入，已非一日，一旦拨作教育经费，必同时另指他款抵补军饷，庶几各得其平。且查全省肉税，极为散漫，稽征解拨，手续至繁，而收税习惯，每岁以冬为旺，春夏秋三季则收入有限。教育经费，既须按月平均支领，若指拨肉税，设遇税收不旺月份，更有缓不济急之虑"。但懋辛、刘成勋等进而提出以盐税替换肉税作为经常教育经费的方案，"乃者甫公通电辞职，主持无人，辛、勋等往复熟商，欲期双方并顾，惟有将肉税仍旧留支军饷。另由盐税项下，每年划出银一百余万，专拨教育经费，其款即由经收盐税机关，按月平均拨交教育经费收支处转发。并从兹著为定案，永远遵行，各军对此项学款，无论何时，有共同维持义务，不得私自移挪，以示尊重。如此一转移间，教育经费既不背独立初议，防区军饷，仍得照原案维持，一举两便，计无逾此"①。

不过，正如识者所述，军头政客们冠冕堂皇的话语背后，往往隐藏着不为人知的种种暗流与彼此角力。其时川省最重要的盐场，如自流井、贡井等，均处在刘湘统率的四川陆军第二军势力范围内，而主张以盐税替换肉税的，主要就是一、三军乃至四川边防军等系统的将领，双方即将在此后延续近两年之久的一、二军之战乃至讨贼之役中对垒鏖战，一决雌雄。这也不难理解，面对但懋辛、刘成勋等政治对手刻意将争议矛头导向二军系的言行，出面坚决支持刘湘先前主张的正乃该集团势力的第二号人物杨森。杨森时任驻扎泸州的川军第九师师长兼永宁道尹，正打出建设"新川南"的旗号在努力营建自身趋新爱民的公众形象。此时正受聘在泸州川南师范学校任教的早期中共党人恽代英对杨氏的评价亦不低，他在致友人信函中便声称："在此军长杨森，教育科长卢思，再加校长王德熙都可谓好勇过我。只要他们是不倒翁，此间事本有可望……川南以改造教育、改造社会或竟闹得成功。此不能说非'利用已成势力'"②。杨森在教育经费独立运动前后极力在公开通电

---

① 《但懋辛、刘成勋等主张划拨盐税为教育专款电》（1922 年 6 月 10 日），载四川省文史研究馆编《四川军阀史料》第 3 辑，四川人民出版社，1988，第 513～514 页。
② 《致杨钟健》（1921 年 11 月），载恽代英著《恽代英文集》（上卷），人民出版社，1984，第 322～323 页。

中表现自身苦心撑持川省教育事业的言行意向，一面号召川省将领积极筹拨资助："顷复值此各校罢课期，拟恳我友军俯念学款短收，既属实情，而军备又未能蘧行缩减，得以挹注酌济，各就力所能为，设法筹拨资助。每月约计若干，统交刘禹公军长，并恳禹公为之平均分配各校。则补助有款，凑少成多。此罢课之风潮既可立解，而经费之奇窘，亦藉得维持。教育关系，至重极大，想我各友军当无不共表同情也。"另一面又领头通电支持刘湘划拨肉税以充学款的政令，反对但、刘等人在"灰电"中提出的以盐税替代肉税的方案："顷接灰电，谓肉税拨充军饷，各区驻军恃为经常收入，已非一日，且肉税零星散漫，拨作学款，大有缓不济急之势，不如改拨盐款，俾学款得以源源接济。尊论极有见地。惟查肉税一项，自刘总司令通令作学款后，随经视学会议郑重声明，已成定案。且盐款性质，系为国家税，复经抵偿外债，至民国十三年后，即有不能提拨之势，尊电谓著为定例，永远遵行，在事实上既不可能，自未便曲为赞同。现在敝军各师旅先后来电，遵照通令，早已将肉税实行划归各劝学所独立经矣。"①

而在川中政潮中已被逼辞去川军总司令兼省长职而下野的刘湘，也在此时不甘人后，频频发出致全国各法团机关的公开电文，反复强调自己明令划拨肉税抵充学款，以此力促川省教育经费独立与教育事业发展的"苦心孤诣"：

"各报馆均鉴：教育为立国之本。古今中外。莫不视为要图。惟必赖有一定之基金，为之规划久远，始克推行尽利，锐意振新。纵使事变偶乘，亦不因之堕废。囊以国家多故。变乱相寻，绕舍荆榛，弦歌断续，甚至教育之费，不恤移作军饷，遂使学校所需，几若尽成画饼。维持现状，已觉时感困难。长此因循，尚复成何景象。推原其故，皆由教育经费，未能确切规定，有以致之。湘当受任之初，即尝有鉴于此，迭开政治会议，详悉筹商。复经召集全省视学会议，决于本年四月一号始，以全川解省关税（实为肉税之误——引者注）划作省教育经费，独立专支，由各省教育机关直接征收，不假官吏之手。自此岁有常经，事无停辍，树人大计，虽不敢期之百年，弦诵相闻，或可见遍于全省。正拟电达全国，请求采酌实施，顷读曹巡阅使勘日

① 《杨森望各军拨助教育经费电》（1921 年 12 月）、《杨森遵令实行以肉税划归学款电》（1922 年 6 月 14 日），两电均收于四川省文史研究馆编《四川军阀史料》第 3 辑，四川人民出版社，1988，第 512、514 页。

电关大政方针，宜以教育为要，财政预算，应以教育为先，并推论百事皆可牺牲，教育不能引缓。殷殷于确定教育经费，大猷经国，名论不刊。既惬鄙怀，犹深景佩。育材兴学，人有同心。尚冀诸公一致主张，促成事实，则会昌建福，为国储才。不独庠序衿，群拜嘉惠也。特抒管见，惟乞卓裁。刘湘叩，支。"①

在杨森发出"寒电"声援划拨肉税前案的同时，已下野的二军系首领刘湘也迅即再次发声强调该政令之不可动摇性，以作响应，文电如下：

"顷读但军长等灰电，对于划定教育经费一案，发抒谠论，别有主张，虽指拨款项，微有不同，然窃幸学款独立，群议已趋一致。全川教育，于此植基，曷胜钦企。惟湘去年计议，划拨肉税，亦尝集众广思，中间所经，要当缕陈。查川省虽经宣布自治，意仍在统一促成。故以目前收入，暂供本省开支，而教育事关树人，计划似宜稍远，省地方教育专款，自应仍由省地方税收内划拨为宜。第款目巨细，颇费斟酌，过重则庶政开支虑蒙影响，过轻则教育事业仍难进行。乃查川省近年，教育经费预算，与省地方肉税相差尚非甚远。若能将征收办法详加厘定，收入自属有赢。不但教育得以维持，而税收亦因之整顿。且教育因文化前进，肉税亦因人口而日增，悬计供求，已能相适。……又盐税肉税，均从军费划出，无所区分。故与其划拨盐税，难于平允，不若划拨肉税，易于推行。"②

漂亮的言辞下，掩盖的往往是地方军政精英们不可告人的心思。就在不久之后的 7 月 11 日，第三军军长刘成勋在成都正式就任川军总司令，并与熊克武、但懋辛等一军系的力量携手，一致对付刘湘、杨森等人统率的第二军。③ 在教育经费独立运动中，刘成勋也如其政敌刘湘所愿，一度成为川省教、学两界进行舆论抨击的众矢之的。

在地方军阀们文电往来交织表演己身"爱民"情怀并彼此磨刀霍霍的同时，以学生、教职员等知识分子为代表的川省民众，已趋于奋起展开直接行动一途。纵观四川教育经费独立运动，成都地区各校学生及其团体组织无疑冲在了最前面。

---

① 《刘湘对曹锟勘电之应声——川中政争藉此一吐块全》，《时报》（上海）1922 年 7 月 6 日，第 2 张。

② 《刘湘重申划拨肉税充教育经费电》（1922 年 6 月 20 日），载四川省文史研究馆编《四川军阀史料》第 3 辑，四川人民出版社，1988，第 515～516 页。

③ 周开庆编著《民国川事纪要（1912—1936）》上册，四川文献研究社，1974，第 281 页。

当年5月上旬，以成都学校为中心组成的四川全省学生联合会即向全国发出快邮代电，呼吁川省人士乃至全国法团踊跃支持全川教育界争取经费的运动：

"窃教育为民治根源，立国基础，文明各国，莫不殚精竭虑，务求发展。吾川财政淆乱，教育经费支绌，虽有学校等于虚设，教育仅存形式，名为兴学，实不啻蔽锢民智，顾念前途，不胜悚然。年来明达之士，主张教育经费独立，究以力量薄弱，未底于成。迩者刘兼省长振兴庶政，百废俱兴，明令全省肉税拨作教育经费，用期独立，定于四月一号实行，闻令之余莫名欢忭。诸公维持教育，具有同情，务望协输鸿猷，共谋发展，不胜翘盼之至云云。案教育经费独立，既有刘湘通令主张于前，复得学生联合会通电促成于后，在朝在野，对于此着，都不肯丝毫放松，记者行将拭目以观其成，兹笔记之，实于川省教育前途，抱有无限希望，愿川省人士其亟起图之。"①

值得一提的是，当时在川中学生与知识青年中享有较高声誉的王右木，一直活跃于斗争的第一线，起到了指导运动、领袖群伦的作用。6月初，成都教职员联合会和学生联合会决定成都各校一律罢课争生存，王右木被推选为这次运动的总指挥。② 不几日，教职员联合会旋即发表了《成都教职员争取教育经费独立罢课宣言》，公开宣布罢课抗争。该宣言虽未署名，但有很大可能是出自担任该会监察部理事的王右木之手笔。该文痛快淋漓地批驳斥责了四川军阀穷兵黩武、摧残教育之罪恶：

"我们今天为争取全川教育经费独立，成都教育界全体已经决议罢课了，罢课的牺牲是很大的，我们为什么现在暑假将到，（把）学生试验的时间来牺牲呢？因为这一次是全川教育生死问题，所以就是忍痛牺牲也顾不得了，教育界这几年的悲惨状况就不说列位也是晓得的。近来刘甫臣总司令有心维持教育，把全川肉税厘提作教育经费，另设独立机关由教育界自行接收经营，这是我们四川教育前途的一线生机，我们不能不起来力争。近数月来，同人等全省函电交驰，奔走呼号，希望他们实行交出，那知到了现在，表面上虽然有人敷衍赞成，其实交出来的州县只有二十余处，其余大多数的州县都暗地保持不交，就是在成都方面，我们连日向当道请求接洽，也是东推西

① 《四川教育经费独立声》，《晨报》1922年5月14日，第3版。
② 中共四川省委党史研究室编《中国共产党四川历史大事记（民主革命时期）》，四川大学出版社，1997，第22页。

诿，毫无结果。列位：想我们全省岁入三千多万（元），一大半都拿去养兵，连这区区一百多万的肉厘，他们都舍不得分出来。教育是全川人共同问题，不单是教育自身的问题，更不是我们少数教职员的饭碗问题。我们教职员平常向政府讨款的情形连乞丐都不如，把人格都丧失尽了……我们不能永作乞丐生涯，非俟四川全省肉厘交出，教育经费完全独立后，誓不再行上课，特此迫切宣言。望我全川人民觉悟这次罢课是全川教育问题，不是我们成都学界同人每月一两万元的维持费问题，要大家起来帮助才对呀！"①

面对全川教育界、知识界的愤怒，川省军阀官僚仍在因循塞责。延至6月中旬，运动进入高潮。6月12日，因前日省议会副议长熊小岩已答应学生代表将于当天正式审议通过以肉税划充教育经费决议案，学生联合会代表刘度等人赴省议会旁听。孰料迁延至正午，已有40余名议员到会，而议长熊小岩仍不见踪影。愤怒的学生与部分教职员在王右木等人带领下，群趋熊宅，质问熊之食言违约，并与之发生冲突。② 据当天事后熊小岩致函成都卫戍司令部所述，学生言行激烈，暴戾乖张，在喧扰纠纷中打毁其家，"至续行督队来者，为王右木，皆高等师范之教职员。其学生代表为刘度、周润光、邓镕、邹游、曾仁国、周方矩、刘作宾、苟永荃、刘光斌、沈开选、杨光森、谢志昌等。其余不列姓名之数百名，据议者言，大率以高等师范及附中学校、农业学校为最多。应请贵部迅至该校将上开诸人按名逮捕，依法究办。一面饬知该校校长，严束本校学生，勿令再出滋事"③。

第二天，即6月13日，在王右木、刘度、刘作宾（刘弄潮）、欧阳继修（阳翰笙）等运动骨干的率领下，各学校千余师生再次到省议会请愿，强烈要求省议会开会议决教育经费独立案，其时到会议员仅10余人，在学生代表刘弄潮等赴南门附近的议员公寓俱乐部一再敦请之下，议员方陆续到会30余人。④ 当双方在议会集合室进行商议时，王右木利用机会向议员进行了宣传。有的议员为学生们

---

① 《成都教职员争取教育经费独立罢课宣言》，原载《国民公报》1922年6月8日，收于中共江油县委党史办公室《四川马克思主义运动先驱者——纪念王右木诞生一百周年》，四川大学出版社，1988，第161~162页。

② 刘文耀、杨世元编《吴玉章年谱》，四川人民出版社，1998，第94页。

③ 《熊 请逮捕请愿师生致成都卫戍总部函》（1922年6月12日），载四川省文史研究馆编《四川军阀史料》第3辑，四川人民出版社，1988，第519~520页。

④ 刘弄潮《从成都社会主义读书会到社会主义青年团》，载中共四川省委党史研究室组织编撰、张继禄主编《中国共产党地方组织在四川的成立》，四川人民出版社，2001，第361页。

的斗争热情所感动，表示："今日人数过少，且主席未到，依法实难开会。但诸君迫于求学热忱，来会数次，同人等认此案为特别重要，亟应从速解决，不可拖延。故于今日开一特别会议，解决此项问题。"各校学生均极赞成。在学生纠察队的维持之下，会场秩序井然，一切有序进行。① 却未料刚开议不久，即突遭巨变。据亲身参与者刘弄潮事后回忆："顷刻间就出现几百名便衣军警由南大街进纯化街打入省议会，首先打伤了纠察队长欧阳继修，打散了纠察队，我也受了轻伤，有的人跑出会场，便衣军警还用扁担打，曹派议员也有受伤的。"② 据当时成都本地报纸的记者报道，在本次惨案中，刘青黎、陈懿恭等四名议员受伤，学生伤四十余人，教职员亦有受伤者。因重伤被送入平安桥法国医院的学生有四人（樊远明、严汉昭、宋藏瑚、晏长政）。"学生受伤，有打中眼眶骨血流满面者；有脑后击破流血不止者；有横腰被扁担打伤甚重者。最可伤者，有数生年仅十三、四或十四、五亦遭此毒手。"③ 之后的川内外媒体报道中更是声称此次冲突导致了三名学生无辜丧生。

从其时大众报刊舆论对此事的报道来看，多数持同情请愿师生的态度。如北京《晨报》便于6月28日全文登载了全川教育改进会、重庆中等学校教职员会、重庆商学联合会、川东学生联合会等渝城法团发来的揭露"六·一三"事件状况的电文："顷得重庆来电，四川三军军长刘成勋不惟令其防区抗不交出，兼因学生请愿，纵兵痛杀，当场击毙三人，重伤四十余人……各校学生于六月十三日到会请愿，殊刘等竟纵兵杀伐学生……成都文电不通，异常危迫。似此凶暴，惨无人理，全省学校，忍无可忍，已一律罢课，庶可急救，余俟详陈。"④

两日之后，该报再次以比较中立客观的语调，较为详细地报道了自己所掌握的该事件原委，总体上对学生的遭遇是深表同情的。该报的记叙谓：

"近省中各校教职员，以肉税各县交出者仅二十余县，学款独立，又将无望，乃决议全体罢课，要求全行交出。高师校学生代表，并率学生数百人，向议会请愿，依照刘前总司令划拨肉厘议决。十二日适议会全体审查

---

① 怒海：《一九二二年四川教育经费独立运动》，载中国人民政治协商会议四川省委员会文史资料研究委员会编《四川文史资料选辑》第二十八辑，四川人民出版社，1983，第273~274页。

② 刘弄潮：《从成都社会主义读书会到社会主义青年团》，载中共四川省委党史研究室组织编撰、张继禄主编《中国共产党地方组织在四川的成立》，四川人民出版社，2001，第361页。

③ 《民视日报》1922年6月16日。

④ 《刘成勋纵兵杀毙学生三人》，《晨报》1922年6月28日，第2版。

会，该会拟于审查会毕后，先提此案，定期讨论，当以电话通告高等师范学生会。其时各校学生数百人，已将齐集议会门前请愿，经在场议员多方解释，并谓决于明日讨论此案，始各散去。学生等散后，以省议会议长当日并未到会，特派代表十余人，于是日正午至熊宅质问，熊答以未能到会，实因头痛之故。学生代表又责问议长何以反对学款独立。熊又告以平昔未尝有只字片言反对此事。其时以代表等在熊宅过久，各校学生乃齐至熊宅请愿。不料方到熊宅，即有形似流氓者多人，以武力阻拦，双方发生冲突，遂无结果而散。十三日午前九时，复有学生千余人奔赴议会，意欲旁听。乃到会之后，始悉议员到者寥寥，于是前往议员公寓会商办法。学生等敦请其到会。各议员当即告以公寓人数仅三十余，法定人数不足，且此日未能依法召集，即到会亦不能开会。学生代表等答云，无论法定人数足与不足，均需到会，各议员乃相继到会，暂止集合室。学生代表谓虽然不能开会，亦请各议员到议场宣布，俾众周知。各议员入场协商，未十分钟，突有暴徒数十人，手执棍棒，自外打人。一时秩序大乱，甚至邻近各街居民纷纷罢市。结果，学生死者三人，受伤者四十余人，教职员议员亦均有受伤者。"①

除此之外，全国各地的旅外川人团体，尤其是学生与知识青年等教育文化界相关人士，多对此一事件表达了义愤填膺的谴责态度。如国立北京法政专门学校川籍学生即起而声援省内学界的抗争：

"顷闻国立法政专门学校四川学生自得到此项消息后，即开会讨论，决定通电援助。其电云，成都川报转各法团各学校鉴，据报载，成都学生为教育经费独立请愿，横遭残杀。似此残酷，不共戴天。凡属血伦，应图拯救。所有惩办军人一切，希即秉公主张，协力进行，同人誓作后盾。"②

而北京医专和工专的川籍学生也紧急致电川省及全国各界以加声援，"希即努力奋斗，务必揭发此次暴乱主谋者，严加社会制裁。同人誓为后盾"③。

成都"六·一三"惨案以后，学、绅、官（军）等几者间的矛盾一度激化。以成都为中心的四川教育经费独立运动终引起了省内社会各界人士的广泛关注与极大同情。首先，商贾云集、文教发达的川中大埠重庆，其文化教育界对此反应尤为激烈，"自成都方面学款独立运动消息传至重庆，渝学界

---

① 《成都军警击毙学生之详情》，《晨报》1922 年 6 月 30 日，第 6 版。
② 《法专川籍学生援助川学生》，《晨报》1922 年 7 月 2 日，第 3 版。
③ 参见怒海《一九二二年四川教育经费独立运动》，载中国人民政治协商会议四川省委员会文史资料研究委员会编《四川文史资料选辑》第 28 辑，四川人民出版社，1983，第 280 页。

遂亦应声而起，共为一致之主张。最初发动者，为全川教育改进会。其致各军师旅长电，有学款独立，乃教育生死关头，肉税抗不交出，至激成都罢课，望各方早为觉悟，否则该会誓当集合七千万人，声罪致讨"。

惨案发生五日之后的6月18日，重庆中等以上教职员联合会召开全体大会，议决八项议案，并以文电通告省内外。其主要内容如下。

（一）电成都教职员联合会，请求坚持到底，渝会誓为后盾。

（二）通电各军师旅，请将肉税赶日交出，并限于二日内答。

（三）快邮各县教育会、劝学所、教职员联合会、学生联合会、各学校，请其奋起，一致主张。

（四）定六月二十日，各校教职员学生在商会聚齐游行。

（五）由各校分区讲演。

（六）公推代表，赴成都与教育界联络，一致进行。并请成都联合会赶派代表来渝，共筹进行。

（七）各校暂垫洋二十元（以之为声援活动经费）。

（八）公推起草人员，草拟通电。

6月20日渝中学校到商会齐集者，为川东师范与省立第二女子师范学校，由女师校演说后，即行分组在各街演讲。二十二日渝中各校，又一律罢课，并游行示威，再次在重庆商会齐集，共同宣布三事：（一）力争肉税。（二）解散第三军。（三）解散省议会。① 于此可见，其时重庆教育界情绪之激昂，主张之激烈，相比蓉城有过之而无不及，不啻公开向盘踞川西之军阀势力宣战。②

除此之外，川中社会名流贤达，亦纷纷通电响应。例如，曾担任北洋政府所任命的四川省省长一职的川北名宿张澜，也在6月底自南充发出"艳电"，声援蓉城师生，并呼吁各界取一致态度，以全力推动川军的裁兵行动：

① 《重庆学生对成都学潮之激昂》，《晨报》1922年7月4日，第5版。
② 当然，这也与此时川省政局紧密相关。以重庆为中心的川东南地区，此时为二军系刘湘等人的地盘。在刘湘通电下野之后，更安排原驻节泸州的杨森第九师向重庆一带转移，以巩固自身派系的力量。据其年谱所载，刘湘为因应潮，以退为进，"遂于五月二十四日通电下野，声明将军民政务，交王陵基、向楚二人代折行。所兼第二军军长，并令泸县第九师长杨森代理。先生通电辞职后，仍协助杨森调动第二军部队，将其第九师由泸县调至重庆"。两军于7月4日全面开战。参见周开庆编著、刘航琛审定《民国刘甫澄先生湘年谱》，台湾商务印书馆，1981，第27~28页。因而，处此成渝双方军阀决裂前夕，重庆方面舆论对教育经费独立运动及其引发的一系列事件反应激烈，甚至公开提出解散熊克武一军系之潜在盟友刘成勋部第三军，以及处于后者影响控制之下的省议会，也不可谓不是学潮与政潮暗流交错之表象。个中境况颇堪玩味，笔者拟另著专文详探之。

"川省教育，年来以经费不定之故，屡濒破产。此次刘兼省长，划拨全省肉税，作为教育经费，俾其独立，本甚正当……而以肉税作教育经费仍遵刘兼省长前令作为定案。各军师旅即行令饬防区各征收局，限日将肉税交出，由劝学所收解，则教育经费既得稳定，而目前一切纠纷亦可立解矣。再有进者，川中兵满为患，民不聊生，凡百事业，皆遭阻废，故今日之四川，非裁兵则一事不能就理。迁延酝酿，祸患终有爆发而不收拾之一日。军事当局诸公，不乏明达，尚望瞻顾前后，实行裁兵，兵少则饷易足，将领之忧危可释，人民之痛苦亦苏，更何至对此本具同情之教育经费，辄生争执。至省议会暨教育界诸先生，尤应知教育经费之生障碍，其根本原因乃在于兵多。苟能大众一心，起而督促各军师旅实行裁汰，则教育经费之独立，宁生问题？惟教育经费之争，已觉其难终恃，而况省议会与教育界，乃先自为敌也。敬请诸先生消失误会，一致进行。兵诚能裁，川庶有矛。"①

于电文可见，张澜重在呼吁学界与省议会间消弭内部矛盾，统一将矛头指向川军军阀养兵过滥以致为患地方这一根本病因。这对于四川人民尤其是进步分子共同形成一致反军阀、反压迫的思想理念是有着积极意义的。

如上所述，报刊舆论和社会各界的态度，促动了全国民众对川省学生界、教育界的同情与声援，对后来掌权之地方军阀在表面上所做出的妥协起到了一定的敦促作用，对于川省民众尤其是知识青年来说，也是一场有声有色的政治启蒙运动，有力地推动了他们政治意识与阶级立场的觉悟。

值得注意的是，代表着巴蜀大地早期马克思主义运动实践尝试的四川社会主义青年团，在这次运动中也初步崭露头角，为此后中共党、团组织在川渝地区的落地生根、开花结果奠定了坚实的基础。

1922年春，高师学生童庸生，省立一中学生李硕勋与阳翰笙，省立一师学生刘弄潮、省女师学生雷兴政等成都马克思读书会会员，根据《先驱》杂志刊登的青年团临时章程，自发成立了"四川社会主义青年团"。该组织与团中央没有联系，但一建立就投入全川的教育经费独立运动之中。② 据当事人阳翰笙回忆，他们在看到青年团的章程后，十分感兴趣，就想自己也联络

---

① 张澜：《主张裁兵以维护教育经费电》（1922 年 6 月 29 日），载龙显昭主编《张澜文集》，四川教育出版社，1991，第 47 页。
② 中共四川省委党史研究室编《中国共产党四川历史大事记（民主革命时期）》，四川大学出版社，1997，第 21 页。

同道来组织。① "当时的积极分子是高师的童庸生、成都师范学校的刘弄潮、我们省一中的李硕勋和我，还有女师的雷兴政等。我们串连了十多个人，在望江公园的望江楼上开了一次会。大家发言踊跃，情绪激烈，以为组织起来就有办法，都赞成建立青年团。集会还决定了青年团成立的日期。会议推举童庸生在他们学校找一间教室，作为召开成立大会的地点。大会按预定计划如期选举。童庸生在会上口若悬河，侃侃而谈，大讲社会主义是怎么一回事，会议一致通过成立四川省社会主义青年团，童庸生、李硕勋和我等都被推举为干事。"不过，此时全国性的团组织尚未正式成立，这个没有上级、没有纲领的组织在成立后才想起来应该有上级领导，于是他们才又找到在成都青年中知名度很高、常常"半公开半秘密地传播马克思主义"的高等师范学校教师王右木请教，并接受其指导。②

不过，据另一位当事人刘弄潮回忆，成都地区的社会主义青年团酝酿成立的时间更是要早在 1921 年。其导火索是 1920 年冬依附北洋军阀盘踞成都的刘存厚部与各校学生发生尖锐冲突，王右木积极指导"成都马克思读书会"会员，通过他们"推动'学生会'要成都大、中各校派代表到重庆，争取支援，继续斗争"。此时吴玉章正在重庆，"读书会的人对吴老素来敬仰，很想见他，希望得到他的指导"，于是各校部分学生代表便于 1921 年初到了重庆，联络上吴，在他的指导下四处写信通电求援，包括上海《星期评论》李汉俊、时在宣城安徽省立四师的恽代英等人均回信加以指导，在此机缘下他们就开始酝酿成立"社会主义青年团"了。"1921 年上半年，我们渐次把那些动摇的，坚持自由主义不改变态度的读书会的人清退出去，组成了'社会主义青年团'。"该文甚至谈到当年暑假期间恽代英来川赴泸后，受他们的邀请秘密来成都住了一段时间，直接指导成都学生的建团工作，"我们向他报告了情况，我们又从他那里懂得了纪律的重要性，懂得了为什么称铁的纪律。原来的团员经过他再次审查，淘汰了少数，正式成立了'成都社会主义

---

① 阳氏声称，他们是看到《新青年》上刊载的中国社会主义青年团章程与纲领后，想到要在成都成立类似组织的。但此处回忆明显有误，《新青年》是在 1922 年 7 月 1 日第 9 卷第 6 期上刊载《中国社会主义青年团第一次全国大会纪略》及相关文件的，依凭当时的通信条件，身在成都的阳翰笙等人不可能早于 7 月中旬以前看到该期刊物。而《先驱》在 1922 年 4 月 1 日第 5 号便刊载了《中国社会主义青年团临时章程》，因此可以判断他们应当是根据该文自发成立了青年团组织的。可参见团中央办公厅编《中国青年运动历史资料（1915—1924）》第一册，1981，第 118 页。

② 阳翰笙：《风雨五十年》，人民文学出版社，1986，第 53 ~ 54 页。

青年团'。我们这些团员都是由恽代英介绍的"。因此，刘氏认为，成都建团可以分两个阶段，一个是初期阶段，在 1921 年上半年；另一个是正式成立阶段，在 1921 年下半年恽代英秘密来成都之后。"初期和正式成立以后都是王右木任书记，袁诗荛在初期阶段负责组织，暑期他从高师毕业，到南充去了，改选童庸生任组织。我一直负责宣传。"① 上述说法疑点颇多，如据《恽代英年谱》记载，恽代英是 1921 年 10 月 30 日到达泸州，并担任川南师范学校教务主任的。在 1923 年春节前后恽代英辞职赴蓉以前，并没有中途秘密到成都的任何记载。② 刘氏自述于 1922 年教育经费独立运动之后便因闹学潮被通缉而离开了成都，因此他与恽就不可能有在成都见面的机会。而根据《四川革命历史文件汇集（1922—1925）》相关原始文献记载，1922 年 10 月成都团地委成立后王右木并未担任书记，文献中也没有出现过刘弄潮（时名刘作宾）的名字。而 1921 年夏从高师毕业后即赴南充中学任教的袁诗荛，就更没有可能在这一"组织"中负责相关工作了，况且就笔者目力所及，所有相关史料中都没有提及他在毕业前后参与过成都青年团组织的筹建工作。③ 因此，在没有新的史料出现的情况下，基本上可以判断刘弄潮的上述说法是不能成立的，可能是当事人晚年回忆混乱所致。

尽管如此，一度独自存在与运行的四川社会主义青年团在教育经费独立运动中表现得相当活跃。据该组织的骨干成员阳翰笙回忆：

"一九二二年六月十日，由学生联合会理事部召集学生齐集皇城省高等师范学校，约万人以上。学生联合会向大家报告了我们所知道的军阀的打算。消息激怒了学生。会后，全体学生分请愿团、讲演团、游行大队进行活动。请愿团向省议会递交了教育经费独立案的要求。游行学生散发传单，反对军阀鲸吞教育经费。还散发《四川省社会主义青年团宣言》，表示：'解决川省人民受压迫的机会到了'，指出这运动是'平民阶级与那军阀实行阶级斗争'。六月十二日，各校学生代表赴省议会请愿。我是学生代表之一。我们去眼熊议长交涉、谈

---

① 刘弄潮：《从成都社会主义读书会到社会主义青年团》，载中共四川省委党史研究室组织编撰、张继禄主编《中国共产党地方组织在四川的成立》，四川人民出版社，2001，第 358~359 页。

② 李良明、钟德涛编《恽代英年谱》（修订本），华中师范大学出版社，2008，第 196 页。

③ 在袁诗荛的相关传记中，也只是提到了他从高师毕业前夕，参与了和王右木共同创刊《新四川》旬报一事，王右木担任编辑，袁诗荛则担任了经理。青年团事并未与闻。参见中共四川省委党史工作委员会党史人物传编辑组编《四川党史人物传》第 2 卷，四川省社会科学院出版社，1984，第 49 页。

判。他们没得道理，东推西推，谈到后来，干脆连人都借故从后门溜走了。与此同时，各校学生千余人，也到省议会旁听，请求议会支持学生。学生的要求依然未被获准。我们也回到学校将请愿、谈判的情况告诉了学生。这就把学生惹恼了。学生用石头了省议会的玻璃。当我们占领省议会的时候，只是一个空地方，人家什么都撤走了。这次学潮动员、教育了学生，但没有取得直接的结果。"①

在这场运动当中，社会主义青年团的成员非常积极，除了阳翰笙以外，童庸生、李硕勋、刘弄潮、雷兴政以及担负指导责的王右木等人，起到了中流砥柱的作用。6月10日，"王右木、童庸生等推动省学生联合理事部，在高师校园开万人大会，揭露军阀们侵占教育经费的种种事实，群情激愤，会后组织请愿团，讲演团，游行大队"②。同日，四川社会主义青年团以团体名义发布了对外宣言，并刊布于第二天的成都《国民公报》上面。该宣言体现出了鲜明的战斗性，一上来就高呼"解决川省人民压迫的机会到了！"接着便用了大量的篇幅抨击军阀制度下的各种罪恶，用激赏的口吻将教育经费独立运动称为"好个'有声有色动心惊魄'的平民阶级与那军阀阶级实行阶级斗争呀！"宣言公开详细地向全川民众罗列了推翻军阀的步骤，虽然理念比较幼稚，仍是倾向于主张和平宣传、争取、请愿乃至思想转化的方法，还未进到以暴力革命打倒军阀这一步，但已可算是第一次以相当激烈的姿态在川内标举出阶级斗争的大旗了，其所主张的具体步骤如下：

"第一步，用缓和的方法，先从部分解决下手，以争教育经费为起点，用妥协的态度与军阀争持，如其军阀不能觉悟，不能妥协，这就是军阀自重其罪，正好与我们平民口实，即使取第一步办法，仍是部分解决。

第二步，用激烈争斗的方法，这步方法乃是我们平民完粮纳税该受教育的权利。实行'为民请命'的大运动。方法细目列左：一、由成都、重庆、泸州、顺庆各大埠组织教育界大联合会，成都、重庆、泸州、顺庆为四大干部，余县分部，一律罢课，表示摧残教育的大罪。

二、由教职员、学生与家庭通讯鼓吹运动，组织内部生力军准备作战。

三、由教职员和学生会公正宣布于社会，要求各界仲裁，各省各界仲裁，国内外名流仲裁。

---

① 阳翰笙：《阳翰笙选集》第5卷，四川文艺出版社，1989，第59页。
② 任吾祖：《披荆斩棘的猛士——童庸生传略》，载中共重庆市委党史工作委员会编《重庆党史人物》第1集，重庆出版社，1987，第94页。

但是第二步社会活运，部分运动犹不能解决，足见军阀万恶。迷惑、不能悔过，毫无让步之可言，此时决无宽纵余地，非推倒不可，那真是平民总解决的好机会到了，好机会到了，就刻不容缓进入第三步办法。

第三步，平民压迫总解决运动的好方法，到这步方法不消说大家都罢课，无事正好大运动，正是平民曙光发现时了，步骤如左：

一、由教育界全体作运动员，身为平民的中坚分子，由亲戚朋友子弟等关系，实行鼓吹不完粮、不纳税、罢市罢工，农民不运米进入城市等等，并同各界联络的使命。

二、利用军人，此次绵竹罢市是由长官勒派预征，而实质上兵仍无饷，兵队觉悟，唆使人民罢市，足见兵之心理，表征工农学徒女子等数千年积习压迫悲苦愁闷的生活心理，由教育界作使命，指导促醒阶级觉悟，实行团结阶级斗争，要求生活上的总解决。

三、由这纷扰时期选出各界委员，组织中央平民委员会。

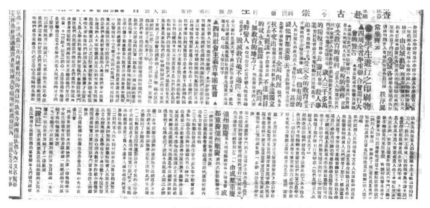

图 6-3　《四川社会主义青年团宣言》

资料来源：《国民公报》（成都）1922 年 6 月 11 日，第 5 版。

四、各界亲戚朋友的关系，将兵队一律唤醒来享平民生活，为平民效力谋福利，一致欢迎到平民旗帜下，那怕他军阀不倒。

五、有稍有平民思想的现任军官，自愿'为民请命'来投入平民旗帜下者，一律欢迎。"①

---

① 《四川社会主义青年团宣言》，原载《国民公报》1922 年 6 月 11 日，收于中共江油县委党史办公室编《四川马克思主义运动先驱者——纪念王右木诞生一百周年》，四川大学出版社，1988，第 159～160 页。

这样的宣言，其实已经大大超越了单纯向当局争取教育经费的范畴了，平民革命、"三罢"运动、阶级斗争以及推倒军阀强权，这样的话语、目标与诉求，已经很接近马列主义理论政治主张的根本范畴了。其中也可以明显看到作为共产主义理论传播先驱王右木的影响痕迹。作为马克思主义运动在四川地区不自觉的初期成果，以"自为"组织面貌出现的四川社会主义青年团，在这些抗议活动中自发开展了有组织的领导活动，直接推动了该运动走向高潮。

三 岂止是书生：王右木对四川革命者投身反军阀武装斗争的潜在影响

四川早期马克思主义者反对军阀统治的言行，是全国受马列主义先进思想影响的进步分子反军阀、反封建运动的一个重要有机组成部分。其中不乏早期党团组织在四川地域社会落地生根的骨干人物与历史先行者。尤其是在轰轰烈烈的1922年夏四川教育经费独立运动中，知识分子与青年学生的大规模觉醒以及直接行动，到达了自"五四"以来的一个高峰，已初步觉悟了的群众的力量，以势不可当之势，猛烈冲击着旧的社会秩序与权力结构，既在一定程度上动摇了军阀黑暗统治，也为巴蜀大地陶冶培育了一大批早期马克思主义者与青年革命先锋。例如，在"六·一三"事件中被省议会副议长熊小岩点名要求缉拿的八人中，刘度、邹游、刘作宾等人后来都成了四川早期团史或党史上的参与者，乃至重要干部。[①]

毋庸置疑的是，在反军阀运动的持续斗争中，王右木起到了核心领袖的作用，他在四川青年马克思主义者的成长过程中起到了相当重要的作用，堪称那一代川籍"五四青年"向"革命青年"转化过程中

① 例如，1922年10月，在正式接受团中央领导的成都团地委的成立会议上，刘度便与杨诵、钟善辅等人一起被选为候补执行委员。参见《团成都地委向团中央的报告——关于团地委的成立情况》（1922年10月23日），中央档案馆、四川省档案馆编《四川革命历史文件汇集》甲1，第42页。而此时正在成都的省立高等蚕业讲习所念书的邹游，便是后来土地革命时期担任过四川地下党省委常委、省委秘书长的邹进贤，他于1922年加入了王右木组织的"马克思学会"（即"马克思读书会"），积极参加四川教育经费独立等各类群众进步运动，在此过程中受到了王右木的理念熏陶与人格感染，于1923年6月加入了成都青年团，后成长为四川地下党的高级干部。参见《邹进贤小传》，载中共重庆市委党史研究室编《邹进贤日记》，重庆出版社，1997，第1~9页。而刘作宾即前文提到的刘弄潮，也是中共党团组织的早期干部。

的引路人。① 虽然，王右木因人生过于短暂，早早地便为革命事业献出了宝贵的生命，没有来得及从事较为具体的反革命武装破坏工作和革命武力建设工作，但他为发动民众一致反抗军阀黑暗统治所做出的努力，对残害人民的反动军队毫不妥协的批判反抗精神，激励了许多在他身边一起战斗过的后起的革命青年，如土地革命时期在川军中从事过对敌兵运工作的李鸣珂、邹进贤、罗世文、钟善辅等人，他们毫无畏惧地深入虎穴，战斗在最危险的地方，为破坏军阀武装，创建中国共产党领导下的红军队伍而竭力奋斗。

当我们回溯历史时可以发现，直至王右木生命终点的 1924 年春夏之交以前，中国的大多数早期马克思主义者，还没有对武装夺取政权的必要性与紧迫性产生明确的认识，大多数还停留在动员组织民众的"呼声革命"范畴以请愿抗议作为向掌权的军阀官僚们施压的主要手段。在北伐战争之前，"我们党虽已开始懂得武装斗争的重要性，但还没有彻底了解其重要性，还没有了解武装斗争是中国革命的主要斗争形式"②。即使作为中国共产党第一代领导核心的毛泽东，在五四运动爆发之后，仍然主张"在对人的方面，主张群众联合，向强权为持续的'忠告运动'，实行'呼声革命'——面包的呼声、自由的呼声、平等的呼声——'无血革命'。不至张起大扰乱，行那没效果的'炸弹革命'、'有血革命'"③。从中可看出，此时其反对一切暴力革命，主张温和社会改良方法的态度。在持续数年的革命实践冲击与塑造下，毛泽东的思想也因之发生了相应的剧烈变化。到大革命失败前夕的 1927 年 6 月 24 日，时任湖南省委书记的毛泽东奔赴衡山县，向当地党务干部和工青农妇等民众团体负责人谈如何应对"马日事变"后的严峻形势时，便一再强调："各县工农武装一律迅速集中，不要分散，要用武力来对付反动军队，以枪杆子对付枪杆子，不要再徘徊观望"④。由此，"枪杆子里出政权"的历史逻辑呼之欲出。

即使在一定的时代条件限制下，王右木等早期马克思主义者还没有来得及走上深入农村、发动农民、建立红军游击队展开全面武装斗争的道路，但

---

① 可参阅刘宗灵、赵春茂《论王右木与四川地区中共早期党团组织的创建》，《绵阳师范学院学报》2018 年第 3 期。
② 《〈共产党人〉发刊词》（1939 年 10 月 4 日），载《毛泽东选集》第 2 卷，人民出版社，1991，第 609 页。
③ 《〈湘江评论〉创刊宣言》（1919 年 7 月 14 日），载中共中央文献研究室等编《毛泽东早期文稿（1912.6—1920.11）》，湖南出版社，1990，第 293～294 页。
④ 中共中央文献研究室编《毛泽东年谱》（修订本）上册，中央文献出版社，2013，第 202 页。

他们坚决抗击残民以逞的军阀暴政的如铁意志，也为包括四川民众在内的饱受压迫的中国人民，在党的领导下举起武装反抗的红旗，奠定了坚实的基础。百年前中国共产党初创时期开辟的革命事业，必然要走向武装斗争之途，这是马克思主义运动与共产主义革命在军阀横行的旧中国落地实践的不二选择。这既是因为武装夺取政权思想的直接理论基础，便是马克思主义关于国家与革命学说的精髓，也是因为中国国情和中国革命的特点，决定了中国共产党领导的革命征程只能以武装斗争为主要斗争形式，即是以"革命的武力"打倒军阀官僚的"反革命的武力"。正如毛泽东在延安时期所总结的——"我们党的历史，可以说就是武装斗争的历史""这一特点，这一半殖民地的中国的特点，也是各个资本主义国家的共产党领导的革命史中所没有的，或是同那些国家不相同的"。最具有根本意义的认识是，"在中国，离开了武装斗争，就没有无产阶级的地位，就没有人民的地位，就没有共产党的地位，就没有革命的胜利。十八年来，我们党的发展、巩固和布尔什维克化，是在革命战争中进行的，没有武装斗争，就不会有今天的共产党"①。

中国传统政治系统是由"血亲""利益""观念"三个要素均衡运动所构成的有机体，中国共产党的革命目标正是要打破原有的社会联系架构，以新的组织原则和新的关系范式去克服狭隘的地方主义、家族主义、人情政治等旧观念，突破旧有的不适合于民族现代化需求的有机体约束。② 面对在传统土壤与失范社会环境中生长起来的军阀政治，只有全面摧毁其内在结构与生存空间，才能够彻底荡涤旧秩序与旧元素，建立起能使国家整体走向现代化的高效治理模式，非武力则不效。以王右木为代表的早期马克思主义者，正是在感受到军阀政治对乡土乃至整个国家的元气危害至深的情况下，勇敢地携手朋辈，发动群众，向有枪无道的地方军阀势力发起进攻，虽然囿于时代因素，还未能走到暴力革命与武装斗争的地步，但就此开创了后来从大革命时期、土地革命时期到抗日战争时期与解放战争时期，四川人民在中国共产党领导下开展反帝反军阀运动的正确道路。

---

① 《〈共产党人〉发刊词》（1939年10月4日），载《毛泽东选集》第2卷，人民出版社，1991，第604、610页。
② 齐锡生：《中国的军阀政治（1916—1928）》，杨云若、萧延中译，中国人民大学出版社，2010，第62页。

▲

王右木与中国新民主
主义革命策略探索

07

内容提要

政策和策略是党的生命。对此，毛泽东曾深刻指出："只有党的政策和策略全部走上正轨，中国革命才有胜利的可能。"① 中国共产党从诞生之日起就非常重视革命策略问题的探索，并不断根据国情、政治形势、阶级关系等实际情况及其变化制定自己的策略方针，以更好地完成党为中华民族谋复兴、为中国人民谋幸福的历史重任。王右木是四川第一个认识和探讨武装工农，夺取并建立无产阶级政权革命策略的先行者，也是中国共产党党内探索中国新民主主义革命道路的先驱者。在四川各路军阀林立、战争不断的复杂险恶环境下，王右木以巨大的理论勇气，努力探寻适合四川革命的道路，并于1923年5月向团中央提出了争取和改造四川的民团组织，逐步把党员、团员安插入民团，进而武装工农，将工人农民变为"有枪阶级"，从而响亮地提出了"劳工专政，必自握军权始"的主张。② 这一"武装工农"思想，充分体现出王右木革命的首创精神，为四川革命从军阀混战的茫茫黑夜中冲杀出来指出了一条新的道路，凝聚着早期共产党人探索中国革命道路的理论勇气和实践创新。这一思想在遥远的四川朦胧产生，并与后来的历史发展远远呼应，恰好说明了中国共产党探索农村包围城市、武装夺取政权道路思想在中国发生之历史必然。

---

① 《毛泽东选集》第四卷，人民出版社，1991，第1298页。
② 《王右木给施存统的信》（1923年5月18日），载中央档案馆、四川省档案馆编《四川革命历史文件汇集（1922—1925）》，1986，第84、85页。

第一节　中共早期革命策略探索

一　无产阶级革命导师、共产国际关于革命策略的经典论述对中国革命的影响

制定和贯彻切实可行的策略是无产阶级革命的重要任务。马克思和恩格斯高度重视无产阶级革命策略的制定。在指导共产主义者同盟、国际工人协会以及各国工人阶级政党的实践中，革命策略为无产阶级开展斗争提供了策略支持，使其成为马克思主义理论体系的重要组成部分，有力地推动了国际共产主义运动在摸索中不断前行，在斗争中不断发展。

马克思、恩格斯自鸦片战争后就以极大的热情持续关注中国，在几十年的时间里写了大量有关中国问题的论述文字，对中国发生的"一场维护中华民族生存的人民战争"寄予深切期望。[1]

马克思、恩格斯对近代中国社会性质的演变进行了分析。19世纪末的中国清王朝后期，统治者继续推行思想高压政策和闭关锁国政策，面对西方生产方式的改变，仍然顽固地维持着旧有的社会经济结构。他们认为，小农业与家庭工业相结合的中国社会经济结构是近代中国旧的生产方式的最主要的特征，是近代中国社会结构建立的基础；[2] 在政治上，以皇权为核心的家长制的制度权威是"这个庞大国家机器各部分间的唯一的精神联系"；[3] 在阶级上，农民阶级与清王朝统治阶级是近代中国旧的社会结构主体的主体层级。马克思、恩格斯通过对资本主义生产方式对中国社会冲击状况的观察，揭示了近代中国面对西方列强冲击时溃败的原因，一方面，清王朝将"与外界完全隔绝"作为"保存旧中国的首要条件"；另一方面，西方资本主义国家则

---

[1] 《马克思恩格斯选集》第一卷，人民出版社，2012，第798页。

[2] 《马克思恩格斯论中国》，人民出版社，2015，第88页。

[3] 《马克思恩格斯论中国》，人民出版社，2015，第6页。

"不断扩大产品销路的需要，驱使资产阶级奔走于全国各地"，"资产阶级，由于开拓了世界市场，使一切国家的生产和消费都成为世界性的了"，同时"资产阶级，由于一切生产工具的迅速改进，由于交通的极其便利，把一切民族甚至最野蛮的民族都卷入到文明中来了"。① 在这种情况下，中国疆域辽阔，资源丰富，人口众多，劳动力充足，但是因闭关保守，早已落后于当时的西方资本主义国家，于是西方列强便将侵略的目光锁定在中国，强行把中国卷入世界资本主义体系中，企图将其变成西方扩大外部市场、获取廉价原料和物质来源的重要目标。正如马克思指出的，"满族王朝的声威一遇到英国的枪炮就扫地以尽，天朝帝国万世长存的迷信破了产，野蛮的、闭关自守的、与文明世界隔绝的状态被打破"。②

因此，他们认为鸦片战争是中国历史的转折点，它改变了中国两千年来的社会结构，也把中国拉入一个全新的世界体系之中。面对资本主义生产方式，以及西方列强通过战争加条约的方式一步一步扩大侵略中国的范围，中国整个社会结构发生了动摇，进而走向解体的趋势是必然的。但是，面对西方列强的侵略，中国人民奋起反抗，而且"摧毁中国这种小农业需要很长的时间"③，因此，虽然资本主义生产方式持续地进行冲击和破坏，但是中国旧的生产方式本身的稳定性使其不会一下子就灭亡了。两种力量的互相斗争和融合，使近代中国的社会性质出现了演变。一方面，广大农村地区仍然存在着农业和手工业相结合的传统生产方式；另一方面，通商的港口以及部分大城市出现了资本主义生产方式。这两种生产方式在近代中国历史的共同存在是近代中国社会最显著的特征，也即近代中国的社会性质已经是半殖民地半封建社会。

不仅如此，马克思、恩格斯对中国革命的道路和前途也做了阐释和预测。马克思、恩格斯认为，西方列强和清朝政府给中国人民带来的双重压迫引发了中国革命。马克思指出："中国在 1840 年战争失败后被迫付给英国的赔款、大量的非生产性的鸦片消费、鸦片贸易所引起的金银外流、外国竞争对本国工业的破坏性影响、国家行政机关的腐化，这一切造成了两个后果：旧税更重更难负担，旧税之外又加新税"，"所有的这些同时影响着中国的财

---

① 《马克思恩格斯选集》第一卷，人民出版社，2012，第 404 页。
② 《马克思恩格斯选集》第一卷，人民出版社，2012，第 779 页。
③ 《马克思恩格斯全集》第二十九卷，人民出版社，1972，第 348 页。

政、社会风尚、工业和政治结构的破坏性，到 1840 年在英国大炮的轰击之下得到了充分的发展"。① 这些成为诱发中国革命的内外因。因此，在大举侵略中国的情况下，西方列强运来的"鸦片没有起催眠作用，反而起了惊醒作用"，"中国这块活的化石，就开始革命了"。② 恩格斯从政治、经济、文化等多角度分析中国社会的最新变化和演进趋势，断言"过不了多少年，我们就会亲眼看到世界上最古老的帝国的垂死挣扎，看到整个亚洲新纪元的曙光"。③ 他们还在研究中国革命的基础上，通过对中国革命过程中所提出的具有社会主义因素的革命口号的分析，认为中国必将出现彻底的社会变革，指出"在造反的平民当中有人指出了一部分人贫穷和另一部分人富有的现象，要求重新分配财产，过去和现在一直要求完全消灭私有制"④，这将使中国处在"一场必将对文明产生极其重要结果的社会变革的前夕"，有可能产生一个人类新的文明形态——"中国社会主义"，并且有别于"欧洲社会主义"，即"中国社会主义之于欧洲社会主义，也许就像中国哲学与黑格尔哲学一样"。⑤

此外，马克思、恩格斯还从世界历史发展的整体视野出发，站在无产阶级和人类解放的立场上，将中国被压迫民族的解放运动与国际无产阶级革命事业联系起来，强调中国革命运动是世界革命运动的重要组成部分，中国革命的爆发将会以星星之火形成燎原之势，对欧洲革命和全世界无产阶级革命事业产生重要而深远的影响。特别是马克思、恩格斯从唯物史观的角度出发，认为阶级斗争实现了以往社会历史的更迭与前进，是社会变革的主要动力之一。马克思、恩格斯剖析了资本主义生产全过程，认为资产阶级和无产阶级之间的矛盾不可调和，得出了资本主义很快会灭亡的结论，提出了唯有通过暴力革命的手段才能使整个资本主义制度覆灭，对中国革命产生了重要的影响。

列宁也十分关注中国的革命。列宁在分析中国革命的基础上，准确地把握了中国民主革命相对于俄国 1905 年民主革命的特殊性。俄国在经济层面事实上属于资本主义国家，资本主义经济占据主导地位，现代大工业蓬勃发

---

① 《马克思恩格斯选集》第一卷，人民出版社，2012，第780页。
② 《马克思恩格斯全集》第十五卷，人民出版社，1963，第545页。
③ 《马克思恩格斯选集》第一卷，人民出版社，2012，第800页。
④ 《马克思恩格斯全集》第七卷，人民出版社，1998，第264页。
⑤ 《马克思恩格斯全集》第十卷，人民出版社，1998，第277页。

展；而中国仍然是"落后的、农业的、半封建国家"，其"占统治地位的封建制度是以农业生活方式和自然经济为基础的"。① 同时，列宁在《帝国主义是资本主义发展的最高阶段》一书中指出，俄国虽然是帝国主义链条的薄弱环节，但仍属于帝国主义序列，不受他国的侵略和掠夺；而中国不仅政治经济实力低微，而且饱受帝国主义列强的压迫和侵略。经济基础的差异和外部环境的差别，必然导致两国革命策略与方法等诸多方面的取向存在巨大不同。在此基础上，列宁还指出，在中国革命过程中，孙中山领导的国民党"弱点是它还不能充分地吸引中国最广大群众参加革命"，而中国的无产阶级虽然数量少、力量弱，但中国是最具组织性、纪律性和革命性的阶级，是"能够坚决而又自觉地将民主革命的斗争进行到底的先进阶级"。②

1920 年七八月，在共产国际第二次代表大会上，列宁提出《民族和殖民地问题提纲初稿》，系统地阐述了关于民族和殖民地问题的理论，阐明了东方落后殖民地和国家的资产阶级民主革命的任务、对象、性质等重大革命问题，制定了共产国际今后在东方落后殖民地和落后国家进行民族解放运动的战略任务以及原则策略。他指出，在第一次世界大战和俄国十月革命后，民族和殖民地问题已经成为世界无产阶级革命的一部分。各国共产党必须帮助落后国家进行资产阶级民族解放运动，必须特别援助落后国家中反对地主、反对大土地占有制、反对各种封建主义现象或封建主义残余的农民运动，竭力使农民运动具有最大的革命性。列宁要求东方殖民地和落后国家的无产阶级建立巩固的工农联盟，同资产阶级民主派结成同盟，在革命发展的第一阶段，应当推翻外国资本主义，完成资产阶级民主革命任务，如分配土地。正如大会通过的《关于民族和殖民地问题的补充提纲》指出的，"殖民地革命在初期并不是共产主义革命，然而，如果它从一开始就由共产主义先锋队来领导，革命群众就将逐渐获得革命经验，走上达到最终目的的正确道路"。③列宁的论述十分中肯地指出各被压迫民族和殖民地、半殖民地革命的基本道路，指出共产党在民族民主革命中所采取的基本方针，对于中国革命具有重要的指导意义。

1922 年 1 月，中国共产党通过参加远东各国共产党和民族革命团体第一

---

① 《列宁全集》第四卷，人民出版社，1990，第 428 页。
② 《列宁全集》第二十三卷，人民出版社，1990，第 128 页。
③ 《共产国际第二次代表大会文件》，中国人民大学出版社，1988，第 718、719 页。

次代表大会，对列宁民族和殖民地理论有了更加深刻的了解和认识。会议根据列宁的民族和殖民地问题的理论，阐明被压迫民族所面临的反帝反封建的历史任务，讨论共产党人在民族和殖民地问题上的立场，以及共产党同民族革命政党合作的问题，强调吸收农民参加民族民主革命运动的重大意义。会议期间，列宁抱病接见了中国共产党代表张国焘、中国国民党代表张秋白和铁路工人代表邓培，希望国共两党实现合作，勉励中国工人阶级和革命群众加强团结，推动中国革命向前发展。这次大会对于帮助中国共产党认清中国国情和制定中国民主革命纲领起到了很大的促进作用。7 月，根据列宁民族和殖民地问题的理论并结合中国共产党过去一年的革命实践经验，中共二大制定了中国民主革命纲领。

中共二大还通过了一项重要的决议，即中国共产党加入第三国际，确认中国共产党是共产国际的一个支部。共产国际是列宁于 1919 年 3 月领导创建的。共产国际成立后，积极支持和指导欧美各国的无产阶级革命，并帮助亚洲各国建立无产阶级政党。中国共产党加入共产国际后，必须执行共产国际代表大会及其执行委员会的一切决议。这给中国革命带来积极和消极两方面的影响。

共产国际继承与发展了列宁的民族和殖民地问题的理论，形成了共产国际的东方战略。共产国际认为"由于要对世界帝国主义进行漫长而持久的斗争"，所以应该把东方各国的"一切革命因素动员起来"。[①] 基于这样的认识，共产国际提出了东方殖民地半殖民地国家民族解放运动的战略计划、战略方针和策略任务。其战略计划是：发动和组织东方各国的反帝力量，建立东方各国反帝统一战线，并最终建立全世界的反帝统一战线。战略方针是：第一，殖民地半殖民地国家的无产阶级，应争取在反帝统一战线中成为一个独立的革命因素，保持政治上的完全自主性，只有在这个条件下，才能同资产阶级民主派达成暂时的协议；第二，力量对比还不允许把实现苏维埃的纲领作为当前任务，因此这些国家的无产阶级应当支持并提出诸如建立独立的民主共和国、消灭一切封建权力和特权、实现男女平等局部性要求；第三，这些国家的无产阶级应该提出有助于农民和小资产阶级在政治上同工人运动联合起来的口号。策略任务是：向广大劳动群众阐明同国家无产阶级和苏维

---

① 中国社会科学院近代史研究所翻译室编译《共产国际有关中国革命的文献资料（1919—1928）》第一辑，中国社会科学出版社，1981，第 72 页。

埃共和国紧密结合共同反帝的必要性。很显然，共产国际东方战略的核心内容是建立反帝统一战线。

因此，共产国际积极推动实现第一次国共合作。一方面，共产国际代表马林在1922年初向中共中央提出与国民党建立友好关系，采取共产党员参加国民党的方式同国民党合作的建议。马林的建议遭到了中国共产党党内多数人的反对。1922年4月6日，陈独秀特意为此写信给共产国际东方局的维经斯基，表示坚决反对马林的建议。不久，出席远东各民族共产党和革命团体第一次代表大会的中共代表回国，传达了列宁关于民族和殖民地问题的理论，中共中央在统一战线问题上的态度有了明显变化，提出了同国民党等革命团体建立"民主联合战线"的主张，但党内多数人主张采取"党外合作"的方式。7月，共产国际批准了马林提出的国共两党实行党内合作的建议。在马林的要求下，中共中央于8月在杭州西湖举行会议，经过激烈争论最后决定尊重共产国际的指示，在国民党进行改组的前提下，采取"党内合作"方式同国民党合作。1923年1月，共产国际做出了《关于中国共产党与国民党的关系问题的决议》，指出中国共产党在民主革命中同国民党合作是必要的，但共产党要保持自己在政治上的独立性。这个决定传到中国后，对促进中国共产党决定与国民党实行第一次国共合作起到了重要作用。

另一方面，共产国际也在促进国民党与共产党合作。1921年底，孙中山在桂林会见共产国际代表马林，马林建议孙中山建立一个有广泛群众基础的革命政党，建立军官学校培养人才。1922年8月西湖会议后，马林便去上海拜访因被广东军阀陈炯明赶出广东而避居上海的孙中山，向他说明中共关于实行两党合作、建立革命统一战线的主张，正处在困境中的孙中山接受了建议。1923年1月，孙中山在上海会见苏俄特使越飞，发表了《孙文越飞宣言》，公开联俄政策。这是国民党政策发生重大转变的标志，成为国民党改组的先声。2月，孙中山回到广州，国民党改组工作进入新的阶段。10月，孙中山在苏俄政府代表鲍罗庭和中共的促进下，毅然召开国民党改组特别会议，聘请鲍罗庭为国民党组织教练员（后又聘为政治顾问），负责办理改组事宜。1924年1月，国民党一大的召开，标志着国共两党实现了第一次合作。

第一次国共合作形成后，在国共两党的共同努力之下，中国革命的影响很快从中国的南部扩大到中部和北部，以广州为中心，革命力量从全国四面八方汇集起来，形成反对帝国主义和封建军阀的新局面。在苏联政府的支持下，孙中山在广州黄埔创办了军校，表示"要用这个学校内的学生做根本，成立革命军"。① 不仅如此，共产国际还为巩固广东革命政府及北伐制定军事计划。1925 年，苏联军事总顾问加仑将军参加了第一次东征，讨伐陈炯明，并帮助制订作战计划。1926 年 7 月，广东国民政府正式出兵北伐，鲍罗庭、加仑将军分别担任政治、军事顾问。根据加仑将军的建议，广东国民政府制订了集中优势兵力各个击破的作战计划，使北伐战争能够顺利进展到长江流域。

随着北伐战争的胜利进军和工农运动的蓬勃发展，革命阵营内部也暗流涌动。这一时期，共产国际提出了一些原则上正确的方针，给了中国共产党许多有益的指导。但是他们对蒋介石等人叛变革命的危险性缺乏警惕，因而在处理与蒋介石、汪精卫、唐生智的关系时，采取了错误的方针，对中共中央的决策产生了消极的影响。

1926 年 3 月，中山舰事件发生后，鲍罗庭以及当时在广州的苏联顾问团认为共产党和国民党左派的力量不足以压倒蒋介石，受此影响，陈独秀等人采取了妥协退让的方针，致使蒋介石的反共气焰更加嚣张。11 月 22 日至 12 月 16 日，共产国际执行委员会举行第七次扩大会议，会议的中心议题是中国革命问题。斯大林在会上做了著名的《论中国革命前途》的报告。根据这一报告，会议通过了《关于中国问题决议案》。会议虽然提出了实行土地革命、武装的革命反对武装的反革命、无产阶级竭力争取革命领导权等正确观点，但是对国民党的革命性作了过高估计，特别是对革命阵营内部斗争尖锐性和蒋介石等人迅速叛变革命的可能性缺乏认识，指望用妥协的策略来暂缓矛盾，甚至到 1927 年 2 月，联共（布）中央政治局还向鲍罗庭发出指示，要求"不要把事态发展到与蒋介石决裂的地步"。② 1927 年 5 月 18 ~ 30 日，共产国际执行委员会第八次全会在莫斯科召开，面对中国革命的危急局面，斯大林等人依然认为武汉是中国革命运动的中心，汪精卫仍是左派。会议通过了《关于中国问题决议案》，提出了开展农村土地革命、武装工农群众、发展国民党而坚决反对退出国民党、积极参加武汉中央及地方政府机关等任

---

① 《在陆军军官学校开学典礼上的演说》（1924 年 6 月 16 日），载《孙中山选集》，人民出版社，1981，第 917 页。

② 《联共（布）中央政治局会议第 87 号（特字第 65 号）记录》，载中央党史研究室第一研究部编译《共产国际、联共（布）与中国革命档案资料丛书》第 4 卷，北京图书馆出版社，1998，第 118 页。

务与政策。在会议结束的当天，联共（布）中央政治局做出关于中国问题的"五月紧急指示"。这个指示提出的开展土地革命、建立中共自己的革命武装挽救时局的重要主张，指出了克服革命危机的关键所在，在理论上是有积极意义的。但是，斯大林等人却寄希望于汪精卫集团能同中国共产党合作执行这个指示。共产国际代表罗易收到这个指示后，将指示的副本给了汪精卫，汪精卫以此为借口加速了"分共"活动。7月15日，汪精卫等控制的武汉国民党中央召开"分共"会议，决定同共产党决裂，彻底背叛孙中山制定的国共合作政策和反帝反封建纲领。随后，汪精卫集团对共产党员和革命群众实行大逮捕、大屠杀。至此，由国共两党合作发动的大革命宣告失败。

中共建党初期，共产国际对中国共产党有过许多正确的指导，如推动共产党和国民党建立合作关系，要求加强自身建设，指导开展工人运动，帮助共产党人认识无产阶级领导权和工农联盟的重要性，提出开展土地革命、武装工农的正确方针等。但是与此同时，共产国际也有不少脱离中国革命实际的错误指挥，如鲍罗庭、维经斯基、罗易等人，在土地问题、工农运动、军事行动、战略方向、国共关系、对蒋介石和汪精卫的政策等问题上，经常存在严重的分歧，极大地影响了中共中央对许多问题的决断和有关方针、政策的实施。维经斯基后来承认"对中国共产党所犯错误我要承担很大的责任，要承担比中国共产党领导更大的责任"。[1] 鲍罗庭也认为，在四一二反革命政变后未能集中力量打击蒋介石，是"当时我们在中国所犯的最致命的一个大错误"。[2]

二 建党初期中国早期马克思主义者对中国革命策略的探索认识

中国共产党成立后便立即投入中国革命的实际斗争之中，丰富的革命实践为共产党人提供了经验，但错综复杂的革命斗争又把许多缺乏现成答案的新问题摆到共产党人面前，如武装斗争对中国革命的重要性是怎样的、无产阶级对待自己的最大同盟者农民应该采取什么态度、无产阶级怎样在中国革命中实现自己的领导权等一系列关于中国革命的重大问题和应采取的革命策

---

[1] 《关于中国共产党在1925年—1927年革命中的错误问题》，载中国社会科学院现代史研究室编译《维经斯基在中国的有关资料》，中国社会科学出版社，1982，第159页。

[2] 《鲍罗庭在老布尔什维克会员大会上所作的〈当前中国政治经济形势〉的报告》（1927年10月23日），载中央党史研究室第一研究部编译《共产国际、联共（布）与中国革命档案资料丛书》第4卷，北京图书馆出版社，1998，第501页。

略。党的领导人陈独秀、李大钊、瞿秋白、毛泽东、蔡和森、周恩来等，在及时总结革命实践经验的基础上，对这些问题进行了多方面的思考和探索，推动了中国革命不断向前发展。

1. 关于武装斗争问题的探索和认识

建党前后，陈独秀就高度关注武装革命斗争，他认为"若不经过阶级战争，若不经过劳动阶级占领权力阶级地位底时代，德谟克拉西必然永远是资产阶级底专有物，也就是资产阶级永远把持政权抵制劳动阶级底利器"，"我们要逃出奴隶的境遇，我们只有用阶级战争的手段"。① 但是，在建党初期，中国共产党还不具备发动武装斗争的条件。中国共产党在幼年时期主要是在城市发动工人阶级，领导工人运动，以巩固党的基础，扩大党在人民群众中的影响，从而发展和壮大自己。然而，不断发展的革命形势使党对武装斗争的重要性和紧迫性有了深刻的认识。1922 年 6 月 15 日，中共中央发表《中国共产党对时局的主张》，提出"要建立一个民主主义的联合战线，向封建式的军阀继续战争，因为这种联合战争，是解放我们中国人受到列强和军阀两重压迫的战争，是中国目前必要的不可免的战争"。② 1923 年的京汉铁路工人罢工的失败，使党进一步认识到，没有强有力的革命武装，就无法战胜反动派，必须建立中国共产党领导下的武装力量。

与此同时，中国共产党也在革命实践中尝试建立由自己领导的武装力量。1924 年 5 月，共产国际和中国共产党帮助孙中山在广州建立了黄埔军校，并选派中共党员和共青团员及进步青年到黄埔军校学习。12 月，中国共产党利用国共合作的有利时机，组建了由自己直接掌握的第一支武装力量——大元帅府铁甲车队。1925 年 11 月，中国共产党又以铁甲车队为基础，在广东肇庆成立了"叶挺独立团"。这支由党领导的部队在北伐战争中发挥了重大作用。

五卅运动后，党内对武装斗争的认识有了新的进步。中国共产党开始注重开展兵运工作和加强对军阀部队的宣传工作，以促进其分化，使一部分人倾向于革命。1925 年 6 月，周恩来在东征回师途中讲演时指出，军队是工具，"压迫者拿这工具去压迫人"，被压迫阶级"也可利用这工具去反抗他们的压迫者，推翻压迫者的势力"；就打倒帝国主义和封建军阀而言，"军队便

---

① 《陈独秀选集》，人民出版社，1990，第 126、127、129 页。
② 中央档案馆编《中共中央文件选集（1921—1925）》，中央党校出版社，1982，第 26 页。

是实现我们理论的先锋!"① 8 月，瞿秋白在《五卅后反帝国主义联合战线的前途》一文中总结五卅运动两个月以来的革命形势时，提出了一个尖锐的问题："我们两个月来困苦的斗争，为什么至今还不能胜利?"他认为主要原因之一，就是"没有真正的人民武力"。此后，他在发表的文章中多次呼吁："武装平民"，"成立全国统一国民革命军"。② 1926 年 5 月，瞿秋白又发表了《中国革命中之武装斗争问题》一文，这是党内专门论述武装斗争和革命斗争方式的文章。瞿秋白在该文中指出，"中国国民革命里极端需要革命的正式军队"，草创的民间武装和民间的武装暴动，始终难以战胜强大的敌人，必须编制和训练工人、农民、小资产阶级群众组成正式的革命军队，只有"政治上以革命民众的政党为主体，军事上以正式的革命军队为主体，从事于革命的作战……而后中国平民才有彻底解放的希望"。③

随着革命实践的深入发展，中国共产党开始着手武装工人和农民。一方面，中国共产党利用第一次国共合作的条件，在广州开办了广州农民运动讲习所，培养农民干部，以推动农民运动的发展。毛泽东负责的第六届农民运动讲习所还设立了军事训练部，对学员实行军事编制，学习军事课程，进行军事训练，以武装农民。另一方面，彭湃等人也组织、领导了广东海陆丰地区的农民自卫军等武装力量；在上海等地依托工人建立武装，先后发动上海工人举行了三次武装起义。

虽然党在大革命时期已经认识到武装斗争的重要性，特别是 1927 年大革命的失败以血的教训教育了中国共产党，使党对掌握革命武装的重要性有了深刻的认识，但是由于对中国国情、中国革命性质等问题还缺乏深刻认识，党的工作重心还是在城市。在这种思路下，党领导的南昌起义、广州起义等大小百余次起义，都以攻打和占领大中城市为中心，但都失败了。实践证明，在半殖民地半封建的中国，不能走欧洲资本主义国家的无产阶级以城市为中心的革命道路。

在重要的历史关头，以毛泽东为代表的中国共产党人经过艰辛探索，找到了推动中国革命走向复兴和胜利的道路。1927 年 8 月，毛泽东出席八七会议，提出了"枪杆子里出政权"的著名论断。这个论断是从大革命失败血的

---

① 《军队的性质和组织》(1925 年 6 月 2 日)，载《周恩来军事文选》第 1 卷，人民出版社，1997，第 3~5 页。

② 瞿秋白：《五卅后反帝国主义联合战线的前途》，《向导》1925 年第 125 期。

③ 《中国革命中之武装斗争问题》，载《瞿秋白选集》，人民出版社，1985，第 284、286 页。

教训中取得的，指出了中国革命的特点，实际上提出了以军事斗争作为党的工作重心的问题。在秋收起义攻打长沙失利的情况下，毛泽东主持了文家市前委会议，正确分析了敌强我弱、革命处于低潮的形势，断然决定放弃攻打长沙的计划，率领队伍向罗霄山脉中段的井冈山进军，带领部队走上一条在农村建立革命根据地，以保存和发展革命力量的正确道路。这条道路代表了1927年大革命失败后中国革命的发展方向。

毛泽东不仅在实践上首先把武装斗争的立足点放在农村，领导开创井冈山革命根据地，创造性地解决了为坚持和发展农村根据地所必须解决的一系列根本问题，而且在理论上对中国革命道路问题做了初步说明。根据地初创时期屡遭强敌进攻，斗争环境异常艰苦，共产党和红军内部有人怀疑红色政权能否存在和发展，提出了"红旗到底能打多久"的疑问。为此，1928年10月、11月，毛泽东先后写了《中国的红色政权为什么能够存在?》和《井冈山的斗争》两篇文章，第一次具体而系统地分析了红色政权处于白色政权包围的环境中和中国革命根据地存在、发展的问题，提出了"工农武装割据"思想，论述了土地革命、武装斗争和根据地建设三者之间的关系，为农村包围城市道路的理论的形成奠定了基础。

1929年是中国革命形势从恢复走向发展的一年，中国共产党人进一步认识了红色政权在中国革命中的地位和作用。如周恩来在1929年3月17日代表党中央起草的给贺龙和湘鄂西前委的信中，对党工作重点的转变做了重要指示，指出："目前所注意者，还不是占领大的城市，而是在乡村中发动群众，深入土地革命。"[①] 9月18日，周恩来在为中央起草的《中共中央给红军第四军前委的指示信》中又明确指出，"红军在农村进行土地革命、武装斗争、建立政权等革命的实践，其伟大意义是我们不能否认的，继续努力下去，将必然要成为全国高潮的动力之一，这是无疑义的"。[②]

1930年，毛泽东先后又写了《星星之火，可以燎原》和《反对本本主义》，进一步回答了把党的中心工作放在农村还是城市这一基本问题。在《星星之火，可以燎原》中，毛泽东全面系统地阐述了"农村包围城市"的革命理论，主要有三个方面：第一，对"城市中心论"进行了更彻底、更深刻的批判，指出"城市中心论"与中国国情是不适合的；第二，"工农武装

---

① 《周恩来选集》上卷，人民出版社，1980，第17页。
② 《周恩来选集》上卷，人民出版社，1980，第33页。

割据"是半殖民地中国在无产阶级领导下的农民斗争的最高形式，是半殖民地国家农民斗争发展的必然结果，是促进全国革命高潮的最重要的因素。"而朱德毛泽东式、方志敏式之有根据地的，有计划地建设政权的，深入土地革命的，扩大人民武装的路线是经由乡赤卫队、区赤卫队、县赤卫总队、地方直至正规红军这样一套办法的，政权发展是波浪式地向前扩大的，等等的政策，无疑义地是正确的。"① 在《反对本本主义》中，毛泽东又从哲学的高度，在走农村包围城市道路还是走城市武装起义道路的争论，做出了马克思主义的回答。毛泽东阐明的农村包围城市、武装夺取政权的思想，是对马克思列宁主义关于武装夺取政权学说的重大发展，实际上提出了把党的工作重点由城市转移到农村，在农村地区开展游击战争，深入进行土地革命，建立和发展红色政权，待条件成熟时再夺取全国政权的关于中国革命新道路的思想。

中国革命实际的发展也正如毛泽东所预见的一样，井冈山革命根据地的创立和发展，促进了全国各地工农武装割据局面的形成。到 1930 年上半年，全国共建立大小 15 块革命根据地，红军发展约 10 万人，还有众多的农民赤卫队，空前壮大了革命力量。农村革命根据地迅猛发展的局面，展现了中国革命发展的独特途径，标志着中国革命重心向农村转移，以毛泽东为代表的中国共产党人为复兴中国革命和争取中国革命的胜利指明了正确的道路。

关于统一战线领导权和同盟军的探索和认识

农民问题是中国革命的一个重要问题，农民也是无产阶级最可靠的同盟军。1923 年，陈独秀先后发表《中国农民问题》《中国国民革命与社会各阶级》等文章阐述中国农民问题。他认为像中国这样的大国，"农业是中国国民经济的基础"，"不可忽视了农民的力量"，因为中国农民"在目前已是国民革命之一种伟大的潜势力"，"农民占中国人口之大多数，自然是国民革命的伟大的势力，中国之国民革命若不得农民之加入，终不能成功一个大的民众革命"，农民是"工人阶级最有力的友军"，"中国共产党若离开了农民，便很难成功一个大的群众党"，所以"在中国目前需要的而且是可能的国民运动（即排斥外力打倒军阀官僚）中，不可漠视农民问题"。② 陈独秀将中

① 《毛泽东选集》第一卷，人民出版社，1991，第 98 页。
② 任建树、张统模、吴信忠编《陈独秀著作选》第二卷，上海人民出版社，1993，第 426、508、562、563 页。

国农民划分为五个阶级。一是地主阶级，包括地过万亩的大地主、过千亩的中地主、过百亩的小地主三个等级。他们是农民阶级的压迫者，是中国民主革命的对象。二是中产阶级，包括"自耕农民兼地主（人少地多，自耕之外有余地租给别人）"和"自耕农民兼雇主（自耕自地而劳力不足，另雇别人）"两个等级。他们既是劳动者，又是剥削者。三是小有产阶级，包括"纯粹自耕自地之农民"和"自耕农兼佃农（人多地少另向地主租地）"两个等级。中产阶级和小有产阶级都含有自耕农的成分，因此，陈独秀把这个阶级称为自耕农。四是半无产阶级，包括"佃农兼雇主（向地主租地而劳力又不足，另雇别人）"和"纯粹佃农"两个等级。五是农业无产阶级，即雇工。他们一无所有，"只有他们是无产阶级"。① 为引导农民参加国民革命，陈独秀主张要不断加强工农之间的联系，并通过开展教育宣传，提高农民觉悟；组织农民参加实际行动，帮助农民组织农会、乡自治公所、佃农协会、雇农协会等；在农村"组织乡团抵御兵匪"，切实保护农民利益。②

在 1925 年的五卅运动中，民族资产阶级的动摇、妥协使工人阶级限于孤立的痛苦经历，使许多共产党人进一步认识到农民在民主革命中的地位和建立工农联盟的重要性。李大钊在考察中国农民的经济状况后指出："中国的浩大的农民群众，如果能够组织起来，参加国民革命，中国国民革命的成功就不远了。"③ 陈独秀也强调："中国工人不但要扩大及巩固自己阶级的联合战线，且急需工农联合之成立……如此才能够得工人阶级在政治争斗上和经济争斗上的初步胜利。"④ 瞿秋白将农村阶级分为地主、富农、佃农、自耕农、半无产阶级、农场工人五个阶级，并指出："农民其中的雇农、佃农是最彻底革命的分子，一般小农也极端需要推翻官僚买办阶级之统治；失地的农民——士兵与土匪客观上更是需要土地问题和生计问题之特殊形式的解决"，因此"中国农民（及兵士）是革命里最有力、最伟大、最主要的同盟军"。他还认为，过去中国农民革命失败的主要原因是没有科学思想的指导，"没有强有力的革命阶级做他们的领袖，如现在的中国无产阶级"，农民要想

---

① 任建树、张统模、吴信忠编《陈独秀著作选》第二卷，上海人民出版社，1993，第 508～511 页。
② 任建树、张统模、吴信忠编《陈独秀著作选》第二卷，上海人民出版社，1993，第 512～515 页。
③ 守常：《土地与农民》，《政治生活》第 62～67 期，1925 年 12 月 30 日～1926 年 2 月 3 日。
④ 独秀：《第二次和第三次劳动大会之间的中国劳动运动》，《向导》1926 年第 151 期。

获得革命成功就需要和工人阶级联合起来，接受无产阶级的领导。要解决农民问题，必须要实行"解决农民经济的束缚，用政治势力切实解决之，明定'耕地农有'的标语"；"武装农民，组织农民自卫军，使他们有自己的武装保护他自己的利益"；"农民参加政权，乡村的政权归农民，城市的也要有农民的代表，凡是行政，要有农民与一般人民代表会议决定后才能实行"；"严厉无情镇压一切买办阶级之反革命运动，剥夺其政权"。[①] 周恩来在考察了广东农民运动的状况后，指出中国农民受剥削和压迫最深，故"拥护革命最力"[②]。他还在对国民革命队伍中的各种力量做了具体分析后指出，"工农群众为国民革命之中坚"，"是革命的基本势力"。[③] 1926 年，周恩来在广州农民运动讲习所做的题为《农民运动与军事运动》的讲演中进一步强调，"农民实为中国生产的主力，所以农民问题是国民革命中最主要的问题"。

毛泽东从 1925 年开始以主要精力领导农民运动，并注重研究中国农民问题，先后发表了《中国社会各阶级的分析》《中国农民中各阶级的分析及其对于革命的态度》《湖南农民运动考察报告》等重要文章。毛泽东运用马克思主义的阶级分析方法，将农民分为大地主、小地主、自耕农、半自耕农、半益农、贫农、雇农及乡村手工业者、游民八个阶级，并就各个阶级对革命的态度进行了比较深入的科学分析。他认为，当时中国的农民问题主要表现在政治与经济两个方面，政治上就是要推翻封建地主阶级的政权，建立农民武装政权；在经济上实行土地革命。只有解决农民急需的土地问题，才能彻底消灭封建制度，才会真正解放农民。因此，"农民问题乃是国民革命的中心问题，农民不起来参加并拥护国民革命，国民革命就不会成功"。[④] 1926年 12 月，毛泽东在湖南省工农代表大会上再次强调国民革命的中心问题是农民问题，无论是打倒帝国主义、打倒军阀和土豪劣绅还是要发展工商业和教育事业，都必须依靠农民问题的解决。特别是在《湖南农民运动考察报告》中，毛泽东高度肯定了农民是中国的"革命先锋"，必须放手发动群众、组织群众、依靠群众，才能取得革命的胜利。他还特别看重在农村建立农民政权和农民武装，农民如果不夺取政权，"一切减租减息，要求土地及其他

① 《瞿秋白选集》，人民出版社，1985，第 304、307、308、327、328 页。
② 周恩来：《中山北上后之广东》，《向导》1924 年第 98 期。
③ 周恩来：《最近二月广州现象之概观》，《向导》1924 年第 92 期。
④ 《毛泽东文集》第一卷，人民出版社，1993，第 37 页。

生产手段等等的经济斗争，绝无胜利之可能"。① 为实现这一目标，毛泽东认为应该把农民组织起来，成立农民协会。农民协会既是乡村的革命统一战线组织，也是革命时期乡村的政权组织，"造成一个空前的农村大革命"，"掀起革命的急风暴雨"，采用"清算""罚款""捐款""小质问""大示威""驱逐"等有力方式摧毁地主阶级的乡村势力，真正在乡村做到一切权力归农会。毛泽东的这些探索和主张，为中国共产党正确认识农民在民主革命中的地位和作用，正确制定对农民的政策，奠定了重要基础。

争取无产阶级领导权的问题是中国革命和统一战线的重要问题。陈独秀对无产阶级在民主革命中的地位认识，表现出比较大的动摇。早在 1920 年，他就认识到世界上"只有做工的人最有用，最贵重"，是社会的"台柱子"。② 1923 年二七惨案后，他对无产阶级又估计过低，认为中国工人阶级"不但在数量上很幼稚"，而且"大多数还需要沉睡在宗法社会性里"，"而不是独立的革命势力"。③ 1925 年，由陈独秀主持下的中国共产党第四次全国代表大会的一个主要贡献就是明确提出无产阶级对革命的领导权和工农联盟的重要性。1926 年，他在《革命的上海》一文中，进一步提出了中国的民族解放运动只有在工人阶级领导下才能取得胜利的观点。陈独秀虽然对无产阶级的革命领导权提出过正确的认识，但是没有一以贯之地坚持下去，尤其是到 1927 年，"党内以陈独秀为代表的右倾思想，发展为投降主义路线，在党的领导机关占了统治地位"。④ 1923 年 1 月，蔡和森在《外力，中流阶级与国民党》一文中提出，从新近的历史来看，"领导工农阶级向国民运动联合战线上走的有中国共产党"。9 月，瞿秋白发表《自民治主义至社会主义》，指出中国共产党应当"勉力栽培无产阶级之组织及训练的根本，而同时在总的民权运动中勉力做主干"，"劳工阶级在国民革命的过程中因此日益取得重要的地位以至于指导权"。12 月，邓中夏在《论工人运动》中也提出中国革命欲图革命成功"在目前固应联合各阶级一致的起来作国民革命，然最重要的主力军，不论现在或将来，总当推工人的群众居首位"。五卅运动后，

---

① 《毛泽东选集》第一卷，人民出版社，1991，第 23 页。
② 任建树、张统模、吴信忠编《陈独秀著作选》第二卷，上海人民出版社，1993，第 135 页。
③ 任建树、张统模、吴信忠编《陈独秀著作选》第二卷，上海人民出版社，1993，第 557 页。
④ 《毛泽东选集》第三卷，人民出版社，1991，第 954 页。

瞿秋白认为五卅运动中资产阶级的软弱退让，使罢工斗争遭受挫折，资产阶级的妥协性和小资产阶级的犹豫畏惧，足以"证明无产阶级在国民革命中取得指导权之必要"，① 指出民主革命"虽然是资产阶级的，胜利却不会是资产阶级的"，② 如果由资产阶级来领导革命，它很快就会与敌人妥协。刘少奇也认为"工人阶级在五卅反帝国主义运动中牺牲为最大，主张最为激进，奋斗最能坚持，力量亦表现得非常伟大。在各种奋斗事实中，足以证明工人阶级在国民革命运动中之领导地位，是确凿不移的"，"中国资产阶级本来受帝国主义与军阀压迫，他们有参加国民革命之可能，但资产阶级参加国民革命终究是妥协的，不能彻底的"。③ 周恩来提出，"工人是国民革命的领袖，要领导农人兵士而为工农兵的大联合，共同来打倒帝国主义"。④ 邓中夏更是提出，在无产阶级同资产阶级争夺领导权问题上，不能局限于群众运动方面，还应当重视政权问题。他提出："我们对于国民革命，即为了取得政权而参加的"，但是"政权不是从天外飞到我们工人手中的，是要我们从实际政治斗争中去一点一滴的以至于全部的取得"。他特别强调"政权我们不去取，资产阶级会去取的"，只有无产阶级在政治上的地位与势力日渐增长与巩固，才能"防范资产阶级在革命中之妥协软化，并制止其在革命后之政权独揽"，给将来建立工人政府"预为准备"。⑤

毛泽东在这一时期明确地提出了"工业无产阶级是我们革命的领导力量"，⑥ 并总结了中国无产阶级的特点和成为革命领导力量的原因。他认为当时的无产阶级主要分为工业无产阶级、都市苦力工人和农村无产阶级。虽然当时中国的产业工人数量并不多，但是因为工人主要分布于沿海大城市的工厂里，所以比较集中，在开展革命活动的时候更容易组织。又因工人阶级经济地位低下，饱受帝国主义和资本家的剥削，所以革命性特别强，能够成为革命的主力军。同时，工人阶级参与发展了近代产业，能够认识到未来社会

---

① 瞿秋白：《国民会议与五卅运动——中国革命史上的 1925 年》，《新青年》月刊第 3 号，1926 年 3 月 25 日。
② 瞿秋白：《北京屠杀与国民革命之前途》，《新青年》月刊第 4 号，1926 年 5 月 25 日。
③ 《工人阶级在革命中的地位与职工运动方针》（1926 年 5 月 5 日），载《刘少奇选集》（上卷），人民出版社，1981，第 1、2 页。
④ 《周恩来在省港罢工工人代表第六次大会上作政治报告》（1925 年 7 月 31 日），《工人之路》特号第 37 期。
⑤ 中夏：《劳动运动复兴期中的几个重要问题》，《中国工人》1925 年第 5 期。
⑥ 《毛泽东选集》第一卷，人民出版社，1991，第 9 页。

的发展趋势，形成了现代化和社会主义的世界观，从而可以带领中国走向一个新社会。所以，在毛泽东看来，进步的工人阶级是一切革命阶级的领导。

建党初期开展的统一战线工作的实践，既有成功的经验，也有惨痛的教训。中国共产党成立后开展的最重要的统一战线工作就是与国民党实现了第一次合作，在中国大地上掀起了翻天覆地的革命狂飙，沉重打击了帝国主义在华势力，基本推翻了北洋军阀的反动统治，使民主革命的思想在全国范围内得到了空前传播，产生了巨大的革命影响。如上所述，中国共产党对统一战线的许多重要问题进行了有益探索并提出了许多正确的认识，但是由于党还处于幼年时期，缺乏足够的理论准备和实践经验。特别是大革命后期，出现了以陈独秀为代表的右倾机会主义错误，不善于处理同国民党的关系，企图以妥协让步和束缚工农运动等消极措施拉住即将叛变的同盟者，放弃对革命的领导权，使党在大革命的危急时刻完全处于被动地位。

第二节 王右木提出"武装工农"构想

一 王右木与武装工农"四川方案"提出

民团，又称为团练、乡团、自卫团等，是近代中国农村社会特有的武装自卫力量。其在地方政治生活中拥有不可小觑的话语权和影响力，因而成为各方政治力量纷纷争取的对象。清朝晚期，清政府为镇压白莲教和太平天国，推出了"团练之法，用民为兵""以本处之民，守本处之地。以本地之资，供本地之用。有且守且耕之利，无增兵增饷之烦"[1] 等鼓励地方兴办民团的一系列政策，在此过程中，一些地方民团武装逐步做大，最终形成了湘军、淮军两大军阀集团，而其他民团武装却渐次消退。辛亥革命后，中央政府的治理能力日渐势弱，军阀割据、战乱频仍、经济凋敝，"地方事业，不操之于官，即操之于绅，等而下之，又操之于棍痞。生杀欺夺，民之所能自存者几希，民之所能自主者几希，民之所能以自致其治者亦几希矣"[2] 是当

---

[1] 《清朝续文献通考》第3册卷215《兵》14，第9618页，转引自冉锦惠《民国时期四川保甲制度与基层政治》，社会科学文献出版社，2010，第13页。
[2] 闻钧天：《中国保甲制度》，商务印书馆，1935，第365页。

时中国社会秩序混乱不堪的真实写照。为维持基本社会秩序，反抗兵匪欺凌，各地乡村士绅、商会会长等纷纷开始筹建自保性质的地方武装，由此促进民团在中国各地大兴。

四川是民团开办较早的区域，原因是辛亥革命后经历了讨袁之战、护国战争等的四川，非但社会太平未至，反成了川、滇、黔各路军阀的逐鹿之地。特别是 1919 年以后，四川各路军阀在其"防区"内拥兵自重、划饷征税，控制军、政、财大权，形成了具有军阀割据性质的"防区制"，使地方政府形同虚设，无法行使有效管理，社会秩序混乱不堪。比如，1911 年之前，成都附近的新津县社会秩序相对稳定，而 1911 年 10 月后的 5 个月间，该县的抢劫案件就达 346 起。面对混乱不堪的社会，地方政府束手无策，形势有逐步恶化之势。对此，时任四川民政总厅长的杨庶堪曾哀叹："蜀素苦盗，至今而已极，水陆不通，交农交困，乡里避贼，十室九空，拉劫杀烧，横行无忌，蜀人不得安居久矣。"①

在此背景下，支持鼓励乡村社会组建民团以实行自保自卫，便成了四川地方政府的必然选择。1911 年下半年，成都府饬令各县团练局搞好冬防，要求"本年各属团练，仍当照办勿停，一切章程仿旧，毋须再事变更"，并向民团发放武器。② 同一时期，四川民政总厅长杨庶堪也鼓励开办团练以消弭匪患，"并责各道尹知事整顿团练"，还把"整顿团练""澄清吏治""整理财政"视为"切于人民利害死生"的三件大事，认为"三本不立，凡百庶政，皆无可说"。③

1919 年 3 月和 1926 年 12 月，四川省政府两次颁布《四川通省团练章程》。章程"以划一各县团练办法，筹重抽练门户壮丁，俾能实行守望救助保卫地方公安为宗旨"，规定了"无论城乡场市凡编联民团花户应按户抽丁一人"原则，从而形成了按户抽丁的民团制度。④

组建民团是乱世之际中国乡村基层社会自卫自保的无奈之举。然而，因军阀势力的强大和社会秩序的崩坏，民团所起的正面作用渐弱，负面作用却

---

① 《杨庶堪有关治匪办团布告》（1918 年 11 月 20 日），载四川省文史研究馆《四川军阀史料》第四辑，四川人民出版社，第 458、459 页。

② 李德英、张杨：《从新津劫案看辛亥鼎革前后的基层社会秩序》，《近代史研究》2015 年第 4 期，第 111、112 页。

③ 《杨庶堪有关治匪办团布告》（1918 年 11 月 20 日），载四川省文史研究馆《四川军阀史料》第四辑，四川人民出版社，第 459 页。

④ 转引自王明前《南京政府时期西南地区的团阀政治——以四川重庆地区团阀为个案的考察》，《重庆教育学院学报》2012 年第 25 卷第 4 期。

日渐显露，一些民团"武断乡曲，私滥逮捕，擅杀苛罚，借端撞搕"，① 让民众新添一重灾祸，大有演变为团阀之势。这不仅引起社会各界的担忧，同样也受到正处于幼年时期的四川中共党团员的关注，并由此提出掌控民团、形成武装力量、改造社会的方案。

1923 年 5 月 5 日，中共党员、成都地方团负责人王右木在致青年团中央的信中对四川民团的乱象进行了透彻的分析。他谈道"四川各地方大势，皆愿有良好团练以自卫或清匪息民，不过职业团丁，每是游手好闲"，"每一县团练局长之权太大，往时捧军官捧知事，以鱼肉乡民"，然而"时局常有变迁，断无十年不调遣的官吏与军官"，因此"团首惧失其地位，转而接纳土匪，此为彼通声气，彼为此压服私仇，并互保永久实力以分肥"，而"本地方公正绅士已被这多年压服或剪除残害，早已不存"，其结果必然是"各县军匪纵横"。② 从上述叙述中，可见当时民团组织的混乱状况以及与地方军阀、官吏之间的复杂关系。

那么，如何利用和改造民团这支力量呢？王右木提出的方案是，在成都设一团务人员讲习班或"地方法政学校"，招中学同等或中学毕业生入校学习，"毕业后可以与法政生有同等效力"。而此校"名为地方法政，实则 CP 或 SY 之养成所"。学生毕业后的去向"由校长与政府当局接洽"，确定学生毕业回家乡后"尽先委团务局长"，以便借此"团结各地方之青年工人农人，使自能可用为主，使青年工人农人，暗自握得兵器，组成有枪阶级"。他还为此乐观预言，若这一方案得以实现，"四川岂不要先天下而忧乐耶"。③

上述方案，绝非王右木个人设想，同时也代表了当时成都部分党团员的意见，其中康明惠、邹进贤为主要拥护者。1923 年初，青年团员康明惠在回老家温江做农村社会调查时，就针对当地灾民遍野、匪患严重的现实，向成都地方团提出了招募工农办民团，借此将"各州县无产阶级之农工青年立刻化为有枪阶级"的主张，并称"劳工专政必自握军权始，此为最可信赖者"。④ 同为青

---

① 《四川善后会议代表李世祚等整理团练建议案》，载四川省文史研究馆《四川军阀史料》第四辑，四川人民出版社，第 460、461 页。

② 《王右木给施存统的信》（1923 年 5 月 5 日），载中央档案馆、四川省档案馆编《四川革命历史文件汇集（1922—1925）》，1986，第 79 页。

③ 《王右木给施存统的信》（1923 年 5 月 5 日），载中央档案馆、四川省档案馆编《四川革命历史文件汇集（1922—1925）》，1986，第 79 ~ 80 页。

④ 《王右木给施存统的信》（1923 年 5 月 18 日），载中央档案馆、四川省档案馆编《四川革命历史文件汇集（1922—1925）》，1986，第 84 ~ 84 页。

年团员的邹进贤（重庆綦江人）对办民团也十分执着。他不仅决心"以百折不回的精神去鼓吹办团"①，还多次给家乡綦江的民团头领写信，提出办民团的建议。在王右木、康明惠、邹进贤等的鼓动下，主张青年团参与办民团者在成都地方团内蔚然成风，不少人不仅提出主张，而且亲自实践。1924年时任成都地方团书记的张霁帆在给团中央的报告中指出："近年同志注意兵（民）团者甚多，投身入内以谋活动者亦不少。在川办团，既可以御兵匪左右政治教育，复可以藉此机会办工农运动。"②

应该说，王右木们提出办民团的方案是有深刻时代背景的。那时，在半殖民地半封建社会的中国，近代工业和产业工人主要集中于上海等少数地区，深处西南的四川仍十分封闭落后，民众觉悟尚未开启。中国共产党成立不久后，王右木于1922年10月在成都筹建青年团地方组织时，对如何发动民众还毫无把握。他向青年团中央写信道："成都巨大的工厂少，有反抗性之团体尤少。""而散居之农民，既占成都之重要位置，究应如何下手，现尚无把握。有赐教处，请详以告我！"③ 不过，随着王右木逐步深入社会底层了解劳苦大众的生存状况，他越来越确认四川革命的途径"路子甚多，恐怕比外省多得狠。因为四川不少天然的可觉悟的矿苗，只在吾人慎切的向下层方面、各地的下层方面去接触，接触愈慎切，挥手可珠金，更且可说遍地皆是"。④ 换言之，社会现实使王右木懂得结合当地实际发动群众的方式，也就是要抓住民众渴望依靠民团以自卫的期待，利用民团组织的特点，逐步把党员、团员安插入民团，并加以改造，进而将工人农人变为"有枪阶级"。

根据现有史料判断，王右木关于利用民团发展革命武装的方案，应该是早期党团史上的第一次，而青年团中央对此的回应非常有趣，值得玩味。

1923年6月27日，社会主义青年团在京召开第37次中央执行委员会时研究了王右木的来信："成都同志王右木来信，言武装民众之重要，主张利用民团的组织作我们革命的准备；其入手方法，系请求官厅办一法政讲习所

---

① 中共重庆市委党史研究室编《邹进贤日记》，重庆出版社，1997，第122～123页。
② 《张霁帆给团中央的信》（1924），载中央档案馆、四川省档案馆编《四川革命历史文件汇集（1922—1925）》，1986，第179页。
③ 《王右木致团中央负责人的信》（1922年10月11日），载中央档案馆、四川省档案馆编《四川革命历史文件汇集（1922—1925）》，1986，第11、12页。
④ 《王右木给施存统的信》（1923年2月29日），载中央档案馆、四川省档案馆编《四川革命历史文件汇集（1922—1925）》，1986，第55、56页。

（实际上欲成为本团之预备学校），吸收青年入学（以农民子弟为宜），毕业后即分发各县去办民团，将民团之实权渐渐握在我们手中。"对此，会议议决"若形势可能，不妨试行；但不宜徒选出一班为官害民的人，并须将详情再行呈报中央"①。

可见，对于四川同志改造民团的方案，青年团中央的态度是积极而谨慎的。积极的表现在于，不仅接到信次月即在中执委会上予以专项讨论，并议决"若形势可能，不妨试行"。谨慎的表现在于，为防"徒选出一班为官害民的人，须将详情再行呈报中央"。实际上，青年团中央的担心不无道理，改造民团有两个目的：一是掌握民团武装，二是推动农民运动。而王右木们提的仅是一个初步方案，还缺乏成功实践的验证。因此，青年团中央对此方案采取谨慎支持的态度不仅完全正确，也折射出当时中共中央与青年团中央应对新事物时在敏锐性和侧重点上的区别。

受俄国革命影响，中国共产党在创建初期的工作重点在城市，以发动工人运动、推动国民革命为轴心，而对农村和农民运动的重要性还缺乏认识。例如，1922 年 11 月发表的《中国共产党对于目前实际问题之计划》一方面指出无产阶级"若不得贫农群众的协助，很难成就革命的工作"，另一方面又主张在农村开展限田运动、组织农民消费协社……开垦荒地和改良水利等。② 1923 年 7 月，中共三大才首次通过了一个《关于农民问题决议案》，强调在即将到来的国民革命中"有结合小农佃户及雇工以反抗牵［宰］制中国的帝国主义者，打倒军阀及贪官污吏，反抗地痞劣绅，以保护农民之利益而促进国民革命运动之必要"③。这一决议表明，中共中央对农民在国民革命中的重要性的认识已经有所深化，恰如陈独秀在同一时期撰写的《中国农民问题》一文中所说："这种农民的大群众，在目前已是国民革命之一种伟大的潜势力，所以在中国目前需要的而且是可能的国民运动（即排斥外力打倒军阀官僚）中，不可漠视农民问题。"④ 中共三大《关于农民问题决议案》和陈独秀的观点，总体上反映了这一时期中共对农民问题的认识水平。

---

① 《中国社会主义青年团一大及其筹备会议和第一届团中央执委会会议记录》，《党的文献》2012 年第 1 期，第 34 页。
② 中央档案馆编《中共中央文件选集（1921—1925）》，中共中央党校出版社，1989，第 124～125 页。
③ 《农民问题决议案》，载中央档案馆编《中共中央文件选集（1921—1925）》，中共中央党校出版社，1989，第 151 页。
④ 陈独秀：《中国农民问题》，《前锋》创刊号，1923 年 7 月 1 日。

在这个问题上，青年团中央起初也经历了类似的过程。早在 1923 年 2 月，青年团中央就要求团员们利用寒假赴农村调查农民状况，以"接洽农民、宣传军阀与帝国主义的横暴、引导农民限制租额"。① 3 月 20 日，旅俄青年团支部对青年团二大召开提出的意见中提出发动"青年农人运动"的具体方案，明确指出"到农村去组织与训练青年农民，第一步须注重教育，灌输一些政治常识，使之觉悟其自身地位的价值，然后冲进于经济奋斗和政治奋斗"。② 同年 6 月，青年团中央负责人邓中夏、施存统在商议青年团工作时，只集中讨论与共产党的关系、注重青年工人运动、注重教育与训练、体育与娱乐以及组织中央执行委员会等事宜，两人甚至没有讨论农民运动。③ 事实上，在此时的施存统看来，"青年农人当然也大半属于小资产阶级"④，青年团最急迫的工作重心仍是青年工人⑤。可见在当时的青年团看来，农民运动的核心就是宣传和教育，在对农民进行社会启蒙的过程中，达到动员农民投身经济和政治斗争的目标。

但是，在这样的认识基础上，当青年团中央于 6 月 27 日讨论王右木的方案时，并没有以既有政策否定王右木的方案，反而报以积极而谨慎的态度。事实上，仅两个月后，王右木的方案就被正式纳入青年团二大通过的《农民运动决议案》。青年团二大召开于中共三大结束后，会议通过的《农民运动决议案》，与中共三大通过的《农民问题决议案》仅一词之差，内容却大有不同。中共三大决议案很短，仅 227 字，都是对农民问题的宏观认识，只字未提如何发动农民运动。而青年团决议案却有数千字，不仅首次强调"中国的国民革命，若不得占人口之大多数的农民积极的参加，决不能成功"，而且具体提出了开展农民运动的十二点意见，是早期党团历史上第一个专门针

---

① 《中国社会主义青年团中央执行委员会通告第三十三号——调查农民状况》，载中国新民主主义青年团中央委员会办公厅编《中国青年运动历史资料（1915—1924）》，1981，第 229 页。

② 《旅俄中国社会主义青年团支部对于第二次全国大会的意见》，载中国新民主主义青年团中央委员会办公厅编《中国青年运动历史资料（1915—1924）》，1981，第 229 页。

③ 邓中夏、施存统：《讨论本团此后进行的方针》，载中国新民主主义青年团中央委员会办公厅编《中国青年运动历史资料（1915—1924）》，1981，第 256～259 页。

④ 施存统：《本团的问题》，载中国新民主主义青年团中央委员会办公厅编《中国青年运动历史资料（1915—1924）》，1981，第 276 页。

⑤ 施存统：《中国的青年运动究竟应该怎样？本团在最近期间应该做些什么？》，载中国新民主主义青年团中央委员会办公厅编《中国青年运动历史资料（1915—1924）》，1981，第 321、322 页。

对农民运动的决议案。可见，对农民问题的认识，青年团二大比中共三大更为深入，内容也更加丰富，已经具体到如何发展农民运动的操作层面。

正是在这个决议案中，青年团中央明确提出了"创办或改造民团"① 的策略。团中央此举，不仅肯定了王右木的方案，更是将之作为开展农民运动的重要方法以二大决议的形式加以确定和推广。到 1925 年 1 月，青年团三大通过了《一般被压迫青年运动的决议案》，在农民运动中的政治方面更提出了"相机排斥恶劣官绅教士，组织保护农民的农团，设法参与自治机关"② 的要求，可说是对改造、利用民团的工作做了进一步的要求和细化。

二　王右木"武装工农"构想在四川的实践

虽然团中央接受了王右木改造民团、掌握武装的方案并以二大决议的形式加以确定，但早期共产党人和青年团员开展民团工作的仍不多见，且主要在四川和广东部分区域。因为要达到控制民团、为我所用的目的并不容易。

以四川来说，民国以来即长期处在军阀割据之下，刘湘、王陵基、杨森、刘文辉、刘成勋、罗泽洲等各路军阀对民团的重视程度与年轻的共产党人相比有过之而无不及。他们通过开办团务干部学校、轮训民团首领等手段，勾结地方团练局长，加强自身的统治地位，以至于民团变身为团阀。在军阀同意、授意或要求的情况下，团阀们还相互联合，形成联团组织。这些联团，操纵乡间一切行政司法实权，权力很大，组织庞杂，有的人枪数千以上，势力所及，跨乡联县，俨然成为独霸一方的土皇帝。以李重光联团为例，覆盖十三县，设司令部、参谋处等部门，设置相当于军队的一个师的编制。③ 团阀与军阀相互勾结，对农民的盘剥甚至比军阀更胜一筹。总之，军阀视民团武装为巩固统治、操纵民众手段，对之高度重视；而团阀力量更将其既得利益视为禁脔，不容他人染指。在这种环境中，共产党人、青年团员要掌控民团，无异于虎口夺食。

---

① 《农民运动决议案》，载中国新民主主义青年团中央委员会办公厅编《中国青年运动历史资料（1915—1924）》，1981，第 368 页。
② 《一般被压迫青年运动的决议案》，载中国新民主主义青年团中央委员会办公厅编《中国青年运动历史资料（1915—1924）》，1981，第 47 页。
③ 於笙陔：《四川军阀混战中的团阀》，载四川省文史研究室《四川军阀史料》第四辑，第 190~192 页。

但是不管怎样，争取和利用民团的工作还是艰难地展开了。就目前史料所及，做四川民团工作最早的是内江地方青年团组织。他们自 1923 年 8 月起，先后在内江县城和白鹤场办"团务讲习所"，然后又在荣昌县吴家镇办"民团传习所"，[①]"大众商议金以从团务入手，改良教育，继之不带采色（即彩色——引者注），着着实行"，"阻碍之人极多，附合之人亦不少"。[②]这三个团练学校的改造工作效果显然是不错的，因为内江青年团组织还从白鹤场所办"团务讲习所"的学生中吸收了若干新人加入青年团的队伍中来。1924 年下半年，成都地方团书记张霁帆给团中央的信中也报告道："归乡办团者有两处已成功。"[③]

1924 年 3 月，王右木受军阀之迫离开四川，当年 9 月被军阀杀害于贵州。王右木牺牲后，四川党团员坚韧而顽强地在基层坚持斗争，延续掌控民团、武装工农的思想。1926 年 2 月，中共重庆地方执行委员会（简称中共重庆地委）成立，并受中共中央委托暂行区委职权，领导四川全省的党组织和大革命运动的开展。这个四川党的首个领导组织，领导成员包括杨闇公、吴玉章、朱德、刘伯承、冉钧等人，他们绝大多数是从旧阵营里冲杀出来的革命者，信仰坚定，经验丰富，富于实干精神。他们通过国共合作的四川国民党左派省党部——莲花池省党部——这个革命联盟，彻底掌握了四川大革命的领导权。因此，在中共重庆地委的坚强领导和国共合作的国民党莲花池省党部的公开旗帜下，随着北伐战争凯歌高进的胜利战鼓，四川民团改造工作更上一层楼。其中以川东的綦江、南川、涪陵，川南的内江、富顺等地的工作尤为抢眼。

綦江有一个成立于 1919 年的进步青年组织——綦江青年砥砺会，在邹进贤及其朋友们改造民团思想的影响下，不少砥砺会成员在綦江从事民团活动，如周绍溪在陆家坪督办民团、张敬先任綦江团练局城区督练长、陈治钧在綦江团练局任参事等。他们同声共气，互相呼应，影响和带动了一批有为之士在綦江办民团，多数成为相继成立的綦江青年团组织和中共组织的骨

① 《黎冠英给团中央的信》（1924），载中央档案馆、四川省档案馆编《四川革命历史文件汇集（1922—1925）》，1986，第 207~208 页。
② 《黎冠英给邓中夏的信》（1923 年 10 月 31 日），载中央档案馆、四川省档案馆编《四川革命历史文件汇集（1922—1925）》，1986，第 131~132 页。
③ 《张霁帆给团中央的信》（1924），载中央档案馆、四川省档案馆编《四川革命历史文件汇集（1922—1925）》，1986，第 175 页。

干。之后，霍栗如、李仲莹等一批青年团员投入该县团练局长改选运动中，并酝酿组织民众成立救国军。青年团员陈治钧、霍栗如等人，于农历五月十三日，率民团团丁十余人深入有数百匪众的匪穴——第四区的皂角扁——擒斩了民怨极大的匪首黄金河和龙德明，使"单刀赴会斩黄龙"的故事在乡里传为美谈。

在邹进贤等人的努力下，綦江党团组织控制的民团力量日益壮大。他们在 1926 年发动了轰动綦江的"倒夏运动"，将"倒行逆施，压迫民众，铲除异己办团人员"① 的綦江县团练局长夏奠言拉下台，由共产党员陈治钧接任该职，并将各区团总和督练长位置多数掌握在共产党员和国民党左派手中，使綦江县民团武装基本为共产党所掌握和控制。邹进贤、陈治钧等人因此被称作綦江"八大首领"。1926 年底到 1927 年初，县团练局信各区团练共有人枪 1000 余支。②

中共在南川县的民团改造工作也是成绩斐然。南川民团分东、南、西、北、中五路。南川党团组织先是在 1925 年争取了南川北路倾向进步的石牛溪团总王懋迁，进而将西路、北路 10 多个民团联合组成西北团团联合会，吸收王懋迁、张简行、冯诚斋等团总为党员，并在此基础上派汪兴武去元合乡争取韦光伟的东路民团，于 1926 年 8 月实现了东路民团与西北民团的大联合，成立南川县东西北民团联合会，共推共产党员王懋迁为联团主任，从而使党组织控制了石牛溪、福寿、河图、木凉、大观、元合等东西北路的民团武装。党组织加紧组训团丁，改造民团，激发了各乡农民踊跃参加联团，使东西北联团由原来的千余人迅速增至 3000 余人。

而与綦江、南川相邻的川东重镇涪陵，改造团练武装的工作更为深入，被誉为"川东革命堡垒"。这主要应归功于李蔚如这位川军名将。李蔚如早年追随孙中山，曾任四川督军署参谋长兼四川陆军讲武堂堂长等职。1924年，他不满川军腐败辞职还乡后，应家乡人恳请为保护乡梓再度出山，出面组训涪陵四镇乡团练。四镇乡为君子镇、同乐镇、新盛镇、龙潭乡，历来为涪陵米粮仓，掌握四镇乡团练，几乎就掌握了涪陵地方武装。李蔚如就任后，慑于他在川军中的声望，溃军过境不敢骚扰，涪陵驻军郭汝栋也不敢放

---

① 《綦江县党部党务报告》，载中共四川省委党史研究室主编《第一次国共合作在四川》，四川大学出版社，1996，第 231 页。
② 中共綦江县委党史研究室：《中国共产党重庆历史綦江卷》，重庆出版社，2011，第 17页。

肆，境内大小匪首纷纷归降。一时之间，四镇乡团练声威大振。

四川党团高层非常重视对李蔚如的争取工作，与他颇有历史渊源的吴玉章、刘伯承专门写信做工作，杨闇公先后派喻凌翔、杨宇靖、徐康宁等党团员到四镇乡。经过多方争取，李蔚如成为中共党员。有了李蔚如这支民团武装的加入，涪陵革命力量大增，在1927年涪陵驻军迫害工人纠察队长刘云汉时，李蔚如就曾派人带数百名全副武装的农民自卫军进城，迫使驻军释放了刘云汉。①

此外，在川南的内江、富顺等地，共产党人对民团的改造工作进展得也非常顺利，到1926年7月，内江及其附近的富顺县，团防工作已完全被共产党员和国民党左派掌握，"做农民运动及改良农民自卫军均属可能"。②

这些民团改造工作成绩突出的地区，一般都具备以下两个特点。

一是视团练学校为改造团练、提高民团人员的政治觉悟和军事技能的不二法门，通过办学校加强对民团的革命改造和军事训练。办校本着"团务入手，改良教育"③的理念，从校长到政治主任、军事主任以及政治教官、军事教官，几乎都由共产党员、青年团员担任，并仿照黄埔军校和广州、武汉农民运动讲习所的模式，既注重政治学习又注重军事技能。如李蔚如在四镇乡举办的"团练传习所"，受训人员一律按正规军要求，成建制训练，着清一色的国民革命军服装。训练内容以军事技能为主，穿插学习政治，学习孙中山联俄联共扶助农工的三大政策，结业颁发毕业证书。④

二是团练队伍人数显著增多，武器质量和数量大大提高。在中国共产党的努力下，南川的东西北联团由原来的千余人迅速增至3000余人。涪陵四镇乡联团到1927年上半年，队伍发展到近万人，拥有枪支7000余支。1927年3月12日孙中山逝世两周年纪念日时，李蔚如带领农民自卫军三个连到涪陵参加游行，队伍整齐，武装优良，训练有素，令涪陵驻军郭汝栋忌惮。⑤ 虽

---

① 中共涪陵区委党史研究室：《中国共产党重庆历史涪陵区卷》，重庆出版社，2011，第14页。
② 《国民党四川临时省党部工作月报》（丙种），原件存重庆三峡博物馆，1926年7月2日。
③ 《黎冠英给邓中夏的信》（1923年10月31日），载中央档案馆、四川省档案馆编《四川革命历史文件汇集（1922—1925）》，1986，第131～132页。
④ 中共涪陵区委党史研究室：《中国共产党重庆历史涪陵区卷》，重庆出版社，2011，第10页。
⑤ 蒲国树：《李蔚如烈士传略》，载中共重庆市委党史工作委员会编《重庆党史人物》第一集，重庆出版社，1987，第176页。

然还有一部分农民军使用大刀、长矛、火枪和土炮一类武器，但总体而言，四川党团组织掌握下的这些团练武装（后为农民自卫军）的武器装备情况，较之农民运动高度发达湖南等地，已相当不错①。

在改造团练的同时，随着全国农民运动如火如荼地开展，中共重庆地委也清醒地认识到发动基层农民的重要性，在认真分析四川地区农民状况特别是生存环境后，开始积极探索符合本地区特点的农民革命运动的路子。1926年3月，中共重庆地委决定，从巴县、江津、綦江、涪陵、宜宾、合江、南充等地选派牛大鸣等25人去广州农民运动讲习所学习，培养农民运动骨干，同时还输送了一批党、团员到广州国民革命军中学习理论知识，为在四川广泛开展农民运动打下干部基础。4月中旬，中共重庆地委在中法学校组织了农民运动研究会，全校300名学生都加入该会成为会员，学习研究农民运动工作。随后，中共重庆地委还派遣刘远翔去自贡开展工人运动，派遣郭经阶、张翰君等去营山开展农民运动。

1926年6月，左派临时省党部又从各学校的左派国民党员、中共党员、共青团员、进步学生中，挑选了60多名骨干人员进行短期培训，然后派他们在暑假期间返回家乡组织农民协会，同时通知各左派县党部也照此办法组织学生开展农民运动工作。10月，中共中央派回了22名从广州农民运动讲习所培训完毕的学员，中共重庆地委立即按照中央指示，把他们分配到成都和重庆附近的县开展农民运动工作。

经过中共重庆地委和左派临时省党部的精心组织，四川农民协会从1925年秋开始宣传并成立组织，从1926年初开始，全川有巴县、南川、高县、涪陵、奉节、长寿、合川、安岳、江北、隆昌、丰都、綦江、垫江、石柱、大足、营山、宜宾、南充、射洪、蓬安、丰都等地开展了建立农民协会的工作，到1926年11月，全省已有县农会2个、区农会32个、乡农会153个，会员1.8万余人。② 至此，上述地区的农民运动也得以普遍开展起来。农民协会与改造团练武装齐头并进，由此成为四川农民运动的一大特点。

在四川民团改造工作曲折展开的同时，党团中央对民团的看法却正在走向负面。党团中央对民团态度的转变主要源于广东革命的实践。1923年，孙

---

① 据毛泽东在《湖南农民运动考察报告》中统计，"湖南地主阶级的武装，……平均每县以六百枝步枪计，七十五县共有步枪四万五千枝，事实上或者还要多"。

② 根据杨闇公《农民运动报告》中列出的数据统计，原载《中国国民党四川第一次全省代表大会日刊》。

中山讨伐桂军时，多次嘉奖民团的支持，进而采取措施鼓励广东大办民团。青年团广东地方团书记阮啸仙也积极开始民团工作。1923 年 9 月 27 日，阮啸仙致信团中央："本区西、北两江的农民运动，现正和西校合作，从民团方面着手。北江如花县、高塘等民团，已由我们同志在中指导；西江如鹤山、广宁等处民团，已由我们同志跑进去做教练，成绩亦不错。"① 此时在阮啸仙眼中，控制民团非常重要，只是单纯把控制民团作为目的将有走向"农村军阀"之危险，因此，控制民团是手段，发动农民、宣传教育，"民团须与农民运动同时并起"才是制胜之道。

然而，民团大发展之后，却迅速成为农民运动的对立面。1924 年 6 月，广宁民团第一个制造摧残农民协会案件；11 月，为反对减租，广宁地主出动民团与农民协会作战……此类事件，在广州商团叛乱中走向高潮。究其原因，虽然民团名为自卫力量，实为地主豪绅控制农村的武装力量，而共产党组织下的农民协会和农民自卫军的斗争矛头直指地主豪绅，民团自然与农民协会和农民自卫军对立。②

阮啸仙对此感受非常深刻。1925 年 10 月 26 日，他在《关于农民运动之报告及提案》中指出，"农民在政治上所受痛苦最残酷，最切肤，而且为农民运动之最大障碍的，就是民团"。"故为解除农民痛苦起见"，他主张广东国民政府"取消民团"，"组织农民自卫军，一以实行本党政府武装农民之意志，一以实际维持乡村治安"。③ 此时阮啸仙对民团的态度可谓发生了 180 度大转变。

阮啸仙的态度正是党团中央内的主流看法。1925 年 1 月，中共四大通过《对于农民运动之议决案》，对民团的反动性做了深入的分析，认为民团"已成为地主阶级压迫农民的反革命武力"，从而主张一面"反抗地主抽捐办民团"而由"农民收回自办"，一面"宣传并扩大农民自卫军的组织，并鼓动充分民团乡团之农民脱离土豪地主之关系，加入农民自卫军，这种农民自卫军，应在我们的政治指导之下"。④ 这表明，中共中央并没有将改造民团为革

---

① 《致邓中夏、卜世畸的三封信》，载《阮啸仙文集》编辑组编《阮啸仙文集》，广东人民出版社，1984，第 77 页。

② 梁尚贤：《国民党与广东民团》，《近代史研究》2003 年第 6 期。该文详细叙述了广东民团在国民党支持下的发展情况，及其与广东农民运动的对立。

③ 《关于农民运动之报告及提案（一九二五年十月二十六日）》，载《阮啸仙文集》编辑组编《阮啸仙文集》，广东人民出版社，1984，第 156~158 页。

④ 《对于农民运动之议决案》，载中央档案馆编《中共中央文件选集（1921—1925）》，中共中央党校出版社，1989，第 363 页。

命武装纳入视野。

事实上，早期中共最为重视的是民众运动，开展马克思主义启蒙，而不是掌握革命武装。1923 年 11 月，中国共产党在第三届第一次中央执行委员会《中局报告》中讨论了在广东惠州和湖南衡山开展的农民运动，基本模式都是在农民中进行广泛的马克思主义启蒙和阶级教育，从而组织广大的农民成立农民协会，为维护农民的利益而斗争。当这两次农民运动在封建土豪地主和军阀的打压下失败后，针对这两地农民运动遭遇的挫折，中共中央总结两个原因：一是共产党在农村中缺乏根基，受到"中农多数的反抗，勾结军阀官僚，加以武力的压迫"；二是惠州、衡山两地分别在陈炯明、赵恒惕军阀队伍控制之下，政治上与广东革命势力是敌对的。① 陈独秀总结为"我们应该彻底觉悟：一切工人运动农民运动学生运动，都不能离开政治运动，因为政治上的自由，是一切运动所必需的。例如曹吴的势力不倒，民主政治不能确定，铁路工会和全国学生总会除广州外何处可以存在？"② 也就是说，遭遇挫折后中共中央并没有认识到掌握革命武装的重要性，只是进一步强调要开展广泛的政治运动，推动民主政治。

因此，北伐战争开始后，大革命进入高潮，虽然农民运动在各地不断迅猛发展，但中共不仅没有更多地建立直接掌握的正规武装，也没有巩固和发展已有相当数量的工农武装③，最终导致大革命的失败④。近年来新史料进一步说明，这一时期共产国际对中国共产党革命策略的一个极为重要的影响，就是 1925 年 8 月以后共产国际要求中国共产党放弃革命领导权，具体体现在对农民运动、武装斗争的不重视等问题上。⑤ 正如毛泽东事后所总结的："在北伐过程中，忽视了军队的争取，片面着重于民众运动，其结果，国民党一

---

① 中央档案馆编《中共中央文件选集（1921—1925）》，中共中央党校出版社，1989，第188 页。

② 《广东农民与湖南农民》，《向导》1923 年第 48 期。

③ 中共中央党史研究室：《中国共产党历史（第一卷）（1921—1949）》，中共党史出版社，2011，第 200 页。

④ 金冲及：《从迅猛兴起到跌入低谷——大革命时期湖南农民运动的前前后后》，《近代史研究》2004 年第 6 期。该文指出，大革命失败的原因是没有处理好军事运动和民众运动的关系。

⑤ 唐宝林：《重评共产国际指导中国大革命的路线》，《历史研究》2000 年第 2 期。该文列举了相关档案文件指出上述问题；郑国瑞：《十年来大革命失败原因研究述评》，《党的文献》2012 年第 3 期。该文指出学界对共产国际的指导失误是造成大革命失败原因的分析是符合历史事实的。

旦反动，一切民众运动都塌台了。"①

党团中央的态度也传递到了四川。1925 年 7 月，以邹进贤为书记的团綦江特支向青年团中央报告准备谋取綦江团练局长等工作安排时，团中央就在批文中全面表达了自己的观点："此种运动极易使同学有机会主义化的危险"，"如你们所谋成功，须将团体之纪律更加严格，且更注意分配人力，利用机会为之作下层活动。至要！至要！"② 团中央此语，显然并不看好民团工作的前景，并突出强调民团工作易使人发生蜕变的危险。

四川党团员对团中央所指出的风险并非没有警觉。1924 年下半年，成都地方团书记张霄帆在给团中央的信中也报告道，归乡办团者有两处已成功，但是"对于主义无切实研究，脱离团体，单身入可危的环境，深恐将来成为军阀，为本团反动"。③ 因此，各地都以很大精力开办了团练学校，探索以教育和培训等方式将团练武装改造成革命武装，取得了很好的成效。1926 年 10 月 23 日，李蔚如在涪陵会见中共南川支部韦奚成，听他介绍南川东西北联团干部学校情况时就说，"团务武力寄于民众，力避团阀控制"，"对民团宜取革命教育方式"。④

事实上，对于团阀的反动性，四川共产党人的认识和体会不亚于其他地方。中共重庆地委书记杨闇公就曾在国民党四川第一次全省代表大会上痛陈，"一般劣绅土豪自来称霸乡间，于是握得办团之权，以团练为工具，转而压迫农民。他们……形成现在之团阀。……此种团阀压迫农民，较军阀尤甚，而为农民运动之阻碍甚大。一年来农民运动之历史，几乎完全是与团阀争斗的历史"。⑤ 之后，四川国民党左派省党部又发表《农民自卫军组织大纲》，党团组织控制的民团武装纷纷根据此大纲，将民团组织改建为农民自卫军，由此将自己与反动团阀彻底划清了界限。⑥

不过，根据四川革命斗争的实践，四川党团员对青年团中央的态度实际颇不以为然，"中局颇反对川中同志作民团运动，然而刻下之团阀四处横行，

① 《战争和战略问题》，载《毛泽东选集》第二卷，人民出版社，1991，第 544 页。
② 中央档案馆、四川省档案馆编《四川革命历史文件汇集（1922—1925）》，1986，第 297 ~ 298 页。
③ 《张霄帆给团中央的信》（1924），载中央档案馆、四川省档案馆编《四川革命历史文件汇集（1922—1925）》，1986，第 175 页。
④ 见《韦奚成丙寅第七日记》，原件存重庆南川区档案馆。
⑤ 《农民运动报告》，载《中国国民党四川第一次全省代表大会日刊》。
⑥ 《农民自卫军组织大纲》，《民国日报》1927 年 3 月 6 日。

倘此时再不设法参入，一面作农民运动，则反动势力日益增大，更难于着手矣。军阀与团阀勾结，社会各阶级全为武力所镇压，危险万分"。①

因此，基于四川党团组织改造民团收效甚好的现实，之后成立的中共重庆地委不仅没有放弃争取民团工作，反而更加重视。1927 年 1 月，地委书记杨闇公通过国民党左派省党部制定了专门针对民团工作的《国民党四川省执行委员会对团务工作决议案》，明确指出："改造现有民团，将其训练成党指挥的革命武装不仅可能，而且非常必要。"②为加强民团工作，从组织上予以保障，决议案专门要求在省党部成立民团运动委员会"指导此项工作计划"，并还计划"组织一统一全川之团务联合机关，以集中民团力量而打破反动之联合战线"。如此雄心，足见对民团工作的未来充满信心。

那么，怎样改造和争取民团呢？中共重庆地委的想法是通过向广大农民揭露团阀剥削压迫农民的实质，以剥夺地方豪绅对地方民团的控制力，把民团武装掌握在"国民革命战线上"。由此，决议案提出了针锋相对于团阀的 12 个宣传口号，包括反对预征筹垫、反对勒筹饷款、反对滥用刑权、团总民选、团练经费公开等。为了改造旧有民团制度，以新制度取而代之，决议案还提出了一系列新构想，包括实行门户壮丁制、废除非法团款、办团丁夜校、编辑印发《团务日报》、团总团正及团练局长等职务由人民选举，等等。这些构想虽然多数因为革命形势的急剧变化而来不及实施，但已体现了年轻的共产党人改造团练武装为革命武装的积极探索和思考。

1927 年初开始，随着革命形势的深入发展，四川农民运动洪流开始在巴蜀大地不可阻止地奔涌流泻，进入以武装斗争为主的新阶段，四川党团组织长久以来致力于民团改造的良好效果随即为四川农民武装斗争的高潮所验证。

首先爆发的，是被称作"川东春雷"的南涪农民自卫军围攻南川县城的武装暴动。綦江、南川、涪陵三县共产党人掌控的团练武装，经数年来的成功经营和改造，已互相响应，互为犄角，结成联盟，有连成一片之势。1927 年 1 月 1 日，南川团练局长张茂春率兵企图吞并南川共产党员王懋迁领导的团练武装，共产党人决定趁机举事。1 月 3 日，南涪农民自卫军在石牛溪成

① 《裴紫琚致信余泽鸿谈重庆美仁轮案和四川青年工作》，载中共四川省委党史研究室编撰、张继禄主编《中国共产党地方组织在四川的建立》，四川人民出版社，2001，第 156 页。
② 《国民党四川省执行委员会对团务工作决议案》，重庆《新新日报》1927 年 1 月 18 日。

立。5 日，李蔚如率农民军 6000 余人包围南川县城，准备向盘踞县城的反动团阀张茂春发起进攻。大量农军云集南川县城四周，此情此景震动蜀中。中共重庆地委推动各地革命力量、进步团体竞相致电声援。巴县、江津团阀申文英、曹燮阳、周化成在军阀刘湘、王陵基调遣下，分三路增援张茂春。张茂春、李暄荣迫于压力，不得不交出南川县团练局长、教育局局长大印，农民自卫军亦相机撤走。

继川东农民自卫军武装首义之后，川南、川西等地也相继爆发农民自卫军的武装斗争。川南荣县是四川军阀刘文辉 24 军的防区，旅长张志芳率部驻扎于此，与荣县知事邓帮植勾结，不仅在此地课以重税，实施"一岁两征田赋税"，又追缴欠款，筹借军费。1927 年 2 月，中共荣县特支和国民党左派县党部组织"荣县抗捐运动委员会"，以农民协会为主，并与党组织掌握的部分民团武装合并，以五宝镇为中心实施武装抗捐，中共宜宾党组织负责人郑佑之亲率农民武装 2000 余人前去支援。宜宾、自贡、威远、仁寿等邻近县的援军及荣县各路武装约 1 万人在蒙子岩召开誓师大会，正式成立组成川南农民自卫军指挥部。中共组织把这次武装抗捐斗争的舆论口径统一为"军团冲突"，对 24 军又争取又敲打。迫于农民军的声威，刘文辉派人与农军谈判，答应驻军调防、撤换县长、停一岁两征田赋和停收军款三项条件。川南农民自卫军武装抗捐斗争取得胜利。

3 月，川西郫县爆发了"郫县农民自卫军"武装围城抗捐事件。郫县是四川军阀邓锡侯 28 军的防区。防区内捐税之重即使在四川也是少有，如1926 年田赋预征就达到 12 年，引起农民强烈反对，农民追打、击毙催款委员和催款军事件不断发生。1927 年春，28 军旅长、郫县新任城防司令龚渭清为强征 20 万元军费，实行"收不齐就割人肉补足"的武装收款，如此暴虐行为激发了民变。郫县新场农协和各乡团防武装组成了约 4000 人枪的"郫县农民自卫军"，以国民党左派张云聊为总指挥，从 3 月 6 日起将郫县团团围住，并砍倒电杆，挖毁公路，截断县城与外界联系，围城一连 48 天。附近的崇宁、灌县、温江、成都、双流、新繁、金堂等地民团纷纷响应，各路援军达 1 万人。成都三军联合司令部见农军势大，出面调停，经过 30 余天的谈判，达成了撤销 20 万元军费、抚恤死难农军、五年不征田赋、驻军换防等协议。

正当郫县围城如火如荼之际，川西蒲江县高桥农民也掀起了武装斗争。广州第六届农民运动讲习所学员石兆祥回川后，领导成立蒲江县高桥农民协会和农民自卫武装，附近眉山、彭山、邛崃、名山等县 32 个乡镇近万人参加了高桥农会，开展了声势浩大的打土豪和抗捐抗粮斗争，吓得土豪劣绅、收税委员与团丁不敢露面，官府束手，蒲江县知事甚至携印逃跑。

值得一提的是，这一时期四川农民武装斗争的高潮并非一枝独秀，而是与中共重庆地委领导的工人运动、学生运动、军事运动以及反帝反封建群众运动齐头并进。特别是在 1926 年底，为支援北伐战争，策动四川军阀易帜，掌握自己的武装，中共重庆地委根据中共中央指示，以国民党莲花池省党部（左派）的名义召开军事会议，由杨闇公、朱德、刘伯承、陈毅、吴玉章等共产党员领导发动的泸顺起义，更是以中国共产党早期"力图掌握武装的一次勇敢尝试"和"牵制敌人配合北伐的重大军事行动"① 而闻名史册。起义坚持了半年多，从川军中拉出 6 支正规部队共 1 万多人枪，对四川各地农民武装斗争影响很大。

当南川围城之时，泸顺起义总指挥刘伯承于 1 月 24 日以国民革命军川军各路总指挥名义致电刘湘、杨森、赖心辉及各路师旅长，声讨张茂春，之后又发电声援川南农民自卫军的斗争。而当泸州起义形势紧迫之时，农民自卫军也积极声援，内江共产党员黎灌英准备率农民自卫军前去泸州，涪陵农民自卫军领袖李蔚如多次写信给刘伯承，要求他们向东靠拢，并欢迎刘伯承到涪陵主持军事，建立根据地。

总体说来，1927 年春四川农民武装斗争虽已形成较大规模，革命形势呈燎原之势，但是由于敌强我弱，当革命形势大好、北伐势如破竹之时，四川军阀、团阀心有顾忌，不得不相对忍让农民武装斗争，一旦蒋介石分裂国民党之势已成，以刘湘为代表的四川军阀随即投靠蒋介石。他们以巴县团阀为先锋，组织讨"赤军"并在 1927 年 3 月 31 日挥起屠刀制造了"三三一"惨案，各地农民武装斗争也因此遭受重创。

"三三一"惨案后，各地处于严重的白色恐怖之中，杨闇公等大批共产党人和国民党左派人士遭到绞杀，中共在重庆、成都等重要城市的革命据点被摧毁，被围数月的泸州亦于 5 月告破。在革命陷入低潮之际，李蔚如领导的农民军在涪陵却较为稳固，掌握四镇乡大片地区，有从团练改编且训练有

---

① 中共中央党史研究室：《中国共产党历史第一卷（1921—1949）》，中共党史出版社，2011，第 178 页。

素的农民自卫军近万人，枪 7000 余支。① 四川国民党左派省党部执委李筱亭、邓劼刚，中共重庆党团组织临时负责人任白戈及各地重要骨干纷纷转移到此。当时"虽刘、杨反动势力弥漫川东，而涪陵一隅，党务活动仍照常进行，且为川东党务之重心"，李蔚如"实力之强大，应付之有方，各反动派终无如之何"。②

在此情形下，涪陵已经成为"三三一"惨案后四川革命力量集结的最后一个阵地，本有条件坚持下去，继续发展。可惜，李蔚如却在这时犯了策略错误，轻信涪陵驻军师长郭汝栋投靠革命的诡言，7 月 3 日被其诱捕，次日壮烈牺牲，涪陵农民自卫军随之解体，成为四川农民运动不可弥补的损失。

三　王右木"武装工农"构想的历史地位与价值

对民团的争取和改造，是中共早期农民运动的重要形式和客观存在的事实。但长期以来，一说到早期农民运动，一般人提起的都是浙江萧山、广东海陆丰和湖南衡山等地以组织农民协会为主要形式的农民运动。而忽略了几乎同一时间，四川、广东一些地区已经在事实上通过改造民团武装开展的农民运动。③ 1923 年 5 月 5 日，王右木致信团中央提出掌控民团、武装工农的方案，是迄今为止共产党和青年团内最早提出武装斗争思想的文献。事实证明，这是一个将马克思主义与四川具体实际相结合的可行性方案。通过对四川改造团练运动历史的深入分析，我们可以发现，早期农民运动实际上存在两种主要形式：一种是发动农民，以组织农民协会为主，以海陆丰地区和湖南衡山为代表；另一种是改造民团，掌握武装，以四川和阮啸仙领导下的广东部分区域为代表。这两种形式源于各地社会的不同形态而发生，相互之间并不矛盾，而是各有侧重，随着农民运动的日益深入，后期殊途同归，即毛

---

① 蒲国树：《李蔚如烈士传略》，《重庆党史人物》第一集，重庆出版社，1987，第 176 页。
② 《郭汝栋背叛诈擒李蔚如同志》，《国民公报》1927 年 7 月 25 日。
③ 这方面的权威阐述及综述，参见中共中央党史研究室《中国共产党历史（1921—1949）第一卷》，中共党史出版社，2011，第 94～97 页；申晓若、邓鸿丽：《党建时期党史研究述评》，《江西科技师范大学学报》2013 年第 4 期。一书一文所阐述的中共早期农民运动，都仅限于集中于浙江萧山、广东海陆丰和湖南衡山等地。刘永生：《20 世纪 90 年代以来大革命时期湖南农运研究述评》，《商丘师范学院学报》2007 年第 11 期。该文指出，研究者对大革命时期中共地方领导人动员组织农民的具体实践以及基层社会对中共农民运动政策的实际反响研究得很少，且对农民运动与传统社会中的宗族、会匪、团防的关系研究得也很少。

泽东在《湖南农民运动考察报告》中所归纳的把农民组织起来，从政治上打击地主，摧毁地主阶级的政权和武装，建立农民协会和农民武装，由农民协会掌握农民一切权力，然后进行减租减息、分配土地等斗争。

在王右木"武装工农"方案指引下，王右木去世之后，邹进贤等四川党团员前仆后继，深耕基层，把掌握民团、深入开展农民运动放在其革命工作的重要位置，从改造民团到成立农民协会、发展农民自卫军，革命者们在封建军阀、团阀势力强大的四川农村，始终为改造民团武装、为革命武装而努力，成效斐然，体现出四川农民运动的鲜明特色，与广东、湖南农民运动的成功经验相互呼应，在大革命运动中焕发异彩。

中国革命的实践证明，掌控民团、武装工农的方案虽然有效，却也有限。不经过土地改革，单纯改造民团是行不通的。在封建势力浓厚的中国大地，革命者们固然可以在封建势力较为薄弱、群众基础较好的部分区域实现对民团的控制，然而，一旦他们亮出革命旗帜，以地主豪绅为代表的团阀势力就会迅速集合起来，对革命武装进行疯狂的进攻，成为其第一个凶恶的敌人。民团始终是建立在封建经济基础上、由地主士绅掌握的武装力量，而共产党、青年团的目的是打破这个旧世界，在农村实现"打倒土豪劣绅，一切权力归农会"。① 因此，掌控民团武装只能是第一步，通过掌握革命武装建立起巩固的红色政权，依靠农民，从减租减息走向土地革命才是农民运动的根本方向。只有这样才能彻底改变社会的阶级基础，打破封建军阀统治。

但是，四川革命者探索革命道路的价值并不因此而减损。无论是改造团练、武装工农的方案，还是改造团练为革命武装的努力和成就，无不凝聚着早期共产党人探索中国革命道路的理论勇气和实践创新。特别是在大革命中，中共重庆地委一手抓争取旧军队的武装起义——泸顺起义，一手抓大力改造团练、发展农民的革命武装，在全党都是独树一帜的。正如周恩来在延安反思大革命失败时所总结的："（1）放弃树立党的基础；（2）回避自己建立军队的企图；（3）缺乏武装工农的信心和决心，结果因反革命军事力量大过我们而失败。"② 相比之下，四川的探索何其珍贵！经历风雨，方有彩虹。中国共产党正是因为有成百上千个如王右木、邹进

---

① 《毛泽东选集》第一卷，人民出版社，1991，第14页。

② 周恩来：《十六周年的中国共产党》，载中国延安干部学院编《延安时期资料选编》，2013，第120～121页。1937年7月1日周恩来在中共中央召开的党的活动分子纪念会上的报告提纲。原件存中央档案馆。

贤、李蔚如般的革命战士的不懈奋斗，努力探索，积累了一个又一个经验教训，才能够在千百次挫折中产生了毛泽东这样的领袖人物，提出了"枪杆子里出政权"的论断，探索出"农村包围城市"的革命道路。这正是四川党团组织改造团练实践的价值和意义。

大革命时期四川共产
主义运动的组织网络

08

本章研究了王右木牺牲后四川大革命时期的共产主义运动的组织网络，重点分析了以重庆为中心的川东大革命浪潮的兴起过程，并对比研究了川西、川北和川南的大革命组织网络，勾勒出四川在大革命失败后共产主义运动的延续特点。本章研究阐述了王右木这样的"盗火者"兼"深耕者"对四川早期共产主义运动发展的特殊重要性，同时揭示了在新的时代背景下，政治环境、组织网络、群体气质、地理特征等结构性要素对四川共产主义运动所产生的深刻影响，尤其是新老两代革命者的承继以及成渝两地革命者双峰并峙的特点。

内容提要

第一节　四川共产主义组织网络概述

中国的共产主义革命是一场需要动员大量知识青年参与的社会运动，革命发动之初，需要成百上千的激进青年承担起唤醒、组织广大下层民众的时代先锋责任。美国学者石约翰曾尝试解释"五四"之后许多男女青年成为革命急先锋的原因："部分原因在于，学生参加政治运动是中国由来已久的传统。同时还因为，家庭背景和地位已经不再是人们表达不满情绪和决定参加政治活动的决定因素。"近代中国新式教育的发展也作用匪浅，"青年人是清朝末年废除科举考试制度和建设新式学校之后获得教育并成长起来的第一个群体。事实上他们是这些变革的产物。……外国文化对他们的影响，自然加强了这一代人的反对崇拜偶像的观念，鼓励他们介入政治活动"。① 而早期在中国大地上举起革命之普罗米修斯火种的，也正是知识分子与青年学生。② 一位国外学者曾谈道，"五四运动后的五年里，改信马克思主义的人们当中，仅有 12 人已知是出身于无产阶级。其余的所有人都受过教育。而且有些还出身于相当富裕的小资产阶级"。这样的表述难免有所夸张，但一定的文化水准与理论水平，确实使同情劳苦大众的左翼知识分子能够接纳吸收马列主义革命学说。"这些激进的思想能够为社会状况所验证，并在上海和北京这样的大都市里被表述出来，远在国家内地的一些地方如成都和榆林引起反响。"③ 另据统计，中国共产党创建时期的 58 名成员中，56 名都受过良好的教育，工人出身的只有 2 人。④ 马列主义的思想火种从北京、上

---

① 石约翰：《中国革命的历史透视》，王国良译，东方出版中心，1998，第 178 页。

② 有学者提出，民国时期的乡村教师是将革命之火种播散到广大基层社会各个角落的"普罗米修斯"，而这个群体往往主要就是由处于社会中下层的知识青年所构成。刘昶：《革命的普罗米修斯：民国时期的乡村教师》，载黄宗智主编《中国乡村研究》第六辑，福建教育出版社，2008，第 42~71 页。

③ 费正清编《剑桥中华民国史（1912—1949）》上卷，中国社会科学出版社，1993，第 569~570 页。

④ 中共嘉兴市委宣传部等：《中国共产党早期组织及其成员研究》，中共党史出版社，2013，第 8 页。

海等中心城市的源头通过各种网络向广阔的腹地延伸与渗透，凭借的也多是知识分子与青年学生所构成的人际网络。

而从四川地区来说，其地形较为封闭，对外交通不便，构成一个独立于华北、华东与华中的地理文化单元。据川省地方志阐述，四川地势为东低西高，东部为四周高峻、中间低陷的典型盆地；西部为大幅度隆起的高原和山地。按地貌分为四川盆地底部地区、盆地边缘山地区、川西南山地区、川西北高原地区。盆地边缘山地区，由一系列中山和低山组成。北有米仓山、大巴山，西有龙门山、邛崃山、峨眉山，西南有大凉山，南有大娄山，东有巫山等。山脊海拔多在1600~3000米，有的超过4000米。盆地边缘山地区山高谷深，重峦叠嶂，险关隘口密布，易守难攻，是四川盆地的天然屏障，对阻滞外部势力展开入川军事行动作用甚大。① 地势易守难攻的另一面，便是地理交通上的险峻阻塞，物资信息流通缓慢。然而，四川虽然僻处西南，地形较为封闭，但亦有长江水道与中东部沿江沿海地区相沟通，川内的长江水系如岷江、嘉陵江、沱江、涪江等也将大部分核心区域串联了起来，这使川内外的信息沟通与相互联络尚不至于太过艰难。这或许能解释这样一个问题：在中共早期组织诞生地多在东部和中部沿江沿海沿（铁）路一带，并且构成了在交通上循重要节点纵横分布于东西南北各地的网络构架背景下，为何四川能成为中共组织力量扩展在西部的唯一重要网络点？正如应星、荣思恒在研究中国革命的地理学时所指出的："白区工作的重要据点基本上沿着铁路线与长江航运线及海运线分布。"② 四川、重庆恰恰便是位于长江航运道上中游的通商大埠，自1890年在列强威逼下正式开埠以后，在外来势力及其资本、技术、观念、组织方式等的渗透冲击下，经济社会各方面呈现畸形发展的状态。至民国初年，其商品经济与文教事业发达程度已在川中首屈一指。现代文教事业的繁荣与新知识分子群体的涌现，为区域社会的革新活动乃至革命运动提供了大量潜在的后备力量。仅在清末"新政"实施期间，重庆地区就先后创办重庆府中学堂等各类中等学校4所，丰盛、正蒙公墅等小学校24所，以及巴县师范、川东师范、实业学堂、政法学堂、体育学校等各类专门学校45所。③ 而成都作为四川省

---

① 四川省地方志编撰委员会编《四川省志·军事志》，四川人民出版社，1999，第1~2页。
② 应星、荣思恒：《中共革命及其组织的地理学视角（1921—1945）》，《中共党史研究》2020年第3期，第65页。
③ 中共重庆市委党史研究室编著《中国共产党重庆历史（1926—1949）》第1卷，重庆出版社，2011，第3~11页。

的政治军事中心，也一直起着引领潮流且身系全川观瞻的作用，加上通过岷江水系与长江航道相连，虽交通通信仍显闭塞，仍不乏作为中国西南大区核心地带的作用与影响。因此，四川共产主义革命运动的地缘政治便形成了一个双中心（蓉、渝）共同驱动的模式，这是其特殊之处。[①] 这两个地方在四川早期中共组织发展与革命运动中所产生的影响与作用之异同，后文将专门做出阐释。

因其地理区位较为偏远、地方政局较为动荡、文化环境相对闭塞及社会经济水平不甚发达等原因，"五四运动"前后的革新思潮对四川地区的影响相对较弱，川中整体上的舆论氛围与思想文化倾向较为保守。甚至于20世纪二三十年代的四川地区在全国舆论场域中仍然处在较为边缘的位置，被时人视为国中之"异乡"。[②] 但是，即使自民国初年以来便僻处国家政治管控边缘地带的巴蜀大地，也并未自外于20世纪20年代中期轰轰烈烈、席卷全国的反帝革命运动浪潮。无论如何，由第一次国共合作所触发的国民革命热潮终是突破了夔门天险之阻隔。从1924年下半年开始，各方革命力量逐步聚合于山城重庆，形成了大革命时期整个四川地区中共党团组织发展和马克思主义运动的高潮期。

第二节　王右木牺牲后四川共产主义运动的接续开展

一　以重庆为中心的川东大革命浪潮

四川革命先驱王右木于1924年不幸辞世于由粤返川途中。这对于当时川西成都地区的革命组织拓展与马克思主义运动的发展而言，是一个相当大的打击。虽然在其离川之后有张霁帆、钟善辅、廖恩波、余泽鸿、康明惠、刘孝祜等人继续推进着成都青年团组织的相关工作，但由王右木负责领导并与

---

①　在中共建党与大革命时期，多数省域都形成了一个强有力的辐射中心，正如长沙之于湖南、武汉之于湖北、广州之于广东、南昌之于江西，等等。其中大都是省城在各自省份内发挥辐射作用。

②　王东杰：《国中的"异乡"：二十世纪二三十年代旅外川人认知中的全国与四川》，《历史研究》2002年第3期，第46～64页。

中共中央保持单线联系的中共成都独立小组①，无形之中便归于解散了。成都地方团的工作，也因为具备相当权威与号召力的核心人物的缺失而陷入了暂时的困境。与此同时，作为早期共产主义组织骨干成员的青年学生往往具有流动不居的特点。学生参与社会活动的好处是时空约束比较小，而且他们精力充沛，富有改造社会的理想与激情；缺点便是他们往往随时面临着因放假、毕业、转学、升学、退学等情况离校而导致组织工作停滞的不确定性，在缺乏足够的组织干部人才及后备力量支撑的情况下，便难免会走向消沉。正如王右木在致团中央书记施存统的信中所述，成都青年团的学生成员们"临到寒假，欠一日即是民权运动当期结束期，硬不可一日留而去。木虽于事后感觉于学生于放假前后真应设法听凭他去寒假，而当时我只类失恋矣，你说感苦何似?"王右木为此而愤恨不已："最堪痛恨事，是管你民权【运动】也好、女权【运动】也好、劳工【运动】也好、读书会也好，皆曰我学校要试验! 要忙了! 及试验毕，又大家热心回家去了。"② 其时正当成都地方青年团建立之初，如王右木这样有极其强烈的革命干劲与号召力、人格魅力的青年领袖尚且面临如此的动员困境，在其牺牲后成都团又一时没有强有力的核心人物能迅即顶上来，成都党团组织的活动便难免陷入低谷了。

如上所述，在各种内外因素的影响下，自 1924 年下半年以后，整个四川地区的革命中心便由川西逐步转移到了川东重庆区域。及至 1926 年初，全省第一个中国共产党的省级领导机关——中共重庆地委——正式在渝成立。四川的革命组织工作与马克思主义运动首次明确有了统一的领导机构，蜀中以反帝反军阀为旗帜的群众性革命运动也由此迎来了第一次高潮。革命活动需要拥有作为发动枢纽的合格干部群体，那么以重庆为中心区域的四川大革命运动的干部人才基础是如何建立起来的呢? 其中有怎样不同的类型? 他们又是如何互动并作用于巴山蜀水的革命运动的呢? 笔者将根据当时的各类历史文献对上述问题进行细致的分梳与回答。

① 在王右木领导下一直在成都从事工人运动的梁华（又名梁国龄）曾回忆道："当时党在四川的组织听说还只是一个区的组织，还记得王右木同志向我们报告说，成都支部是直属于中央领导，中央的通告通知都直接寄成都，并且听其他的同志说，当时四川的组织只有成都重庆两地，而两地的组织是互不隶属，大概也是少有联系。"梁国龄：《关于四川党组织情形的回忆》，载中共四川省委党史办编印《四川现代革命史研究资料》1981 年第 2 期（总第 8 期），第 15 页。

② 《王右木给施存统的六封信》（1923 年夏），载中央档案馆、四川省档案馆编《四川革命历史文件汇集》甲 1，1986，第 104、105 页。

1. 大革命浪潮席卷前后的四川政局

四川的政治局面在 1926 年中期至 1927 年春发生了波诡云谲的演变。一方面，对中国共产党人与国民党左派在川公开活动较为有利的革命局势逐步形成，左翼力量领导的群众运动蓬勃兴起，开始激烈地冲击既有的政治社会秩序格局；另一方面，因为地方军阀的逐利性、投机性及其内部愈演愈烈的利益权势争斗，再加上外部宁汉分裂与权力竞逐的影响亦投射到川内，导致左翼力量的革命活动潜藏着相当的不确定性乃至危险性。因此可以说，四川地方军阀在南北政治势力之间的首鼠两端，寻求自身利益最大化的诉求，对中共力量在川中的成长、发展与演进形成了结构性的影响。在广东国民政府发动的北伐战争顺利展开的背景下，四川军阀大多数都有着靠拢新崛起的国民党力量，以巩固自身权势地位的希冀。

1926 年 6 月 6 日，在 1922～1924 年四川"讨贼之役"中获胜并跻身于川中军阀首席地位的刘湘由成都赴重庆，将自身统治中心由蓉移渝，"即将川康边务督办、四川善后督办两署移渝，省城秩序，交帮办刘文辉维持"，8 月 13 日，川军赖心辉、刘文辉、刘成勋等部，由刘湘领衔，"通电申讨吴佩孚，并表示愿出师参加北伐"。① 大多数四川地方实力派表现出积极向广东国民政府靠拢的倾向。北伐军事甫一展开，国民党方面即派原同盟会系统的川军旧人吕超入川活动，尝试与川内各军政力量接洽，"超元日过万，当与杨军长子惠（即杨森——引者注）晤商。铣日抵渝，刻正与甫澄、德祥（即刘湘、赖心辉——引者注）商洽一切。旬内拟赴省，与邓、田、刘各军长晤商。现在各军颇有觉悟。关于工作，亦努力进行"。② 从吕氏的报告中可见相关联络工作取得了不错的效果。随着北伐军事的顺利进行，尤其是在 1926 年 9 月初，武汉为北伐军所攻克后，南北政治军事力量对比形势发生突变，川军各路势力均群起急谋出路，当时报纸曾描述"川中各将领派赴武汉接洽党军之代表，纷纷搭轮东下"，向北伐军接洽，请求给予国民革命军之名义。③ 这一时期身为国民革命军总司令的蒋介石也在日记中对地方军阀于北伐军势如破竹时忙于投机站队发出感慨："四川及贵州之刘、杨、袁、周及其部下皆私

---

① 周开庆编著《刘湘先生年谱》，四川文献研究社发行，1975，第 37 页。
② 《吕超致蒋介石报告入川与各军接洽情况电》（1926 年 8 月 19 日），载四川省文史研究馆编《四川军阀史料》第四辑，四川人民出版社，1987，第 294 页。
③ 雷云仙：《北伐胜利声中川军易帜经过》，载四川省文史研究馆《四川军阀史料》第四辑，1987，第 40 页。

来通款，思谋独立。二星期来，均是如此纷忙。山阴道上，几应接不暇。可叹可恨可怜又可笑也。""四川邓锡侯、田颂尧派人来要求委任，各处输诚者，惟恐不允也。革命至今已入一新时期，寄生与观望自全者，皆欲借此投机，此种兴我恨我以及患得患失之情形，可笑可叹。"① 当此全国政治军事局势剧变之时，主导国民革命的力量也需要竭力争取各地方势力。因此，刘湘、赖心辉、杨森、刘文辉、邓锡侯、田颂尧等实力派均先后获委为国民革命军军长。②

此时盘踞四川的各地方势力间也是彼此勾心斗角，邓锡侯、田颂尧、刘文辉等力量盘桓川西，以成都为中心，隐然与重庆方向对峙；刘湘、杨森、赖心辉等则主要盘踞于川东、川南，以重庆为中心，并有意向省外扩张。各方势力均试图在全国政治风云变幻的大背景下展开权势竞逐，并在各方势力中追求左右逢源，为己方谋求出路。如在四川军阀混战中一度独居鳌头的速成系刘湘，虽因与吴佩孚势力的疏离、隔阂，早在 1926 年 8 月便领衔通电讨吴，并于 11 月获得北伐军总司令部武昌行营的军长任命，但迟迟不愿就职，直至武汉方面一再催促，才于 12 月 17 日正式在重庆通电就职。③ 而杨森盘踞下川东万县、夔门一带，在吴佩孚系与国民革命军系力量间来回摇摆，并于 1926 年 10～11 月与 1927 年 5 月两度进犯鄂西，以军力威胁武汉地区北伐军侧翼，在失败后又通过各种关系向革命势力疏通缓颊，并以靠拢行动表示"左倾"。④ 以广州国民党中央四川军事特派员身份返蜀工作的刘伯承，在1926 年 12 月致四川左派省党部执委会的文电中即表示："子惠（即杨森——引者注）同志返川，认识愈明，决心彻底革命，急欲筹备党务。但玉阶同志（即朱德——引者注）未在，请省党部从权暂派杨子惠、牟炼先、卢振刚、张亚良、文强五同志为二十军特别党部筹备员。即以子惠为主任，一俟玉阶返川，即由玉阶负责主持，并请将此情形，转报中央党部。"⑤

此时，在报刊舆论的描绘中，川中大小军阀的言行所营造的革命"氛

---

① 《蒋介石日记》1926 年 11 月 23 日、1926 年 12 月 9 日，中国社会科学院中国近代史研究所档案馆藏件，原件藏于美国斯坦福大学胡佛研究所。后文不再标注具体馆藏信息。
② 中共四川省委党史研究室编撰《中国共产党四川历史大事记（民主革命时期）》，四川大学出版社，1997，第 63 页。
③ 《刘湘就任国民革命军第二十一军军长电》（1926 年 12 月 17 日），载四川省文史研究馆编《四川军阀史料》第四辑，四川人民出版社，1987，第 300 页。
④ 马宣伟、肖波：《四川军阀杨森》，四川人民出版社，1983，第 75～88 页。
⑤ 《刘伯承致四川省党部电》（1926 年 12 月 28 日），原载重庆《新蜀报》1926 年 12 月 30日，收于中共四川省委党史研究室主编《第一次国共合作在四川》，四川大学出版社，1996，第 103 页。

围"似颇为浓厚。早在 1926 年 11 月 19 日，重庆《新蜀报》便在报道中称：
"川中将领自革命军实行北伐后，旗帜鲜明节节胜利，各将领亦异常注意，
早有加入共同奋斗之决心，近来入党注册者，异常踊跃。昨日川军第三师师
长陈鼎勋由彭竹轩、李筱亭两君介绍，业已在莲花池省党部登记，正式入
党。其他如穆银洲、陈国栋等要人，均已正式在莲花池党部登记入党，外地
各师旅团营连内校尉等官佐，亦纷纷加入，于此可见革命势力之进展云。"①
川中革命之空气似乎一时颇为活跃。不到两个月之后，武汉国民政府所在的
汉口《民国日报》登载消息，也对刘湘等川中军阀的言行大加褒扬，并寄予
厚望："川中将领刘、赖（即刘湘、赖心辉——引者注）等自通电就军长职后，
对于肃清反革命派，异常努力。右派之伪省党部已由刘军长派队解散，同时并
通令逮捕该伪党部执行委员王育生、金励生等。该反革命派纷纷畏罪潜逃，刻
正在严密搜查中。又重庆反革命派报纸新闻社一体封禁，一切反革命团体武士
会、军人青年团、国家主义研究会等，均被解散。全城已告肃清云。"②

虽然表面上革命形势在稳步发展，但实际操盘川内国民党党务工作的中
共党人，却对各地方实力派的军阀本质保持着清醒的认识，从阶级立场与现
实情形出发进行了独到的分析。如对于刘湘，中共党内文件认为，"其人以
善观风头过□容忍著名，故主张常无一定，吴佩孚对之极不满意"。③ 中共对
地方军阀的投机性也有较为深刻的把握："川中之刘【湘】——赖【心辉】，
现虽反吴并倾向国民政府，但他们毫不知国民党有什么左右派，只以为石青
阳是老民党而重用石，委石为川东边防军总司令。石受职后气焰张甚，极力
向我们进攻，通缉我同志。我们亦努【力】活动，拆散他与刘等的结合，刘
等后亦渐知川省党部（即四川国民党左派省党部——引者注）是真与广东有
关系的，遂反过来亲我们而疏石。"④ 至于一度表现非常积极的杨森，中共其
实也是不放心的，中共中央曾对四川党组织发出指示："对于反动的刘湘，
他来接洽亦可以不拒绝；对于口头上言论非常革命的何光烈、杨森也不要过

---

① 《各将领纷纷入党》，原载重庆《新蜀报》1926 年 11 月 19 日，收于中共四川省委党史研
　究室主编《第一次国共合作在四川》，四川大学出版社，1996，第 98～99 页。
② 《四川将领肃清反革命派之努力》（1927 年 1 月 10 日），原载汉口《民国日报》，收于
　《第一次国共合作在四川》，四川大学出版社，1996，第 140 页。
③ 《四川军队调查表》（1926 年 8 月），载中央档案馆、四川省档案馆编《四川革命历史文
　件汇集》甲 2，1984，第 22 页。
④ 《童庸生向中央报告川中情形》（1926 年 9 月），载中央档案馆、四川省档案馆编印《四
　川革命历史文件汇集》甲 2，1984，第 27 页。

于信赖。"① 虽然杨森与广东方面的接触在川中实力派中算是最早，但中共也很清楚其"有奶便是娘"的风格和作派："杨森与国民政府之接洽远在刘湘之前，因系彭泽湘同志经手，于是中派遂疑是 CP 的把戏，因而不理杨——另找刘湘。其实杨最初也并不是一定要找 K. M. T，谁能助彼枪弹便找谁。"② 因此，中共与国民党左派力量在川中政治活动的阈限，抑或说是地方军事强人对前者颠覆旧秩序革命行动的容忍限度，毫无疑问会受到军阀自身利益权衡的空间尺度的结构性限制。这在某一方面既为左翼力量的革命活动提供了某种可能性，但另一方面也为后来地方实力派的突然翻脸埋下了导火线。

　　2. 山城"聚义"：革命网络构建视域下的中共重庆地委及其活动

　　重庆地区在大革命时期之所以能成为地域革命活动中心，对王右木早期开创的共产主义组织网络形成有力的补充、扩大与拓展，主要是因为在当时当地特定的政治社会语境下，实现了多重人际网络基于川东地域的交叉、汇聚与融合，从而塑造了革命力量在地方的因缘际会场景。

　　（1）弃旧开新：大革命风潮中的"老同志"

　　聚合在重庆的革命力量以及同情革命的社会政治势力，由多个人脉网络交叉重叠汇聚而成。首先是由具备老同盟会会员、旧军人、旧政客身份的旧式社会精英转化而来的力量，如吴玉章、李蔚如、李筱亭、陈达三、陈宣三、邓懋修、邓劫刚、江子能、漆南薰、黄慕颜等。这些人过去或当下多在军阀部队、地方自治机构、政府机关、各类学校与社会组织中有过任职经历，因之在地方社会中有一定的名望与相当的社会活动能量，在国共合作的国民革命左翼势力兴起前后，他们的政治立场纷纷"左"转，与四川中共党组织内的激进青年汇聚一处，合力推动了蜀中大革命浪潮的兴起。他们大多数也在国民党（左派）四川省党部中占据了一席之地，有着较大的社会影响力。

　　其中，吴玉章作为老同盟会会员出身的社会名流，与一度在全川政治舞台上举足轻重的熊克武、但懋辛、吕超等国民党系军事政治首脑过从甚密，在大

---

① 《八月二十三日中央去信》（1926 年 8 月 23 日），《中央政治通讯》第 2 号，1926 年 9 月 8 日，载欧阳淞、章育良主编《红藏：进步期刊总汇（1915—1949）·中央政治通讯①》，湘潭大学出版社，2014，第 48 页。

② 《中共中央听童同志报告后的结论——关于四川的军事运动等》（1926 年 9 月 10 日），《中央政治通讯》第 3 号，1926 年 9 月 15 日，载中共四川省委党史工作委员会主编《泸顺起义》，四川省社会科学院出版社，1986，第 43 页。

革命前领导过四川省自治运动，亦曾担任多年的川中最高学府——成都国立高等师范学校——校长，还于 1924 年春与杨闇公、童庸生、傅双无等年轻一辈知识青年在成都创建了以宣扬马克思主义与苏俄式社会主义为职志的"中国 YC 团"（吴后来在回忆中将其称为"中国青年共产党"——引者注）。① 1925 年初，因与在"讨贼之役"中击败熊克武、但懋辛而崛起的非国民党系军人杨森等产生隔阂，吴玉章与刘伯承联袂北上，抵京从事发展 YC 团北京组织、参加国民会议促成会全国大会以及联络国民党旧友等活动。当年 4 月，吴玉章在北京由童庸生、赵世炎等人介绍加入了中国共产党。因吴与国民党势力存在深厚的历史关系，中共中央遂决定不公开他的共产党员身份，留其在国民党内从事上层统一战线工作。② 在川中社会颇有影响的吴玉章的左倾，给大革命时期中共党团组织在重庆的活动带来了较大的便利，为其提供了更为丰富多元的社会资源与平台。数月之后，吴玉章奉国民党中央党部（广州）委派，以特派员身份回川筹备党务，于 1925 年 8 月 15 日抵达重庆，并迅即于数日之后推动对业已成立的右派居多的国民党"四川执行委员会"进行了第一次改组，吴玉章担任了执委兼组织部部长，四川国民党党务工作开始蓬勃推进。

此后，国民党左派省党部受到广州国民党中央的支持，力量不断增强，不仅在重庆各学校中以"特许"的办法成立特别区分部，加速吸收知识青年，还先后派遣了尹绍洲、曾凡觉、黎灌英、吴匡时、喻凌翔、喻克由、周贡植、曾庆华、张锡畴等一大批中共党员或青年团员到宜宾、江津、内江、荣县、江北、巴县、綦江、南川、长寿等县市筹建党部。从当年 8 月底至 10 月 20 日，国民党左派省党部就在川东南 10 多个县市建立了 86 个区分部和江津、泸县等一些县党部，隶属于国民党左派省党部的党员达到 8000 余人多。③ 1925 年 9 月，主要由吴玉章捐资创办并担任校长，童庸生、杨伯恺分任教务主任与训育主任的中法大学四川分校正式开学。该校是重庆左翼力量的一个重要活动基地，为革命培养了不少青年人才，杨闇公、冉钧、廖划平、萧华清、程子健等中共党人都曾在中法大学兼课任教。④ 吴玉章于是年

---

① 中共四川省委党史研究室、中共重庆市委党史研究室、四川杨闇公基金会编《中国 YC 团（中国青年共产党）》，重庆出版社，1997，第 5 页。
② 刘文耀、杨世元编《吴玉章年谱》，四川人民出版社，1998，第 115～121 页。
③ 四川省文史研究馆、四川省人民政府参事室编著《四川国民党史志》，四川人民出版社，1994，第 21～22 页。
④ 中共四川省委党史研究室编著《中国共产党四川历史》第一卷，中央文献出版社，2009，第 71 页；危淑元：《回忆杨伯恺烈士》，《四川现代革命史研究资料》1981 年第 5 期，第 21～22 页。

末再赴广州，与左派同志一起大力推动国民党二大按时召开，并担任大会秘书长，统筹会议日常工作。他还在会上代表国民党四川临时省党部做了关于川省党务及政治经济情况的报告，最后获选为国民党中央执行委员，由此进入了广州国民党中央的核心领导层。① 虽然此后吴玉章未一直在四川工作，但他无论是在广州还是在武汉都尽力利用自己的身份对四川政局施加影响。例如，主要在他的活动下，1926 年 8 月 24 日，广州国民政府批准成立四川特务委员会，由李筱亭、吴玉章、刘伯承等人组成，专门负责川中军事工作，名义上隶属于国民党四川省临时省党部（即莲花池省党部）领导，其实是在此时的国民党中央、国民政府与四川省党部间起沟通协调作用的重要机关。② 四川军阀邓锡侯、田颂尧等人向国民党方面要求国民革命军军长名义时，蒋介石就曾顾忌四川特务委员会未同意而没有立即允准，"当时以未得四川特务委员通过"，故"不能擅委，以中央早有此电令在案"，到了"今特务委员会既不坚持反对"之时，方可"即由武昌行营委令"。③ 以老同盟会会员资历与国民党高层干部身份加入中共的吴玉章，短短数月内的工作受到了党内青年一辈骨干成员的肯定。1925 年 10 月，杨闇公在致团中央的报告中也表示："玉章同学较返川时要彻底得多了，并能努力工作，且非常切实。对于校义，也非常的明白而有真认识了。此次归川的同学，渠当首屈一指。"④ 1925 年底，杨伯恺在致中共中央与团中央的报告中也对吴玉章给予了高度肯定："至于玉章回川后的言论行动，都是一个很能为主义奋斗、为团体工作的同志。为民校事他与右派奋斗甚力，因之彩色甚重。"⑤

除了吴玉章外，李蔚如、李筱亭、邓懋修、邓劼刚、江子能等具有同盟会与地方士绅背景的川中名流，也对国共合作的大革命在四川的展开起到了很大的促进作用。他们要么在当时或之后一直以国民党左派或老同盟会会员的身份

---

① 《吴玉章回忆录》，中国青年出版社，1978，第 129~131 页。
② 军事科学院编写组编《刘伯承年谱》上册，解放军出版社，2012，第 29 页；中共四川省委党史研究室、四川省吴玉章研究会编印《吴玉章传》上卷，2018，第 123 页。
③ 《蒋介石致陈铭枢商委邓锡侯、田颂尧为军长电》（1926 年 12 月 1 日），载四川省文史研究馆编《四川军阀史料》第四辑，1987，第 299~300 页。
④ 刘文耀、杨世元编《吴玉章年谱》，四川人民出版社，1998，第 125 页。此外，杨闇公在其个人日记中，对吴玉章也有较高的评价："玉章的学识确较一般有根底，并不是一味地大言欺人。如象注重西北的交通及进行，决不是口上挂招牌的人能梦得到的。"参见 1924 年 1 月 23 日条，杨绍中等整理《杨闇公日记》，四川人民出版社，1979，第 40 页。
⑤ 中共四川省委党史研究室编《中国共产党地方组织在四川的建立》，四川人民出版社，2001，第 228~229 页。

活跃于地方政治舞台，要么在大革命前后秘密加入中共，或在政治活动中不幸牺牲，或脱党后仍然以革命同情者身份活动于各自的圈层。在年龄结构上，他们多出生于19世纪80年代，参与过辛亥革命，人生阅历较丰富，一般都有担任地方军事政治或教育文化等领域公职的经历，社会资历较深，对于扩大国共合作推动的国民革命在四川地区的影响起了不小的作用，也掩护了中共组织在地方场域中的发展及其各项活动。童庸生在给中央的报告中就讲道，"李少【筱】亭很左倾，省党部执行委员只有二人是左派，余均 C. P. "。①

图 8 – 1　位于莲花池的国民党四川临时省党部（左派）旧址

资料来源：中共四川省委党史研究室、四川美术出版社编《四川人民革命斗争图卷》，四川美术出版社，1995。

　　上述老一辈人物多在当时位于重庆的国民党左派省党部里担任执委员、监委员等重要职务，并在当地军政权势网络里拥有一定的位置（见表 8 - 1）。左派力量也以他们的名义在地方上创办并掌握了一些学校、社团等法团机关，如中法学校、光国学校、平民学社等，起到了为革命组织活动"撑伞"的作用。②例如，1925年秋，以北洋政府任命的川康边防督办暨军务善后督办名义驻节重庆的刘湘，以师生之礼，聘四川老同盟会会员陈达三为督办公署高级顾

① 《童庸生同志报告川中情形》（1926年9月10日），载中共四川省委党史工作委员会主编《泸顺起义》，四川省社会科学院出版社，1986，第42页。
② 邓劼刚：《大革命时期四川国民党左右派的斗争》（1960年9月），载中共重庆市委党史工委编印《大革命时期的重庆》，1984，第348～356页，内部发行。

问，兼任训练监督。陈在此后一段时间积极为四川国民党左派省党部的事业奔走活动，因此受到刘湘及其属下王陵基等人的猜忌，以致在"三三一"惨案中被当街狙杀。[①] 老一辈左翼人物代表广州及武汉国民党势力在四川地区的活动，在一定程度上影响了四川本土军政力量的政治走向，并促使后者对中共以国民党左派名义领导的群众革命运动暂时予以优容态度，与莲花池左派省党部对立的（杨柳街）总土地右派省党部便于1926年底被刘湘下令封闭，其所办《中山日报》、《长江日报》和《江洲日报》等报刊亦被同时封闭。[②] 在"三三一"惨案以前，国民党左派省党部对四川政治情形似乎也相当乐观，在对外公开的宣传文件中，如此描述了当时川中的政治生态："四川虽系闭塞，但民众不堪军阀之压迫，国民革命潮流亦随全国而高涨。江防军黄慕颜成立政治训练学校于先，刘、赖、刘、刘通电反吴于后，继起而成立政治训练部者有向师、郭师。其他下级军官，多究心本党主义，总理遗书，致空书市。施有杨森就国民革命军长，顺泸亦自动揭革命之旗帜，刘、赖、刘、刘亦被政府委任军长，全川革命空气，此时可算遍于川东西南北。本党既倡导于先，构成目前现象，此后当努力督促，使各军有彻底之执行，并应随时指出挂羊头卖狗肉无幸存之理。"[③]

表 8-1　大革命时期四川地区主要革命人物·老一辈精英

姓名	籍贯	生卒年月	家庭出身	生平（教育经历、出洋经历、政治面貌、党内任职经历）
吴玉章	四川荣县	1878.12 ~ 1966.12	地主士绅	1906 年加入同盟会，任机关评议部评议员；民国初建，代表四川蜀军政府赴南京，出任参议院议员、大总统府秘书，助孙中山建政；1917 年回国，在北京创办留法俭学预备学校，1922 ~ 1924 年任成都高等师范学校校长；1925 年在北京加入中国共产党；大革命时期曾任国民党中央执行委员会委员及常务委员、武汉国民政府委员，后参加南昌起义，任革命委员会委员兼秘书长；新中国成立后任中央人民政府委员、中共中央委员和全国人民代表大会常务委员等职

---

① 中共重庆市委党史工作委员会编《重庆党史人物》第一集，重庆出版社，1987，第 269 页。
② 中共四川省委党史研究室编撰《中国共产党四川历史大事记（民主革命时期）》，四川人民出版社，2000，第 74 页。
③ 《省党部一年来奋斗经过》（1927 年 1 月 1 日），载中共四川省委党史研究室主编《第一次国共合作在四川》，四川大学出版社，1996，第 74 页。

姓名	籍贯	生卒年月	家庭出身	生平（教育经历、出洋经历、政治面貌、党内任职经历）
李蔚如	四川涪陵	1883～1927	普通自耕农	少年习武；1904 年春赴日本，先后考入成城学校、东斌学校学习；1906 年加入中国同盟会；1908 年 8 月，李蔚如奉孙中山之命，回四川视察襄助同盟会工作，后受通缉离川；1911 年参加广州黄花岗起义，失败后返回四川；重庆起义成功后，获蜀军政府委任为涪陵地方司令长官；1912 年任熊克武师参谋兼重庆镇守使参谋；1926 年夏，李蔚如加入中国共产党，积极领导开展涪陵四镇乡农民运动，领导建立涪陵国民党左派县党部，掌握农民自卫武装；1927 年 7 月，被四川军阀郭汝栋诱捕，英勇就义
李筱亭	四川宜宾	1880～1961	自耕农	1906 年入四川通省师范学堂学习；1907 年加入同盟会；1909 年毕业回乡在校任教；1911 年辛亥四川保路事起，李筱亭在乡举办团防，率员反正；1912 年冬被选为四川省议会候补议员。后入川南师范学校任教；民初襄助熊克武、吕超等组织讨袁战争，任护国军支队参赞；1919 年加入国民党，曾任江油、绵竹、绵阳、乐山等县知事。1920 年任川军吕超部军事全权代表；1922 年夏随孙中山赴沪，任国民党中央党部总理办公室秘书，专管联俄文电；1924 年奉孙中山命回川，任四川讨贼军第一军吕超部军法处长；1926 年参加国民党第二次全国代表大会，任大会秘书处干事，会后回川任国民党四川左派临时省党部常委；1928 年加入中国共产党；解放后曾任西南军政委员会委员兼人民监察委员会主任委员、四川省人民政府副主席等职
陈达三	四川铜梁	1882～1927	中等地主	1903 年，陈达三考取四川武备学堂，开始了戎马生涯；1906 年被学堂保送到河北陆军军官学堂深造。1926 年加入中国共产党，在杨闇公单线领导下做上层统战工作；1926 年底，泸顺起义爆发后，陈达三担任国民革命军川军各路总指挥刘伯承的驻渝代表，往来于重庆、泸州、合川、顺庆之间，协调各方面的关系并负责筹集起义军需、军械后勤供应工作；1926 年 11 月，国民党左派四川省第一次代表大会在重庆召开，陈达三被选为监察委员；1927 年在"三三一"事件中，被军阀杀害

姓名	籍贯	生卒年月	家庭出身	生平（教育经历、出洋经历、政治面貌、党内任职经历）
邓懋修	四川巴县	1872~1932	地主士绅	老同盟会会员，曾参加辛亥革命、癸丑讨袁等活动；1919 年获选为四川省议会议员；1926 年 1 月国民党二大当选为国民党第二届候补中央监察委员，1926 年 11 月任国民政府委员会议事处参事；1927 年 3 月参加国民党二届三中全会，1927 年 5 月 20 日任武汉国民政府检察院委员；一生同情中共革命，1932 年病逝于家乡
邓劼刚	四川巴县	1893~1975	地主士绅	其父邓懋修系同盟会会员，深受父亲影响，曾参加辛亥重庆起义、癸丑讨袁；1912 年毕业于重庆府中学，即在光国学校任教，后任校长；1925 年前后，积极宣传孙中山的三大政策；1926 年 2 月，任国民党川省党部执委常委兼秘书，并经杨闇公、童庸生介绍，加入了中国共产党；1938 年赴南充，任中共南充中心县委宣传部部长；1944 年，以中共秘密党员身份参加中国民主同盟；四川省解放后任西南民族事务委员会委员、四川省参事室参事等职
江子能	四川宜宾	1881~1967	自耕农	早年参加中国同盟会，积极投身四川保路运动；辛亥革命后曾任四川省临时议会议员，陕西清涧、四川罗江、温江等县知事；1927 年与陈宣三等在成都办《觉民报》，宣传孙中山的革命主张，反对军阀割据；1920 年，参加吕超拥孙（中山）倒熊（克武）的战事；1926 年，赴武汉任国民政府军委会课长、监察院秘书；1927 年参加广州起义，失败后去上海，与中共党组织失去联系，此后以同盟会会员关系，先后出任河南睢县、确山、新蔡等县的县长；1934 年返川，曾任四川省政府铨叙委员会秘书、纳溪县县长、四川省政府参事兼光华大学讲师；解放后任成都市政协常委、成华大学校长等职
漆南薰	四川江津	1892~1927	士绅地主	早年留学日本，加入同盟会；1924 年回国后，任《新蜀报》主笔，参与国民革命；1925 年出版《帝国主义铁蹄下之中国》；1927 年任重庆《新蜀报》主笔，并在中法大学任教；在重庆"三三一"惨案中被军阀杀害

姓名	籍贯	生卒年月	家庭出身	生平（教育经历、出洋经历、政治面貌、党内任职经历）
黄慕颜	四川新都	1899～1983	地主富商	早年入华西协合中学，继进文德专门学校；1920年在四川陆军讲武堂毕业后，开始涉足军队，先任四川陆军第三师补充营排长，继任靖川军第六支队上尉副官；1921～1924年，曾任罗江、北川县长，四川陆军第三师预备团营长、独立团长；1925年，在其胞兄四川江防军总司令黄隐属下任第二区司令；1926年夏加入中国共产党；1930年，"中国国民党临时行动委员会"发起人之一，负责军事工作，从事反蒋活动；1931年，离沪去港，参加社会科学家联盟，继续进行反蒋斗争；1947年，以退伍军人的身份竞选为新繁县"国大代表"；解放后任四川省参事室参事、省政协委员
陈宣三	四川宜宾	1884～1948	地主士绅	1905年入叙州府官立中学堂学习；1909年考入京师政法专门学堂。后参加京津同盟会；1912年返川；1915年投身四川护国运动，任罗江县知事；1917年，到成都主办《觉民报》；1925年春，在上海由恽代英介绍加入中国共产党，同年回到重庆，参加国民党四川省党部筹备工作，后任候补执委兼宣传部部长；于1948年病逝

资料来源：中共四川省委党史研究室编《中国共产党地方组织在四川的建立》，四川人民出版社，2001；中共重庆市委党史工作委员会《重庆党史人物》第一集，重庆出版社，1987；中共重庆市委党史工作委员会编《重庆党史人物》第二集，重庆出版社，1987；四川省地方志编纂委员会：《四川省志·人物志》上卷，四川人民出版社，2001；郑自来、徐莉君编《武汉临时联席会议资料选编（1926.12.13－1927.2.21）》，武汉出版社，2004；郑洪泉主编《重庆古今风云人物》，重庆大学出版社，1989；重庆市政协文史委编《重庆文史资料选辑》第二十八辑，西南师范大学出版社，1987；重庆市政协文史委编《重庆"三·三一"惨案纪事》，西南师范大学出版社，1988。

　　不过，在一片乐观热烈的氛围中也暗藏着潜在的危机。以重庆为中心的川东地区革命氛围在左翼组织的发展壮大中逐渐培育起来，素来远离政治的底层民众屡屡被发动起来进行反对帝国主义列强的游行示威运动，这种超越传统社会秩序与旧军阀认知范畴的革命行动，冲击着既有的政治权力结构，也激起了对新式激进群众政治相当疏离与抵触的川中旧有军政人物的恐惧。刘湘便曾对身边人感慨道："莲花池这一批人很厉害，他们是要彻底挖我们的墙脚呀！"① 这样的境况，便在地方军阀为维护切身根本利益而决心翻脸后，为四川大革命浪潮的迅速低落埋下了隐患。

（2）穿荆度棘：国共合作中的革命"新青年"

上述这批"老同志"实际上在彼时川中整个革命活动中起到了"结网"或"撑伞"的作用，即在地方政治舞台上层利用自身的色彩与既有的地位、资源为年轻一辈革命者提供了一定的庇护。实际上，在推动四川大革命成为一场在川东地区波及知识青年、城市平民、工人（包括手工工人）、部分近郊农民的社会运动过程中，起到向下"扎根"的关键作用的群体，则是以杨闇公、童庸生、冉钧、程子健、任白戈、钟梦侠、罗世文、周贡植、刘成辉、杨洵（杨伯恺）、萧华清、邹进贤等为代表的一批早期中共四川地方组织内的知识青年骨干。他们在当时多是青年学生、中小学教职员抑或是职业革命家等中下层知识分子，在接近与发动城乡知识群体以及底层民众方面，担当了最主要的职责。与此同时，其中的少数成员家境较好，往往也拥有一定的社会资源、物质基础乃至活动凭借，对中共党团组织在地方社会场域中的崛起壮大亦起到了不可忽视的作用。

例如，担任中共重庆地委书记的核心人物杨闇公，便出身于川东南潼南县双江镇的世家大族，家境较为富裕，能够支撑家中子弟外出游学或闯荡。杨闇公的胞弟杨尚昆回忆道，自从祖辈"分家之后，各房纷纷建造宅院"，"我出生那年，父亲正在重修后来被称为'邮政局'的大院，其中最豪华的是六房的田坝大院，占地 2400 平方米。我小时候，家里就有了汽灯，新式的吊灯，听人说，家具陈设是派人到江浙和广东采办来的"。② 杨闇公的数位兄长均是参与过辛亥革命与二次革命的同盟会会员，长期在四川军界政界任职，在川中上层社会较有影响，杨闇公本身早期也有从军反袁与留日习军事的经历，交游较广，社会经验比较丰富。③ 他在多年的社会活动中，亦随时留意身边的俊秀之才并积极相与交游联结，竭力聚合一个能荡涤污浊、改造家国的新人才团体。"吾国近来的政治中枢已失，如要望这一般幸运儿整治清平，真是俟河之清！这种责任，完全在我们自己身上，还能够旁贷吗？奋力前进，必有达目的底一天。今后当注意同志的学识，择优秀分子为中坚的

① 刘伯承等：《忆杨闇公同志》，四川人民出版社，1980，第 3 页。
② 《杨尚昆回忆录》，中央文献出版社，2001，第 3~4 页。
③ 郑洪泉：《杨闇公》，载中共四川省委党史研究室编《四川党史人物传》第 1 卷，四川人民出版社，2016，第 39~41 页。

骨干，因群众运动非有中坚人物不可。"① 因此，杨闇公虽然没有参与成都地区由王右木推动成立的社会主义青年团组织（当时文件中一般简称为 S. Y.）及其领导的相关运动，但凭借自身的人脉圈子于 1924 年初作为核心成员参与创建了"中国 YC 团"。这是一个在成都、北京等地短暂、独立存在过一段时间的宗奉马列主义学说的政党性组织。杨闇公在 1924 年 1 月 12 日的日记中记载："因今日是 CY 的生日。一时许他们都来寓，候玉章至，三时四十分开始正式谈话。对于日前的章程稍有增减。我被他们加以任务，玉章、仲容、保初、华平、双吾等均有任务。此后尽力合作，必有一番可观。"② 后来杨闇公离蓉赴沪会见恽代英谈 YC 团与社会主义青年团合作事宜，1924 年 8 月返渝后，便参加了重庆青年团的活动，后于 1925 年初加入中国共产党，主动宣布解散中国 YC 团，并逐步成长为四川马克思主义运动的领导人物。③ 在此前后的一两年时间内，随着地方党团组织的成立、发展以及外围群众团体的力量扩张，重庆地区便逐步聚合起杨闇公、童庸生、冉钧、罗世文、周贡植、杨洵（杨伯恺）、萧华清、程子健、任白戈、钟梦侠等一批年龄相近的革命知识青年，他们实际上掌控着中共在四川推动的革命活动的话语权与主导权。虽然大革命时期中共重庆地委领导的各类革命活动齐头并进，但此时革命工作仍主要局限于城市，侧重点仍是在学生、市民群体，对乡村农民的动员并不十分深入。

值得注意的是，这批青年投身革命活动前后的组织活动历程也塑造或限制了他们的人生道路。20 世纪 20 年代初，在地方场域中学习与成长的诸多知识青年，受到兵匪横行、家乡衰败与桑梓糜烂境况下形成的高度危机意识的刺激，冀图通过自身与同侪的竭力奋斗构造一个想象中的新社会。要想彻底改造社会，非群力不可为，近现代正规教育体制内的青年学生们会聚起来的渠道，基本上都是从参与一些以学缘、乡缘为纽带的社团起步的。中国共产党虽然对 1920 年代早期的中国社会来说是一个相当激进的政治组织，但这个组织在初创时仍须找到合法性授予的制度基础。④ 但放眼全国，在"五四运动"前后成立的各类学生或知识青年社团，往往都面临着一个如何从散

---

① 杨绍中等整理《杨闇公日记》，四川人民出版社，1979，第 28 页。
② 杨绍中等整理《杨闇公日记》，四川人民出版社，1979，第 33 页。
③ 中共重庆市委党史研究室编著《中国共产党重庆历史》，重庆出版社，2011，第 71 页。
④ 应星：《学校、地缘与中国共产党早期组织网络的形成——以北伐前的江西为例》，《社会学研究》2015 年第 1 期，第 2 页。

漫、混沌的状态走向组织化、主义化与革命化的问题。大革命时期綦江中共党团组织的创始人邹进贤，在蓉求学期间曾多次参加成都的旅省同乡会或同学会，对其观感甚差。他记载了其中一次参会的经历："到者十一人，有七个是教育家，一个是政客，其余则我们三人是学生。开会没有讨论什么，余曾提出青年问题，他们多脑筋昏乱。"① 因此，如何从一个个单纯清谈或联络感情的交流团体，走向以律己达人为目标的自治团体或行动团体，最后再演变升华为以意识形态和铁的纪律等原则强力规范的革命团体，也就是学生界自发形成的社团如何与强调纪律性的中共党团组织接榫的问题，是包括成、渝在内的各地青年社团乃至初生的 S. Y. 所必须面对和解决的。

无论如何，通过一定的组织训练强化青年学生的服从意识和组织纪律是必要的。有学者便提出，如果加入中共革命组织的新成员没有在五四时期参与社团的经历，那么他们便极易退出革命组织，因为这些新革命者并不适应中共的纪律要求与组织命令。② 但在川内，大革命时期的绝大多数知识青年之前从未接受过类似中共党团组织规范这样的严格历练与约束，激进青年豪情满怀，但多自由散漫，做事毫无纪律，"未事时心茫意乱，将事时手足慌张，既事时力倦心灰"。③ 其时，全国大多数地域的激进青年面临着从"五四青年"向"革命青年"的艰难转型过程。在广东早期中共党人阮啸仙的眼中，"浪漫式的小资产阶级化的学生们，忽视团体纪律，甚至于发生厌恶之有团体束缚"。④ 享誉全国的青年导师恽代英也苦口婆心地告诫学生们入党接受组织规训以利于进步事业的重要性："中国有许多人，过不惯党的生活。他们说，党中的分子，每每太复杂了；他们的意见感情，总不免纷歧；他们的品性学识，亦参差得很。……党的分子意见感情必不免多少纷歧，党的分子品性学识必不免多少参差。少数的清流结合无解决国事力量，……不党而营政治生活的结果必屈服于恶势力。党的弱点不一定为革命的妨害，欲自救与救国必须促成伟大的党，越自信有力的人越要入党！"⑤

---

① 中共重庆市委党史研究室编《邹进贤日记》，重庆出版社，1997，第 73 页。
② Xiaohong Xu, "Belonging Before Believing: Group Ethos and Bloc Recruitment in the Making of Chinese Communism," *American Sociological Review* Vol. 78, No. 5 (2013): 775.
③ 中共重庆市委党史研究室编《邹进贤日记》，重庆出版社，1997，第 77 页。
④ 《阮啸仙关于团粤区一年来的工作概况和经验》（1924 年 4 月 4 日），载许振泳等编《广东革命历史文件汇集》，中央档案馆、广东省档案馆，1992，第 376～377 页。
⑤ 《革命与党》（1923 年 12 月 20 日～1924 年 1 月 20 日），载《恽代英全集》第五卷，人民出版社，2014，第 302～303 页。

在这样的状态下，早期党团组织的核心成员与强健个体便起到了非常重要的凝聚、带动作用。在川东聚合起来的这批青年一辈中共党人，以杨闇公、童庸生等人为核心，在地方社会的青年界、学生界中发挥出了较强的凝聚力与辐射力。① 杨闇公本身是一位极富感情、才华、行动力与辨识力的青年才俊，在从事社会政治活动的过程中不断地留意、寻觅着志同道合者，并在思想、言行上与之展开频繁互动。② 在成都投身中国 YC 团的相关工作时，他便颇注重观察身边人员。该团体正式成立之日，他在日记中表示，"新到的人员，我都不相识。此后当设法接近，藉以考察其办事能力及品格"。对于认为是可造之才的，往往多所褒扬，对其缺点也尽力襄助矫正。"仲容等都是热心的健者，对方法太不讲求了，把天下的事看得太容易。我与他们辩论了许久，他言语上岁表示屈服，内心恐仍不如是想。初受激刺的青年，都不免有这些毛病。"他在重庆活动期间亦是如此，对于小他 6 岁的威远青年罗世文，在交往后颇欣赏其才干，"世文午后来寓，谈甚欢！并嘱其教诸妹的英文，此人是本团的健者，很可造【就】的"。后来便推荐了罗世文担任重庆团组织的书记，自己负责组织工作。"入夜伯焜等来寓就商一切，书记我主以世文代，因希平太忠厚了，他们也很赞同。"③ 对于重庆党团组织的骨干分子童庸生，杨闇公在日记中更是多次称赞其才能，并感叹组织中优秀人才的匮乏："庸生真可【人】儿嘞！做事很能中节，真团中的健者啊！惜助手无人，不能使之尽展天才。"次日，童庸生在与杨闇公等同侪会面后"力说人们在社会中的历史，只有奋斗和战争，懦弱不前的常受天然的淘汰，决难生存于世"。④ 1924 年秋季，因受到重庆军阀迫害，童庸生转赴涪陵学校任教，离渝数月，严重影响了重庆团组织的运作与发展。深感于此，杨闇公在日记中慨叹："庸生真是同人中的健者，他的精神贯一的样子，在他的来信中可以看得出。他是一个勇于敢为，富有思想的和机变的人，不是其他许多有信仰而无实行的勇气方法的人可比拟。此地青年界思想的变动，完全是

---

① 中共中央在文件中即认为"四川现在负重责的吴、杨、童三同学，均忠实有活动能力，所差只在对于一个政策的见解尚不稳定，内部党的教育工作尚少方法"。《四川工作》（1926 年 10 月 7 日），载中共四川省委党史工作委员会主编《泸顺起义》，四川省社会科学院出版社，1986，第 47 页。

② 任白戈：《纪念杨闇公烈士》，载重庆市政协文史委编《重庆"三·三一"惨案纪事》，西南师范大学出版社，1988，第 259～281 页。

③ 杨绍中等整理《杨闇公日记》，四川人民出版社，1979，第 177、178 页。

④ 杨绍中等整理《杨闇公日记》，四川人民出版社，1979，第 107 页。

他的大功绩"①。

不过，重庆共产主义组织中也发生了在当时各地革命青年中间习见的意气个性之争。② 1925 年秋冬，童庸生与刚从法国勤工俭学归来的杨洵（杨伯恺）之间发生了较为尖锐的矛盾。后者在给党、团中央的报告中用了相当长的篇幅批评时任重庆团地委书记与党的地委委员童庸生各方面的言行举动，以此对中共在重庆地方开展的工作表现出极其不满意的态度："总之渝地工作是无纪律，无计划，无训练，团体个人化了。渝地的地委员（不是全体）许多是不学无术，骄满嫉妒，遗传□□，根深蒂固；渝地的同志，散沙一盘，各不闻问，然而质料极□，不良现象尽是指导非人所致。"③

这样的意见反映到党、团中央，使其产生了四川革命者中间存在派系之分别与暗中对峙的印象。1926 年 10 月 7 日，中共中央在致四川的指示中便谈道，过去四川党团组织内"忠实敢为的分子"，因受党的训练甚少，"故往往在一切工作的进行上，在同志的相互关系中，尚不能防止个人主义的倾向，不能脱尽封建社会的积习，感情用事互相忌刻之事遂常发现。过去有所谓'留法派'与'非留法派'之名，现在有所谓熊、张之影响"。④ 对于这样的情况，在中央的要求下，中共重庆党、团地委专门召开有 10 人参加的民主生活会，让争议双方对此问题进行公开的辩驳，然后其他与会成员再根据情况发表观点进行批评帮助。据当时记录，会议开得比较热烈，大家畅所欲言，结果还算比较满意。不少与会者既批评了童庸生性格上的缺陷，如"庸生对团体工作虽诚实但个性强烈，有左倾幼稚病""庸生个人个性太强，自性【信】力太深，考察事实不精细""庸生个性甚强，批评同志时甚致【至】于谩骂，故很容易引起误会和表示操切"，也不客气地指出了杨洵身上的问题，如"杨洵同志平时对工作不努力，有高等党员的气概""杨洵个性太强烈，小

---

① 杨绍中等整理《杨闇公日记》1 四川人民出版社，1979，第 197～198 页。
② 关于早期成都青年团内部的意气之争及其影响，参见刘宗灵《中共早期地方组织发展过程中的困境与突破——以四川地区为例》，《电子科技大学学报》（社科版）2016 年第 3 期，第 54～58 页；胡康民：《三次争吵——四川早期党团史研究之二》，载中共重庆党史研究室编《胡康民党史研究文集》，重庆出版社，2009，第 35～42 页。
③ 《杨伯恺向党中央、团中央反映重庆团地委的情况》（1925 年 12 月 24 日），载中共四川省委党史研究室编《中国共产党地方组织在四川的建立》，四川人民出版社，2001，第 226 页。
④ 《四川工作》（1926 年 10 月 7 日），载中共四川省委党史工作委员会主编《泸顺起义》，四川省社会科学院出版社，1986，第 46～47 页。

资产阶级心理太甚，观察事情真伪不彻底""杨洵同志工作太不努力，误认个人为团体"，等等。最后童、杨双方对众人的批评意见大都表示了接受。①

由此可见，中共组织在初步萌芽与发展期内，都尚在混沌中摸索前进，革命者的早期实践活动既缺乏制度化的刚性规则约束，团体内部又尚未建立起来组织纪律高压下的绝对权威，如何将意气昂扬、极为自信的激进青年们凝聚起来，如何将起引导作用的核心个体与普通党团员捏合成为具有充分战斗力的组织肌体，是早期革命者不得不面对的问题。

图 8 - 2　吴玉章、童庸生、廖划平、杨闇公（从左到右）合影

资料来源：中共四川省委党史研究室、四川美术出版社编《四川人民革命斗争图卷》，四川美术出版社，1995。

表 8 - 2　大革命时期川东地区主要革命人物·新一辈才俊

姓名	籍贯	生卒年月	家庭出身	生平（教育经历、出洋经历、政治面貌、党内任职经历）
杨闇公	四川潼南	1898.3 ~ 1927.4	士绅地主	出身世家大族，曾参与反袁的二次革命，失败后进入南京军官教导团；1917 年东渡日本，回国后与吴玉章等在四川从事建党工作，1924 年 1 月组织"中国 YC 团"；1925 年春，自行取消中国青年共产党，加入中国共产党，任重庆团地委组织部部长、书记，创办重庆中法学校；1926 年 2 月，任中共重庆地方执行委员会书记，领导四川国共合作，后兼任军委书记，与朱德等共同领导了顺泸起义；1927 年"三三一"惨案后不幸被捕牺牲

① 《中共重庆党、团地方执行委员会为消除杨洵、童庸生误会召开的批评会记录》（1926 年 4 月 15 日），载《党的文献》第 2017 年第 2 期，第 38 ~ 43 页。

续表

姓名	籍贯	生卒年月	家庭出身	生平（教育经历、出洋经历、政治面貌、党内任职经历）
童庸生	四川巴县	1899～1930	普通自耕农	1915 年考入巴县国民师范学校，1919 年考入成都高等师范学校；1922 年春，邀集李硕勋、阳翰笙、廖恩波等组织成都社会主义青年团，10 月，社会主义青年团成都地方执委会成立，任书记部主任；1923 年初，高师毕业后回到重庆，任巴县师范校教员，负责重庆地方团委宣传工作；1924 年底，受聘于巴县中学；1925 年 1 月，任重庆地委书记，并转入中国共产党；1926 年 1 月出席国民党第二次全国代表大会，3 月任中共重庆地委委员兼共青团重庆地委书记，4 月国民党左派省党部成立，任青年部部长，10 月赴莫斯科东方劳动大学学习；1929 年回国留上海工作；1930 年，受党组织派遣回四川工作，途中失踪
冉钧	四川江津	1899～1927	普通自耕农	1920 年赴法勤工俭学，在法国加入中国社会主义青年团，1923 年转入中国共产党；1924 年赴莫斯科东方大学学习；1925 年回国到重庆参加创办重庆中法大学四川分校，协助吴玉章等改组整顿国民党四川省临时执委会，同年 10 月参与筹建中共重庆地委；1926 年 1 月任重庆中共支部书记，2 月，中共重庆地方执行委员会成立后负责组织工作，同年创办国民党四川左派省党部机关刊物《四川国民》；后到川军向时俊部开展军运工作；于"三三一"惨案次日，在重庆被军阀杀害
任白戈	四川南充	1906～1986	普通自耕农	20 世纪 20 年初毕业于南充中学；1926 年入党；1927 年任重庆团地委宣传委员、中共重庆临时地委负责人；土地革命战争时期，在上海从事党的地下工作和左翼文化活动；抗日战争时期，在延安从事抗日军政干部的教育训练工作；解放战争时期，任第一野战军第 18 兵团政治部宣传部部长；建国后任西南局书记，重庆市委书记等职
钟梦侠	四川巴县	不详	不详	毕业于上海大学，先后任职于中共重庆地方执行委员会宣传委员、四川省委职工运动委员，四川省临时省委组织部部长

姓名	籍贯	生卒年月	家庭出身	生平（教育经历、出洋经历、政治面貌、党内任职经历）
程子健	四川荥经	1902～1973	普通自耕农兼商人	1914年高小毕业后在商号做学徒；1919年秋在成都参加吴玉章倡导开办的留法勤工俭学预备学校学习，与同学组成"劳人团"；1920年11月下旬赴法勤工俭学；1921年1月上旬抵达法国马赛，先是在工厂做工；1923年4月进入巴黎电影专门学校，同年加入中国社会主义青年团；1924年7月回国，被派到社会主义青年团重庆地委职工运动委员会工作；1925年转为中国共产党党员，同年秋任中共重庆地委职工运动委员会书记；1927年"三三一"惨案后转移至成都负责中共川西特委组织工作，大革命失败后在川西坚持秘密的地下斗争；1927年9月至1928年1月任中共四川省临委常务委员、职工运动委员会书记；1940年4月至1941年2月任中共川康特委统战部部长；1941年夏在中央党务研究室工作；1973年逝世
罗世文	四川威远	1904～1946	中等商人	1920年秋，进入重庆青年会办的教会学校；1921年秋，以优异成绩考入重庆甲等商业学校；1923年被吸收加入了中国社会主义青年团，先后担任宣传部部长、学委书记等职务；1924年任中国社会主义青年团重庆地委书记；1940年被捕；1946年牺牲
周贡植	四川巴县	1899～1928.3	士绅地主	幼年就读于家乡私塾，后进入巴县县立中学第五班，1918年毕业；1919年夏考入重庆留法勤工俭学预备学校，1920年8月赴法留学，1925年秋回国，任职中法大学四川分校；1926年3月任中共重庆地方执行委员会委员；1928年3月被捕牺牲
刘成辉	四川合川	1901.5～1939.5	小商人	1924年加入社会主义青年团，曾任共青团重庆地委书记、合川县委书记、省委候补委员
杨洵（杨伯恺）	四川营山	1892.12～1949.12	富裕自耕农	1907年考入和顺庆联中读书；1919年赴法国勤工俭学；1923年加入中国共产党；1925年在重庆参加创办中法大学，任训育主任，同年任中共重庆地委教育委员会委员；大革命失败后，任中共上海沪东文化支部书记；抗战爆发后回川，从事统战工作，后任《华西日报》主笔；1944年参加中国民主同盟，任民盟中央委员兼四川省支部宣传部部长；1949年12月在成都牺牲

姓名	籍贯	生卒年月	家庭出身	生平（教育经历、出洋经历、政治面貌、党内任职经历）
萧华清	四川彭县	1894～1969	普通自耕农	从彭县中学毕业后赴成都高等师范学堂读书；1919年参加陈毅等组织的"社会主义读书会"，并投身于"五四运动"中，后被拘捕囚禁13个月；1923年8月，考入北京高等师范学校；1924年，在京加入"中国YC团"；1925年，从北京高等师范学校毕业，去河南安阳第十一中学任教半年之后返回重庆，任重庆中法大学教务主任；1925年12月加入中国共产党；1926年初，任中共重庆地委教育委员；1931年回到河南安阳十一中学；建国后任重庆市政府文教局局长、教育局局长
邹进贤	四川綦江	1899～1930	自耕农兼手工业家庭	1922年入四川省立高等蚕业养成所；1923年由恽代英介绍加入社会主义青年团；1924年创办綦江平民学社；1925年入党后代表四川到北京参加国民会议促成会，后在上海参加"五四"爱国运动，并接受团中央建团任务，回乡进行建团工作；1926年，成立綦江特支，同年赴苏学习；1928年回川，任省委宣传委员；次年调往旷继勋起义部队任党委书记，后回省委工作任宣传委员和秘书长；1930年5月牺牲

资料来源：中共重庆市委党史工作委员会编《重庆党史人物》第一集，重庆出版社，1987；中共重庆市委党史工作委员会编《重庆党史人物》第二集，重庆出版社，1987；贾大泉：《四川历史辞典》，四川教育出版社，1993；中共四川省委党史研究室：《四川党史人物传》第一卷，四川人民出版社，2016；中共四川省委党史研究室：《四川党史人物传》第二卷，四川人民出版社，2016；四川省地方志编纂委员会：《四川省志·人物志》上卷，四川人民出版社，2001；《重庆政协志》（1950.1－1997.5），《重庆政协志》编纂委员会，1998，第527页；中宣部新闻局等编《永远的丰碑》，学习出版社，2006；《中共仁寿县党史资料选编（1928－1949）》，中共仁寿县党史研究室，1993；中共綦江县委党史工作委员会：《中共綦江县党史资料汇编》第一辑，1986。

　　1927年3月31日，标志着四川地方军阀实力派与左翼激进力量彻底翻脸的"三三一"惨案爆发。"三三一"惨案早于上海"四一二"反革命政变和武汉"七一五"反革命政变，看起来似乎十分突然，其实早有预兆。我国台湾学者周开庆在《民国川事纪要》一书中记述其事为，"时英国兵轮屡在沪宁粤汉渝万各地肇事，戕杀国人，为全国民众所切齿。各地组织反英大会，共筹抵制。重庆国民党部亦开会应之，是日到会者约三万人。初开会时，突有数百人饰农工状，潜携手枪刀矛奔涌入场，各出械向群众攻击，其势若狂飙疾雨，一时俱作。奔走呼号之声，达于城外，有受创立毙者，有践踏而死者，有无可逃遁越墙殒命者。至午后三时，彼等始鸟兽散，复出捣毁省市县党部及中山、中法各学校，全市沦入恐怖中，延至次日，始渐平静"。① 由中共控制的莲花池国民党左派省党部主导的一浪高过一浪的群众运动，以及部分"左倾"川军发动的泸顺起义，给绝大多数川军将领带来了精神上的极大震动。他们一方面深感群众运动这种新的政治模式冲击了自身权力根基，另一方面则畏惧自身或亦有被部下分离反噬的可能。四川国民党知名左派人士李筱亭在一篇回忆文章中即谈道，"顺庆之役，影响川南。初，袁品文、陈兰亭，与赖心辉所部之李章甫共驻泸州，因待遇不平，嫌怨颇深；闻顺庆事变，袁、陈竟诱杀李而夺其军编入本党。川将领大骇，然以党属广州中央，以北伐军为之后盾，姑为隐忍，莫敢反对。刘伯承同志径函在渝之陈达三代表袁、陈，在万国储蓄会设筵，约集渝中各将领，申明袁、陈改编，深明大义，并非叛变。川将领皆愕然，以为互相兼并，谁能预防？编入党军，卓然成立，谁敢保其所属不怀二心？筵间几至用武。刘湘以时机未至，尚未探得蒋之意旨，故力为镇摄，且亲翼党员离席，乃得稍安"。② 而川东南的南川、涪陵、綦江等地方县乡内也爆发了左派力量影响下的农民运动，綦江、涪陵民团联合组织农民自卫军，向南川县既有势力民团大队长张茂春部发起挑战，双方一度展开了激烈的武装对峙乃至冲突。当时地方新闻即报道道："吾川革命空气自各军长先后就职，愈为浓厚，各地民团，亦渐觉悟。顷据确讯，綦江、涪陵各地民团，刻已实行联合，组织农民自卫军，打倒劣绅土豪，并肃清一切反革命派，日来努力工作，业已见诸事实。南川民团大队长张茂春闻讯，异常恐慌，除一面亲率该县民团准备迎敌外，并一面飞报川东南团练王总监乞援。"③ 当地的中共党人与国民党左派则借革命民众名义发出通告，"素以团阀著名的张茂春，尝与国民党右派（南川仁社）、诚学会

① 周开庆编著《民国川事纪要（1912—1936）》上册，四川文献研究社印行，1974，第349页。

② 李筱亭：《重庆"三·三一"惨案事略》，载四川省重庆市政协文史委编印《重庆文史资料选辑》第2辑，中国人民政治协商会议四川省重庆市委员会文史史料研究委员会，1979，第40～41页。

③ 《綦涪民团改树革命旗、联合组织农民自卫军》（原载成都《国民公报》1927年1月14日）、《綦（江）南（江）、涪（陵）革命民众宣言》（原载重庆《新蜀报》1927年1月10日），均收于中共南川县委党史工委编印《大革命时期的南川》，1985，第120～121页。

余擘（刘荣乡）及国家主义派之小丑（李喧荣）勾结为奸，以'赤化'、'共产'种种诬蔑爱国青年的口号，反为宣传，仗常练为护符，实行摧残爱国运动的毒杀手段"。他们进而向全川民众公开号召，"同胞们，我们是革命的，是与反革命誓不两立的，除此，无条件的向反革命派——张茂春打击外，尚希我全川革命同仇一致主张公道，务杀反革命于净尽"。①

图8-3　中共重庆地方执行委员会旧址（重庆二府衙街19号）

资料来源：《渝中区今启动打造10个历史陈列馆，文化人有耍事了》，CQ重庆，https：//www.sohu.com/a/60377855_356711，最后访问日期：2021年3月15日。

于上述情形中可见，随着北伐顺利进军带动了大革命高潮的到来，四川中共党人主导的莲花池省左派党部采取的一系列激进革命活动，已日渐触动了川中军阀的安全阈限，后者往往视军队、枪杆、地盘如命根，且倾向于维护既有社会秩序，双方撕破脸只是迟早的事。只是活动于川渝地区的中共党团与国民党左派领导人都未曾料到双方决裂会来得这样快，如杨闇公等人当时也有一定的轻敌思想，他曾常对身边同志说"只要把群众发动起来了，军阀们那几杆烂枪是没有多大用处的"。甚至党内还有人天真地提议让朱德出面要求驻节万县的军阀杨森交出兵权。② 彼时中共中央也仍寄希望于与川内军事将领维持暂时的合作关系，以借此快速发展川内革命力量，希望将来凭借民众革命势力制服军阀："四川工作现在十分可以发展，虽然现时一般军人之'左倾'是投机的；然而我们却可利用这个机会迅速扩大民众运动，在

---

① 《綦涪民团改树革命旗、联合组织农民自卫军》（原载成都《国民公报》1927年1月14日）、《綦（江）南（江）、涪（陵）革命民众宣言》（原载重庆《新蜀报》1927年1月10日），均收于中共南川县委党史工委编印《大革命时期的南川》，1985，第120~121页。

② 刘伯承等：《忆杨闇公同志》，四川人民出版社，1980，第18页。

各方面建立起一些基础。"甚而期望通过对部分旧川军将领的拉拢来达到建立自身独立军事力量的目标:"在军事运动上,我们亦有造成自己的一种局面之可能。刘湘是绝对不可靠,必须排去。何光烈处亦不易发展(地势不好)。我们的军运当注意刘文辉部及杨森部,尤其是杨森方面,有一点中古时代爱国英雄的感情,敢作敢为;其所据地域握川省之门户,极为重要,如果杨能断绝对吴(即吴佩孚——引者注)的关系,我们可以助之倒刘。"①这样的思想状态与工作趋向,导致当事变猝然来临时,中共方面没能做好有效的应变准备,致使革命力量损失惨重。

二 川西、川北和川南地区的大革命组织网络

王右木牺牲后,四川的共产主义运动中心虽然从成都转到了重庆,但这并不意味着重庆以外的其他地区的革命声浪就悄无声息。如果说由于成渝之间微妙的张力造成王右木对川东地区的革命影响更多是一种思想启蒙和精神感召的话,那么,他对川西、川北和川南地区的共产主义运动就起着更为直接的组织奠基的作用。从本书前面各章可以看到,对四川早期共产主义运动产生重要影响的有两个组织网络:一个是王右木以成都高师为基地发起的"马克思读书会";另一个是恽代英通过"少年中国学会"及其武汉"利群书社"编织起来的组织网络(如萧楚女就是恽代英重要的同道)。这两个网络随着恽代英1923年1月到7月在成都西南公学任教而发生了交叉关系。②恽代英对王右木虽有批评,仍给予了高度评价并倾力与其合作:"此地王右木君,确为热狂而忠于中央者,惟支配欲太盛而偏狭躁急,每与其他分子多意见耳。我在此仍尽力助彼。"③虽然1923年夏恽代英即已离川,王右木也在1924年春夏时节不幸失踪,但经王右木和恽代英联手点燃的共产主义火种仍在川西、川北和川南燃烧着。表8-3呈现了川西、川地和川南地区革命火种的传递情况。

---

① 《中共中央听童同志报告后的结论——关于四川的军事运动等》(1926年9月10日),《中央政治通讯》第3号,1926年9月15日,载中共四川省委党史工作委员会主编《泸顺起义》,四川省社会科学院出版社,1986,第43页。

② 李良明、钟德涛:《恽代英年谱》,华中师范大学出版社,2006,第206页。

③ 《恽代英给团中央的信》(1923年6月),载中央档案馆、四川档案馆编《四川革命历史文件汇集(1922—1925)》,1986,第125页。

首先是在以成都为中心的川西地区。这是王右木的组织网络和恽代英的组织网络共同发挥作用的地区。1924 年夏之后在成都担负党团领导责任的多是诸如刘亚雄、钟善辅等当年王右木的"马克思读书会"成员，而 1925 年 7 月短期接任成都团地委书记的张霁帆则是恽代英的忠实追随者。他从泸州到成都再到南京的革命活动轨迹与恽代英紧密相连。（另一位革命青年余泽鸿的情况也与此极为相似。）不过，由于种种原因，川西当时的革命形势并没有大的起色，直到 1925 年 12 月刘愿庵来成都后才发生变化。刘愿庵是恽代英的四川革命组织网络中的核心成员之一，在大革命时期和土地革命战争初期一直是川西革命的重要领导人。在刘愿庵有力的组织下，在王右木组织网络重要成员梁华、刘亚雄、钟善辅等人的协力下，川西的共产主义革命逐渐走向了正轨，恢复了生机，无论是工人运动还是学生运动，都开展得颇有声势。①

表 8 - 3　大革命时期川西、川北和川南地区主要革命人物·新一辈才俊

姓名	籍贯	生卒年月	家庭出身	生平（教育经历、出洋经历、政治面貌、党内任职经历）
刘愿庵	陕西咸阳	1895.12 ~ 1930.5	旧官僚家庭	1908 年，随父去江西南昌，入大同中学读书；辛亥革命后在南京参加了学生军；1919 年，在万县军阀卢锡卿部当参谋；1923 年，在成都参加了恽代英组织的"学行励进会"，后经恽代英介绍到泸州、宜宾等地组织马克思主义学术团体；1925 年入党后，先后担任过中共成都特支书记、省委宣传部部长、省委代理书记、书记等职；1928 年 5 月，赴莫斯科参加中共六大，被选为中央委员会候补委员；1930 年 5 月被捕后牺牲
袁诗荛	四川盐亭	1897.5 ~ 1928.2	农民	1917 年入成都高师，参加"五四运动"，任四川学联副理事长；1920 年参加王右木组织的"马克思读书会"；1921 年到南充中学任教务长；1925 年任盐亭县教育局局长；1926 年由团员转为中共党员，以国民党川北特派员名义在川北开展革命工作，任第 29 军政治部主任；1927 年任成都高师附中教务主任、中共川西特委宣传部部长；1928 年 2 月被军阀杀害

---

① 中共成都市委党史研究室：《中国共产党成都历史（1923—1949）》，中共党史出版社，2006，第 65 ~ 128 页。

姓名	籍贯	生卒年月	家庭出身	生平（教育经历、出洋经历、政治面貌、党内任职经历）
张秀熟	四川平武	1895～1994	乡村教师	1912 年入江油龙郡中学；1916 年入成都高师，受到王右木思想影响；1919 年参加五四运动，任四川学联理事长；1921 年到南充中学任教，受王右木委托在南充发行《人声》报；1924 年到成都高师附中任教；1926 年 3 月加入中国共产党，负责大学支部；1927 年任代理成都特支书记、川西特委书记；1928 年代理四川省委书记，后被捕；1936 年出狱；建国后曾任四川省副省长
廖恩波	四川内江	1901～1935.6	小地主	1919 年在内江县立中学参加"五四运动"，1922 年考入四川省立工业学校，参加王右木组织的"马克思读书会"；1922 年加入社会主义青年团；1926 年转为中共党员，受重庆地执委派到川南自流井开展工人运动，后任自流井特支书记；1929 年任川西特委组织部长；1931 年任四川省委组织部部长，后到中央苏区工作；中央红军长征后留任赣南省军区政治部秘书；1935 年被捕牺牲
钟善辅	四川涪陵	1899～1930	农民	1918 年入成都警监专门学校；1920 年参加王右木组织的"马克思读书会"；1921 年加入社会主义青年团；1923 年转入中国共产党，任成都劳工联合会副会长；1925 年任成都团地委工人委员；1926 年任成都市工会评议员；1927 年任川西特委工运委员；1930 年任丰都县委书记，后被捕牺牲
孟本斋	四川罗江	1895～1928	农民	成都工人出身；1921 年在王右木影响下加入社会主义青年团；1926 年任成都工会评议员，同年加入中国共产党。1928 年被捕牺牲
曾莱	四川荣县	1899～1931	农民	1923 年入成都高师学习；1926 年去武汉参加国民革命军第四学生军，后参加广州起义；1928 年回荣县旭阳中学任教，并加入中国共产党；1929 年任内江县委书记；1931 年任梁山中心县委书记，同年秋被敌人杀害

姓名	籍贯	生卒年月	家庭出身	生平（教育经历、出洋经历、政治面貌、党内任职经历）
梁华	四川广汉	1906~1956	工人	1920年到成都做学徒；1922年在王右木的影响下加入社会主义青年团；1923年转为中共党员；1925年任国民党成都市南区党部执行委员；1927年任成都工人俱乐部副委员长；1929年在四川省委机关工作；建国后曾任四川省纪委书记
郑佑之	四川宜宾	1891~1931	地主	1912年入成都农业学校；1917年回宜宾任教；1922年在成都入团；1923年由恽代英介绍入党；1926年任宜宾特支书记；1928年先后任宜宾、合川县委书记；1930年任川东特委秘书长，后被捕牺牲
刘亚雄	四川蒲江	1897~1956	自耕农	1919年入成都志诚法政学校；1921年入成都华侨公学，参加王右木组织的"马克思读书会"；1922年加入社会主义青年团，负责工运；1923年任成都劳工联合会会长，同年入党；1924年后任成都团地委候补委员、中共成都特支工运委员、成都市总工会会长；1928年任四川省委常委；1930年7月脱党；1949年随刘文辉起义；1951年以反革命罪判刑；1956年病故；1982年撤销原判，被认定为起义人员
廖划平	四川内江	1898~1952	小商人	1919年在内江中学任教；1921年在上海外国语学社加入社会主义青年团，并赴苏俄莫斯科东方大学留学；1922年回国在内江中学任教，后任顺庆联合中学校长；1924年到西南公学任教，协助王右木编《甲子日刊》，并加入中国共产党；1924年在王右木离开四川后短暂负责成都党团工作；9月到重庆省立二女师任教，任重庆团地委委员；1926年任黄埔军校政治教官；1931年在平津从事地下工作，后被捕叛变，投靠军统；1949年去台湾

资料来源：中共四川省委党史研究室：《四川党史人物传》第一卷，四川人民出版社，2016；中共四川省委党史研究室：《四川党史人物传》第二卷，四川人民出版社，2016；四川省地方志编纂委员会：《四川省志·人物志》（上卷），四川人民出版社，2001；载中华人民共和国民政部编《中华著名烈士》第8卷，中央文献出版社，2001；蒲江县地方志编纂委员会：《蒲江县志》，方志出版社，2011，第630~631页；中国人民政治协商会议四川省内江市东兴区委员会编《内江市东兴区文史资料》总第十八期，1991。

其次是以绵阳、南充为中心的川北地区。绵阳和南充是王右木的家乡及其近邻所在，也是他的革命组织网络产生直接影响的地方。张秀熟和袁诗荛就是其中最有代表性的两位。他们先在成都高师读书时受到了王右木革命思想的启蒙，毕业后回到川北，通过各种形式把革命火种撒播到了川北。张秀熟后来又从川北到了成都，成为川西革命的重要领导者之一。①

最后是包括泸州、自贡、宜宾和内江等地在内的川南地区。川南的革命组织承继情况要比川北和川西复杂一些。泸州是恽代英曾经任教并发挥巨大革命感召力的地方。尽管恽代英1923年从泸州去成都时已带走了张霁帆、余泽鸿等一批革命骨干，但他播下的革命火种在他离开后依然持续发酵。大革命时期自贡主要的领导者刘远翔来自川东革命组织网络，而另一位领导者廖恩波则来自王右木的川西革命组织网络，他们携手建立了中共自流井特支，有力地领导了大革命时期自流井的工人运动。宜宾大革命的主要领导人郑佑之1922年在成都入团，1923年由恽代英介绍入党，是王右木和恽代英两个组织系统交互作用的成果。比较特殊的是内江共产主义革命的引路人廖划平。他构成了相对独立于王右木和恽代英这两条网络以外的一个组织线索。他本人是1921年在上海外国语学社入团的，随即去莫斯科东方大学留学，②次年回国在内江发展了黎灌英、钟伯勋等人入团。廖划平的经历颇为复杂：他既在内江培养了最早的党团员，又分别在川西和川东参与过党团领导工作，后来又出川革命，但1931年后又成为共产党叛徒和国民党特务。不过，廖划平在1922～1924年参与内江和川西党团组织创建活动时，是与王右木密切合作的，1925～1926年在重庆时则与杨闇公、童庸生协力推进了川东的大革命。③

---

① 张秀熟：《四川马克思主义运动先驱者——记王右木烈士》，载四川省文史资料研究委员会编《四川文史资料选辑》第二十八辑，四川人民出版社，1983，第25～34页。
② 有学者甚至认为《四川省重庆共产主义组织的报告》的作者可能就是廖划平。杨凯：《"四川省重庆共产主义组织"研究述评》，《毛泽东思想研究》2020年第5期，第105～106页。
③ 中共四川省委组织部、中共四川省委党史研究室、四川省档案馆编《中国共产党四川省组织史资料（1921—1949）》，四川人民出版社，1995，第30～43页；刘宗承：《关于廖划平前半生的一些情况》，载中国人民政治协商会议四川省内江市东兴区委员会编《内江市东兴区文史资料》总第十八期，1991，第28～35页。

第三节 大革命之后四川共产主义运动的
延续发展及其历史意义

"三三一"事件之后，四川的共产主义革命运动陷入了短时间的沉寂，但数月之后又在中共中央派来干部的领导与整顿之下，开始了缓慢的复苏，并逐渐步入轰轰烈烈的土地革命进程中。大革命失败前中共党团组织在四川各地萌芽、开拓、发展留下的底子，虽并不十分丰厚，但也为后续共产主义运动的接续展开打下了一定的干部基础与思想基础。整个土地革命时，乃至全面抗日战争时期，四川地下党团组织的不少本地干部都是从建党早期以及大革命时期的革命熔炉中走出来的。① 若从长时段视角将四川党史和革命史打通加以观察，我们认为值得注意的问题有以下几点。

第一，王右木在四川早期共产主义运动中的特殊重要性。应星在研究江西这样相对边缘的地区的早期共产主义运动史时，发现一般存在三种不同的角色。第一类角色是"盗火者"，即在上海这样的全国中心或武汉这样的区域中心较早入党，又被上级派回家乡来发展组织。但他们早年出省，往往对省内情况不熟，回省发展组织面临着相当大的困难。因此就需要第二类角色——"深耕者"。他们是省内新思潮的鼓吹者、新社团的领导者、新青年的引路人。由于"盗火者"与"深耕者"之间并不一定相互熟识，因此有时还需要第三类角色，即"搭桥者"，将"火种"与"深耕"对接。② 但就四川的情况来说，其特殊性则在于：王右木是"盗火者"与"深耕者"合二为一。他既与陈独秀、李大钊、施存统等中共党团领袖有着直接的联系，又一直在四川省内深耕，有思想、有组织，并不需要"搭桥者"，这就使他对四川共产主义运动的重要性和影响力要远远超过赵醒侬及袁玉冰对江西共产主

---

① 参看赵春茂《土地革命时期四川地下党早期干部群体研究》，硕士学位论文，电子科技大学，2019。该论文中的表3-3《土地革命时期部分省委干部信息一览》（第88~94页）、表3-4《土地革命时期中共南溪县委机关骨干成员信息一览》（第95页）、表3-5《土地革命早期四川县级地下党部负责人信息一览》（第96~101页）等整理呈现了不少土地革命时期四川地下党干部群体的相关信息，尤为值得参考。

② 应星：《新教育场域的兴起（1895—1926）》，生活·读书·新知三联书店，2017，第196~191页；参见高平平《中共创建时期马克思主义传播的轨迹》，载中共"一大"会址纪念馆等编《上海革命史资料与研究》第4辑，上海古籍出版社，2004，第134~135页。

义运动的重要性和影响力。当然，在中国现代激进主义思想传播史和共产主义运动史中，王右木的地位是不及最早发端于武汉、影响横跨整个长江流域的恽代英的。① 不过，具体就四川的情况来说，王右木与恽代英之间并非"深耕者"与"盗火者"的关系。他们都是一身二任的先驱，只不过前者在深耕的功夫上甚于后者，而后者在火种的精炼上胜过前者。这两位杰出先驱的共同努力，掀起了四川早期共产主义运动的热浪。令人遗憾的是，王右木过早辞世，他的影响力未能更充分地发挥出来，使四川大革命的局面受到了一定的限制。

第二，革命者组织网络的延续性与断裂性并存。王右木、恽代英这样的"盗火者"兼"深耕者"将不少五四激进青年团聚集在自己周围，向他们传播学说、浸润思想，以学会、读书会、研讨会等新式社团的方式把他们组织起来，引导入马克思主义运动与共产革命的道路。② 此后，杨闇公、童庸生、罗世文、冉钧、张霁帆、余泽鸿、钟善辅、孟本斋、邹进贤等经历过初步思想熏陶与组织训练的激进知识青年，则继之而起，将马克思主义党团组织的建设发展工作推进下去。其中一些人在大革命前后便牺牲了，另一些人则将革命的星火在地域社会延续了下去，他们身上那浓厚的理想主义情结也深深地打上了那个时代的烙印。因此，从王右木这一代从事建党、建团活动的革命知识分子开始，到杨闇公、童庸生、袁诗荛、穆青、张秀熟、邹进贤、邹风平等在大革命前后续之而起的革命者，再到抗战前后进入革命阵营的新一代进步青年肖泽宽、邓照明、侯方岳、张文澄、黄友凡、王璞、王朴庵、王子度等，体现了先驱所结之网历尽薪火相传而不灭的延续性。与此同时，革命组织网络内部的断裂性也不能忽视。在大革命时期国共合作建立统一战线的氛围下，加上中共其时尚未标举武装暴动之旗帜等多种因素影响，有不少对政治社会现实和既有权势结构不满、失望乃至憎恶的上层军政绅学各界人物，纷纷向新生的革命力量靠拢，或加入，或同情，客观上对后者的向下扎根起到了"撑伞"或起苗的庇护作用。吴玉章、李蔚如、李筱亭、陈达三、邓劭刚、刘伯承等都是川中国民党系人物；与熊克武、但懋辛等国民党（同

---

① 参见 Shakhar, *The Rise of Political Intellectuals in Modern China*: *May Fourth Societies and the Roots of Mass – party Politics*（Oxford: Oxford University Press, 2015）.

② 参看袁超乘《中共建党前后的"马克思学说研究会"考辩（1920～1923）》，《党史研究与教学》2019 年第 6 期；李丹阳：《马克思学说研究会与中国共产主义组织的起源》，《史学月刊》2004 年第 6 期。

盟会）出身的原一军系将领关系匪浅，要么在该部中担任过中上级军官，要么在该部得势时担任过政界、教育界重要职位。后来熊部力量在 1924 年"讨贼之役"中被逐出四川，川中政治军事力量重组。①

上述这批已有一定名望声誉积累的精英人物在大革命过程中都自然而然地倾向于主导国共合作的左翼政治力量，希图借此制约刘湘、杨森、刘文辉、邓锡侯等本土军阀。他们多数人还先后加入了中共组织。但是，土地革命时期中共地下党在四川所面临的局面便与此前完全不同：在上层的直接庇护力量不复存在、革命路线又发生了根本转型之时，便只能超越原先活动的主要城市，突破学校学生、工厂工人、城镇商绅及手工业者等群体圈子，依仗自身浴血奋斗，更深地向基层扎根，走上动员乡村农民、游民、会匪与白军士兵，进而在各地相继发动武装暴动的道路。因此，川内革命者组织网络的连续性与断裂性，实际上也与中共秉持的革命政策、理念、方针等紧密相关。

第三，从建党到大革命之后，四川共产主义革命者的群体气质逐渐发生了转化。当然，这种情况在全国也具有一定的普遍性。有学者认为，"'一二·九青年'参加革命前所受教育带有明显的自由主义和个人主义色彩，中国共产党的组织伦理教育也正是在对这批青年的训练和改造中逐渐定型的"。② 其实，党的组织纪律、组织伦理对党员个体气质与言行方式的塑造，自建党之后就开始了，大革命之后的国共十年内战时期，应该是一个非常重要的历史阶段。而且，除了革命政党内在的组织规训外，外部生存环境的剧变也是一个非常重要的变量。例如，自国共合作的形式和招牌在四川不复存在以后，共产党人独自在川中打出了苏维埃革命的旗帜，走上了暴力革命与武装颠覆军阀暴戾统治之路，"以后工农的武装暴动，不必再用左派国民党去号召，而应积极谋苏维埃制度之实现"。③ 从这之后，作为纯粹地下党而存在的四川中共党员干部群体，其活动、生存方式与精神气质就逐渐形成了与之前不尽相同的特征。这当中最为重要的外部环境演变，便是昔日可以在上

---

① 匡珊吉、杨光彦主编《四川军阀史》，四川人民出版社，1991，第 100～159 页；谢本书、冯祖贻主编《西南军阀史》第二卷，贵州人民出版社，1994，第 85～102、275～295 页。

② 张永：《家庭伦理与革命伦理：中国共产党早期党员的伦理归属抉择》，《东南学术》2020 年第 3 期，第 244 页。

③ 《四川临时省委紧急会议决议案——政治任务与策略、左派国民党与苏维埃口号问题》（1927 年 10 月 15 日），载中央档案包、四川省档案馆编《四川革命历史文件汇集》甲 2，1986，第 211 页。

层政治圈起到"撑伞"掩护作用的左翼力量已基本不复存在，国共破裂后年轻一代的革命者不得不直接面对军阀的武力威胁。虽然大革命时期中共的活动尚在川内军政界留下了一些影响，仍然存在一些潜在的对革命事业持同情态度的中上层政军人物，[①] 但中共地下党的生存环境明显更为恶劣，活动风险也更大了。[②] 大批的"五四"一代知识青年，在土地革命过程中经受了血与火的淬炼，组织纪律性与思想政治水平得到了相当程度的提升。"盗火者"王右木曾经所慨叹的青年学生纪律涣散、自由散漫，而导致"成都分校，常在停滞中，感受诸多困难"[③] 的情形，在十年内战时期已有较大好转，组织严密性亦初步体现，地下党的群体气质经历了艰难而深刻的转变。[④]

第四，共产主义革命的区域性与地理特征也是一个值得探究的问题。四川这个特定区域的自然地理与人文地理等要素，对内部政治活动与革命情形的走势起到了结构性的影响作用。值得注意的是，与彼时中国其他地方相比较，四川的区域社会与人文、自然地理环境既有共通性，也有其特殊性。正如应星、荣思恒所指出的："四川位于以重庆和成都两个大都会为中心的长江上游区域，物产丰富，人口众多，文教在西南地区最为发达，但其发展也受制于盆地的封闭性和西南的边陲性。这造成四川颇多思想激进的青年往往选择出川谋求发展。"[⑤] 这从当时四川知识青年在轰轰烈烈的留法勤工俭学运动中的积极参与程度就能看出来。据统计，四川地区赴法勤工俭学生人数为

---

① 如曾在川军一线军阀刘文辉、邓锡侯等部担任过师旅长职位的张志和、陈离、旷继勋等人，以及在川内军政文教界都比较活跃的王干青、于渊、谷醒华等名流，其中不少人早期就有加入国民党左派乃至共产党的经历，即使后来脱党离去，仍比较亲近左翼力量，在各个时期为革命阵营提供方便与掩护。

② 据统计，整个民主革命时期，中共四川省级组织从成立之日起至全川解放为止，仅省委书记、代理省委书记以及相当于省委书记的地下党领导人英勇牺牲者就达 8 人。参看王友平《民主革命时期中共四川省级组织的建立与发展》，《毛泽东思想研究》2012 年第 6 期，第 124～128 页。

③ 《王右木、康明惠给团中央的报告书——成都团改组后的工作》（1923 年 6 月 3 日），载中央档案馆、四川省档案馆编《四川革命历史文件汇集》甲 1，1986，第 117 页。

④ 虽然土地革命时期四川地下党的文件中不乏连篇累牍地抱怨党员纪律涣散、自由散漫，以及所谓"小资产阶级习气"浓厚的言辞，但这些自我针砭、自我批判之词，恰便体现出彼时中共对自身纪律建设与气质转换的严苛要求。地方县区级基层党部文件中对此现象往往有非常琐细入微又有趣的观察描述。参看《邻水县党的代表大会告全体党员书》（1927 年 12 月 13 日），载中央档案馆、四川省档案馆编《四川革命历史文件汇集》甲 8，1986，第 3～12 页。

⑤ 应星、荣思恒：《中共革命及其组织的地理学视角（1921—1945）》，《中共党史研究》2020 年第 3 期，第 61 页。

全国之冠，总人数达到 511 人，其中女生 14 人，分别来自全省 98 个县份。[①]值得注意的是，从这个群体中诞生了不少在全国有影响力的川籍革命先烈与开国功勋人物，如邓小平、聂荣臻、陈毅、赵世炎、刘伯坚、罗世文、刘愿庵、穆青、杨伯恺、程子健等。相对而言，主要依托于近现代四川地区的时空结构，在巴山蜀水成就了一番有宏大影响的革命事业者，却并不多见。这或许与四川自然地理与人文地理的特殊性紧密相关：与其他所有西部省区相比，四川既是教育最发达的省份，也是人口大省，堪称人杰地灵，诞生了许多志向远大的青年才子。在这里，早期共产主义的激进思想容易酝酿与传播。但是，山川阻隔的盆地地形在某种程度上阻隔了川内与东部地区的联系，致使巴蜀大地的思想文化和才子俊杰缺乏组织性渠道的支持，以及和邻近省份区域如两湖地区之革命热潮的相互激荡，因此独立自主地在川中闹革命者往往很难成事，走出夔门融入大时代者方能成就一番事业。当然，若只进行一番简单的横向对比，我们可以发现，虽然跟东部和中部其他地区的革命实践相比，中共四川党团的组织建设、民众动员和革命成效等不太显眼，但在当时整个西南地区（包括今天的川滇黔渝桂等省区）内又确实是革命力量萌芽最早、发展较好的地域之一。但无论如何，在清末民初全国性的政治失范、社会失序、经济滞窘的状况下，四川的内乱纷扰、武人专制日甚一日，受到现代化潮流波及的川人们——尤其是不甘沉沦的读书人，纷纷从夔门之外传来的新思想、新理论、新主义中寻求新的出路。这正如有学者所述，"社会的近代化带来了深刻的社会分裂，近代的环境倾向于把社会原子化，它使社会成员失去共存感和归属感，而产生出危机感和奋斗感。人们要跟上时代的节奏，总感到不安全和焦虑、甚至难以言状的痛苦"。[②] 或许在那时，走上拥有终极信仰与严密纪律的坚强政党所引导的革命之途，也是特殊历史语境中部分个体"最不坏"的人生选择。

第五，从党团肇建初期到全川解放的整个民主革命时期，整个四川地区的共产主义运动均不断呈现出成、渝两地双峰并峙、二水并流的局面，这与

---

① 中共四川省委党史研究室编《四川留法勤工俭学运动》，四川大学出版社，1993，第 8 页。也有学者根据资料提出不同的统计人数，如 538 人之说（内含女生 17 人），参见栗民《四川青年和留法勤工俭学运动》，《西南交通大学学报》（社会科学版）2002 年第 3 期，第 27 页；此外，还有 472 人之说，参见鲜于浩、田永秀《留法勤工俭学运动中的四川青年》，巴蜀书社，2006，第 15 页。

② 王笛：《跨出封闭的世界——长江上游区域社会研究（1644—1911）》，中华书局，2001，第 736 ~ 737 页。

彼时其他省区的情况明显有别。四川为何会呈现出这种特殊的局面呢？在一定程度上，这和明清以来四川一直存在的双中心统治模式紧密相关。成都作为首善之区的省会，是全省的政治文教中心；而重庆因其处于扼制长江上中游主航道的咽喉区位，则是持续作为中央控扼地方的军事重镇，同时近代开埠以后，因其良好的交通运输条件，更是成为西部地区最为繁盛的内河港口城市。① 重庆良好的自然地理与经济社会及教育条件，促使其一度成为四川地区乃至整个西南地区的革命活动中心。不仅四川第一个省级党部机关建立于重庆，后来土地革命时期的正式省委也多次设置在重庆。有趣的是，当省委机关在渝时，便往往在成都设置川西特委；当省委机关在蓉时，便多在重庆设置川东特委；这种情况一直到抗战乃至解放战争时期都多是如此。② 统摄川西的成都与辐射川东的重庆，成为引领广大四川地区马克思主义革命运动乃至政治、经济与社会发展的双中心。不过，这种双峰并峙的局面似乎也让成、渝两地的早期党团组织之间产生了微妙的张力乃至矛盾。这种张力与矛盾和知识青年间的理念、性格、意气之争或有关系，但亦与成、渝两地均为区域中心城市，自辛亥革命以来许多时候在政治军事上便处于互不统属、互相颉颃乃至相互拮抗的状态有关。③ 重庆团组织迟至 1924 年初方才获得中央承认，从成都高师毕业后即赴渝参加青年团活动并成为骨干的童庸生，直到 1923 年底仍在向团中央的报告中慨叹："在渝则不遭中央批准，一息三

---

① 美国学者施坚雅在其关于中国各地文大区划分的研究中，将以成都、重庆为核心的长江上游地区视为一个独立的大区。他以"中心地"的概念指称履行经济、政治、行政、文化、社会等重要中心职能为特征的聚居区："它履行这样的职能，不仅是为了它自己的人口，而且也为了一个最低限度也要包括一批邻近农村的腹地。就中华帝国晚期而言，所有行政城市都是中心地，所有有一个定期市场的市镇也都是。"按照这样的理解，成都、重庆两地是整个长江上游地区的双中心地。参见施坚雅《中华帝国晚期的城市》，叶光庭等译，中华书局，2000，第 245～246、256 页。

② 中共四川省委组织部、中共四川省委党史研究室、四川省档案馆编《中国共产党四川省组织史资料（1921—1949）》，中共党史出版社，2000，第 120～138 页。

③ 1920 年前后，四川督军熊克武践约下野，刘湘担任川军总司令与四川省长要职，本应在省会成都宣誓就职方符体制，其属下却劝告他谓："重庆为四川重镇，绾毂西南，又为经济中心，在此割据时期，当以重庆为事业基地，不可远离基地，受人控制。"刘湘本人亦称："熊克武，我是搞不过他的，但我决心不让重庆。"其后，分驻成、渝的两个川军各军联合办事处、驻成都的政务厅与驻重庆的政务处、驻成都的省议会与驻重庆的省公署之间，屡屡发生争吵对峙，成为多次川军分裂内讧之肇因。一直到 1935 年，驻节重庆的刘湘击败盘踞成都的刘文辉，在这场"二刘叔侄大战"中完胜，表面上才实现了所谓的"川政统一"。参见四川省文史研究馆编《民国四川军阀实录》第二辑，四川人民出版社，2011，第 1～47 页。

叹，壮士垂泣。要之，中央批准与否，顾所不计，唯知力进，心乃方甘耳!"① 大半年以后，童庸生仍在思考川内团组织整合的问题，"再者川中 SY 如何能一致统合马说者不致分裂，亦请中兄代为留意"。② 在此前后，成都青年团书记张霁帆亦致信中央表示："川东重庆：此处地方团一，团员尚多，同志于宣传方面尚可见，少实地运动。与成都因团员间有感情不睦者，遂终未联合通消息。"其对于川内以成、渝青年团为代表的组织疏离乃至对峙，也是忧心忡忡，遂向中央诚恳建议道："川中努力同志极多，均以组织不良而不能团结，又以消息不通与中央隔绝之故，一切活动无所瞻依，遂人自为战。而一切不依规矩之浪漫行为遂于此产生。再则地方与地方或生某种隔阂，不惟无一较高机关评断是非，且无一仲裁机关居间调解，此又各地方团彼此分立之原因也。"③ 两地同样宗奉马克思主义的团体组织之间的隔阂与张力，不得不说是近代以来成、渝两地二水分流、双峰对峙的一个缩影。

总而言之，大革命前后四川地区的共产主义运动，是在王右木等川中第一代共产主义先驱所奠定的基础上延续发展的，同时也呈现出了代际交融与双城摆荡等鲜明的特点。其政治环境、组织网络、群体气质、地理特征等结构性要素均给四川共产主义运动打上了深深的烙印，也展示了四川新民主主义革命的历史意义。

---

① 《童庸生给团中央的信》(1923 年 11 月 4 日)，载中共四川省委党史研究室等编《中国 YC 团（中国青年共产党)》，重庆出版社，1997，第 91 页。
② 《童庸生致信团中央报告团地委宣传方面的情况》(1924 年 8 月 1 日)，载中共四川省委党史研究室编《中国共产党地方组织在四川的建立》，四川人民出版社，2001，第 181 页。
③ 《张霁帆给团中央的信——关于四川团的工作和各阶层状况》(1924)，载中央档案馆、四川省档案馆《四川革命历史文件汇集》甲 1，1986，第 181 页。

王右木革命历史功绩及精神品质研究

09

王右木是四川早期马克思主义运动的先驱、灵魂和领军人物，培养和带领了一大批青年马克思主义者，对马克思主义在四川的宣传和传播做出了重要贡献。他超凡的革命精神、创造性的工作方法和艰苦卓绝的斗争意志为四川团组织建立和党组织奠基打下了坚实基础。"五四运动"以后，王右木在四川不断通过各种方式传播马克思主义，运用马克思主义理论指导工作实践，培养了数量众多的革命青年，成为四川马克思主义运动的奠基者。他的一生是以为民族独立、人民解放为己任，坚定共产主义信念、为革命事业奋斗终生的无产阶级革命家的战斗的一生。从1920年创建马克思读书会到1924年壮烈牺牲，王右木短短五年的革命生涯所展现的历史功绩体现在马克思主义革命运动的方方面面。作为马克思主义革命家，王右木在中国共产党成立早期的革命运动中占有重要的历史地位，为四川革命运动的蓬勃发展打下了坚实基础。

内容提要

第一节　千秋功绩铭青史

作为四川杰出的革命先驱，王右木把自己的全部都献给了革命事业，在四川早期开拓性的革命工作中，他不仅充分运用了智慧，还进行了艰苦卓绝的斗争。他的诸多功绩彪炳史册，散发出历史的光辉。

一　王右木的历史功绩

无产阶级革命家王右木在中共党史和四川革命史上做出了重要贡献，在其革命活动中，四川地区马克思主义理论传播广度和深度不断扩大，一大批青年知识分子和广大工人群众成为坚定的马克思主义者。在他的积极组织和活动下，四川各地区团组织纷纷建立，并以此开展了形式多样、内容丰富的群众革命运动；建立四川最早的党小组，为以后工人阶级革命提供了坚实的组织保障。在王右木领导下，四川地区的工人运动、学生运动、妇女解放运动和声势浩大的群众运动等此起彼伏、波澜壮阔，王右木的革命印记为中国革命事业的蓬勃发展描绘出浓墨重彩的一笔。

（一）广泛宣传马克思主义理论

王右木广泛宣传马克思主义理论，是为了用马克思主义理论武装青年学生、广大人民群众的头脑，为开展革命斗争做理论准备。他宣传马克思主义的方式有：通过教育向学生宣传马克思主义理论，组建马克思读书会宣传马克思主义理论，创办报纸扩大马克思主义理论的影响。

1. 通过教育向学生宣传马克思主义理论

1919 年春，王右木从日本学成回国，到成都高等师范学堂（四川大学前身）任学监，兼授经济学和日语课程，并在高师附中、女子师范学校、政法专门学校、农业专门学校等教授经济学课程。他在授课时，注重理论与实际相结合，利用现实社会生活中的具体例子阐明马克思主义基本原理，对广大青年学生进行思想政治教育。在教学同时，他积极联络和动员青年积极分子，向他们宣传革命思想，引导学生关心政治、注意时局，要求学生多读《新青年》等进步刊物。信奉无政府主义的吴先忧回忆道："当时成都高等师范学校学监王幼（右）木先生（成都最早宣传马克思主义者）办有一《人声周刊》宣传马克思主义。王先生主动约我们去座谈一个通夜，希望我们共同来宣传马克思主义。但我们以先入为主的成见，又以对马列主义的无认识，反以为要无政府主义才更彻底而未接受，便以各行其是、并道而驰结束了我们那一夜的论辩。"① 虽然没有改变无政府主义思想对这些青年的影响，但王右木在四川从事教育活动中始终如一、坚持不懈地进行马克思主义理论宣传，他的一生"始终没有离开教育，他把教育和革命联系在一起"。② 他是当之无愧的革命教育家。

王右木注重理论与实际的相互关系，把教育、科学与社会革命紧密联系在一起。他利用公开、合法的课堂，一方面讲授科学知识，另一方面宣传革命道理，提高学生的思想觉悟，培养学生的革命精神。他认为，要搞运动，"必须首先抓住高师这一庞大队伍，要把当前的文化运动更深刻、更向前推进一步，必须要有马克思主义作指导，用它来占领思想文化阵地"。③ 在兼任高师附中、成都政法、农业和女子师范等学校课程时，他利用教学机会，联络物色青年知识分子，灌输革命思想，引导学生参加革命活动，注重锻炼和培养革命人才。王右木的革命教育不是照本宣科，也不局限于在三尺讲台上空讲理论，而是把理论知识与社会现象紧密结合，深入浅出、情理交融。除培养革命学生外，他在工作实践中还注意对工人队伍的建设，常常组织进步学生深入工厂，到工人最集中的茶馆等处，与工人谈心、交朋友；开办平民夜校，一边教工人读书识字，一边向工人宣讲革命理论，培养工人骨干，逐步开展工人运动，使学生运动与工人运动有机结合，持续深入地开展马克思主义理论宣传工作。王右木不仅通过教育方式传播马克思主义理论，还采用建立读书会的方式宣传马克思主义理论。

2. 组建马克思读书会宣传马克思主义理论

1920 年底，王右木在成都高师皇城明远楼组织建立了一个学习、交流和

---

① 《王右木同志资料散辑》，载四川省政协文史组编《四川文史资料选辑》第二十八辑，四川人民出版社，1983，第 56 页。
② 张秀熟：《在纪念王右木一百周年诞辰暨王右木研究学术讨论会上的讲话》，《江油党史研究资料》第 6 期，第 10～11 页。
③ 王少志：《四川最早的马克思主义传播者》，《江油党史研究资料》第 6 期，第 31 页。

先驱·先路
王右木与四川早期马克思主义运动研究

实践马克思主义的组织，即马克思读书会，这是四川成立最早的以研究和宣传马克思主义理论为主要目的的群众组织。当时，全国仅有为数不多宣传马克思主义理论的团体，他"将高师校内部读书会，改为各校共通的读书会，取名为《人声报》附设者，其态度仅结合学生及工人之宣传，并非偏重学理研究及向各人脑中有效的输入也"。① 马克思读书会的主要成员都是成都高师等校的学生，四川省学联中各校代表有约一半成员参加，在学生界影响广泛。马克思读书会成立之后，王右木通过教学、与学生谈话等方式，引导并鼓励学生多读进步书刊，多关心国家政治、关注社会问题、关注受苦穷人，他注意将理论与社会实际密切结合起来，积极运用马克思主义理论指导各种社会活动。一是组织会员学习马克思主义理论著作。王右木数次给读书会成员讲解《资本论》《唯物史观》等，指导会员学习《共产党宣言》《政治经济学批判序言》《阶级斗争》等专著，组织阅读《新青年》等进步刊物。学习这些著作极大地提高了青年学生的理论素养，为其开展马克思主义运动奠定了理论基础。二是公开组织演讲。演讲内容除马克思学说外，还经常分析时局，解读现实社会问题，交流思想。在其积极筹划和带领下，马克思读书会会员深入群众进行如火如荼的革命斗争实践，如领导四川省教育经费独立运动，组织工人与资本家进行反对剥削和压迫的斗争。他们走上街头，在市场、街道、茶园和其他群众集聚场所进行反对帝国主义侵略、声援工人罢工运动和学生爱国主义运动的各种宣传与讲演，甚至深入华西大学附近，向外国人雇用的华工去宣传，号召他们起来进行反帝斗争。读书会进行的各种活动，使许多青年由此接受了马克思主义，扩大马克思主义理论的影响。② 这些对四川青年的思想进步发挥了重要作用。

1922 年，马克思读书会根据《中国社会主义青年团临时章程》，成立了以会员骨干为首的四川社会主义青年团组织。此后，四川各地陆续成立了社会主义青年团地方组织或团支部，而马克思读书会作为团组织的外围组织，继续发挥重要作用，为中共四川党小组的成立提供了思想基础和组织保障。在革命早期，马克思读书会在思想启蒙、组织建设、人才锻炼、革命动员和理论武装等方面做出了突出贡献。

---

① 《王右木致信施存统谈马克思读书会》，载张继禄等编《中国共产党地方组织在四川的建立》，四川人民出版社，2001，第 71 页。

② 参见《成都地方团员调查表》(1924)，载中共江油县委党史办公室编《四川马克思主义运动先驱者——纪念王右木诞生一百周年》，四川大学出版社，1988，第 78 页。

3. 创办报纸扩大马克思主义理论的影响

报纸作为一种信息传播媒介，在革命战争年代是一种传播范围最广、影响最大、最有效的传播方式。王右木充分利用这种方式有效地传播了马克思主义。

创办《新四川旬刊》。为进一步扩大马克思主义影响，1921 年 1 月，王右木在教学过程中领导几个马克思读书会会员共同创办《新四川旬刊》，其中王右木任编辑，袁诗荛（王右木学生）为经理。在申领新闻执照时明确办报宗旨为，"窃以四川僻处西陲，风气闭塞，文明进步素后于海内。际兹廿世纪，潮流汹涌，日荡月激，一线之生机几被黑暗遮断，能不疾首蹙额而登高一呼，以警醒我民乎？此居今日言论出版为增高人类知识，开通社会风气之所为急不可缓也，因有鉴于此，故集合立志纯洁好学不倦之分子，组织一旬报，定名曰《新四川》"。[①] 这一报纸追求提高四川国民素质，开拓人们眼界，并用学术观点改进社会风气。《新四川旬刊》坚持出版四个月，因多数学生毕业离省等客观原因而停刊，实际上还是因为报刊文章针砭时弊、抨击现政而为国民政府四川当局统治者所不容，这在《人声》报创刊号《本报创刊缘起》曾给予明确说明。

办《人声》报。尽管马克思读书会的工作持续推进，但王右木感到只靠马克思读书会宣传和扩大马克思主义影响力，在宣传广度和影响力度方面仍存在较大的局限性。因此，他决定创办一个马克思主义刊物，来批判旧制度、旧思想，广泛且深入地宣扬马克思主义，动员更多群众投身革命运动。鉴于这样的考量，他克服重重困难并自筹经费，于 1922 年 2 月 7 日创办《人声》报，社长兼主笔均为王右木，编辑部和发行处设在成都大坝巷，由成都探源公司代为印刷。

"当时国内有四个刊物，其版式和内容都相似，这就是李大钊在北京办的《每周评论》，陈独秀在上海办的《星期评论》，毛泽东在长沙办的《湘江评论》和王右木在成都办的《人声》报。这四个刊物的性质都是宣传马克思主义的。"[②]《人声》报是四川地区第一份公开发行、系统宣传马克思主义思想的革命刊物。它立场坚定、观点鲜明，常以深入浅出的文字、通俗易懂

---

① 《王右木、袁诗荛致四川省会军事督察厅呈》1920 年 12 月 25 日，转引自张际发《有关王右木与〈新四川〉、〈人声〉旬报的几件史料》，《民国档案》1990 年第 1 期，第 17 页。

② 参见吴汝柏《王右木同志永远活在我们心中》，载中共江油县委党史办公室编《四川马克思主义运动先驱者——纪念王右木诞生一百周年》，四川大学出版社，1988，第 213 页。

的文章，阐明马克思主义基本原理，不仅超过其前身《新四川旬刊》，且为同时期四川其他进步刊物所不及。在创刊号《本社（〈人声〉报）宣言》中明确指出办报宗旨，即"一、直接以马克思的基本要义，解释社会上的一切问题。二、对现实社会的一切罪恶现象，尽力的布露和批评，以促进一般平民的阶级觉悟。四、注重此地的劳动状况，给彼辈以知识上的帮助……七、讨论马克思社会主义之学术的及实际的一切问题"。① 《人声》报内容丰富、形式多样，每期均载有不同体裁文章，旗帜鲜明地宣传马克思主义的剩余价值、阶级斗争、无产阶级专政等基本理论，介绍俄国十月革命的辉煌胜利，鼓动民众以俄国十月革命为榜样，进行革命斗争，力争建立一个社会主义新中国；宣扬爱国主义思想，反对帝国主义侵略，抨击四川地区"防区制"统治，揭露北洋军阀政府的黑暗；提倡男女平等、婚姻自由、社会公开，也探讨妇女运动、青年运动等问题。这些内容受到进步知识分子的极大欢迎，为他们深入了解马克思主义理论发挥了重要作用。

接办《甲子日刊》。1924 年，杨森成为四川军阀混战的胜利者，为巩固统治，他提出"建设新四川"的口号，积极筹划建设新四川的方案，并着手办日报作为他所谓"新政"的宣传工具。办日报事宜由其秘书秦正树负责。秦正树为留日学生，与王右木熟识，这时他也是社会主义青年团团员，遂找王右木商量。王右木召集会议商讨是否办报，并力排众议认为，利用反革命的东西为革命事业服务是有很多先例的，利用军阀力量开展革命运动去进行斗争和为了革命打进资产阶级政府中去工作，也是马列主义策略的正确运用，并指出目前我们的力量太薄弱了，许多工作都搞不起来。我们绝没有力量来自办一个日报，即使办起来也难以维持下去，而日报的重要性是不言而喻的，一件事总是有两个方面，既有利的一面，也有弊的一面，如果弊大于利，可以考虑不干，但如果利大于弊就可以干了。经过大家讨论，利大于弊的情况是可信的，因此才决定接手来办，因 1924 年是甲子年，所以报纸定名为《甲子日刊》。《甲子日刊》的积极承办，展现了王右木革命斗争策略的灵活性，具有把马克思主义理论的观点、方法应用于革命斗争实践的能力。

《甲子日刊》出版筹备工作进展迅速，在 1924 年 2 月便出版。在报社组

---

① 原载《人声》报创刊号，收于中共江油县委党史办公室编《四川马克思主义运动先驱者——纪念王右木诞生一百周年》，四川大学出版社，1988，第 149 页。

织上，秦正树为社长，王右木担任主笔或总编辑。《甲子日刊》的宗旨是建设新四川，即消灭四分五裂的割据局面，反对防区制，求得四川的统一；为了实现这一宗旨，就要求在建设新四川时必须使人民休养生息、免除一切苛捐杂税，停止预征钱粮；兴办实业、发展交通，修建公路，畅通货物运输，活跃地方经济；传播新思想，介绍新事物。因此，反对保守思想，反对封建势力，就是当时《甲子日刊》的工作方向。虽然王右木谦逊朴实，作风民主，对人的态度极端和蔼，使人易于亲近，但他又原则性强。承办《甲子日刊》时，他与社长秦正树研究报社工作，遇到原则性问题，常常争执到面红耳赤也决不让步；而对于同志提出的意见，都虚心接受，即使不正确，也耐心讲清道理，没有丝毫抵触情绪，这些都表现了他具有优良的革命作风，树立了牢固的群众观念。《甲子日刊》的承办让王右木更加坚定了共产主义信念，他经常以坚定的口吻说，帝国主义必然灭亡，封建军阀必然被打倒，社会主义必然实现，这是社会发展的规律，是谁也不能改变的。但是，我们不能坐而等待，必须努力工作，以加速革命的胜利。[①]

作为四川地区杰出的革命领袖，王右木深知不仅要进行马克思主义思想的理论传播，而且要在实践中创建革命组织。

（二）指导成都社会主义青年团的创建，领导团组织开展革命活动

创建中国共产党的党、团组织是一项艰巨且极具挑战性的工作。王右木充分展现出革命家的才能，快速推动了这项工作的开展。

四川是马克思主义党团组织建立比较早的省份之一，王右木便是四川马克思主义传播者的领军人物，他首先创办了马克思读书会，继而创办了《人声》报，吸引广大知识青年，使很多革命青年在他的影响下积极建立团组织。"此地地方团未成立时，我们老早受了王右木先生的感化，因为王先生他创办了一个《人声报》社，我们有多少都是这报社的社员；又因为王先生为宣传研究起见，就在今年二月间成立了一个马克思学会，这学会感化的人也确不少。及后大家想，办报来宣传和学会来研究固然好，但是莫有一种真

---

① 参见《有关王右木同志的片段回忆》，载中共江油县委党史办公室编《四川马克思主义运动先驱者——纪念王右木诞生一百周年》，四川大学出版社，1988，第257、265页；吴汝柏：《王右木同志永远活在我们心中》，四川大学出版社，1988，第222~226页。

正做革命事业的团体，这真精神，终究不能结合来实（际）施行，不过空谈罢了，所以想结合团体的心理，就在今年夏季勃然而生。"① 这些青年学生在王右木影响下自发建立青年团组织，并得到其肯定和积极指导。1922 年 10 月初，王右木由沪返川，带回中国社会主义青年团第一次全国代表大会通过的纲领、章程和几个决议案。10 月 15 日，13 名团员聚集在王右木家中，正式成立成都社会主义青年团地方执行委员会，在选举执行委员时，王右木以最多数票当选，由于他的年龄超过团章规定而不能担任团的执行委员。但是，为了使四川这个新生的革命组织能够得到健康发展，他仍然义不容辞地担负起指导成都团地方执行委会的工作。

为提高团组织的战斗凝聚力，王右木组织成都社会主义青年团投入实际斗争，大造革命声势，通过社会活动扩大政治影响。1922 年夏，四川教育界爆发了一场争取教育经费独立的群众运动，这次运动是四川军阀长期压迫剥削的结果。他首先领导和组织马克思读书会会员们立即投入运动，以读书会会员为骨干的四川学生联合会号召各校学生支援教育经费独立运动。然后，他又率领成立伊始的四川社会主义青年团团员们投入了轰轰烈烈的四川教育经费独立运动。斗争由成都波及全川，形成了一场波澜壮阔、声势浩大的群众运动。

早在 1920 年 9 月，四川省教职员联合会在成都高师召开了教育经费独立问题大会，王右木在大会上讲演道："吾以国民资格、教育家资格，均应质问政府，吾川国家税收及地方税每年合计不下三千余万元……而国税数年未解中央，何以最小量之教育费每年不过六十万余元，无款开支？以此欺诈国人，万万不能承认。如再能忍受下去，吾人人格安在？"② 会后，教职员联合会全体会员与高师数百学生冒雨前往省署质问，义正词严地反责政府对四川教育的摧残，强烈要求教育经费独立。1921 年 11 月，成都学生为争取教育经费独立进行罢课，四川省学生联合会也致函省长公署，要求划拨专款维持教育事业。在群众运动的压力下，省署行政会议于 1921 年底通过了"整顿肉税以谋教育经费独立案"。

---

① 《团成都地委向团中央的报告——关于团地委的成立情况》，载中央档案馆、四川省档案馆编《四川革命历史文件汇集（1922—1925）》，1986，第 41 页。

② 《王右木在四川省教职员联合会成都高师教育经费独立问题大会上的演讲》，《国民公报》1920 年 9 月 6 日，载中共江油市委党史研究室、江油市国家档案馆编《四川马克思主义运动先驱·党团组织创始人王右木》，光明日报出版社，2017，第 322 页。

　　1922 年 3 月，四川省教职员联合会召开紧急会议要求省财政厅发欠薪；4 月 1 日，重庆学生为争取教育经费独立又举行了大规模的示威游行。王右木在成都领导团员和读书会会员，推动各校师生开展了比以往任何一次规模都大的教育经费独立运动。王右木在高师附中召开各校社青团员会议，他在教职员联合会和学生代表会上被推举为这次运动的代表团总指挥。6 月 10 日，成都各校学生为争取教育经费独立举行示威。成都教职员争取教育经费独立罢课宣言指出："想我们全省岁入三千多万（元），一大半都拿去养兵，连这区区一百多万的肉厘，他们都舍不得分出来。教育是全川人共同问题，不单是教育自身的问题，更不是我们少数教职员的饭碗问题。"① 为指导和鼓舞成都师生的正义斗争，社会主义青年团发表了《四川社会主义青年团宣言》（以下简称《宣言》），号召教职员和学生积极行动起来，动员"平民的同胞们"与"军阀阶级实行阶级斗争"。《宣言》还提出争取教育经费独立成功的三个阶段："第一步，用缓和的方法，先从部分解决下手，以争教育经费为起点，用妥协的态度与军阀争持，如其军阀不能觉悟，不能妥协，这就是军阀自重其罪，正好与我们平民口实，即刻取第一步办法，仍是部分解决。第二步，用激烈斗争的方法，这步方法乃是我们平民完粮纳税该受教育的权利。实行'为民请命'的大运动。……第三步，平民压迫总解决运动的好方法，到这步方法不消说大家都罢课，无事正好大运动，正是平民曙光发现时……"② 《宣言》明确提出了四川教育经费独立运动的性质、目的、方法、步骤和意义，要求全体教取员和学生"一致起来奋斗"，积极开展社会主义革命运动，这样达到教育经费独立的目的才能"易如反掌"，进而实现推翻军阀统治的目的。争取教育经费独立运动是成都社会主义青年团第一次在四川公开登上政治舞台，扩大了青年团的社会影响力。6 月 12 日，他率领学生代表到省议会请愿和旁听。为支持成都教育经费独立运动，13 日，成都各主要街道纷纷罢市；6 月 18 日，重庆教职员联合会召开全体大会；6 月 20 日，重庆各校举行罢课，全国各地报刊报道了斗争情况，引起了极大反响。

---

① 《成都教职员争取教育经费独立罢课宣言》，原载《国民公报》1922 年 6 月 8 日，转引自中共江油县委党史办公室编《四川马克思主义运动先驱者——纪念王右木诞生一百周年》，四川大学出版社，1988，第 164 页。

② 《四川社会主义青年团宣言》，原载《国民公报》1922 年 6 月 11 日，收于中共江油县委党史办公室编《四川马克思主义运动先驱者——纪念王右木诞生一百周年》，四川大学出版社，1988，第 162 页。

四川省议会迫于形势，最终通过师生代表提出的议案，斗争获得全面胜利。这次争取教育经费独立的斗争在四川人民特别是青少年心中引起强烈反响，一大批初步接受马克思主义的青年学生受到锻炼和提高。这次革命斗争实践，为革命锻炼了干部，使他们日后成为革命斗争的骨干力量。

（三）组织领导四川工人运动

王右木既是马克思主义理论宣传家，也是一名革命活动的实干家。"五四"时期，成都人口逾 30 万，是四川的政治文化中心，也是中国的重要都市之一，但近代工业基础很差，规模也不大，"只有兵工厂、造币厂、电灯公词、邮局、印刷局外，纺厂甚小、余无工厂，概手工业、家庭工业"。① 产业工人仅数千，以四川兵工厂、造币厂规模最大、工人最多。在经过深入调查后，王右木认识到"成都巨大的工厂少，有反抗性之团体尤少"② 的特点。成都有手工业工人、苦力工人 10 万人之多，他根据成都工人队伍的特点，组织读书会成员分头到各行业工人做宣传启发工作。特别是"长机帮"工人，他们人数最多，比较集中且阶级对立明显，有较强的反抗性、团结性和战斗性。"会四川机织帮七八千人不甘久受资本家有加无已之压迫，如工人生产品高前数倍，生活费较前腾贵数倍，工人工资仍是照前无丝毫变更，甚且虐待机帮工人。"③ 根据这些客观情况，王右木形成了在成都开展以手工业工人为主体的工人运动策略。同时，他深入研究四川各类工人组织，对四川工会、四川总工会、成都劳动自治会、四川工党、行会等工人团体组织情况、政治倾向和能否代表工人利益等方面做了深入考察：四川工会是资产阶级的工会，以工界中贵族自居；四川总工会则如会贩子，仰人鼻息，没有群众基础；四川工党有名无实，从未对工人尽过职责。在深刻分析现有工会组织特点的基础上，王右木认为，要在成都开展工人运动，只有成立代表工人利益

---

① 王右木：《致团中央负责人的信》（1922 年 10 月 11 日），载中共江油县委党史办公室编《四川马克思主义运动先驱者——纪念王右木诞生一百周年》，四川大学出版社，1988，第 99～100 页。

② 王右木：《致团中央负责人的信》（1922 年 10 月 11 日），载中共江油县委党史办公室编《四川马克思主义运动先驱者——纪念王右木诞生一百周年》，四川大学出版社，1988，第 99 页。

③ 王右木：《四川劳动界一线曙光》（1923 年 5 月），载中共江油县委党史办公室编《四川马克思主义运动先驱者——纪念王右木诞生一百周年》，四川大学出版社，1988，第 135 页。

的工会组织，才能使工人运动有起色。

王右木在创办《人声》报时，对如何领导工人运动作了较多的理论概述。他提出对于开展劳工运动要注重现实，注重本地的实际情况，注重吸收世界劳工运动的经验教训，注重策略，促进劳工的阶级觉悟，提高其文化素质，要和世界劳工运动相结合。这充分体现了王右木的马克思主义理论水平，这是任何一个教条主义者不可能有的认识。当中国工人运动掀起第一个高潮时，1922年10月，他建立了社会主义青年团成都地方执行委员会，分工钟善辅、刘亚雄负责工人运动①，开始有目的、有组织地向工人灌输马克思主义，使成都工人运动在马克思主义的引导下发展壮大。为了提高工人的觉悟和文化水平，他开办了成都第一个宣传马克思主义的夜校。随后，社青团员在省立师范学校、四川政法学校等先后开办平民教育社、工人夜校，教工人学习文化知识，讲解革命道理。他常常从工人的切身利益谈起，深入浅出地讲解剩余价值和科学社会主义的基本理论，向工人说明工人阶级要求生活待遇改善和自身解放，只有组织起自己的工会，团结工人群众的力量去争取，进而启发他们的阶级觉悟。

在王右木的正确指导下，社青团经常利用全国性的政治运动和政治事件来组织全市性的工人运动斗争，以增进工人团结和阶级整体意识。1922年10月，王右木组织声援开滦煤矿工人反帝大罢工，提出反对英美帝国主义，打倒北洋军阀的口号。② 1923年2月下旬，"二七"惨案消息传到成都，王右木组织发动工人参加数千人的群众大会，会后示威游行，声援京汉铁路工人的英勇斗争。工人的阶级整体意识有了一定程度的提高，为工人运动的发展提供了必要条件。1923年5月1日，在纪念"五一"国际劳动节中，在青年团成都执委会组织下，由"长机帮"、"刺绣帮"、"粗丝帮"、"生绸帮"、"建筑帮"和"牛股帮"等工人协会联合成立成都劳工联合会，会上发表了《人日宣言》，庄严地宣称："我们工人产生一切物品，我们工人亦将产生庄严光明的世界。我们是世界上的真主人！"③ 会议通过了改工钱为工银、禁拉

① 张秀熟：《四川马克思主义运动先驱者——记王右木烈士》，中共江油县委党史办公室编《四川马克思主义运动先驱者——纪念王右木诞生一百周年》，四川大学出版社，1988，第180页。
② 吴汝柏：《王右木同志永远活在我们心中》，载中共江油县委党史办公室编《四川马克思主义运动先驱者——纪念王右木诞生一百周年》，四川大学出版社，1988，第219页。
③ 施存统：《中国共产党成立时期的几个问题》，载中国社科院现代史研究室、国家革命博物馆党史研究室编《"一大"前后》（文集）（二），人民出版社，1980，第36页。

夫、普及工人教育、废治安警察等四项提案。这是四川第一个在社青团领导下成立的全市性工人组织。这一组织是为工人谋利益的真正的"工人的工会"，标志着以手工业工人为主体的四川工人运动在团组织的引导下进入了新阶段。成都劳工联合会在成立大会上通过了维护工人正当权益的四项提案，四川工人阶级开始以崭新的姿态登上政治舞台，为成都中国共产党组织的建立奠定了坚实的阶级基础。

（四）创建中共成都独立小组，建立广泛的统一战线

王右木完全贯彻执行党中央的建党原则和统战政策，在建党方面按照党章规定从优秀团员中选择积极分子入党，成立四川最早的共产党小组，在党团活动中积极、及时向党中央和团中央汇报交流工作，并根据革命形势发展的需要适时调整斗争策略，从各个方面建立广泛的统一战线。

王右木从事的各项革命活动，为四川建立最早的中共党组织打下坚实基础。他在成都组建了四川最早的马克思读书会，自费订购《新青年》、《觉悟》和《东方杂志》等进步刊物，还手抄或油印《共产党宣言》供大家学习。王右木对读书会成员的前期安排是，阅读《新青年》等报刊和宣传社会主义与十月革命的书籍，让初学者从基本知识着手，经过一段时间的学习后，就开始结合当时的社会问题展开讨论，还带着读书会成员利用节假日举行讲演会。王右木通过组织马克思主义读书会和创办《人声》报，宣传马克思主义，联系和团结了四川一批进步青年，并结合四川社会的实际，初步认识了一条正确的革命道路。四川早期的青年团员和共产党员大多是马克思读书会的会员和受到《人声》报影响的进步青年，为后来成都社会主义青年团和共产党组织的建立奠定了政治基础。

在读书会成员中选择坚定地信仰马克思主义的革命青年参加共青团成都支部，在团组织中考察年龄稍长的优秀进步团员，根据党中央对地方党组织建立章程的要求，成都成立四川最早的党小组，当时在四川的一些马克思主义革命者具有党员、团员双重身份。"青年团成立之初，共产党员不管年龄大小，都参加进去，陈独秀、李达也都参加了。"[①] 早期四川团组织的创建史，是四川建党史上极富特色的一页。四川党组织的创建，是从团组织创建

---

① 施存统：《中国共产党成立时期的几个问题》，载中国社科院现代史研究室、国家革命博物馆党史研究室编《"一大"前后》（文集）（二），人民出版社，1980，第36页。

开始的。党员由团组织代为发展，党组织由团组织负责筹建，在党组织建立以前，团代党工作，发挥党的作用。这是中共地方党组织创建史上独具特色的篇章。1923 年 8 月，成都团地委书记王右木赴上海，向中央汇报工作，接受回川建党任务，于 10 月上旬回到成都，在团员中传达了中共中央关于在成都建立党组织的决定，并在团员中吸收了少数优秀分子转党。四川第一个中共组织于 1923 年 11 月初建立于成都，最初定名为中共成都独立一组，直属中央领导，负责人是王右木。① 成都独立小组的建立为后来四川各地党组织建设提供了组织基础，有力地推动了四川各地革命运动的迅猛发展。

分清敌友是统一战线的首要问题，王右木认为封建军阀是四川人民最主要的敌人。中国的社会经济发展极端不平衡，在 20 世纪 20 年代的四川，各种政治力量之间的关系极为复杂。辛亥革命失败后，四川成为北洋军阀势力角逐的战场，各系军阀为扩充地盘混战不休，军阀的割据和混战加速了城市阶级的分化和对立，手工业者、小店主等城市下层小资产阶级日益贫困，甚至破产失业。四川自然经济占统治地位和军阀割据，使农村与城市的关系更加密切，成都数百万农民所产粮食价格为地主军阀兼商人操纵，农民饱受盘剥和掠夺。王右木敏锐地发现，在封建军阀高压下，农民和城市平民是革命可靠的同盟军。他满腔热情地写道，在他们中蕴藏着"不少天然的可觉悟的矿苗，只在吾人慎切的向下层方面、各地的下层方面去接触，接触愈慎切，挥手可珠金，更且可说遍地皆是"。② 只有把他们组织起来，"四川革命事业才有可能取得最终胜利"。为团结大多数朋友去攻击真正的敌人，王右木做了充分的组织动员工作，为四川统一战线事业的发展做出了卓越贡献。

为调动千千万万的革命大军，王右木进行了多方面的探索和努力。他提出，要多在工人中发展党、团组织，知识界中的社青团员要更多地深入劳动人民中去做宣传和组织工作；要同农民谋联络，为此他和社青团员到农村深入调查；要将城市贫民"分街集合起来"，使之团结起来投入革命运动之中。1923 年 5 月，他又进一步提出在广大农村建立工农武装，同城市中有组织的工人、学生及贫民互相策应，反抗以军队为支柱的北洋军阀统治。1923 年 7 月，中共三大正式确定了以国共两党合作为中心的革命统一战线方针，推动

---

① 中共江油市委党史研究室、江油市国家档案馆编《四川马克思主义运动先驱·党团组织创始人王右木》，光明日报出版社，2017，第 302 页。

② 《王右木致施存统的信》（1923 年 2 月 29 日），载中共江油县委党史办公室编《四川马克思主义运动先驱者——纪念王右木诞生一百周年》，四川大学出版社，1988，第 120~121 页。

国共合作在四川实现的重任就历史地落到王右木肩上。1923 年 8 月，他在对党的关于国共合作的决议进行深刻理解的基础上，在筹建四川党组织的同时积极促进国共合作。他向团员们传达了党的关于国共合作的决议，要求团员们改变对国民党的对立态度，针对社青团员几乎一致的反对意见，他耐心对社青团员进行说服教育，带头以个人身份加入国民党，帮助国民党支部改组，并向他们做国共合作的讲演。11 月中旬，国民党四川总支部正式成立，王右木任宣传科副科长，这标志着国共合作在四川的首次正式建立。他对国共合作从怀疑到率先以个人身份加入国民党，促进国共合作在四川顺利落实，成为第一次国共合作中坚决执行党的统一战线方针并富有成效的地方党、团组织领导人之一。

（五）提出工农武装思想

王右木作为早期革命家，没有受教条主义束缚，没有照搬苏联攻打大城市的经验，也没有被党内城市中心论迷惑，而是紧密结合革命斗争实际，总结和发现新的革命理论，提出工农武装思想。

中共成立早期，在俄国十月革命影响下把工作重心放在城市，即以发动城市工人罢工斗争、推动国民大革命为出发点，进行反帝反封建的民主革命，而对农村进行土地革命、对农民进行动员和发动农民运动还普遍缺乏认识。1923 年 7 月，中共三大才正式通过了第一个《农民问题决议案》，也只是强调在未来国民革命中"有结合小农佃户及雇工以反抗牵制中国的帝国主义者，打倒军阀及贪官污吏，反抗地痞劣绅，以保护农民之利益而促进国民革命运动之必要"，[①] 并没有提到武装农民和把农民作为革命的力量之源。王右木运用马克思主义理论分析四川社会的实际情况，在《人声》报创刊号上写道："北京谋统一已六七年，仍是死也似的未进一步，四川独立自主亦已数年，仍是一样无丝毫长进。在前三年，人民所受时局的影响，是如何痛苦，再过三年，能够说时局自然会好，或不更痛苦吗？"[②] 时局如此的根源在于军阀武力争夺没有停止，武力没有被消除。对于兵匪祸乱四川，他于 1923 年 1 月与学生康明惠分别回到农村进行调查，在调查研究和斗争实践中逐渐

---

① 《中共中央文件选集》第一册，中共中央党校出版社，1989，第 151 页。

② 王右木：《一年来自治运动之回顾与今后的新生命》，原载《人声》报创刊号 1922 年 2 月 6 日，转引自中共江油县委党史办公室编《四川马克思主义运动先驱者——纪念王右木诞生一百周年》，四川大学出版社，1988，第 152~153 页。

认识到，武装工农是革命斗争中最可信赖的方法，并率先提出无产阶级要"化为有枪阶级"的独立掌握武装的思想。

1923 年 5 月 5 日和 18 日，王右木把自己对武装斗争的认识先后两次向团中央汇报。对四川民团状况进行分析，"四川各地方大势，皆愿有良好团练以自卫或清匪息民"①，在军阀混战、匪患成灾的四川，各地大肆开办团练组织，掌握着这支庞大武装的团练局长，往往与军阀和地方政府勾结、鱼肉乡民，"这种团首惧失其地位，转而接纳土匪，此为彼通声气，彼为此压服私仇，并互保永久实力以分肥"。② 这导致了各地军匪横行、人民生活苦不堪言的社会局面，使四川各地工农受苦最深，也成为最有觉悟的阶级，只待有人将其组织起来。因此，他提出了改造民团的计划，向团中央提出"招募有职业之工人农夫当门户团丁，但能每县团防局长，果有头脑，不难将各外州县无产阶级之农工青年，立刻化为有枪阶级。劳工专政，必自握军权始"。③

王右木在大革命前即提出工农武装思想，表现出其革命前瞻性。不久，中共三大召开，共产党的工作重心转移到国共合作、共同推翻北洋军阀的统治，他在实际工作中着力完成四川党员的教育说服工作，努力推动四川地区国共合作的顺利开展。这种工农武装思想随着时间的推移和实践发展，在中国共产党的发展历程中得到进一步深化，毛泽东提出："战争——从有私有财产和有阶级以来就开始了的、用以解决阶级和阶级、民族和民族、国家和国家、政治集团和政治集团之间、在一定发展阶段上的矛盾的一种最高的斗争形式。"④ 这就需要工农阶级成为有枪阶级，开展武装斗争。在王右木思想的影响下，主张夺取和改造民团以掌控武装近乎达成共识，成都地方团书记张霁帆在给团中央的一封全面汇报四川工作的信中提道："四川的兵匪遍地皆是，在城市则为兵，入乡野则为匪，……近年同志注意兵（民）团者甚多，投身入内以谋活动者亦不少。在川办团，既可以御兵匪左右政治教育，

① 《王右木给施存统的信》（1923 年 5 月 5 日），载中央档案馆、四川省档案馆编《四川革命历史文件汇集（1922—1925）》，1986，第 79 页。
② 《王右木给施存统的信》（1923 年 5 月 5 日），载中央档案馆、四川省档案馆编《四川革命历史文件汇集（1922—1925）》，1986，第 79 页。
③ 中共江油县委党史办公室编《四川马克思主义运动先驱者——纪念王右木诞生一百周年》，四川大学出版社，1988，第 117 页。
④ 《中国革命战争的战略问题》（1936 年 12 月），载《毛泽东选集》第一卷，人民出版社，1991，第 171 页。

复可以借此机会办工农运动。"① 夺取、改造民团武装，使之成为组成工农革命武装的重要组成部分，最终由少数人的艰苦探索上升为贯彻四川地方党组织武装斗争的指导思想，也成为四川武装斗争颇具地方特色的形式之一。王右木筚路蓝缕的最早探索，具有不可磨灭的历史功绩。

（六）组织和领导妇女解放运动

王右木具有纵览全局、协调各方的能力。他在传播马克思主义理论、组织工农运动、建团和建党并积极开展各项工作的同时，并没有忽视妇女方面的工作。他认真学习贯彻党中央关于妇女工作的指示精神，把妇女解放运动发展到一个新阶段。

1921 年 6~7 月召开的共产国际三大提出关于加强妇女工作的指示："第三国际第三次大会议决，定各国共产党于他们的组织之旁设立特别委员会，以宣传广大的妇女群众，并令在各国创立——妇女部。"② 在中共二大前，中国共产党开始认识到妇女工作的重要性。"1921 年 8 月，刚成立的中国共产党帮助上海中华女界联合会进行改组，并在党的机关刊物《新青年》第 5 卷登载中华女界联合会的改造宣言和新的章程。"③ 11 月，陈独秀明确提出："关于青年及妇女运动，使各区切实注意；'青年团'及'女界联合会'改造宣言及章程日内即寄上，望依新章从速进行。"④ "1922 年 10 月 10 日上海党组织以女界联合会的名义，开办上海平民女校，才算真正开始了妇女解放的实际运动。"⑤ 王右木在创建党、团组织活动中，十分注意培养妇女骨干的工作。他在组织马克思读书会时，就注意吸收女性知识青年参加；在提高妇女思想觉悟的基础上，及时吸收她们加入团组织，又通过妇女中的先进分子去宣传和团结广大妇女，扩大积极分子队伍。王右木于 1923 年 4 月给施存统的信中介绍，"女界中接洽团员，有李竹筼（蓉城女校）、李芰云（同上）、

---

① 《张霁帆给团中央的信》（1924），载中央档案馆、四川省档案馆编《四川革命历史文件汇集（1922—1925）》，1986，第 179 页。
② 中央档案馆编《中共中央文件选集》第一册，中共中央党校出版社，1989，第 57 页。
③ 徐云根：《中共"二大"代表特点与纲领关系探析》，载中共"一大"会址纪念馆、上海革命历史博物馆筹备处编《上海革命史资料与研究》第二辑，上海三联书店，2002，第 166 页。
④ 中央档案馆编《中共中央文件选集》第一册，中共中央党校出版社，1989，第 10 页。
⑤ 徐云根：《中共"二大"代表特点与纲领关系探析》，载中共"一大"会址纪念馆、上海革命历史博物馆筹备处编《上海革命史资料与研究》第二辑，上海三联书店，2002，第 166 页。

王芳芹（家居）等，皆前函所报、钟亚弦介绍也"。① 可见，当时团组织就是通过李竹赟等骨干分子联系妇女群众来开展工作，为团组织输入新鲜血液。他还十分重视在实际工作中培养锻炼妇女骨干，通过她们在各个妇女社团组织中发挥作用，把党的主张变成妇女社团的行动。1923 年 1 月 16 日成立的四川女界联合会，在同年底改选时，李竹赟、钟亚弦等人被选到女界联合会，分别担任了宣传员、交际员等职务，并在其中发挥重要作用。到 1924 年底，社会主义青年团成都地方执行委员会成立了妇女支部，李竹赟被推选为支部负责人。②

王右木不仅在女学生中开展工作，还把妇女解放运动开展到妇女工作中去，努力使学生运动、工人运动和妇女运动结合起来，汇聚成浩浩荡荡的革命洪流。1923 年 9 月，重庆女工联合会成立并发表宣言，深刻揭露旧制度下无产阶级过着奴隶生活，要求妇女为争取"女子参政""男女平等""工场卫生""女工保护法""八小时劳动制"的目标而努力斗争。王右木对妇女工作高度重视，妇女工作在党团工作中占了重要位置，为引导妇女革命运动创造了条件。1921 年中国共产党成立后，中国的妇女解放运动进入了新的历史时期。当时四川的妇女解放运动主要表现在女权运动上，以女子参政为主要目标。他对妇女解放问题进行了探索研究，在 1923 年致施存统的信中深刻提出"既死之女权运动同盟，于女子国民大会时已曾恢复。成都女子团体，已有女子联合会、女子国民大会。女子国民大会方面发起女子北伐队，联合会方面发起女子教国会，两派皆是川事宪法审察员为目的者也。资本制下之争参政，自作孽自受之，其事后不已，已卒够彼辈之享受矣"。③ 王右木对女权运动同盟已恢复活动表示称许，但对两派都囿于参政目的的狭隘局面不赞同，他要按照党的方针政策为妇女开创一条新的道路，就是走无产阶级彻底解放的道路。他在《人声》报上呼吁妇女解放，提倡男女平等；创办马克思读书会向妇女宣传马克思关于无产阶级妇女解放的理论，教育引导妇女摆脱狭隘的参政意识。

综上，王右木在四川早期革命时期做了大量的工作，发挥了重要作用，

---

① 《致施存统的信》（1923 年 4 月 30 日），载中共江油县委党史办公室编《四川马克思主义运动先驱者——纪念王右木诞生一百周年》，四川大学出版社，1988，第 123 页。
② 中共江油市委党史研究室、江油市国家档案馆《四川马克思主义运动先驱·党团组织创始人王右木》，光明日报出版社，2017，第 469 页。
③ 《致施存统的信》（1923），载中共江油县委党史办公室编《四川马克思主义运动先驱者——纪念王右木诞生一百周年》，四川大学出版社，1988，第 115 页。

是中国共产党早期组织和领导群众革命，推翻反动统治、翻身求解放的代表人物，在中国共产党革命史上占有重要地位。

图 9 - 1　江油市武都镇王右木纪念馆　王右木雕塑

资料来源：《盛夏不怕热之：右木纪念馆》，爱卡汽车网，https：//www.xcar.com.cn/bbs/viewthread.php？tid=30082305。

二　王右木的历史地位

王右木作为四川最早的马克思主义理论宣传家和无产阶级革命家，早期通过各种方式和途径积极宣传马克思主义理论，扩大马克思主义理论的影响和辐射范围。他不是教条地解读马克思主义理论文本，而是把马克思主义理论应用在中国革命实践之中。在其革命生涯中，王右木卓有成效地组织建立了四川最早的团组织，领导团组织开展形式多样的革命活动；创造性地组织引导手工业工人建立工人行业协会并以此为基础进行工人运动；根据党中央的指示精神和党章规定建立四川地区最早的党组织；克服艰难险阻建立最广泛的统一战线；鼓励和引导妇女参与政治，推动妇女解放运动向前发展。

（一）理论传播与探索

王右木的历史地位由他对革命多方面的贡献决定。在革命斗争过程中，他一方面重视对马克思主义的传播，另一方面根据斗争实践独立自主地进行理论探索，是中国共产党最早提出工农武装思想的第一人，对党的理论建设做出了重要贡献。

1. 王右木在四川早期马克思主义理论宣传中占有重要历史地位

俄国十月革命胜利及五四运动的爆发，给中国人民带来了思想大解放，激起有识之士探求革命道路、改造旧社会、追求真理的强烈愿望。在这样背景下，四川也掀起了学习和传播马克思主义的热潮。在宣传马克思主义理论的过程中，王右木处于时代潮流的前端。他通过课堂教育、组建学生社团、创办报纸等方式不遗余力地介绍和宣传马克思主义理论，为四川马克思主义理论的广泛传播和扩大马克思主义理论的影响做出了重要贡献。他在教育实践中把马克思主义理论有机融入各类课程之中，运用马克思主义理论分析社会问题，以达到其教育救国理念和教育为革命培养人才的目标。办教育是手段，通过教育培养革命人才，实现振兴中华大业才是目的，因此可以说他是一位出色的革命教育家。在课堂之外创办马克思读书会，王右木带领会员积极参加在马克思主义理论指导下的各种社会活动，上街头、到市场、进茶馆进行宣传演讲，到农村进行社会调查，支持学生运动、声援工人罢工、抵制日货、反对侵略等各类活动。马克思读书会活动的广泛开展，扩大了马克思主义在成都的影响，团结了进步的青年学子，组织他们参与革命斗争，使一批批青年知识分子迅速成长。会员发展最多时达百人，为后期四川革命运动培养了精锐干将，也为四川团组织建立和党组织发展打下了坚实的基础。

由于课堂内外接触的大都是青年学生，对马克思主义理论的宣传有一定局限性，为此，他积极创办报纸，进一步扩大宣传马克思主义理论的影响。其中，《人声》报为四川的马克思主义思想传播起到了重要的推动作用，影响巨大。《人声》报不仅在四川区域内发行，还发行至省外。《人声》报读者范围广，不但包括青年学生和先进知识分子，还涵盖其他各阶层劳动者。《人声》报在四川撒下革命种子，起到了革命播种机的作用，不少热血青年在《人声》报的影响下走上革命道路，对推进四川革命运动产生了极其深远的影响。他扎实的工作一步步扩大了马克思主义理论在四川的影响。这些成绩的取得离不开王右木殚精竭虑的操持，凝结着他的心血。王右木为我们树立了一个无产阶级革命者的光辉形象。他积极在四川传播马克思主义思想，书写了四川革命历史的新篇章。他通过创造性的工作，克服种种困难和阻力，把马克思主义理论广泛地传播到工人、学生、知识分子和人民群众之中。他传播马克思主义理论的方法灵活，形式多样，影响深远。作为马克思主义思想在四川的最早传播者，他的理论宣传使四川广大青年和人民群众了解了马克思主义的先进性和人民性，"理论只要说服人，就能掌握群众；而理论只要彻底，就能说服人"。① 这为提高人民群众的政治觉悟和在四川地区顺利开展马克思主义各项运动打下了坚实的思想基础。

2. 王右木是工农武装斗争思想的最早提出者

工农武装斗争、枪杆子里出政权的思想是中国共产党经历了血的教训后才提出来的并在全党形成共识。它是中国革命走上胜利的法宝。难能可贵的是，王右木在早期与军阀、地方反动势力斗争的过程中就提出了工农武装斗争的重要性。这是一种革命斗争策略的创新，是高瞻远瞩洞察社会的真知灼见。

王右木对武装斗争问题的认识在大革命发生之前即有深入研究，在四川乃至中国革命史上都弥足珍贵。首先，他从四川革命运动受到大小军阀武力压迫的艰难斗争环境下，总结经验教训，从无产阶级要抓枪杆子的高度，响亮地喊出了"劳工之专政必自握军权始"的口号，首次明确提出了无产阶级要掌握武装的思想和进行武装革命的重要性。其次，他不仅从四川一地实情出发，而且推及全国，询问团中央武装工农问题"各地同志能注意及此事否？"希望中央采纳自己的主张。这表明，他已经认识到，无产阶级独立掌握武装在民国时期革命斗争策略的普遍意义和重要性，这是对半殖民地半封建中国国情的深刻认识，初步具有新民主主义革命思想萌芽。这一思想是成立初期缺乏斗争经验的党组织忽视的，足见王右木深刻理解和把握马克思关于无产阶级专政理论并应用于中国实际的前瞻性。最后，他大胆提出四川开展武装斗争的一条重要途径，就是从封建民团武装入手，暗中注入新活力，彻底改变其性质，以建立工农革命武装。这在当时确实是一种有勇气的见解。

（二）革命组织与实践

1. 王右木在四川社会主义青年团建设史上占有重要地位

王右木是四川社会主义青年团的主要创建人，如果没有他对团建设的积极活动和贡献，四川的社会主义青年团建立就会推迟相当长的一段时间；没有他对马克思主义的努力传播，就不可能有一大批进步青年和建团的骨干分子，不可能创造良好的建团的基础条件；没有王右木积极与党中央联系，团的组织既不易正式建立，也不易完善，团的思想建设和组织建设也不可能开展得那么有成效。如果没有王右木和他培养的马克思读书会的大多数会员，当时自发组织的社会主义青年团也不可能建立。正是在他的积极引导和努力

---

① 《马克思恩格斯全集》第三卷，人民出版社，2002，第207页。

图 9 - 2　2017 年 11 月 12 日，以"传承先烈风范，建设伟大工程"为主题的纪念
王右木诞辰 130 周年学术研讨会在四川省江油市举行。在王右木烈士雕像前，
社会各界人士敬献花篮

资料来源：《专家学者齐聚四川江油　挖掘传承红色文化遗产（图）》，杨勇摄，中国新闻网，
http：//www.chinanews.com/sh/2017/11 - 12/8374605.shtml。

实践下，一大批青年学生和先进的知识分子，如童庸生、钟善辅、郭祖劫等
才接受了马克思主义理论，组建成都社会主义青年团，并走上社会主义革命
道路。四川社会主义青年团的建立为创建中国共产党四川支部奠定了思想基
础和组织基础，为在四川开展革命斗争和共产主义运动培养了一代人。

　　2. **王右木在四川早期工人运动史上占有重要历史地位**

　　王右木不仅在四川缔造了共青团，还带领共青团与工人运动相结合，开
展了轰轰烈烈的工人运动。他从四川实际出发，创造性地运用马克思主义基
本原理，在新民主主义革命初期，组织和领导了以手工业工人为主体的四川
工人运动，将中国共产党领导中国革命的方针、路线和策略在四川工人运动
中具体化，成为四川早期工人运动的领袖。

　　王右木自 1919 年 6 月回到成都后，就注意研究四川工人队伍状况。1922
年 10 月成都社会主义青年团成立后，他便把工作重点放到工人运动上，指
导成都的工人运动向纵深发展。

　　1922 年 7 月，他在上海向团中央汇报、请示工作后回川，投身于工人状
况的调查，着手于带领工人开展运动。1922 年秋，长机帮工人罢工失败，他
总结经验教训，深入工人之中，结识了孟本斋等一批工人骨干，办起了第一
所工人夜校，建起了成都第一个工人组织——长机工会。王右木对全川已有

的几个工团进行了考察，下决心创建工人阶级自己的联合组织。经过长时期细致、艰苦的工作，在成都地方团的领导下，1923年5月1日召开了成都市劳工联合会成立大会，宣布成都市劳工联合会正式成立。王右木创建的成都劳工联合会是四川工人阶级的一面光辉旗帜，标志着成都工人运动进入了新的阶段。自此，在成都劳工联合会的领导下，成都工人运动掀起了新高潮。

自1923年秋至1924年春。1923年秋，孟本斋向成都劳工联合会提出了反"三皇会"的提案，并致信王右木，请"先生面训为祷"。在王右木的直接指导下，长机工人进行了一次声势浩大的反"三皇会"、反"朱尺"的斗争。这次反"三皇"、反"朱尺"斗争，自1923年秋至1924年春，持续半年之久。工人们通过集会、游行、请愿、怠工等多种形式，进行维护自身权益的坚决斗争。这是成都劳工联合会成立以来第一次大规模的罢工斗争，充分显示了成都工人蕴含的巨大革命力量。这次斗争胜利的取得，是王右木在极端困难的条件下开拓工人运动的典型案例。

王右木大胆创新，在四川开了以手工业工人为主体的工人运动先河，这是马克思主义工人运动史中的创新。我们可以从他开创以手工业工人为主体的工人运动这一历史事实中得出一个真理，即马克思主义是我们工作的指南，而不是教条，只要我们运用马克思主义的立场、观点和方法来研究中国革命斗争的实际，把马克思主义的普遍真理与客观实践相结合，以人民群众的根本利益为根本出发点和落脚点，一切正确的方针、策略和政策都是可以产生的。在他的正确领导下，四川的工人运动既轰轰烈烈又扎扎实实。

3. 王右木在四川党组织发展和统一战线史上占有重要历史地位

王右木创建了四川党组织，在四川中共党史上占有十分重要的地位。王右木在1923年秋就建立了四川第一个党组织，即中共成都独立小组。他第一个在四川发展党员，第一个在四川开展党的组织建设和思想建设，为以后中共四川省委的建立培养了骨干、奠定了基础，为以后四川党的建设开辟了道路、提供了经验。四川党小组建立后，以实现无产阶级利益为职责的四川党组织在青年团组织的基础上逐步深入民众，将马克思主义革命理论与群众运动、工人运动密切结合起来，发挥了党组织的战斗堡垒作用。在他的领导下，四川党组织主要开展了四个方面的工作。一是坚决贯彻中共三大的决议，与国民党合作。王右木是促进第一次国共合作，在四川建立国共革命联合战线的积极实践者。二是组织党、团员办《甲子日刊》，借此公开合法地宣传马克思主义思想，拓宽党的舆论宣传阵地。三是组织召开隆重追悼列宁的大会，扩大马克思主义理论的影响，组织和引导群众革命运动。四是进行了党的组织建设和思想建设。从王右木建团、建党的过程中不难看出，四川是先建团后建党，党组织是在团组织的基础上建立的，党员由团组织的骨干分子中产生，党组织由团组织负责筹建，在党组织建立以前，团组织代替党组织的工作，发挥党组织的作用。王右木为四川党的创立和思想建设、组织建设做出了不懈努力，是四川建党的"元勋"。没有他的贡献，四川党组织的建立将会向后推延。

王右木是党中央的路线、政策在四川的忠实执行者。中共三大提出了建立革命统一战线的策略。他严格遵从党中央的政策决议，忠实地执行了这一策略。

中共二大提出了实现反帝反封建的民主革命纲领所必须采取的"民主联合战线"的策略原则，强调"我们既然要组成一个做革命运动的并且一个大的群众党，我们就不能忘了两个重大的律：（1）党的一切运动都必须深入到广大的群众里面去。（2）党的内部必须有适应于革命的组织与训练"。① 他指出党必须联系群众、发动群众，建成广泛的革命统一战线。

王右木是党的早期统一战线工作的开拓者。基于对四川政治、经济、社会状况和各阶段阶层力量的对比分析，他的统一战线工作理论和实践活动反映了他的建立以手工业工人为领导，广泛团结农民、学生和城市贫民等小资产阶级的下层统一战线反对封建军阀统治的基本战略和策略。

王右木忠实地执行中共二大的路线，做好四川的统战工作。中共三大更是确定以党内合作形式同国民党建立统一战线的策略，王右木继续忠实地贯彻执行党的统一战线方针，推动国共合作，领导党团组织帮助国民党开展群众运动，使上层统一战线与下层统一战线紧密结合、相得益彰，为四川反帝反封建革命运动的兴起做出了成功尝试，为促进四川革命统一战线做出了开拓性贡献。

4. 王右木是四川早期妇女工作的开创者

旧中国妇女地位极其低下，除了深受三座大山的压迫外，还受三纲五常封建思想的束缚。妇女受夫权、宗族权的制约，人身自由、社会活动受到极大限制，革命作用发挥不出来。王右木在四川开展了妇女解放运动。他是四川妇女解放运动的开创者。他把妇女工作看成是革命工作的一部分，积极支

---

① 中央档案馆编《中共中央文件选集（1921—1925）》，中共中央党校出版社，1989，第90页。

持妇女解放运动。

作为四川早期的马克思主义者，王右木对四川妇女解放运动的支持和指导作用很大，妇女解放运动纳入整个革命活动之中，对妇女解放运动从理论到实践上进行探索，并把妇女解放运动纳入国家和民族的总体利益之中，注重用马克思主义宣传、教育和组织妇女，从而为四川妇女解放运动指明了一条道路。

王右木是妇女工作的积极支持者。四川的妇女解放运动在他的引导下，针对妇女特点，解决妇女切身问题，显示了妇女是一支伟大的革命力量。如当时蓉城女校学监李子坚要把女学生张敬贤献给军阀杨森做小老婆时，妇女集会坚决反对，使其终未得逞，这是妇女界联合一致向封建势力进行的有力反击。1924年，女权运动同盟力量壮大，在五一国际劳动节追悼列宁的大会上，成为发起团体之一，在社会上产生了强烈反响，引起了社会对妇女问题的关注。

王右木是妇女解放运动的倡导者和支持者，鼓励和引导妇女参加革命活动。他主张打破封建礼教束缚，破除旧传统对妇女的压制，在社会生活中提倡男女平等、婚姻自由，教育妇女积极投身反帝反封建的革命斗争，培养妇女运动骨干，关心支持妇女团体活动，为四川妇女解放运动的发展奠定了基础。王右木的妇女解放思想和组织领导妇女解放运动的实践，为革命事业培养一批优秀女革命者，在革命战争年代为妇女解放事业做出了重要贡献。

综上，王右木在四川革命史和四川中共党史上占有重要的历史地位，是独树一帜的功勋元老，是四川马克思主义运动的先驱和四川党团组织的创建人。在王右木的艰苦奋斗下，马克思主义理论在四川得到广泛传播，培养了一大批青年成为坚定的马克思主义者，为四川党组织建设和发展积蓄了力量。王右木是四川工人运动、学生运动和妇女运动的开拓者，在四川中共党史上占有十分重要的地位，是无产阶级革命家、战略家和思想家。王右木根据成都工人队伍实际，创造性地组织工人阶级投入反帝反封建的革命斗争中，使工人运动与学生运动有机结合，既提高了工人阶级的政治觉悟，又锻炼了青年知识分子的革命能力。王右木思想开放、视野宽广，引领青年妇女走向革命道路，使女性的社会地位和政治素养得到进一步提升。他的教育革命思想、武装工农思想和建立统一战线的革命实践，对后来的新民主主义革命实践有重要启示。王右木的一生虽然短暂，却光辉灿烂。他对人民的贡献和在中共党史上的作用将被后人永远铭记。

**图 9 - 3　1952 年 7 月 18 日，中华人民共和国中央人民政府向王右木家属颁发的
由毛主席签发的"革命牺牲工作人员家属光荣纪念证"**

资料来源：《走进初心地·（1921—1930）｜王右木纪念馆：在这里寻找四川马克思主义运动的星星之火》，川观新闻，https：//cbgc. scol. com. cn/thinking/701892？from - related - news。

第二节　风骨长存传后人

　　作为无产阶级革命家，王右木具有优秀的品质和超乎常人的革命精神。这些崇高的精神品质今天仍然可以激励我们不忘初心、牢记使命，为我们实现"两个一百年"的奋斗目标及中华民族的伟大复兴而努力，这是我们的精神动力。

一　王右木崇高的精神和优秀的品质

　　共产主义战士、马克思主义理论宣传家和革命家、四川团组织建立者、党小组创建人，四川工人运动、农民运动和妇女解放运动的开拓者，早期新民主主义革命的优秀代表王右木，在四川革命大地上撒下了革命火种，终究形成轰轰烈烈的革命热潮。以王右木为代表的革命先驱，事不避难、义不逃责的决心和以身许国、无私奉献的行动，支撑党在成立初期、在历史征程中朝着一个又一个既定目标勇毅前行。

（一）甘于奉献、勇于牺牲的革命精神

党成立之初，中共一大明确提出要消灭剥削社会，解放全世界无产阶级和整个人类，可见党在创立之日就没有私利，以全心全意为人民谋利益作为奋斗目标和价值追求。正是有了这样的奋斗目标与价值追求，早期的中国共产党人为国为民甘于奉献、勇于牺牲，王右木就是其中的杰出代表。作为四川早期新民主主义革命的先行者，为了实现革命理想，在革命经费极其紧张的情况下，王右木倾其所有、义无反顾地投入无产阶级的解放事业中。作为成都高师的学监，他每月薪金近 200 银圆，本可轻松过得殷实生活，而他却要自筹经费创办《人声》报，并把全家人的生活费压低至 20 元左右①，其他一切工作费用，包括"工界接洽杂费，女界定期宣传费，Marx 读书会杂费，既往民权运动召集几次大会之费"②，同志上街工作所用茶饭费等，都由王右木个人承担，"自己生活久矣无着"，依然坚持"一切工作之费，非我莫能任之"③。作为无产阶级革命家，王右木舍小家为大家，不在意眼前的艰难困苦。王右木在 1922 年 10 月 11 日给团中央负责人的信中说："如要保持自己生活基础的父亲与家的团恋，最好就去当父母的儿子好了，莫要来当马克思的信奉者好了；若果认定马克思团体的纲领、章程、决议案，硬是达解放无产阶级的手段，硬是愿做解放无产阶级的事，那吗，自私自利的如一类顾自身生活来源的父亲的事，当然该牺牲了。我持此理最坚……"④ 他的这种甘于奉献、艰苦奋斗的精神为青年知识分子树立了榜样。王右木说："木现自私自利之念，尚不甚强。精神快乐之念，尚能战胜得过物质快乐之念。"⑤ 这正是无产阶级革命家高尚的精神境界，不在意眼前物质贫乏和生活困顿，在实现无产阶级解放的伟大目标面前自己的一切困苦都在所不计。

当时四川处在黑暗、混乱的军阀防区制时代，新旧军阀横行，反动势力

① 《致施存统的信》（1923 年 5 月 5 日），载中共江油县委党史办公室编《四川马克思主义运动先驱者——纪念王右木诞生一百周年》，四川大学出版社，1988，第 127 页。
② 《王右木给施存统的六封信》（1923 年夏），载中共江油市委党史研究室、江油市国家档案馆编《四川马克思主义运动先驱·党团组织创始人王右木》，光明日报出版社，2017，第 125 页。
③ 《王右木给施存统的六封信》（1923 年夏），载中共江油市委党史研究室、江油市国家档案馆编《四川马克思主义运动先驱·党团组织创始人王右木》，光明日报出版社，2017，第 126 页。
④ 《王右木致团中央负责人的信》（1922 年 10 月 11 日），载中共江油县委党史办公室编《四川马克思主义运动先驱者——纪念王右木诞生一百周年》，四川大学出版社，1988，第 96 页。
⑤ 中共江油县委党史办公室编《四川马克思主义运动先驱者——纪念王右木诞生一百周年》，四川大学出版社，1988，第 104 页。

猖獗，工人阶级和进步力量弱小，战祸连绵，经济凋零，人民陷于水深火热之中。反动派视马克思主义为洪水猛兽，对马克思主义者肆意迫害，对马克思主义运动疯狂镇压。军阀政客们的无耻行径，激起王右木的无比愤慨，他在写给施存统的信中提道："我之环境，生活压迫以至于减到极限，都何能稍苦着我，不特我，我之家小都同能甘之无懈。独至军政阀普通之阻碍之外，更有孙派民党之扒手，丑比烂娟，安派小子之跳梁，援类裤瘟，每使我归川以来，脑海被击刺无宁时。更兼教育经费独立学潮政变之后，熊派之人无处不是摆出伺隙便咬之狗偷样儿，平干白地，都以道出王右木之罪恶，以为买好权要之材料。"① 1922 年 4 月，王右木在《人声》报的"地方通讯"栏中揭露了驻江油的小军阀刘膏腴搜刮民财鱼肉百姓的罪行，这一行为却累及两个哥哥。大哥被关押半年身受重伤，二哥被毒打身亡。家人的悲惨遭遇丝毫不能动摇王右木的革命意志，作为一名马克思主义者，他随时准备为无产阶级革命事业献出生命。对于这种勇于牺牲的革命精神，刘少奇曾讲得非常透彻，"'杀身成仁''舍生取义'，在必要的时候，对于多数共产党员来说，是被视为当然的事情。这不是由于他们的个人的革命狂热或沽名钓誉，而是由于他们对于社会发展的科学的了解和高度自觉"。② 马克思主义的科学预见性孕育了建党初期以王右木为代表的中共党员对革命必胜的坚定信念和为这一信念而甘于奉献、勇于牺牲的精神。

"回顾党的历史，为什么我们党在那么弱小的情况下能够逐步发展壮大起来，在腥风血雨中能够一次次绝境重生，在攻坚克难中能够不断从胜利走向胜利，根本原因就在于不管是处于顺境还是逆境，我们党始终坚守为中国人民谋幸福、为中华民族谋复兴这个初心和使命，义无反顾向着这个目标前进，从而赢得了人民衷心拥护和坚定支持。革命战争时期，为实现民族独立、人民解放"③，以王右木为代表的中国共产党人，不计个人利益、不畏生死，一心为民族独立和人民解放奉献自己的一切。在王右木短暂而光辉的一生中，他把自己的青春、智慧与热血毫无保留地贡献给了我们党早期的马克思主义革命事业。作为一名马克思主义的坚定信仰者，王右木用实际行动践行着为共产主义事业献身的革命宏愿。无论时代如何变化，中国共产党人追

---

① 《王右木致施存统的信》（1923 年 2 月 29 日），载中共江油县委党史办公室编《四川马克思主义运动先驱者——纪念王右木诞生一百周年》，四川大学出版社，1988，第 119 页。
② 《刘少奇选集》上卷，人民出版社，1981，第 134 页。
③ 《习近平谈治国理政》第三卷，外文出版社，2020，第 530 页。

图 9 - 4 2018 年 6 月 29 日，绵阳市消防支队在江油市王右木
纪念馆举行主题党日活动

资料来源：《【感受思想力量　践行时代使命】绵阳消防举行"不忘初心　铁心向党"主题党日活动》，四川绵阳消防网易号，https：//www.163.com/dy/article/DLNVHU440514BDA4.html。

求共产主义远大理想的目标没有变，实现人民对美好生活的追求没有变，中国共产党人甘于奉献、勇于牺牲的革命精神没有变。

（二）实事求是、勇辟新路的创新精神

四川是一方具有光荣革命传统的热土。王右木在传播马克思主义理论时，注意从四川的实际出发，展现出实事求是、勇辟新路的创新精神。在成都组织工人运动之前，他经过充分调研走访发现，当时的成都，只有兵工、造币两厂共有 1000 余人算得上是产业工人，而且工人都受军阀直接控制，有军警、工贼严密把守，一时很难接近和发动。另外是星罗棋布的几十人、十几人为一个作坊的丝绸工人，有 1 万余人，劳动条件、生活待遇极为低劣，发生过的多次自发性的反抗均以失败告终。王右木决定先把手工业工人组织起来，以此来打开工人运动的新局面。陈独秀曾指出："马克思的学说和行为有两大精神，刚好这两大精神都是中国人所最缺乏的。第一，实际研究的精神。第二，实际活动的精神。"① 而王右木此两种精神皆具备。毛主席曾经

---

① 《陈独秀文集》第二卷，人民出版社，2013，第 249 页。

讲过，"共产党的正确而不动摇的斗争策略，决不是少数人坐在房子里能够产生的，它是要在群众的斗争过程中才能产生的，这就是说要在实际经验中才能产生。因此，我们需要时时了解社会情况，时时进行实际调查"。① 王右木根据成都手工业工人阶级队伍的实际情况，实事求是地运用马克思列宁主义的立场、观点和方法，创造性地开展和组织以分散的手工业工人为主体的工人运动，在工人运动史中占有重要地位。

王右木的这种实事求是、勇辟新路的创新精神，体现了其作为一名马克思主义者从理论到实践的一次伟大的创造和飞跃。这种精神品质是党在革命、建设和改革过程中一以贯之的法宝，党的各项事业取得成功的关键在于我们不断突破，不墨守成规、不教条僵化地理解和运用马克思主义。在这一精神品质的影响下，党开辟了一条农村包围城市、武装夺取政权的新民主主义革命道路；创造性地完成了社会主义工业化和社会主义三大改造同时并举的社会主义建设；认清社会主义本质，开创了中国特色社会主义现代化建设的伟大事业。"历史总是要前进的，历史从不等待一切犹豫者、观望者、懈怠者、软弱者。只有与历史同步伐、与时代共命运的人，才能赢得光明的未来。"② 进入新时代，中国共产党人正在以实事求是、勇辟新路的创新精神领导中国人民推进伟大事业，建设伟大工程，进行伟大斗争，实现伟大梦想，在奋力实现中国梦、实现"两个一百年"的伟大目标中凝聚力量，夺取新的更大胜利。

（三）顾全大局、团结奋斗的集体主义精神

一个没有大局意识的人难以成就大业，一个没有感召力和凝聚力的人也不会带领众人形成合力。王右木既有大局意识又有感召力和凝聚力。

1. 引导青年知识分子转变思想

王右木对当时四川大多数青年知识分子加入无政府主义组织深感痛心，决心花大力气做通这些人的思想工作。他深刻地认识到与工农群众相结合是引导共产主义知识分子克服无政府思想影响的良方，因此在历次学生运动和组建马克思读书会的过程中，都十分注意引导和鼓励无政府主义者参加。1922 年 6 月，王右木率领社会主义青年团员和受无政府主义影响的青年知识分子领导成都争取教育经费的独立运动，在斗争中引导无政府主义者的思想

---

① 《毛泽东选集》第一卷，人民出版社，1991，第 115 页。
② 《习近平谈治国理政》第二卷，外文出版社，2017，第 32 页。

转变。"四川经过前次学潮后，一般学生脑中颇将马克思三字印入，成都旧日安派空气已不为青年所重。"① 这些青年知识分子从无政府主义者转变为马克思主义者，是王右木不懈奋斗、努力争取的结果。

王右木坚持用共产主义远大理想凝聚青年学生，为了改变民族命运团结有革命倾向但走错革命道路的青年知识分子，坚持不懈地践行顾全大局、团结奋斗的集体主义精神。

2. 坚持党的统一战线，团结更多人一道革命

作为一名最早入党的中共党员，王右木自觉维护党中央的权威，坚决贯彻落实党的统一战线政策。1923 年 11 月，党的三届一次中央执委会议通过了《国民运动进行计划决议案》。决议要求，国民党有组织之地方，如广东、上海、四川、山东等处，同志们一并加入其党组织。接着团中央要求社会主义青年团也加入国民党，四川是国民党组织建立较早、党员较多的省份之一，但由于被右派控制，党员成分极为复杂，官僚政客无所不包。因此，对于反帝反封建主义态度暧昧，除了单纯从事军事投机之外，真正的革命事业无所进展，甚至有的国民党成员成为军阀镇压群众运动的帮凶，故在大众心中毫无威望。1922 年 6 月，在王右木组织领导全川教育经费独立运动的过程中，国民党右派党员对此次正义活动进行阻碍。他对挂着国民党招牌的省议员熊晓岩被学生包围打击之后，更加有恶感。但为了完成反帝反封建的民主革命任务，在中共三大确定和国民党合作之后，他顾全大局，与国民党右派捐弃前嫌、共克时艰，且率先加入了国民党，并担任了国民党四川党部的宣传科副主任职务，而且积极在党、团内宣传国共合作之必要，说服了许多社会主义青年团团员加入国民党。王右木这种顾全大局、团结奋斗的集体主义精神，使四川国共两党顺利开展合作，为后来的国民大革命打下坚实的政治基础。

3. 抓住一切机会宣传革命

根据中央的指示，王右木和吴玉章互相配合进行了许多卓有成效的宣传和组织工作。在受北洋势力支持的军阀杨森进入成都后，他欲通过创办报纸彰显自己开明并借此招揽新青年，王右木承接创办了《甲子日刊》，自己担任总编辑，并介绍几个青年团员到编辑部工作，利用创办报刊机会，让成都青年团等进步力量加入进去，为川内进步势力掌握了一个宣传平台，使国民

---

① 中共四川省委党史研究室编《中国共产党地方组织在四川的建立》，四川人民出版社，2001，第 79 页。

党部分党员有了较快的转向，显出了重要效果。最早在四川传播马克思主义和建立党团组织的先行者王右木，始终站在时代前列，引领社会进步，秉持着顾全大局、团结奋斗的集体主义精神，为四川人民的自由幸福、为中华民族的独立解放、为共产主义事业而努力奋斗，直到牺牲。

"我们党是高度集中统一的马克思主义政党，思想上的统一、政治上的团结、行动上的一致是党的事业不断发展壮大的根本所在。"① 建党初期，党组织还不够健全，党的各项规章制度还不够完善，王右木作为最早的中共党员，模范地遵守党的纪律要求，贯彻落实党中央的政策决议。"对党忠诚，不是抽象的而是具体的，不是有条件的而是无条件的，必须体现到对党的信仰的忠诚上，必须体现到对党组织的忠诚上，必须体现到对党的理论和路线方针政策的忠诚上。"② 新时代的中国共产党员要坚定理想信念，牢固树立"四个意识"，严格遵守党的政治纪律和组织规范。在实现"两个一百年"奋斗目标的过程中，敢于实践，勇于担当，用攻坚克难的革命精神和脚踏实地的的工作业绩，诠释新时代对党的忠诚与担当，在实现中华民族伟大复兴的历史征程中继续践行顾全大局、团结奋斗的集体主义精神。

（四）坚韧不拔、百折不挠的攻坚克难精神

革命斗争是残酷而艰巨的，尤其是早期革命没有参照样本、没有经验，更需要革命领导者具有超凡的韧性和勇气。在四川现代工人运动历史的光辉篇章中，开卷一章就是四川马克思主义运动先驱者王右木创建成都劳工联合会。成都劳工联合会的诞生，标志着四川工人运动跨入了由中国共产党领导的新的历史阶段，标志着被奴役的工人群众已经联合成工人阶级整体，在自己政党的领导下，谋求阶级的解放。在军阀、政阀、资本家、工贼的层层控制下，较短时间内能把受封建主义奴化思想严重束缚，又散而不聚的以手工业工人为主体的成都工人群众组织起来，是一个伟大的创举。刘少奇说过，"共产主义事业是我们的终身事业。我们终身的一切活动，都是为了这个事业，而不是为了别的"。③ 为了实现共产主义社会的崇高理想，王右木以坚韧不拔、百折不挠的攻坚克难精神开展四川工人运动。

---

① 《习近平谈治国理政》第二卷，外文出版社，2017，第157页。
② 《习近平谈治国理政》第二卷，外文出版社，2017，第189页。
③ 《刘少奇选集》上卷，人民出版社，1981，第129页。

　　辛亥革命后，四川成为军阀逐鹿的中心地带，由此激起四川人民持续的反抗斗争，相继爆发了持续三年的抵制日货斗争、反对军阀割据专制统治的自治运动、争取教育经费独立运动、声势浩大的"五四"运动等民主革命运动。与之相伴的是，四川军阀黑暗的封建统治和残酷的压榨。1913年后，四川苛捐杂税名目繁多并逐年增加。1917年后，各派军阀开始实行田赋预征，一年征数年甚至十几年后的田赋。1918年，四川靖国军总司令熊克武，按各军驻防地划拨地方税款，由各军向各县征收，由此形成四川军阀防区制。各军阀为发展自身势力，扩大防区，连年不断加紧混战；为增加军饷，军阀、团防还随意设卡征税。种种苛捐杂税的压榨，使广大劳动人民处于水深火热之中。

　　此时，四川工人阶级所受苦难特别深重，除了承受帝国主义、封建主义、官僚资本主义三座大山的压榨以外，还受落后野蛮的军阀防区制控制。工人群众为了生存，自发组织起来，不断进行反抗，反动政府以种种法令束缚，加以军警压迫残害，资方及其豢养的工贼利用工人群众中的封建意识和狭隘的乡土地域观念，用神会、帮口分化控制工人。一些士绅、政客又借民主、共和之名，在成都、重庆挂起"四川省工会""四川工会"的招牌，捞取政治资本，扼杀工人群众的革命精神，甚至一些组织打着"为工人谋福利"的旗号，勒索会费，欺骗群众。面对残酷的现实，王右木在工人群众迫切需要马克思主义指引的时候来到成都高师任教，创办马克思读书会，组织开展工人革命运动。1922年，按照团中央"深入开展工人运动"的指示，根据成都没有大规模产业工人队伍的实际状况，王右木带领团员们首先深入"长机帮"开展工人运动，用浅显的语言向他们讲述马克思主义革命道理。成都手工业工人大多来自被地主粗暴剥削的破产农民，被剥夺了受教育机会，文化水平普遍较低。他非常重视工人的思想政治工作，认识到只有深入工人的实际工作中，才能取得成效。他克服多重困难，运用马克思主义理论指导工人革命实践，通过开办夜校提高工人的文化知识水平，传播马克思主义理论，引导工人增强无产阶级的反抗意识，并通过各种社会活动组织工人参与革命斗争，提高工人阶级的政治觉悟，创立属于成都工人自己的工会，组织各个手工业行业工会，条件成熟后于1923年5月成立成都劳工联合会。

　　邓小平曾提炼革命年代的"精神"："发扬革命和拼命精神，压倒一切困难的精神，坚持革命乐观主义、排除万难去争取胜利的精神。"[1] 这与王右木

---

[1] 《邓小平文选》第二卷，人民出版社，1994，第368页。

在四川开展工人运动中所展现的坚韧不拔、百折不挠的攻坚克难精神是完全一致的。习近平总书记在纪念孙中山先生诞辰150周年大会上讲道，"伟大的事业之所以伟大，不仅因为这种事业是正义的、宏大的，而且因为这种事业不是一帆风顺的。伟大的人物之所以伟大，不仅因为这样的人物为人民、为民族、为人类建立了丰功伟绩，而且因为这样的人物在艰苦磨砺中铸就了坚强意志和高尚人格。"① 这样的评价也适用于王右木。人们在了解这段历史时，不禁惊讶、赞叹：从建立马克思读书会到牺牲，前后不到五年时间，王右木怎么做了那么多事情？从城市到乡村，组织领导学生运动、工人运动、妇女运动、农民运动，发动面之广，组织程度之高，触动旧制度之深，反帝反封建斗争声势之浩大，都是空前的。

（五）依靠群众、为了群众的人民至上精神

为人民谋利益是中国共产党的宗旨，人民至上的观念是由中国共产党的性质决定的。依靠群众、相信群众、为了群众是中国共产党的路线。

1. 依靠人民群众开展革命斗争

王右木是探求救国救民真理的仁人志士中的杰出代表和典范。他始终旗帜鲜明地站在劳动人民和无产阶级立场上，积极领导四川人民同反动派进行英勇机智的斗争，从组织马克思读书会，到建立社会主义青年团成都地方团执行委员会，再到创建中共成都独立小组，王右木深入群众，依靠群众领导了争取教育经费独立的群众运动和争取自身利益的工人运动。

在旧革命经历一次次失败后，先进的中国人开始认识到，"从前的一套革命老办法非改变不可，我们要从头做起"。② 这个新起点就是紧紧依靠群众、组织群众和为群众谋利益的革命道路。四川党团组织建立之后，首要任务便是领导广大工农群众运动。王右木不仅注意做教职员工和学生的工作，还大力抓工农群众的实际斗争。他亲自派大批学生深入工厂作坊，发动工人组织工会。领导罢工运动。

2. 关心人民群众疾苦，具有人民至上观念

成都是工人较多之地，有兵工厂、电灯公司、印刷局、丝厂和手工作

---

① 《习近平：在纪念孙中山先生诞辰150周年大会上的讲话》，新华社，http://www.xinhuanet.com/politics/2016-11/11/c_1119897047.htm，2016年11月11日。
② 《吴玉章回忆录》，中国青年出版社，1978，第109页。

坊，手工业工人有四五万人。众多工人处境艰难，其中女工、童工占了不小的比例，他们在军阀的压迫剥削之下，所受痛苦尤深。至于工作居住环境则更加恶劣，谈不上卫生设备，工作场所污浊、光线差，机器运行震动易使人疲劳，稍一不慎，即有伤身和送命之虞。对上述工人之疾苦，王右木甚为关切，决心将他们组织起来参加斗争。马克思、恩格斯在《共产党宣言》中指出："无产阶级的运动是绝大多数人的，为绝大多数人谋利益的独立的运动。"① 无产阶级的解放事业要靠无产阶级对自身的解放，更需要无产阶级革命家对群众的引导和教育，为此王右木创办了工人训练班和平民学校，在反动统治的旧社会，办工人教育、讲革命问题被视为离经叛道、犯上作乱的行为，被严格禁止。因此，工人教育班经常遭到反动势力的迫害。军阀、政阀威逼学校不准举办工人教育，不准借给工人办学地址；资方、工贼污蔑工人教育是洋人所办，去读书的就是去投靠洋人，以开除相威胁，阻止工人入学。王右木百折不挠，在极度艰难的环境中坚持工人教育，工人训练班和平民学校不仅成为教育训练工农的基地，同时成为公开组织和领导各项斗争的中心。

依靠群众、为了群众的人民至上精神在中共二大通过的《组织章程决议案》就有体现，即要使"党的一切运动都必须深入到广大群众里面去"。从某种意义上说，中国共产党的革命史就是一部体现坚持和发展依靠群众、为了群众的人民至上精神的历史，没有人民群众的支持和参与，就一事无成、一无所有。以人民利益为中心的群众路线是中共的独特创造，是推动革命、建设和改革顺利发展的重要法宝之一，是辩证唯物主义和历史唯物主义关于人民群众是历史的创造者的具体体现，是马克思主义中国化的重要内容，是中国特色社会主义理论体系的重要组成部分。历史经验和现实发展证明，无论是在革命战争时期、社会主义建设时期还是在改革开放和现代化新时期，党的各项工作的开展和政策制定都要体现依靠群众、为了群众的人民至上精神。在新时代，党的各项事业要取得成功都要密切联系群众、紧紧依靠群众。在全面建成小康社会、实现中华民族伟大复兴的中国梦、进行社会主义现代化建设新的伟大征程中，继续发扬依靠群众、为了群众的人民至上精神，依然是时代的需要、社会主义建设的需要。

---

① 《马克思恩格斯选集》第一卷，人民出版社，2012，第411页。

二　王右木精神品质的当代价值

作为一名无产阶级革命家，王右木的一生虽然短暂，但留给我们的精神价值却超越时空、历久弥新。他在从事革命活动中所展现出的民族精神、革命情怀、责任担当、人格魅力令人肃然起敬。老一辈革命家包括王右木的精神，是中国共产党人在革命战争年代用鲜血和生命孕育而成的一种彻底的无产阶级革命精神，是中国共产党长期以来构建的革命精神的重要组成部分，是革命先烈留给历史和后代的宝贵精神财富。王右木的革命精神为完成新民主主义革命、带领人民实现站起来的奋斗目标贡献智慧。这种精神虽然形成于党的初建时期，但是对今天社会主义现代化建设和实现中华民族的伟大复兴依然具有时代价值。

无论是在新中国成立初期、社会主义建设时期，还是在当前社会主义现代化建设新时期，推动我国社会主义社会各项事业向前发展都需要我们对红色基因进行传承和弘扬。继承革命前辈的革命精神，学习他们的精神品质，对我们今天进行社会主义现代化建设具有重要作用。王右木作为早期马克思主义理论宣传家和坚定的马克思主义者，在革命战争年代，紧紧把握马克思主义的立场、观点和方法，密切联系中国革命实际，在其所处的革命年代中不断开拓创新，为四川革命运动注入新活力、打造新气象，为四川革命事业发展打下牢固基础。作为马克思主义革命家，王右木的革命精神价值历久弥新，不会因年代的久远而失去光泽。相反，其革命精神内核超越时间，在今天依然闪耀着无限光辉，照耀我们前行的路，我们可以从其身上汲取思想精华，用以激励我们做好社会主义现代化建设事业的各项工作。

（一）坚定马克思主义理想信念，弘扬爱国主义传统

党的十九届五中全会指出，"繁荣发展文化事业和文化产业，提高国家软实力。坚持马克思主义在意识形态领域的指导地位，坚定文化自信，坚持以社会主义核心价值观引领文化建设"。① 马克思主义是一种信仰。"信仰、信念、信心，任何时候都至关重要。小到一个人、一个集体，大到一个政党、一个

---

① 《中国共产党第十九届中央委员会第五次全体会议公报》，新华网，http：//www. xinhuanet. com/politics/2020 - 10/29/c_1126674147. htm，2020 年 10 月 29 日。

民族、一个国家，只要有信仰、信念、信心，就会愈挫愈奋、愈战愈勇，否则就会不战自败、不打自垮。无论过去、现在还是将来，对马克思主义的信仰、对中国特色社会主义的信念，对实现中华民族伟大复兴中国梦的信心，都是指引和支撑中国人民站起来、富起来、强起来的强大精神力量。"① 对马克思主义的信仰，对共产主义远大理想的追求激励着一代又一代中国共产党人生命不息、奋斗不止。这种信仰从中国共产党建立起，深深影响着共产党员的理想信念和行为选择。"马克思一生饱尝颠沛流离的艰辛、贫病交加的煎熬，但他初心不改、矢志不渝，为人类解放的崇高理想而不懈奋斗，成就了伟大人生。"② 王右木的革命经历，展现出其对马克思主义的坚定信仰。他领导了四川的学生运动、工人运动和妇女运动，面对四川军阀的迫害，失去工作、生活困顿甚至家人被迫害致死也没有动摇过。"革命理想高于天。中国共产党之所以叫共产党，就是因为从成立之日起我们党就把共产主义确立为远大理想。我们党之所以能够经受一次次挫折而又一次次奋起，归根到底是因为我们党有远大理想和崇高追求。"③ 这种坚定的信仰传承到今天依然有积极意义，用王右木的革命精神砥砺人们前行是时代需要，是坚定马克思主义信仰的重要选择。

1. 发扬王右木的革命精神，铸民族理想信念之魂

理想信念是人的精神世界的支柱。民主革命时期，中国共产党的理想是推翻反动统治，求得人民解放和国家独立。为实现这一理想，王右木集中全身心的力量将其付诸实践。在革命的实践中，他历经磨难，甘于奉献，勇于牺牲。今天时代已发生翻天覆地的变化，这种变化是在推翻国内外反动势力的基础上，在中华民族实现站起来、富起来到强起来的伟大历史征程中，为实现共产主义远大理想历经几代中国人一步步奋斗而来的。在持续深入推进改革开放的今天，我们明确提出2035年远景目标，开启了全面建设社会主义现代化国家的新征程。理想的时代性决定了不同时代对理想的不同追求，我们今天的理想更加宏大、更加深远，这有别于王右木在革命时代追求民族解

---

① 《习近平：在庆祝改革开放40周年大会上的讲话》，《人民日报》2018年12月1日第1版，http://cpc.people.com.cn/n1/2018/1219/c64094 - 30474974.html。

② 《习近平：在纪念马克思诞辰200周年大会上的讲话》，《人民日报》2018年5月5日第1版，http://cpc.people.com.cn/n1/2018/0505/c64094 - 29966415.html。

③ 《习近平：在庆祝中国共产党成立95周年大会上的讲话》，《人民日报》2016年7月2日第1版，http://cpc.people.com.cn/n1/2016/0702/c64093 - 28517655.html。

放的理想，但今天宏大理想的提出建立在王右木时代民族解放理想现实的基础上，建立在前人推翻反动统治建立新中国的基础上，建立在新中国完成社会主义工业化、三大改造和取得社会主义建设各项成就的基础上，建立在改革开放持续深入推进的基础上。历史是不能割断的，不同时代实现理想的条件不一样，王右木时代实现推翻反动统治的斗争条件艰苦、危险重重，要有不怕牺牲的精神。他在那样艰难的条件下都能坚定信念、百折不挠，为理想献身，今天依然需要像王右木这样坚定信念、为理想献身的精神。恩格斯讲道："一个知道自己的目的，也知道怎样达到这个目的的政党，一个真正想达到这个目的并且具有达到这个目的所必不可缺的顽强精神的政党——这样的政党将是不可战胜的。"① 中国共产党就是这样的无产阶级革命政党，不论是在革命战争年代，还是在和平建设时期，我们都不忘初心、牢记使命、始终如一，为人民谋利益，为国家谋富强，在激流险滩中破浪前行，在前进的道路上勇于面对各种风险挑战。新时代，我们既要用习近平新时代中国特色社会主义思想指导我们前进的方向，也要继承和发扬王右木等革命先辈的革命精神，更加增强我们的信念和迎接挑战的力量。

2. 发掘王右木的革命精神，弘扬爱国主义传统

爱国主义是历久常新的精神，是中华民族的精神纽带，是中华民族传统文化的核心，是中华民族的核心价值观、政治原则和道德标准。作为一名马克思主义者，同时也是爱国者的王右木，其革命精神内含爱国主义精神，表现在家国天下的情怀上。在革命需要的时候，王右木从日本留学归国，抱着教育救国的理念投入早期的马克思主义理论的传播工作和建党工作中。他忠于自己的国家和民族，顾全大局，团结一切可以团结的力量，认真落实中央的统战政策，集中力量攻坚克难。"为中国人民谋幸福，为中华民族谋复兴，是中国共产党人的初心和使命，是激励一代代中国共产党人前赴后继、英勇奋斗的根本动力。"② 王右木的这种爱国主义精神体现在为了民族的利益而忽视个人利益，为了人民的翻身解放而抛却个人生死，这种爱国主义情怀和精神令人感动。近代的一百年是我们国家和民族积贫积弱、被动挨打的一百年。历史的教训告诫我们，贫弱就要挨打，就灾难深重。王右木的爱国主义

---

① 《马克思恩格斯全集》第三十九卷，人民出版社，1974，第139页。
② 《习近平：在"不忘初心、牢记使命"主题教育工作会议上的讲话》，《求是》2019年第13期。

精神今天依然不过时，我们要在新时代的征程中将其发扬光大，把王右木们的爱国主义精神融入新时代的意识形态建设之中、社会主义核心价值观的培育之中，成为凝聚民心的力量和推动时代前进的动力。

（二）坚持党的集中统一领导，推进社会主义现代化建设事业

从党的十八大到党的十九届五中全会，党中央先后提出2020年全面建成小康社会，实现"两个一百年"的奋斗目标，到2035年基本实现社会主义现代化。为了实现这些目标，党中央又提出坚持"四个自信"、增强"四个意识"和做到"两个维护"的目标要求。其中，做到"两个维护"是明确党的统一领导、全面领导的根本政治要求，是政治纪律。习近平总书记指出："政治纪律和政治规矩这根弦不能松，腐败问题是腐败问题，政治问题是政治问题，不能只讲腐败问题，不讲政治问题。干部在政治上出问题，对党的危害不亚于腐败问题，有的甚至比腐败问题更严重。"① 中国共产党是高度集中统一的马克思主义政党，在思想上、政治上、组织上和行动上的团结统一是党的各项事业持续向前推进的根本原因，是保证党组织有力量的重要政治基础。习近平总书记在党的十九大报告中强调："中国特色社会主义最本质的特征是中国共产党领导，中国特色社会主义制度的最大优势是中国共产党领导，党是最高政治领导力量。伟大的事业必须有坚强的党来领导，要确保党在世界形势深刻变化的历史进程中始终走在时代前列；在应对国内外各种风险考验的历史进程中，始终成为全国人民的主心骨。在坚持和发展中国特色社会主义的历史进程中，始终成为坚强的领导核心。"② 面对当前错综复杂的国际形势和国内深化改革、促进发展的繁重任务，必须发挥中国共产党集中统一领导的政治优势。这一政治优势是保证中国革命和建设取得胜利的根本所在，王右木是坚决维护党的集中统一领导的典范。

1. 坚持党的集中统一领导，提高党性修养

在中国共产党成立早期，王右木根据党中央的指示精神，结合四川革命

---

① 中共中央文献研究室编《习近平关于全面从严治党重要论述摘编》，中央文献出版，2016，第80页。

② 《习近平：决胜全面建成小康社会夺取新时代中国特色社会主义伟大胜利——在中国共产党第十九次全国代表大会上的报告》，中华人民共和国中央人民政府网，http://www.gov.cn/zhuanti/2017－10/27/content_5234876.htm，最后访问日期：2017年10月27日。

斗争发展实际，组织领导了各种形式的革命斗争，在遭到反动政府打压、生活无来源、陷于困境之际，为了能有效地开展马克思主义活动，他拒绝离开成都，在艰难困苦中继续坚持斗争，展现出强大的党性修养。

1922 年 6 月，王右木因领导全川教育经费独立运动险遭当局逮捕，接着成都高师迫于军阀压力与王右木解聘，切断其经济来源，王右木的生活陷入困境，仅靠典当物品和同事资助度日。在这种艰难危险的境遇之下，王右木仍然不愿离开成都。1922 年 10 月初，川北友人恳请王右本去南充任职，考虑到开展马克思主义运动的需要，王右木不肯前往。他在 1922 年 10 月 11 日致团中央负责人的信中讲到这件事："木归川抵渝时，颇多旧同事约往川北任《民治报》事并教习，旧同事盖甚深知成都之情形与木之家际，而且川北张表方亦甚愿木去，联中校长张秀蜀（熟）、县中校长秦树风，皆是熟人。木以此地即有真纯信奉者，何须木再去长住，此其一。此地虽是川北文化中心，究非全川中心，木之经营，不肯舍弃都会地方之主力，其二也。为我个人生活计，家人供给计，地位安全计，居川北固最宜。木现自私自利之念，尚不甚强，精神快乐之念，尚能战胜得过物质快乐之念，未肯去应聘而不来成都。"① 坚定的马克思主义信念，以无产阶级社会主义革命为己任，甘于奉献、勇于牺牲的革命精神，使王右木为了革命甘愿处在恶境。他有一段话，把用信念战胜恶境的作用叙述得十分形象生动："时局变迁以来，初类斩我两手，继类斩我两足，次则类斩我中部，只剩此血赤沸腾之一心尚存。幸好心究竟是灵妙东西，此心更是可如金石更坚的东西，久之成了苦境压迫之惯性，而心之耐火力亦渐有加，耐火力有加，而猛进力亦愈增。"② 经过恶境磨炼，王右木的战斗意志愈发强烈。处在恶境之下，他在进行革命活动中仍然注重发掘人才，"此地人才之难，我并不灰心，不过到得有可继任者时，终无资力，壮其工作之资，我自己生活久矣无着，而一切工作之费，非我莫能任之"。③ 王右木比喻自己四肢断了只剩一颗心，也痴心不改，心如金石跟随党，这是何等的党性原则！他在极艰苦的条件下，历尽艰辛，到上海向党、

① 《王右木致团中央负责人的信》（1922 年 10 月 11 日），载中共江油县委党史办公室编《四川马克思主义运动先驱者——纪念王右木诞生一百周年》，四川大学出版社，1988，第 104 页。
② 《王右木致施存统的信》（1923 年 2 月 29 日），载中共江油县委党史办公室编《四川马克思主义运动先驱者——纪念王右木诞生一百周年》，四川大学出版社，1988，第 120 页。
③ 《王右木致施存统的信》（1923），载中共江油县委党史办公室编《四川马克思主义运动先驱者——纪念王右木诞生一百周年》，四川大学出版社，1988，第 115 页。

团中央汇报工作，取得党的领导，回到四川后坚定地执行党、团中央的指示，创造性地完成了党交代的各项工作。

2. 坚持党的集中统一领导，加强思想政治建设

王右木坚决维护党的集中统一领导，表现在他完全地、不折不扣地按照建党要求在四川开展党建工作，坚决执行中共中央有关国共合作的相关决议。他根据党的章程和入党要求在四川开展建党活动，成立四川初期党小组，为四川建立统一的党组织打下了基础，提供了前提条件。在四川党团活动中，他按照中央指示精神及时向上级汇报并创造性地开展工作。他以一名中共党员的标准严格要求自己，贯彻落实中共三大确立国共合作的统战精神，在思想认识方面发生极大转变。他还做了大量细致的工作，加快其他同志的思想转变，通过统战工作，团结各方面力量，为四川国共合作的顺利开展做出了重要贡献。

坚持党的集中统一领导，要提高党员干部的政治理论素养，懂得在社会发展和制度建设方面，"人类总得不断地总结经验，有所发现，有所发明，有所创造，有所前进。停止的论点，悲观的论点，无所作为和骄傲自满的论点，都是错误的"。① 这是今天我们进行全面深化改革、推动国家政治体制改革的出发点，在进行体制机制改革的过程中要始终强调："以人民为中心的发展思想，不是一个抽象的、玄奥的概念，不能只停留在口头、止步于思想环节，而要体现在经济社会发展各个环节。"② 在社会主义建设过程中，在党的集中统一领导之下，发挥党员干部的政治优势，在和平时代弘扬革命精神，做到尊重群众，密切联系群众，关心群众疾苦，"深刻地注意群众生活的问题，从土地、劳动问题，到柴米油盐问题"。③ 深刻领悟人民群众是历史的创造者，把马克思主义关于群众的理论应用于中国改革发展的实际。

坚持党的集中统一领导，要加强对党员干部的思想建设，"对党员、干部来说，思想上的滑坡是最严重的病变"。④ 新时期加强党的思想建设，要用高尚的革命精神荡涤污浊和黑暗，"如果不除恶务尽，一有风吹草动就会死

---

① 《在第三届全国人民代表大会第一次会议上周恩来总理作政府工作报告》，《人民日报》1964 年 12 月 31 日，http://www.people.com.cn/zgrdxw/zlk/rd/3jie/newfiles/a1030.html。

② 《习近平：在省部级主要领导干部学习贯彻党的十八届五中全会精神专题研讨班上的讲话》，人民出版社，2016，第 24 页。

③ 《毛泽东选集》第一卷，人民出版社，1991，第 138 页。

④ 《习近平：在党的群众路线教育实践活动总结大会上的讲话》，载《十八大以来重要文献选编》（中），中央文献出版社，2016，第 94~95 页。

灰复燃、卷土重来，不仅恶化政治生态，更会严重损害党心民心"，① 新时代对党员干部进行党性原则教育时，既要加强理想信念教育，也要提高对党员干部的思想政治教育。全社会都应该脱离低级趣味，反对铺装浪费，倡导高尚品格提振社会风气，用王右木先辈的节俭和革命精神进行革命传统教育，摒弃奢靡、浪费的社会恶风。毛主席讲"贪污和浪费是极大的犯罪"，要继续发扬革命先辈的情操、品格精神，倡导节俭文化，建立勤俭节约的社会风气，为建设富强、民主、文明、和谐的社会主义现代化国家提供价值引领和精神支持。

（三）坚持党的人民性，不忘初心、牢记使命

中国共产党的宗旨是全心全意为人民服务，党来源于人民，党的性质是人民性。中国共产党是无产阶级的先锋队，是中国人民和中华民族的先锋队，是为人民谋利益的无产阶级政党，这一点贯穿中国革命、建设和改革开放历史进程的始终。在革命战争年代，毛泽东提出"为人民服务"是"我们与国民党的根本区别，也是共产党员革命的出发点和归宿"。② 改革开放初期，邓小平提出把"人民满意不满意，人民答应不答应"作为衡量一切工作的标准，把"是否有利于提高人民生活水平"作为判断一切工作是非得当的标准。"三个代表"重要思想的核心观点之一即是"始终代表中国最广大人民的根本利益"。科学发展观的核心是"以人为本"。进入中国特色社会主义新时代，在改革各项事业全面推进的今天，习近平总书记提出党的工作的中心要体现"人民至上"原则，"我们党来自人民、根植人民、服务人民，党的根基在人民、血脉在人民、力量在人民"。③ 因此，在党的发展历程中，人民性始终是我们的出发点和落脚点。毛泽东曾讲，"全心全意地为人民服务，一刻也不脱离群众；一切从人民的利益出发，而不是从个人或小集团的利益出发；向人民负责和向党的领导机关负责的一致性；这些就是我们的出发点"。④ 王右木等革命先辈既有中华民族家国情怀、夙夜为公的革命热忱，也

① 《习近平：在第十八届中央纪律检查委员会第六次全体会议上的讲话》，《人民日报》2016年5月3日，http://www.xinhuanet.com/politics/2016-05/03/c_128951516.htm。
② 《为人民服务：从提出到写入党章》，《中国纪检监察报》2019年12月26日，http://www.jjjcb.cn/content/2019-12/26/content_85738.htm。
③ 《习近平谈治国理政》，外文出版社，2014，第367页。
④ 《毛泽东选集》第三卷，人民出版社，1991，第1094~1095页。

体现了中国共产党员无私无畏、共赴国难、救国救民的使命担当，与我们今天"不忘初心、牢记使命"的主题教育活动一脉相承。

1. 不忘初心、牢记使命是中国共产党的建党宗旨和价值遵循

不忘初心、牢记使命就是不忘党建党的宗旨，坚守党的价值观。新时代，要做到不忘初心、牢记使命，就要把它作为对党员和党的干部教育的目标之一。"不忘初心、牢记使命"主题教育的目标之一是使广大党员干部思想受教育，实现这一目标的一个重要抓手就是弘扬革命精神。我们要用科学的革命精神教育党员干部，继承和发扬王右木等革命先辈夙夜为公、无私无畏的精神品质，真正体现人民至上立场的"人民立场是中国共产党的根本政治立场，是马克思主义政党区别于其他政党的显著标志。"① 面对新冠肺炎疫情，党中央明确把人民至上执政理念摆在第一位，充分调动人力、物力资源，不惜一切代价救治患者，救治费用全部由国家承担，这是中国共产党坚持人民至上的生动体现，也是中国共产党的价值理念。在全面建成小康社会、扶贫攻坚的路上，我们要"做到老百姓关心什么、期盼什么，改革就要抓住什么、推进什么"。② 着力解决人民群众关切的问题，让人民充分享有改革发展的成果。社会主义建设事业发展到今天，我们可以告慰革命先烈们：我们的初心没变，我们的使命正在继续努力完成。

"不忘初心、牢记使命"是党加强自身建设的永恒课题。中国共产党人的初心和使命，就是为中国人民谋幸福，为中华民族谋复兴，为实现共产主义而努力奋斗。共产主义远大理想是中国共产党永恒的精神信仰，是共产党人奋斗不息的目标追求。"为什么我们过去能在非常困难的情况下奋斗出来，战胜千难万险使革命胜利呢？就是因为我们有理想，有马克思主义信念，有共产主义信念。"③ 这种精神品质是"对马克思主义的信仰，对社会主义和共产主义的信念，是共产党人的政治灵魂，是共产党人经受住任何考验的精神支柱"。④ 自中国共产党成立以来，党的理想是崇高的，信仰是坚定的。党以人民解放为己任，以民族复兴大业为使命，一心为民，毫无私利，始终身怀"理想信念高于天"的价值追求。在革命战争年代，为使人民获得解放，共产党人为革命信仰从容赴死，"敌人只能砍下我们的头颅，决不能动摇我们

---

① 《十八大以来重要文献选编》（下），中央文献出版社，2018，第352页。
② 《习近平谈治国理政》第二卷，外文出版社，2017，第103页。
③ 《邓小平文选》第三卷，人民出版社，1993，第110页。
④ 《习近平谈治国理政》，外文出版社，2014，第15页。

的信仰"。① 正是"共产主义远大理想激励了一代又一代共产党人英勇奋斗，成千上万的烈士为了这个理想献出了宝贵生命"。② 当前，在全面建成小康社会、建设社会主义现代化强国的新时代，我们要常记初心，明确党的最终奋斗目标，在和平时期抓好经济建设、促进社会发展、增进人民福祉，无愧于王右木一代革命先辈的付出，使其精神价值得到继承和发扬。

2. 不忘初心、牢记使命是对共产党人理想信念和革命精神的坚守和弘扬

革命理想高于天。实现共产主义的远大理想，早日推翻旧社会建立社会主义新中国，是王右木等老一代革命者的理想和信念，为此他们付出了毕生精力甚至生命。为了做好团的巩固工作，王右木在报告里写道："木深虑的事，是在成都能尽力 S. Y. 的，仅是外州县留省的学生居多，一毕业就走了，机关事不易谋可靠的继续性。成都战争之后，各机关被政府大批更换，毕业生而信徒者，不易为之谋寄顿处，成都不能留住人。最大希望是待将成都工界多介绍些人入 S. Y. 来，彼辈于成都生活较安定，彼辈中有被选为地方执行委员时，彼时虽加入半数新的学生分子任执行委员，始无大妨害，然后成都的 S. Y.，方是永久的机关也。"③ 为了加强领导，他和吴玉章一起邀请时在泸州的恽代英来成都教书，以便共同研究和商讨团的工作。之后，四川团员增加较快，据 1923 年统计，成都团员已发展到数十人，有的成为团组织的中坚，有的还向外省和中央输送了骨干，比如张霁帆不久被中央调去河南组织中共豫陕区委，成为区委负责人之一。正是王右木的这种革命理想坚定、奋斗目标明确的革命品质，建立了成都稳定的团组织，开创了四川建团的新局面。今天我们不忘初心、牢记使命，做好各项工作是对先辈们的理想信念和革命精神的坚守和弘扬。习近平总书记指出，"没有解放思想，我们党就不可能在实践中不断推进理论创新和实践创新，有效化解前进道路上的各种风险挑战"。④

毛泽东强调，"灾难深重的中华民族，一百年来，其优秀人物奋斗牺牲，前仆后继，摸索救国救民的真理，是可歌可泣的。但是直到第一次世界大战

---

① 《方志敏文集》，人民出版社，1985，第 144 页。
② 《习近平谈治国理政》第二卷，外文出版社，2017，第 35 页。
③ 《王右木致团中央负责人的信》（1922 年 10 月 11 日），载中央档案馆、四川省档案馆编《四川革命历史文件汇集》（1922—1925），1986。
④ 《习近平：切实把思想统一到党的十八届三中全会精神上来》，《人民日报》2014 年 1 月 1 日，http://theory. people. cn/n/2014/0102/c49169 - 24000494. html。

和俄国十月革命之后，才找到马克思列宁主义这个最好的真理，作为解放我们民族的最好的武器，而中国共产党则是拿起这个武器的倡导者、宣传者和组织者"。① 在中国共产党成立早期，王右木在宣传马克思主义思想、组织马克思主义革命运动中孜孜以求、不畏艰险。他的革命生涯所展现的革命精神在和平年代的社会主义建设时期依然具有蓬勃之力，用王右木坚韧不拔、百折不挠的精神，激励我们迎难而上、攻坚克难，把改革开放各项事业持续向前推进。"十四五"规划提出，到2035年建设社会主义现代化的征程，会遇到诸多意想不到的困难，这些困难或许是前所未有的，"各种矛盾风险挑战源、各类矛盾风险挑战点是相互交织、相互作用的。如果防范不及、应对不力，就会传导、叠加、演变、升级，使小的矛盾风险挑战发展成大的矛盾风险挑战，局部的矛盾风险挑战发展成系统的矛盾风险挑战，国际上的矛盾风险挑战演变为国内的矛盾风险挑战，经济、社会、文化、生态领域的矛盾风险挑战转化为政治矛盾风险挑战，最终危及党的执政地位、危及国家安全"。② 面对复杂多变的国际形势，中国共产党人要把握时代大局，坚定发展方向，不忘初心、牢记使命，开拓创新、奋发有为，把党和国家的各项事业向前推进。这是对共产党人理想信念的坚守和弘扬。

（四）传承革命精神，实现中华民族伟大复兴

王右木的革命精神表现在中国共产党人自觉地把马克思主义普遍真理同中国革命实际相结合，创造性地进行革命斗争实践。这种精神源于中国共产党人崇高的精神品质和中华民族优秀的民族品格，根植于中华民族优秀的传统文化，培育在伟大的革命斗争实践中。这种精神所蕴含的革命观、人民观和个体道德观，是中国共产党人在新民主主义革命时期形成的革命文化的重大成果之一，在当代天然地为培育社会主义核心价值观，践行"五位一体"总体布局和"四个全面"战略布局提供了精神支持和价值源泉，从而历史地、客观地展现了中国革命精神的当代价值。弘扬中国革命精神是实现中国梦的时代要求，不仅没有过时，反而应该与时俱进地积极弘扬。只有以强大的精神为引领，才能凝心聚力、攻坚克难，不断开拓创新，才能把改革开放和社会主义建设事业不断向前推进。

---

① 《毛泽东选集》第三卷，人民出版社，1991，第796页。
② 《习近平谈治国理政》第二卷，外文出版社，2017，第222页。

1. 实现中华民族伟大复兴，持之以恒地不懈奋斗

救亡图存、民族复兴是共产党人的历史使命。作为工人阶级的先锋队，组织和领导工人阶级开展革命斗争，为工人阶级争取应有的政治地位就天然地成为王右木一代革命先辈的工作原则。在四川领导工人革命过程中，王右木把提高工人觉悟视为自己应尽的义务。在成都高师任教期间，他一面利用社会活动和业余时间向工人群众进行革命宣传，一面发动和组织进步学生开办平民教育社，走知识分子和工农群众相结合的道路；被成都高师解聘以后，更是把精力尽耗在领导工人群众上。王右木领导成都共青团员和马克思读书会会员，脱下先生、学生的知识分子服装，穿上工人粗布衣裳，克服重重困难深入工厂接触工人。他经常在工人们下班后爱去的茶馆请工人喝茶、与他们谈心，从吃饭问题讲到十月革命；经常身带识字课本，出入工人住地，边教工人识字边讲革命道理。他运用马克思主义剩余价值和阶级斗争学说向工人们说明工人阶级要求生活待遇改善和自身的解放，只有组织起自己的工会，团结工人群众的力量去争取，不要依靠他人，更不要幻想依靠现时的政府。采用旧社会拜把子歃血为盟、义结金兰的方式与工人交朋友，结识了孟本斋、梁国龄等一批工人骨干，开办起第一所工人夜校。在王右木的领导下，经过工人骨干的联系，成都第一个工人自己的组织——长机工会——在丝绸工人中脱颖而出。在长机工会的影响下，生绉、水丝、店员、牛骨等行业工会相继涌现。成都劳工联合会成立后，王右木普及工人教育，开设工人教育班，把工人教育班作为提高工人政治觉悟的主要阵地。在王右木的不懈努力下，四川地区开始了以手工业工人为主体的工人运动，为工人阶级革命斗争注入新活力。这种持之以恒、不懈奋斗的精神在全面建成小康社会、实现中华民族伟大复兴的今天具有重要的实践价值。

邓小平早就告诫我们，"我们搞社会主义才几十年，还处在初级阶段。巩固和发展社会主义制度，还需要一个很长的历史阶段，需要我们几代人、十几代人，甚至几十代人坚持不懈地努力奋斗，决不能掉以轻心"。[①] 实现共产主义社会，需要持之以恒的奋斗精神。习近平总书记指出，"共产主义决不是'土豆烧牛肉'那么简单，不可能唾手可得、一蹴而就，但我们不能因为实现共产主义理想是一个漫长的过程，就认为那是虚无缥缈的海市蜃楼，就不去做一个忠诚的共产党员。革命理想高于天。实现共产主义是我们共产

---

① 《邓小平文选》第二卷，人民出版社，1993，第379～380页。

党人的最高理想，而这个最高理想是需要一代又一代人接力奋斗的"。①

2. 实现中华民族伟大复兴，历经从苦难走向辉煌之路

党的十八大以来，我们提出实现中华民族伟大复兴的中国梦，确定了"两个一百年"奋斗目标。在革命战争年代，党组织领导人民推翻三座大山的压迫，实现了中国人民站起来的目标。新中国成立以后，党带领人民进行社会主义建设，独立自主地探索使中华民族富起来的目标，开始了改革开放的伟大创举，确定了中国特色的社会主义道路。新时代中国特色社会主义的目标就是建设富强、民主、文明、和谐、美丽的社会主义现代化强国，实现中华民族伟大复兴的中国梦。因此，我们要坚持弘扬中国革命精神与培育时代精神相结合，为培育以改革创新为核心的时代精神提供优秀革命文化的根基，为凝聚中国力量、实现中华民族伟大复兴的中国梦提供先进的精神保障和感召力。

实现中华民族的伟大复兴，关系到民族的长远利益和整体利益，凝聚着几代中国人的夙愿，是近代以来无数仁人志士为之不懈奋斗的伟大梦想，也是每一个中华儿女孜孜以求的目标和期盼。习近平总书记讲道："中国共产党一经成立，就把实现共产主义作为党的最高理想和最终目标，义无反顾肩负起实现中华民族伟大复兴的历史使命，团结带领人民进行了艰苦卓绝的斗争，谱写了气吞山河的壮丽史诗。"② 王右木甘于奉献、勇于牺牲的革命精神，实事求是、勇辟新路的精神，顾全大局、团结奋斗的集体主义精神，坚韧不拔、百折不挠、攻坚克难的精神，依靠人民、为了人民的人民至上精神，在今天为我们实现中华民族的伟大复兴、激励我们坚持和发展中国特色社会主义伟大征程上奋勇前进提供了强大的精神动力。历史告诉我们，"中国走过的历程，中国人民和中华民族走过的历程，是中国共产党和中国人民用鲜血、汗水、泪水写就的，充满着苦难和辉煌、曲折和胜利、付出和收获，这是中华民族发展史上不能忘却、不容否定的壮丽篇章，也是中国人民和中华民族继往开来、奋勇前进的现实基础"。③

---

① 习近平：《做焦裕禄式的县委书记》，中央文献出版社，2015，第5页。

② 《习近平：决胜全面建成小康社会，夺取新时代中国特色社会主义伟大胜利——在中国共产党第十九次全国代表大会上的报告》，《人民日报》2017年10月28日，http://www.xinhuanet.com/politics/19cpcnc/2017-10/27/c_1121867529.htm。

③ 《习近平：在庆祝中国共产党成立95周年大会上的讲话》，《人民日报》2016年7月2日，http://cpc.people.com.cn/n1/2016/0702/c64093-28517655.html。

在中国共产党近百年奋进的历史征程中，中国共产党人通过顽强拼搏、砥砺奋斗建构起一个个精神坐标，锻造了中国共产党的革命精神。伟大的革命精神是中国共产党不断从弱小走向强大、从苦难走向辉煌、从胜利走向胜利的制胜秘诀，是中国共产党绵延生长、赓续传承的血脉基因与精神密码，是中华民族实现伟大复兴的强大精神力量。习近平总书记指出："精神是一个民族赖以长久生存的灵魂，唯有精神上达到一定的高度，这个民族才能在历史的洪流中屹立不倒、奋勇向前。"① 缅怀革命先烈，传承革命精神，因为"无数革命先烈用鲜血和生命换来的江山为我们创造美好生活奠定了坚实基础，他们留下的优良传统是永远激励我们前进的宝贵财富，任何时候都不能忘记，都不能丢掉"。② 在中国共产党近百年的成长发展历程中，革命精神从起源、成熟、丰富和完善，早已成为中国特色社会主义事业不断开拓创新、勇往直前的力量和源泉。中华民族的伟大复兴在王右木一代革命先辈创造的伟大革命精神的感召下，必将引领我们在前进道路上不断攻坚克难、奋发有为，这一革命精神的弘扬必定汇聚成实现中华民族伟大复兴的磅礴伟力。

---

① 习近平：《在第十三届全国人民代表大会第一次会议上的讲话》，人民出版社，2018，第 9 页。
② 《在科学发展道路上阔步前进——习近平在江西调研考察纪实》，《江西日报》2008 年 10 月 17 日，https：//epaper. jxnews. com. cn/jxrb/html/2008 – 10/17/content_50021. htm。

附录1 王右木生平事迹年表

四川省江油市（县级市）王右木，是四川最早传播马克思主义的宣传者和组织者，四川党团组织最早的创建人和领导人之一，成都工人运动的开拓者，我国最早马克思主义者之一。其生平事迹感人至深，值得敬仰。笔者多年关注王右木先生事迹，近年翻阅国内有关书籍资料近200万字，梳理先生年度大事如次，供方家参考、批判。

1887 年

11 月 12 日（农历九月二十七日），出生于四川省江油县城（今四川省江油市武都镇）的一个平民家庭。原名丕罗，家谱名丕昌，最初在成都读书时，就用此名。其父名为王奎森（源光）。大哥原名寿昌，后改名初龄。二哥荣昌。王右木曾用过为遂、燧人、祐谟、幼木等名，在日本留学期间，为今后参加选举时方便群众书写，改为笔画较少的"右木"。

1891 年（4 岁）

开始读书写字。

1893 年（6 岁）

由大哥王初龄教读唐诗和《千家诗》。

1894 年（7 岁）

由大哥王初龄教读《三字经》《百家姓》《千字文》等启蒙书。

1895 年（8 岁）

随大哥在江油武都黄家私塾读书，常听大哥讲岳飞、文天祥等英雄的故事。

1898 年（11 岁）

随大哥在江油县匡山书院读书。大足（今重庆市大足县）、荣昌（今重庆市荣昌区）爆发震动全川、波及江油的余栋臣起义，给予王右木的震动较大。

1901 年（14 岁）

随大哥王初龄到青川（今四川省广元市青川县）马过臣家塾读书。

1902 年（15 岁）

随大哥在江油登龙书院读书。这一年，席卷全国的义和团运动以及川西坝子传奇女英雄"廖观音"的悲壮事迹，震撼了王右木年幼的心灵。

1903 年（16 岁）

考入江油县立高小第一班学习。

1904 年（17 岁）

跟随柯根腴先生学习算学，刻苦用功，学习数学的兴趣比较浓厚。

1905 年（18 岁）

名列榜首，考入江油第一所现代学校——江油龙郡中学堂。在校期间，学习勤奋，知识基础比较扎实。

1906 年（19 岁）

因家庭困难，休学回家。先后在武都北门外周姓宅内女子小学、罗尚亭家中私塾担任教师。江油同盟会会员李实、何如道、李云麟等在江油举行起义，希望推翻清朝统治，建立共和，最后遭到清王朝的残酷镇压。王右木深感"痛心疾首"，再次思考救国之路。

1907 年（20 岁）

春，以优异成绩考入四川通省师范学堂优级部学习，在校用名王丕昌。该部专为年龄较大又稍有功名的读书人设立，毕业后可任中学堂教习（教师）。王右木读师范主要受大哥王初龄的影响，王初龄认为改良政治要从培养人才着手。在学习期间，王右木阅读了梁启超的《新民丛刊（报）》、严复翻译的《天演论》、邹容的《革命军》、陈天华的《猛回头》以及吴玉章主编的《新四川》等进步刊物，受到民主革命思想的启蒙教育。

1908 年（21 岁）

在四川通省师范学堂读书。假期，与江油永丰乡茶店子郭恩明之女（郭氏）结婚，为妻子改名为"王丹木"。王右木认为，仅有广博的知识而无强健的体魄，不能成就大事。他经常以游泳、爬山等方式锻炼身体；除寒冬外，坚持冷水浴。

1909 年（22 岁）

从四川通省师范学堂毕业，被龙郡中学堂（四川大学档案馆资料称为"龙安府中学校"）聘为监督（校长）。王右木大力改革，整顿校风，一心培养人才，受到学生们的欢迎。

1910 年（23 岁）

王右木深感国家民族振兴，仅办学校作用不大。他带着"科学救国"的思想，辞去龙郡中学堂职务，秋季重新考入四川通省师范学堂理化科。在校期间，辛亥革命爆发，大哥王初龄在江油县倡导共和，王右木感到十分振奋。

1911 年（24 岁）

爆发黄花岗起义，四川保路运动进入高潮。王右木因家贫、妻子即将临产而辍学返乡。11 月，江油小学文史教员凌闿在江油双河乡集聚数千农民起义队伍攻打县城，誓死反清，拥护共和。其间，王右木接受了资产阶级民主主义革命思潮，感到改良主义在中国行不通，需推翻清朝统治才能强国。这一年，大女儿王松英出生。

1912 年（25 岁）

再度回到龙郡中学堂，任教务主任（教务长）。张秀熟在此期间进入龙郡中学堂学习，王右木对他进行启蒙教育。王右木关心爱护学生，支持学生赶走了当时在校内担任监学、无事生非的校长的儿子。不久，王右木回四川通省师范学堂复学，专研科学知识。他关心世界形势和国家大事，经常与志同道合的青年讨论天下大事。学习期间，他认识了日本教习小川并往来密切，从而了解到日本明治维新的情况，产生了前往东洋留学的念头。这一年，大哥王初龄当选四川省第一届省议员。

1913 年（26 岁）

秋，从四川通省师范学堂理化科毕业，回到龙郡中学堂任教，教授物理。他教学认真，课堂生动活泼，受到学生好评。年底，考上了江油、彰明两县唯一的一个官费留日学生名额，决心东渡日本留学，从改造社会入手救国救民。根据有关资料，当时留学的费用不是一般家庭能承担的。王右木到日本留学，还是在亲戚的资助下才成行的。

1914 年（27 岁）

考入日本应庆大学理化科，东渡日本留学。二儿子王大智出生。王右木从应庆大学转入明治大学法制经济科学习。

1915 年（28 岁）

积极参加反袁爱国活动，经常参加中国留日学生总会和四川同学会组织的反对袁世凯卖国复辟演讲会。结识李大钊、李达等，共同参加爱国活动，回国后仍然与他们保持书信联系。李大钊于 1913 年得到汤化龙等的资助，到日本留学，经历与王右木差不多。王右木参加了李大钊在日本组织的"神州学会"。王右木抨击袁世凯的倒行逆施。他的一位姓施的朋友参加了袁世凯的"筹安会"，他明确对朋友指出："如不退出，即与汝绝交！"

经常听取日本进步学者讲课；结识了俄国革命诗人爱罗先珂。受到无政府主义思想特别是克鲁泡特金理论的影响。他接触到《共产党宣言》《社会主义研究》（1906 年，日本《社会主义研究》发表《共产党宣言》）等马克思主义理论书刊，认识到"实业救国"的道路走不通。

1916 年（29 岁）

李大钊等回国投入火热的反袁斗争中，王右木继续在日本明治大学学习，研读社会主义学派著作，初步接触马克思学说。三子王浴生（大体）出生。

1917 年（30 岁）

继续就读于日本明治大学，在俄国十月革命的影响下，确立了马克思主义救中国的信念。

1918 年（31 岁）

俄国十月革命爆发后，王右木经过认真观察与思考，对马克思主义的信仰更加坚定了。6 月 24 日，王右木从日本东京致信在江油的大哥，提到"人应有今是昨非之悟方有长进，不然只顽石耳"。秋，王右木从明治大学毕业，取得政学士学位。回国后，在上海等地逗留了一段时间。原本打算到北方工作，后因成都高等师范学堂聘请回到四川。

1919 年（32 岁）

2 月，从上海回到家乡江油省亲，恰遇省议员改选。大哥王初龄希望王右木参选，王右木拒绝了。他说："我到日本去求学，是为了寻找救国救民的方法，绝不是为了个人的名利。现在，我已找到了革命的道理，回来就是为了宣传真理，发动人民起来革命，改造这个黑暗透顶的社会，像俄国那样!"兄弟俩为此产生了较大的分歧，甚至发生了争吵。

5 月 27 日（农历四月二十八日），因与大哥志向不一，分歧日烈，自己坚持从事革命工作。为不拖累家人，王右木与大哥分家。王右木写下两份文书，一份声明家里的祖产与自己无任何关系，另外一份声明他出去革命，一人做事一人当，与家族其他人无关。28 日，王右木带领妻儿 4 人以及当年任龙郡中学堂监督时购买股田地所得的 250 元钱，离开江油奔赴成都。在端午节的第二天（6 月 3 日）到达成都，在大坝巷（今青羊区体育场路北侧）租房居住。这时，四川反帝反封建爱国运动蓬勃开展，王右木投身到成都的相关活动中。

9 月，王右木受聘到成都高等师范学校（四川大学前身，简称"成都高师”）任学监（相当于后来的训导员），兼授法学、经济学和日文课程；担任成都高师附小（四川大学附小前身）主任。他除在成都高师上课外，还在法政专门学校、成都女子师范、四川公立农业专门学校等校兼授经济学课程。他以成都高师为阵地，利用教学讲坛，向学生宣传革命理论，介绍学生阅读《新青年》《新潮》等进步刊物。他利用任学监之便，经常教育杜钢百等学生："不要迷信中国先哲旧说，要研究新的社会科学，从旧的国故中走出来，做中国的新青年。"在他的影响下，越来越多的学生开始学习革命理论。他在四川公立农业专门学校（后并入四川大学）讲课时，针对当时一些空喊"实业救国"的论调，鲜明地指出："中国政治问题不解决，经济问题就不可能解决，实业就没有前途。"

他还约请张秀熟等学生到成都家中座谈，希望大家毕业回到家乡，服务家乡发展。

1920 年（33 岁）

5 月，李大钊成为我国第一个马克思主义者。8 月，陈独秀、李达、李汉俊在上海成立了中国第一个共产主义小组，陈独秀还积极倡导在各地建立这样的小组。暑假期间，王右木前往上海考察，会见了陈独秀、张太雷、施存统、阮时达等，了解到北京和上海成立"马克思主义研究会""共产主义小组"等情况、上海工人运动情况、各地筹建党组织和宣传马克思主义情况，以及《新青年》宣传马克思主义的情况，受到较大启发。回川后，王右木认真研读《新青年》杂志和《社会问题总览》等书，以及马克思主义基本原理，成为一个比较成熟的马克思主义者。

9 月，王右木参加四川省教职员联合会会议，讨论教育经费问题。王右木在会上发言，揭露军阀挪用教育经费，呼吁据理力争。

秋，在李大钊、陈独秀、李达与张东荪、梁启超等人的论战中，王右木确立了马克思主义世界观。

冬，王右木邀请同乡和亲友，在成都高师皇城明远楼（旧皇城内左侧明远中学）建立了四川第一个学习、研究和宣传、实践马克思主义的群众革命组织——马克思读书会。王右木注重在成都高师以及部分大中专学校学生中吸纳会员。读书会最初有三四十人，后逐渐减少，到第四次读书会时，只剩几个人。后来，他比较谨慎地选择会员，除学生外，还邀请中小学教师、新闻记者和工人参加，读书会得到了较好的恢复和发展。各个学校在四川学生联合会的代表，几乎有一半是读书会的会员。读书会事务工作最初由袁诗尧、童庸生负责，后由王右木亲自负责。王右木直接指导读书会活动，每周活动一次。活动方式主要有三种：自行阅读，时间和地点不固定；结合时事政治分组讨论交流；结合"五一""五四"等重大节庆开展演讲会。活动地点不固定，成都附近僻静的寺庙（北门外的白马寺）、南门外的点将台，以及少城公园、杜甫草堂、青羊宫等都举办过读书会，后来基本固定在校内。据统计，从1920年到1921年6月，全国共有13个城市有研究和宣传马克思主义的团体，成都马克思读书会是其中之一。1920年3月成立的全国最早的马克思主义团体——北京大学马克思学说研究会，王右木是其早期成员之一。

成立马克思读书会后，王右木自费订购了《新青年》、《觉悟》、《东方杂志》、《民报》（副刊）等进步书刊，手抄、油印了《共产党宣言》供大家学习，同时指导大家学习《阶级斗争》《政治经济学批判序言》《社会主义从空想到科学的发展》。王右木注重理论联系实际，曾组织与《资本论》《唯物史观》《社会主义精髓》等相关的专题讲座，与会员交流思想。如遇社会上发生重大问题，"读书会员即须参与推动问题的解决"，积极参加社会实践和革命活动。

王右木还与吴玉章一起指导筹建了"平民教育社"，在成都高师设立通俗讲演室和平民阅报室。

11月前后，全国理论界开展了一次关于社会主义的大讨论。王右木在其中将马克思主义与无政府主义区分开来，接受了马克思主义，并成为一名坚定的马克思主义者。王右木的儿子王浴生曾说："据我的母亲多次回忆都说，1921年以前，我的父亲历次向我的母亲和伯父说，他是位马克思主义者。而在这年的秋天，我的父亲从上海回来以后，便自称为共产党人。"

1921年（34岁）

1月，自筹经费创办了《新四川旬刊》小报并任编辑，袁诗尧任经理。《新四川旬刊》以研究学术、改进社会、建设新四川为宗旨，出版至5月被反动军阀查封停刊。

暑期，王右木对前来拜访、准备到南充任教的张秀熟提出要求："要多散播革命种子，建立川北宣传据点。"随后，张秀熟、袁诗尧等在南充各中小学开办"马克思主义政治经济讲座"。

7月中共"一大"在上海召开之际，王右木前往上海与党的领导人联系，回川后积极准备建党建团。

1922 年（35 岁）

1月，领导马克思读书会举行声援长沙工人罢工斗争及悼念革命烈士活动。

2月，《中国社会主义青年团临时章程》在《先驱》杂志上发表。王右木和马克思读书会会员认真研读，深受启发。7 日，王右木创办《人声》报并出版第一期，编辑部设在大坝巷 5 号王右木家中，由"成都探源公司"代为印刷。王右木兼任社长、主笔、编辑，包括内外事务。邀请高师两名因"反对学校（实际上是落后制度——编者注），破坏纪律"被开除的进步学生刘先亮（后加入中国共产党，大革命时期在川东牺牲）、马静沉（新中国成立后在绵阳市盐亭县中学任地理老师），担任编辑和记者，解决其工作、学习和温饱问题。《人声》报前身是《新四川》报，3 月 28 日《人声》日报第一号出版；4 月中旬《人声》日报改为周报。之所以命名为"人声"，用王右木的话说，这个刊物"应鼓动人民起来大声疾呼，提出人民的意愿和要求，代表人民的呼声"。王右木亲自撰写了《人声》报创刊号宣言，明确地把马克思主义理论作为革命运动的行动指南和最终奋斗目标：

一、直接以马克思的基本要义，解释社会上的一切问题。

二、对现实社会的一切罪恶现象，尽力地揭露和批评。

三、对现实的政治组织，不为妥协的改善方法。

四、注意此地的劳动（工）状况，给彼辈以知识上的帮助。

五、注意世界各地之劳动界的进取状况，以为此地劳动组织之建设和修改的物质标质（准）。

六、注意世界各地的社会运动状况和已有的成绩，以资我辈讨论，或加入第三国际团体，作一致行为。

七、讨论马克思社会主义之学术以及实际的一切问题。

八、讨论新社会之一切建设问题。

在创刊号中的《一年来自治运动之回顾与今后的新生命》一文中，王右木对社会主义的优点进行了明确的阐述。

一、社会主义，可免却世界资本主义的压迫。

二、立可免除军国主义的压迫。

三、立可阻止军阀构兵。

四、可救济财政破产。

五、可以减轻人民的痛苦。

六、可使人民的精神及物产生活渐次安固。

七、可促进世界和平。

《人声》报强调阶级斗争，向当时政治社会现状开火。《人声》报是四川第一份公开系统地宣传马克思主义、宣传社会主义运动的革命出版刊物。《人声》报包括《人声》日报、《人声》周报、《人声》旬报，比较系统、集中地宣传了马克思主义和科学社会主义，批判了当时流行于中国的杜威、罗素等的资产阶级哲学和无政府主义，介绍了苏联和国际工人运动的情况，激励工农组织起来参加爱国运动，为争取自身福利而斗争，使无政府主义者远离四川，从此几乎销声匿迹。《人声》报在南充等地设立代销点，南充的代销人员有张秀熟等。王右木每月工资收入近 200 元，他把全家生活标准压到 20 元左右，其余全用在办报上。经费不够时，他甚至变卖夫人的嫁妆、自己在日本购买的手杖等。

4 月，王右木在《人声》报"地方通信"中揭露江油军阀刘膏腴与县知事周某相互勾结，强征人口税、房捐等罪行。刘膏腴将王右木的二哥抓去打死，大哥被监禁了半年多。王右木闻讯后，十分悲愤。他鼓励同志们说："军阀恨我等十分，就是我等的工作做到了十分；彼辈不恨我等，就是我等没有做工作！"

由于当局的不断迫害，加之办报经费非常困难，6 月，出版了 5 个月左右的《人声》报停刊。张秀熟等认为，《人声》报是成都团地委机关刊物，他曾说："在中国共产党领导下的《向导》周刊出版前，《人声》报在四川起到了不可磨灭的战斗先进作用。"

王右木曾想将无政府主义者主办的刊物《半月》争取过来，与《人声》报合作。他邀请主办该刊的吴先忧等同学到其办公地点，以糖果招待，进行了一夜论战，谁也说服不了谁，最后确定"分道扬镳，相互协助"的统一战线，成为当时的佳话。

5 月，中国社会主义青年团一大召开，并通过团章和决议。5 月底 6 月初，王右木领导和组建的马克思读书会骨干成员童庸生、钟善辅、郭祖、李硕勋、阳翰笙、刘弄潮、雷兴政等，根据《先驱》杂志刊登的《中国社会主义青年团临时章程》，自发成立了"四川社会主义青年团"，但没有与团中央取得联系。

王右木在组织吸纳工人参加读书会的同时，指派钟善辅、刘亚雄、孟本斋等负责工人运动。

春夏，王右木带领四川社会主义青年团员和马克思读书会会员，投入到正在进入高潮的四川教育经费独立运动中，组织青年团在其中发挥骨干作用。1915 年以后，由于军阀混战，教育经费没有保障。全川每年有 3000 多万元税收，而 60 万元的教育经费却一再被打折扣或拖欠。1920 年 9 月以后，四川教职员工多次在成都开会，提出教育经费独立的问题。1922 年 2 月 12 日，全国教育经费独立运动会在北京成立。3 月 1 日，王右木组织四川教职员联合会召开紧急会议，要求当局补发欠薪。4 月 1 日，重庆市学生举行争取教育经费独立示威游行。兼任四川省省长的刘湘同意拨全川肉税作为教育经费，并通电各防区照办，但基本没有落实。王右木在成都高师附中召开了团员和马克思读书会骨干分子会议，认为要争取教育经费独立，传播革命思想。同时，成立了纠察队，商议了城区请愿、示威的斗争方式。随后，王右木出面发动各校师生员工掀起了更大规模的教育经费独立运动，并继续提出划拨全川的肉税作为教育经费的提案。王右木在教职员和学术代表会上，被推举为代表团总指挥，部分团员和读书会骨干被选为代表；教育经费独立运动还创办了专刊《五日刊》，报道运动动态，形成全川行动趋势。

6 月 5 日，四川社会主义青年团在《国民公报》上公开发表《四川社会主义青年团宣言》，阐述了教育经费独立运动的性质、步骤和意义，决定从 6 月 6 日起成都各校一律实行罢课，表示非达到全川教育经费独立，绝不复课，在成都社会各界引起了强烈震动。10 日，成都各校师生举行游街大会。12 日，王右木率领学生代表到省议会请愿，议长熊晓岩（熊铧）拒绝到会办公，学生派代表到熊宅请愿。熊晓岩命令家丁将 8 名学生代表拘押。王右木闻讯后，带领愤怒的学生到熊宅救出代表。13 日，王右木以青年团员和马克思读书会会员为骨干，又组织数百学生到省议会请愿。熊晓岩及其同伙收买暴徒，当场打伤学生 30 多人。事件发生后，王右木组织慰问受伤学生，鼓励大家继续斗争。他在高师附中召开教职工和学生代表紧急会议，鼓励大家斗争到底。6 月 18~22 日，重庆召开了声援成都师生的活动。四川教育经费独立运动的情况传遍全国，北京、上海等地媒体予以报道。这项活动有力地促进了马克思主义在四川的传播，推动了革命活动的开展。四川当局强迫高师解聘了王右木，以及支持教育经费独立运动的 17 所大中专公立学校的校长。

7月，王右木为"谋统一的组织"奔赴重庆，后转上海，在党中央所在地渔阳里，与党中央接洽，并与中国社会主义青年团中央张太雷、邓中夏、阮时达等取得了联系。这时，党的"二大"正在召开，王右木与团中央负责人施存统、张太雷（春木）、俞秀松、陈独秀等会晤，汇报四川自发组织社会主义青年团工作。团中央（书记施存统等）交给王右木中国社会主义青年团第一次代表大会材料——《社会主义青年团大会号》等资料，委托王右木在四川建立和发展团组织。

王右木物色本校国文部毕业生刘砚僧、张秀熟，以及何泌辉等，在重庆、川北（南充）筹建地方团组织。

10月初，王右木从上海返回成都，途径重庆时，在青年学生团体演讲了两次，召见学生骨干，争取了巴县中学的徐亮等5名信仰马克思主义的学生，邀请拟前往宜宾江安中学任教的刘砚僧（与王右木一起办过《新四川旬刊》，王右木助他任甲种工业学校国文教员）参加组建社会主义青年团书记部，刘砚僧被推为书记。这时，重庆尚有以唐伯焜为书记的青年团。王右木前去接洽，发现该组织存在一些不足，特致函团中央请示，得到团中央明确的答复，促进统一组织。

11日，王右木就成都劳动自治会情况致团中央负责人"春木兄"（张太雷）信，报告"关于成、渝、川北团的筹建情况"，提出了严格"地方团"建设条件与程序，以及举办《人声》刊物经费困境。15日，王右木根据《中国社会主义青年团临时章程》，在原自发成立的四川社会主义青年团基础上，在自己家中组织成立了中国社会主义青年团成都地方执行委员会（简称成都团地委，SY），这是四川地区最早的相当于省级的团组织。当时有团员13人，主要是读书会成员。选举了5名执行委员，童庸生被推选为执行委员会书记。团组织直属团中央领导。王右木获得最多选票，按照团章规定，王右木因超龄而没有选举权和被选举权，作为特别团员指导团组织工作，提出了严格的入团手续和对团员的要求，促进团组织发展壮大和作用发挥。此后，青年团成为成都地区群众运动的主要组织者和倡导者。不久，王右木领导青年团成员开展支援开滦煤矿工人罢工斗争活动。23日，团成都地委向团中央的报告《关于团地委的成立情况》，特别提道："我们老早受了王右木先生的感化。"同月，王右木向在南充工作的张秀熟去信，委托张秀熟在南充组建川北社会主义青年团。张秀熟邀请好友袁诗荛组织青年学生上街演讲，书写标语，散发传单，开展宣传工作，物色和培养积极分子。

冬，王右木领导工人运动迅速开展，到工人集中的地方宣传马克思主义，在成都高师、省立师范学校和四川政法学校办起了三所工人夜校，在茶社办起了临时工人夜校，讲授文化知识和革命道理。其中，王右木借皇城明远楼学校教室成立了成都第一所工人夜校。这些阵地培养了四川工人运动的骨干、著名的四川工运领导人孟本斋、梁华等。王右木经常到夜校讲课，指导成立了长机帮、粗丝帮、建筑帮、牛骨帮等20多个行业工会组织，梁国龄、孟本斋等后来一批川内有名的工人运动活跃分子也被吸收其中。成都长机帮工会是四川第一个正规的红色工会。

1923 年（36 岁）

1 月，鉴于当时团组织内部因观点分歧出现分化、学生团员毕业离校，以及少数团员不参加组织生活、脱离组织等情况，王右木召集团员，对成都团地委进行改选。此次改选活动有 25 名团员参加，吸收了刘云成（工人）、孟本斋（工人）、刘小卿（《川报》编辑）等参加，改变了团组织原有的单一学生结构，增强了团组织的新活力。本次会议选举了蒋雪邨为第二届书记，王右木、何秋雁、杨仲康、蒋雪邨等 5 人为委员，康明惠、谢国儒、钟善辅 3 人为候补委员。寒假期间，王右木回江油考察农村情况，派康明惠回家乡温江调研。

2 月 7 日，京汉铁路工人罢工（即二七大罢工）受到武力镇压。29 日，王右木给施存统去信，介绍"关于成都时局与团的工作"。

3 月，在泸州从事教育工作和革命活动的恽代英，被泸州当局无理拘押，被释放后，带领学生张霁帆、余泽鸿等，来到成都，王右木前去拜访，邀请恽代英在青年团和读书会作《阶级争斗》演讲，将张霁帆、余泽鸿编入所辖社会主义青年团小组，此后多次邀请恽代英演讲。29 日，王右木带领青年团和马克思读书会骨干，通过各基层工会发动成都工人举行声援京汉铁路工人的全市性组织大罢工，抗议北洋军阀罪行。王右木还亲自在少城公园（今人民公园）召开国民大会，揭露帝国主义勾结军阀的罪行。这次大规模的活动，第一次显示了组织起来的成都工人阶级的伟大力量，有力地配合了党领导下的全国工人阶级斗争。

王右木、吴玉章、恽代英结下了深厚的革命友谊，恽代英多次到王右木家中，有时甚至通宵畅谈。恽代英对王右木予以积极支持，向团中央去信，报告四川情况，建议团中央将四川团组织工作交与王右木负责。6 月，恽代英就四川团的工作向团中央报告，认为王右木"确为狂热而忠于中央者""我在此仍尽助彼"。

同年春，团中央再次发函确认了中国社会主义青年团成都地方执行委员会的省级团委性质，而且是"中央的坚实基础"。

4月，介绍工人孟本斋、徐云程加入社会主义青年团，指派两人为工人教育会组长。领导长机帮2600名工人罢工，取得了改善生活待遇的胜利。29日，王右木代表成都团地委给团中央写信，报告团的改选和整顿情况，提到恢复马克思读书会，对3名申请退团的团员除名，以及援助女子联合会等安排。30日，王右木给施存统写信，报告成都团的恢复和发展情况。

5月1日，在成都团地方执行委员会的组织下，组织成立了四川第一个由社会主义青年团领导的全市性工人组织——成都劳工联合会，统一领导成都地区工人运动，会员有10000多人。发表《人日宣言》《劳动五一纪念游行大会宣言》，成为四川工人运动的新起点，也是王右木积极宣传马克思主义的巨大成果。成都团地委还在成都高师成立工人学校，王右木亲自担任教员，帮助工人提高革命觉悟和文化水平。王右木指导钟善辅在监狱学校、康明惠在外东农校开设平民教育学校。

5月4日，在皇城坝举行五四运动四周年大会，王右木发表反对日本帝国主义侵略中国和抵制日货的演讲。

5月5日，在团成都地委举办的纪念马克思诞辰105周年纪念活动中，有近400人参加。恽代英、王右木在会上做了热情洋溢的演讲，会后就有50多人参加读书会。会后（当晚），王右木写信给党中央，表达了在成都建中国共产党组织的愿望，以及在四川武装工农的设想，并提出："我这几个小孩子，恐是将来最可靠的同志，因为家传的缘故。"

王右木的儿子王浴生同志，1938年到延安参加革命工作。同年2月加入中国共产党。历任延安桥儿沟中央党校、延安马列学院文化教员、研究员，八路军129师参谋训练队教员、干事，二野第九纵队25旅干部轮训队政委，河南省许昌军分区科长，省军区文教办副主任、军政干校42速中训练处处长，南京军事学院教员，浙江省委宣传部副处长，浙江师范学校党委宣传部部长、马列研究室主任，丽水师专领导小组成员等职。2005年，王浴生协调家人将王右木故居无偿捐赠作王右木事迹陈列馆。

5月18日，王右木再次给施存统写信，报告成都团的活动情况和严格组织纪律的意见。王右木在这封信中得出"劳工专政，必自掌军权始"的结论，建议举办"团务人员讲习所"或"地方政法学校"，改造地方团练武装，支持工农成为"有枪的阶级"，建立工农武装，进而夺取政权，表现出他作为马克思主义者的远见卓识，成为最早构想"武装工农"的中国共产党人之一。继王右木、康明惠之后，成都团地委的张霁帆、邹进贤等纷纷重视并从事民团运动。

同月，王右木撰写了题为《四川劳动界一线曙光》的报告，即《王右木关于四川工团情况的考察报告》。夏天，王右木连续给施存统写了六封信，检讨自己只注重训练新人才，而未注重考察觉悟与能力的问题，展现了他精益求精之心。

蒋雪邨、谢国儒在高师组织的个人夜校中，有近 300 名工人报名参加读书会。不过，蒋雪邨不同意王右木提出的在工人中发展团员的建议，也反对团员介绍工人加入劳工联合会。王右木、康明惠和钟善辅联名向团中央报告成都团组织做法，并确定书记不能独断决定成都团组织事务。5 月 19 日，蒋雪邨因病辞职，除王右木以外的另外三名执行委员因考入军医校、出省考察和退团，团中央在恽代英建议基础上，决定由王右木直接负责成都团地委工作。

5 月 27 日，成都团地委举行选举，王右木当选为书记。当时，团组织有27 名团员，在王右木的带领下，很快结束了松散状态，步入正轨。6 月 3 日，王右木、康明慧以"地方分校（即成都团地委）书记"名义，给团中央专题报告了成都团改组后的情况。15 日，王右木等指导成立"成都农工商学联合会筹备处"。

6 月 27 日，中国社会主义青年团第一届中执委第 27 次会议有两个议程：对北京政局变化问题；成都问题。其中提道："成都同志王右木来信，言武装民众之重要，主张利用民团的组织作我们革命的准备；其入手方法，系请求官厅办一法政讲习所（实际上欲成为本团之预备学校），吸收青年入学（以农民子弟为宜），毕业后即分发各县去办民团，将民团之实权渐渐握在我们手中。"两个月后，在中国社会主义青年团二大通过的《农民运动决议案》中，提出了"创办或改造民团"策略。对一个地方团来信予以肯定和相关问题列入会议表决，这是绝无仅有的。

7 月 2 日，在成都团地委领导下，四川民权运动大同盟召开改组会议，陈毅担任会议文书。会议选举王右木、裴紫琚为文书股主任，康明惠、钟善辅、孟本斋、刘亚雄等王右木指导的骨干当选相关股主任。由此，成都团组织不仅是学生运动、工人运动和领导核心，也是民权运动的领导核心。王右木还组织李竹篔、钟亚弦、周彬如等开展妇女运动，成立妇女会，要求男女平等，并提出妇女不做寄生虫。

在寒假临近时，作为团组织重要组成的学生团员大部分回家，新当选的团组织负责人工作积极性不高，团组织缺乏应有的生机和活力。当时的军阀政府强迫学校解聘了王右木，王右木一家六口往往等米下锅，生活比较窘迫。王右木及时向团中央汇报改选工作。

8月20~25日，王右木在南京参加中国社会主义青年团二大。大会结束后，王右木前往上海，向党中央汇报四川工作和建党事宜。不久，从上海转到广州，向党中央汇报四川革命发展情况，再次郑重请示在四川成都建立党组织的设想。党中央直接将他吸收为党员。会后，王右木又前往上海、广州，接受党中央在四川成都建立党组织的指示，并带回党的"三大"文件。

回川后，王右木积极贯彻党的三大关于建立革命统一战线的方针，在四川积极推进国共合作，推动国共合作国民党四川党总支成立。王右木及时召开全体团员会员，传达国共合作的方向，认真做好说服沟通工作，要求大家服从中央决议安排。他以个人身份加入国民党，带领团成都地委致力帮助国民党改组，一些党团员也加入了国民党。王右木被聘请为国民党总支部（"左派"党部）宣传科的副主任（副科长）。王右木任职后，还应国民党执行部的邀请，做了马克思主义与国共合作意义的演讲，并及时向中共中央报告四川国共合作的进展情况，影响较大。在11月底召开的中共中央三届一次中央执行委员会议上，陈独秀在《中央局报告》中指出："四川国民党本有组织，对于我们的同志加入工作者颇信任。"

10月（7日成都团地委改选分工前），王右木根据党的指示，按照组织原则，在青年团中选拔了刘亚雄、钟善辅、黄钦、梁国龄等优秀团员，先后转为中共党员，组建了中国共产党在四川最早的组织——中共成都独立小组（亦称"成都支部"，简称CP；四川大学有关资料认为是"独立一组"），直属中央领导。这个组织即中共四川支部，是四川地区最早的党组织。该组织骨干人员童庸生（此时童庸生已经至重庆工作，且与王右木关系不睦，据现有资料，不可能是中共成都独立小组成员），是后来中共重庆地方委员会负责人杨闇公、吴玉章（吴玉章入党确是1925年童庸生与赵世炎在北京介绍的，但吴玉章可曾入团，应据现有史料严谨表达）的入团和入党介绍人，可见王右木在创建四川党团组织中的巨大贡献和主要奠基作用。后来，四川省政治中心东移到重庆，童庸生成为重庆团地委的创建人和领导者之一。中共成都独立小组成立后，王右木暂任书记，独立小组下分学生组和工人组，每周开会一次。王右木多次到工人组做时事政治报告，介绍社会科学知识，组织讨论工会活动等。

11 月，在俄国十月革命胜利纪念日来临之际，王右木以青年团名义在明远楼召开纪念会，王右木等在会上做演讲。

冬天，中共中央正式决定王右木任中共成都独立小组书记。

11 月 5 日，王右木组织成都团地委进行选举，有 16 名团员到会。王右木、黄钦、康明惠为执行委员会委员，钟善辅、余泽鸿、张霁帆为候补委员。王右木任委员长、康明惠任秘书、黄钦任会计。按照团中央要求，成都团地委将"马克思读书会"更名为"社会科学研究会"。王右木给刘仁静、林育南去信，报告成都团改选情况。19 日，王右木、康明惠向团中央报告成都地委改选情况。

遵照团中央关于团的工作应向劳工方面发展的指示，王右木身体力行，拿下博士帽，脱去西装，换上工人服装，到长机帮工人中交心谈心，和大家在茶馆聊天，还和 20 多名骨干结为兄弟，培育工人加入青年团，在明远学校开办了工人夜校。鉴于"中华工党四川支部"中机织帮有较强的革命性，他就命何秋雁打入其中进行改造利用，组建新的"中华工党四川委员会"。成都原有的"劳工自治会"组成人员主要是各学校、机关的小工、传事等，能为工人利益讲一些话，王右木多次深入其中做工作，逐步引导其成员加入改造社会行动中。后来，这两个经过改造的组织，都加入了新成立的"成都劳工联合会"。

12 月，领导创办了团组织刊物《青年之友》，出版时间比团中央出版的《中国青年》还早些。指导成立了"青年之友社"，作为承担党团的外围组织。

自 1923 年秋到 1924 年初，领导劳工联合会组织开展了反对欺压工人的反"三皇会""反朱尺"运动，显示了成都工人阶级强大的革命力量。

王右木还指导高师附中学生自办刊物《黎明》的肖崇素等几位同学，学习革命知识和理论，"多写社会，多写农村，多写穷苦人，多写写帝国主义和兵匪在农村造成的残破、悲惨的情况吧，这比写爱情有意义得多，可不可以这样试试呢"，并吸纳他们加入读书会。

1924 年（37 岁）

2 月 8 日，杨森攻下成都，任四川督理，他纵容部队烧杀抢，作恶多端。王右木亲自带领青年团员和积极分子散发传单，号召人们反对军阀战争。杨森的秘书秦正树（青年团员）找到王右木，王右木决定承办《甲子日刊》（因当年为甲子年），并担任总编辑，王右木将部分团员和革命活动积极分子选入编辑通讯人员。刘愿庵（安）、廖划平为特邀编辑，钟善辅、刘亚雄为助理编辑，其他事务人员都是党团同志。王右木利用杨森"建设新四川"口号，举办了主旨为"宣传反对防区制、反对军阀混战；主张还政于民"的宣传刊物，《甲子日刊》成为宣传马克思主义和革命信息的阵地。5 月 1 日刊发表纪念"五一"国际劳动节的社论；党团组织在少城公园召开"五一"悼念列宁的大会。当晚，《甲子日刊》被杨森下令停办。

2 月 23 日，革命导师列宁不幸去世，王右木在自己家中组织召开追悼大会筹备工作。5 月 1 日，有数千人参加的列宁追悼大会在少城公园隆重举行。2 月 25 日，王右木、黄钦给团中央写信，专题报告成都团组织发展情况和今后工作要点。在王右木的努力之下，成都团组织从原来的 27 名团员发展到 10 个支部、40 多名团员。

3 月 14 日，王右木组织成都团地委组织进行改选。王右木不再担任团组织委员长，专门从事党的工作，由张霁帆任委员长。在会上，他提出要加强团组织发展和团员的考查教育，得到大会一致认可。24 日，王右木、黄钦向团中央撰写了《关于改选团组织给团中央的报告》，汇报了推迟改选的原因及改选情况，这是王右木在川中给团中央的最后一次通信。5 月 14 日，中国共产党三届第三次中央执行委员会会议报告宣布"成都独立一组"已成立。王右木组织成立四川第一个党组织的贡献再次得到肯定。

暮春，杨森知道王右木在四川，尤其在成都学生、工人和社会上威望较高，派出他的亲信副官带了一箱银圆和委任状去拜见王右木，拟聘请王右木出任"督办署高等顾问"，条件是要王右木放弃工会工作。王右木虚以周旋，草草安排好家事，离开成都，取道嘉定（今乐山）、叙府、泸州，由泸州坐船辗转到上海，与党中央联系。不久转广州参加会议，向在广东的中共领导人汇报工作。到嘉定后，王右木协助丝厂工人争取加薪罢工斗争，被押送出境。到泸州后，了解泸州革命工作，并与在泸州川南师范任教务主任的蒋雪邨会谈交流革命信息，后从泸州东门河边上船。

夏，王右木从广东返回四川。为了节约路费、实地考察和革命宣传，王右木从广西、贵州步行回四川，进行深化考察。中秋节前夕，他在贵州省赤水县（今习水县土城镇）给家中和同志们写信，说他不久要回到成都。后不知所终。

1952 年，中央人民政府追认王右木为革命烈士，并发给家属"光荣纪念证"。

主要参考资料

1. 中共成都市委党史研究室编《中国共产党成都历史图志：第一卷（1923—1949年）》，中共党史出版社，2008。

2. 中共成都市委党史研究室编《成都英烈大典》，中共党史出版社，2011。

3. 中共成都党史研究室编《热血春秋——成都党史人物传》，中共党史出版社，2013。

4. 中共重庆市委党史研究室：《中国共产党重庆历史：第一卷（1926—1949年）》，重庆出版社，2011。

5. 中共四川省委党史研究室：《四川党史人物传》第一卷，四川人民出版社，2016。

6. 中共成都党史研究室编《蓉城曙光》，内部资料，1998。

7. 《中国共产党成都九十年简史》，中共党史出版社，2014。

8. 中共四川省委党史研究室：《中国共产党四川历史（1921—1949）》，中央文献出版社，2009。

9. 中共四川党史研究室编《中国共产党四川九十年简史》，中共党史出版社，2011。

10. 党跃武、陈光复：《川大记忆》第四辑，四川大学出版社，2011。

11. 党跃武主编《四川大学史话》，四川大学出版社，2017。

12. 党跃武主编《四川大学校史读本》，四川大学出版社，2013。

13. 《四川大学史稿》编审委员会编《四川大学史稿：第一卷（四川大学1896—1949）》，四川大学出版社，2006。

14. 罗中枢主编《四川大学历史·精神·使命》，四川大学出版社，2009。

15. 中共绵阳市委党史研究室编《探索与思考》，内部资料，2017。

16. 中共绵阳党史研究室编《绵阳革命先烈和英模人物传略》，内部发行，2018。

17. 中央档案馆、四川档案馆编《四川革命历史文件汇编（1922—1925）》，内部发行，1986。

18. 四川省档案馆、四川省总工会编《四川工人运动史料选编》，四川大学出版社，1988。

19. 成都总工会工人运动史研究组编《成都工人运动史资料》第一辑，1983。

20. 魏洪国主编《党建党史论文集》，四川大学出版社，1991。

21. 何盛明编《四川党史研究》，成都出版社，1991。

22. 中国人民政治协商会议四川省委员会、文史资料研究会编《四川文史资料选辑》第28辑，内部资料，1983。

23. 中共成都党史研究室编《蓉城曙光（中共成都历史丛书）》，内部资料。

24. 中共四川省委党史研究室组织编《中共四川地方史十讲（新民主主义革命时期）》，四川人民出版社，1996。

25. 中共绵阳党史研究室编《人民教育家张秀熟》，内部资料，2019。

26. 中共江油县委党史办公室编《四川马克思主义运动先驱—纪念王右木诞生一百周年》，四川大学出版社，1988。

27. 中共江油市委党史工委编《王右木研究》，四川大学出版社，1989。

28. 纪念王右木诞辰130周年学术研讨会组委会编《纪念王右木诞辰130周年学术研讨会论文集》，2017。

29. 中共江油市委党史研究室、江油市国家档案馆编《四川马克思主义运动先驱、党团组织创始人——王右木》，光明日报出版社，2017。

30. 江油市王右木纪念园编《王右木书信文集》，内部资料，2020。

31. 绵阳市政协文史资料研究委员会编《绵阳市文史资料选刊》第十辑，内部资料，1992。

32. 中共江油县委党史办编《江油党史研究资料》第三期，内部资料，1986。

33. 政协成都市青羊区委员会编《少城文史资料》第四辑，内部资料，1991。

34. 政协重庆市巴南区委员会编《巴南文史》，内部资料，2008。

附录 2　王右木相关历史文献发掘梳理暨既有研究述评

摘要： 王右木是中国共产党在四川地区进行马克思主义理论学习、研究和宣传的第一人，也是最早推动在四川地区建团、建党与展开群众革命活动的先驱。他不惧艰险、奋斗不息、战斗不止的革命实践活动，为马克思列宁主义在巴蜀大地生根发芽做出了重大贡献，也为党和人民的正义事业立下了不可磨灭的伟大功勋。王右木研究的相关文献仍有待深入发掘、整理，王右木研究的学术空间与新的学术增长点，仍有待学界开展进一步的开拓、挖掘工作。

关键词： 王右木　历史文献　研究综述

王右木是中国共产党在四川地区进行马克思主义理论学习、研究和宣传的第一人，也是最早推动在四川地区建团、建党与展开群众革命活动的先驱。1918 年秋，王右木从日本学成归国，于 1919 年 5 月定居成都后，他开始逐步走上了传播马克思主义理论、建立进步社团与地方革命组织，向黑暗的旧社会、旧势力发起猛烈进攻的壮阔人生道路。在短短的五年左右的时间里，他创建了四川第一个学习、研究马克思主义的团体——马克思读书会；他创办了四川第一份以宣传马克思主义为宗旨的报纸——《人声》报；他组建了四川最早的社会主义青年团组织之一——中国社会主义青年团成都地方执行委员会；他创建了四川第一个中国共产党组织——中共成都独立小组。王右木通过不屈不挠的奋斗拼搏，为党和人民立下了不可磨灭的伟大功勋。相关学界对他的专题研究，以及对相关史料的梳理发掘工作，已经持续了很多年，取得了相当不俗的成就，但仍然有进一步开拓的广阔空间。本文将就王右木相关研究资料的梳理与述评、既有研究成果的梳理与述评、王右木研究未来前行方向的展望与设想三个方面，进行集中的阐述，以为王右木研究的学术积累与推进做出一点微薄的贡献。

一　王右木相关研究资料的梳理与述评

目前学界所掌握与利用的与王右木研究有关的原始资料，主要来自以下几个方面：档案文献、报刊资料、个人史料（日记、书信、文告）、文史资料（回忆录）等。接下来对此进行一一简述。

1. 档案文献

可资利用的档案文献中最为重要的是中央档案馆与四川省档案馆合编的《四川革命历史文件汇集》①，这册资料是《历史文件》甲编共 14 册（暂未发现乙编）中的第 1 册，收录了 1922～1925 年整个四川地区（含今重庆市）建团建党前后的大量原始档案文献资料，在学界对四川早期党团组织史、共产主义革命运动史的研究中是至关重要的基础史料。这部资料集中所收材料绝大多数都是四川地方早期团组织负责人及相关人员向中国社会主义青年团中央汇报各项工作情况的文件，此外还有各地方团组织呈报的宣言、章程、纲领、文告、读书会会员名录、组织结构图，以及地方政府训令等附录文献若干份。② 据统计，在该资料集所收的总共 101 篇历史文献中（不含附录），文中直接标明由王右木撰写拟就的文献就达 11 篇，其中还有编辑者归类整理的一份文件中包含了多封书信。另外，在其他未明确署名的文献中应该还有一些王右木参与撰写或草拟的，如团成都地委 1922～1924 年给团中央的 6 篇报告、信件。这些宝贵文献可以说是研究王右木参与四川共产主义组织创

---

① 中央档案馆、四川省档案馆编印《四川革命历史文件汇集（1922—1925）》，内部发行，1986。为行文方便简洁，后文将此资料集名简称为《历史文件》。

② 该套文献资料集也未能全部收录同时期所有的相关党团正式文献。就笔者有限的目力所见，就四川党团初建时期而言，也尚有一些单篇文献零星散见于其他资料集或期刊杂志上，如《童庸生给团中央的信》（1923 年 11 月 4 日），便收于中共四川省委党史研究室等编《中国 YC 团（中国青年共产党）》（重庆出版社，1997）一书；《杨伯恺向党中央、团中央反映重庆团地委的情况》（1925 年 12 月 24 日）、《萧楚女致团中央的信》（1924 年 9 月 18 日）等重要文献就收录在中共四川省委党史研究室组织编撰、张继禄主编《中国共产党地方组织在四川的建立》（四川人民出版社，2001）一书中。此外，川渝党史学界学者近年来仍在继续做一些四川早期党史资料的发掘、整理工作，不断丰富后人对早期中共党组织在地方场域中萌芽成长历程的认知。如《中共重庆党、团地方执行委员会为消除杨洵、童庸生误会召开的批评会记录》（1926 年 4 月 15 日）（《党的文献》2017 年第 2 期，第 38～43 页）一文，便是近年来地方党史工作者经手整理、编辑与出版的重要史料。

建工作与群众组织动员工作的第一手资料，虽然迄今为止已有部分学者利用这些原始文献进行了相应的研究工作，并取得了若干成果，但相关文献中所包含的时代意蕴与传递出的丰富信息，还值得学界进一步研读深挖。

值得一提的是，《历史文件》收录的第一篇文献便是王右木写给团中央负责人的工作汇报信，该文件的标注日期为1922年10月11日，尚在成都团地委正式成立的4天前。王右木在该文中以熟友的口吻向团中央汇报了自己在四川建团的相关想法与做法，以及对四川社会情形、群众特征、阶级状况与工作开展路径的详实分析。从中既可以看出王右木与施存统、张太雷、邓中夏以及陈独秀等党团中央领导人的熟稔，也可以看到他对四川具体情形的深刻分析与切实把握，这无疑为之后共产主义组织的幼苗在巴山蜀水落地生根、马克思列宁主义的火种在巴蜀大地燃烧燎原，奠定了坚实的基础。除此之外，其他按原貌保留下来的党团内部文献，都原生态地呈现了当时党团组织在四川地区萌芽发展的艰辛、曲折与坎坷，非常有助于我们全景式还原中国共产党组织在四川扎根发苗的历史过程，也呈现了以王右木为核心的四川早期马克思主义者为了共产主义事业筚路蓝缕、顽强奋斗的伟大精神。

综上所述，这部资料集作为目前学界研究四川早期马克思主义运动史、党团组织发展史最为关键、最为重要的原始材料，既是研究王右木在四川建团建党与发动群众革命运动首创之功的基础性资料，也是我们了解与认知中国革命在地化，以及马克思主义理论与中国具体场域实践样态融合之途的重要依托。

表1　《四川革命历史文件汇集（1922—1925）》收录王右木所撰文稿

作者	文件名称	时间	页码
王右木	《王右木致团中央负责人的信——关于成、渝、川北团的筹建情况》	1922年10月11日	第3~23页
王右木	《王右木给施存统的信——关于成都时局与团的工作》	1923年2月29日	第53~56页
王右木	《王右木给施存统的信——关于成都团的恢复和发展》	1923年4月30日	第68~72页
王右木	《王右木给施存统的信——关于在四川武装工农的设想》	1923年5月5日	第77~81页

作者	文件名称	时间	页码
王右木、康明惠、钟善辅	《王右木给施存统的信——成都团的活动情况和严格组织纪律的意见》	1923 年 5 月 18 日	第 83 ~ 89 页
王右木	《王右木关于四川工团情况的考察报告》	1923 年 5 月	第 95 ~ 101 页
王右木	《王右木给施存统的六封信》	1923 年夏	第 102 ~ 116 页
王右木、康明惠	《王右木、康明惠给团中央的报告书——成都团改组后的工作》	1923 年 6 月 3 日	第 117 ~ 118 页
王右木	《王右木给刘仁静、林育南的信——关于成都团的改选》	1923 年 11 月	第 140 ~ 141 页
王右木、黄钦	《王右木、黄钦给团中央的信——成都团组织发展情形及今后工作要点》	1924 年 2 月 15 日	第 153 ~ 157 页
王右木、黄钦	《王右木、黄钦给团中央的信——报告成都团的改选》	1924 年 3 月 24 日	第 159 ~ 160 页

第二本较为集中收录有关王右木文献的书籍是《四川马克思主义运动先驱者》。这本书是中共江油县委党史办公室于 1988 年编写的，由四川大学出版社出版。该书以中共江油县委党史办公室从中央档案馆取回的王右木及成都早期团组织与中央联系的信函、文件为依据，撰写了王右木传略和年表，然后连同收集到的珍贵史料，编辑而成，并请王右木的学生张秀熟先生为该书写了书序。该书中附有与王右木相关的图片 15 张，成都早期团组织与中央联系的信函、文件 14 份，王右木写给团中央负责人的信函 13 封，王右木的文章及家书 9 件，还有四川社会主义青年团宣言等 3 篇，以及相关人员回忆王右木的文章 27 篇，是一本颇有史学研究价值的专辑，也为后来乃至今天的学者开展王右木的研究提供了资料上的支撑。

除了上述较为集中的革命档案史料汇集之外，其他一些保存于国内外各档案馆、博物馆、图书馆、校史馆等处的典藏资料中，仍能发掘出一些与王右木紧密相关的零星史料，这些史料虽然数量并不多，但因分布较为零散，散落地域较为广阔，既有在国内王右木学习、生活、就职之地的，也有王右木在国外（日本）学习生活之处所的，此外亦有随党团中央档案一起被保存于国外特藏档案馆里的。因此，搜寻发掘这些资料所需的专业度较高、难度较大，同时成本亦较高。目前，相关材料已有部分被搜集出来，并经整理后编入若干资料集当中，或是收藏于纪念馆内。同时，时至今日仍有一些稀见资料陆续被发掘出来，如施存统于 1922 年 12 月 18、19 日分致王右木、唐伯焜两人的两封信函，已于近日由中国社会科学院近代史研究所的学者从俄罗斯国家历史政治档案馆发掘了出来。据笔者目力所及，这两封信尚未被收入任何现存的已出版的资料集或论著中，应当是属于初见天日，因此其史料价值十分珍贵。这两封信函有助于我们了解当时青年团中央对成渝两地建团事务的看法以及对王右木开展工作的态度。从中可以看出，当时的党团中央对王右木是非常信赖的，对他的工作热情与成效是非常肯定的，称赞他"你的通信给了我们很多关于四川的智识，我们很是感谢，还望你以后能常寄这种通信"。并且给予王右木监督重庆青年团重要负责人唐伯焜等人的权力，"唐君处我们已有信去警告他；你们若发现他们错误之处，亦请告知我们，以便我们设法处置"。由此可见，王右木在党团中央于各地筹建共产主义组织战略规划中的重要性。

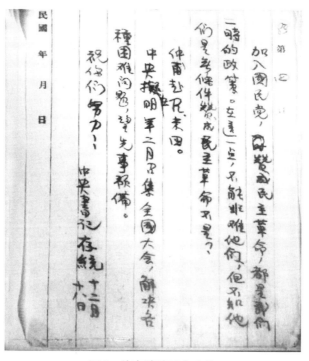

图 1 施存统致王右木信

注：现藏于俄罗斯国家历史政治档案馆，档案号为 147－1 第 35 卷。

其次，四川大学档案馆及图书馆所藏"国立成都高等师范学校"校史档案中，亦有若干与王右木相关的文献，能体现王右木受雇于成都高师任学监时的具体情况。例如，目前相关机构所发掘并掌握的《原四川省民政长致成都高师关于王右木等留学日本的护照函》(1913 年)、《成都高等师范学校九年度周年概况报告》(1919～1921 年)、《成都高等师范学校管理员一览表》(1919～1921 年)、《成都高等师范学校民国九年一月起至七月底职教员薪修积欠表》、《成都高等师范学校九年度周年概况报告》(1919～1921 年),等等。从这些档案材料中,能确证王右木到成都高师任职之具体年月、准确薪俸数目、受教育经历、在高师兼课情况与此前任职情形,等等。信息虽然简略,但提供了第一手的准确信息,可以避免此前各种论著与文史忆述资料中多种说法相互矛盾的问题。

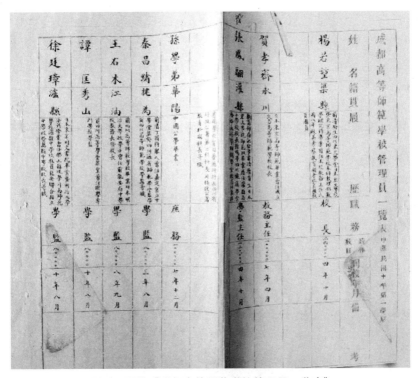

图 2　照片《成都高等师范学校管理员一览表》

注:原件存于四川大学档案馆及图书馆之高师文书档案中。

再次,成都市档案馆所藏《王右木创办〈新四川旬刊〉给省会军事警厅的呈文》(1921 年)、《〈新四川旬刊〉执照》(1921 年)、《王右木申请将〈新四川旬刊〉更名为〈人声〉报给省会军事警察厅的呈文》(1922 年)等文献,具有相当的历史价值,能充分证明王右木创办《新四川旬刊》和《人声》报的艰辛。

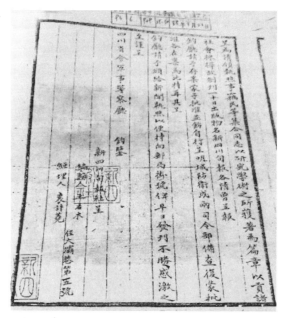

图3　复制品《王右木申请将〈新四川旬刊〉更名为〈人声〉报给省会军事警察厅的呈文》

注：原件藏于成都市档案馆。

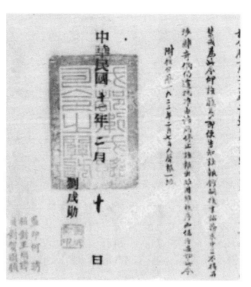

图4　1922年2月10日，四川陆军第三军军长兼成都卫戍总司令刘成勋向四川省会军事警察厅发布的训令，以《人声》报创刊号刊登了袁诗荛《红色的新年》一文，所谓"语极离奇"等原因，要求警察厅迅即查禁该刊

注：原件藏于成都市档案馆。

2. 相关报刊文史资料

主要包括《国民公报》《四川日刊》《川报》《新蜀报》《商务日报》《四川学生潮》等20世纪20年代初创办的报刊。

王右木在成都从事进步活动期间，不只是在校园内活动，还积极从事报刊传媒工作，将报章文字作为抨击旧社会、鞭挞旧势力的匕首投枪。因此，他一边自己排除万难筹款创办了《新四川旬刊》、《人声》报，并参与了《甲子日刊》的筹办编辑工作，然而因为年代久远、时局动荡，这些相关报刊原件流传至今的极为稀见。除了《人声》报创刊号外，迄今尚未见到有王右木直接参与的其他报刊资料存世。

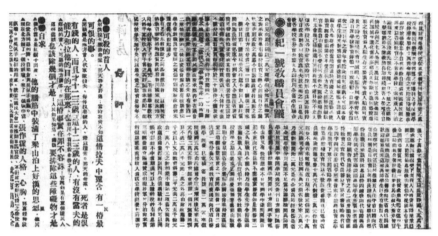

图5 《国民公报》1920年9月6日第5版刊载报道，记述了王右木于当月1日在四川教职员联合会上发言抨击军阀、呼吁教育经费独立一事

当时在成都、重庆等地出版的各种商业大众报刊或是同业同仁杂志等，或多或少都存留有一些王右木相关痕迹。如作为当时成都影响最大、发行最广、持续时间较长的商业性大众报刊《国民公报》，就有不少报道涉及了王右木在成都教育界开展反军阀群众运动的情形。如1920年9月1日，王右木在讨论教育经费独立问题的四川省教职员联合会上踊跃发言，慷慨陈词，猛烈抨击军阀势力对地方教育事业的摧残。当时的《国民公报》记者对王右木在会议上的发言情形做了较为详实的报道记录："王右木君演说，言词甚为激昂：吾以国民资格，教育家资格，均应质问政府。吾川国家税收及地方税每年合计不下三千余万元（王君历举某款收入若干，某税收若干，言之甚详，记者未悉记），而国税数年来未解中央，何以最少量之教育费每年不过

六十万余元，无款开支？以此欺诈国人，万万不能承认，如再能忍受下去，吾人人格安在？语至激烈，经二三人劝阻，始息。"①

1922 年 6 月，因军阀言而无信、蹂躏川民，教育经费仍然无着，全川教育事业趋于停顿，成都教育界、学生界再次掀起了一轮轰轰烈烈的四川教育经费独立运动，并在该月中旬达到高潮。王右木不仅积极参与这次进步群众运动，而且在青年学生中起到了重要的组织动员与领导表率作用，他由此受到了地方军阀政客势力的嫉恨与陷害。当时的社会报刊便为我们留下了珍贵的历史记录。成都《国民公报》于 1922 年 6 月 17 日第 5 版集中刊载了《王右木之声明》《致〈四川日刊〉函》等王右木所作的为自己巧妙辩诬的文字，反映了革命先驱以一己之力与旧军阀、旧官僚势力展开持续斗争的智慧与勇气。

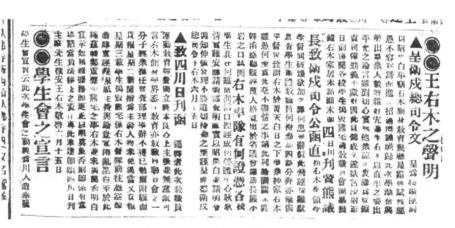

图 6　《王右木之声明》和《致四川日刊函》

注：载《国民公报》1922 年 6 月 17 日，第 5 版。

此外，通过梳理彼时民国报刊，亦可发现若干王右木所创办《人声》报的相关信息，如《国民公报》于 1922 年 3 月 1 日在"省城见闻"一栏中便刊载了《人声》报因努力传播马克思主义思想而受到地方军警势力打压的消息："本报第三号业由警厅命令停止出版，谓'本号言论纯为鼓吹社会主义而作'。谨向爱读本报诸君道歉，已订报者，准于次期出版时补送。此启，云云。"

上面仅是略举数例，以展现那个时代的社会报刊中可能保存的与王右木直接相关的史料情形。虽然因年代久远，现在有的旧报旧刊已非常难以寻觅

---

① 《纪一号教职员会议（续）》，《国民公报》1920 年 9 月 6 日，第 5 版。

图7　《〈人声〉报停发原因》

注：载《国民公报》1922年3月1日，第6版。

踪迹了——尤其是当时发行量比较小、持续时间亦短的一些知识分子同仁刊物，但如果我们坚持不懈地挖掘，四方努力探寻，仍然是有可能再搜寻发掘到不少相关珍贵史料的。哪怕是其时某些报刊上并没有刊载直接与王右木有关的文字，但是通过对这些历史资料的认真研究梳理，我们也能更为鲜活地重建起王右木当年开展革命活动的时代语境，从而有利于我们将王右木放到丰富的历史背景下加以考察。

3. 与王右木相关的其他历史人物个体资料的发掘与梳理

王右木作为马克思主义传播和中共四川早期党团组织创建等重大历史事件中的人物，其思想行止必然会在历史长河中留下深刻的印迹，更何况他还是以"盗火者"与"播火者"身份存世的时代开拓者。因此，我们今人对于王右木的研究，不能只将眼光盯在其个体身上，应该广泛关注在历史进程中所有与他有交集的人与事，在史料的发掘功夫上，也应该注重所探索对象的"前后左右"或是"古今中外"，对与其直接或间接相关之人、事进行充分细致的考察挖掘，争取在史料与研究视野上能有新的突破。

例如，王右木人生中最光辉与重要的旅程，毫无疑问是在他完成留日学业回到成都并从事革命播火工作这一段。在1919年夏秋至1924年初春，王右木除了多次奔赴上海联络同道、探求救国真理之外，大部分时间都在成都地区从事进步活动，这段时间内许多人与他的人生产生了交集。如曾在1922年9月至1924年初担任过成都高师校长的辛亥元老吴玉章，1923年上半年在成都活动过的革命青年领袖恽代英，在上海担任过青年团中央书记的施存统，以及先后在团中央工作过的张太雷、邓中夏、林育南等早期马克思主义者，还有参与推动各地共产主义小组发起和党团早期创建工作，并且同样具有留日经历的陈独秀、李大钊、李达、李汉俊等人，都在某个时段内是王右木人生履历中的同路人，会与他产生思想上、情感上、工作上的交集。

此外，1920 年代初期相继在成都高师及其附中学习过的袁诗荛、张秀熟、童庸生、刘度、曾莱、马静沉、吴先忧、刘砚僧等，1921 ~ 1924 年在成都省立高等蚕业讲习所学习的邹进贤、张霁帆、陈鲁政、刘春晖等，在成都专门监狱学校学习过的钟善辅，在成都省立工业专门学校学习过的廖恩波、裴紫琚等，以及当时在成都各校学习或已经工作，通过既有文献判断，确定或者可能与王右木有过人生经历交叉的亲历者，如郭祖劼、傅双无、刘弄潮、阳翰笙、雷兴政等，都是研究者可以探究的对象。

当然，不可能每个历史人物都会留下丰富的史料，许多人物都是历史风尘中的过眼云烟，但在现有公开出版或是已发掘出来的部分个人资料中，常常能发现一些与王右木相关的蛛丝马迹，既能起到与以往研究成果相互印证的作用，又能勾勒出那个时代的完整历史图谱。即使这些材料没有直接牵涉王右木，但也能让我们对王右木所生活、工作与发生思想转变的时代语境有更深切的把握。

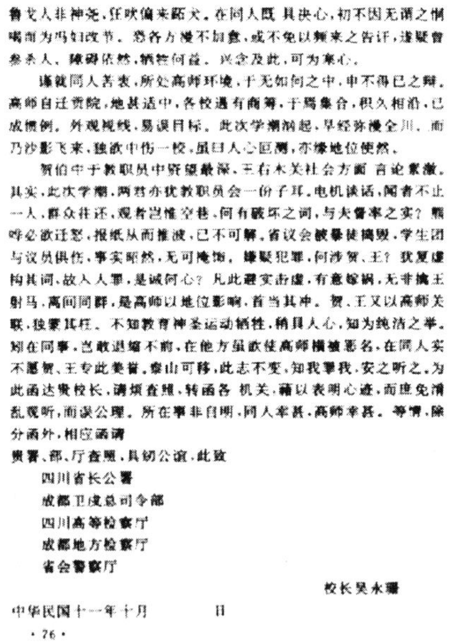

鲁戈人非神尧，任吹偏来距丈。在同人既具决心，初不因无谓之恫喝而为冯妇改节。然各方漫不加察，或不免以鲰来之告讦，遂疑曾参杀人，障碍依然，牺牲何益。兴念及此，可为寒心。

谦顾同人苦衷，所处高师环境，于无如何之中，申不得已之辩。高师自迁贡院，地甚适中，各校遇有商筹，于焉集合，积久相沿，已成惯例。外观视线，易误目标。此次学潮潮起，早经弥漫全川。而乃沙影飞来，独欲中伤一校，虽曰人心叵测，亦缘地位使然。

贺伯中于教职员中资望最深，王右木关社会方面言论素激。其实，此次学潮，两君亦仅教职员会一份子耳。电机谈话，闻者不止一人，群众往还，观者岂惟空巷，何有破坏之词，与夫督率之实？顾咋必欲迁怒，报纸从而推波，已不可解。省议会被暴徒捣毁，学生团与议员俱伤，事实昭然，无可掩饰。嫌疑犯罪，何涉贺、王？甚复虚构其词，故入人罪，是诚何心？凡此避实击虚，有意嫁祸，无非擒王射马，离间同群，是高师以地位影响，首当其冲。贺、王又以高师关联，独蒙其枉。不知教育神圣运动牺牲，稍具人心，知为纯洁之举。矧在同事，岂敢退缩不前，在他方虽欲使高师横被恶名，在同人实不愿贺、王专此美誉。泰山可移，此志不变，知我罪我，安之听之。为此函达贵校长，请烦查照，转函各机关，藉以表明心迹，而庶免淆乱视听，而误公理。所在事非自明，同人幸甚，高师幸甚。等情，除分函外，相应函请

贵署、部、厅查照，具纫公谊，此致

四川省长公署

成都卫戍总司令部

四川高等检察厅

成都地方检察厅

省会警察厅

校长吴永珊

中华民国十一年十月　　日

·76·

图 8　《吴玉章关于高师学生因保护省议员被打伤反被诬蔑一事致四川省长公署等函》（1922 年 10 月）一函中所载吴玉章对于王右木的评价——“王右木关于社会方面言论素激”

资料来源：该函收于程文、陈岳军编《吴玉章往来书信集》，重庆大学出版社，1993。

这些相关书籍主要包括：《吴玉章往来书信集》（程文、陈岳军编，重庆大学出版社，1993）、《吴玉章年谱》（刘文耀、杨世元编，四川人民出版社，1998）、《邹进贤日记》（中共重庆市委党史研究室编，重庆出版社，1997）、《吴玉章文集》（上册）（中共四川省委党史工委《吴玉章传》编写组编，重庆出版社，1987）、《施复亮年谱》（何民胜编著，商务印书馆，2019）、《荣县文史资料选辑》第 15 辑（荣县政协文史委、荣县档案馆编）、《曾莱烈士日记选》（1999）、《杨闇公日记》（杨绍中等整理，四川人民出版社，1979）。

图 9　《邹进贤日记》（中共重庆市委党史研究室编，重庆出版社，1997 年）

注：邹进贤于 1921～1924 年在成都省立高等蚕业讲习所就学，1922 年加入王右木创建并领导的进步社团"马克思读书会"，1923 年 6 月又在王右木、恽代英等人的感召下加入了成都社会主义青年团，后来逐渐成长为中共四川地下党组织的革命骨干。1930 年 5 月 8 日，担任中共四川省委常委兼秘书长的邹进贤，在重庆被捕壮烈牺牲。邹进贤所留下的 1923～1924 年部分日记也涉及了王右木以及其他四川知名革命者，是研究王右木与四川早期共产主义运动的宝贵史料。

前文也仅是列举了笔者目力所及的其他历史个体史料中与王右木紧密相关者。虽然这些史料多属只言片语，零星分散、数量不多，但是，只要我们结合其他史料加以认真解读与阐释，就能更好地建构起王右木从事革命活动所依托的人际网络与社会语境。哪怕是一些目前看来与王右木并没有太多交集的川籍革命者所留下的史料，如《杨闇公日记》《曾莱烈士日记选》等，也可以从多个侧面立体地为我们呈现王右木所生活时代的历史画面。

图 10　《施复亮年谱》（何民胜编著，商务印书馆，**2019**），其中亦记载了王右木与团中央书记施存统（又名施复亮）在建团建党早期书信往来的情形

二　既有研究成果的梳理与述评

作为四川马克思主义运动的先驱、四川党团组织的创始人，学界对于王右木的相关研究，较早就已经展开，并取得了一定的成果。在中国知网的学术库中输入"王右木"作为关键词，搜索出来的期刊文献约为 30 篇，以"四川早期党组织"为关键词，搜索到的文献仅有两篇，都是期刊论文。当然，不少涉及王右木的研究成果并不都是直接以王右木为篇名的，还有一些虽未直接涉及王右木的四川早期党史研究成果，也有助于我们理解王右木生活与工作的时代背景，认知他从事革命活动所面临的内外条件，这就需要对相关论著进行细致的阅读与耙梳了。

图书资料方面，现有由中共江油县委党史办公室（中共江油市委党史研究室）出版的《四川马克思主义运动先驱者——纪念王右木诞生一百周年》《王右木研究》《四川马克思主义运动先驱、党团组织创始人王右木》《王右木诞辰 130 周年学术研讨会理论文集》等书专门以王右木为探讨中心，第一本是辑录了各类档案史料、报刊记录、回忆资料、书信日记、大事年表等相关文献的资料集，后三本是学界对王右木的相关研究论文的汇集。其中，《王右木研究》收录论文 24 篇，《四川马克思主义运动先驱、党团组织创始人王右木》收录论文 42 篇,《王右木诞辰 130 周年学术研讨会理论文集》收录论文 50 篇。这些研究成果全面涵盖了王右木在四川从事马克思主义传播和实践的活动历程。

(一) 对王右木作为四川马克思主义传播先驱功绩的研究

作为四川地区马克思主义传播先驱的王右木,兼具"盗火者""播火者"与"深耕者"的作用。学界对于王右木在早期马克思主义理论传播事业中的地位和功绩研究主要集中在以下四个方面。何盛明在《马克思主义在四川传播的历史条件和播种者的功绩》中指出,首先,王右木在 1920 年冬,组织成立了马克思读书会,这是四川第一个学习和宣传马克思主义的团体,团结、培养了一批四川进步青年,为以后成立四川第一个共产主义小组打下了人才基础。第二,王右木主持创办了《人声》报。这是四川第一份公开而系统地宣传马克思主义、宣传社会主义运动的革命刊物;对教育一代青年,推进四川革命运动产生了深远的影响。第三,王右木深入工农宣传革命思想,启发工农群众的阶级觉悟,使马克思主义与四川工人运动相结合。第四,王右木组织青年投入实际斗争,大造革命声势,扩大政治影响;一批初步接受马克思主义的先进青年受到了实际的锻炼和提高,走上了革命的道路。[①] 以何盛明的研究为开端,学界在关于王右木作为四川地区马克思主义传播的先驱的研究开始集中在其传播马克思主义的具体方式方法上,林红在《巴蜀传播马克思主义的第一人——王右木》一文里写道,王右木接收学生、工人、记者、教师,定期学习马克思主义基本理论,并以自己的学习心得体会加以辅导,提高会员的认识,逐步接受马克思主义[②];彭波强调,马克思读书会的成员不仅仅注重理论学习,还强调理论要与实践相结合,读书会的成员们经常参加学生、工人们组织的反帝反侵略运动,在斗争中实践和宣传马克思主义理论[③]。杨露在研究作为四川第一张宣传马克思主义理论的报纸《人声》报时谈到,以"为全人类谋均等幸福"为初衷的《人声》报在创办之初就引起了地方封建军阀势力的强烈警惕,其立场之坚定、观点之鲜明、言辞之激烈,奋力宣传马克思主义思想,促进了人民群众觉醒,为四川地区团组织和

---

① 何盛明:《马克思主义在四川传播的历史条件和播种者的功绩——纪念王右木诞辰一百周年》,载中共江油县委党史工委编《王右木研究》,四川大学出版社,1988,第 2~4 页。

② 林红:《巴蜀传播马克思主义的第一人——王右木》,《四川档案》2011 年第 3 期。

③ 彭波:《王右木与四川早期马克思主义的传播研究》,《兰台世界》2014 年第 6 期。

党组织的建立奠定了思想和组织基础。①

关于作为马克思主义传播先导者的王右木，他又是何时接受马克思主义理论的呢？目前学界比较统一的观点是王右木在日本留学期间，此时的马克思主义著作正在日本"广泛流传"，社会主义思想十分活跃，并且王右木在明治大学接受日本学者河上肇、山川均的马克思主义理论的系统教育，因而开始接受马克思主义。② 但学者蒋德心在《王右木是什么时候和怎样接受马克思主义的？》里阐述道，首先，在王右木去日本之前，日本的社会主义启蒙运动已处于"停滞"状态，日本的许多社会主义者被日本当局逮捕或杀害，当时的日本警察厅还成立了"特别高等课"，专门监视知识界，执行严厉取缔社会主义的"上谕"，妄图把社会主义者一网打尽，有关社会主义著作更是被严格封杀；而当时河上肇的研究方向是西方的资本主义经济史，并且在1918年王右木回国后，河上肇坚持的仍然是资产阶级的人道主义主张，寄希望于富人发善心来改造社会，消灭贫困；而山川均是日本社会党人、著名的无政府主义者，他在社会运动被捕出狱后便停止社会活动隐居起来，返家乡经营药店，他当过新闻记者、杂志编辑，只有小学学历的社会活动家、无政府主义者山川均一生都没有登上过明治大学或在其他大学的讲坛讲授马克思主义历史；并且根据王右木本人的亲笔自述，他在日本留学期间还是一个以"德漠克拉西"学术思想自持的民主主义者③；黄丽沙、徐江山认为王右木真正的研究马克思主义，是在1920年夏季，与李大钊、李达、陈独秀三人结识后，深受他们思维的影响，开始研读《新青年》杂志和《社会问题概论》、《社会问题总览》等书籍。关于王右木真正转变成为马克思主义者的时间，学者简奕、黎余认为至少是在1921年春季，通过系统理论学习，王右木认为自己找到了改造中国社会指导思想的理论支撑；同时，俄国十月革命的成功又为王右木将马克思主义作为改造中国社会的指导思想提供了实践支撑，并在同年5月，王右木组织建立了四川地区第一个马克思读书会，6月底，王右木在沪时经陈独秀等人介绍，正式加入中国共产党。④ 自此，王右

---

① 杨露：《荒原有语——从〈人声〉报创刊号走近王右木的初心和使命》，《四川档案》2020年第1期。
② 彭波：《王右木与四川早期马克思主义的传播研究》，《兰台世界》2014年第6期。
③ 蒋德心：《王右木与早期社会主义青年团》，载中共江油县委党史工委编《王右木研究》，四川大学出版社，1988，第21~25页。
④ 简奕、黎余：《青山遮不住，云开总有时——试析新发现的第一届团中央文献对破解四川早期党团史诸谜团的重要作用》，《毛泽东思想研究》2013年第2期。

木坚定地认为马克思主义是改造中国社会的指导思想，他希望通过宣传和践行马克思主义，最终实现人民"救亡图存"的诉求。①

（二）对王右木在四川党团组织创建历程中地位作用的研究

在研究王右木在四川地区早期革命的贡献时，学界的研究大多集中在王右木对于四川党团组织组建所做出的贡献，一致认为王右木同志是四川党史中建党建团第一人。② 1924 年，他虽然牺牲了，但他所传播的革命理论和在四川创建的党团组织却给全川人民留下了永恒的纪念。③ 邓寿明撰文回顾王右木作为党团组织创始人的历史，指出王右木组织的马克思读书会会员最多时有百余人，为四川的革命运动培养了大批骨干，更为四川党团组织的建立打下了坚实的政治基础。④ 四川正式建团后马克思读书会仍然作为团组织的外围组织发挥着重要作用。1922 年，他又自费创办了《人声》报。之后，在他指导下，四川诞生了第一个社会主义青年团组织。

学者潘合定强调，彼时的中国共产党虽然在 1921 年诞生，中国社会主义青年团在 1922 年 5 月也顺利成立，但由于四川地处内陆、交通不便、消息闭塞，四川党团组织的发展异常缓慢，但当全国团组织成立的消息传入四川后，王右木在 1922 年夏亲赴上海与团中央联系，商讨在四川的建团工作⑤，林红强调，王右木在上海面见了团中央负责人张太雷等，返川后在家中召开了全体团员会议，参加会议的团员共 13 人，成都社会主义青年团正式成立⑥；付春的研究表明，在成都社会主义青年团成立后，1923 年 5 月，王右木致信党中央，请求在四川建立党组织，6 月他又前往上海，向党中央汇报了四川的建党工作，提出在成都建立党组织的请求；1923 年 10 月，经党中央正式审批，四川历史上第一个党组织——中共成都独立小组，王右木任书记。⑦ 学

---

① 黄丽沙、徐江山：《王右木传播马克思主义的特点及其当代启示》，《兰州教育学院学报》2019 年第 7 期。
② 肖阳：《王右木——蜀中建党第一人》，《四川统一战线》2011 年第 3 期，第 16 页。
③ 郝勇：《四川第一个党组织：成都独立小组》，《四川日报》2011 年 6 月 2 日（4）。
④ 邓寿明：《四川党团组织的创始人王右木》，《四川党的建设》（城市版）2004 年第 1 期，第 58～59 页。
⑤ 潘合定：《四川党团组织的创始人》，载中共江油县委党史工委编《王右木研究》，四川大学出版社，1988，第 11 页。
⑥ 林红：《巴蜀传播马克思主义的第一人——王右木》，《四川档案》2011 年第 3 期。
⑦ 付春：《王右木：四川早期马克思主义传播和研究的先驱者》，《毛泽东思想研究》2011 年第 6 期。

者胡康民说到，中共成都独立小组成立初期，小组的党员大多由王右木在团员中发展来的①；中共成都独立小组的成立，是四川社会开天辟地的大事。从此，灾难深重的四川人民开始在中国共产党的领导下，投入中国人民反帝反封建的革命洪流中，四川人民的革命斗争面貌也为之焕然一新。党团组织顺利创建后，保持组织和思想的纯洁性是王右木在党团建设上坚持的核心原则；尤其是作为党组织预备队的社会主义青年团的建设，王右木倾注了大量的心血。潘合定的研究成果表明，一是王右木在组织的建设上要求团员严格执行团章规定，并且加强了团内制度的建设；二是引导团内的青年学习马克思主义理论，树立坚定的无产阶级革命信念；三是对团员的选拔异常严格，入团后还规定了一个月的考察期；四是积极推进团支部的建设，仅仅两年时间，在王右木的领导下，成都地方团已在四川地区建立起了 11 个团支部，并且创立了"支部书记会议"制度，使得四川团组织严密，紧紧相依；五是王右木在各团支部创立的过程中强调各支部的负责人应具备无产阶级的真切觉悟和主管团务的工作能力，也为成都地方团培养了一大批优秀干部；六是大力发展工人入团，壮大了团组织的力量；七是不仅在选拔团组织干部时严厉要求，在管理团组织干部时更是从严管理，坚决执行纪律；八是考虑到团组织经费紧缺的现实问题，王右木从革命工作的实际出发，开创性地提出了允许团员自谋职业寄顿生活，这也为革命活动的顺利开展创造了条件。这些探索和贡献，为提高青年团员的政治素养、健全四川地方青年团的组织领导、政治规范、完善章程制度等，提供了初步的宝贵实践经验，以及可行的方案和途径，对成都地方团的成长壮大，对全国社青团（共青团）的成长发展，都起到了不可磨灭的作用。②

任杰在研究王右木对革命统一战线的作用与贡献时强调，1923 年，在四川党组织成立的同一年，中共三大的召开，确立了以国共合作为中心的革命统一战线方针，这一统一战线的建设对于此时力量弱小四川革命工作的推动至关重要③；当时的国民党在四川势力较强，甚至控制了部分地方的军权、政权、财权，四川革命事业的发展需要国民党的支持。任杰强调，当时党团

---

① 中共重庆市委党史研究室编《胡康民党史研究文集》，重庆出版社，2009，第 38 页。
② 潘合定：《四川党团组织的创始人》，载中共江油县委党史工委编《王右木研究》，四川大学出版社，1988，第 17～19 页。
③ 任杰：《王右木是党的早期统一战线工作开拓者》，载中共江油县委党史工委编《王右木研究》，四川大学出版社，1988，第 195 页。

组织内部对与国民党合作存在反对声音，王右木耐心说服教育，带头以个人身份加入国民党，并帮助国民党改组，在国民党内部进行国共合作的宣传教育工作，四川地区的国共合作得以稳步推进，成都的社会主义青年团也一改长期徘徊状态，在 1924 年初就建立起支部 11 个，团员数量更是比半年前翻了一番；王右木在国共合作确立并稳步推进的过程中，还带领团组织帮助、推动国民党开展群众运动；与此同时，王右木又带领党团组织独立地领导了工人运动、学生运动、妇女运动以及各阶层参加的反帝反封建斗争。对于四川国共两党组织的首次合作，国共两党的中央机构都给予了较高的肯定，施存统也代表团中央致信成渝团组织负责人解释国共合作的方向与内涵。因此可以说，在建团、建党的初期，王右木对于促进四川大革命统一战线的形成做出了具有开拓性的历史贡献。①

然而，早期四川地区党组织的发展仍然会遇到这样或那样的困境，学者们也对此进行了一定程度的探讨。刘宗灵、马睿在《中共早期地方组织发展过程中的困境与突破——以四川地区为例》中表明，早期共产主义运动的组织建构通常以核心人物为中心，以组会建团为先导，而初建的团组织在革命政党的发轫成长过程中往往起着重要的促进作用，这种情况在国内许多地方都是相似的。这个过程中的所有活动，通常围绕着富有人格魅力与思想深度的"青年导师"而展开，建团骨干多系受其影响之下的青年学生积极分子。与此同时，某些具有领袖地位的重要个人的去留，则直接影响到当地党团组织的巩固乃至生存问题。② 胡康民在研究早期四川地区党组织领导人物时发现，作为四川早期共产主义运动最杰出的代表人物，王右木与童庸生是第一代播火者、举旗人，都为四川革命事业的发展和党团组织的创建做出了十分重大的贡献。王右木是童庸生的老师，但由于师生二人的性格特点均偏狭躁急，两人在成都地方团组织成立不到半个月，爆发了矛盾龃龉，乃至最终发展成不可调和的冲突，时任成都地区社会主义青年团书记的童庸生在 1922 年 12 月退出成都地方团，这严重影响了成都地区团组织的发展。党史专家胡康民强调，这里所说的二人冲突，不是说他们为了个人私利而争权，那时候干革命无任何私利可言，有的只是奉献与牺牲；只是他们都极为自信，认为自

---

① 任杰：《王右木是党的早期统一战线工作开拓者》，载中共江油县委党史工委编《王右木研究》，四川大学出版社，1988，第 202～203 页。

② 刘宗灵、马睿：《中共早期地方组织发展过程中的困境与突破——以四川地区为例》，《电子科技大学学报》（社科版）2016 年第 3 期。

己正确，力图按自己的意志来领导成都地方团的工作。① 敌人的压迫没有使他们蹙过眉头，而内部的争吵却使他们心力交瘁，互受伤害，至感痛苦。②

但由于史料不够充分，仍有一些关键问题没有弄清楚，例如成都社会主义青年团成立的具体时间，初建的中共成都独立小组一共有多少名党员，具体有哪些成员，以及后来又是如何扩大党团组织的，依然在探讨和研究中。

（三）对王右木作为四川革命实践先驱的研究

王右木是四川马克思主义运动的先驱，是四川党、团组织的创始人，更是四川革命实践活动的开拓者。韩晓娟指出，在王右木进行的所有斗争中，第一次具有深远影响的斗争就是他所领导的教育经费独立运动，由于军阀在四川已成割据之势，大小军阀各霸一方。一方面，连年混战严重影响了四川人民的生活；另一方面，肆意克扣教育经费致使四川的教育系统几乎陷入瘫痪。在此背景下，王右木发动了包括学生、工人、农民以及知识分子、议员等社会各界人士，与反动军阀针锋相对，寸步不让，激起了一场风云全省、影响全国的斗争风暴，以至于在全国人民中引起了巨大的反响。最终，反动当局面对如此声势浩大的局面，不得不做出妥协，四川教育经费独立运动取得了完全胜利。③ 学者梁凌在《王右木开创了以手工业工人为主体的工人运动》一文中强调了王右木从四川实际出发，创造性地运用了马克思主义基本原理，在新民主主义革命初期，组织和领导了以手工业工人为主体的轰轰烈烈的四川工人运动，将我们党领导中国革命的方针、路线和策略在四川具体化④；邓寿明研究了王右木对手工业工人革命实践的具体指导内容，1922 年10 月成都社会主义青年团成立后，王右木的工作重点还包括工人运动，指导成都的工人运动向纵深发展。当年的成都是一个以手工业为主的典型消费城市，手工业的工人集中，他们的待遇低，劳动环境非常差，深受帝国主义和资本家的双重压迫，特别是织锦工人，被称为长机帮工人，他们受过革命思想的影响，曾进行过多次罢工斗争，但都惨遭失败。王右木根据成都工人队

---

① 中共重庆市委党史研究室编《胡康民党史研究文集》，重庆出版社，2009，第47 页。
② 胡康明：《试论王右木与童庸生》，载中共江油县委党史工委编《王右木研究》，四川大学出版社，1988，第96 ~ 98 页。
③ 韩晓娟：《浅析王右木革命精神的内涵及其当代价值》，《四川文理学院学报》2021 年第1 期。
④ 梁凌：《王右木开创了以手工业工人为主体的工人运动》，载中共江油县委党史工委编《王右木研究》，四川大学出版社，1988，第101 页。

伍生活、性格特点，组织马克思读书会的成员深入各行业工人队伍经常聚集的茶馆里去，做宣传启发工作。① 刘邦成在《王右木在四川党史上的地位和作用》中写道，王右木自己换上工人服装，深入工作较难的长机帮工人中去，他号召工人们寻求阶级解放，要努力奋斗，组织起自己的工会，团结工人阶级自己的力量；不要依靠他人，也不要幻想现时的政府能帮助他们。② 梁凌在他的成果《王右木开创了以手工业工人为主体的工人运动》中写道，经过长期的一线宣传，王右木深受工人的信任和爱戴，加上社会主义青年团员在其他各厂工人中的努力工作，工人中涌现出了一批觉悟高的积极分子，例如孟本斋、梁国龄等。为了进一步提高这些积极分子的政治理论水平，王右木便借成都皇城内的明远学校教室开办工人夜课学校，吸收各工帮的积极分子参加；成都第一个工人组织——长机工会也在王右木的积极努力下建立起来了；王右木对全川已有的几个工团进行考察后，在青年团成都执行委员会的组织下，由"长机帮""生绸帮""牛股帮""刺绣帮"工人组成的成都市劳工联合会在 1923 年 5 月 1 日成立了，这是在团组织的直接领导下发展壮大起来的，是四川第一个工会性质的组织，是"成都破天荒之工人盛举"，是为工人谋利益的"真正的工人的工会"。成都劳工联合会的成立，标志着四川工人运动逐步从幼稚的、自发的经济斗争，转向成熟的、有组织的政治斗争；它不仅标志着四川工人运动的新起点，更标志着四川的马克思主义运动跨入了新的起点，也为中国共产党组织在四川的建立奠定了重要的政治思想和经济基础。③ 王右木的大胆开拓，开了以手工业工人为主体的工人运动之先河。

学者邓寿明还提出了王右木是中共党员里最早提出武装工农的人。王右木早在 1923 年 5 月给社会主义团中央的两次报告中明确阐述了将"工农青年立刻化为有枪阶级""劳工专政必自握军权始"。学者简奕强调，当时的王右木还提出了从农村的团务武装工作做起，先以一个合法的名义瞒过反动派的眼睛，例如开办一所学校，然后再聘请先进的知识分子为教员，这样就可以将学员培养成为党领导下的武装运动骨干的具体方案④；而当时我们年轻

① 邓寿明：《马克思主义在四川传播的第一人——王右木》，《四川党史》2001 年第 3 期。
② 刘邦成：《王右木在四川党史上的地位和作用》，载中共江油县委党史工委编《王右木研究》，四川大学出版社，1988，第 229 页。
③ 梁凌：《王右木开创了以手工业工人为主体的工人运动》，载中共江油县委党史工委编《王右木研究》，四川大学出版社，1988，第 106 页。
④ 简奕：《试论中共早期农民运动对民团的争取与改造——四川早期党团组织改造民团的历史考察》，《中共党史研究》2017 年第 1 期。

的党虽然在1921年建党的党纲上也写了要以无产阶级的革命军队推翻资产阶级，由劳动阶级重建国家，但究竟在中国建立以什么对象为主体的军队更无明确的对象；一直到蒋介石发动"四·一二"反革命政变，汪精卫严重动摇，中国革命面临严重的危急时刻时，我们党对武装力量的组建才开始进行比较集中的探讨。1927年9月9日，毛泽东领导了秋收起义，最早创造了第一支工农革命军，终于开辟了中国第一个农村革命根据地。[1] 1930年1月，毛泽东在《星星之火，可以燎原》一文中才开宗明义地提出"工农武装割据"的概念。韩晓娟在《浅析王右木革命精神的内涵及其当代价值》中分析，王右木关于"建立工农武装"的构想是开创性的，是在总结革命领导经验基础上的开拓创新；这一构想来源于时代却领先于时代，对推动中国革命的发展胜利起着不可估量的作用；王右木"建立工农武装"的构想是其探索精神的具体体现。正是由于王右木同志对时局和革命形势极强的时代洞察力，拥有与时俱进、开拓创新的探索精神，才使得四川革命拥有极强的生命力和时代性，为四川革命的最终胜利奠定了坚实基础。[2]

（四）关于王右木同志何时入党、是否参加二大问题的研究

目前，学术界对于中共二大期间留在上海的王右木有没有参加中共二大有两种说法：一说王右木没有参加中共二大，他更不是中共二大代表；二说中共二大前王右木已经是中共党员了，他作为中共二大代表，来上海就是参加中共二大的。李黎明和金铁锋[3]撰文提出参加中共二大的有13人，其中四川代表是王右木，也就是"尚有一人姓名不详"的那位代表。文章认为王右木的入党时间是1921年夏秋之交，介绍人为他熟识的李达（或陈独秀）。原因主要有：他在1914～1918年东渡日本留学结识了日本早期的马克思主义者河上肇、上杉荣和山川菊夫妇，还结识了中国早期的马克思主义者李大钊、李达等，接受了共产主义思想，有了加入共产党的思想基础。他于1920年和1921年两次到上海，会见过李达、陈独秀等人，他们很可能介绍他入党。而他

---

[1] 邓寿明：《王右木是最早提出武装工农的共产党人》，载中共江油县委党史工委编《王右木研究》，四川大学出版社，1988，第117页。

[2] 韩晓娟：《浅析王右木革命精神的内涵及其当代价值》，《四川文理学院学报》2021年第1期。

[3] 李黎明、金铁锋：《出席中共"二大"的代表为13名——他们是：陈独秀、张国焘、李达；杨明斋、项英、高君宇、王尽美、李震瀛、王右木、蔡和森；邓中夏、张太雷、向警予》，《上海革命史资料与研究》2008年第8辑，第312～335页。

在 1920 年底创办了四川马克思读书会，而这实际上就是发展共产党员的组织。

苗体君提出，就目前已有的档案资料，已充分证实了：中共二大前，王右木已经是中共党员了；中共二大期间，王右木确实留在上海；但王右木在上海，是在忙于请示团中央承认四川社会主义青年团组织的合法事宜，他既没有出席中共二大，更不是中共二大代表。① 关于这一点，学术界有争议，需要我们进一步查阅历史档案，找到更加充足的资料来证明王右木真正参加了中共二大。关于王右木是否参加中共二大、以及中共二大究竟哪些人参加在史学界依然是有争议的。导致中共二大代表名单问题迟迟不能解决的一个重要原因，是中共二大不仅有正式代表，还有列席代表和工作人员，今后不仅要研究中共二大正式代表，还要研究列席代表和工作人员，这样不仅有利于中共二大代表名单问题的解决，也拓宽了中共二大研究的视野。

三 对于王右木研究未来前行方向的展望与设想

如前所述，目前相关学界对于王右木的研究已经从方方面面都取得了不少成果，从各个角度加深了对于这位共产主义先驱的认知，也为我们今天继续开展的研究工作奠定了坚实的基础。革命先驱的生命虽然有限，但对先驱的研究则是没有止境的。今后的研究当然是植根于过往学者的既有成就之上，但任何领域的学术积累都永远不会就此止步。学界对于王右木的专题研究当然亦是如此。若要以苛求的眼光来看，就目前已有的研究成果来衡量，大多重点集中在王右木的生平事迹、史料发掘、历史贡献、精神传承等方面，似还存在着研究视野不够宽阔、研究主题较为狭窄、研究资料不够丰富、研究方法较为单一等问题。如果要进一步拓展王右木研究的学术空间，着力增进其学术吸引力、生命力与丰富性，就必须在上述这些方面取得真正的突破才行。下面笔者不揣浅陋，将在个人有限思考的基础上，就当前进行王右木研究学术拓展的可能途径问题略为探讨一二。

首先，在研究主题与视野上，需要进一步拓展新的着眼点与切入点。研究具体人物需要聚焦，但不宜只盯着单个的个体展开，应当多采用"前后左右"法或者"古今中外"法进行立体式、融合式与深耕式研究。前者是指研

---

① 苗体君：《王右木是否是中共"二大"代表的两种说法》，《攀枝花学院学报》2018 年第 3 期，第 18~23 页。

究者要对与被研究对象相关的周边人物进行全方位挖掘与延伸考察。具体到王右木研究，和王右木有过生命交集或同时代的人物都应当尽量被纳入我们的视野，如四川籍早期革命人物童庸生、袁诗荛、邹进贤、张秀熟、吴玉章、刘愿庵、杨闇公、郑佑之、曾莱、余泽鸿、张霁帆、罗世文、裴紫琚、钟善辅、孟本斋、刘弄潮、阳翰笙等，全国性早期革命人物恽代英、陈独秀、李大钊、李达、李汉俊、施存统、邓中夏、林育南、张太雷、高君宇等，哪怕是后来脱离革命、不知所终乃至处于革命对立面的历史人物，只要他们与王右木的人生履历有过联结互动，或有过交叉、重叠，都应当被纳入我们的研究范畴，作为探讨考察的对象。因为，在与王右木直接相关的资料比较有限的情况下，通过对这些周边人物的史料进行挖掘，对他们与王右木同时代的相关事迹履历进行探索、研究，达成史实的互证、互鉴，将可以起到从"前后左右"各个方位去丰富与完善王右木研究的重要作用。后者指的是，对王右木生活的时代背景及其人生抉择进行贯通古今中外的观察、研究与建构，也就是用一种跨越多个时段的宏大视野来凝视先驱、理解先驱。当我们真正从学理上理解了王右木所处的那个时代，那么就无疑能更深刻地认知先驱的事迹行止，感悟先驱的精神理念，并穿越历史时空与先驱进行心灵对话与灵魂交融。

除拓展与王右木有关人物的研究外，有必要把王右木研究放在中国共产党早期创建的历史大背景中来研究，把王右木研究放在马克思主义在中国的传播的大视野中来研究，把王右木研究放在当时全国尤其是四川的军阀混战时期的政治、经济、社会环境中来研究。很欣慰的是，这次江油市委组织相关专家开展的《先驱·先路——王右木与四川早期马克思主义运动研究》就是采取的这种研究方法。

其次，在研究资料的发掘上，还可以更进一步，下更大的力气，从更多的渠道着手。目前围绕王右木展开的史料搜集发掘工作，仍然是以档案史料、报刊资料、文史方志资料、个人史料等为主，除了在国内各地搜集之外，还应努力在国（境）外如俄罗斯、日本等地进行寻觅查访，如日本警视厅、文部省等处的资料，以及中国台湾省国民党党史部门的相关材料。另外，除了继续搜集整理前面史料分析部分提到的那些资料外，也应当开阔思路，重视对一些实体文物史料的发掘。在扩大资料搜集面之外，更重要的是必须将既有可获史料充分利用起来。例如，与王右木相关的周边史料，如《国民公报》《川报》《新蜀报》《民视日报》《四川学生潮》等报刊资料，以及民国方志文献、个人书信日记文集等材料，都还大有可以发掘利用的空间，可以继续供研究者做出许多有新意的文章。

最后，在研究方法上，不能仅限于单纯的史实考证研究，虽然这是所有历史研究的根本。在某一项研究主题的史实已经基本上被搞清楚了以后，若要在学术上继续取得真正的突破，研究方法至关重要。因此，除了传统的史实考证与文献梳理等方法，也有必要适当借鉴其他学科的研究方法。例如，历史社会学的方法就是一个比较不错的参考路径。有学者在21世纪初便提出，历史学家对社会学比较模式的运用，计量方法以及社会学"显微镜"（微观史学）的使用，对社会角色、性和性别、家庭和亲缘关系、社区和认同、阶级、身份、社会流动、权力、中心与边缘、霸权与反抗、社会运动、心态和意识形态、交流与接受等概念的接受，并将这些概念运用到具体的史学研究中，使社会学与历史学都获得了长足的进步，这有利于人们更好地理解社会和历史，没有历史学和社会理论的结合，我们既不能理解过去，也不能理解现在。[①] 我们对早期革命先驱与革命组织的研究，也可以尝试援用历史社会学的某些方法。例如，对革命者所处时代的关键的制度环境——现代教育制度空间所形成的学缘、地理行政区划所形成的地缘、依托职业工作领域所形成的业缘，以及非制度环境——依托宗族亲属关系所形成的血缘、依托友朋或利益纽带所形成的人缘，以及奠基于共享的意识形态与理念信仰所形成的内在认同关系，等等。誓言改天换地的革命活动从来不是在真空或无菌实验室中进行的。上述这些社会要件都构成了早期共产主义革命者们活动于其中的组织网络。具体地域一个共产主义组织的萌生，一方面是依托近代转型以来所形成的新制度环境，另一方面也深深嵌入在传统社会的关系网络中。这些关系网络既是各地传播马克思主义理论、创建党团组织的先驱从事革命活动的重要依托与凭借，能为他们提供必要的支撑性资源，但某种意义上也是他们试图突破与超越的对象，因为先驱们希冀创造的是一个脱离了旧有关系束缚的全新世界。当下已有一些学者试图从社会组织网络角度去剖析中共早期革命史上人与组织间的微妙关系，如团体意识、团体身份、团体纪律与组织内部凝聚间的关系，党员人际网络与党员组织关系重构之关联性，中共组织的职位关系与个人因素之间的张力，组织纪律的有效性与地方领袖

[①] 夏雪花、薛雅丽：《历史社会学和社会历史学的比较研究——历史学与社会学交叉关系初探》，《中州学刊》2002年第2期，第122~124页。

的自主性之间的张力，等等。① 如果我们也尝试从这些视角来研究王右木及其领导下的马克思读书会、中国社会主义青年团成都地方执行委员会、中共成都独立小组（成都支部）等组织团体，当能对那段历史获得更深刻的认识。

除此之外，亦有学者提出，微观比较历史分析的方法或许可以将精细的历史叙事与宏观的态势分析紧密结合在一起，以此加深我们对历史本相的认知，并进行了相应的学术尝试。② 因此，我们或许也可以尝试引入微观比较研究的方法，以增强王右木研究的立体感与时空感。例如，可以将王右木在四川的革命开创活动与李大钊在北京的活动，陈独秀在上海的活动，袁玉冰、赵醒侬等在江西的活动，毛泽东、蔡和森在湖南的活动，董必武在湖北的活动，王尽美在山东的活动等进行横向对比分析，从两个或多个时空场域在建党相关人事的对比中体悟早期党史、团史的丰富性与复杂性，也可从这种对比中探讨将共产主义理念初步传播到地方社会的"盗火者"、"播火者"与"深耕者"之间的特征异同。

另外，情感史、心灵史等融合了社会科学多重视野的新生方法的运用，也有助于拓宽我们的眼界。近年来更有少数学者进行了情感史、心灵史在中共党史研究领域中的落地与实践探索，颇令人耳目一新。③ 愚见以为，这种在历史书写中更为追求细致入微、直叩人心之效应的方法，亦可根据实际情形斟酌引入王右木研究这一具体领域中，或可给我们带来一些新的启示。例如，王右木与童庸生之间的纠葛、颉颃，是川渝早期党史上颇值得关注的一个事件。以前由于研究者多秉持为尊者讳、为逝者讳的理

① 参见于海兵《五四时期地方学生的革命之路——以南昌改造社及其团体生活为例》，《中共党史研究》2020 年第 6 期；李里：《大革命失败后中共党员组织关系的重建——以长江流域省份为中心》，《中共党史研究》2016 年第 12 期；应星、李夏：《中共早期地方领袖、组织形态与乡村社会：以曾天宇及其领导的江西万安暴动为中心》，《社会》2014 年第 5 期。

② 应星：《从宏观比较历史分析到微观比较历史分析——拓展中国革命史研究的一点思考》，《江苏社会科学》2018 年第 3 期，第 243 ~ 258 页。

③ 情感史、心灵史早先多是在文学、文艺理论等研究领域得以应用的，晚近才被援引入历史学尤其是革命史领域的研究视野中。《史学月刊》编辑部于 2018 年 4 月组织了一期关于情感史方法论的笔谈，刊登了若干理论分析文章；而心灵史的方法范畴则最早由黄道炫引入中共党史研究领域并加以初步实践。参见王晴佳《为什么情感史研究是当代史学的一个新方向》、黄克武《情感史研究的一些想法》、李志毓《情感史视野与二十世纪中国革命史研究》、孙一萍《情感表达——情感史的主要研究面向》等文（均刊于《史学月刊》2018 年第 4 期）；黄道炫：《"二八五团"下的心灵史——战时中共干部的婚恋管控》（《近代史研究》2019 年第 1 期）、《政治文化视野下的心灵史》（《中共党史研究》2018 年第 11 期）、《整风运动的心灵史》（《近代史研究》2020 年第 2 期）。

念，学界对此事论述较少，大多采取回避态度，即使涉及，也多语焉不详。① 从推动早期党史学术研究深入这一立场出发，我们似不应一直回避此问题。但如果仅停留于对史实的陈述或是争论谁对谁错这一研究诉求，则是远远不够的，甚至将其归于知识青年间的意气之争在今天看来也不够深入与全面。如果我们以情感史、心灵史的方法视角切入，抓住"性格""个性""心灵""情感"这些维度，将早期共产主义组织对青年马克思主义者们的气质塑造、纪律规训与组织规范结合起来，就能取得新的历史认知。尤其是刚经历了五四洗礼不久，矢志追求从旧秩序的"牢笼"中解放出来的新青年们，在面临着一个前所未有的布尔什维克革命团体的严格纪律要求时，会做出什么样的反应呢？他们之间的人际关系（如传统的师生、同学、校友、朋辈等）在全新的组织方式冲击之下到底会经历怎样的演变？中共党团组织又是如何在越来越激烈的革命实践中对充满浪漫理想气质的知识青年进行纪律规训与个性磨合的呢？有学者从中国共产党所领导的红军军队权力结构演变这一视角出发，探讨了"铁的纪律"是如何在主力红军中贯彻落实的，以及在这一过程里中共党和军队的气质与组织形态是如何实现脱胎换骨的。② 早期红军可以用此视角方法去探究，对早期地方党团组织及其领头人的内涵特质，又何尝不可以由此路径去深入探讨呢？

总而言之，王右木研究是个老话题，但也是个新议题，只要我们具备新的视野、眼光与方法，在老树枝上也可以结出新鲜的果实，也能够持续推动相关研究的深化与学术化，在既有的研究成果基础上向前再迈进一大步，是指日可待的！

---

① 近年来对于关于早期成渝青年团内部的意气之争及其影响这一问题的论述渐多，历史脉络逐渐明晰。可参见刘宗灵《中共早期地方组织发展过程中的困境与突破——以四川地区为例》，《电子科技大学学报》（社科版）2016 年第 3 期，第 54～58 页；胡康民：《三次争吵——四川早期党团史研究之二》，载中共重庆党史研究室编《胡康民党史研究文集》，重庆出版社，2009，第 35～42 页；欧美强：《试析成渝地区社会主义青年团的创建与分合》，《西南石油大学学报》（社会科学版）2020 年第 1 期，第 62～69 页。

② 参见张永《1929 年朱毛之争与红军的权力结构演变》，《近代史研究》2013 年第 5 期。作者对这一问题做了精彩的论述，他提及，"军队中通常是等级森严，权力高度集中于上级，下级对于上级只能严格服从。但是初创的红军却与众不同，中国共产党的骨干是一批'五四青年'，而五四运动的核心理念就是民主。所以当这批'五四青年'着手创建军队时，民主的理念就被带到红军来。创建初期的红军有着浓厚热烈的民主气氛，是世界军事史上少有的充溢民主精神的军队"。不过，革命年代红军中的"民主"自然会削弱作战效率。此后的土地革命时期，就是红军权力架构的集中维度越来越明显，同时正规化水平与战斗力也日益提升的过程。

主要参考文献

安树芬、彭诗琅主编《中华教育通史》第五卷，京华出版社，2010。

白寿彝总主编，周远廉、龚书铎主编《中国通史》第十一卷《近代前编（1840—1919）》上册，上海人民出版社，2015。

卞孝萱、唐文权编《民国人物碑传集》，凤凰出版社，2011。

高平叔编《蔡元培政治论著》，河北人民出版社，1985。

曹典：《从〈劳动界〉看早期共产党人向工人传播马克思主义的探索》，《上海党史与党建》2019 年第 8 期。

陈独秀：《独秀文存·论文》上，首都经济贸易大学出版社，2018。

《陈独秀文集》第二卷，人民出版社，2013。

任建树、张统模、吴信忠编《陈独秀著作选》第二卷，上海人民出版社，1993。

陈谷嘉、邓洪波主编《中国书院史资料》下卷，浙江教育出版社，1998。

陈景磐：《中国近代教育史》（第三版），人民教育出版社，2007。

陈世松、贾大泉主编《四川近代史》第 7 册，四川大学出版社，1993。

陈旭麓：《近代中国社会的新陈代谢》，生活·读书·新知三联书店，2018。

陈元晖主编《中国近代教育史资料汇编·学制演变》，上海教育出版社，2007。

《成都军警击毙学生之详情》，《晨报》1922 年 6 月 30 日，第 6 版。

成都市地方志编纂委员会编《成都市志大事记》，方志出版社，2010。

成都市政府编《成都工厂一览表》（1938），《四川统计月刊》1939 年第 2 期。

成都市总工会工人运动史研究组编《成都工人运动史资料》第一辑，内部发行，1983。

成都市总工会工人运动史研究组编《成都工人运动史资料》第二辑，内部发行，1983。

成都市总工会工人运动史研究组编《成都工人运动史资料》第四辑，内部发行，1986。

成都市总工会工人运动史研究组编《成都工人运动史资料》第五辑，内部发行，1987。

《成渝两市之劳动人口统计》，《民间意识》1936年第2、3、4期合刊。

《绸缎长机同业公会催请发给许可证》，《国民日报》1934年10月7日。

戴斌武：《中国早期现代化进程中的晚清地方督抚——丁宝桢洋务活动解析》，《贵州社会科学》2006年第1期。

戴季陶：《劳动者应该如何努力?》，《劳动界》1920年第10期。

戴逸、李文海主编《清通鉴（16）穆宗同治三年起—穆宗同治十二年止》，山西人民出版社，1999。

戴逸主编《二十世纪中华学案·综合卷1》，北京图书馆出版社，1999。

戴逸主编《康有为诗文选》，巴蜀书社，2011。

《当代四川》丛书编辑部编《当代四川的工人阶级和工会运动》，四川人民出版社，1991。

党跃武主编《四川尊经书院举贡题名碑》，四川大学出版社，2013。

中共四川省委工作委员会党史人物传编辑组编《四川党史人物传》第一卷，四川省社会科学院出版社，1984。

《邓小平文选》第二卷，人民出版社，1994。

《邓小平文选》第三卷，人民出版社，1994。

邓正来编《中国书评》第1辑，广西师范大学出版社，2005。

邓中夏：《邓中夏全集》上册，人民出版社，2011。

邓中夏：《邓中夏全集》下册，人民出版社，2014。

丁宝桢：《丁文诚公奏稿》，贵州省文史研究馆、贵州历史文献研究会、贵州省毕节行署、贵州省织金县人民政府，2000。

丁稚鸿等编著《李白与巴蜀资料汇编》，巴蜀书社，2011。

董丛林编写《中国近代思潮与文化选讲》，河北人民出版社，2012。

陈独秀：《独秀文存》，安徽人民出版社，1987。

《法专川籍学生援助川学生》，《晨报》1922年7月2日，第3版。

樊宪雷：《革命时期的读书会》，《党的文献》2017年第3期。

方志敏：《方志敏文集》，人民出版社，1985。

费正清编《剑桥中华民国史（1912－1949）》上卷，中国社会科学出版社，1993。

傅钟：《征途集》，上海文艺出版社，1993，第 14 页。

高善东主编《邹鲁民俗》，齐鲁书社，2016。

《革命烈士传》编辑委员会：《革命烈士传》第一集，人民出版社，1985，第 68 页。

葛风涛：《清末保路风潮何以激化》，《史学月刊》2014 年第 7 期。

中国社会科学院近代史研究所翻译室编译《共产国际有关中国革命的文献资料》第一辑，中国社会科学出版社，1981。

郭德宏主编《中国共产党的历程》第 1 卷，河南人民出版社，2001。

郭沫若：《沫若文集》第七卷，人民文学出版社，1958。

合川县政府教育科编《合川教育周刊》1933 年创刊号。

何学良、李疏松、何思谦：《海国学志：留美华人科学家》，上海人民出版社，2007。

何一民、王毅主编《成都简史》，四川人民出版社，2018。

何一民：《现代化视野下的社会动员与辛亥革命——以四川保路运动为例》，《社会科学》2011 年第 10 期。

何一民：《转型时期的社会新群体：近代知识分子与晚清四川社会研究》，四川大学出版社，1992。

赫胥黎：《天演论》，严复译，江西教育出版社，2018。

胡适：《多研究些问题，少谈些“主义”》，载《胡适文存》第一集，首都经济贸易大学出版社，2013。

胡为雄：《赴日留学生与“日本马克思主义”在中国的早期传播》，《马克思主义与现实》2015 年第 3 期。

黄道炫：《中国共产党如何在“裂缝”中成长》，《炎黄春秋》2019 年第 3 期。

黄淑君主编《重庆工人运动史（1919—1949）》，西南师范大学出版社，1986。

黄雨蓓：《“五一”纪念与早期工人阶级话语建构》，《上海党史与党建》2018 年第 8 期。

黄宗智主编《中国乡村研究》第 6 辑，福建教育出版社，2008。

贾大泉、陈世松主编，吴康零分册主编《四川通史》卷六《清》，四川人民出版社，2018。

江油市地方志编纂委员会编《江油县志》，四川人民出版社，2000。

焦静：《北洋军阀史稿》，湖北人民出版社，1983。

瞿秋白著、《瞿秋白诗文选》编辑小组选编《瞿秋白诗文选》，人民文学出版社，1982。

军事科学院编写组编《刘伯承年谱》上册，解放军出版社，2012。

孔祥吉：《康有为变法奏议研究》，辽宁教育出版社，1988。

匡珊吉、杨光彦主编《四川军阀史》，四川人民出版社，1991，第92页。

赖骏楠编著《宪制道路与中国命运：中国近代宪法文献选编（1840－1949）》上卷，中央编译出版社，2017。

李敖主编《戴震集　雕菰集　严复集》，天津古籍出版社，2016。

李传授总编、大足县县志编修委员会编纂《大足县志》，方志出版社，1996。

李达：《讨论社会主义并质梁任公》，《新青年》1921年第1号。

《李达文集》编辑组编《李达文集》第一卷，人民出版社，1980。

李大明主编《巴蜀文学与文化研究》，商务印书馆，2005。

《李大钊全集》第三卷，人民出版社，2006。

《李大钊文集》，人民出版社，1984。

李丹阳：《马克思学说研究会与中国共产主义组织的起源》，《史学月刊》2004年第6期。

李汉俊：《最近上海的罢工风潮》，《星期评论》1919年第21号。唐柏玲《20世纪初留日学生与马克思主义中国化研究》，硕士学位论文，中国石油大学，2019。

李红：《浅析五四前后马克思主义在中国传播的原因》，《河北青年管理干部学院学报》2020年第6期。

李济琛主编《戊戌风云录》，金城出版社，2014。

李军林：《马克思主义在中国的早期传播及其话语体系的初步建构》，学习出版社，2013。

李良明、钟德涛主编《恽代英年谱》，华中师范大学出版社，2006。

李良明、钟德涛主编《恽代英年谱》（修订本），华中师范大学出版社，2008。

李蓉、叶成林：《中共四大轶事》，人民出版社，2015。

李新、陈铁健主编《中国新民主革命通史》第 1 卷，上海人民出版社，2001。

李映涛：《民国前期内地城市工人生活研究——以成都为例》，《中华文化论坛》2005 年第 4 期。

李玉琦主编《中国共青团史稿》，中国青年出版社，2010。

李忠：《近代中国"教育救国"与"实业救国"的互动》，《西南大学学报》（社会科学版）2011 年第 4 期。

栗民：《四川青年和留法勤工俭学运动》，《西南交通大学学报》（社会科学版）2002 年第 3 期。

梁国龄：《关于四川党组织情形的回忆》，《四川现代革命史研究资料》1981 年第 2 期。

梁启超：《饮冰室合集》文集第二册，中华书局，1989。

《列宁全集》第四卷，人民出版社，1990。

《列宁全集》第二十三卷，人民出版社，1990。

林建曾、王路平、王海涛等：《世界三大宗教在云贵川地区传播史》，中国文史出版社，2002。

刘伯承等：《忆杨闇公同志》，四川人民出版社，1980。

刘昶：《革命的普罗米修斯：民国时期的乡村教师》，《中国乡村研究》第 6 辑，福建教育出版社，2008。

刘超群：《施存统与早期马克思主义传播》，《学理论》2020 年第 12 期。

《刘成勋纵兵杀毙学生三人》，《晨报》1922 年 6 月 28 日，第 2 版。

刘东主编《近代名人文库精萃：龚自珍、严复》，太白文艺出版社，2012。

刘复生等：《近代蜀学的兴起与演变》，四川大学出版社，2017。

刘明逵、唐玉良主编《中国工人运动史》第 2 卷，广东人民出版社，1998。

刘荣：《共产国际关于日本问题纲领的积极意义》，《东北师大学报》（哲学社会科学版）1991 年第 1 期。

《刘少奇选集》上卷，人民出版社，1981。

刘绍唐主编《民国人物小传》第十九册，生活·读书·新知三联书店，2017。

刘叔发主编《陈毅年谱》上卷，人民出版社，1995。

刘斯奋主编《今文选·玖：近代政论卷》，中国言实出版社，2015。

刘文耀：《吴玉章马克思主义观的形成》，《四川党史》1994 年第 3 期。

刘文耀、杨世元编《吴玉章年谱》，四川人民出版社，1998。

《刘湘对曹锟勘电之应声——川中政争藉此一吐块垒》，《时报》1922 年 7 月 6 日，第 2 张。

刘孝良：《评建党时期陈独秀与张东荪关于社会主义问题的论战》，《淮北师范大学学报》（哲学社会科学版）1983 年第 1 期。

刘宗灵：《课堂之外：报刊媒介与近代学生的关联及其影响》，《福建论坛》（人文社科版）2015 年第 3 期。

刘宗灵：《"象牙塔"抑或"十字街头"：五四前后社会思潮中"学生"与"政治"对应关系之论争》，《党史研究与教学》2019 年第 6 期。

刘宗灵：《新式学生的聚合之途：报刊媒介与"学生共同体"的打造——以民国初年为中心的讨论》，《晋阳学刊》2013 年第 1 期。

刘宗灵、赵春茂：《论王右木与四川地区中共早期党团组织的创建》，《绵阳师范学院学报》2018 年第 3 期。

刘宗灵：《中共早期地方组织发展过程中的困境与突破——以四川地区为例》，《电子科技大学学报》（社会科学版）2016 年第 3 期。

龙显昭主编《张澜文集》，四川教育出版社，1991。

吕平登：《四川农村经济》，商务印书馆，1936。

罗亦农：《罗亦农文集》，人民出版社，1999。

罗志田：《道出于三：西方在中国的再次分裂及其影响》，《南京大学学报》（哲学·人文科学·社会科学版）2018 年第 6 期。

中共中央马克思恩格斯列宁斯大林著作编译局编译《马克思恩格斯论中国》，人民出版社，2015。

《马克思恩格斯全集》第三卷，人民出版社，2002。

《马克思恩格斯全集》第三十九卷，人民出版社，1974。

《马克思恩格斯选集》第一卷，人民出版社，2012。

马胜云、马兰编《李四光年谱》，地质出版社，1999。

马宣伟、肖波：《四川军阀杨森》，四川人民出版社，1983。

中共中央文献研究室编《毛泽东书信选集》，人民出版社，1983。

《毛泽东选集》第一卷，人民出版社，1991。

《毛泽东选集》第二卷，人民出版社，1991。

《毛泽东选集》第三卷，人民出版社，1991。

《毛泽东选集》第四卷，人民出版社，1991。

《毛泽东文集》第三卷，人民出版社，1996。

茅海建：《从甲午到戊戌　康有为〈我史〉鉴注》，生活·读书·新知三联书店，2009。

梅运生：《魏晋南北朝诗论史》，安徽师范大学出版社，2016。

孟庆鹏编《孙中山文集》上，团结出版社，2016。

《民族脊梁》编写组编《民族脊梁：100 位为新中国成立作出突出贡献的英雄模范人物》，人民出版社，2009。

《聂荣臻回忆录》上册，战士出版社，1983。

《聂荣臻元帅回忆录》，解放军出版社，2005。

彭明：《五四运动论文集》，广东人民出版社，1978。

齐锡生：《中国的军阀政治（1916－1928）》，杨云若、萧延中译，中国人民大学出版社，2010。

乔诚、杨续云：《刘湘》，华夏出版社，1987。

全国政协文史委编《文史资料存稿选编》第 4 辑，中国文史出版社，2002。

任继愈主编《中华传世文选·晚清文选》，吉林人民出版社，1998。

任家政、费正萍：《吴玉章与近代四川民主革命》，《唐山师范学院学报》2013 年第 3 期。

任建树主编《陈独秀著作选编》第二卷，上海人民出版社，2014。

任昭坤、龚自德：《四川战争史》，四川人民出版社，2009。

荣孟源、章伯锋主编《近代稗海》第 8 辑，四川人民出版社，1987。

茹亚辉：《留日学生与马克思主义在中国的早期传播》，《青年发展论坛》2020 年第 2 期。

森正藏：《日本社会运动斗争史（前篇）》，赵南柔等译，中国建设印务股份有限公司，1949。

沈志刚：《外围组织探微：大革命时期广东青年团与新学生社的关系研究》，《中共党史研究》2017 年第 4 期。

施坚雅：《中华帝国晚期的城市》，叶光庭等译，中华书局，2000。

《十八大以来重要文献选编》（中），中央文献出版社，2016。

《十八大以来重要文献选编》（下），中央文献出版社，2018。

石约翰：《中国革命的历史透视》，王国良译，东方出版中心，1998。

实藤惠秀：《中国人留学日本史》，谭汝谦、林启彦译，生活·读书·新知三联书店，1983。

舒新城编《中国近代教育史资料》上册，人民教育出版社，1981。

四川大学校史编写组编《四川大学史稿》，四川大学出版社，1985。

四川江油市政协文史委员会编《江油文史资料》第十一辑，内部资料，1990。

《四川教育经费独立声》，《晨报》1922年5月14日，第3版。

《四川教职员联合会集会演说》，《国民公报》1920年9月6日。

四川省成都市政协文史委编《成都文史资料选编·防区时期卷》，四川人民出版社，2007。

四川省档案馆、四川省总工会编《四川工人运动史料选编》，四川大学出版社，1988。

四川省地方志编撰委员会编《四川省志·军事志》，四川人民出版社，1999。

四川省地方志编纂委员会编《四川省志·大事纪述》上册，四川科学技术出版社，1999。

四川省地方志编纂委员会编《四川省志·人物志》上册，四川人民出版社，2001。

四川省地方志编纂委员会编《四川省志·军事志》，四川人民出版社，1999。

四川省委党史工委编《五四运动在四川》，四川大学出版社，1989。

四川省文史研究馆编《民国四川军阀实录》第二辑，四川人民出版社，2011。

四川省文史研究馆编《四川军阀史料》第一辑，四川人民出版社，1981。

四川省文史研究馆编《四川军阀史料》第二辑，四川人民出版社，1983。

四川省文史研究馆编《四川军阀史料》第三辑，四川人民出版社，1985。

四川省文史研究馆编《四川军阀史料》第四辑，四川人民出版社，1987。

四川省文史研究馆编《四川军阀史料》第五辑，四川人民出版社，1988。

四川省文史研究馆、四川省人民政府参事室编《四川国民党史志》，四川人民出版社，1994。

四川省杨闇公基金会、中共重庆市委党史研究室编《杨闇公文集》，重庆出版社，1997。

中国人民政治协商会议四川省委员会文史资料研究委员会编《四川文史资料选辑》第二十六辑，四川人民出版社，1979。

四川省政协文史资料和学习委员会编《辛亥波涛：纪念辛亥革命暨四川

保路运动一百周年文集》，四川出版集团、天地出版社，2012。

中国人民政治协商会议四川省委员会文史资料研究委员会编《四川文史资料选辑》第二十八辑，四川人民出版社，1983。

四川省重庆市政协文史委编《重庆文史资料选辑》第二辑，1979。

四川现代革命史资料组编《四川现代革命史研究资料》1981 年第 2 期，内部刊物。

《四川巡按使咨陈教育部准咨补留日自费生王右木等官费各节应予免补留作本年度考入失效新生之费一案》，《四川旬报》1936 年第 2 期，1915。

中国人民政治协商会议四川省委员会文史资料研究委员会编《四川文史资料选辑》第四十三辑，四川人民出版社，1995。

宋恩荣主编《近代中国教育改革》，教育科学出版社，1994。

孙骁骥：《购物凶猛：20 世纪中国消费史》，东方出版社，2019。

谭嗣同著、文明国编《谭嗣同自述》，安徽文艺出版社，2014。

田子渝、蔡丽、徐方平、李良明：《马克思主义在中国初期传播史（1918—1922）》，学习出版社，2012。

中国新民主主义青年团中央委员会办公厅编《中国青年运动历史资料（1915—1924）》，1981。

汪楚雄：《启新与拓域：中国新教育运动研究（1912—1930）》，山东教育出版社，2010。

汪越、孙熙国：《马克思主义在中国早期传播的思想取向和镜像表达——基于对〈理想社会主义与实行社会主义〉的文本考察》，《中共中央党校（国家行政学院）学报》2020 年第 5 期。

王笛：《跨出封闭的世界——长江上游区域社会研究（1644—1911）》，中华书局，2001。

王笛：《清末"新政"与四川近代教育的兴起》，《四川大学学报》（哲学社会科学版）1985 年第 2 期。

王东杰：《国中的"异乡"：二十世纪二三十年代旅外川人认知中的全国与四川》，《历史研究》2002 年第 3 期。

王汎森：《五四运动与生活世界的变化》，《二十一世纪》2009 年 6 月号。

王继平：《中国社会主义思想发展史纲》，广西人民出版社，1991。

王建军：《中国教育史新编》，广东高等教育出版社，2014。

王绿萍、程祺编《四川报刊集览·上（1897—1930）》，成都科技大学出版社，1993。

王奇生：《革命与反革命：社会文化视野下的民国政治》，社会科学文献出版社，2010。

王同策：《同策丛稿古籍和古籍整理》，上海古籍出版社，2016。

王先芝：《马克思主义在工人阶级中的早期传播研究（1919—1927年）——以京津地区为例》，硕士学位论文，青岛科技大学，2019。

王彦威、王亮辑编《清季外交史料》第三册，湖南师范大学出版社，2015。

王彦威、王亮辑编《清季外交史料》第六册，湖南师范大学出版社，2015。

王彦威、王亮辑编《清季外交史料》第九册，湖南师范大学出版社，2015。

王友平：《民主革命时期中共四川省级组织的建立与发展》，《毛泽东思想研究》2012年第6期。

《王右木、袁诗荛致四川省会军事督察厅呈》1920年12月25日，载张际发《有关王右木与〈新四川〉、〈人声〉旬报的几件史料》，《民国档案》1990年第1期。

王造时、陶希圣编《中国社会与中国革命》，新生命书局，1929。

王志刚：《论盛宣怀与四川保路运动的发展》，《史学集刊》2014年第4期。

隗瀛涛等主编《四川近代史》，四川社会科学院出版社，1985。

温贤美主编《四川通史》第7册，四川人民出版社，1993。

吴洪成：《中国近代教育思潮新论》，知识产权出版社，2016。

吴剑杰编著《张之洞年谱长编》上卷，上海交通大学出版社，2009。

吴汝柏：《王右木同志永远活在我们心中》，载中共江油县委党史办公室编《四川马克思主义运动先驱者——纪念王右木诞生一百周年》，四川大学出版社，1988。

《吴玉章回忆录》，中国青年出版社，1978。

西南军阀史研究会编《西南军阀史研究丛刊》第一辑，四川人民出版社，1982。

西南军阀史研究会编《西南军阀史研究丛刊》第二辑，贵州人民出版社，1983。

《习近平谈治国理政》第一卷，外文出版社，2014。

《习近平谈治国理政》第二卷，外文出版社，2017。

《习近平谈治国理政》第三卷，外文出版社，2020。

习近平:《做焦裕禄式的县委书记》,中央文献出版社,2015。

夏东元编《郑观应集》,上海人民出版社,1982。

夏晓虹编《追忆康有为》,生活·读书·新知三联书店,2009。

鲜于浩:《保路运动时期的端方与赵尔丰:从政见相左到明争暗斗》,《四川师范大学学报》(社会科学版)2011 年第 6 期。

鲜于浩、田永秀:《留法勤工俭学运动中的四川青年》,巴蜀书社,2006。

谢本书、冯祖贻主编《西南军阀史》第一卷,贵州人民出版社,1991。

谢本书、冯祖贻主编《西南军阀史》第二卷,贵州人民出版社,1994。

谢增寿:《张澜年谱新编》,群言出版社,2011。

许纪霖:《五四知识分子通向列宁主义之路(1919—1921)》,《清华大学学报》(哲学社会科学版)2020 年第 5 期。

薛子燕:《科学与救国:近代中国科学观念开展的历史语境》,《自然辩证法研究》2015 年第 2 期。

盐亭县委党史办公室:《袁诗荛》,载《四川党史人物传》第二卷,四川省社会科学院出版社,1984。

阳翰笙:《风雨五十年》,人民文学出版社,1986。

阳翰笙:《阳翰笙选集》第五卷,四川文艺出版社,1989。

阳翰笙:《照耀我革命征途的第一盏明灯》,载《回忆恽代英》,人民出版社,1982。

杨宏雨:《陈望道首译〈共产党宣言〉的划时代意义》,《嘉兴学院学报》2020 年第 5 期。

杨凯:《"四川省重庆共产主义组织"研究述评》,《毛泽东思想研究》2020 年第 5 期。

杨亮升:《清末之四川机器局》,《西南民族学院学报》(社会科学版)1986 年第 1 期。

杨鹏:《留日学生与马克思主义在中国的早期传播》,《社会科学家》2019 年第 3 期。

《杨尚昆回忆录》,中央文献出版社,2001。

杨尚昆:《追忆领袖战友同志》,中央文献出版社,2001。

杨绍中等整理《杨闇公日记》,四川人民出版社,1979。

杨天平:《晚清教育宗旨史论》,《教育研究》2001 年第 12 期。

姚琳、彭泽平:《清季兴学潮中的"西部镜像"——清末四川新式教育兴起的历史考察》,《西南大学学报》(社会科学版) 2009 年第 3 期。

应星:《从"地方军事化"到"军事地方化"——以红四军"伴着发展"战略的渊源流变为中心》,《开放时代》2018 年第 5 期。

应星、荣思恒:《中共革命及其组织的地理学视角 (1921—1945)》,《中共党史研究》2020 年第 3 期。

应星:《新教育场域的兴起 (1895—1926)》,生活·读书·新知三联书店,2017。

应星:《学校、地缘与中国共产党早期组织网络的形成——以北伐前的江西为例》,《社会学研究》2015 年第 1 期。

余科杰:《张澜评传》,北京群言出版社,2002。

袁超乘、冯玲:《中共建党前后的"马克思学说研究会"考辩 (1920～1923)》,《党史研究与教学》2019 年第 6 期。

苑书义等主编《张之洞全集》第十册,河北人民出版社,1998。

苑书义等主编《张之洞全集》第十二册,河北人民出版社,1998。

《恽代英全集》第五卷,人民出版社,2014。

《恽代英文集》上卷,人民出版社,1984。

张宝明主编《新青年·思潮卷》,河南文艺出版社,2016。

张海鹏主编《中国近代通史》第 6 卷,江苏人民出版社,2007。

张灏:《危机中的中国知识分子——寻求秩序与意义》,高力克等译,山西人民出版社,1988。

张华腾:《北洋集团崛起研究 (1895—1911)》,中华书局,2009。

张际发:《有关王右木与〈新四川〉、〈人声〉旬报的几件史料》,《民国档案》1990 年第 1 期。

中共四川省委党史研究室组织编纂、张继禄主编《中国共产党地方组织在四川的建立》,四川人民出版社,2001。

张继禄主编《中国共产党四川历史大事记 (民主革命时期)》,四川大学出版社,1997。

张剑:《从"科学救国"到"科学不能救国"——近代中国对科学认知的演进》,《史林》2010 年第 3 期。

张剑:《从"科学救国"到"科学不能救国"——近代中国"科学救国"思潮的演进》,《自然科学史研究》2010 年第 1 期。

张杰:《传承与嬗变:近代成都城市手工业研究 (1891—1949)》,博士学位论文，华中师范大学，2016。

张经纬：《马克思主义史学在日本的传播和发展》，《史学理论研究》2007 年第 2 期。

张磊主编《孙中山与中国近代化——纪念孙中山诞辰 130 周年国际学术研讨会文集》上，人民出版社，1999。

张莉红：《论四川机器局》，《近代史研究》1986 年第 1 期。

张秀熟：《二声集》，巴蜀书社，1992。

张学君、张莉红：《四川近代工业史》，四川人民出版社，1990。

张妍：《马克思主义在日本的早期传播及对中国之影响》，《学术交流》2017 年第 4 期。

张永：《家庭伦理与革命伦理：中国共产党早期党员的伦理归属抉择》，《东南学术》2020 年第 3 期。

张玉法主编《中国现代史论集》第 5 辑，台北：联经出版公司，1980。

张远东、熊泽文编著《廖平先生年谱长编》，上海书店，2016。

张允侯等编《五四时期的社团》（一），生活·读书·新知三联书店，1979。

赵厚勰、刘训华主编《中国教育活动通史·第 7 卷：中华民国》，山东教育出版社，2017。

郑雯：《冯桂芬》，陕西师范大学出版总社，2017。

郑智鑫：《上海共产党早期组织成员与建党前夕马克思主义的传播》，《河南牧业经济学院学报》2020 年第 6 期。

中共成都市委党史研究室：《中国共产党成都历史（1923—1949）》，中共党史出版社，2006。

中共嘉兴市委宣传部等：《中国共产党早期组织及其成员研究》，中共党史出版社，2013。

中共江油市委党史工委编《王右木研究》，四川大学出版社，1989。

中共江油市委党史研究室、江油市国家档案馆编《四川马克思主义运动先驱·党团组织创始人王右木》，光明日报出版社，2017。

中共江油县委党史办公室编《四川马克思主义运动先驱者——纪念王右木诞生一百周年》，四川大学出版社，1988。

中共南川县委党史工委编《大革命时期的南川》，内部资料，1985。

中共四川省委党史工作委员会党史人物传编辑组编《四川党史人物传》

第一卷，四川省社会科学院出版社，1984。

中共四川省委党史工作委员会党史人物传编辑组编《四川党史人物传》第二卷，四川省社会科学院出版社，1984。

中共四川省委党史工作委员会编《中共四川地方党史大事年表》，四川人民出版社，1985。

中共四川省委党史工作委员会《吴玉章传》编写组编《吴玉章文集》（下），重庆出版社，1987。

中共四川省委党史工作委员会主编《泸顺起义》，四川省社会科学院出版社，1986。

中共四川省委党史研究室编《第一次国共合作在四川》，四川大学出版社，1996。

中共四川省委党史研究室编《四川党史人物传》第一卷，四川人民出版社，2016。

中共四川省委党史研究室编《四川留法勤工俭学运动》，四川大学出版社，1993。

中共四川省委党史研究室编《中国共产党地方组织在四川的建立》，四川人民出版社，2001。

中共四川省委党史研究室编《中国共产党四川历史大事记（民主革命时期）》，四川大学出版社，1997。

中共四川省委党史研究室编《中国共产党四川历史》第一卷，中央文献出版社，2009。

中共四川省委党史研究室等编《中国YC团（中国青年共产党）》，重庆出版社，1997。

中共四川省委党史研究室主编《第一次国共合作在四川》，四川大学出版社，1996。

中共四川省委党史研究室组织编纂、张继禄主编《中国共产党地方组织在四川的建立》，四川人民出版社，2001。

中共四川省委组织部、中共四川省委党史研究室、四川省档案馆编《中国共产党四川省组织史资料（1921—1949）》，四川人民出版社，1995。

中共盐亭县委党史工作委员会办公室编《盐亭党史人物传》，1986。

中共"一大"会址纪念馆等编《上海革命史资料与研究》第四辑，上海古籍出版社，2004。

中共"一大"会址纪念馆、上海革命历史博物馆筹备处编《上海革命史资料与研究》第二辑，上海三联书店，2002。

中共中央党史研究室编《中国共产党历史》，中共党史出版社，2002。

中共中央党史研究室科研管理部编《赵世炎文集》，人民出版社，2013。

中共中央马克思恩格斯列宁斯大林著作编译局马恩室编《马克思恩格斯著作在中国的传播》，人民出版社，1983。

中共中央文献研究室编《毛泽东传（1893—1949）》，中央文献出版社，1996。

中共中央文献研究室编《毛泽东年谱》上册，中央文献出版社，2013。

中共中央文献研究室编《毛泽东年谱（一八九三——一九四九）》上卷，中央文献出版社，1993。

中共中央文献研究室编《习近平关于全面从严治党重要论述摘编》，中央文献出版社，2016。

中共中央文献研究室、中共湖南省委《毛泽东早期文稿》编辑组编《毛泽东早期文稿》，湖南出版社，1990。

中共中央文献研究室、中央档案馆编《建党以来重要文献选编（一九二一——一九四九）》第一册，中央文献出版社，2011。

中共重庆市委党史工作委员会编《大革命时期的重庆》，内部资料，1984。

中共重庆市委党史工作委员会编《五四运动在重庆》，内部资料，1984。

中共重庆市委党史工作委员会编《重庆党史人物》第1集，重庆出版社，1987。

中共重庆市委党史研究室编《胡康民党史研究文集》，重庆出版社，2009。

中共重庆市委党史研究室编《中国共产党重庆历史》，重庆出版社，2011。

中共重庆市委党史研究室编《邹进贤日记》，重庆出版社，1997。

中共重庆市委党史研究室编《中国共产党重庆地方简史》，重庆出版社，2006。

中共重庆市委党史研究室编《中国共产党重庆历史第一卷（1926—1949）》，重庆出版社，2011。

中国李大钊研究会编注《李大钊全集》第三卷，人民出版社，2013。

中国人民政治协商会议陕西省委员会文史资料研究委员会编《陕西辛亥革命回忆录》，陕西人民出版社，1982。

中国人民政治协商会议四川省江油市委员会文史资料委员会编《江油文史资料选辑》第一辑，内部资料，1988。

中国人民政治协商会议四川省绵阳市委员会文史资料委员会编《绵阳市文史资料选刊》第十辑，1992。

中国人民政治协商会议四川省委员会文史资料研究委员会编《四川文史资料选辑》第二十辑，四川人民出版社，1980。

中国人民政治协商会议四川省委员会文史资料研究委员会编《四川文史资料选辑》第二十五辑，四川人民出版社，1981。

中国人民政治协商会议四川省委员会、四川省省志编辑委员会编《四川文史资料选辑》第二十八辑，四川人民出版社，1983。

中国人民政治协商会议四川省委员会、四川省省志编辑委员会编《四川文史资料选辑》第五辑，四川人民出版社，1979。

中国社会科学院编《"二大"和"三大"——中国共产党第二、三次代表大会资料选编》，中国社会科学出版社，1985。

中国社会科学院近代史研究所编《五四运动回忆录（续）》，中国社会科学出版社，1979。

中国社会科学院现代史研究室、中国革命博物馆党史研究室选编《"一大"前后：中国共产党第一次代表大会前后资料选编》第二册，人民出版社，1980。

中国社会科学院现代史研究室、中国革命博物馆党史研究室选编《"一大"前后：中国共产党第一次代表大会前后资料选编》第三册，人民出版社，1984。

《中国现代思想史资料简编》第1卷，浙江人民出版社，1982。

中国新民主义青年团中央委员会办公厅编《中国青年运动历史资料（1915—1924）》，内部资料，1957。

中央党史研究室第一研究部编译《共产国际、联共（布）与中国革命档案资料丛书》第4卷，北京图书馆出版社，1998。

中央党史研究室：《中国共产党的九十年：新民主主义革命时期》，中共党史出版社，2016。

中央党史研究室：《中国共产党历史第一卷（1921—1949）上册》，中共党史出版社，2002。

中央档案馆、广东省档案馆编《广东革命历史文件汇集》甲3，1984。

中央档案馆、广东省档案馆编《广东革命历史文件汇集（中共广东区委文件）1921 年—1926 年》，1982。

中央档案馆、四川省档案馆编《四川革命历史文件汇集（1922—1925）》，内部发行，1986。

重庆市政协文史委编《重庆"三·三一"惨案纪事》，西南师范大学出版社，1988。

《重庆学生对成都学潮之激昂》，《晨报》1922 年 7 月 4 日，第 5 版。

周策纵：《五四运动——现代中国的思想革命》，周子平等译，江苏人民出版社，1999。

《周恩来选集》上卷，人民出版社，1980。

周富道、马宣伟：《熊克武传》，重庆出版社，1989。

周红：《教育救国思想与中国近代图书馆的产生》，《图书馆理论与实践》2005 年第 5 期。

周开庆编《民国刘甫澄先生湘年谱》，台北：商务印书馆，1981。

周开庆编著《刘湘先生年谱》，四川文献研究社，1975。

周开庆编著《民国川事纪要（1912—1936）》上册，四川文献研究社，1974。

周永林编《邹容文集》，重庆出版社，1982。

周勇主编《邹容集》，重庆出版社，2011。

周宇清编著《中国近代史重要文献导读》，四川大学出版社，2019。

后　记

　　学术研究，有两种境界。孟子有云："学问之道无他，求其放心而已矣。"此为学术的第一种境界，即"学问乃为己之学"。王阳明有云："夫道，天下之公道也；学，天下之公学也，非朱子可得而私也，非孔子可得而私也。"此为学术的另一种境界，即"学术乃天下之公器也"。然，于我们而言，正是在这样的境界支撑下，才得以躲避纷纷扰扰的工学缠绕，用两年多的时间潜心认识和理解王右木。

　　从20世纪20年代初开始，中共党团组织在巴蜀大地逐步建立，革命火种悄然播下。在此过程中，革命先行者们为传播进步理念与夯实革命根基做出了重大贡献。王右木就是其中的一个灵魂人物。以他为核心，部分川内早期马克思主义者聚合起来，组会、办刊、建团，乃至其后建党，革命的历史进程循序展开。有号召力的核心人物所建构的团体，对于当地进步知识青年等潜在的组织资源，通常能起到较大的"虹吸效应"与聚拢作用。四川地区以王右木为中心的党团组织建设历程及其经验教训，对于新时代党建工作也具有一定的参考价值。基于这样的思考，在中国共产党成立100周年之际，经中共江油市委同意，我们展开了对王右木与四川早期马克思主义运动的相关研究。

　　实际上，早在1986年，王右木的追随者、学生张秀熟（四川省第六届人大常委会副主任、时任四川省地方志编纂委员会副主任），就主持研究过王右木的早期革命活动，江油市、四川省乃至全国的专家学者齐聚江油，召开了纪念王右木百年诞辰暨王右木研究学术讨论会，并为王右木纪念馆进行奠基。随后，由中共江油市委党史工委（中共江油市委党史办公室）编写的研究著作《王右木研究》《四川马克思主义运动先驱者》正式出版。

　　一石激起千层浪。第一版《王右木研究》的问世，在社会上产生了良好的反响，受到了一些党史、革命史专家和广大读者的普遍好评。不少研究革命历史人物的史学工作者，在撰写理论文章时将《王右木研究》中的许多理论观点和历史资料广为引用，作为他们论述和分析问题的依据。因此，《王右木研究》对我们今天乃至将来更好地学习和宣传王右木革命精神和高贵品质，继承和发扬党的优良革命传统，仍然是一部很好的教材。

但是，第一版的《王右木研究》是在30多年前出版的，当时对王右木的研究还处于起步阶段。在资料相对缺乏的历史条件下写成的《王右木研究》，总有不少令人无法满意的地方。随着时间的推移，对历史问题研究的深入和人们思想认识的提高，社会对有关王右木的许多问题的看法更加趋于客观和成熟。特别令人欣慰的是，2017年10月，时值王右木诞辰130周年之际，由中共江油市委党史研究室、江油市国家档案馆编写的《四川马克思主义运动先驱·党团组织创始人王右木》由光明日报出版社正式出版。同时，中共江油市委党史研究室还编写出版了《纪念王右木诞辰130周年学术研讨会论文集》，全国100多位知名专家学者参与了纪念王右木诞辰130周年学术研讨会，会议收集了大量回忆王右木生前的文章和资料，公布了最新收集整理的王右木早期革命活动的图片和史料，学术界重新客观地评价了王右木的历史地位和重要贡献，归纳总结了王右木精神，丰富了研究形式和内容，为专家学者们进一步研究王右木指明了方向。

长期以来，四川江油最为人所熟知的革命先烈只有王右木。王右木作为四川马克思主义运动先驱者和四川党团组织创始人，为早期马克思主义思想在中国的传播和党团组织的建立做出了重大贡献，却因牺牲太早，其光辉的形象、短暂的人生，一直湮没在历史的云烟之中，这不能不说是历史的一大遗憾！于是，如何从历史的云烟深处，把这个英灵呼唤出来，还原其光彩夺目的本来面目，彰显其高尚的精神品格和对四川党团组织建立的丰功伟绩，就是本书的一个光荣而艰巨的任务。

作为一本人物研究学术专著，本书并没有因为史料缺失而忽略人物精神的考证。王右木在本书中形象丰满真实，性格突出，时代特征鲜明。特别是对他在日本与陈独秀、李大钊、李达等人的交往，以及后来组织成立马克思读书会、主办《人声》报、领导工人运动和教育经费独立运动、创建党团组织等，本书都研究得非常透彻，细节翔实生动。作为最早提出"武装工农"构想的四川早期马克思主义运动领导人之一，在这些重大事件的进展过程中，王右木老练沉着、深谋远虑、坚韧顽强、救民族于危难的个性都得到了真实的展现，给人留下了深刻的印象。遗憾的是，他37岁英年早逝，除给后人留下一笔精神财富外，还有一些难以解开的疑云和谜团。

本书既是一部严谨的学术专著，其思想性、政治性、理论性相当强，又是一部借用王右木革命生涯展现那个时期相关人物英雄风范的力作。本书以历史事实为依据，既描绘了当时波澜壮阔的历史场景与革命人物的众生相，又再现了王右木短暂一生笃信马克思主义，为中国革命抛头颅、洒热血，至死不渝的光辉形象。在研究和撰写本书时，课题组的同志们沉湎于王右木的生平事迹不能自拔，深感所书写的文字难以表达对烈士的敬慕之情。全书基础史料深厚，研究视角独特，学术观点创新，具有四个鲜明特点。

第一，人物思想突出，研究系统大成。专著首次集中深入研究王右木革命的一生，是集王右木研究大成的一项重要成果。学术界关于王右木的研究起于改革开放之初，如早期关于王右木的研究论文、中共江油市委党史工委编写的《王右木研究》等；最近10年成果较多，如《纪念王右木诞辰130周年学术研讨会论文集》《四川马克思主义运动先驱·党团组织创始人王右木》《王右木书信文集》等。以上成果多以相关资料汇编、单篇论文或论文集的形式为主，而本书则采各家之长，抒不同情怀，在充分吸收以往研究成果的基础上，以王右木生平为主线，重点突出了蜀中成长、东渡日本、唤醒巴蜀、传播思想、创建组织、开展革命、英勇牺牲与深远影响等主体内容，全方位深化研究，既是一部关于王右木生平、思想及影响的研究成果，又是一部集王右木研究大成的研究成果。

第二，资料挖掘翔实，考证科学严谨。在资料的收集过程中，课题组既注重正史的记载，又考察了各个时期史学专家对王右木的研究成果，深入挖掘了大量新史料，具有的较高学术价值和学术权威性。课题组多次前往北京、广州、成都、重庆等王右木所到之地进行考察调研，课题组负责人亲自前往俄罗斯国家档案馆查阅了中国共产党和王右木相关的早期史料，还委托国际友人在日本庆应大学和明治大学调阅复制了王右木的留学资料等，充分体现了对王右木相关资料挖掘的系统性和彻底性。本书各章节均在查阅大量文献资料的基础上编写而成，无论对档案、报刊等原始资料，还是对著作、论文等前人研究成果，都进行了充分利用。如进一步推动了四川团组织的创建历史研究。学术界提出，四川团组织是由至少五名共产党员建立起来的。这五名共产党员，指的是恽代英、王右木、唐伯焜、周钦岳、董宝祺。其中，恽代英于1921年底入党；王右木、周钦岳、唐伯焜的共产党员身份，在2012年发现的1922年10月14日团中央执行委员会讨论"四川组织地方团问题"的会议记录中可以得到印证。而本次研究，在俄罗斯国家历史政治档案馆发现了 1922 年 12 月团中央书记施存统致王右木的信，不仅再次印证了唐伯焜、周钦岳等人的共产党员身份，还多了一个董宝祺，他们以党员身份分别在泸州、成都、重庆建立和发展团组织。类似具有突破性的研究成果在本书中还有很多。同时，本书充分反映与吸收了一系列关于王右木历史研究的新成果，从各个角度认真加以分析、研究、对照考证，深刻认识了建党之初风云变幻的岁月和社会画面，充分把握了那一时期的重大事件和重要人物活动。

第三，精神诠释准确，关注现实意义。本书在建党 100 周年之际推出，充分体现了历史研究的现实意义。王右木是四川团组织建立者、党组织创始人，四川工运、农运和妇女解放运动的开拓者，在四川大地上撒下革命火种，终究掀起了轰轰烈烈的革命热潮。王右木的一生，诠释了中国共产党人为了远大理想和崇高信念而孜孜不倦、寻求光明的求索精神，追求真理、传播真理的奋斗精神，光明磊落、无私奉献的献身精神，矢志不渝、忠贞爱国的民族精神。王右木的革命精神形成于建党初期，为中国共产党完成新民主主义革命历史使命、带领人民实现站起来的奋斗目标贡献了智慧，这种精神虽然形成于党的初建时期，但是对今天社会主义现代化建设和实现中华民族的伟大复兴依然具有精神价值。王右木的优秀品质和革命精神，是激励我们不忘初心、牢记使命，为实现"两个一百年"奋斗目标，实现中华民族伟大复兴和全面建设社会主义现代化国家的强大精神力量。本书以史鉴的眼光为现实提供丰富深厚的历史滋养，是献给党的百年华诞的一份厚礼。

第四，研究阵容强大，史实跨度恢宏。本书是一部成熟的历史作品，凝聚了课题组成员两年多的心血。其间，他们挖掘、收集、阅读和参考了与之有关的海量研究成果，其资料时间跨度之大，研究之难，所下功夫之深，令人肃然起敬。课题组在研究期间，得到了多位著名党史专家和历史学者的关注和指导，全国政协民族和宗教委员会主任、中国社会科学院原院长王伟光，中共中央党史研究室研究员、第一研究部原副主任李蓉，华东师范大学教授、著名党史研究专家杨奎松，北京大学历史系教授、知名历史学者黄道炫，中国社会科学院近代史研究所研究员、中国中俄关系史研究会秘书长陈开科等 12 名专家学者组成了强大的学术顾问团队。课题组成员同样阵容强大，来自全国各地。其中，"王右木成长与救国救民道路曲折寻索"由中国人民大学马克思主义学院教授、副院长宋学勤和研究生马骋撰写；"王右木与四川早期马克思主义者"由中国社会科学院政治学研究所助理研究员孙莹撰写;"王右木与四川早期马克思主义思想传播""王右木与四川早期马克思主义党团建设""王右木与中国新民主主义革命策略探索"由重庆市委党史研究室征研一处处长、一级调研员简奕和重庆市委党史研究室南方局研究室副主任黎余撰写;"王右木与四川群众革命运动的开拓""王右木与四川早期反对军阀统治的斗争"由电子科技大学马克思主义学院副教授刘宗灵撰写;"大革命时期四川共产主义运动的组织网络"由清华大学社会学系教授、《清华社会科学》主编应星撰写;"王右木革命历史功绩及精神品质研究"由天津大学马克思主义学院副教授张媛媛撰写。

此外,全国政协民族和宗教委员会主任、中国社会科学院原院长王伟光倾情为本书撰写了序言;绵阳市委党史研究室副主任吴峰就史料挖掘考察进行了综述;绵阳市委党校副校长刘仲平对王右木生平事迹年表进行了整理;绵阳市社科联主席何季德为本书撰写了后记。同时,本书在修改完善的过程中,还得到了四川省委党史研究室副主任江红英、重庆市委党史研究室副主任徐光煦、四川省委党史研究室原巡视员邓寿明、绵阳市委党史研究室主任余正道等同志的指点和帮助,在此一并致谢。

学术界常说,任何一种理论都有其研究误区或者弊端,本书也不能例外。因为,虽然专家的理论具有系统性和科学性,对研究内容的揭示有一定的层次和高度,但是,专家的理论也同样存在学科领域的局限性,这就要求我们的研究既要忠实于专家的理论,又要从专家的理论中走出来,以专家的理论作为支撑,不断总结、反思,形成自我的思想或认识,即"自我理论"。一部严谨务实的专著,既不能抹掉特点,也不能忽视问题。

本书以王右木与四川早期马克思主义运动为研究对象,运用分析归纳法、史论结合法和多学科交叉研究法,分析四川早期马克思主义运动发生的主客观背景,概括新民主主义革命时期的社会环境和王右木逐步转变为坚定的马克思主义者的经历,并梳理其所从事的革命实践,进而论述王右木在革命实践活动中的主要思想。然而,社会历史条件和王右木短暂革命生涯的限制,给深度挖掘和研究王右木带来了很大的挑战。从某种程度上说,中国共产党的历史是不断深化认识和运用马克思主义的历史,王右木作为早期共产党员勇于开拓、敢为人先、不畏牺牲的精神,不仅展示了那个年代的进步青年为寻求国家出路所做出的努力,还对当前形势下坚持以人民为中心的发展思想和坚持推进党的政治建设具有重要的现实启示意义。所以,我们今后不妨把对王右木的研究放在探索马克思主义中国化的历史演进中，去寻觅王右木对马克思主义中国化道路的探索、对新民主主义革命的发展及对中国共产党开创革命新道路产生的重要影响等。

高山流水书英烈，埋头苦干写春秋。总之，在历时两年多的研究过程中，课题组的同志们有一个共同的感受，那就是不仅仅是在研究王右木，更是接受了一次令人难忘、极为深刻的革命传统教育。本书没有华丽的语言，没有过多的修饰加工，只是尽可能地展现王右木光辉短暂的一生，还原那段悲壮历史的侧面。

本书的编写在中共江油市委、市政府和江油市实施"百年铸魂、红色传承"工程迎接建党100周年领导小组的领导下进行。同时，得到了中共四川省委党史研究室、重庆市委党史研究室、绵阳市委党史研究室的大力支持。全书由中国社会科学院社会学研究所杨典同志牵头完成统稿，本书的学术指导委员会对全书进行了审定。在此，对为统筹全书做出贡献的元承军、曾建军、周涛、柳江、何华君、杨剑、胡仁强、杨旭光、王超、王良秋、张嘉友等同志表示感谢。

本书的顺利出版，凝聚了社会各界、史学界和专业人士的大量心血，而这份努力如果能给读者一份感动、一点启迪、一种振奋，我们就十分欣慰了。诚然，在挖掘史实、文字编撰和专著出版的过程中，可能尚有疏漏偏颇之处，恳请专家学者和广大读者批评指正。

2021 年 6 月

图书在版编目（CIP）数据

先驱·先路：王右木与四川早期马克思主义运动研究／中共江油市委王右木研究课题组著. -- 北京：社会科学文献出版社，2021.6

ISBN 978 - 7 - 5201 - 8343 - 7

Ⅰ.①先… Ⅱ.①中… Ⅲ.①王右木（1887 - 1924）- 人物研究 Ⅳ.①K827 = 6

中国版本图书馆 CIP 数据核字（2021）第 083010 号

先驱·先路
　　——王右木与四川早期马克思主义运动研究

著　　者／中共江油市委王右木研究课题组

出 版 人／王利民
组稿编辑／谢蕊芬
责任编辑／赵　娜　庄士龙　孟宁宁

出　　版／社会科学文献出版社·群学出版分社（010）59366453
　　　　　地址：北京市北三环中路甲29号院华龙大厦　邮编：100029
　　　　　网址：www. ssap. com. cn
发　　行／市场营销中心（010）59367081　59367083
印　　装／三河市龙林印务有限公司

规　　格／开本：787mm × 1092mm　1/16
　　　　　印张：29.75　字数：517千字
版　　次／2021年6月第1版　2021年6月第1次印刷
书　　号／ISBN 978 - 7 - 5201 - 8343 - 7
定　　价／128.00元